GOTTFRIED WILHELM LEIBNIZ

Philosophische Werke
in vier Bänden

in der Zusammenstellung von
Ernst Cassirer

Band 1

FELIX MEINER VERLAG
HAMBURG

GOTTFRIED WILHELM LEIBNIZ

Hauptschriften zur Grundlegung der Philosophie

Übersetzt von
Artur Buchenau

mit Einleitung und Anmerkungen
herausgegeben von
Ernst Cassirer

Teil I

FELIX MEINER VERLAG
HAMBURG

PHILOSOPHISCHE BIBLIOTHEK BAND 496

Bibliographische Information der Deutschen Nationalbibliothek

Die Deutsche Nationalbibliothek verzeichnet diese Publikation in der Deutschen Nationalbibliographie; detaillierte bibliographische Daten sind im Internet abrufbar über ‹http://portal.dnb.de›.

ISBN 978-3-7873-4066-8
ISBN eBook: 978-3-7873-3744-6

www.meiner.de

VORBEMERKUNG DES VERLAGS

In der Herausgabe der *Philosophischen Werke* von G. W. Leibniz in deutscher Übersetzung hat Ernst Cassirer in den Jahren von 1904–1915 eine wichtige Aufgabe gesehen, der er sich nach Vorlage seiner Gesamtdarstellung von *Leibniz' System in seinen wissenschaftlichen Grundlagen* (1902) und zeitgleich mit der Ausarbeitung der Bände I und II von *Das Erkenntnisproblem in der Philosophie und Wissenschaft der neueren Zeit* (1906; 1907) mit großer Sorgfalt widmete. Insbesondere seine Zusammenstellung und erläuternde Kommentierung der von Artur Buchenau übersetzten *Hauptschriften zur Grundlegung der Philosophie* (1904; 1906) auf der Grundlage der von C. I. Gerhardt edierten mathematischen und philosophischen Schriften von G. W. Leibniz bot zum ersten Male einen umfassenden deutschsprachigen Konspekt des Gesamtwerks unter dem Gesichtspunkt der gedanklichen Entwicklung des Systems, der bis heute von keiner anderen Ausgabe der Leibnizschen Werke erreicht oder gar überboten wurde. Zusammen mit der 1915 erschienenen Neuübersetzung der *Neuen Abhandlungen über den menschlichen Verstand* und der 1925 nachgereichten *Theodicée* (von Artur Buchenau) gilt die hier wieder zusammengeführte vierbändige Werkausgabe in Lehre und Forschung als maßgeblich.

Für diese Neuausgabe wurden die Texte in allen Teilen neu gesetzt und neu umbrochen. Im Unterschied zu den früheren Auflagen sind die beiden Bände der *Hauptschriften zur Grundlegung der Philosophie* nunmehr mit einer durchgehenden Seitenzählung versehen und neu aufgeteilt: die Schriften zur Biologie und Entwicklungsgeschichte (vordem in Band II) bilden jetzt den Abschluß von Band I; die systematischen Einleitungen Cassirers zu den unterschiedenen Abteilungen wurden zusammengezogen und an den Anfang von Band 1 gestellt; die erläuternden Textanmerkungen Cassirers zu den ausgewählten Leibniz-Texten sind fortlaufend gezählt und in beiden Bänden jeweils an das Ende gerückt. Den von Cassirer gebildeten deutschen Titelüberschriften für die kleineren Leibniz-Texte sind — sofern vorhanden — die originalen lateinischen bzw. französischen Titel hinzugefügt, um das leichte Auffinden der in der Forschung zumeist unter den Originaltiteln zitierten Texte zu ermöglichen; entsprechend wurden die von A. Buchenau und E. Cassirer gelegentlich ungenau und häufig in wechselnden Schreibungen gegebenen Titel- und Quellenangaben durchgehend redaktionell überprüft, korrigiert und vereinheitlicht. Die doppelte Datierung vieler der in die Auswahl aufgenommenen Briefe aus den von Leibniz mit den Gelehrten seiner Zeit geführten Korrespondenzen geht zurück auf die jeweiligen Originale: vor dem Schrägstrich steht das Datum »alten Stils« nach dem Julianischen Kalender, danach das um 10 Tage vorgerückte Datum »neuen Stils« nach dem Gregorianischen Kalender, der von den katholischen Ländern im Jahre 1582 eingeführt, von den evangelischen jedoch teilweise erst im 18. Jahrhundert übernommen wurde. Abweichend von den früheren Auflagen werden die Titel der von Leibniz und den Herausgebern genannten Werke anderer Autoren sowie die in den Herausgeberanmerkungen angeführten Titel der Leibnizschen Schriften im Regelfall nicht in deutscher Übersetzung, sondern im originalen Wortlaut wiedergegeben und durch Kursive hervorgehoben. Daneben werden auch Sperrungen des Originals durch Kursive wiedergegeben (in Zweifelsfällen folgt die Neuausgabe jedoch der Ausgabe der Originaltexte durch Gerhardt und nicht den Vorgaben aus den früheren Auflagen der Übersetzung von Buchenau und Cassirer). Einschübe und redaktionelle Zusätze stehen in [ ] Klammern. Angaben zum Fundort der für die Übersetzung ausgewählten Texte bei Gerhardt oder in einer der anderen im nachfolgenden Abkürzungsverzeichnis aufgeführten Ausgaben werden mit Asterixen gekennzeichnet und als Fußnoten unter den Seiten wiedergegeben, ebenso Angaben zur Beschaffenheit oder Darbietungsform der gekürzt oder nur berichtsweise aufgenommenen Texte. Über Subponenten bezogene Fußnoten der Text-Nr. 11 geben von Cassirer aufgenommene Randbemerkungen Clarkes wieder. Ein Personen- und ein Schriftenregister für die Bände 1 und 2 der Ausgabe finden sich in Band 2, für die Bände 3 und 4 jeweils am Schluß des Bandes.

Der Verlag

INHALT

Band 1

Gottfried Wilhelm Leibniz
Hauptschriften zur
Grundlegung der Philosophie I

Band 2

Hauptschriften zur
Grundlegung der Philosophie II

ABKÜRZUNGEN

Deutsche Schriften	*Leibniz' deutsche Schriften*, herausgegeben von G. E. Guhrauer, 2 Bände, Berlin 1838-40.
Dutens	*Leibnitii Opera omnia*, herausgegeben von Ludovico Dutens, 6 Bände, Genf 1768.
Gerh.	*Die philosophischen Schriften von G. W. Leibniz*, herausgegeben von C. I. Gerhardt, 7 Bände, Berlin 1875-90.
Hauptschriften II	*G. W. Leibniz. Hauptschriften zur Grundlegung der Philosophie II*, übersetzt von A. Buchenau, herausgegeben von E. Cassirer, Hamburg 1906, Neuausgabe 1996.
Lettr. et opusc.	*Lettres et opusculus inédits de Leibniz*, herausgegeben von A. Foucher de Careil, Paris 1854.
Math.	*G. W. Leibniz. Mathematische Schriften*, herausgegeben von C. I. Gerhardt, 7 Bände, Berlin 1849-63.
Mollat	*Mitteilungen aus Leibnizens ungedruckten Schriften*, herausgegeben von G. Mollat, Leipzig 1893.
Nouv. Ess.	*G. W. Leibniz. Neue Abhandlungen über den menschlichen Verstand*, herausgegeben von E. Cassirer, Hamburg 1915, Neuausgabe 1996.
Nouv. lettr. et opusc.	*Nouvelles lettres et opuscules inédits de Leibniz*, herausgegeben von A. Foucher de Careil, Paris 1857.
Opusc. et fragm.	*Opuscules et fragments inédits de Leibniz*, herausgegeben von L. Couturat, Paris 1903.

VORREDE

Die vorliegende Ausgabe versucht, den wesentlichen Inhalt der Leibnizschen Philosophie und das Verhältnis ihrer einzelnen Systemglieder an Leibniz' eigenen Werken zur unmittelbaren Anschauung zu bringen. Die Einwände und Bedenken, die jedem derartigen Versuch entgegenstehen, sind mir von Anfang an lebendig und gegenwärtig gewesen. Leibniz' System ist nicht in einigen wenigen Hauptwerken zu erschöpfen und wiederzugeben; es setzt das Eindringen in die *Gesamtheit* seiner wissenschaftlichen Lehren und Grundanschauungen voraus. Nur in der Betätigung an sämtlichen wissenschaftlichen Aufgaben und Problemen der Zeit ringt Leibniz selbst sich zu seiner philosophischen Grundanschauung durch: nur aus der Allheit dieser Probleme läßt sich daher sachlich die Einheit des Systems rekonstruieren. Jede *Auswahl*, die unter den einzelnen Schriften getroffen wird, ist der Gefahr ausgesetzt, diesen universalistischen Grundcharakter, damit aber die auszeichnende Eigentümlichkeit der Leibnizschen Denkart, aufzuheben. In der Tat geben die bekannten Hauptschriften, die in den bisherigen Sammlungen vereinigt sind, im günstigsten Falle einen Überblick über den *Inhalt* der Lehre; aber sie bezeichnen nicht die gedankliche Entwicklung, die zu ihnen hingeführt hat, und die gemeinsame logische Wurzel, der sie entstammen.

Um diese Entstehungsbedingungen der Leibnizschen Philosophie, die zugleich Bedingungen ihres sachlichen Verständnisses sind, zu veranschaulichen, mußte daher ein anderer Weg eingeschlagen werden. Die strenge Scheidung zwischen den »metaphysischen« und »wissenschaftlichen« Schriften mußte aufgehoben werden, jedes Gebiet produktiver Gedankenarbeit mußte zum mindesten in einer bezeichnenden Probe zur Darstellung kommen. Vollständigkeit der Übersicht galt, wenn nicht im extensiven, so doch im intensiven Sinne als Vorbild und Aufgabe, sofern alle begrifflichen Hauptmotive, die das System bilden halfen, durch einen charakteristischen Repräsentanten wiedergegeben werden sollten. Die folgende Auswahl versucht nirgends die Sondergebiete in sich selbst zu erschöpfen; aber sie sucht in dem allmählichen Fortschritt, den sie von der Logik und Mathematik zur Dynamik, von dieser zu den Anfängen der Metaphysik vollzieht, die gegenseitige Abhängigkeit der einzelnen Faktoren und ihre Wechselwirkung deutlich zu machen. In diesem Sinne war die Wahl der einzelnen Stücke durchweg durch den Gesichtspunkt des Ganzen bedingt und durch den Gesamtplan, der der Ausgabe zu Grunde liegt, im Voraus eingeschränkt. Der wesentliche Zweck wäre erreicht, wenn die einzelnen Schriften, die hier nur als Paradigmata der allgemeinen Gedanken hingestellt werden konnten, die Anregung zum Studium der ganzen Gruppe, die sie vertreten, und ihrer systematischen Bedeutung in sich enthielten. Auch die Einleitungen und Erläuterungen sollen im wesentlichen nur der ersten Orientierung und der Einführung in die geschichtlichen und sachlichen Vorbedingungen des Systems dienen; die einheitliche Gesamtauffassung der Lehre, von der ich hierbei ausging, ist an anderer Stelle eingehend dargelegt und begründet worden.[1] Die Absicht des Übersetzers bei der vorliegenden Ausgabe war eine genaue und vor allem eindeutige Wiedergabe der Leibnizschen Begriffe. Es ist, soweit es anging, versucht worden, denselben lateinischen bzw. französischen Terminus stets durch denselben Ausdruck im Deutschen wiederzugeben [...] Bei der Durchsicht der Übersetzung war mein Bestreben vor allem darauf gerichtet, die genaue Übereinstimmung mit dem *Sinne* des Originals und seinen einzelnen logischen Nuancen zu erreichen; wo der Hauptzweck der begrifflichen Klarheit es erforderte, habe ich auch freiere stilistische Umformungen nicht vermieden. Der vorliegende erste Band gibt, seinem Hauptinhalt nach, die vorbereitenden Schriften zur Logik und Wissenschaftstheorie; die metaphysischen Abhandlungen im engeren Sinne wird der zweite Band enthalten [...]

Berlin, im Oktober 1903   Ernst Cassirer

---

[1] *Leibniz' System in seinen wissenschaftlichen Grundlagen*, Marburg 1902.

EINLEITUNG

Der Begriff der Logik und seine Ausführung und Gestaltung bildet die erste charakteristische Grenzscheide zwischen der mittelalterlichen und der modernen Philosophie. Die wissenschaftlichen Einzelprobleme, die zur Loslösung von der Scholastik führen, so mannigfach sie selbst und so verschiedenartig ihre geschichtlichen Vorbedingungen sind, vereinen sich in der Forderung einer Reform der Logik. Die materiellen Gegensätze der einzelnen Systeme treten gegenüber dieser Frage und dieser gemeinsamen Tendenz zurück. So verschieden die Stellung und der Wert ist, den Descartes und Hobbes dem reinen Denken und seinen Grundbegriffen einräumen, so übereinstimmend hebt sich bei beiden das Problem der Methode als Grundmotiv der Systembildung heraus. Hobbes' Hauptwerk beginnt mit einer ausführlichen Theorie des Urteils und des syllogistischen Schlußverfahrens. Der Zusammenhang mit der Aristotelischen Tradition ist hier schon in der äußeren Form der Darstellung deutlich erkennbar — zugleich treten indes die Anfänge einer eigenen Methodik hervor, die die Physik Galileis zu ihrem Vorbild und Muster nimmt.

Dieses Doppelverhältnis besteht auch bei Leibniz fort: auch hier bildet die Logik das Band, das ihn am festesten mit der philosophischen Vergangenheit verknüpft, während sie andrerseits in ihrem allmählichen Fortschritt zu den originalen Grundlagen seiner Philosophie hinführt. Sie wird in ihrer stetigen Weiterbildung zum Gradmesser, an dem wir die Entwicklung der philosophischen Grundanschauungen in ihrer Gesamtheit ablesen und schätzen können. Zwar bildet sie nicht den einzigen Quell der Leibnizschen Philosophie; — andere Motive von nicht geringerer Bedeutung und Wirksamkeit stehen ihr, wie sich zeigen wird, von Anfang an gleichberechtigt zur Seite. Aber alle diese neuen Gedanken, wie sie allmählich aus dem Inhalt der konkreten Wissenschaften und aus den Problemen der Ethik und der Geschichte erwachsen, erhalten doch ihre innere Formung erst durch die Verarbeitung, die ihnen innerhalb der logischen Systematik zuteil wird. In ihr gewinnt Leibniz' Lehre ihr festes prinzipielles Gefüge; in ihr erhalten die einzelnen Gedankenkreise ihren sachlichen Zusammenhalt und die Darstellung ihrer wechselseitigen Beziehung.

Leibniz selbst hat die Anfänge und die allmähliche Entwicklung seiner logischen Theorie wiederholt geschildert. Seine Darstellung — wie sie in der folgenden Abhandlung *De synthesi et analysi universali seu arte inveniendi et judicandi* (Nr. 4) enthalten ist — weist besonders zwei charakteristische Grundzüge auf, die in den späteren Entwicklungen erhalten geblieben sind. In seiner ersten primitiven Form spricht sich der Gedanke in der Forderung aus, die sinnliche Vielheit der Bewußtseinsinhalte, wie sie sich der Anschauung und Reflexion anfänglich darbieten, in eine bestimmte Anzahl einfacher Elemente aufzulösen, um sie sodann, nachdem dieser Prozeß beendet ist, in umgekehrter Richtung aus den Grundlagen wieder synthetisch hervorgehen zu lassen. Es wird ein »Alphabet der Gedanken« verlangt, dessen Einzelglieder hinreichend sein sollen, den gesamten Bestand der möglichen Begriffe zu verbürgen und kombinatorisch zu erschaffen. Als der ideelle Typus, in dem diese Forderung verwirklicht ist, gilt das System der Zahlen: wie hier jedes einzelne Glied sich durch fortschreitende Zerlegung in eine Mehrheit von Faktoren zerfällen und zuletzt als Produkt von Primzahlen eindeutig darstellen läßt, so ist jede Gegebenheit und jedes Gebilde des Bewußtseins auf letzte primitive Grundbestandteile: jeder Begriff auf primitive Begriffe, jeder Schluß auf primitive Urteile zurückzuführen. Der Gedanke muß die Inhalte, die ihm anfänglich in ihrer ungeordneten Mehrheit als fremder und äußerer Stoff gegenüberstehen, zunächst in seinen eigenen Besitz zurückverwandeln, ehe er seine Wirksamkeit an ihnen vollziehen kann. Die Mannigfaltigkeit, in der sich uns die Welt der Gegenstände darstellt, wird uns, indem wir sie im Fortschritt der Erkenntnis in die Form und das Gesetz der Begriffe übersetzen, zum Ausdruck einer ursprünglichen *Einheit*. Das System der primitiven Grundbegriffe, das als ideale Aufgabe vor uns steht, konzentriert und umfaßt die ganze Fülle der möglichen Gestaltungen des Bewußtseins. Die Beziehungen, die die Logik zwischen den Elementen entdeckt und zum Ausdruck bringt, enthalten im Keime alle Verhältnisse der konkreten Einzelinhalte bereits in sich.

In der Beziehung und Abhängigkeit, die sich hier zwischen *Einheit und Vielheit* auftut, haben wir bereits ein Problem erreicht, das uns von nun an dauernd begleiten und das in immer neuen begrifflichen Ausprägungen hervortreten wird. Man kann den inneren Fortschritt, den jedes einzelne neue Motiv der Systembildung in sich birgt, an dem Beitrag ermessen, den es für diese zentrale Frage mit sich bringt. Hierbei sind der Ursprungsgedanke und die verschiedenen besonderen Bildungen, zu denen er sich allmählich entfaltet, wechselweise durcheinander bedingt: mit jedem neuen Gebiet der Anwendung, das sie sich fortschreitend erringt, verändert und vertieft sich, wie sich zeigen wird, zugleich die Bedeutung und der Charakter der prinzipiellen Hauptfrage. Betrachten wir das Problem zunächst innerhalb der Grenzen der allgemeinen formalen Methodenlehre, so handelte es sich bisher darum, fertige und gegebene Begriffsinhalte in ihre letzten notwendigen Bedingungen aufzulösen. Damit aber ist die Aufgabe nicht erschöpft: denn das Bewußtsein ist kein ruhender Inbegriff von Vorstellungen, kein fester abgeschlossener Besitz, sondern ein beständiges Werden und stete Neuschöpfung. Nicht das Dasein, sondern die allmähliche Entstehung und Entdeckung seiner Inhalte bildet daher die eigentliche Frage. Hier gewinnt der Gedanke einen neuen Ausdruck. Jeder Satz und jede Tatsache, auf die wir im Fortgang der Beobachtung oder der Forschung stoßen, muß in Prinzipien der Erkenntnis, die uns zuvor bekannt und gegeben waren, bereits vollständig vorgebildet und durch sie bestimmt sein. In unserem Bewußtsein kann nichts entstehen, das nicht dessen ursprünglichen Bedingungen gemäß, das somit nicht, wenigstens der Möglichkeit nach, aus ihnen allein ableitbar wäre. Jedes neues Faktum, das wir wahrhaft *begreifen* wollen, müssen wir nachschaffend aus seinen ersten Gründen und Voraussetzungen entwickeln und hervorgehen lassen: ein Beweis, daß es in ihnen bereits implizit vollständig enthalten war, daß somit dasjenige, was uns hier nur der Zufall bot, auch nach sicheren methodischen Regeln hätte gewonnen werden können. Die notwendigen Momente und »Erfordernisse« der Erkenntnis liegen vollständig in uns selbst: aller Fortschritt des Wissens ist nur die Aufhellung des Grundes unseres eigenen Geistes.[2] Dieser Gedanke ist kein abgeleitetes Ergebnis, sondern die Voraussetzung, unter der die allgemeine Konzeption der »Scientia generalis« überhaupt erst möglich wurde. Leibniz hat sich für ihn wiederholt und mit Recht auf den Platonischen Begriff der »Wiedererinnerung« berufen: ein Begriff, dessen Bedeutung für die Erneuerung der Philosophie sich bereits in Descartes' Methodenlehre bewährt hatte.

Die zusammengesetzten Begriffe sind somit als *Produkte* letzter unauflösbarer Grundfaktoren zu begreifen und darzustellen. Leibniz hat diese Analogie vollständig durchzuführen und in ihre Konsequenzen zu verfolgen gesucht, indem er in seinem logischen Kalkül in der Tat die komplexen Inhalte durch Multiplikation aus den einfachen hervorgehen läßt und auf dieses Verfahren die formalen Grundgesetze der algebraischen Operation anzuwenden sucht. Dieser Versuch blieb indes — abgesehen von seinen inhaltlichen Schwierigkeiten — auch vom Standpunkt der »allgemeinen Charakteristik« und der symbolischen Bezeichnungsweise unzureichend. Die Beziehungen zwischen den elementaren Grundlagen, die in ihrer Durchdringung die Gesamtheit der möglichen Relationen zwischen Denkinhalten wiedergeben sollen, lassen sich — wie sich alsbald zeigen muß — nicht in einem derart einfachen, gleichförmigen Typus darstellen und festhalten. Die Elemente der Begriffe stehen nicht — wie es der Vergleich mit der Multiplikation und deren kommutativem Gesetz erfordern würde — im Verhältnis der einfachen Nebenordnung, sondern es walten zwischen ihnen sehr verschiedenartige Formen der Verknüpfung und Abhängigkeit, von denen jede ihre gesonderte Betrachtung und ihre selbständige Bestimmung verlangt. Der Fortschritt der Leibnizschen Logik ist daher wesentlich auf dieses Ziel gerichtet. Es sind vor allem die einzelnen *mathematischen* Kategorien, die sich hier als entscheidende Voraussetzungen herausheben; ihr Umfang und ihr Gehalt hat sich indes gemäß dem neuen Begriff der Mathematik, den Leibniz an die Spitze seiner Betrachtungen stellt, erweitert. Die Mathematik ist die allgemeine Wissenschaft aller exakten Bezie-

---

[2] Siehe Gerh. VII, 61 f. (Vgl. E. Cassirer, *Leibniz' System in seinen wissenschaftlichen Grundlagen*, S. 136.)

hungen und Abhängigkeitsverhältnisse, die zwischen beliebigen Inhalten setzbar sind; sie umfaßt alle gesetzlich geregelten Operationen des Geistes, auf welche Materie und welchen Inhalt sie immer gehen mögen. So ist sie vor allem unabhängig davon, ob die Elemente, um deren Verhältnis es sich handelt, als *Größen* gedacht oder bestimmbar sind. Dem Begriff der Größe ist der der *Ordnung*, der Algebra als Wissenschaft der Zahl, die Kombinatorik als Wissenschaft der »Formen« des Geistes übergeordnet. Die quantitative Vergleichung ist weder die einzige noch auch die ursprüngliche Methode zur Herstellung eines streng begrifflichen Zusammenhangs zweier Elemente: sie muß vielmehr selbst überall Regeln voraussetzen, die nur in einer allgemeinen Disziplin der möglichen *qualitativen* Beziehungsformen gewonnen werden können.[3] Leibniz entdeckt von hier aus eine Reihe dieser Beziehungen, für deren jede er ein besonderes Verfahren der Rechnung nach selbständigen formalen Grundgesetzen zu begründen sucht: das bezeichnendste Beispiel und die genaueste Durchbildung des Gedankens wird uns in den Schriften zur Grundlegung einer eigenen Analysis der Lageverhältnisse entgegentreten.

Beschränken wir uns indes zunächst darauf, die mathematischen Einzeldisziplinen in ihrer herkömmlichen Verfassung und Abgrenzung zu betrachten, so müssen wir ihnen, von den allgemeinen Voraussetzungen aus, vor allem *eine* prinzipielle Forderung entgegenhalten. Der Inhalt, den sie darbieten, darf nicht auf das bloße Zeugnis der Anschauung und im Vertrauen auf ihre unmittelbare Gewißheit hingenommen werden. Es muß versucht werden, die Gesamtheit aller Begriffe und Sätze, mit wie großer anschaulicher Evidenz sie uns auch entgegentreten, weiter zurück in ihre konstitutiven Bedingungen zu zerlegen und sie aus ihnen wiederum in strenger Notwendigkeit hervorgehen zu lassen. Hier setzt Leibniz' Polemik gegen das Cartesische Kriterium des »Klaren und Deutlichen« ein, die wir in den folgenden Abhandlungen in ihren einzel-

---

[3] Siehe im folgenden besonders den Schluß der Abhandlung *De synthesi et analysi universali seu arte inveniendi et judicandi* (Nr. 4). Vgl. E. Cassirer, *Leibniz' System in seinen wissenschaftlichen Grundlagen*, S. 134 ff., 148 f. und L. Couturat, *La logique de Leibniz*, Paris 1901, Chap. VII.

nen Grundzügen und Motiven verfolgen können. An Stelle der psychologischen Gewißheit tritt das Ideal und die Forderung der vollständigen logischen Beweisbarkeit. Der Weg des Beweises aber ist erst dann völlig durchmessen, wenn alle seine Prämissen in *Definitionen* und *identische Sätze* aufgelöst sind. Die logische Theorie der Definition tritt daher jetzt in den Mittelpunkt der Untersuchung: die Hauptschriften zur Methodenlehre, die wir hier wiedergeben, zeigen zugleich die geschichtlichen Bedingungen und Vermittlungen dieser Theorie, wie den sachlichen Fortschritt, den Leibniz namentlich in seinem Grundbegriff der »Kausalen Definition« gewinnt.[4]

Eine charakteristische Probe des allgemeinen Verfahrens ist in der Schrift *Initia rerum mathematicarum metaphysica* (Nr. 5) gegeben. Hier sehen wir, wie nacheinander die Daten der Anschauung, vor allem also Raum und Zeit und die Gebilde und Verhältnisse, die durch sie ermöglicht werden, geprüft und auf letzte gemeinsame Begriffsgrundlagen zurückgeführt werden. Dieser Versuch ist in seinen Einzelheiten von ungleichem Wert, auch ist er in sich selbst nirgends abgeschlossen und wird durch Leibniz' eigene Schriften mannigfach ergänzt und berichtigt. Sein Interesse liegt somit mehr in dem Ziele, auf das er hinweist, als in den Mitteln, mit denen er es im einzelnen erreicht. Vor allem sind hier wiederum die Grundzüge einer *Kritik des Größenbegriffs* gegeben, die später in der Neugestaltung der einzelnen mathematischen Disziplinen aufgenommen und zu wichtigen Folgerungen für das Ganze des Systems fortgebildet werden. Die fundamentale Unterscheidung der Quantität und Qualität, die, wie wir sehen, schon im Begriff der Universal-Mathematik enthalten ist, wird hier näher ausgeführt und begründet; der Einfluß und die Bedeutung der Kom-

---

[4] Die Auswahl gibt nur solche Schriften wieder, in denen die *allgemeinen* Grundfragen der Methodenlehre behandelt werden. Von dem gewaltigen Torso der universellen »Charakteristik« hätten wenige fragmentarische Stücke keine Anschauung zu geben vermocht: das Hauptmaterial liegt in übersichtlicher Ordnung in dem Sammelbande vor, den Louis Couturat aus Manuskripten der Bibliothek zu Hannover herausgegeben hat. (*G. W. Leibniz: Opuscules et fragments inédits*, éd. par L. Couturat, Paris 1903.)

binatorik als der allgemeinen Formwissenschaft wird im Gebiet der Algebra selbst nachgewiesen.

Die Schriften zur Grundlegung der Geometrie (Nr. 6 u. 7) zeigen sodann die allgemeinen Gedanken erst in ihrer unmittelbaren wissenschaftlichen Wirksamkeit und Fruchtbarkeit. Schon aus der besonderen geschichtlichen Problemlage, von der Leibniz ausgeht, ergab es sich, daß Geometrie und Philosophie von Anfang an in einem wechselseitigen Abhängigkeitsverhältnis gedacht werden mußten. Alle Ergebnisse der abstrakten Methodenlehre mußten hier zunächst lebendige Bewährung und Verkörperung finden, bevor sie auf die Formung des Systems der Wissenschaften Einfluß gewinnen konnten. Diese Bedeutung und dieser Kriterienwert der Geometrie bildete den Grund- und Einheitsgedanken, von dem Descartes zur Erneuerung der Philosophie, wie zur Reform der Mathematik fortgeschritten war. Dennoch bildet bei ihm die Geometrie zwar den beständigen Vorwurf und das Objekt der Untersuchung, nicht aber das Instrument und das logische Mittel, mit dem sie durchgeführt wird. Das ideelle Werkzeug, mit dessen Hilfe wir das sinnliche Material zur Bestimmung bringen, die wahre Vermittlung zwischen Denken und Anschauung, somit zwischen Denken und Sein, liegt im Begriff der *Zahl.* Wir müssen die Verhältnisse der Lage, um sie zu deuten und begrifflich festzustellen, zuvor auf Zahlen und Zahlenverhältnisse reduzieren: die geometrische Gestalt der Kurve wird uns zum bloßen Sinnbild der algebraischen Beziehung, die die Koordinatenwerte der einzelnen Punkte miteinander verknüpft. Hier scheint zunächst auch Leibniz' logisches Ideal, wie es sich aus den allgemeinen Betrachtungen ergeben hat, vollständig verwirklicht: die Figur ist auf rein begriffliche Momente zurückgeleitet, alle Besonderungen der Gestalt sind durch die allgemeine Funktionsgleichung wiedergegeben. In einem wesentlichen Punkte indes bleibt auch dieses Verfahren hinter den prinzipiellen Grundforderungen zurück. In ihnen wurde vor allem verlangt, daß jedes Sondergebiet zunächst in sich selbst seinen eigenen begrifflichen Bestand gewinne: daß somit die Prinzipien, aus denen es sich aufbaut, nicht zufällig und von außen her zu ihm hinzugebracht werden, sondern derselben Gesetzlichkeit wie das Gesamtgebiet entstammen und angehören. In der analytischen Geometrie werden die Lageverhältnisse durch Größenverhältnisse ersetzt und verdrängt: die Untersuchung geht somit hier nicht von den komplexen räumlichen Gebilden schrittweise zu den ihnen eigentümlichen Prinzipien zurück, sondern greift von Anfang an in eine fremde logische Sphäre über. Die *Stetigkeit* im Rückgang vom Zusammengesetzten zum Einfachen, die eine Bedingung der echten Analysis ist, ist hier verletzt. Wie man sieht, ist es kein technisch-mathematischer, sondern ein methodischer Gesichtspunkt, der Leibniz zu seiner Neugestaltung der Geometrie hinführt. Die erste wesentliche Änderung betrifft die Fixierung des Elements, aus dem die Mannigfaltigkeit der Gestalten hervorgehen soll: nicht der Begriff der Größe oder der Entfernung, sondern der Begriff des *Punktes,* der die einfachste Form der reinen Lagebeziehung selbst in sich darstellt, wird zum Fundament genommen. Jedes exakte geometrische Gebilde stellt sich uns zunächst und unmittelbar als eine Mehrheit und ein Beisammen von Punkten dar, die durch eine gemeinsame Regel vereint und zusammengehalten sind. Es bedarf vor allem eines Mittels, das uns diese bestimmte Gesetzlichkeit wiederzugeben und symbolisch auszudrücken gestattet. In dem Entwurf der geometrischen Charakteristik, den Leibniz an Huyghens übersendet, können wir die Lösung dieser Aufgabe verfolgen. An die Stelle der algebraischen Relation der Gleichheit tritt hier zunächst die Beziehung der *Kongruenz.* Zwei Systeme von Punkten ABC und heißen einander kongruent, wenn man — ohne die wechselseitige Lage von A, B und C oder D, E und F unter sich zu ändern — zugleich A mit D, B mit E und C mit F zusammenfallen lassen kann. Bezeichnet man jetzt mit den ersten Buchstaben des Alphabets gegebene, mit den letzten: X, Y, Z, dagegen veränderliche Punkte, so wird es auf Grund dieser Bezeichnungsweise möglich sein, die Besonderheit jeder Figur durch einen bestimmten Ausdruck des Kalküls darzustellen. Sei etwa die Kongruenz $AX \equiv BC$ gegeben, in der A, B, C feste Punkte sind, während X sukzessiv alle Punkte bedeuten soll, die der angegebenen Bedingung gemäß sein können — so stellt der Inbegriff dieser Punkte eine Kugel dar, die mit dem Radius BC um den Mittelpunkt A beschrieben ist. In gleicher Weise lassen sich zunächst die einfachen »Örter« der Geometrie — wie die Gerade,

der Kreis, die Ebene — definieren, aus deren Verbindung sodann
der Ausdruck für die komplizierteren geometrischen Formen zu
gewinnen ist. Die spezifische Besonderheit der Figur wird jedesmal durch die Eigenart der Kongruenzbedingung, der alle ihre
Punkte genügen müssen, zum Ausdruck gebracht. Der Vorzug des
neuen Verfahrens besteht hierbei vor allem darin, daß es das betrachtete Gebiet in strenger methodischer *Einheit* zu umfassen und
zu erschöpfen vermag, während die algebraische Behandlung stets
einen logischen Doppelcharakter trägt, sofern sie neben den Prinzipien der Zahl Elemente und Sätze aus der elementaren geometrischen Anschauung entlehnen muß. Schon die Definition der
Koordinaten läßt dies erkennen: bezeichnet man etwa die Gleichung
$x^2 + y^2 = a^2$ als Ausdruck des Kreises, so muß man zuvor den
Sinn von x und y an der Figur bestimmt und erläutert haben.[5]
Der neue Kalkül bietet die Ableitung und Bestimmung der geometrischen Elemente selbst; er vereinigt damit die Vorzüge des
analytischen und synthetischen Verfahrens, indem er bei aller
Allgemeinheit seiner Prinzipien das Objekt der Geometrie in seiner Eigenart erhält. Jeder Ausdruck des Kongruenzkalküls enthält
unmittelbar die Anweisung auf eine bestimmte Konstruktion in
der Anschauung, während umgekehrt jeder Konstruktion eine bestimmte Formel der Rechnung entspricht. Der Begriff der Logik
umfaßte, wie wir sahen, die reinen »Formen« — unbekümmert darum, in welchem Material sie sich darstellen und verkörpern: es zeigt
sich nun, wie gerade diese Weite und Allgemeinheit der ursprünglichen Konzeption die Gewähr in sich enthält, daß jeder Inhalt in
seiner Besonderheit aufgenommen und anerkannt werden kann.

Schwieriger ist es, in einem kurzen Überblick über die einzelnen Systemglieder, sich die Bedeutung zu vergegenwärtigen, die
dem Grundgedanken der *Analysis des Unendlichen* für das Ganze
der Leibnizschen Philosophie zukommt. Denn hier stehen wir in
einem wahrhaften Mittelpunkte, von dem nach allen Seiten hin
gedankliche Richtlinien ausstrahlen. Diese Mannigfaltigkeit der *Folgerungen*, die allein den prinzipiellen Gehalt und Reichtum des ursprünglichen Prinzips vollständig erkennen lassen, wird erst nach

---

[5] Math. II, 30.

und nach in dem allmählichen Fortschritt der Leibnizschen Schriften und ihrem stetigen Übergang zu immer weiteren Problemkreisen zu lebendiger Anschauung kommen. (Siehe besonders Nr. 22). An dem Punkte, an dem wir uns jetzt befinden, gilt es zunächst, die Grundlagen der neuen Analysis in ihrem Zusammenhang mit den allgemeinen Bestimmungen zu betrachten, die die Entwicklung des Idealbegriffs der »Scientia generalis« uns darbot. Aus ihnen hat sich uns besonders *eine* Unterscheidung, eine erste grundlegende Abstraktion ergeben. Wir haben gelernt, die gedanklichen Formen und Operationen von den Inhalten, an denen sie ausgeübt werden, loszulösen und uns ihre Geltung gesondert zum Bewußtsein zu bringen. Die gesetzliche *Beziehung* erschien als das eigentliche Prius, das dem einzelnen konkreten Inhalt und seiner Bestimmtheit logisch vorangeht. Die Analysis des Unendlichen läßt sich als eine Übertragung dieses allgemeinen Gedankens auf die Probleme der *Größenlehre* betrachten. Sie stellt an die Spitze den *Begriff der Funktion*, der, während er zuvor nur in eingeschränktem Sinne verwandt wurde, von Leibniz zuerst in seiner universellen und selbständigen Bedeutung hervorgehoben wird. Das Objekt, um das es sich nunmehr handelt, sind nicht mehr einzelne, feste Größen und deren Vergleichung, sondern bestimmte *Bildungsgesetze* von Größen, die wir in ihrer relativen Abhängigkeit voneinander zu erkennen suchen. Und das Verfahren, das hier zur Anwendung kommt, läßt sich seinem *logischen* Ertrag und Ziele nach kurz dadurch bezeichnen, daß der einzelne Zustand der Veränderlichen, wie er an einer bestimmten Stelle besteht, aus dem umfassenden, ursprünglichen Gesetz abgeleitet wird, durch das wir den Gesamtprozeß und die Bildung der Größe beherrscht denken. So bietet sich hier eine neue Stufe in der Entwicklung des Verhältnisses der *Einheit zur Vielheit*: die Mannigfaltigkeit der möglichen Einzelfälle wird aus der *Identität einer Regel*, die wir zugrunde legen, bestimmt.

Aus dieser Fassung des Gedankens ergibt sich bereits die Hinleitung zu dem *Prinzip der Kontinuität*, das Leibniz überall als das eigentliche Fundament der neuen Rechnung behauptet und verteidigt. In ihm ist, wie er besonders hervorhebt, der Gehalt des Begriffs des »Unendlichkleinen« bewahrt, während die logische Vieldeutigkeit und Schwierigkeit dieses Ausdrucks vermieden ist. Denken wir uns eine Reihe veränderlicher Größen, die stetig ineinander übergehen, so fordert das Prinzip, daß es eine gemeinsame Gesetzlichkeit und eine einheitliche rechnerische Betrachtungsweise gibt, die zugleich für jedes Glied der Reihe *wie für deren Grenze* gilt. Sind z. B. zwei Größen gegeben, von denen die eine größer als die andere, und ist zwischen ihnen durch die Bedingungen des Problems ein bestimmtes Abhängigkeitsverhältnis gesetzt, so soll die Beziehung auch für den Fall der Annäherung beider Größen durch stetige Verminderung ihrer Differenz und schließlich für den Grenzfall der *Gleichheit* erhalten bleiben. Im selben Sinne, wie hier die Gleichheit als spezieller Fall in der Regel des Ungleichen befaßt ist, muß die wissenschaftliche Betrachtung überall versuchen, Begriffe, die in der ersten, unmittelbaren Auffassung einander entgegengesetzt erscheinen, durch eine stetige Reihe von Mittelgliedern zu verbinden und unter einer gemeinsamen methodischen Betrachtung zu vereinen.[6] Es ist somit zunächst ein reines *Postulat* der Erkenntnis, ein Ordnungsprinzip für unsere Begriffe, das im Stetigkeitsgesetz zum Ausdruck kommt. Der Begriff der *Grenze* selbst, wie die Forderung, daß die allgemeine Regel sich auf den Grenzfall erstrecken und anwenden lassen muß, hat in der Tat rein »ideale« Bedeutung und Geltung. Um ihn dennoch als Grundbegriff der Wirklichkeitserkenntnis zu brauchen, muß die logische Voraussetzung einer durchgehenden »Harmonie« zwischen Vernunft und Sinn notwendig hinzutreten. Das Fundamentalprinzip der Mathematik wird daher hier zu einer prägnanten Ausprägung des allgemeinsten »metaphysischen« Gedankens der Leibnizschen Erkenntnislehre: die wirklichen Dinge und Vorgänge erhalten ihren Zusammenhang und ihren Bestand in den ideellen, intelligiblen Ordnungen und Wahrheiten, die wir in uns selbst zu entdecken und aus dem eigenen Grunde des Bewußtseins zu begreifen vermögen.

Die Ausbildung der Mathematik und ihre Fortentwicklung zur Analysis des Unendlichen hat für die Philosophie, neben den man-

---

[6] Vgl. den Aufsatz, den Gerhardt als Anhang der Schrift *Historia et origo calculi differentialis* (Hannover 1846) veröffentlicht hat und die speziellen Beispiele und Ausführungen in Nr. 8.

nigfachen abgeleiteten Folgerungen und Resultaten, die sich von hier aus gewinnen ließen, einen unmittelbaren Ertrag ergeben: der *Begriff der Größe* ist zu neuer logischer Bedeutung und Vertiefung gelangt. Dieser Fortschritt betrifft nicht nur das System der Einzelwissenschaften und ihre gleichsam technische Erneuerung und Gestaltung, sondern greift auf das Ganze der philosophischen Grundanschauung über. Der Größenbegriff war es gewesen, der, indem er eine neue Art der Naturbetrachtung schuf, die prinzipielle Umgestaltung der Weltbetrachtung ermöglichte: die Zurückführung alles Geschehens auf rein quantitative Voränderungen bildete für Galilei wie für Descartes den Anfang und die Bedingung ihrer Fragestellung. Damit änderte sich der *Begriff des Seins* selbst: die Wirklichkeit konnte nicht mehr in den »Formen« und »Qualitäten« der Scholastik, sondern nur in den exakten mathematischen Gesetzen und in dem Gegenstand, auf den diese Gesetze bezüglich und anwendbar sind, befaßt werden. So wird für Descartes die Ausdehnung zur *Substanz*: die Geometrie bedeutet nicht nur das Mittel und die methodische Bedingung zur Naturerforschung, sondern sie gibt den Stoff und das Objekt her, aus dem die Welt des Wirklichen sich aufbaut. Die Größe stellt nicht nur die *Beziehungen* dar, durch die wir Realitäten messen und gesetzlich bestimmen, sondern sie ist der Gegenstand selbst und die Materie, aus der sich die körperlichen Dinge zusammensetzen. Denn sie allein ist der rationale und gedankliche »Rest«, der uns zurückbleibt, wenn wir im Körper nacheinander alle sinnlichen Qualitäten, alle sichtbaren wie tastbaren Bestimmungen aufgehoben denken.

Wir verfolgen hier nicht die Schwierigkeiten, die sich bei aller inneren logischen Konsequenz dieser Ansicht in ihrer weiteren Fortbildung und Anwendung ergaben. Nur dies eine ergibt sich schon an dieser Stelle: daß für Leibniz bereits der Ausgangspunkt der Betrachtung nach den Bedingungen, unter denen ihm das Problem erwuchs, ein anderer sein mußte. Ihm ist die Größe eine besondere *Form der Beziehung*, die innerhalb des Systems der möglichen gedanklichen Relationen ihre bestimmte Stelle und ihre relativ begrenzte Wirksamkeit besitzt. Sie bezeichnet somit nicht den absoluten Gegenstand, sondern — auch in ihrer höchsten Ausbildung — nur ein einzelnes Stadium auf dem Wege zu ihm, eine einzelne gedankliche Operation. Damit aber muß sich zugleich die Auffassung und Abschätzung des gesamten Inhalts, der von den Neueren allein unter dem Begriff und Namen der »Natur« gedacht wird, verändern. Der Inbegriff der materiellen Welt, der körperliche Stoff in seinen vielfältigen Gestaltungen und Bewegungen besitzt kein absolutes Dasein mehr: die Größe sowohl wie die Ausdehnung und Bewegung beziehen sich lediglich auf *Erscheinungen* und haben für sie allein Geltung. Es ist ein vieldeutiger Ausdruck, der uns damit zum erstenmal entgegentritt; er besagt zunächst nur, daß all jene Begriffe, die wir der mathematisch-physikalischen Betrachtung zugrunde legen, nur in Bezug auf ein *Bewußtsein*, das sie denkt, Bedeutung haben, daß sie in diesem Sinne rein *ideelle* Beziehungen, wie etwa die Zahlen der Algebra sind, nicht aber unmittelbar ein metaphysisches Sein ausdrücken oder verbürgen können. Raum und Zeit, in denen das Ganze der körperlichen Natur gefaßt und geordnet ist, sind »Ideen des reinen Verstandes«; ihr gesamter Gehalt muß sich somit vollständig aus ihrer ideellen *Bedeutung* entwickeln lassen.

Daher bildet wiederum die *Logik*, — in dem erweiterten und vertieften Sinne, in dem wir sie nunmehr kennen — die letzte Entscheidung über alle Fragen, die sich über das »Wesen« von Raum und Zeit aufwerfen lassen. Zwischen dem mathematischen und physikalischen Problem besteht hier die strengste Kontinuität; wie die Geometrie die Logik der Mathematik ist, so soll — nach einem Wort von Leibniz — die *Phoronomie*, die abstrakte Lehre von der Bewegung, die »*Logik der Physik*« werden.[7] Unter diesem Gesichtspunkt betrachtet aber ergibt sich zunächst eine erste und notwendige Festsetzung. Die Bewegung ist die *relative* Veränderung der Lage zweier Körper untereinander. Ohne die Angabe eines *Bezugskörpers*, relativ zu dem die Verschiebung erfolgt, verliert somit der Begriff jeden Sinn und jede Anwendung. Wie wir von der bestimmten Größe eines Körpers nur sprechen können, wenn wir irgendeinen festen Maßstab als Grundlage der Vergleichung in Gedanken haben, so enthalten die Begriffe des Ortes und der Ortsverände-

---

[7] *Pacidius Philalethi prima de motu philosophia* (1676); Opusc. et fragm., S. 597.

rung eine latente Beziehung auf ein derartiges gegebenes Vergleichssystem in sich. Alles, was wir beobachten können, ist lediglich eine *wechselseitige und umkehrbare* Verschiebung materieller Teile. In jedem System von Körpern, die ihre gegenseitigen Abstände nach bestimmten Gesetzen mit der Zeit ändern, steht es uns daher frei, eines der Elemente als Koordinatensystem beliebig herauszugreifen und darauf, während wir es selber als ruhend annehmen, alle Bewegungen zu beziehen. Die mannigfachen »Hypothesen«, die sich auf diese Art ergeben, sind einander alsdann — nach einem Grundsatz, den Leibniz an die Spitze seiner Dynamik stellt — logisch durchaus »äquivalent«; sie geben ein und dasselbe wirkliche Verhältnis nur in verschiedenem Ausdruck wieder. Eine einzelne Form kann vor den anderen somit wohl den Vorzug der »Einfachheit«, nicht aber den der unbedingten einzigartigen »Wahrheit« haben.[8] Leibniz führt diesen Gedanken zur letzten und schärfsten Konsequenz, indem er den Gegensatz zwischen dem Kopernikanischen und Ptolemäischen Weltsystem vom logischen Standpunkte aus aufhebt: es ist völlig dasselbe, ob man zur Darstellung der kosmischen Bewegungserscheinungen den Koordinatenmittelpunkt in die Sonne oder die Erde verlegt. Die erstere Darstellung ist nicht, im Gegensatz zu allen anderen, die eindeutige Wiedergabe des absoluten wirklichen Sachverhalts, sondern nur die beste und geeignetste Hypothese zur Erklärung und gesetzlichen Bestimmung der Phänomene. Sie enthält eben damit allerdings die höchste Art der Gewißheit, die in den Objekten der Erfahrung, die durchweg bloße Relationen darstellen, überhaupt erreichbar ist: die Wahrheit einer Annahme bedeutet hier nur ihre logische Begreiflichkeit und Brauchbarkeit zur Darstellung der gegebenen und zur Voraussage der künftigen Phänomene.[9]

In der Tat bietet die bloße Beobachtung der Erscheinungen und die exakte Zergliederung ihres Inhalts nichts dar, was uns über diese Auffassung hinausführen könnte. Die durchgängige und unaufhebliche *Relativität* aller Bewegung bleibt das letzte Wort der logi-

---

[8] *Dynamica*, Pars II, Sect. II, propos. 16; Siehe Math. VI, 484.

[9] Siehe Math. VI, 146. Anm. u. Phoranomus (Einleitung), Fragm. et opusc., S. 591 ff.

schen und erkenntnistheoretischen Analyse. Und dennoch regen sich gegen diese Lösung — heute wie zu Leibniz' Zeiten — immer von neuem Zweifel und Einwände. Die gesamte geschichtliche Entwicklung der Mechanik scheint ihr zunächst unmittelbar zu widerstreiten. Indem Newton in seinem Grundwerk die relative Bewegung, die unseren Sinnen allein zugänglich ist, von der absoluten Ortsveränderung scheidet, deren Feststellung das eigentliche Ziel der wissenschaftlichen Erkenntnis bilden muß, bringt er damit nur einen Gedanken zum inneren Abschluß, der von Anfang an von den Begründern der modernen Physik anerkannt und vorausgesetzt wurde. Wenn unter den verschiedenen Hypothesen, die zur Darstellung eines gegebenen Komplexes von Bewegungserscheinungen ersonnen werden können, keine *philosophisch* gültige Auswahl und Entscheidung getroffen werden kann, dann, scheint es, ist Galileis Kampf für das »wahre« Weltsystem, in dem die Verfassung des Universums mit eindeutiger Bestimmtheit umschrieben und festgestellt ist, ein Kampf um Schatten gewesen. Wenn die Begriffe des absoluten Raumes und der absoluten Zeit aus der Begründung der Physik ausscheiden müssen, so verlieren wir das gültige Bezugssystem für das *Beharrungsgesetz* und berauben somit diese erste Grundregel der Mechanik jeder begrifflichen Bestimmtheit. Denn der Gedanke, daß ein sich selbst überlassener Körper die Geschwindigkeit und Richtung seiner Bewegung gleichmäßig beibehält, ist nach der Art, wie er von Galilei formuliert und begründet wird, kein Erfahrungssatz, der etwa nur unter der Voraussetzung irgendeines bestimmten, *empirisch gegebenen* Bezugssystems gelten will, sondern eine allgemeine und rationale Forderung, die der Beobachtung der Erscheinungen zur Regel und Leitung dienen soll. Sein Inhalt aber schließt notwendig die Möglichkeit ein, jede Veränderung gedanklich auf ein System zu beziehen, das — wie der absolute Raum — als unbewegliches und dauerndes »Substrat« jeder Bewegung angesehen wird.[10] So weist uns allgemein die physikalische Betrachtung an diesem Problem den entgegengesetzten Weg wie die logische Analyse. Sie fordert — wie Newton dar-

---

[10] Näheres hierzu siehe z. B. bei C. Neumann, *Über die Prinzipien der Galilei-Newtonschen Theorie*, Leipzig 1870.

legt — nicht nur den *Begriff* der absoluten Bewegung, sondern vermag uns auch im empirischen Einzelfalle die Kriterien zu bieten, um diese zu erkennen und mittelbar in ihren Wirkungen aufzuzeigen. Insbesondere besitzen wir bei der Rotationsbewegung in dem Auftreten von Zentrifugalerscheinungen ein sicheres Kennzeichen, das uns die absolute und wahre Drehbewegung von der scheinbaren zu scheiden erlaubt.[11]

Der Kampf, den Leibniz und Newton um dieses Problem führen, erweist sich somit als ein Streit nicht zwischen Personen, sondern zwischen Denkrichtungen. Hierin besteht sein dauerndes Interesse und sein bleibender Wert. Die Argumente, die von beiden Seiten vorgeführt und die Folgerungen, zu denen sie entwickelt werden, haben nichts von ihrer sachlichen Kraft verloren; wir finden in ihnen im Keime die Gegensätze wieder, die sich noch heute ungeschlichtet gegenüberstehen. Überall sehen wir uns durch Leibniz' und Newtons Sätze in moderne Probleme mitten hineinversetzt: in Fragen, die nicht nur die Begründung der Physik, sondern darüber hinaus das Wesen und die allgemeine Methode der Erkenntnistheorie betreffen.[12] Und der geschichtliche Rückblick kann an diesem Punkte unmittelbar die sachliche Orientierung fördern und den Gesichtspunkt der Kritik bestimmen helfen. Die Diskussion, wie sie heute geführt wird, wird durchweg durch den ausschließenden Gegensatz zwischen »Empirismus« und »Rationalismus« bestimmt. Der Satz der durchgängigen Relativität der Bewegung wird als Beispiel und Bestätigung des allgemeinen Grundsatzes durchgeführt, daß alles Wissen einzig auf Erfahrungen zurückgeht und nur insofern Geltung hat, als es sich in unmittelbar gegebe-

[11] Newton, *Mathematische Prinzipien der Naturphilosophie.* Deutsch von Wolfers, Berlin 1872, S. 39 f.; vgl. unten Anm. 106.

[12] Ich verweise für das sachliche Studium dieser Fragen auf die moderne Literatur des Problems; siehe neben der angeführten Schrift von Neumann besonders: E. Mach, *Die Mechanik in ihrer Entwicklung,* 3. Aufl., S. 223 ff.; *Die Geschichte und die Wurzel des Satzes von der Erhaltung der Arbeit,* Prag 1872; Streintz, *Die physikalischen Grundlagen der Mechanik,* Leipzig 1883. L. Lange, *Die geschichtliche Entwicklung des Bewegungsbegriffs* in: *Wundts Philosophische Studien* III; P. Johannesson, *Das Beharrungsgesetz.*

nen Beobachtungen darstellen und beglaubigen läßt: die entgegengesetzte These pflegt umgekehrt aus den Begriffen des absoluten Raumes und der absoluten Zeit auf die Notwendigkeit überempirischer Elemente in der Grundlegung der Wissenschaft zu schließen. Die historische Betrachtung lehrt uns, daß dieser Zusammenhang, der häufig als selbstverständlich angesehen wird, nicht notwendig und nicht logisch gefordert ist. Denn hier sehen wir eine eigenartige Umkehrung des Verhältnisses. Newton, der das System und die Methode der »Experimentalphysik« vertritt, hält zugleich am Begriff des Absoluten fest, während auf der anderen Seite Leibniz das absolute Sein des *Gegenstandes* der Mechanik verwirft, um die notwendige und allgemeine Geltung ihrer *Begriffe* zu sichern. Die Einsicht, daß unsere wissenschaftliche Erkenntnis sich in der Setzung von Beziehungen erschöpft, bedeutet für ihn zugleich die Forderung, die Relationen, wie sie sich uns in der Erfahrung darbieten, auf letzte Vernunft-Grundsätze zurückzuführen und in ihnen begreiflich zu machen: der »Relativismus« selbst ist es, der den Rationalismus der Wissenschaft voraussetzt und fordert. Der neue Gesichtspunkt, der hier gewonnen und der Gegensatz, der mit ihm geschaffen wird, tritt innerhalb des Briefwechsels mit Clarke besonders in der Behandlung des *Kausalproblems* hervor. Hier zeigen sich deutlich die Anfänge der späteren Scheidung; vor allem läßt sich innerhalb der Diskussion der Punkt bezeichnen, von dem die Humesche Skepsis ihren Ausgang genommen hat. Auch für die Gesamtheit der übrigen Fragen enthalten diese Schriften reiche geschichtliche Anregungen: die methodische Fortbildung der Newtonschen Gedanken, wie sie in England z. B. durch Maclaurin, in Deutschland vor allem durch Euler erfolgte, hat immer von neuem an den Streit zwischen Leibniz und Clarke angeknüpft. Es war in der Tat Newton selbst, der hier seine philosophischen Grundansichten eingehender und zusammenhängender als in seinen sonstigen Schriften dargelegt hatte: die Entwürfe zu Clarkes Repliken haben sich in Newtons eigenen Manuskripten erhalten.

Wir versuchen an dieser Stelle nicht, die Grundfrage, um die es sich zwischen beiden Gegnern handelt, vom Standpunkt der modernen Erkenntniskritik zu erörtern. Auch die folgenden Erläuterungen sollen nur der Klärung und schärferen Hervorhebung beider

Ansichten dienen, nicht eine endgültige Entscheidung zwischen ihnen formulieren. In der scharfen Entgegensetzung, in der Dialektik, die sich hier zwischen der logischen und physikalischen Betrachtung auftut, liegt die eigentliche sachliche und didaktische Anregung, die sich aus diesen Schriften gewinnen läßt. In den Bemerkungen zu Clarkes letzter Entgegnung wurde versucht, den Leibnizschen Standpunkt gegenüber den Einwänden, die gegen ihn erhoben werden, nochmals zusammenfassend darzulegen: doch geschah auch dies nur, um die Frage selbst, nicht um ihre abschließende Lösung sachlich zu vergegenwärtigen.

Um das wissenschaftliche Hauptproblem rein herauszulösen, müssen wir es indes zuvor von dem mannigfachen metaphysischen und theologischen Beiwerk scheiden, in das es hier verstrickt ist. Clarke selbst ist, seinen eigenen positiven Leistungen wie Interessen nach, nicht Physiker, sondern Moralphilosoph und Theologe, der die neue Newtonsche Grundanschauung in erster Linie als Waffe gegen den Atheismus gebraucht. Es ist daher begreiflich, daß er die Newtonsche Gotteslehre, gegen die sich Leibniz erklärt hatte, immer wieder hervorhebt und in den Mittelpunkt der Untersuchung stellt. Indessen ist es nicht allein dieser äußere Umstand, der die Verbindung des Problems mit der spekulativen Metaphysik erklärt. In Newtons eigener Lehre und in den Bedingungen ihrer Entstehung war vielmehr dieses letztere Moment bereits überall gegeben. Raum und Zeit sind danach in ihrer absoluten Bedeutung »Attribute der Gottheit« — sie sind die notwendigen und unbedingten Formen, in denen sich die Allgegenwart Gottes wie die Unbegrenztheit seiner Dauer darstellt. Wir müssen diesen Gedanken, um ihn zu verstehen, zunächst dem spekulativen Gesamtzusammenhang einordnen, dem er entstammt. Sein geschichtlicher Ursprung liegt in der Lehre Henry Mores: in jener Doktrin, die allgemein das metaphysische und religiöse Denken in England gegen Ende des 17. Jahrhunderts bestimmte, und deren Nachwirkungen sich selbst noch bei den Systematikern des philosophischen Empirismus aufzeigen lassen.[13] Auch Henry More war zunächst

---

[13] Vgl. hierzu G. Hertling, *John Locke und die Schule von Cambridge*, Freiburg im Breisgau 1892.

von einer Kritik des Cartesischen Substanzbegriffs ausgegangen, indem er vor allem zu zeigen versuchte, daß dieser Begriff unfähig sei, die Erscheinungen des *Lebens* in sich darzustellen und zu erklären. Das Problem des Lebens fordert neue und eigene Mittel: um die Entstehung und Fortbildung der Organismen zu begreifen, müssen wir, über das bloß mechanische Geschehen und seine Gesetze hinaus, besondere tätige Formprinzipien annehmen, die den Stoff zweckmäßig nach sich gestalten und umwandeln. So war alle Entwicklung und alle Kraft der Natur wiederum in geistigen, stofflosen Wesenheiten gegründet. Das Dasein und die Bedeutung des »Immateriellen« zu erweisen, gilt von nun ab als die eigentliche Aufgabe und der Endzweck aller Philosophie. An dieser Stelle tritt der Begriff des Raumes in den Zusammenhang von Henry Mores Untersuchungen ein. Der leere Raum besitzt eine eigene und unzweifelhafte Existenz, ohne welche die Bewegung selbst, somit die Natur in der Gesamtheit ihrer Erscheinungen aufgehoben wäre. Dennoch steht das Sein, das ihm zukommt, in unmittelbarem Gegensatz zu der stofflichen Realität, die dem Körper eignet: es wird somit zum ersten und gültigen Zeugen für die Wahrheit und Notwendigkeit »immaterieller« Naturen. Und nun sehen wir, wie hier nacheinander alle *begrifflichen* Bestimmungen des Raumes in transzendente dingliche Eigenschaften verwandelt werden. Der Raum wird als ein einheitliches und unteilbares Ganzes gedacht; er gilt ferner als unbeweglich und unbegrenzt, als notwendig und unzerstörbar. In allen diesen Bestimmungen erweist er sich nicht nur überhaupt als realer, von unserer subjektiven Einbildung unabhängiger Gegenstand, sondern zugleich als dem höchsten Objekte wesensverwandt: es sind durchweg die Eigenschaften und Merkmale der göttlichen Natur, die wir in ihm wiederfinden. Diese Analogie wird von More im einzelnen durchgeführt und fortgesponnen. Wie sich die Einzeldinge, die sich zunächst in scharfer Sonderung gegenüberstehen, dennoch in unserer räumlichen Anschauung wieder zu einem Ganzen zusammenschließen, wie sie sich hier als Teile einer übergeordneten *Einheit* darstellen, so wird objektiv der absolute Raum zum Bindeglied zwischen der höchsten allgemeinen Substanz und den besonderen individuellen Dingen. Er ist das Mittel, durch das das Urwesen die zerstreute Gesamtheit der Objekte wieder umfaßt und durch das es auf sie einzuwirken vermag. Das räumliche Beisammen wird somit zum äußeren Ausdruck und Symbol des inneren, substantiellen Wesenzusammenhangs der Dinge. In diesem Gedanken, der, wie man sieht, derselben Quelle wie die Grundanschauung der *Mystik* entstammt und der besonders seit Beginn der Renaissance in mannigfachen Formen wieder lebendig geworden war, findet die Philosophie Henry Mores ihren Abschluß: »das geistige Objekt, das wir Raum nennen, ist nur ein schwaches und zerstreutes Schattenbild, durch das sich uns die Natur der ununterbrochenen göttlichen Allgegenwart in dem matten Scheine unseres Intellekts darstellt«; im gleichen Sinne, wie der Begriff der unendlichen Zeit, den wir in unserem Bewußtsein finden, der Ausdruck und Abglanz der göttlichen ewigen Dauer ist. [14]

Überall wo Newton — wie am Schluß seiner *Optik* und der *Mathematischen Prinzipien* — die *metaphysischen* Grundlagen seiner Gedanken bloßlegt, sehen wir ihn in engem Zusammenhang mit dieser mystischen Einheitsanschauung. Von hier aus erst erhält der Gedanke, daß der Raum gleichsam das »Sensorium« der Gottheit ist, in dem diese die Dinge wahrnimmt, seine volle Erklärung. Um sich der völlig getrennten Einzelobjekte wieder als Einheit bewußt zu werden, muß die göttliche Wesenheit mit ihnen zuvor insgesamt in eine Art unmittelbarer Gemeinschaft treten, sie muß sie durchdringen und ihnen innerlich »gegenwärtig« sein. Dennoch ist in all diesen Erwägungen bei Newton selbst die *methodische* Grenze streng gewahrt: die exakten Ergebnisse der mathematischen und experimentellen Forschung werden von den *hypothetischen* Annahmen über das letzte Wesen der Dinge prinzipiell geschieden und ihnen als unabhängiges eigenes Gebiet entgegengestellt. Bei Clarke indes, bei dem die theologische Tendenz überwiegt, bleibt auch diese Trennung nicht mehr in gleicher Strenge erhalten. Dies zeigt sich vor allem an seiner Behandlung des Grundproblems der Gravitation selbst, bei dem er sich, um die Fernwir-

---

[14] Siehe Henry More, *Enchiridion metaphysicum*, Pars I, Cap. VI, sowie *Antidoton adversus Atheismum*. Appendix. Chap. VII. (*Henrici Mori Cantabrigiensis Opera omnia*, London 1679).

kung begreiflich zu machen, wiederum auf die Möglichkeit einer *immateriellen* Vermittlung beruft. Denn eine völlig unvermittelte Wirkung gilt auch ihm als Widerspruch; er selbst formuliert in prägnanter Schärfe und Bestimmtheit den Satz, daß nichts da *wirken* könne, wo es nicht *ist* (II, 4). Das Bindeglied indes, das hier aus logischen Gründen verlangt wird, kann selbst nicht mehr körperlicher und mechanischer Natur sein: es besteht in der universalen geistigen Wesenheit, die das All erfüllt und in sich selbst zusammenhält. Dieser Ansicht kann Leibniz mit Recht die eigene methodische Einheitsanschauung entgegenstellen, die sich aus den Forderungen der *Erkenntnis* ergibt. Alle Ereignisse, sofern sie völlig verständlich und wissenschaftlich begreiflich sein sollen, bedürfen der Ableitung aus mathematischen und mechanischen Gründen: die Anrufung einer andersartigen, geistigen Instanz würde die Einheit unseres Wissens, und damit die Einheit der Erscheinungswelt selbst aufheben. Wenn Clarke sich in seiner letzten Entgegnung wiederum darauf beschränkt, die Attraktion — in Übereinstimmung Newtons eigenen Erklärungen — nur als »Phänomen« zu behaupten, über dessen »Ursache« die mathematische Naturwissenschaft nicht zu entscheiden habe — so ist damit der Streit im Grunde geschlichtet. Denn auch Leibniz hat in diesem Sinne die Newtonsche Physik überall anerkannt: was er bekämpft, sind — wie er in einem gleichzeitigen Brief an Bourguet ausspricht — nicht die Tatsachen dieser Physik, sondern »die Methode derer, die, wie ehemals die Scholastiker, Qualitäten zugrunde legen, von denen sich keine vernunftgemäße Rechenschaft geben läßt.«[15]

Allgemein sind somit die positiven Grundgedanken, von denen Leibniz in seiner *Dynamik* ausgeht, durch seine Anschauung über die *Methode* der wissenschaftlichen Erkenntnis bedingt. Wie er die Bewegung ihrem Begriffe nach dem Bereich der Phänomene zuwies, wie er nur diejenigen ihrer Bestimmungen zuwies, die sich durch Erfahrung und Beobachtung an ihr feststellen und bewahrheiten lassen, so ist ihm auch die Wissenschaft der Kräfte in erster Linie das Mittel, die gegebenen *empirischen Erscheinungen* zur Ein-

---

[15] Gerh. III, 580 (1715); Vgl. An Wolff (1710): *Briefwechsel zwischen Leibniz und Christian Wolff*, hg. von C. I. Gerhardt, Halle 1860, S. 126.

heit zusammenzufassen. Das Mittel hierzu kann nur in einem übergeordneten, allgemeinen Prinzip gefunden werden, das uns gestattet, alle Veränderungen, die in der Natur vor sich gehen, als spezielle Fälle einem gemeinsamen, zahlenmäßig ausdrückbaren *Grundgesetz* unterzuordnen. Von hier aus gewinnt Leibniz zuerst die allgemeine Fassung des Satzes der *Erhaltung der Energie*, der bei ihm nicht nur als ein Einzeltheorem der analytischen Mechanik, sondern als fundamentale Regel der gesamten Physik gedacht wird. Wie dieser Satz in seiner *Anwendung* durchweg auf die *Erfahrungswelt* beschränkt ist, so verlangt er zum Verständnis seines Ursprungs und zu seiner Begründung notwendig die Berufung auf die allgemeinen Vernunftprinzipien: er ist nur ein Korollar des Satzes vom Grunde und eine spezielle Folge, die sich aus den Forderungen der »Logik der Quantität« ergibt.[16] Der Gedanke der durchgängigen »Harmonie« zwischen Vernunft und Erfahrung, die rationale Durchdringung und Bewältigung des Stoffes, den allein die Induktion darzubieten vermag, ist daher hier am reinsten erfüllt. Im Erhaltungssatze wird das Universum der Erfahrung zuerst zu einer selbständigen Einheit, zu einem geregelten Inbegriff, der jeden Einfluß von außen, insbesondere den willkürlichen Eingriff »immaterieller« Faktoren ausschließt. Faßt man dieses allgemeine Ziel ins Auge, so gewinnen auch die Einzelsätze der Leibnizschen Dynamik ihren inneren und notwendigen Zusammenhang. Insbesondere findet von hier aus der Kampf gegen die Cartesische Physik und das *Kraftmaß*, das in ihr formuliert war, seine Erklärung: dieser Kampf bedeutet im Grunde nichts anderes, als den Versuch, den *Arbeitsbegriff*, der von Descartes in der *Statik* bereits zu umfassender Anwendung gebracht worden war, für das Gesamtgebiet der *Dynamik* und *Physik* zur Geltung zu bringen. In diesem Sinne hat Leibniz selbst seine Physik nicht als eine Umwälzung, sondern als Ergänzung und konsequente Fortbildung der Cartesischen betrachtet.[17]

Wie das Erhaltungsgesetz von Leibniz als notwendige Bedin-

---

[16] Näheres hierüber und zum Folgenden siehe E. Cassirer, *Leibniz' System in seinen wissenschaftlichen Grundlagen*, Kap. VI.

[17] Näheres hierzu siehe Anm. 189 und 204.

gung gedacht wird, um der reinen Mathematik Anwendung auf das Gebiet des Wirklichen zu verschaffen, so erweist sich auch der *Begriff der Kraft* selbst, den er zugrunde legt, als eine Fortsetzung und Weiterentwicklung rein mathematischer Gedankenreihen. Die Definition selbst, die Leibniz von seinem Begriffe gibt, schließt die Denkweise und Ausdrucksform der neuen Analysis des Unendlichen in sich. Wir sagen von einem Körper aus, daß er »Kraft« besitzt, sofern wir uns in einem gegebenen einzelnen Zeitmoment nicht nur die Richtung und Geschwindigkeit seines Fortschritts überhaupt bestimmt denken, sondern in dem momentanen Bewegungszustand auch die Bedingung der Fortsetzung der Bewegung und des gesetzlichen Überganges zu anderen Bestimmungen enthalten denken. Die Kraft ist der gegenwärtige Zustand der Bewegung selbst, sofern er zu einem folgenden hinstrebt oder einen folgenden im voraus in sich involviert (Gerh. II, 162). In dieser Darstellung des künftigen Gesamtverlaufs durch einen Einzelzustand, in dem wir das Gesetz des Fortschrittes involviert denken, finden wir den allgemeinen Gedanken des Kontinuitätsgesetzes wieder. (Siehe oben S. XIV f.). Zugleich weist uns indes die Forderung einer derartigen »Repräsentation des Mannigfaltigen in der Einheit« den Weg zu neuen Problemen der Leibnizschen *Monadenlehre*. Zuvor jedoch gilt es, sich die empirisch-wissenschaftliche Begründung des Kraftbegriffs unabhängig von diesen Beziehungen zu vergegenwärtigen: erst wenn diese empirischen Grundlagen in sich selbst gesichert sind, läßt sich die Bedeutung des Begriffs für das Ganze der Philosophie und Metaphysik ermessen.

Wenn in den Schriften zur Logik und zur Mathematik die allgemeine *Methode* der Leibnizschen Philosophie sich bestimmte und ausbildete, wenn in ihnen das abstrakte begriffliche Fundament des Systems abgesteckt wurde, so tritt uns beim Übergang zu den Problemen der Biologie die Leibnizsche Metaphysik zuerst in ihrer konkreten Gestalt und mit der Eigenart ihrer besonderen Prinzipien entgegen. Der Entwurf der *Characteristica universalis*, das Bemühen um eine allgemeingültige Methodik der *Forschung* und der *Beweisführung* hatte den *Ausgangspunkt* des Leibnizschen Denkens gebildet: seinen *Abschluß* aber erhält es erst, sobald es sich der Grundfrage nach dem *Ursprung* des *Lebens* zuwendet. Diese doppelte Richtung des Gedankens ist es, die Leibniz vor allem auszeichnet und die ihm seine geschichtliche Sonderstellung zuweist. Ein Blick auf seine Lehre genügt, um das alte Vorurteil zu zerstören, daß der mathematische »Rationalismus« notwendig ein Feind der geschichtlichen und entwicklungsgeschichtlichen Betrachtung sein müsse: daß ihm über der Entdeckung der allgemeinen *Formen* des Denkens das lebendige Geschehen in seiner Besonderheit und Fülle verloren gehe. Beide Interessen verschmelzen in der Begründung der Monadenlehre zu einer einzigen in sich einstimmigen Richtung des Denkens. Man kann Leibniz' philosophische Persönlichkeit nicht verstehen, solange man in ihr nicht die *Einheit* dieser verschiedenen Gesichtspunkte begreift. Eine Darstellung, die seine Lehre lediglich als die Durchführung eines obersten, *formal-logischen* Grundsatzes betrachtet, verfehlt deren Eigenart nicht minder als die traditionelle Ansicht, die in ihr wesentlich ein Produkt spekulativer Willkür sieht und sie von ihrer Verknüpfung mit der strengen Wissenschaft loslöst. Die universale »Denklehre« soll nicht in der Betrachtung abstrakter Schemen verharren, sondern zum Urgrund des Seins und des Lebens vordringen; aber sie wird auf der anderen Seite in ihm nicht ein völlig fremdartiges Problem finden, das alle ihre Kräfte überstiege, sondern ein neues Gebiet entdecken, das ihren eigenen Voraussetzungen konform ist und von ihnen aus erst seine Gestaltung und sein volles Licht empfängt.

Betrachtet man freilich die gewöhnliche Anschauung, die man von der Leibnizschen Philosophie zu besitzen pflegt und die auch in der Mehrzahl der wissenschaftlichen Darstellungen noch immer vorherrscht, so wird man in ihr wenig von diesem inneren Zusammenhang entdecken. Was sich uns hier darbietet, scheint mehr ein reizvolles Gebilde der ästhetischen Phantasie, denn ein deduktives Ergebnis wissenschaftlicher Forschung und Beweisführung zu sein. Alle die wohlbekannten Züge der *populären Metaphysik* finden sich hier, wie es scheint, vereinigt und zusammengefaßt. An die Stelle des einheitlichen, materiellen Kosmos, der von unverbrüchlichen mathematischen Gesetzen beherrscht wird, ist als die einzige echte und wahrhafte Wirklichkeit ein Geisterreich getreten: statt in durchgängig bestimmten, körperlichen Ursachen wird der Grund des Geschehens nunmehr in den Strebungen und Zwecken lebendiger »Substanzen« und Wesenheiten gesucht. So subtil die Ausführung dieses Gedankens auch sein mag: nur dem Grade nach scheint er sich dennoch von den primitivsten Denkgewohnheiten, die die *Wissenschaft* überall zu überwinden strebt, zu unterscheiden. Die naive Beseelung des Alls, die unmittelbare Hineinverlegung der Bewußtseinstatsachen in die äußere Wirklichkeit, die durch die Cartesische Philosophie überwunden war, scheint hier wiederum ihr Recht zu behaupten. Uns aber drängt sich nach allem, was wir über die *Grundlagen* der Leibnizschen Philosophie aus den Schriften zur Logik und Mathematik, zur Phoronomie und Dynamik und zur geschichtlichen Stellung des Systems wissen, nur die eine Frage auf: wie hängt diese bunte Phantasiewelt der Metaphysik mit dem *Ideal der Erkenntnis* zusammen, das Leibniz als Logiker und Mathematiker gezeichnet und das er der Wissenschaft seiner Zeit vorgehalten hat? Welches Band verknüpft die Prinzipien des *Wissens*, die zuvor festgestellt wurden, mit den Urprinzipien des Seins? Oder sollte das System der Harmonie, wie Leibniz es zu nennen liebt, einer solchen Verknüpfung ermangeln, sollten in ihm die beiden Gebiete einander fremd und unabhängig gegenüberstehen? Je mehr wir uns in diese Fragen vertiefen, um so verwickelter gestaltet sich uns die Leibnizsche Philosophie. Gerade diejenigen Züge, die die Leibnizsche Gesamtanschauung der populären Ansicht zunächst so verwandt erscheinen lassen, erweisen sich uns bei näherem Eindringen als problematisch und schwierig. Wir müssen, um hier zur Klarheit zu gelangen, die bestimmte historische Problemlage kennen lernen, aus der Leibniz' biologische Lehren erwachsen sind. Erst wenn dies geschehen, werden wir auch ein Urteil darüber gewinnen können, wie weit in den Zeitfragen, die Leibniz aufnimmt und weiterbildet, allgemeingültige Probleme wirksam sind, die noch heute für die moderne Entwicklungslehre bedeutsam und fruchtbar sind.

Die Ausbildung der wissenschaftlichen Naturansicht der neueren Zeit ist durch den Gegensatz gegen das Aristotelische System der »substantiellen Formen« bestimmt und geleitet. Wenn Aristoteles den inneren Urgrund alles Geschehens zu enthüllen gedachte, wenn er die ersten Anfänge bloßzulegen suchte, die alles Werden aus sich hervortreiben, so beginnt die moderne Wissenschaft mit der Selbstbescheidung, daß uns nichts anderes als die *Erscheinungen* selbst in ihren mannigfachen Verhältnissen gegeben sind, und daß die Aufgabe der Theorie sich darauf beschränkt, sie auf allgemeingültige, gesetzliche Ordnungen zurückzuführen und in ihnen zu »verstehen«. Nicht die absoluten, inneren Wesenheiten der Dinge und der Veränderungen, sondern nur die immanente Regel ihrer räumlichen Ordnung und ihrer zeitlichen Wiederkehr gilt es zu begreifen. Die wesentliche Aufgabe der Aristotelischen *Physik* lag darin, von den besonderen Phänomenen auf die allgemeinen *zwecktätigen Kräfte* zurückzuschließen, die sie bedingen und hervorbringen. Die gesamte äußere Wirklichkeit ward nunmehr in ein Spiel derartiger Kräfte umgedeutet: jede physikalische Veränderung war nur der Ausdruck einer inneren Wandlung, kraft deren die ursprüngliche »Form« des Dinges sich allmählich zu entfalten und zu verwirklichen strebt. Alles materielle Geschehen war damit als ein Ergebnis und ein Zusammenwirken bestimmter organischer *Triebe* gedacht, deren jeder auf die Hervorbringung einer besonderen *individuellen* Gestaltung gerichtet ist. Neben dieser Einsicht in die letzten wirkenden *Qualitäten*, die den Stoff beherrschen und nach ihrem Bilde formen, tritt die Frage nach der *quantitativen Bestimmtheit* und Gesetzlichkeit des Einzelgeschehens zurück: sie muß als äußerlich und geringfügig empfunden werden, wo man der letzten dynamischen Gründe aller Entwicklung gewiß und habhaft zu sein glaubt. Die Mannigfaltigkeit der Bewegungen, die die Erfahrung uns darbietet, beruht auf den qualitativen Gegensätzen der Stoffe, an denen sie auftreten: wie das Feuer seiner »Natur« gemäß nach oben strebt, so ist es den schweren Körpern innerlich eigentümlich, sich zum Mittelpunkt des Alls hinzubewegen und erst, wenn sie hier, in ihrem »natürlichen Ort« angelangt sind, zur Ruhe zu gelangen. Die Erde, der die Körper beim Falle zustreben, ist damit kraft apriorischer Erwägungen als ruhendes Zentrum der Welt erwiesen: kein empirischer Gegengrund scheint den *teleologischen* Schluß entkräften zu können, auf dem die Aristotelische Anschauung des Weltgebäudes ruht. Wie die neue astronomische Theorie sich dieser Auffassung gegenüber Schritt für Schritt ihren Boden erkämpfen mußte, ist bekannt, und dieser Kampf bildet zugleich eine der wichtigsten und reizvollsten

Entwicklungen in der Geschichte der modernen *Logik*. Selbst bei den Erneuerern der empirischen Forschung in der Renaissance ruht, bei allen Abweichungen im einzelnen, das Gesamtbild der empirischen Physik anfänglich noch durchaus auf der Annahme eines inneren Antagonismus, einer »Sympathie« und »Antipathie« von Kräften. Wie in dem Aufbau und der anatomischen Struktur eines Tieres die einzelnen Teile eine bestimmte wechselseitige Beziehung und eine unverrückbare Gliederung aufweisen müssen, so soll auch das All als ein lebendiger Organismus nach einem feststehenden Bauplan entworfen sein und nur aus ihm verstanden werden können. So werden auch jetzt noch Begriffe, die innerhalb der Biologie ihren Ursprung haben und die hier ihr relatives Recht besitzen, unbefangen für die Deutung der physikalischen Gesamterscheinungen verwendet. Der eigentliche *moderne* Kraftbegriff indessen entsteht in der *Abwendung* von den lockenden Analogien, die die Lebenserscheinungen uns darbieten. Bei William Gilbert zwar, dem Begründer der Theorie des Magnetismus, zeigt sich, so bestimmt er alle Erklärungen aus substantiellen Eigenschaften und »Verwandtschaften« verwirft, in diesem Punkte doch noch ein inneres Schwanken. Auch er, der der erste wahrhafte Vertreter moderner experimenteller Forschung ist, weiß die Konstanz der magnetischen Pole nicht anders als durch die Mitwirkung eines eigenen *seelischen* Faktors zu erklären. Bei Kepler jedoch vollzieht sich die entscheidende und endgültige Wendung, die von dem metaphysischen Formbegriff zum *Funktionsbegriff* der mathematischen Naturwissenschaft hinüberführt. Alle logischen Einzelphasen dieses Prozesses lassen sich bei ihm in voller Deutlichkeit verfolgen. In seinem Erstlingswerk, dem *Mysterium cosmographicum*, sind ihm die Gestirne noch beseelte Wesen, die von ihren führenden »Intelligenzen« in ihrem Umschwung erhalten und geleitet werden. Die Erwägung indes, daß die Ursache, die über die Planetenbewegung herrscht, *als Größe bestimmbar* ist, sofern sie sich proportional dem Abstand vom Bewegungsmittelpunkt ändert, führt dazu, sie rein als *physisches* Sein zu denken, ihr lediglich physische Merkmale zuzuordnen. Wo immer wir eine Erscheinung quantitativ zu fixieren und in zahlenmäßiger Abhängigkeit von andern zu begreifen vermögen, da haben wir damit ihr volles Sein und ihre wahrhafte natürliche Wesenheit ergriffen. Indem die mathematische Betrachtungsweise uns lehrt, die Wirkung aus der Ursache vollständig und *eindeutig* zu bestimmen, entzieht sie damit allen fremdartigen Kräften, die sich nicht als Größen aufzeigen und kontrollieren lassen, den Raum für ihre Betätigung. Der logische Zwang, der von der Mathematik ausgeht, bestimmt Kepler, wie er selbst es ausspricht, »von der Partei des *Geistes* zur Partei der *Natur* überzugehen«. Nicht in der Art eines göttlichen Lebewesens, sondern wie ein göttliches Uhrwerk will er nunmehr den Kosmos begreifen und darstellen. Der mathematische Begriff des Gesetzes entwurzelt den biologischen Begriff der Form und entzieht ihm jede Anwendung auf die Erklärung der Naturerscheinungen.[18]

Darf somit hier das Urteil in dem Widerstreit der beiden Betrachtungsweisen als entschieden gelten, so wird die Aristotelische Auffassung aus ihrem eigensten Gebiete, aus der Betrachtung und Deutung der *organischen* Natur, nur allmählich und mühsam zurückgedrängt. Der gedankliche Kampf, der um dieses Problem geführt wird, ist auch zu Leibniz' Zeit noch nirgends abgeschlossen. Immer von neuem wird versucht, sich der strengen »mechanischen« Begründung der Physiologie und Entwicklungslehre zu entziehen und die Notwendigkeit besonderer, zwecktätiger »Lebenskräfte« zu erweisen. Es ist vor allem die spiritualistische Mystik, wie sie sich im 17. Jahrhundert in Cudworth und More ausprägt, die in diesem Gedanken den letzten Halt gegen das siegreiche Vordringen der modernen, Cartesischen Denkart sucht. Ihre allgemeine Grundtendenz, mit der sie noch auf die Newtonsche Raum- und Gotteslehre gewirkt hat, ist uns bereits früher entgegengetreten. (Siehe S. XXXII f.) Wie danach die Ausdehnung selbst zu einer »geistigen« Wesenheit erhoben und als unmittelbares Attribut des göttlichen Seins gedacht wurde, so zeigt auch die biologische Theorie hier überall das Bestreben, Materie und Bewußtsein zu verschmelzen und in logischer Indifferenz ineinander aufgehen zu

---

[18] Die eingehende Darlegung dieses logischen Prozesses und die Belege für die obige Darstellung sind in meiner Schrift *Über das Erkenntnisproblem in der Philosophie und Wissenschaft der neueren Zeit*, Berlin 1906 gegeben. Siehe Bd. I, Buch 2, Kap. 2.

lassen. Die Zweckeinheiten, die in der Erzeugung und Entfaltung
der Organismen tätig sein sollen, werden selbst mit wichtigen
Grundbestimmungen des stofflichen Seins ausgestattet. Auch ihnen kommt ein *Dasein im Raume*, wenngleich keine *Raumerfüllung* zu: eine Gegenwart an einem bestimmten Orte, die sich jedoch
nicht, wie die der Materie, durch einen sinnlich wahrnehmbaren
Widerstand bekundet. So wird der Raum selbst mit einer bunten
Mannigfaltigkeit dieser immateriellen Wesenheiten bevölkert, die
als »hylarchische« Prinzipien jede aktive Bewegung der Körper leiten, selbst aber die Fähigkeit besitzen sollen, sich nach eigenem
Belieben auf ein größeres oder geringeres Volumen zusammenzuziehen und sich wechselseitig zu durchdringen.[19] So seltsam, ja widersinnig diese Lehre in ihrer weiteren Ausführung ausfiel — und
niemand hat sie entschiedener zurückgewiesen als Leibniz[20] — so
kann man sie sich doch vom geschichtlichen Standpunkt aus verständlich machen, wenn man die paradoxen Folgerungen erwägt,
zu denen die Cartesische Grundanschauung in der Beurteilung der
organischen Wirklichkeit mit innerer Notwendigkeit geführt hatte. Indem Descartes das Wesen des Naturkörpers in die *Ausdehnung* setzt, hat er damit die volle und unbedingte Herrschaft des
reinen mathematischen Denkens über die konkrete Wirklichkeit
proklamiert. Nunmehr darf von keinem geheimnisvollen »Inneren« der Naturdinge, von keinem rätselhaften Etwas in ihnen mehr
die Rede sein: das echte *Wissen* gibt uns zugleich den vollkommenen absoluten Gehalt des Seins. Die Geometrie verschafft uns nicht
nur die Kenntnis vereinzelter und zufälliger Bestimmungen, sie geht
nicht nur auf die Außenseite der Dinge, sondern sie vermittelt und
verbürgt uns ihre tiefste »substantielle« Natur. Der Satz, daß die
Ausdehnung *Substanz* ist, ist daher nur eine Abwandlung des rationalistischen Grundprinzips, wonach der *Gegenstand* der Erkenntnis in den Mitteln und Prinzipien des Wissens aufgehen und
ihnen nach allen seinen Merkmalen völlig durchsichtig sein muß.
Um die Wesenheit des organischen Körpers zu bestimmen, bleibt

[19] Siehe hierzu Anm. 131.
[20] Siehe den Briefwechsel mit Clarke, 5. Schreiben, 48, S. 136.

uns daher kein anderer Weg, als zu fragen, was uns an ihm allein und vollkommen *erkennbar* ist. Und hier sehen wir denn, daß sich der unmittelbaren Anschauung nichts anderes darbietet, als was uns auch sonst in den Naturphänomenen entgegentritt: eine mannigfaltige und geregelte Folge von Bewegungen. Wenn wir diesen Bewegungen bestimmte innerliche Zustände, wenn wir ihnen Empfindung und Gefühl entsprechen lassen, so ist dies lediglich eine Folge voreiliger Assoziation, die die exakte Analyse nirgends zu rechtfertigen vermag. Auch der tierische Körper ist nichts anderes als ein Gebilde und ein Vorwurf der — *Geometrie*. Seine Bewegungen werden durch die Ausdehnung und Zusammenziehung der »Lebensgeister« geleitet, die, aus den Teilen des Blutes entstanden, als ein subtiles, jedoch rein stoffliches Medium das Gehirn und die übrigen Organe erfüllen. Die Konsequenz dieser Anschauung ist, daß den Tieren nicht nur eine immaterielle, unteilbare »Seele«, sondern daß ihnen auch die *Empfindung*, sofern darunter ein *bewußter*, psychologischer Zustand verstanden ist, abgesprochen wird. Am bündigsten findet sich diese Folgerung bei Malebranche formuliert: Der Gegensatz zwischen Peripatetikern und Cartesianern betrifft — wie er ausführt — nicht die Begriffsbestimmung der Seele, sondern er besteht darin, daß jene die Tiere für fähig halten, Lust und Schmerz zu empfinden, Farben zu sehen, Töne zu hören, kurz dieselben Wahrnehmungen und Affekte wie wir zu besitzen, während eben dies von den Cartesianern geleugnet wird. Was wir das »Leben« der Tiere nennen, das geht völlig in stofflichen Veränderungen auf: der Impuls, der von den sinnlichen Eindrücken ausgeht, löst, wenn er zum Gehirn weitergeleitet wird, hier bestimmte rein reflektorische Bewegungen aus, die sich ihrerseits wieder in mechanische Wirkungen auf die Muskel umsetzen. »So gibt es in den Tieren weder Verstand noch Bewußtsein in dem Sinne, in dem man es gewöhnlich versteht. Sie essen ohne Lust, sie schreien ohne Schmerz, sie wachsen, ohne es zu wissen: sie begehren nichts, sie fürchten nichts, sie erkennen nichts; und wenn sie in einer Weise handeln, die Verstand bekundet, so kommt dies daher, daß Gott zum Zwecke der Selbsterhaltung ihren Körper so eingerichtet hat, daß sie rein maschinenmäßig und ohne Furcht alles meiden, was sie zu vernichten droht.«[21] Die geschichtliche *Antithese*, die wir in ihrer Entstehung verfolgt haben, hat hier ihren Höhepunkt erreicht. Wenn die spekulative Naturbetrachtung älterer und neuerer Zeit den Vorgang des Wirkens nur unter der Voraussetzung einer durchgängigen *Beseelung* des Alls verständlich findet, wenn sie sich zur Erklärung einer jeden, scheinbar noch so äußerlichen, *kausalen* Verknüpfung zwischen den Teilen der Welt zur Anschauung des Universums als eines einzigen, lebendigen Organismus gedrängt sieht, so gilt hier das Umgekehrte: die Natur muß entseelt werden, wenn sie der verstandesmäßigen Einsicht völlig zugänglich und unterworfen werden soll. Das logische Prinzip des Idealismus selbst führt hier zu einer schroffen und unvermittelten Trennung von »Natur« und »Geist«: die *Wissenschaft* erkennt den Begriff und das Problem des *Lebens* unter keiner anderen Form als der des reinen Selbstbewußtseins und des reinen Denkens an.

Ist aber damit wirklich das letzte Wort in der Entwicklung des idealistischen Grundgedankens gesprochen? Gibt es kein Mittel, von ihm aus bis unmittelbar zu den Fragen, die der Organismus an uns stellt, zu dringen und sie unbefangen und ohne künstliche Umdeutung auf uns wirken zu lassen, ohne doch der strengen Forderung *geometrischen* Begreifens untreu zu werden? Müssen wir die Wirklichkeit des *Lebens* berauben, um ihr den Charakter unverbrüchlicher *Gesetzlichkeit* wahren zu können? Mit dieser Frage setzt Leibniz' Metaphysik ein, und von hier aus bestimmt sich die durchgehende Richtung ihrer Betrachtung. Daß alle »Kräfte«, die wir etwa ersinnen mögen, der Herrschaft und dem Schema der *Geometrie* unterstehen, das steht für den Logiker und Mathematiker Leibniz von allem Anfang an fest. Es erscheint ihm müßig, darüber zu streiten, ob es tätige Prinzipien gebe, die neben den »mechanischen« Ursachen in das Ganze des Geschehens eingreifen: genug, daß wir ihre Wirksamkeit, daß wir eine Erscheinung, die sich aus Größe, Gestalt und Bewegung nicht erklären ließe, niemals *verstehen* könnten, selbst wenn ein Engel vom Himmel herabkäme,

---

21 Malebranche, *De la recherche de la vérité*. Livre sixième: *De la méthode*, 2ᵉ partie, chap. 7. Vgl. besonders Descartes, *Correspondance*, éd. Adam/Tannery IV, S. 573 ff. u. V, S. 275 ff. (Brief an Henry More).

um sie uns begreiflich zu machen.[22] Wir haben einen Entwicklungsprozeß *erkannt*, wenn wir jede neue Phase in strenger funktioneller Abhängigkeit aus der vorangehenden abzuleiten vermögen: diese Einsicht ist aber nur dort erreichbar, wo eine feste *quantitative Regel* die mannigfachen Zustände beherrscht und aneinanderbindet. Der Gedanke, daß ein Geist, der einen momentanen Zustand des Alls völlig durchschaute, in ihm zugleich die gesamte Zukunft übersehen und nach mathematischen Regeln berechnen könnte: dieser Gedanke, den die moderne Diskussion fälschlich auf Laplace zurückzuführen pflegt, stammt in Wahrheit von Leibniz her und ist von ihm allseitig und rückhaltlos durchgeführt worden. Wie die Gleichung einer Kurve uns diese in ihrem ganzen Verlauf und in all ihren begrifflichen Merkmalen darstellt, so sind alle Bestimmungen des Universums derart miteinander verknüpft, daß das Wissen in jeder einzelnen von ihnen die Gesamtheit der übrigen mitbesitzt.[23] Der metaphysische Begriff des Fatums wird von Leibniz in den Erkenntnisbegriff der eindeutigen Bestimmtheit alles Geschehenen umgewandelt. »Daß alles durch ein festgestelltes Verhängnis herfürgebracht werde, ist ebenso gewiß, als daß drey mal drey neun ist. Denn das Verhängnis besteht darin, daß alles an einander hänget wie eine Kette, und eben so unfehlbar geschehen wird, ehe es geschehen, als unfehlbar es geschehen ist, wenn es geschehen. Hieraus sieht man nun, daß alles mathematisch, das ist ohnfehlbar zugehe in der ganzen weiten Welt, so gar, daß wenn einer eine gnugsame Insicht in die inneren Theile der Dinge haben könnte und dabey Gedächtniß und Verstand gnug hätte, umb alle Umstände vorzunehmen und in Rechnung zu bringen, würde er ein Prophet seyn, und in dem Gegenwärtigen das Zukünftige sehen, gleichsam als in einem Spiegel. Denn gleichwie sich findet, daß die Blumen, wie die Thiere selbst schon in den Saamen eine Bildung haben, so sich zwar durch andere Zufälle etwas verändern kann, so kann man sagen, daß die ganze künftige Welt in der gegenwärtigen stecke und vollkommentlich vorgebildet sey, weil kein Zufall

---

[22] Siehe Leibniz' Brief an Conring (1678), Gerh. I, 197

[23] Siehe hierzu vor allem den Brief an Varignon über das Kontinuitätsprinzip (Nr. 22).

von außen weiter dazu kommen kann, denn ja nichts außer ihr.«[24] In diesen Sätzen, die uns die ausnahmslose Allgemeingültigkeit des Kausalgesetzes so scharf und eindringend vor Augen stellen, liegt doch zugleich der Hinweis auf ein neues Problem. In den organischen Bildungen, die wir beobachten, tritt uns die »Materie« niemals als die in sich gleichförmige und undifferenzierte Masse entgegen, als welche sie in der Cartesischen Physik definiert wird, sondern immer müssen wir sie hier bereits mit bestimmten spezifischen Merkmalen begabt denken. Es genügt nicht, in ihr nur das gleichgültige Substrat für beliebige Bewegungen zu sehen, die an sie herantreten. Das Produkt, das aus ihr entsteht, wird nicht in erster Linie durch die äußeren Kräfte bestimmt, die auf sie einwirken, sondern durch ihre eigene, ursprüngliche Beschaffenheit. Soweit wir die Analyse auch zurücktreiben, wir können die Entstehung dieser oder jener Pflanze, dieses oder jenes bestimmten Tieres immer nur damit erklären, daß wir die Materie, die wir zugrundelegen, bereits in irgendeiner Weise »organisiert« denken, d. h. daß wir alle Kräfte in ihr in einer bestimmten, eindeutigen *Richtung* wirksam denken, der gemäß sie immer wieder ein gleichartiges Gebilde von ein und demselben Artcharakter bestimmen. Das Wachstum der organischen »Keime« erfolgt nicht durch den einfachen Zuschuß beliebigen fremden Stoffes, sondern besteht in einer »Assimilation« und Umbildung der äußeren Energien, die sie dem eigenen Wesen konform macht. Es wäre durchaus unberechtigt, wenn wir, um diese Umbildung zu erklären, besondere gestaltende Kräfte, eigentümliche »plastische Naturen« erdenken wollten. Damit wäre nicht mehr als ein *Name* gewonnen, der die eigentliche Schwierigkeit nur verdecken, nicht beheben würde. In der Tat handelt es sich vorerst noch gar nicht um die metaphysische *Theorie*, die dies etwa zu bewerkstelligen vermöchte, sondern lediglich um das *Faktum*, das die Betrachtung der organischen Wirklichkeit uns darbietet. Das Sein zerlegt sich uns nunmehr in durchgängig *individualisierte* Teile des Stoffes und in gesonderte, unterschiedene Entwicklungsreihen, die in der Abfolge ihrer Zustände zwar alle den allgemeinen Bewegungsgesetzen gehorchen, aber

24 *Von dem Verhängnisse*, siehe Hauptschriften II, Nr. 24.

durch sie nicht schon vollständig in ihrer Eigenart bestimmt sind.

Wenn daher Descartes für seine Entwicklungslehre ein reines System der *Epigenesis* konstruiert hatte, wenn er die *Entstehung* des Organismus lediglich aus der Wirkung äußerer Reize und dem Hinzutreten äußerer Materie zu dem an sich selbst bestimmungs- und eigenschaftslosen »Samen« denkt, so muß Leibniz zu dem allgemeinen Gedanken der *Präformation* zurückgreifen. Alle Veränderungen, die ein Lebewesen jemals eingehen, alle Eigenschaften, die es erwerben kann, sind in dem Keime, aus dem es sich entfaltet, bereits enthalten und vorgebildet. Nichts ist hier wahrhafte und völlige Neuschöpfung: was wir die Entwicklung einer Pflanze oder eines Tieres nennen, ist nur ein Heraustreten und Sichtbarwerden all der Charaktere und Anlagen, die in ihm eingeschlossen lagen. Der spekulative Gedanke, den Leibniz hier vertritt, hat seither in der empirischen Wissenschaft eine lange und wechselvolle Geschichte erfahren. Während er im 18. Jahrhundert, insbesondere durch den Einfluß Bonnets und Albrecht v. Hallers in unbeschränkter Geltung stand, schien er, seitdem die grundlegenden Untersuchungen in Caspar Friedrich Wolffs *Theoria generationis* allgemeiner bekannt und gewürdigt wurden, eine Zeitlang endgültig widerlegt und überwunden. Die Tatsachen der Ontogenese, die sich aufzeigen und beobachten ließen, drängten nunmehr wiederum auf die epigenetische Theorie zurück: der fertige Organismus war, wie sich zeigte, im Ei nicht in der Art eines »Miniaturbildes« enthalten, sondern entstand aus einer fortgesetzten Reihe von *Neubildungen* und trat in Gestaltungen, die von den späteren Organen gänzlich verschieden waren, hervor. Dennoch hat gerade die moderne Entwicklung der Biologie bewiesen, daß — so sicher die Einzelerfahrungen waren, auf die C. F. Wolff seine Theorie der Generation baute — ihre theoretische *Deutung* und Auslegung keineswegs nur in einer Richtung möglich ist. »Wolffs Epigenesis« — so bemerkt August Weismann — »hat die Theorie Bonnets so völlig aus dem Feld geschlagen, daß bis in die neueste Zeit hinein Epigenesis allein als wissenschaftlich berechtigte Theorie betrachtet wurde, und eine Rückkehr zur Evolution als Rückschritt gegolten haben würde, als Umkehr zu einer glücklich überwundenen Periode der Phantasterei. Ist mir doch in bezug auf meine eigene evolutionistische

Theorie zugerufen worden, die Richtigkeit der Epigenese sei unerschütterlich begründet, sie sei eine Tatsache, man sähe sie ja vor sich gehen! *Aber was ist denn hier Tatsache?* Doch wohl nur das Aufeinanderfolgen zahlreicher verschiedener Entwicklungsstufen ... dann das Nichtvorhandensein des von Bonnet vermuteten Miniaturbildes im Ei. Über beides kann allerdings heute kein Zweifel mehr sein. Damit ist aber noch keine *Entwicklungstheorie* gegeben, *denn Theorie ist nicht die Beobachtung einer Erscheinung oder Erscheinungsreihe, sondern die Erklärung derselben.*«

Wie gestaltet sich nun diese Erklärung nach unserer heutigen wissenschaftlichen Auffassung? Es sei erlaubt, Weismanns eigene Theorie hier in ihren Grundzügen wiederzugeben: der Leser, der mit den Problemen der modernen Entwicklungslehre vertraut ist, wird in ihr am leichtesten den Schlüssel für das Verständnis des eigentümlichen Leibnizschen Standpunktes gewinnen. Wenn wir die Entstehung eines ausgebildeten Organismus aus seiner Keimzelle begreifen wollen, wenn wir weiterhin verstehen wollen, wie ein bestimmtes Lebewesen seine spezifischen Eigentümlichkeiten auf seine Nachkommen vererbt, so bieten sich uns zwei Wege der Betrachtung dar. Entweder nämlich denken wir die letzte biologische Grundeinheit, die den ganzen Organismus repräsentiert und virtuell in sich enthält, aus gleichen oder verschiedenen Teilen derart zusammengesetzt, daß keiner derselben eine feste Beziehung zu Teilen des fertigen Tieres hat — »oder wir denken sie uns zusammengesetzt aus einer Menge verschiedenartiger Teilchen, von welchen jedes in Beziehung zu bestimmten Teilen des fertigen Tieres steht, also gewissermaßen die *Anlage* desselben vorstellt, ohne daß aber irgendeine Ähnlichkeit zwischen diesen Anlagen und den fertigen Teilen da zu sein braucht.« Die erstere Annahme, die z. B. Herbert Spencer vertritt, stellt die moderne Umgestaltung der Theorie der Epigenesis, die zweite, zu der Weismann sich bekennt, die *Erneuerung der Evolutions- und Präformationslehre* dar. Denkt man sich ein homogenes, in sich unterschiedsloses »Keimplasma«, so bleibt nichts übrig, als alle Verschiedenheiten der Organe, die aus ihm hervorgehen, aus der verschiedenartigen Einwirkung äußerer Einflüsse, der Temperatur, der Luft, des Wassers, der Schwere wie der Lagebeziehungen der Teile abzuleiten. Damit aber kann allen

falls das Wachstum des individuellen Keimes, nicht aber können
die Grundtatsachen der *Vererbung* und der gesamten phylogeneti-
schen Entwicklung und Umbildung erklärt werden. Um uns diese letzteren zum Verständnis zu bringen, um Ontogenese und Phy-
logenese nach einheitlichen Prinzipien zu begreifen, sehen wir uns
vielmehr dazu gedrängt, im Keimplasma eine Menge »differenter,
lebender Teilchen« anzunehmen, von welchen jedes in Beziehung
zu *bestimmten* Zellen oder Zellarten des zu bildenden Organismus
steht. Das Keimplasma, das uns in der unmittelbaren Anschauung
als gleichartiges, ungesondertes Ganze erscheint, müssen wir, durch
gedankliche Notwendigkeiten gezwungen, in eine Mehrheit unter-
schiedlicher *Anlagen* zerlegen, die die Existenz eines jeglichen bestimmten Teils des Organismus ermöglichen und seine Natur im
voraus *bestimmen*. Wären die einzelnen Merkmale des ausgebildeten Lebewesens nicht in dieser Art bereits durch irgendwelche qualitativen Eigentümlichkeiten des Keimes gesetzt und in ihnen
implizit ausgedrückt, so ließe sich nicht einsehen, wie sie sich, in
all ihrer scheinbar zufälligen Besonderheit, auf die Nachkommen
übertragen könnten. Wir müssen daher das Keimplasma aus ebenso vielen verschiedenen Bestimmungsstücken oder »Determinanten« zusammensetzen, »als es selbständig und erblich variable
Bezirke am fertigen Organismus gibt, seine sämtlichen Entwick-
lungsstadien mit eingeschlossen.« Daß jede dieser Determinanten
zu ihrer Entfaltung bestimmter äußerer Reize als Auslösung bedarf und daß auch das fertige Gebilde durch diese beeinflußt und
mitbestimmt wird, kann hierbei in weitestem Umfang zugestanden werden: trotzdem aber ist daran festzuhalten, daß die materielle Ursache einer Bildung nicht in diesen *Bedingungen ihres
Hervortretens,* sondern in der *Anlage* zu suchen ist, welche die betreffende Zelle oder Zellengruppe vom Keim her überkommen hat,
und die sie ihrerseits an die folgenden Generationen weitergibt. »So
werden wir« — wie Weismann seine Theorie zusammenfaßt — »von
allen Seiten darauf hingewiesen, daß die Keimsubstanz ihre wunderbare Entwicklungskraft nicht bloß ihrer chemikalisch-physi-
kalischen Beschaffenheit im ganzen verdankt, sondern dem Umstand, daß sie aus zahlreichen und verschiedenartigen »Anlagen«
besteht, d. h. aus Gruppen *lebendiger* Einheiten, mit den Kräften

des Lebens ausgerüstet, fähig, aktiv und in spezifischer Weise einzugreifen, oder aber auch fähig, in passivem Zustande latent zu verharren, bis der auslösende Reiz sie trifft und eben dadurch imstande, sukzessiv in die Entwicklung einzugreifen. *Die Keimzelle kann nicht bloß ein einfacher Organismus sein, sie muß ein Bau von sehr verschiedenen Organismen oder Einheiten sein, ein Mikrokosmos.*«

Wie die Begründung dieses Satzes sich im einzelnen gestaltet, soll hier nicht ausgeführt werden: ich verweise den Leser hierfür auf Weismanns Werk selbst, das, gerade unter philosophischen Gesichtspunkten, interessant und anregend ist.[25] Auch soll hier nicht etwa versucht werden, Leibniz' biologische Theorien unmittelbar mit denen Weismanns in Parallele zu stellen: hieße doch dies, die ganze fruchtbare Entwicklung, die die Biologie seit Darwins Grundwerk erfahren hat, vernachlässigen. Wohl aber kann dies behauptet werden: daß das allgemeine Problem, von dem Leibniz seinen Ausgang genommen hat, in Weismanns Keimplasmatheorie zu neuem Leben erweckt worden ist. Und auf den Wert und die fortdauernde Kraft der *Fragestellung* kommt es vor allem an, wenn wir einem Gedanken seine Bedeutung innerhalb der Geschichte der Philosophie zuweisen wollen. Was Leibniz hier mit der modernen Wissenschaft verbindet, das ist ein *spekulativer* Grundzug. Auch Weismann wird zu seiner Annahme nicht durch die unmittelbare sinnliche Beobachtung hingeführt — die »Determinanten« hat man, wie er betont, weder *gesehen*, noch wird man sie jemals sehen — sondern er gelangt zu ihr auf Grund des *logischen* Bedürfnisses, eine einheitliche Hypothese für die mannigfachen Erscheinungen der individuellen Entwicklung und der Stammesgeschichte zu gewinnen. »Die rohe, gewissermaßen zufällige Beobachtung bringt uns allein nicht weiter; sie muß *von dem Gedanken geleitet, und damit auf ein Ziel gerichtet sein.*« Aus solcher intellektuellen Stimmung ist auch die Theorie von Leibniz hervorgegangen. Die »Präformation« bedeutet ihm keineswegs, daß die einzelnen Teile des Organismus in irgendeiner *dinglich-bildlichen* Form im Samen eingeschlossen sind, daß

---

[25] A. Weismann, *Vorträge über Deszendenztheorie*, 2 Bände, 2. Aufl., Jena 1904. Siehe besonders den 17.–19. Vortrag. — Vgl. auch Weismanns frühere *Aufsätze über Vererbung*, Jena 1892.

sie in ihm irgendwie konkret und *gegenständlich* schon vorhanden seien und nur der Entfaltung bedürften, um sichtbar zu werden. Jede solche Deutung würde dem eigentlichen Sinn und dem Ursprung seines *Kraftbegriffs* widerstreiten, dessen Gehalt, wie er beständig hervorhebt, niemals durch die Sinne und die Phantasie, sondern allein durch das *Denken* zu erfassen ist. An dieser Stelle müssen wir uns den Zusammenhang mit der *Mathematik* vergegenwärtigen, der für Leibniz' Grundanschauung wesentlich ist. Wie das unendlichkleine »Element« das Gebilde, dem es zugehört, begrifflich *vertritt* und in allen seinen Eigenschaften *repräsentiert*, ohne ihm doch irgendwie »ähnlich« oder sinnlich vergleichbar zu sein, so haben wir auch zwischen dem fertigen Organismus und dem Samen, aus dem er entsteht, nicht irgendeine Übereinstimmung im Sinne der Anschauung zu suchen. Der Same trägt die dynamischen *Bedingungen* der künftigen Gebilde, nicht aber diese Gebilde selbst im verkleinerten Maßstab in sich. Gerade dieser Umstand ist es, der schon in Leibniz' allgemeiner *Definition der Kraft* zum Ausdruck kommt: tätig und kraftbegabt heißt uns ein einzelnes Element oder ein Moment des Geschehens, wenn wir es nicht für sich und losgelöst betrachten, sondern es zugleich als *Bedingung künftiger Veränderungen* denken, wenn wir es uns somit nicht nur in einer ruhenden Anschauung vor Augen stellen, sondern es nach seiner Fortwirkung in der Zeit betrachten.[26] Im physikalischen Sinne wurde die Kraft als »der gegenwärtige Zustand selbst« bestimmt, »sofern er zu einem folgenden hinstrebt oder einen folgenden im voraus involviert«.[27] Diese allgemeine Bedeutung bleibt erhalten; wenn es indes in der Physik genügte, daß der Folgezustand mit dem vorangehenden durch eine *quantitative* Gleichung verknüpft war, so tritt jetzt die weitere Bedingung hinzu, daß er zugleich eine Erhaltung und Weiterführung seiner besonderen *qualitativen* Eigenart ist.

Wenn daher Leibniz den Grundeinheiten, aus denen der Organismus sich aufbaut, die Eigenschaft des Lebens zuspricht, so versteht er auch dies zunächst durchaus nur in demselben Sinne wie die moderne biologische Wissenschaft: »lebendig« heißt ihm ein

---

[26] Näheres hierzu siehe S. XXXVIf. sowie Anm. 194.

[27] Aus den Briefen an de Volder; siehe Hauptschriften II, Nr. 30.

materielles Teilchen, sofern ihm die Fähigkeit zusteht, sich zu ernähren, sich fortzupflanzen und sich fremden Stoff zu assimilieren. Allerdings ist jetzt, nachdem unsere Anschauung vom Kosmos und seiner äußeren Gliederung sich gewandelt und vertieft hat, auch die Frage nach der *Bewußtheit* in ein neues Stadium der Betrachtung gerückt. Der Körper der abstrakten Mechanik, der lediglich als ein passiver Teil der homogenen, stetigen »Ausdehnung« bestimmt wurde, hat sich uns als bloße methodische Fiktion erwiesen — was uns die *Wirklichkeit* darbietet, sind allenthalben organisierte Teile, denen eine spezifische Richtung der Entwicklung vorgezeichnet ist. (Siehe oben S. XLVII f.) Dieser Fortschritt von einem Zustand zum andern, diese Umbildung zu immer erneuten Gestalten aber, die sich uns jetzt innerhalb der Materie zeigt, deckt in ihr eine Eigentümlichkeit auf, die wir sonst allgemein dem *Bewußtsein* zuzusprechen pflegen. In der Tat wird gerade dies seit jeher als auszeichnendes Merkmal des Bewußtseins angesehen: daß es bei keiner seiner Bestimmungen passiv verharrt, sondern in ununterbrochener Selbstentfaltung und Selbstbewegung zu neuen Inhalten fortzugehen trachtet. So entdeckt sich uns unter diesem Gesichtspunkt ein neuer Zusammenhang zwischen den beiden Enden des Seins, die Descartes streng und prinzipiell zu scheiden gedachte. Die Kluft zwischen der »ausgedehnten« und der »denkenden« Substanz ist überbrückt: *jeder stofflichen Veränderung innerhalb eines Organismus dürfen wir allgemein ein Analogon von Empfindung und Bewußtheit, jeder spezifisch ausgeprägten, biologischen Entwicklungsreihe dürfen wir eine zugehörige Bewußtseinseinheit entsprechen lassen.* Nicht derart ist der Zusammenhang zu denken, daß das Bewußtsein als lebenspendende Macht von außen an die Materie heranträte, oder daß es als zwecktätige Intelligenz ihre Entwicklung leitete und beherrschte: diese erfolgt vielmehr lediglich gemäß den inneren Triebkräften, die im Stoffe selbst angelegt sind. Wohl aber dürfen wir im gleichen Sinne, wie wir in *uns selbst* bestimmten körperlichen Veränderungen bestimmte Wandlungen des Bewußtseinszustande *zugeordnet* sehen, dieses Verhältnis auf den gesamten Kosmos übertragen. Das Recht dieser Übertragung zwar — darüber müssen wir uns von Anfang an klar sein — kann nicht durch einen apriorischen Beweisgrund dargetan, noch auch durch die Erfahrung erwiesen werden: denn diese bietet uns außerhalb des Umkreises des eigenen Ich lediglich *stoffliche* Veränderungen dar. Der Schluß, den wir hier ziehen, beruht also einzig auf einer *Analogie*, kraft deren wir einen Zusammenhang, der uns in unserer beschränkten, individuellen Sphäre bekannt und unmittelbar zugänglich ist, auf den Inbegriff alles Seins überhaupt ausdehnen. Gleichwohl ist diese Folgerung keine bloße subjektive Erdichtung und kein Willkürgebilde des Denkens, sondern gründet sich auf ein wissenschaftliches *Postulat*, ohne dessen Anerkennung auch alle unsere *empirische* Forschung hinfällig wurde. Ist es doch das Eigentümliche unserer Erfahrungserkenntnis, daß sie in allen Gebieten die fragmentarischen *Teile*, die ihr allein gegeben sind, theoretisch ergänzt und zu einem in sich einstimmigen Ganzen umdeutet, und muß sie doch hierbei überall die Voraussetzung zugrunde legen, daß das Gesamtgesetz des Kosmos in jedem kleinsten Bezirk gleichmäßig wirksam und gleichmäßig *erkennbar* sei.[28] Auf diesem Gedanken der *Harmonie* des Alls, die durch die schroffe Cartesische Scheidung zwischen Natur und Geist, zwischen dem Menschen und den übrigen organischen Wesen durchbrochen wurde, ruht Leibniz' metaphysische Grundkonzeption. Nun erst steht das Universum in durchgängiger und stetiger Ordnung vor uns: der fortschreitenden Gliederung und Organisation der Körper entspricht ein gleichartiger Stufengang des *Lebens*. Es gibt so viele »Substanzen«, d. h. so viele individuell unterschiedene Einheiten des *Bewußtseins*, als es organische Wesen gibt. So weisen beide Reiche, wenngleich jedes lediglich der eigenen Regel folgt, auf einen gemeinsamen Grundplan hin: sie stehen nicht in physischer, wohl aber in »idealer« Abhängigkeit voneinander, sofern sie beide uns von verschiedenen Seiten her die Erkenntnis der einen allumfassenden *Gesetzlichkeit* des Alls vermitteln.

Nunmehr wird man begreifen, daß Leibniz' Theorie der Allbeseelung jeder Annahme einer besonderen »Lebenskraft« entraten kann, ja ihr unmittelbar entgegengesetzt ist. Wohl bezeichnet Leibniz die »Substanzen«, d. h. die *Subjekte* der Lebenserschei-

---

[28] Vgl. hierzu E. Cassirer, *Leibniz' System in seinen wissenschaftlichen Grundlagen*, S. 398 ff.

nungen, die er zugrunde legt, zugleich als »primitive Kräfte«; aber man muß sich hüten, mit diesem Ausdruck die falsche Vorstellung zu verbinden, die durch den populären Gebrauch des Kraftbegriffs nahegelegt wird. Die »Substanzen« sind niemals die Ursachen materieller Bewegung: sie bringen keinerlei mechanische Wirkung hervor, noch vermögen sie den Lauf der schon vorhandenen Bewegungsenergien in eine bestimmte Richtung zu zwingen und umzubiegen. Sie greifen nicht in das physikalisch-chemische Geschehen ein, sondern *begleiten* es nur, indem sie jede Veränderung des organischen Körpers in der *Vorstellung* ausdrücken und zur Darstellung bringen. Jedem stabilen Zustand des Körpers entspricht ein bestimmter innerer Bewußtseinsstand, jeder Wandlung in ihm ein Übergang von Perzeption zu Perzeption, den wir als »Streben« empfinden und aussprechen. Mit den Anschauungen des *Neovitalismus*, wie sie in letzter Zeit wieder hervorgetreten sind, hat daher Leibniz' Theorie nichts zu schaffen. Der Kampf, den er in dieser Hinsicht gegen Cudworth und More führt, ist auch heute noch nicht veraltet; denn wieder sind es die alten »plastischen Naturen«, die man unter verändertem Namen in die Wissenschaft einzuführen sucht. Neben und über den physikalischen und chemischen Energien, die alles Naturgeschehen bestimmen, soll es — wie Reinke ausführt — noch besondere *Ober- und Richtungskräfte* geben, die jene Energien erst in einen bestimmten vorgezeichneten Weg der Wirksamkeit lenken und sie unter einen festen Zwang beugen. Diese neuen Kräfte, diese »Dominanten« — wie Reinke sie nennt — können weder aus Energie entstehen, noch sich in sie verwandeln; sie sind selbständige und selbsttätige Wesenheiten, die dem Erhaltungsgesetz nicht unterworfen sind. »Durch Energie wird in den Organismen Arbeit geleistet — durch Dominanten wird die von der Energie zu leistende Arbeit bestimmt. Wie wir verschiedene Energiearten im Organismus tätig sehen, so können wir auch verschiedene Dominanten unterscheiden, solche höheren und niederen Ranges. In allen Fällen aber sind Dominanten die Lenker der Energie«; sie bezeichnen »den in den Organismen sich geltend machenden *Zwang*, der die zur Verfügung stehenden Energien nach Art menschlicher Werkzeuge und Maschinen *meistert*, ... eine Personifikation der nicht unter den Begriff der Energie zu fassenden, richtenden Triebkräfte in Pflanze und Tier.« Wie aber die Anordnung einer Maschine einen intelligenten, menschlichen Erfinder und Erbauer voraussetzt, so müssen in letzter Linie alle diese Kräfte einer »transzendenten Intelligenz« ihr Dasein verdanken: einer Intelligenz übrigens, die nicht etwa nur ein für allemal und ursprünglich die Ordnung des Kosmos festgestellt hat, sondern die auch zu bestimmten, wiederkehrenden Zeitpunkten von neuem auf »unbegreifliche« Weise in das Weltgeschehen eingreift.[29] Vor Spekulationen dieser Art ist Leibniz schon von Anfang an durch die *mathematische Fassung seines Kausalitätsbegriffs* bewahrt. Er fordert, daß Ursache und Wirkung, damit ihr Zusammenhang völlig *begreiflich* sei, in einem Verhältnis quantitativer Abhängigkeit stehen, das sich in letzter Linie in dem allgemeinen und unverbrüchlichen Grundsatz der Erhaltung der lebendigen Kraft ausdrückt. Die Ursache jedes Einzelgeschehens ist daher vollständig in dem Moment zu suchen, das ihm *in der immanenten Reihe des Geschehens* unmittelbar vorangeht. Wollten wir daneben noch zwecktätige, äußere Eingriffe zulassen, so würden wir damit dem Geschehen seine *eindeutige Bestimmtheit* rauben, kraft deren allein wir es wissenschaftlich zu deuten und zu beherrschen vermögen. In voller Klarheit kommt dies in den Gründen zum Ausdruck, mit denen Leibniz den Animismus Stahls — des Begründers der Phlogiston-Chemie — bekämpft. Die Streitfrage wird hier deduktiv, aus den ersten *logischen* Prinzipien des Systems, zu entscheiden gesucht. Der *Satz vom Grunde* als oberster Grundsatz versichert uns, daß es *keine Wahrheit geben könne*, von der nicht ein höchster, vollkommener Verstand Rechenschaft zu geben vermöchte: hieraus aber folgt unmittelbar, daß alle Eigentümlichkeiten der Dinge und alle Prozesse, die sich in ihnen vollziehen, *aus ihrer eigenen Natur und ihrem eigenen Zustand* abgeleitet werden können, und daß insbesondere jeder materielle Vorgang aus einem vorangehenden Zustand der Materie kraft bestimmter Gesetze der Veränderung entsteht. »Und dies ist es, was diejenigen meinen oder meinen soll-

[29] J. Reinke, *Die Welt als Tat.* Umrisse einer Weltansicht auf naturwissenschaftlicher Grundlage, 3. Aufl. Berlin 1903. Siehe besonders Kap. 24–26.

ten, die davon sprechen, daß alles körperliche Geschehen *mechanisch* zu erklären ist.« So wahr wir nach einer streng verstandesgemäßen Deutung der Natur streben, so wahr müssen wir durchgängig von den »distinkten« Begriffen der Materie, der Gestalt und Bewegung ausgehen. So ist denn auch jeder Organismus in Wahrheit nur ein subtilerer und feiner ausgebildeter Mechanismus: und es kann sich in ihm nichts verbergen, was von ganz anderer, heterogener Natur wäre. Die »trefflichen Grundsätze« der Modernen, daß kein körperlicher Vorgang sich denken lasse, der sich nicht aus »*mechanischen, d. h. verständlichen* Gründen« ableiten lasse, müssen uneingeschränkt in Kraft bleiben.[30] Die mechanischen Gründe sind somit zugleich wahrhaft »intelligible« Gründe, sofern sie allein die Erscheinungen auf die Mathematik, also auf den wahren Quell unseres wissenschaftlichen Verstehens zurückführen.

Der gleiche innerliche und systematische Zusammenhang bewährt sich, wenn wir von den Fragen, die die Entstehung und Entfaltung des *Einzellebens* uns stellt, zu den Problemen der *Stammesgeschichte* hinüberblicken. Auch hier bildet das *Prinzip der Kontinuität*, das den Aufbau der Leibnizschen Mathematik und Mechanik beherrscht, konkreter gestaltet und durchgebildet, den eigentlichen Leitgedanken. Wir brauchen auf diese Verknüpfung hier nicht näher einzugehen: Leibniz selbst hat sie in einem Brief an Varignon, den wir unten wiedergeben, in unübertrefflicher Klarheit dargestellt und festgehalten. Er ist nicht nur um seines sachlichen Gehalts willen, sondern vor allem auch als Probe für die geistige Eigenart und Persönlichkeit Leibnizens charakteristisch und wichtig. Nirgends kann man sich so wie hier die spekulative Methode seines Denkens und die Stellung, die es zu Erfahrung und Beobachtung einnimmt, deutlich machen. Scharf und bezeichnend tritt die Art des Leibnizschen Idealismus hervor, der im Vertrauen auf ein allgemeines, rationales *Prinzip* den zufällig bekannten und gegebenen Einzeltatsachen vorauseilt und sie gedanklich ergänzt, um auf der anderen Seite dennoch der künftigen empirischen *Forschung* die Berichtigung und die endgültige, letzte Entscheidung

---

[30] Bemerkungen zu G. E. Stahls *Theoria medica vera*, Dutens II, 2, S. 131 ff.

geduldig zu überlassen. Mit ihr aber trifft Leibniz hier im Ergebnis völlig überein: es sind die Grundgedanken der modernen Entwicklungslehre, die er in prägnanter Bestimmtheit ausspricht. Wenn man die Spuren des Darwinismus bis zu Kant einerseits, bis zu Goethe und Herder anderseits zurückverfolgt, so sollte man darüber den eigentlichen Urheber des Entwicklungsgedankens in der neueren Philosophie nicht vergessen. Nicht als gelegentliches, zufälliges »Aperçu«, sondern als ein *Postulat*, das aus den fundamentalen Voraussetzungen des Systems gewonnen wird, tritt er uns bei ihm entgegen. »Die zwingende Kraft des Kontinuitätsprinzips steht für mich so fest, daß ich nicht im geringsten über die Entdeckung von Mittelwesen erstaunt wäre, die in manchen Funktionen, etwa in ihrer Ernährung und Fortpflanzung, ebensogut als Pflanzen wie als Tiere gelten könnten, und die somit die gewöhnlichen Regeln, welche eine vollständige und unbedingte Trennung der verschiedenen Ordnungen der Lebewesen verlangen, umstoßen würden. Ja, ich würde darüber nicht nur nicht erstaunt sein, sondern bin sogar davon überzeugt, daß es solche Wesen geben muß, und daß die Naturgeschichte sie eines Tages finden wird, wenn sie erst die unendliche Fülle von Lebewesen, die sich durch ihre Kleinheit den gewöhnlichen Untersuchungen entziehen oder sich im Innern der Erde und in den Tiefen der Gewässer verborgen halten, genauer studiert. Unsere Beobachtungen datieren von gestern: woher könnten wir das Recht nehmen, der Vernunft etwas abzustreiten, was wir nur bisher keine Gelegenheit hatten, zu beobachten? Das Prinzip der Kontinuität steht also bei mir außer allem Zweifel und könnte dazu dienen, eine Reihe wichtiger Wahrheiten jener echten Philosophie, die sich über die Sinne und die Einbildung erhebt und den Ursprung der Erscheinungen im Gebiete des Intellektuellen sucht, zu begründen. Ich schmeichle mir, einige Ideen einer derartigen Philosophie zu besitzen: aber das Jahrhundert ist nicht reif, sie aufzunehmen.«

Kehren wir nunmehr zu den *metaphysischen* Problemen zurück, so sehen wir, wie durch die Grundlegung der Biologie zugleich die Hauptfrage nach dem *Verhältnis von Leib und Seele* in eine neue Beleuchtung gerückt wird. Für die Cartesische Philosophie, in der Materie und Geist getrennten Provinzen des *Seins* angehören, lag in der Frage, wie beide dennoch sich »verbinden« und aufeinander einzuwirken vermögen, eine innere, unlösliche Schwierigkeit. Descartes selbst hatte sich begnügen müssen, hier auf die *sinnliche Erfahrung* hinzuweisen, die diesen Zusammenhang glaubhaft und unmittelbar vor Augen stelle: auf eine streng *begriffliche* Deutung und Erklärung des Abhängigkeitsverhältnisses aber hatte er eben damit ausdrücklich verzichtet.[31] Die »Verknüpfung«, die die beiden heterogenen Seinshälften im Menschen für die Zeit seines irdischen Lebens eingehen, erschien zuletzt als ein äußerliches und zufälliges Beisammen, das in der gesamten übrigen Wirklichkeit ohne Analogie und ohne Beispiel blieb. Für Leibniz indes, der den Menschen wiederum in den stetigen Zusammenhang aller organischen Lebensformen einordnet, verliert schon damit das Problem seine eigentliche Schärfe. Die *Trennung* des Seins in eine bewußte und eine bewußtlose Wirklichkeit mag nach ihm in der *Abstraktion* zulässig sein: sie trifft dagegen nicht das reale Geschehen und die reale Entwicklung, die wir vielmehr als eine ursprüngliche und durchgängige *Einheit* zu begreifen haben. Befragen wir nur die sinnliche Erfahrung und die äußere Anschauung, so stellt sich uns alles Werden in der Form *materieller* Veränderungen an organischen Körpern dar, die sich nach immanenten, mechanischen Gesetzen vollziehen: es ist ein Wechsel und ein Übergang von Energieformen, die mit mathematischer Regelmäßigkeit aufeinander folgen. Der wissenschaftliche *Verstand* indes, der von dem Gesetz der Harmonie geleitet wird, entdeckt in diesem Spiel der Kräfte einen neuen Inhalt. Indem er jeder materiellen Wandlung des Organismus ein inneres Geschehen zugeordnet denkt, indem er weiterhin in der Allheit der verschiedenen Entwicklungsstufen ein und dieselbe spezifische »Natur« wiedererkennt, begreift er damit die einzelnen, voneinander gesonderten Reihen des Werdens als ebensoviele Gruppen und Abfolgen von *Vorstellungsinhalten*, die aufeinander bezogen und zur *Einheit des Selbstbewußtseins* verknüpft sind. Seelisches und körperliches Geschehen — denn nur um ein Gesche-

---

[31] Vgl. den Brief Descartes' an die Pfalzgräfin Elisabeth. *Correspondance*, éd. Adam/Tannery III, S. 690 ff. — Siehe Descartes' *Meditationes de prima philosophia*, hrsg. u. erläutert von Buchenau, Leipzig 1904, S. 305 f.

hen, nicht um ein ruhendes Sein kann es sich sowohl in der Begriffsbestimmung des Geistes als in der der Materie handeln — sind also in der Sache eins; nur durch den Gesichtspunkt unserer Betrachtung werden beide geschieden. Was sich in den körperlichen Phänomenen in extensiver, mechanischer Form abspielt, das ist in den Monaden in konzentrierter und lebendiger Form enthalten.[32]

Der Begriff der *Monade*, der uns damit zum ersten Male begegnet, tritt uns hier alsbald in seiner wichtigsten und ursprünglichsten Bedeutung entgegen. Wie alle noch so zahlreichen Veränderungen eines Organismus uns doch immer nur als Umgestaltungen *ein und desselben* Lebewesens erscheinen, so müssen wir die zugehörigen Bewußtseinserscheinungen auf ein *identisches Subjekt* beziehen, in dem sie vereint und zusammengefaßt sind. Dieser *Akt der geistigen Synthese* eines mannigfaltigen Vorstellungsinhalts ist es, in dem die Monade sich bekundet und in dem ihr Wesen besteht. Aber eben diese Einheit läßt sich, wie man deutlich sieht, nur an der Vielheit selbst aufweisen: losgelöst von ihr würde sie jeden Sinn und jede Bedeutung verlieren. Die »Seele«, der die Funktion der Verknüpfung zufällt, ist damit notwendig auf einen *Inhalt* der Vorstellung bezogen und hingewiesen: dieser aber kann ihr nirgends anders als in den Veränderungen des ihr zugehörigen organischen Körpers gegeben sein, die sie in sich darstellt und zum Ausdruck bringt. Jede seelische Einheit spiegelt das Universum der materiellen Phänomene nicht sowohl an sich selbst als nach dem Eindruck wieder, den der individuelle Leib, auf den sie sich zunächst bezieht, von ihm erfährt. Wie dieser, je nach seiner räumlichen Stellung und Entfernung von den verschiedenen Teilen der Welt, durch die Vorgänge in ihnen stärker oder schwächer mitbetroffen wird — denn jede Bewegung setzt sich dank der stetigen Erfüllung des Raumes ins Unendliche fort —: so muß sich auch alles kosmische Geschehen im Bewußtsein in klareren oder dunkleren Vorstellungen ausprägen. Der Gedanke einer »Trennung« des Geistes vom Körper ist demnach in sich selbst widersprechend:

---

[32] »Quod in phaenomenis exhibetur extensive et mechanice, in monadibus est concentrate seu vitaliter«, *Leibniz' Briefwechsel mit Christian Wolff*, hrsg. von. C. I. Gerhardt, Halle 1860, S. 139.

die »Seele« würde ihrer eigentümlichen Leistung und damit ihres *Seins* beraubt, wenn wir sie ihrer Bedingtheit durch den organischen Körper überheben wollten.

Auch hier müssen wir, um die Sonderstellung der Leibnizschen Lehre zu verstehen und zu würdigen, auf die *geschichtliche Entstehung des Problems* zurückblicken. Die Diskussion über das Verhältnis von Leib und Seele hält sich im Mittelalter sowohl wie in den Anfängen der neueren Zeit noch durchweg innerhalb der Grenzen des Aristotelischen Begriffsschemas. Die Aristotelische Psychologie aber bot zwei entgegengesetzten Betrachtungsweisen Raum, da in ihr selbst ein unausgeglichener dualistischer Widerstreit zurückgeblieben war. Auf der einen Seite bedeutet die Seele nichts anderes als die »Form« des organischen Körpers: sie ist die gemeinsame Direktive, die alle die verschiedenen Lebensprozesse zusammenfaßt und die ihnen ihre einheitliche Richtung gibt. Sie bringt alle Anlagen, die im Körper »der Möglichkeit nach« vorhanden sind, erst zur Entfaltung und Vollkommenheit, indem sie als letzte *Zweckursache* alle organischen Veränderungen beherrscht und leitet. In diesem Sinne ist sie die »Verwirklichung oder die *Entelechie* des Leibes selbst, sofern er kraft seiner Organisation zum Leben befähigt ist.« Seele und Körper bilden somit die zwei Seiten ein und desselben korrelativen Verhältnisses. Sie verhalten sich zueinander, nach dem bekannten Aristotelischen Vergleich, wie die Sehkraft sich zum Auge verhält: wie das Auge ohne die Sehkraft seiner vollen Bestimmung und Wesenheit beraubt wäre, so gelangt andrerseits die Sehkraft erst vermöge des materiellen leiblichen Organs zur konkreten Ausübung ihrer Funktion. Eine Ablösung der seelischen »Form« von ihrer stofflichen Unterlage ist daher durch ihren Begriff und ihre Definition ausgeschlossen: nur in dem Antrieb und in der Vollendung, die sie dem Körper verleiht, hat sie ihr eigenes Sein.

Wenn diese Auffassung nur der konsequente Ausdruck der *biologischen* Grundanschauung des Aristoteles ist, so tritt mit der Hinwendung zum *Erkenntnisproblem* ein völlig neuer Gesichtspunkt ein. Zwar soll auch hier zunächst die Sinnesempfindung, wie sie durch den Abdruck der Form des äußeren Gegenstandes im körperlichen Organ sich bildet, die alleinige Voraussetzung alles Wissens sein: dem »Verstand« bleibt keine andere Aufgabe, als die mannigfachen Wahrnehmungen untereinander zu vergleichen und ihren Gehalt, losgelöst von den besonderen zufälligen Bedingungen, unter denen er uns zunächst entgegentrat, rein herauszuschälen. Die nähere Durchführung zeigt indes, daß diese Funktion des »passiven Verstandes« nicht hinreicht, um das ganze Gebiet des Erkennens zu erklären und auszumessen. Das ursprüngliche psychologische Schema, von dem Aristoteles ausging — der Fortschritt von der »Wahrnehmung« zur »Vorstellung« und zum »Erinnerungsbild« und von diesem zum abstrakten Gattungsbegriff — erweist sich als zu arm, um den Fragen der *logischen Prinzipienlehre* gerecht zu werden. Für die letzten, *allgemeingültigen Prinzipien*, die jedem Schluß und jeglicher Beweisführung schon zugrundeliegen, deren Wahrheit also nicht diskursiv aus den einzelnen sinnlichen Eindrücken zusammengelesen werden kann, ist ein besonderes *Organ der Seele* zu fordern. Die Prinzipien und Axiome der Wissenschaften werden als unvermittelte und unmittelbare Gewißheiten vom Verstande erschaut, der in dieser Leistung nicht passiv an ein gegebenes Material gebunden, sondern rein aus sich selbst heraus tätig ist. So kommt dem *aktiven Intellekt* eine eigene, unvermischte Wesenheit neben und über allem Stofflichen zu. Als »eine andere Art der Seele« sondert er sich von den niederen Vermögen des Erkennens, die sämtlich an das *Vorstellungsbild* und damit an die besonderen leiblichen und organischen Bedingungen geknüpft bleiben. Wenn er »von außen her« in den Organismus eintritt, so geschieht es dennoch nicht, um mit ihm zu verschmelzen; auch in dieser scheinbaren Verbindung vielmehr bleibt ihm der Charakter einer abgesonderten und unvermischten Substanz. Und wie in ihrem Sein, so ist in ihrer Fortdauer die aktive Denkkraft durch den Körper nicht beschränkt, sondern ein Unzerstörliches und Göttliches, das das Leben des Einzelnen überdauert. So versucht Aristoteles zwar, die sensualistische Grundlegung seiner Erkenntnislehre zu ergänzen und zu vertiefen: aber dieses Ziel wird nicht im wahrhaft radikalen Sinne durch eine Revision der ersten Voraussetzungen, sondern durch nachträgliche Zusätze zu dem fertigen Inhalt seiner Philosophie zu erreichen gesucht. Der metaphysische Überbau, der auf diese Weise entsteht, ist mit dem eigentlichen Fundament nirgends notwendig verknüpft: er bleibt ein vereinzeltes und paradoxes Glied des Gesamtsystems.

Dennoch hat gerade an diesen Punkt die theologische und kosmologische Spekulation des Mittelalters immer von neuem und mit besonderer Vorliebe angeknüpft. Es sind insbesondere die arabischen Kommentatoren des Aristoteles, vor allem der bedeutendste unter ihnen: Averroës, durch die die Lehre vom aktiven Intellekt und seinem gesonderten Dasein in den Mittelpunkt der Betrachtung gerückt wird. Der Gedanke, daß die »tätige Vernunft« unabhängig von den Bedingungen des Stoffes zu existieren vermag, schließt hier zugleich unmittelbar die weitere Folgerung in sich, daß sie von aller *individuellen* Beschränkung frei zu denken ist: es gibt nur *eine* allumfassende Vernunft, die sich den mannigfachen denkenden Subjekten in verschiedenen Graden *mitteilt*, ohne doch selbst in ihre Vielheit und Besonderung verstrickt zu werden. Eine *Erkenntnis des Allgemeinen*, wie sie als notwendig und unumgänglich für jede Wissenschaft zu fordern ist, wäre unmöglich, wenn nicht in jedem von uns ein *allgemeines Sein* sich verkörperte und darstellte. Die universelle Denkkraft aber, deren Existenz und Unvergänglichkeit auf diese Weise gesichert ist, ist selbst nur eine einzelne Macht unter den mannigfachen geistigen Kräften, die das Weltall bewegen: sie folgt in der Reihe des Seins auf die kosmischen Intelligenzen, die den Gestirnen als Herrscher und Leiter zugeordnet sind. Die allgemeinen Sätze und Wahrheiten, deren der Geist teilhaft wird, sind nicht sein Eigentum und sein selbständiges Erzeugnis; sie fließen von einem jenseitigen Sein auf ihn über. Eine kosmische Urkraft ist es, die uns durchdringen und erfüllen muß, damit wir der Erkenntnis teilhaft werden. Alles individuelle Sein wird damit der Ursprünglichkeit und Selbsttätigkeit beraubt, es ist nur das Werkzeug und das passive Organ für einen Antrieb, den es von außen empfängt.

Von hier aus läßt es sich verstehen, daß in einer Epoche wie der *Renaissance*, in der das Interesse am Problem des *Individuums* von neuem beherrschend und mächtig wird, auch der Widerstand gegen den Averroismus wiederum energischer hervortritt. Die Argumente, die nunmehr gegen ihn ins Feld geführt werden, stehen in charakteristischem Gegensatz zu den Gründen, mit denen das christliche Mittelalter ihn zu bekämpfen gesucht hatte. Es ist vor allem Pietro Pomponazzis Werk über die Unsterblichkeit (*De immortalitate animae*, 1516), das diese neue Wendung des Gedankens vertritt. Gegenüber der Willkür der Averroistischen Spekulation wird wiederum auf die *Erfahrung*, als den letzten Maßstab und das entscheidende Kriterium verwiesen; sie aber lehrt uns alles seelische Geschehen nur in durchgängiger Verknüpfung mit körperlichen Vorgängen, sie lehrt uns alle abstrakte Begriffsbildung und Schlußfolgerung nur im Zusammenhang mit sinnlichen Eindrücken kennen. Der Hauptsatz der Aristotelischen Psychologie, daß jegliche noch so reine logische Tätigkeit die Bilder der »Phantasie« zum Ausgangs- und Stützpunkt nehmen müsse, muß in folgerechter Strenge durchgeführt werden. Einen Zustand ersinnen, in dem die Geltung dieser Beziehung aufgehoben wäre, hieße alle Bedingungen und Grenzen menschlicher Erkenntnis durchbrechen. Dem menschlichen Geiste ist das Vorrecht der höheren Intelligenzen, die reinen Formen in ihrer absoluten Wesenheit zu erfassen, versagt: er vermag das Allgemeine nur im Besonderen, den universellen Begriff nur in den sinnlichen Einzelbeispielen zu erblicken und festzuhalten. So wenig die Seele außerhalb der Daten der Empfindung und Wahrnehmung noch einen eigenen Bezirk intelligibler Objekte und Inhalte besitzt, so wenig kommt ihr, losgelöst von den organischen Bedingungen ihres irdischen Seins, noch irgendeine Art der Existenz zu.

Ein charakteristischer Zug tritt schon in diesem allgemeinen Überblick hervor: der Streit um das metaphysische Verhältnis von Leib und Seele wandelt sich immer deutlicher in einen Streit um das Wesen und die Bedingtheit der *Erkenntnis*.[33] Es ist eine doppelte Aufgabe, die Leibniz innerhalb dieser geschichtlichen Gegensätze zufällt. Seine Philosophie geht von der Sicherung der *allgemeinen* und notwendigen Wahrheiten aus: aber sie sucht von ihnen aus zugleich den Zugang zu einem neuen und tieferen Verständnis des metaphysischen Problems der *Individualität* zu ge-

---

[33] Ich muß auch an dieser Stelle auf die eingehende Darstellung in E. Cassirer, *Über das Erkenntnisproblem in der Philosophie und Wissenschaft der neueren Zeit*, Bd. I, Buch I, Kap. 2 verweisen.

winnen. Sie behauptet gegenüber den Ansprüchen der sensualistischen Erkenntnislehre die Selbsttätigkeit und die Ursprünglichkeit des reinen Denkens, aber sie besteht zugleich auf dem *psychologischen* Zusammenhang, der zwischen Verstand und Sinnlichkeit herrscht. Auch die abstraktesten Gedanken bedürfen bestimmter sinnlicher Unterlagen, sofern sie sich nur in sinnlichen Charakteren und *Zeichen* psychologisch fixieren und ausdrücken lassen. So sehr Leibniz daher die selbsteigene *Funktion* des »intellectus ipse« betont, so wenig versucht er, ihr in einem losgelösten *Sein* des Geistigen Halt und Geltung zu geben. Die logische Unterscheidung darf nicht zur metaphysischen Trennung werden. Wenn sich Leibniz von Pomponazzi durch die strengere Heraushebung des Rechtes und der unableitbaren Eigentümlichkeit der rationalen *Prinzipien* scheidet, so ist er mit ihm in dem Widerspruch gegen die *abgesonderten* seelischen Substanzen einig. Der Begriff des *Lebens* läßt sich nicht dualistisch zerlegen und spalten: er fordert, nicht minder als das Subjekt und die Einheit des Bewußtseins, die besondere, stoffliche Grundlage, auf die sie bezogen ist. Wenn daher Leibniz am Gedanken der *Unsterblichkeit* festhält, so zeigt sich doch bei näherer Betrachtung auch hier, daß seine Forderung auf einem neuen Grunde ruht. Nicht den »Seelen« schlechthin, nicht den abgesonderten geistigen Wesenheiten, sondern dem gesamten *Lebewesen* kommt die Unzerstörlichkeit und Fortdauer zu. So sehen wir gerade an diesem Punkte, an dem Leibniz sich den herrschenden theologischen Anschauungen am meisten anbequemt, eine innere Wandlung des Denkens sich vorbereiten: ein Zentralproblem der Theologie wird zu einer Frage der *Biologie* umgestaltet und damit einer neuen Betrachtungsweise zugänglich gemacht.

Die Betrachtung der biologischen Probleme hat uns zu einem Punkte geführt, an dem wir die beiden Hauptgebiete des Seins, die materielle und die geistige Wirklichkeit, in ihrer strengen Trennung wie in ihrem notwendigen Wechselzusammenhang überblicken können. Zwei verschiedene Grundreihen des Geschehens stehen nunmehr unabhängig und gleichberechtigt nebeneinander. Die Ordnung der mechanischen Ursachen und der wirkenden und der wirkenden Kräfte, die die Körperwelt ausschließlich beherrscht und regelt, fand ihr Gegenbild und gleichsam ihre geistige Spiegelung in einer harmonischen Mannigfaltigkeit vorstellender Subjekte, deren jedes nach dem ihm eigentümlichen Gesichtspunkte das Universum ausdrückt und wiedergibt. Das Bild der Natur offenbart sich uns unter einer *doppelten* Gestalt, je nachdem wir uns der Anschauung der räumlichen Wirklichkeit und des gesetzlichen Wechsels der Kräfte in ihr überlassen, oder es in unserem eigenen Ich, in dem Wandel und Fortschritt unseres *Bewußtseins* ergreifen.

Dieser *Parallelismus* zweier verschiedener Welten ist in der Tat der bekannteste und gebräuchlichste Ausdruck, unter dem man sich die Leibnizsche Grundanschauung darzustellen und verständlich zu machen pflegt. Leibniz selbst hat den Ausdruck geschaffen und ihn Freunden und Gegnern gegenüber zur Erläuterung seiner Ansicht mit Vorliebe gebraucht. Und dennoch dürfen wir bei ihm, wenngleich er eine bequeme *Einführung* in das System bedeuten mag, nicht stehen bleiben, wenn wir in den inneren Gehalt dieser Lehre eindringen wollen. Wenn die »prästabilierte Harmonie«, die zwischen der körperlichen und geistigen Welt angenommen wird, nichts anderes bedeuten sollte als eine Regel, die zwei ihrem Wesen nach geschiedene Prozesse des Werdens wie durch ein äußeres Machtwort in dieselben Bahnen zwingt und leitet: so hätten diejenigen recht, die der Leibnizschen Lehre vorwerfen, daß sie, bei aller scheinbaren Universalität und Einheit ihrer Ergebnisse, über einen innerlichen Dualismus der *Prinzipien* nicht hinausgekommen sei. Zwei Dinge, die ihrem Sein und Ursprung nach getrennt sind, werden dadurch, daß man sie in ihren Folgen und Wirkungen miteinander zusammenstimmen und übereinkommen läßt, nicht wahrhaft und begrifflich geeint. In der Tat lehrt schon die Betrachtung der geschichtlichen wie der wissenschaftlichen *Vorbedingungen*, aus denen das System erwachsen ist, daß an diesem Punkte ein tieferes Problem zu bewältigen war. Es ist der Cartesische Gegensatz zwischen der ausgedehnten und der denkenden Substanz, den Leibniz zu vermitteln und aufzuhellen strebt. Aber schon bei Descartes selbst bildete dieser Gegensatz wohl ein Endergebnis, bei dem sich die Forschung beruhigte, nicht aber den eigentlichen und grundsätzlichen *Ausgangspunkt*. Das ursprüngliche Motiv des Cartesischen *Idealismus* wies in eine andere Richtung: es verlangte nicht die Nebenordnung, sondern die Unterordnung der Körperwelt unter den denkenden Geist. Das Sein des Denkens bildete die unerschütterliche Grundlage, deren wir sicherer und unmittelbarer als aller materiellen Wirklichkeit gewiß sind. Dieses Sein, das wir im Akte des *Selbstbewußtseins* erfassen, war nicht nur der Anfang, sondern der dauernde Stützpunkt für alle Gewißheit und Festigkeit der äußeren Natur. Die Analyse des *Dingbegriffs*, die zu Beginn der *Meditationes de prima philosopia* durchgeführt wird, setzt dieses Abhängigkeitsverhältnis in helles Licht. Wenn ich die *Substanz* eines Stückes Wachs von all seinen äußeren Merkmalen und Eigenschaften unterscheide, wenn ich dem Wachs gleichsam alle Kleider und Hüllen abstreife, um es völlig nackt zu betrachten, so wird mir deutlich, daß ich diese seine eigentliche Wesenheit und diese einheitliche Grundlage all seiner Bestimmungen *nicht ohne einen menschlichen Geist* zu erfassen vermag.[34] Denkt man die »inspectio mentis«, denkt man das Urteil und die Einheitsfunktion des Geistes aufgehoben, so schwindet auch das Sein der Ausdehnung und aller ihrer besonderen Gestaltungen in nichts dahin. Wie sehr Descartes selbst sich in der Ausbildung seines metaphysischen Systems von diesem Gedanken entfernt haben mag: er blieb dennoch der Wegweiser für die Weiterentwicklung der neueren Philosophie. Für Leibniz insbesondere war er schon durch die gesamte Richtung und Fragestellung seiner wissenschaftlichen Prinzipienlehre gefordert und hatte hier eine neue, sachliche Bestimmtheit gewonnen. Der Bereich der *Größen* bildet danach keinen Inbegriff absoluter Dinge mehr, sondern eine Schöpfung des denkenden Geistes, deren er sich bedient, um in dem Gewirr der sinnlichen Erscheinungen dauernde gesetzliche Ordnung zu stiften. (Siehe S. XXVII.) Der unbedingte Gegensatz zwischen bloß sinnlichen Qualitäten, die lediglich im Subjekt ihren Sitz und ihren Bestand haben, und den »primären« Eigenschaften der Ausdehnung, Gestalt und Bewegung, die an sich und unabhängig existieren sollen, ist damit geschwunden. Der gesamte Bereich der Wirklichkeit

---

[34] Siehe Descartes' *Meditationes de prima philosophia*, Meditation II, § 22.

der Wirklichkeit löst sich in ein Ganzes von *Phänomenen* auf, die wir das eine Mal als wandelbare und veränderliche Inhalte der *Empfindung* auffassen, während sie uns auf der anderen Seite, nach ihrer Reduktion durch die Arbeit der Wissenschaft, als ein Komplex mathematischer Inhalte und Beziehungen erscheinen. In dem einen wie dem anderen Falle aber handelt es sich um eine Wirklichkeit, die nur relativ zu einer Funktion unseres *Bewußtseins* Sein und Geltung besitzt. Es gibt keine »Materie«, die gänzlich außerhalb der *vorstellenden Subjekte* existierte und ihnen als unabhängige äußere Macht gegenüberstände.

Man muß sich dieser *idealistischen* Grundanschauung völlig bemächtigt haben, wenn man den Eingang in Leibniz' metaphysisches System gewinnen will. Freilich hat Leibniz — der nach seiner didaktischen Art sich überall dem Standpunkt desjenigen anpaßt, den er zu belehren oder zu überzeugen wünscht — sie nach außen hin nicht immer in gleicher Schärfe und Konsequenz zum Ausdruck gebracht. Innerlich aber gibt es für ihn in diesem entscheidenden Punkte kein Schwanken und kein Zurückweichen. Die *Monadologie* bliebe ein wirres und chaotisches Gedankenspiel, wenn sie in dieser Grundfrage nicht volle und widerspruchslose Klarheit erreicht hätte. Daß dies selbst dort der Fall ist, wo Leibniz aus äußeren Gründen mit der offenen Aussprache und Darlegung seiner Anschauung zurückhält, kann man sich am besten an den Briefen an de Volder deutlich machen, die wir in Band II wiedergeben. (Siehe Nr. 30.) Zögernd nur und gleichsam wider Willen entwickelt Leibniz hier die eigene Auffassung und Definition der Substanz, die ihm seit langem feststand; immer von neuem betont er, daß er sie nicht als fertiges Ergebnis einseitig vorwegnehmen, sondern sie als Frucht der gemeinsamen Untersuchung entstehen lassen möchte: bis schließlich den hartnäckigen Einwänden des Gegners gegenüber die idealistische Ansicht in voller Schärfe durchbricht. Immer klarer und bestimmter umgrenzt sich in dieser Diskussion das eigentliche Gebiet der Frage. Was uns zuletzt allein *gegeben* ist, was daher als das einzig feste Fundament all unserer Erkenntnis der Wirklichkeit zu gelten hat, das sind die Phänomene des Bewußtseins und ihre Wandlungen. Eine metaphysische Annahme mag ihrem *Inhalt* nach scheinbar noch so sehr über diese ersten und primitiven Daten hinausgehen: immer wird sie sich doch auf sie zurückgewiesen sehen, wenn sie eine haltbare *Begründung* und Bewährung finden will. Halten wir aber an dieser methodischen Forderung fest, bleiben wir dabei stehen, daß alles, was nicht unmittelbar oder mittelbar aus der Zergliederung der Bewußtseinserscheinungen sich ergibt, in sich haltlos und willkürlich ist, — so reduziert sich uns alles Sein sogleich auf zwei Grundmomente. Im Akte des *Denkens* sind zwei verschiedene Bestimmungen enthalten, die beide gleich ursprünglich und notwendig sind. Er besagt ebensowohl die Tätigkeit der Unterscheidung wie die der Vereinigung: er fordert, daß eine *Mannigfaltigkeit* von Inhalten dem Geiste gegenwärtig ist, wie daß diese Vielheit auf einen gemeinsamen Mittelpunkt bezogen und durch diese Beziehung in sich gebunden und zusammengehalten wird. Das »Cogito« Descartes' ist einseitig: denn nicht nur des denkenden Ich, sondern auch einer gegliederten Vielheit unterschiedener *Vorstellungsinhalte* werden wir in der Tatsache des Selbstbewußtseins unmittelbar gewiß.[35] In diesem Gegensatze aber erschöpft sich zugleich der gesamte Gehalt der Wirklichkeit. »Wirklich« heißt uns auf der einen Seite der vorgestellte »Gegenstand«, sofern er ein in sich selbst durchgängig bestimmter, dennoch aber immanenter Inhalt des Bewußtseins ist — andrerseits, in einem tieferen Sinne, die vorstellenden Subjekte, denen diese Gegenstände »erscheinen«. Wer darüber hinauszugehen trachtet und nach einer unabhängigen Realität der *Körperwelt*, losgelöst von allen Bedingungen der Wahrnehmung und des Denkens, fragt, der hascht in Wahrheit nach einem metaphysischen Schattenbilde. Die Ergebnisse der Wissenschaft ruhen immer und überall, sowohl in der empirischen Forschung als auch in der Metaphysik, auf dem gleichen Grunde der *Analyse der Erscheinungen*. Wie wir in der Physik, wenn wir etwa das Phänomen der Spiegelung erklären wollen, zufrieden sein müssen, die näheren mathematischen *Bedingungen* für das Eintreten der Erscheinung ans Licht zu stellen, ohne uns in die Nachforschung nach irgendeiner unbekannten und geheimnisvollen *We-*

---

[35] Siehe *Animadversiones ad partem generalem Principiorum Cartesianorum*, S. 215 ff.

senheit des Spiegelbildes zu verlieren, so muß die echte Philosophie es sich genug sein lassen, wenn sie zu den Prinzipien vorgedrungen ist, die notwendig und hinreichend sind, um den Gehalt der Phänomene zu deuten und wiederzugeben. Hier aber gelangen wir zu nichts anderem als zu einer Mannigfaltigkeit individuell verschiedener Subjekte, die, gemäß der Besonderheit ihrer Natur, ebensoviele Reihen von Bewußtseinsinhalten aus sich hervorgehen lassen. Wir dürfen von einer selbständigen Realität der Materie, wir dürfen von einer Wirklichkeit der Bewegung sprechen, sofern wir darunter verstehen, daß die »Perzeptionen«, die unser Bewußtsein ausfüllen, nicht regellos und willkürlich aufeinander folgen, sondern daß wir in ihnen *konstante Gruppen* von Elementen und *gesetzlich geregelte und wiederkehrende Veränderungen* aussondern können.

Das Prinzip der »prästabilierten Harmonie« zeigt sich uns nunmehr in seiner tieferen, esoterischen Bedeutung. Es bezieht sich seinem eigentlichen Sinne nach nicht auf die »Verbindung« von Seele und Körper, wenngleich Leibniz in der Diskussion mit den Cartesianern an diese Grundfrage ihrer Philosophie zum Zweck der Verdeutlichung seines neuen Gedankens anzuknüpfen pflegt.[36] Seele und Körper bedürfen keiner Vereinigung, keines »substantiellen Bandes«, das sie zusammenhielte — da der *Begriff* des Körpers nicht anders als in immanenter Beziehung auf ein denkendes *Bewußtsein* zu fassen und zu verstehen ist. Wohl aber muß jetzt ein anderes Problem immer deutlicher und dringlicher hervortreten. Die Wirklichkeit zerfällt nunmehr, wie es scheint, in eine unübersehbare Vielheit *gesonderter* Gruppen und Abfolgen von Vorstellungen: an Stelle der *einen* Natur ist eine Unendlichkeit selbständiger und verschiedener Bewußtseinswelten getreten. Was verbürgt uns, daß die Inhalte, die das *eine* Subjekt aus sich entfaltet, denen des anderen entsprechen, daß es ein und dasselbe *System von Phänomenen* ist, das sich hier wie dort darstellt? Der Gedanke der prästabilierten Harmonie ruht nicht nur seiner ersten Entstehung, sondern seiner gesamten sachlichen Bedeutung nach

---

[36] Siehe hierzu K. Fischer, *Geschichte der neueren Philosophie*, 4. Aufl., III, S. 376 ff.

auf dieser Frage. Er bedeutet nicht mehr und nicht weniger als die *Forderung*, daß es ein allgemeingültiges und übergreifendes *Gesetz* gibt, das die Bewußtseinsinhalte der verschiedenen Individuen gleichmäßig beherrscht und sie untereinander vergleichbar macht. Die Einheit einer an sich bestehenden *Welt* körperlicher Objekte ist uns dahingeschwunden; an ihre Stelle tritt eine gemeinsame *Regel*, die für alle Subjekte gültig ist. Diese Regel aber erfüllt alles, was der naive Realismus durch seine Annahme einer absoluten, eindeutigen Existenz des Stoffes zu leisten vermeinte. Wenn die Individualität jeder Substanz in dem besonderen »Ordnungsgesetz« besteht, nach welchem sie ihre Phänomene erzeugt, so ist der Zusammenhang unter den Einzelwelten durch die harmonische Verknüpfung und Abwandlung dieser Grundgesetze selbst gesichert. Wie ein und dieselbe Stadt sich Beobachtern, die sie von verschiedenen Standorten aus betrachten, zwar in vielfältiger Gestaltung, dennoch aber gleichartig darstellt: so müssen die mannigfach abgestuften Regeln, nach denen die Vorstellungsinhalte sich entwickeln, sich einem stetigen und einheitlichen Grundplan einfügen. Wie dort die einzelnen sinnlichen Eindrücke, die die Subjekte von den verschiedenen Teilen erhalten, zwar untereinander abweichen, die Grundordnung *des Raumes selbst* aber, die sich in den Axiomen der Geometrie ausspricht, für alle unverändert dieselbe ist: so ist es *ein* Gesetz des Alls, das in den einzelnen Individuen gleichsam in verschiedenartiger Brechung sich darstellt.

Man erkennt nunmehr, daß die »prästabilierte Harmonie« für Leibniz keine nachträgliche metaphysische Einrichtung bedeutet, die zu der fertigen Welt hinzuträte, sondern eine Voraussetzung, unter der wir überhaupt erst von einer »Wirklichkeit«, von einer objektiven Naturordnung im Fluß und Wandel der Erscheinungen sprechen können. Denken wir diese Voraussetzung aufgehoben, so blieben wir dem flüchtigen und willkürlichen Spiel subjektiver Vorstellungen überlassen, das sich niemals in dauernden Regeln der *Erkenntnis* festhalten und *mitteilen* ließe. (Siehe S. LXXXVIIff.) Von diesem Punkte aus können wir denn auch das *geschichtliche* Verhältnis, in dem die Leibnizsche Philosophie zu ihren Vorgängern steht, übersehen und beurteilen. Wenn Leibniz das eigene System von der Theorie des »Okkasionalismus« dadurch zu scheiden sucht, daß bei ihm durch ein *universelles und dauerndes* Gesetz geleistet werde, was dort durch das beständig erneute Eingreifen der Gottheit erreicht werden muß, so hat er damit das entscheidende Kriterium der Trennung noch nicht bezeichnet. Denn so äußerlich, wie es hier dargestellt wird, wird die Übereinstimmung zwischen Seele und Leib, wird die Einwirkung Gottes auf die geistige und körperliche Welt, wenigstens bei den bedeutendsten philosophischen Vertretern des Okkasionalismus, nirgends gedacht. Malebranche läßt keinen Zweifel darüber, daß Gott stets nur auf den »einfachsten« Wegen und kraft *allgemeiner*, für immer festgesetzter Regeln tätig ist[37], und auch Geulincx erkennt den Grund der funktionellen Abhängigkeit zwischen den beiden Reihen des Geschehens in der *ursprünglichen* Natur, die ihnen ein für allemal und von allem Anfang an aufgeprägt ist. Wo beide von besonderen Willensakten, von einzelnen zeitlich bestimmten Eingriffen der Gottheit sprechen, da handelt es sich nur um eine Anpassung an populäre Vorstellungen, nicht um den eigentlichen spekulativen Sinn und Grund ihrer Lehre. Der grundsätzliche und charakteristische Unterschied zwischen Leibniz und ihnen liegt daher nicht in der Bestimmung dieser Frage, sondern darin, daß das System der »prästabilierten Harmonie« eine neue Phase in der Entwicklung des *idealistischen* Grundgedankens darstellt. Gewiß drängte auch die ganze Richtung von Malebranches Philosophie darauf hin, die *absolute Existenz* der *Materie* zu leugnen: dennoch wurde hier die letzte und zweifellose Entscheidung über dieses Problem durch theologische Bedenken gehindert. Und bei Geulincx war zwar mit überraschender Klarheit die Aufgabe einer *Kritik des Verstandes* formuliert und der Begriff der Substanz wie des Akzidens, des Subjekts und Prädikats, des Ganzen und des Teils lediglich als Leistung des *Intellekts* erwiesen worden — die Annahme einer an sich bestehenden Wirklichkeit aber, die sich aus geistigen und körperlichen »Dingen« zusammensetzt, war hierdurch nicht berührt

[37] Vgl. z. B. Malebranches *Traité de la nature et de la grâce*, § 8, wo selbst die stilistische Fassung bis ins Einzelne an Leibniz erinnert.

worden.[38] Erst mit der strikten Durchführung des Gedankens, daß Materie und Bewegung nur als Gebilde des Bewußtseins Sein und Wahrheit besitzen, ist der alte dualistische Zwiespalt endgültig geschlichtet und aufgehoben. Die Betrachtung der Körperwelt, die Vertiefung in ihre Gesetze und Ordnungen zieht den Geist nun nicht länger von seinem Urquell ab: sie führt ihn nur um so sicherer zu seinem eigenen Mittelpunkt zurück. Der eigentlich *originale* Sinn des Leibnizschen Harmoniebegriffs kommt daher am klarsten in den Sätzen seiner Erkenntnislehre, die er Locke entgegenhält, zum Ausdruck: » [...] die Betrachtung der *Natur der Dinge* ist sehr oft nichts anderes als die Erkenntnis der Natur unseres *Geistes* und jener angeborenen Ideen, die man nicht draußen zu suchen braucht.«[39]

So legt sich das scheinbar so vielverschlungene Gewebe der Leibnizschen Metaphysik für die nähere Untersuchung in relativ wenige und einfache Hauptfäden auseinander. Schwieriger aber, als sich die allgemeinen inhaltlichen Grundzüge der Monadenlehre zu vergegenwärtigen, ist es, sich die *Bedingungen* deutlich zu machen, aus denen sie hervorgewachsen ist, und die gedanklichen Gründe, auf die sie sich stützt. Hier dürfen wir, um volle Klarheit zu erlangen, einen scheinbaren logischen Umweg nicht scheuen. Leibniz' Gesamtsystem ruht auf derselben *rationalistischen* Voraussetzung, von der, wie wir sahen, auch Descartes' Lehre beherrscht war. Die Wirklichkeit muß nach dem Vorbild des *Gedankens* geordnet sein, die realen Dinge müssen eine derartige innere Struktur und Gliederung besitzen, daß sie für eine höchste *Intelligenz* an jedem Punkte völlig durchsichtig und *erkennbar* wären. (Vgl. S. XLIII ff.) Das konkrete Sein ist durchgängig nach dem Typus der »abstrakten« und ideellen Regeln geformt.[40] So kann es in der *Natur* keine Lücke und keinen unvermittelten Übergang geben, weil in diesem Falle eine Unbestimmtheit für die *Erkenntnis* einträte,

---

[38] Näheres über diese beiden Punkte in meiner Schrift *Über das Erkenntnisproblem in der Philosophie und Wissenschaft der neueren Zeit*, Bd. I, Buch III, Kap. 2.

[39] Nouv. Ess. I, 1, § 21.

[40] Siehe S. 76.

weil der Fortschritt des Geschehens von einem Zeitpunkt zum andern nicht eindeutig definiert wäre. Der gegenwärtige Zustand des Seins muß sachlich alle vorangegangenen und folgenden in sich schließen, weil es andernfalls dem *Denken* nicht möglich wäre, ihn mit den übrigen Gliedern des Alls in Beziehung zu setzen und ihm so seine Stelle und seine Bestimmtheit zu geben. Alle realen Beziehungen zwischen den Dingen sind somit nur der Ausdruck und die Folge gewisser logischer Grundverhältnisse der Ideen. Es gibt daher keinen sichereren Weg, uns der innerlichen Beschaffenheit des Seins zu versichern, als eine scharfe und exakte *Analyse des Wahrheitsbegriffs*. Haben wir einmal begriffen, auf welchen Bedingungen die Wahrheit eines jeden *Urteils* zuletzt beruht, so haben wir damit zugleich den Einblick in die Verfassung des Universums gewonnen.

Gehen wir nun zuerst von den *mathematischen* Urteilen aus, die als das Vorbild jeder Gewißheit gelten dürfen, so zeigt sich, daß jede Aussage über mathematische Verhältnisse sich zuletzt in der Form einer *Gleichung* darstellen läßt[41], daß also hier eine *Identität* zwischen dem Subjekt und dem Prädikat des Urteils gesetzt und behauptet wird. Blicken wir etwa auf die *Geometrie* hinüber und fragen wir uns, welche Merkmale und Eigenschaften wir einem bestimmten räumlichen Gebilde, das wir vor uns haben, wahrhaft und mit Recht zusprechen dürfen, so kann die Antwort nur lauten, daß wir alle diejenigen Bestimmungen von ihm aussagen können, die in seiner *Funktionsgleichung* implizit enthalten und ausgedrückt sind. Daß es mannigfacher Umformungen, daß es verschiedener rechnerischer Operationen bedarf, um diese Gleichung in eine Gestalt zu bringen, in der wir *unmittelbar* den Zusammenhang zwischen der Figur und den verschiedenen, ihr zugehörigen Merkmalen erfassen, — dies tut inhaltlich nichts zur Sache. Die begriffliche *Definition* des Gebildes birgt »an sich« und gleichviel,

---

[41] Es sei hier nur kurz daran erinnert, daß eine solche Gleichung sich nicht notwendig darauf beschränken muß, *Größenverhältnisse* zum Ausdruck zu bringen, sondern daß auch andere, *qualitative* Eigentümlichkeiten und Beziehungen der mathematischen Fixierung fähig und bedürftig sind. (Siehe besonders die Schriften Nr. 6 u. 7.)

ob wir sie uns bereits bewußt in all ihre Folgerungen zerlegt haben, den Gehalt und den sachlichen Urgrund aller Bestimmungen, die ihm zukommen können. Die Wahrheit eines mathematischen Urteils ist uns dann und nur dann verbürgt, wenn das Prädikat im Subjekt virtuell enthalten und eingeschlossen ist.

Schwieriger gestaltet sich die Frage, wenn wir von den ewigen und notwendigen Wahrheiten der Mathematik zu den Aussagen über bestimmte, tatsächliche und *empirische* Zusammenhänge übergehen. Hier scheint uns in der Tat kein anderes Band als die unmittelbare Wahrnehmung der Sinne gegeben zu sein: wir behaupten die Verbindung eines Subjekts mit einem bestimmten Prädikat, weil die Erfahrung und Beobachtung uns beide zusammen kennen gelehrt haben. Daß wir indes hierbei nicht stehen bleiben können, ist aus dem obersten Grundprinzip der Leibnizschen Philosophie, das wir soeben betrachtet haben, von selbst klar. Die »intelligible« Verknüpfung zwischen allen Gliedern des Seins erstreckt sich nicht lediglich auf gewisse allgemeine Grundverhältnisse, sondern sie gilt nicht minder für jedes noch so entlegene und vereinzelte Sonderelement. Die unbedingte Entsprechung der Vernunft und der Wirklichkeit kennt keine Schranken und keine Ausnahmen. Jede Verknüpfung, die uns tatsächlich begegnet, so »zufällig« sie uns erscheinen mag, muß auf einem rationalen Grunde ruhen, wenngleich dieser für den beschränkten Standpunkt unserer jeweiligen Erkenntnis nicht überall sichtbar zu sein braucht. Wenn wir mit den Mitteln unserer Erfahrung irgendein Geschehen, etwa das Wachstum und die Entwicklung eines Organismus, verfolgen, so treten hier die neuen Bestimmungen freilich nur äußerlich an das Subjekt heran. Ein absoluter Verstand indes würde auch hier nicht eine einfache Folge beziehungsloser Zustände, die wir nur *registrieren* können, erblicken, sondern zugleich den *inneren Grund* entdecken, der gerade dieses Merkmal zu diesem bestimmten Zeitpunkt ans Licht treten läßt. Was für das räumliche Beisammen gilt, das gilt nicht minder für das zeitliche Nacheinander: wie in der Gleichung einer Kurve alle ihre Eigenschaften, so müssen in dem Subjekt, das sich entwickelt, alle die mannigfachen Gestaltungen, die es annehmen kann, enthalten und zugleich der Moment, in dem sie sichtbar werden, bestimmt sein.

Diese letztere Wendung insbesondere enthält einen originalen Gedanken und ein eigentümliches und auszeichnendes Merkmal der Leibnizschen Lehre. Wo immer bisher der Rationalismus versucht hatte, den logischen Grundzusammenhang des Seins zu erweisen und in einer kurzen Formel auszusprechen, da hatte er auf die Verhältnisse der *geometrischen* Gebilde als Muster und Vorbild hingewiesen. Wie es im Begriff des Dreiecks liegt, daß seine Winkelsumme zwei Rechte beträgt, so sollen aus dem allumfassenden Urgrund der Wirklichkeit die einzelnen Bestimmungen hervorgehen. Lediglich auf das Verhältnis der *begrifflichen Abhängigkeit* der Teile des Seins, nicht auf ihr *zeitliches* Folgen und Hervortreten war die Betrachtung gerichtet. In der echten und adäquaten Erkenntnis findet der Zeitbegriff keinen Platz. Er ist ein Gebilde der »Imagination«, eine trügerische Hülle, die unsere subjektive und unvollkommene Auffassung der Wesenheit der Dinge überwirft. Spinozas Wort, daß es zur Natur der Vernunft gehört, die Dinge nicht unter der Form der Zeit, sondern »im Lichte der Ewigkeit« zu erkennen, ist der prägnanteste Ausdruck für diese Grundanschauung. Für Leibniz indes, der von den gleichen gedanklichen Voraussetzungen wie Descartes und Spinoza ausgegangen war, hat sich inzwischen das Problem geweitet. Die zeitliche Folge und Ordnung ist ihm nichts Äußerliches und Nebensächliches mehr, sondern sie bezeichnet die angemessene und notwendige Form, unter der allein die *Einzeldinge* sich darstellen können. Alle konkrete Wirklichkeit, alles wahrhafte lebendige Dasein ist an die Bedingung der Zeit geknüpft; es *ist* nur, indem es sich im Nacheinander verschiedener Bestimmungen *entfaltet*. Damit aber ist die Vernunft selbst vor eine größere und tiefere Aufgabe gestellt. Es genügt uns nicht mehr, wenn wir nur im allgemeinen einsehen, daß ein bestimmter »Modus« mit der Substanz verknüpft und durch sie notwendig gesetzt ist: wir wollen auch begreifen, warum er gerade jetzt an diesem besonderen Punkte des Geschehens, in die Erscheinung treten muß. Denn ein Zustand erhält seine volle inhaltliche *Bestimmtheit* erst aus der durchgängigen Verknüpfung mit allen übrigen Teilen des Alls, also erst aus der einzigartigen Stelle, die er in Raum und Zeit einnimmt. Die Grundforderung des Rationalismus, die individuelle Wirklichkeit auf ein System gedanklicher Verhältnisse zurückzuführen, ist somit nur dann erfüllbar, wenn wir die einzelnen Prädikate nicht nur überhaupt als Folgen des Subjekts, dem sie zukommen, begreifen, sondern auch die Ordnung und Reihenfolge der Einzelmomente als *notwendig* erkennen können. Es gilt, wie wir die Aufgabe nunmehr kurz zusammenfassen können, nicht nur die räumlichen, sondern auch die zeitlichen Prädikate in *logische Prädikate* zu verwandeln.

Wir müssen bei diesen spekulativen Grundvoraussetzungen der Leibnizschen Lehre noch länger verweilen, da gerade sie der modernen Betrachtungsweise ferner liegen und von ihr aus schwerer zu fassen sind. Vergegenwärtigen wir uns vor allem noch einmal die eigentümliche Richtung und Methode der *Beweisführung*, die Leibniz an diesem Punkte einschlägt. Wir sind gewohnt, von den Tatsachen der Beobachtung, von bestimmten empirisch bekannten und gegebenen Verhältnissen auszugehen und auf ihrem Grunde sodann durch Induktion umfassende und »allgemeine« Wahrheiten aufzubauen. Leibniz indes legt hier vielmehr das allgemeine *Postulat der durchgängigen Verständlichkeit*, der allseitigen intelligiblen Verknüpfung des Alls zugrunde, um von ihm aus die Einsicht in die konkrete Einzelgestaltung der Dinge zu gewinnen. So oft wir ein Subjekt mit einem bestimmten Prädikat tatsächlich *verbunden* finden, so oft dürfen und müssen wir schließen, daß auch ein rationaler — oder wie Leibniz es nennt — ein »apriorischer« Grund dieser empirischen Verknüpfung besteht. Die gewöhnliche Auffassung findet ein Ding A zu einem gegebenen Zeitpunkt mit einem Merkmal B behaftet und fällt daraufhin das Urteil, daß A hier und jetzt = B ist. Für die philosophische Reflexion aber, der sich das Wert- und Abhängigkeitsverhältnis von *Wahrheit und Wirklichkeit* umgekehrt hat, gilt hier der entgegengesetzte Schluß: damit A zum B werden konnte, mußte das *Urteil*, daß A in dem betreffenden Moment = B ist, innerlich begründet und wahr sein. Die Tatsache hätte nicht eintreten können, wenn nicht die ideelle Beziehung zwischen den beiden Gliedern in ihrer *Geltung* »festgestanden« hätte. Wir brauchen also nur nach den *Bedingungen* für die Wahrheit des Urteils, daß A = B ist, zu fragen, um die Voraussetzungen, auf welchen die faktische Umwandlung des einen in das andre beruht, zu begreifen. Diese Bedingungen aber sind uns bereits bekannt: sie bestehen darin, daß das Prädikat mit allen näheren Umständen, die es inhaltlich und zeitlich determinieren, im Subjekt »eingeschlossen« ist. Ein Subjekt kann zu nichts *werden*, was es nicht im logischen Sinne schon ist: der Wechsel scheinbar zusammenhangsloser Bestimmungen an ihm bedeutet nur die sukzessive Offenbarung seiner ursprünglichen einheitlichen Natur, die andrerseits nur in eben dieser Vielheit ihr wahres Sein enthüllen kann.

Mit dieser letzten Wendung aber sind wir bereits wieder bei der uns bekannten, konkreten Gestalt des Monadenbegriffs angelangt. Die einzelnen gedanklichen Motive, aus denen er hervorgegangen ist, treten jetzt in deutlicher Sonderung hervor. Daß er in wesentlichen Hauptmomenten auf der Leibnizschen *Logik* beruht, ist unverkennbar; doch darf, wenn man diese Beziehung behaupten und durchführen will, nicht vergessen werden, daß der *Begriff der Logik* selbst für Leibniz eine Erweiterung erfahren hat, die ihn über seine bisherigen traditionellen Grenzen hinaushebt. Die Logik der Schule betrachtet die Begriffe als starre, ein für allemal abgeschlossene Gebilde, die es nun nach ihrem Umfang zu vergleichen gilt. Die Merkmale, die sie einem Begriffe zuspricht, kommen ihm an und für sich zu; von einer Entwicklung, in der sie stetig heraustreten, von ihrer wechselnden allmählichen Erzeugung ist keine Rede. Was aus der »Natur« einer Sache folgt, das muß ihr — wie der Cartesianer de Volder es gegen Leibniz formuliert — auf unveränderliche Weise und für alle Zeiten innewohnen. Für Leibniz indes, der das *Werden* ausdrücklich als logisches Problem begreift und ausspricht, gewinnt damit auch der *Subjektbegriff* eine neue' Bedeutung. Das »Subjekt« ist nun nicht mehr — was es vom Standpunkt der formalen Logik allein ist — die passive Unterlage für eine Mehrheit von Bestimmungen, der ruhende Mittelpunkt, auf den sie sich beziehen und um den sie sich ordnen, sondern es wird zum tätigen Prinzip, das sie positiv erschafft. Erst damit wird das logische Subjekt zur metaphysischen »Substanz«, daß es als Quell und Urgrund der Ideen gedacht wird, die nach einem vorgeschriebenen Gesetz künftig aus ihm hervorgehen sollen. In dieser Erweiterung läßt sich deutlich der Einfluß erkennen, den, neben den im engeren Sinne logischen Motiven, die *biologischen* Grundfragen auf die Bildung und Entwicklung des Monadenbegriffs geübt haben. (Siehe S. XLVIIf.) Wieder erkennen wir hier die Eigenart des Leibnizschen Denkens, die uns früher entgegengetreten ist: die Anschauung der lebendigen Natur gestaltet sich bei ihm in stetigem Hinblick und unter dauernder Kontrolle allgemeiner logischer Voraussetzungen, während auf der andren Seite die abstrakte Prinzipienlehre selbst immer wieder nach Mitteln sucht, um das Problem des individuellen *Lebens* zu bewältigen.[42]

Wenn wir die *idealistische Grundanschauung* des Systems in aller Strenge festhalten, so wird uns damit der komplizierte Bau der Monadenlehre erst in allen seinen Teilen verständlich und deutlich werden. Wie immer man über die logische Grundlegung selbst urteilen mag: nachdem sie einmal gewonnen, schreitet der Gedanke mit innerer Notwendigkeit und Folgerichtigkeit zu den abgeleiteten

[42] In meiner Schrift *Leibniz' System in seinen wissenschaftlichen Grundlagen* habe ich versucht, die Monadologie aus den Voraussetzungen der wissenschaftlichen Prinzipienlehre abzuleiten und zu erklären. Hierbei mußten notwendig zunächst die *allgemeinen* Züge des Leibnizschen Bewußtseinsbegriffs heraustreten, in denen er mit dem Kantischen Begriff der »Apperzeption« zusammenstimmt. Seine besonderen und spezifischen Merkmale dagegen sollten erst im Verlauf der weiteren Entwicklungen allmählich gewonnen, nicht — wie einige Kritiker fälschlich angenommen haben — in diesen ersten Erörterungen schon endgültig festgestellt werden. Der volle und konkrete Sinn des *Monadenbegriffs* ergibt sich erst, wenn man die Diskussion des Bewußtseinsbegriffs mit den späteren Ausführungen über das Problem des Individuums und das Problem des *Organismus* zusammenhält. (Vgl. besonders ebenda. S. 412ff.) Die Darstellung mußte hier eine *methodische* Trennung gedanklicher Momente vornehmen, die in Leibniz' Metaphysik nur in- und miteinander gegeben sind. Die obigen Darlegungen suchen die früheren Untersuchungen insofern zu ergänzen, als sie die *fertige* Gestalt der Monadenlehre an die Spitze stellen und von ihr aus rückwärts zu den einzelnen Bedingungen hinleiten wollen, aus denen sie erwachsen ist. Wenn dort die Frage gestellt wurde, auf welchem Wege von den allgemeinen Prinzipien aus zur Erfassung der individuellen Wirklichkeit zu gelangen sei, so wird hier umgekehrt gefragt, wie unter der Voraussetzung der unendlich vielen gesonderten Individuen notwendige und allgemeingültige Erkenntnis möglich sei. (Siehe auch unten, S. LXXXVIIff.)

Ergebnissen fort. Mannigfache Widersprüche und Schwierigkeiten, die man dem System vorgehalten hat, schwinden, sobald man sich nur einmal völlig in seinen eigentümlichen Gesichtspunkt versetzt hat. Vor allem wird jetzt der Einwand hinfällig, daß die Monadenlehre, indem sie das All in einen Inbegriff vorstellender Subjekte auflöse, darüber den eigentlichen *Inhalt* und *Gegenstand* preisgebe, der in jeder Vorstellung enthalten sein müsse. Lotze zuerst hat diesen Einwand erhoben, der seitdem immer von neuem wiederholt worden ist. Wenn die Monaden das All vorstellen, so bestehe doch dieses selbst, seiner inneren Wesenheit nach, nur wieder aus andren Monaden. »Was daher jede Monade zu spiegeln findet, das ist nur die Art, wie sie selbst sich in andren und diese andren sich in einander spiegeln; es fehlt zuletzt jeder unabhängige Tatbestand und Inhalt der Welt, der in dieser Spiegelung genossen würde«.[43] Wäre dieser Einwurf richtig, so würde er nicht nur die Leibnizsche Lehre, sondern zugleich jede andre Ausbildung und Gestaltung des philosophischen *Idealismus* zunichte machen. Das Universum, das die Monaden vorstellen, ist die Allheit und der Inbegriff der *räumlich-zeitlichen Erscheinungen*: aber eben diese Erscheinungen selbst bieten in ihrer Ordnung und ihrer durchgängigen gesetzlichen Verknüpfung dem Denken einen Inhalt und Grundbestand dar, wie er gediegener und sicherer nicht gefordert werden kann. Hier findet der Gedanke seinen Halt und seine objektive Bestimmtheit, sofern es nicht Willkür, sondern unverbrüchliche mathematische *Notwendigkeit* ist, die ihm in den Phänomenen entgegentritt. So wahr es individuelles Leben, so wahr es *Bewußtsein* geben soll, so wahr muß eine *Mannigfaltigkeit* von Inhalten in einem vorstellenden Subjekt zur Einheit zusammengefaßt und in ihm gleichsam »konzentriert« sein. Denken wir eines dieser beiden Momente aufgehoben: nehmen wir an, daß keine Subjekte vorhanden wären, denen das All erscheint, oder daß diese Subjekte sich nicht in der Vorstellung einer *Mehrheit* von Erscheinungen betätigten, so wäre damit das *Urphänomen* beseitigt, das alle philosophische Erklärung voraussetzen muß. Es ist lediglich eine Selbst-

---

[43] R. H. Lotze, *Geschichte der Ästhetik in Deutschland*, München 1868, S. 13 f.

täuschung, wenn irgendeine Metaphysik glaubt, noch *hinter* dieses Phänomen zurückgehen zu können. Auf die Frage, warum überhaupt eine Vielheit und ein Wandel von Vorstellungsinhalten stattfindet, hat daher die Leibnizsche Philosophie allerdings keine Antwort mehr. Sie legt dieses Faktum zugrunde, um es begrifflich zu explizieren und auf seine einfachste gedankliche Form zu bringen: aber sie sucht nach keinem höheren Prinzip, aus dem sie es *ableiten* könnte. Von der Vorstellung und dem Streben gehen wir aus, um von hier aus das Gesamtbild der Welt aufzubauen: nicht aber können wir umgekehrt das Sein des »Geistigen« auf einen tieferen Ursprung zurückdeuten, als er uns in diesen Tatsachen des *Bewußtseins* gegeben ist.[44]

Der Anstoß, den man hier an Leibniz' Lehre genommen hat, entspringt im Grunde der falschen Stellung, die man dem Begriff des *Phänomens* im Ganzen des Systems zu geben pflegt. Nicht derart ist das Verhältnis zu denken, daß die Monaden an sich vorhanden und gegeben wären, und daß die Welt der Erscheinungen nur gleichsam als ein äußeres sekundäres Nebenergebnis aus ihren wechselseitigen Beziehungen hervorginge. Substanz und Phänomen sind vielmehr durchaus gleichwertige und korrelative Begriffsinhalte: die Substanzen *sind* nur, indem sie sich in der Darstellung und Erzeugung von Phänomenen betätigen. Außerhalb dieser *Operation* besitzen sie keine, wie immer beschaffene Art des Daseins. Ihr ganzes *Wesen* besteht darin, »fruchtbar zu sein und verschiedenartige Folgen und Mannigfaltigkeiten aus sich hervorgehen zu lassen.«[45] Das Sein der Erscheinungen ist daher, nicht minder als das der vorstellenden Subjekte, *notwendig.* Es entspringt nicht, wie man Leibniz' Lehre oft dargestellt hat, einer *Unvollkommenheit* unseres Intellekts, der sich begnügen muß, die Dinge, statt in ihrer absoluten Wesenheit, in einer »verworrenen« Anschauung zu erfassen. Vielmehr sind Raum und Zeit, die als die Grundordnungen der »Erscheinung« auch deren logischen Charakter bestimmen, *distinkte* und *reine Verstandesbegriffe.* Sie stellen Inbegriffe notwendiger und

---

[44] Vgl. hierzu den Briefwechsel mit de Volder und Johann Bernoulli; Hauptschriften II, Nr. 30 u. 31.

[45] Gerh. VII, 444.

allgemeingültiger *Beziehungen* dar, die für alle Verhältnisse der konkreten Erfahrungswirklichkeit vorbildlich und maßgebend sind. So sind sie zwar nicht eigene und selbständige *Wesenheiten*, die *neben* den Substanzen beständen, wohl aber gehören sie zu den »eingeborenen« Begriffen, kraft deren wir die bunte und widerspruchsvolle Welt der Sinne zur intelligiblen Welt des *Wissens* und der *Erkenntnis* umwandeln.[46]

Das Verhältnis zwischen *Raumwelt und Monadenwelt* ist daher klar und sicher bestimmt. Die Grenzen beider Reiche sind unverrückbar bezeichnet; jede logische Zweideutigkeit, jede Übertragung von Gesichtspunkten, die nur für die Körperwelt Geltung haben, auf die Beziehungen zwischen den Monaden scheint für immer beseitigt. Welchen Sinn hätte es in der Tat, den Zusammenhang der substantiellen Einheiten, die wir nicht anders, denn als *Subjekte* verschiedener Vorstellungsreihen kennen, durch Verhältnisse, die nur für das Gebiet der Vorstellungs*inhalte*, für das Bereich der objektiven Erscheinungen gelten, deutlich machen zu wollen? Jeder derartige Vergleich, kraft dessen wir etwa von einer »Nähe« oder »Entfernung« der einzelnen Substanzen sprechen oder sie im Raume verstreut oder in einen Punkt konzentriert denken, beruht auf dem vergeblichen Versuch, sich einen Zusammenhang, der sich nur denkend erfassen läßt, unmittelbar sinnlich vor Augen zu stellen.[48] Aber so bestimmt Leibniz alle Analogien dieser Art abgewehrt hat: an *einem* Punkte scheint es fast, als wäre er ihnen dennoch erlegen. Einer der bekanntesten Sätze des Systems bezeichnet die *Körper* als »*Aggregate* von Monaden«. Sind hier nicht deutlich die Substanzen als die *Elemente* und *Bestandteile* gedacht, aus denen die stoffliche Masse sich *zusammensetzt*? Und müssen wir nicht notwendig ihnen selbst eine Stellung im Raume und eine Art der Raumerfüllung zuschreiben, damit sie diese Funktion auszuüben vermögen? Man hat in der Tat die Monaden in diesem

---

[46] Siehe hierzu den Briefwechsel zwischen Leibniz und Clarke, Nr. 11 und die eingehende Darstellung in E. Cassirer, *Leibniz' System in seinen wissenschaftlichen Grundlagen*, Kap. V.

[47] Leibniz an des Bosses, Gerh. II, 451; vgl. Anm. 92.

Sinne aufgefaßt, man hat sie als *Kraftzentren* gedeutet, die zwar keine endliche *Ausdehnung* mehr besitzen, die aber dennoch in einem bestimmten unteilbaren *Raumpunkt* ihre Stelle haben und von ihm aus ihre mannigfachen Wirkungen ausüben. Die »einfache« Substanz wurde damit zu einer Abart und einem Analogon des stofflichen Atoms. »Die Atome« — so schildert eine bekannte Darstellung der Leibnizschen Philosophie diesen Zusammenhang — »wurden, soweit es die Ausdehnung betrifft, auf mathematische Punkte reduziert; wenn aber ihre Ausdehnung im Raume gleich Null war, so war ihr inneres Leben um so reicher. Nehmen wir an, jene innere Existenz wie die des menschlichen Geistes, sei eine neue Dimension, keine geometrische, sondern eine metaphysische, so können wir sagen, daß Leibniz die Atome, nachdem er ihre geometrische Ausdehnung auf Nichts reduziert hatte, mit einer unendlichen Ausdehnung in der Richtung ihrer metaphysischen Dimension ausstattete ... Die Wesenheiten der wirklichen Dinge haben in dieser physikalischen Welt des Raumes nur *das Dasein eines Punktes*, in der metaphysischen Welt des Denkens aber eine unendliche Tiefe des inneren Lebens.«[48] Wäre diese weithin verbreitete Auffassung richtig, wäre die »Monade« in der Tat ein Atom, das seine Ausdehnung eingebüßt, dafür aber höhere »geistige« Eigentümlichkeiten eingetauscht hätte — so müßte man gestehen, daß die Metaphysik von Leibniz eine der sonderbarsten Ausgeburten spekulativer Willkür wäre, die die Geschichte der Philosophie kennt. Wenn die populäre Phantasie sich damit begnügt, den konkreten Dingen, die uns unmittelbar sinnlich berühren, Leben und Bewußtsein zu verleihen, so wäre hier der mathematische *Punkt*, so wäre eine bloße wissenschaftliche *Abstraktion* mit einem eigenen geistigen Innenleben ausgestattet! Es läßt sich indes leicht zeigen, daß diese Deutung völlig in die Irre geht. Auf der einen Seite widersprechen ihr schon die Grundanschauungen der Leibnizschen *Physik*, die wir in den Schriften dieses Bandes kennenlernen. Leibniz kennt keine *fernwirkenden Kräfte*, die von einem Punkte des Raumes ausstrahlen und sich fortpflanzen. Er hält durchaus an der streng *kinetischen Theorie* fest, wonach jede Bewegung eines Kör-

---

[48] J. Th. Merz, *Leibniz*, aus dem Englischen, Heidelberg 1886, S. 148.

pers durch die unmittelbare Berührung eines benachbarten materiellen Systems zu erklären ist. Mechanische Energien haften bei ihm niemals an *Punkten*, sondern an *bewegten Massenteilen*, die ihre Geschwindigkeit stetig fortpflanzen und auf die ihnen zunächst gelegenen Teile des Stoffes übertragen. In noch weit schärferem Gegensatz aber steht die Auffassung, die wir hier betrachten, zu der idealistischen Grundanschauung, von der das System beherrscht ist. Wäre der Körper ein für sich bestehendes, unabhängiges Sein, so könnte es einen Sinn haben, nach den absoluten einfachen *Substanzen* zu fragen, die ihn zusammensetzen. Jetzt aber, da wir, ihn als ein *Phänomen*, als eine *Vorstellung* erkannt haben, die die geistigen Subjekte und Einheiten mit gesetzlicher Bestimmtheit aus sich erzeugen: jetzt müssen wir begreifen, daß auch die Elemente, aus denen er besteht, lediglich im Bereich der Erscheinung selbst zu suchen sind.

Die gesamte Schwierigkeit löst sich leicht, wenn man einen Doppelsinn in der *Terminologie* des Systems beseitigt. Die »Substanz« bedeutet für Leibniz im engeren Sinn allerdings lediglich die Bewußtseinseinheit: das geistige Subjekt, das eine unendliche und stetige Reihe von Vorstellungen und Strebungen in sich enthält und darstellt. Die Bedingung dafür, daß wir solche Subjekte ansetzen, daß wir also bestimmte Teile des Stoffes mit individuellem *Leben* begabt denken, liegt, wie wir früher sahen, in der *Organisation* der Materie. Jedem organischen Körper denken wir eine substantielle Einheit zugehörig, die alle räumlich-zeitlichen Veränderungen, die in ihm vorgehen, in mehr oder weniger klaren »Perzeptionen« ausdrückt und widerspiegelt. Im erweiterten Sinne können wir daher auch *den Organismus selbst*, sofern wir ihn als einheitliches belebtes Ganze ansehen, als »Substanz« bezeichnen. Daß die Materie eine Ansammlung von Substanzen ist, ist daher nur ein andrer Ausdruck für eine Ansicht, die uns bereits früher in andrem Zusammenhang begegnet ist: es besagt nur, daß der scheinbar einheitliche und gleichförmige Stoff, den die Physik als Substrat der Bewegung zugrunde legt, in Wahrheit ein unendlich differenziertes und gegliedertes Ganze *organisierter Körper* ist. Der Schein einer durchgehenden, homogenen Struktur entspringt nur der ungenauen und oberflächlichen Betrachtung: die schärfere Analyse erblickt in dem Stoff immer neue individuelle Unterschiede und leitet damit zu dem Gedanken hin, daß auch die kleinsten Stoffteile noch Träger eines selbständigen, unterschiedenen Eigenlebens sein können. Der Gesichtspunkt der *Zusammensetzung* gilt daher lediglich für die Welt der Erscheinung: nicht die Monaden, sondern die organischen Körper, welchen wir sie zugeordnet denken, setzen die Gesamtmasse des Stoffes zusammen. Was die seelischen Einheiten selbst betrifft, so wäre es völlig widersinnig, sie miteinander zusammenwachsen und »verschmelzen« zu lassen: denn sie besitzen nicht nur keine Ausdehnung, sondern auch keine Lage im Raume. »Vor vielen Jahren, als meine Philosophie noch nicht reif war« — so schreibt Leibniz im Jahre 1709 an des Bosses — »wies ich den seelischen Einheiten ihren Sitz in bestimmten Punkten des Raumes an [...] Bei näherer Besinnung aber begriff ich, daß man sich hierdurch nicht nur in unzählige Schwierigkeiten verwickelt, sondern auch sozusagen eine μετάβασις εἰς ἄλλο γένος begeht. Wir dürfen den Seelen keine Bestimmung, die ins Bereich der *Ausdehnung* gehört, zusprechen: wenn wir daher von ihrer Einheit oder Mehrheit reden, so darf dies niemals unter dem Gesichtspunkt der *Quantität*, sondern nur unter dem Gesichtspunkt der *Substanz* geschehen, so daß wir die Einheit niemals in Punkten, sondern in einer ursprünglichen Kraft und Wirksamkeit zu suchen haben. Die spezifische Wirksamkeit der Seele aber besteht in der Vorstellung, und die Einheit des vorstellenden Subjekts wird durch die Verknüpfung der Vorstellungsinhalte und durch den Zusammenhang hergestellt, gemäß dem die folgenden aus den vorangegangenen entstehen.« (Gerh. II, 372.) Die Leibnizschen »Einheiten« sind somit in keiner Weise nach der Analogie einfacher, unzerlegbarer Teile des Raumes, sondern vielmehr als die identischen, geistigen Subjekte zu denken, auf die, als feste Grundlagen, wir allen Wandel und alle *zeitlichen Veränderungen der Bewußtseinszustände* zurückbeziehen müssen. Der »Zusammenhang« solcher Einheiten unter sich widerstrebt jeglicher Verdeutlichung durch ein sinnliches Gleichnis: er besagt lediglich, daß die *Erscheinungen*, die in der einen vorgestellt werden, zugleich in der andren als Inhalte der *Vorstellung* gegeben sind. Je nachdem hierbei die eine Substanz diese Inhalte in schärferer und distinkterer Weise als die andre enthält

und ausdrückt, können wir von einem Verhältnis der Über- und
Unterordnung zwischen beiden sprechen, das jedoch niemals als
wirkliche reale Abhängigkeit, sondern lediglich in dem eben definierten, rein »idealen« und logischen Sinne zu verstehen ist.

Wieder dürfen wir hier, um die Besonderheit der Leibnizschen
Lehre rein hervortreten zu lassen, auf ihre *geschichtliche* Stellung
verweisen. Man hat wiederholt den Leibnizschen Begriff der Substanz mit dem Monadenbegriff Giordano Brunos zusammengestellt
und verglichen. Auf die Frage, ob Leibniz in der Ausbildung seiner Lehre durch Bruno beeinflußt ist, braucht nun hier nicht eingegangen zu werden: das eine aber gilt es sich deutlich zu machen,
daß die Grundbegriffe beider durchaus verschiedenen gedanklichen
Tendenzen und Betrachtungsweisen entstammen. Für Bruno wie
für die gesamte Naturphilosophie der Renaissance, mit der er innerlich zusammenhängt, ist das *Selbstbewußtsein* noch nicht zum
entscheidenden und *zentralen* Problem der Philosophie geworden.
So sehr sein Blick auf die Eigentümlichkeit des *Geistigen* gerichtet
zu sein scheint: es wirkt bei ihm nur als eine Potenz und eine bewegende Kraft innerhalb der Körperwelt. Seine Anschauung geht
vom *Kosmos* und der Einheit seines inneren Lebens aus. Auch der
Begriff der Monade wurzelt bei ihm in diesem Zusammenhang:
er bezeichnet die letzten unteilbaren Grundbestände, aus denen das
physische Sein sich aufbaut. Die endlichen Dinge werden in letzte
Elemente aufgelöst, die zwar der sinnlichen Anschauung nicht mehr
zugänglich sind, denen aber doch prinzipiell dieselben Merkmale
und Eigentümlichkeiten zukommen wie den wahrnehmbaren Gebilden selbst. So bleibt dem »Minimum« vor allem die Grundbe-
stimmung des Körpers, die *Ausdehnung* und die verschiedenartige
Gestalt erhalten. Die Minima berühren einander und wirken auf
einander; — sie lassen, indem sie sich aneinanderlagern und sich
in mannigfaltiger Weise verbinden, die gesamte konkrete Vielheit
der Körper aus sich hervorgehen.[49] Leibniz dagegen war, wie wir
sahen, von Anfang an einen völlig andren Weg gegangen. Daß in
der Körperwelt, die durchaus den idealen *mathematischen* Regeln

---

[49] Näheres in E. Cassirer, *Über das Erkenntnisproblem in der Philosophie und Wissenschaft der neueren Zeit*, Bd. I, Buch II, Kap. 2.

entspricht und folgt, das Prinzip der unendlichen Teilbarkeit unbeschränkt und unumstritten herrschen muß, war die Forderung, die er seiner Analyse zugrunde legt. Es ist eine *contradictio in adjecto*, es ist ein *logischer* Widersinn, über den keine metaphysische Erklärung hinwegzutäuschen vermag, wenn man »einfache« Elemente annimmt und ihnen dennoch irgendwelche *räumlichen* Bestimmungen, sei es Gestalt oder Lage, zuspricht. Der Raum und die Körperwelt bieten uns nirgends ein Beispiel einer wahrhaften, nicht weiter reduzierbaren Einheit. Aber was uns die äußere Anschauung versagt und kraft ihrer geometrischen Gesetzlichkeit versagen muß: das finden wir, unter einem völlig neuen Gesichtspunkt, im Gebiet der Lebenserscheinungen wieder. Wir können in der *Materie* keine Elemente fixieren, die nicht mathematisch und physisch weiter zerlegbar wären: wohl aber treten uns in ihr zuletzt allenthalben *organische* Körper entgegen, die als solche auf *äußere* Einwirkungen gleichmäßig reagieren, und die in all ihren Wandlungen einem einheitlichen *Entwicklungsgesetz* unterstehen. Der Körper als solcher ist und bleibt teilbar; das *Gesetz* allein, das seine Wandlungen beherrscht, ist eine wahrhafte *Einheit*, weil es als individuelles, unzerlegbares Ganzes *wirkt*. Wenn Leibniz von den Monaden als den *Elementen* des Seins spricht, wenn er sie »substantielle Atome« nennt, so wird uns auch dieser Ausdruck nun nicht mehr beirren: betont er doch daneben ausdrücklich, daß er sie nicht als die Teile, sondern als die »Grundlagen« der Körper ansieht, nicht als ihre Bestandstücke, sondern als die schöpferischen Bedingungen und Kräfte, aus denen die vielgestaltige Welt des konkreten Seins sich aufbaut.

Die philosophische Analyse hat die wesentliche Aufgabe, die ihr innerhalb des Systems gestellt war, erfüllt. Sie hat den *Dualismus*, der nach dem Ergebnis der Leibnizschen Naturbetrachtung noch zurückzubleiben schien, geschlichtet und aufgehoben. Körper und Geist bilden uns erst jetzt eine wahrhaft harmonische Einheit, nachdem wir erkannt haben, daß sie keine metaphysisch getrennten Wesenheiten, sondern zusammengehörige Momente sind, die sich begrifflich bedingen und fordern. So wahr der Geist eine Vielheit von Inhalten denkt, so wahr entsteht ihm die Erscheinung der *Körperwelt*; so wahr er auf die Einheit reflektiert, die *in eben demselben Prozeß des Denkens* sich betätigt und wirksam ist, wird er sich seiner eigenen Wesenheit bewußt. Der Gegensatz zwischen Geist und Körper hat sich in die *Korrelation* zwischen vorstellenden Subjekten und vorgestellten Inhalten aufgelöst.

Noch eine Frage aber bleibt zurück, die für den Sinn und das Schicksal der Monadenlehre entscheidend ist. In welchem Verhältnis steht das metaphysische Weltbild, das sich uns hier darstellt, zu den *logischen* Grundproblemen, von denen das System ausgegangen war? Welche Folgerungen ergeben sich von ihm aus für die Frage nach dem *Ursprung des Wissens* und nach der Geltung und Notwendigkeit unserer *wissenschaftlichen Erkenntnis?* Wir fragen hier nicht weiter nach der rein *immanenten* Gestaltung der Prinzipienlehre, wie wir sie in den Schriften zur Mathematik und Dynamik verfolgen konnten; wir wollen die Probleme der wissenschaftlichen Erkenntnis nicht nur von innen heraus aus ihren eigenen Anfängen entstehen und sich entfalten sehen, sondern den Weg überblicken, der von dem *Begriff der Monade selbst* zu ihnen hinleitet. In der Tat liegt in der neuen Auffassung der Wirklichkeit eine neue Begriffsbestimmung des Wissens und seiner allgemeinen Aufgabe unmittelbar eingeschlossen. Die gewöhnliche Ansicht, die den Gegenständen eine absolute Realität *außerhalb* des Bewußtseins zuspricht, kann dem Geist keine andre Funktion zugestehen, als die Eigenschaften und Merkmale dieser äußeren Dinge einzeln zu empfangen und in bewußten Vorstellungen nachzubilden. Alles Erkennen wird hier zu einer Wiederholung und einer fortschreitenden Kopie eines für sich bestehenden Seins, die indes an Vollständigkeit wie an Treue notwendig dauernd hinter dem Original zurückbleiben muß. Die Einsicht in die Beschaffenheit der Dinge muß Schritt für Schritt durch die Vermittlung der sinnlichen Empfindung erworben werden. Wenn wir von *allgemeingültigen* Beziehungen zwischen den Dingen sprechen, wenn wir die Wahrheit von Sätzen behaupten, die über den Kreis unserer unmittelbaren Beobachtung hinausgehen, so befinden wir uns damit lediglich in einer subjektiven Selbsttäuschung. Der Geist, dem die Aufgabe gestellt ist, ein Reich jenseitiger Wesenheiten zu ergreifen und zu beschreiben, kann zwar allenfalls den einzelnen Fall, der ihm jeweilig durch die Wahrnehmung dargeboten wird, registrieren; nicht dagegen vermag er universale Kriterien zu bestimmen, die für die gesamte Verfassung des Alls, die auch für die *künftige Erfahrung* bindend wären. Die sensualistische Erkenntnislehre Lockes erweist sich somit bei näherer Betrachtung als eine notwendige Folge seines metaphysischen »Realismus«. Solange das Bewußtsein und die Gegenstände sich gleichsam in räumlicher Trennung wie eine »innere« und »äußere« Welt gegenüberstehen, solange kann der Geist nur tastend die Einzelheiten der Dinge erfassen, nicht aber ihre dauernde und durchgehende Ordnung in einer allgemeinen Formel aussprechen. Das Mittel, das ihm allein gegeben ist, ist die *Induktion*; diese aber kann uns stets nur über die besonderen Fälle, die unserer jeweiligen Beobachtung zugänglich waren, belehren. Jede neue Erfahrung kann, von diesem Standpunkte aus, nicht etwa nur den *Inhalt* unseres Wissens erweitern und verändern, sondern auch all unsere Grundüberzeugungen von der Verfassung der Natur und unserer Erkenntnis in Frage stellen.

Die Entwicklung dieser Anschauung und die durchgreifende Kritik, die Leibniz an ihr übt, gehört in den Gedankenkreis der *Nouveaux Essais*, auf den hier nicht im einzelnen eingegangen werden kann. Wir verfolgen die Grundanschauung nur insoweit, als sie in einer der folgenden metaphysischen Schriften, in dem Brief an die Königin Sophie Charlotte *touchant ce qui est indépendant des sens et de la matière* zum Ausdruck kommt. (Siehe unten Nr. 33) Das *mathematische* Beispiel, das Leibniz hier zur Verdeutlichung des Verhältnisses von *Induktion und Deduktion* braucht, ist in der Tat bezeichnend und aufklärend. Wir mögen in noch so vielen Fällen beobachtet haben, daß aus der Summierung der ungeraden Zahlen sich die Folge der Quadratzahlen ergibt, daß also $1 + 3 = 2^2$, $1 + 3 + 5 = 3^2$, $1 + 3 + 5 + 7 = 4^2$ und so fort, so werden wir dennoch bei jedem Fortschritt zu einem weiteren Glied der Reihe in Zweifel sein müssen, ob auch hier die gleiche Regel sich bewahrheiten werde. Die bloße beziehungslose *Anhäufung* von Einzelfällen gibt, soweit sie auch getrieben wird, dem Satze keinen neuen Halt und keine objektive *Gewißheit*. Diese erwächst uns erst, wenn wir die einzelnen Termini der beiden Zahlenreihen, wenn wir die ungeraden Zahlen und die Quadratzahlen nicht mehr Glied für Glied einander gegenüberstellen, sondern die *all-*

gemeine Regel betrachten, aus der die eine wie die andre Reihe sich aufbaut. Wir müssen beide nicht in ihrer fertigen Entfaltung, sondern in den Gesetzen ihrer *Entstehung*, wie es in dem sogenannten »allgemeinen Glied« der Reihe ausgesprochen und festgehalten ist, vergleichen, um eine notwendige Beziehung zwischen ihnen zu entdecken, die für jeden Wert von n gleichmäßig gültig ist. Nicht anders steht es in der Physik: denn auch hier ist es nicht genug, die neue Erfahrung den bekannten Tatsachen äußerlich anzureihen, sondern wir müssen sie, um ihr einen Sinn zu geben und sie zu *verstehen*, auf einen Grundstamm allgemeiner theoretischer Sätze und Überzeugungen beziehen und zurückführen. So ist etwa der Satz, daß alle Naturerscheinungen in *mathematische* Bestimmungen und Regeln auflösbar sind, kein bloßes Ergebnis der Einzelbeobachtung, sondern ein rationales Postulat, das der Erfahrung und dem Experiment zur Richtschnur dient.[50] Ist somit auch jegliches rein »induktive« Wissen an bestimmte allgemeine »Hilfssätze« gebunden[51], und ist — wie wir sahen — von dem Dingbegriff der populären Auffassung aus die Geltung und Notwendigkeit solcher Voraussetzungen niemals zu verstehen und zu erweisen, so müssen wir, um den Forderungen der Erkenntnis genüge zu tun, *eine neue Definition der Wirklichkeit* zugrunde legen. »Wirklich« heißt uns ein *Inhalt des Bewußtseins*, wenn er nicht ins Unbestimmte verschwimmt, sondern dem Gedanken *standhält*, wenn er sich nicht je nach den verschiedenen Zeitpunkten und den jeweiligen Bedingungen, unter denen wir ihn betrachten, verschieden erweist, sondern uns überall eine konstante, gleichbleibende Bestimmtheit darbietet. Wir brauchen somit eine Vorstellung, um ihr Realität zuzusprechen, nicht mit einem äußeren, transzendenten »Urbild« zusammenzustellen und zu vergleichen, sondern können ihr Recht und ihre Gültigkeit rein *aus ihr selbst* und ihrem *Zusammenhang* mit den übrigen Phänomenen ermessen. Ein Ereignis, das nicht willkürlich auftritt und wieder verschwindet, sondern immer un-

---

[50] Vgl. hierzu Nouv. Ess. IV, 12, § 13; siehe Anm. 154.
[51] Über diese Wechselbedingtheit von »Induktion« und »Deduktion« siehe Anm. 29.

ter denselben, bestimmt definierten Bedingungen entsteht und nach festen Gesetzen abläuft, dürfen wir als »wirklich« bezeichnen, sofern wir eben in dieser Regelmäßigkeit ein Mittel haben, um es von allen momentanen Bildungen unserer subjektiven Laune und Phantasie zu unterscheiden. Die dauernden *Kriterien* aber, kraft deren wir die wandelbaren Erfahrungsdinge gleichsam zum Stehen bringen, sind die ideellen Grundregeln, die die Mathematik und die mit ihr verbündete Dynamik aufstellen. Die »Erscheinung«, die uns anfangs in der unmittelbaren Empfindung nur als ungenauer und schwankender Inhalt gegeben ist, erhält hier, indem sie auf konstante quantitative Verhältnisse zurückgeführt wird, einen festen Bestand und Wesenskern. Die Phänomene sind real, nicht wenn sie für sich bestehende dingliche Originale abspiegeln, sondern wenn sie in sich selber eine Ordnung bewahren und eine Verknüpfung aufweisen, wie sie den *intelligiblen Wahrheiten* entspricht.[52] Der Bestand dieser Wahrheiten ist daher nicht minder der Urgrund all unseres Wissens als der Urgrund des echten »Seins« der Erscheinungen.

Zugleich begreifen wir nunmehr die innere Möglichkeit dafür, daß das Bewußtsein nicht nur an besonderen Einzelinhalten haftet, sondern sich zur Erkenntnis allgemeingültiger Beziehungen erhebt. Wie in dem algebraischen Beispiel, von dem wir ausgingen, die wahrhafte Einsicht in den deduktiven, sachlichen Zusammenhang dadurch gewonnen wurde, daß wir die Reihen nicht Glied für Glied zu durchlaufen brauchten, sondern sie in dem identischen *Gesetz*, nach dem der Fortschritt von Element zu Element erfolgt, als ein *einheitliches* Ganze überblicken und bestimmen konnten: so gibt es eine exakte und strenge Wissenschaft der Phänomene, weil das Bewußtsein in ihrer Erschaffung nach allgemeinen Regeln verfährt, die wir uns kraft der Reflexion und der Analyse vergegenwärtigen können. Zwar ist auch jeder, scheinbar noch so äußerliche Zustand des Ich, auch jeder Inhalt der *Empfindung* ein Werk des Geistes: denn nichts kann von außen in diesen eintreten. Seine eigentliche innere Wesenheit aber offenbart er nicht in

---

52 Nouv. Ess. IV, 4, § 4. Zum Ganzen siehe S. 217 u. Anm. 227.

derart besonderen und vereinzelten Bestimmungen, die in jedem
Individuum verschieden sein können, sondern in den universellen
Gesetzen seiner Tätigkeit, die wir, gemäß dem Prinzip der »Harmonie«, für alle Subjekte als gleichbleibend anzunehmen haben.
(Vgl. S. 64 f.) Von dieser identischen *Funktion* des Geistes sind
alle »eingeborenen Begriffe«, ist der Inhalt der gesamten Arithmetik und Geometrie wie auch der mathematischen Physik abstrahiert. »Eingeboren« heißen diese Begriffe nicht als wären sie dem
Bewußtsein als ein toter *Besitz* mitgegeben, sondern weil sie die
ihm eigentümlichen und notwendigen Prinzipien seiner *Wirksamkeit* bezeichnen. Wir haben früher gesehen, wie Leibniz den metaphysischen Gedanken eines »Allgemeingeistes«, der alle Individuen
gleichmäßig beherrscht und durchdringt, abgewiesen hat. (Siehe
oben S. LXIV f. und Nr. 20.) Jetzt begreifen wir den tieferen Grund,
der diese Ablehnung bestimmte: der *Zusammenhang* zwischen den
Einzelgeistern braucht für ihn nicht durch ein allumfassendes, spirituelles Agens erst künstlich hergestellt zu werden, da er in der
Tatsache der *rationalen Erkenntnis* vom logischen Standpunkt aus
bereits verbürgt und gesichert ist. Die Verknüpfung des Seins brauchen wir nicht in einem äußerlichen substantiellen »Bande« zu suchen, das alle Monaden umfaßt und umschließt: sie stellt sich uns
deutlich und vollgültig in derjenigen Gemeinsamkeit ihrer »Natur« dar, die sich in der Allgemeinheit und Mittelbarkeit der wissenschaftlichen Prinzipien bekundet.

Die Art und die Besonderheit des Leibnizschen *Idealismus* ergibt sich erst aus diesem seinem Zusammenhang mit der *Erkenntnislehre*. Faßt man nur die einzelnen, sachlichen Merkmale ins
Auge, ohne auf ihren innerlichen Ursprung einzugehen, so könnte Leibniz mit Berkeley nahe verwandt scheinen. Denn es ist gänzlich irrig zu glauben, daß er hinter diesem an Konsequenz und
Entschiedenheit des idealistischen Grundgedankens zurückstände,
— daß er das »absolute Sein« der Materie nicht gänzlich aufgehoben, sondern in irgendwelcher Form und Verkleidung wieder zugelassen und in das System eingeführt habe. Der metaphysische
Grundbestand der Lehre zeigt uns auf beiden Seiten dasselbe Bild:
statt der für sich bestehenden Körperwelt erblicken wir einen Inbegriff bewußter Subjekte und ihrer Vorstellungen. Eine verschie-

denartige Betonung und Nuancierung des Gedankens ist allerdings unverkennbar: denn während Berkeleys Interesse vor allem auf die Analyse der erscheinenden *Inhalte* gerichtet ist, weist Leibniz immer von neuem auf die eigentümliche Tätigkeit und auf den *Prozeß* des Bewußtseins zurück. Wenn für jenen die Grundgleichung *esse = percipi* gilt, so müßte sie in seinem Sinne vielmehr *esse = percipere* lauten. Und noch ein andres Moment kommt hinzu, das beide Systeme auch ihrem rein metaphysischen Gehalt nach scheidet. Wenn Berkeleys Spiritualismus in der Konstruktion einer reinen »Geisterwelt« aufgeht, umfaßt Leibniz' Blick, wie wir sahen, die Ordnung und den Inbegriff der *Lebewesen.* Es ergibt sich das paradoxe geschichtliche Verhältnis, daß der Vorkämpfer der sinnlichen Empfindung das geistige Sein wesentlich nur in der Form des bewußten *Denkens* anerkennt, während Leibniz, der »Intellektualist«, es in seinen mannigfachen Abstufungen durch alle Formen des Lebens hindurch verfolgt. Das eigentliche Unterscheidungsmerkmal aber liegt nicht sowohl im Bestand als in der Begründung der Lehre: in dem Verhältnis der Metaphysik zur *Logik.* Die Welt der »Perzeptionen«, in die sich das absolute Sein auflöst, bedeutet für Berkeley einen Inbegriff sinnlicher Einzelwahrnehmungen. Wie aber — so muß man hier fragen — läßt sich die Überzeugung von der ausnahmslosen Geltung bestimmter *Gesetze* des Vorstellungsverlaufs in einem System begründen, das in der konkreten sinnlichen Impression alle Bürgschaft der Wahrheit sieht und die Notwendigkeit und Allgemeingültigkeit aller »abstrakten« Beziehungen und Grundsätze verneint? Auf diese Frage vermag die Philosophie Berkeleys nicht anders als durch den Hinweis auf den göttlichen »Urheber der Natur« zu antworten. Die Konstanz des Seins beruht zuletzt darauf, daß es ein und dieselbe geistige Ursache ist, die den verschiedenen Subjekten oder demselben Subjekt zu verschiedenen Zeitpunkten die Mannigfaltigkeit der Empfindungen einprägt. Die Subjekte erschaffen die Wahrheit und das Gesetz der Erkenntnis nicht aus ihrer eigenen Natur, sondern müssen es von außen empfangen. Und diese Grundanschauung, gegen die Leibniz sich vor allem wendet, hat er nicht nur in den sensualistischen Lehren, sondern zugleich *innerhalb des Rationalismus selbst* zu bekämpfen. Wenn er mit Malebranche den Glauben an ein

reines »Ideenreich« teilt, so unterscheidet er sich von ihm scharf
in der Begründung und systematischen Stellung, die er diesem Gedanken gibt. Für Malebranche ist die »Idee«, die er daher von der
»Perzeption« streng unterscheidet, nicht ein Erzeugnis des Bewußtseins, sondern ein jenseitiges Sein, das der Gedanke nur passiv zu
ergreifen und zu sich herabzuziehen vermag. Nicht wir sind es,
die etwa kraft des »angeborenen« Begriffs des Raumes die Vielheit
der geometrischen Gebilde und ihre Gesetzlichkeit erschaffen sondern die in Gott vorhandene intelligible Ausdehnung wirkt diese
Welt von Gestaltungen, indem sie unsere Seele »berührt« und modifiziert.[53] Wenn bei Berkeley[54] die »ewigen Wahrheiten« in nichts
zerfließen, so erhalten sie bei Malebranche Bestand, indem sie zu
absoluten und starren geistigen »Wesenheiten« werden. Leibniz'
System löst — wie wir bereits in andrem Zusammenhang erkannt
haben — in der Geschichte des modernen Idealismus die Aufgabe,
das »Allgemeine« logisch zu sichern, ohne es zu einer eigenen Art
von Sein außerhalb des denkenden Geistes zu machen.

Der neue Begriff des *Bewußtseins*, den die Leibnizsche Philosophie erschließt, gelangt zu voller Entfaltung und Leistung erst, indem er nach allen Richtungen hin gleichmäßig in die verschiedenen
Geisteswissenschaften ausstrahlt und sich ihre Probleme stetig unterwirft. Wir können diese Entwicklung, die wir an andrer Stelle
zu zeichnen versucht haben, und die konkrete Bedeutung, die der
Monadenbegriff für die Auffassung der Kunst, wie für die Begründung der ethischen Gesetze, für das »Naturrecht«, wie für die Sozialphilosophie gewinnt, hier nicht im einzelnen verfolgen. Nur
auf die allgemeine *Grundlegung der Ethik*, wie die letzten Schriften unserer Sammlung sie uns vor Augen stellen, sei hier noch kurz
eingegangen, da ohne sie die Charakteristik des Leibnizschen *Idealismus* selbst unvollkommen bliebe. Indem wir uns diesen Fragen zuwenden, treten wir freilich aus dem Rahmen des strengen
logischen Systems und aus dem Umkreis der rein deduktiven Entwicklungen heraus. Die neuen Gedanken kleiden sich noch durchweg in die überlieferten Formen, und es ist nicht immer leicht,

---

[54] Vgl. hierzu Nr. 17 u. Anm. 294.
[55] Vgl. *A treatise concerning the principles of human knowledge*, § 107.

sie unter dieser Hülle zu erkennen und rein herauszulösen. Die Anknüpfung und Anpassung an die Probleme und die Begriffssprache der *Theologie* macht sich deutlich bemerkbar; sie wird von Leibniz selbst gesucht und zugestanden. Neben den Begriff des Selbstbewußtseins tritt der *Gottesbegriff* als das Ziel und der Gegenpol des Systems. Wenn bisher die »prästabilierte Harmonie« den Gesamtinhalt der Lehre in sich zu enthalten und zu bergen schien, so wird sie jetzt selbst wie ein abgeleitetes Ergebnis gedacht, das auf einen höheren *metaphysischen Ursprung* zurückweist und hinleitet.

Wird aber damit nicht das wesentliche Ergebnis der gesamten vorangehenden Gedankenentwicklung wiederum in Frage gestellt? War es doch eben dies, was wir als den Grundsinn des Leibnizschen Begriffs der *Harmonie* erkannten: daß er nicht eine äußere Satzung und Veranstaltung bedeutet, die zu dem »Sein« der Dinge hinzutritt, sondern daß er als eine *Voraussetzung* aller Realität und aller Erkenntnis gedacht wurde. (Siehe oben S. LXX ff.) Wird jetzt der Begriff wiederum an eine höhere *Existenz* angeknüpft und seine Stellung von ihr abhängig gemacht, so scheint er damit seine eigentliche logische Funktion und seinen eigentümlichen Wert einzubüßen. Das Universum galt uns bisher bedingt und getragen durch eine ewige, *ideelle* Ordnung: durch einen Inbegriff notwendiger und allgemeingültiger *Vernunftsätze*. Heißt es nicht die Selbständigkeit der Vernunft, in der alle ihre Kraft besteht, aufopfern, wenn man, über sie hinaus, nach dem Schöpfer ihrer Regeln und nach dem *Gesetzgeber* fragt, der sich in ihnen offenbart? Wie kann die absolute, ausnahmslose und durch nichts bedingte Geltung der Vernunftgesetze mit dem absoluten Sein und dem unumschränkten Schöpferwillen, den die Theologie voraussetzt, zusammenbestehen?

Es ist eine Frage von allgemeinster geschichtlicher Bedeutung, eine Frage, die schon das christliche Mittelalter erregt und entzweit hatte, der wir hier gegenüberstehen. In der modernen Philosophie war sie vor allem durch die paradoxe und schwierige Stellung, die Descartes ihr gegenüber einnahm, von neuem wichtig und dringlich geworden. Wenn Descartes in seiner *Methodenlehre* vom Intellekt und seiner Leistung seinen Ausgang nimmt, wenn er die »klare und deutliche« Perzeption zum Kriterium des Seienden macht, so endet seine *Metaphysik* damit, die Bürgschaft für die Grundlagen unserer Erkenntnis in der »Wahrhaftigkeit Gottes« zu suchen. Und nachdem dieser Weg einmal eingeschlagen ist, geht er ihn unbeirrt bis zum letzten Ende fort. Die »Wahrheit« all unserer Denkbestimmungen beruht darauf, daß sie kraft eines göttlichen Machtspruchs festgesetzt und unserem Geiste mitgegeben sind: sie besitzt keinen eigenen immanenten Maßstab und keine immanente Notwendigkeit. Nicht nur die Axiome der *Mathematik*, sondern auch die formalen Prinzipien alles Denkens und Schließens verfallen dieser Auffassung und Beurteilung. Auch der *Satz der Identität* ist keine schlechthin unverbrüchliche Regel, deren Gegenteil innerlich unmöglich wäre; er ist ein *Zwang*, der von dem absoluten Urgrund der Dinge unserem Denken auferlegt ist. Wir können von diesem Zwange freilich nicht absehen, wir können Widersprechendes in unserem *Bewußtsein* nicht vereinen: wohl aber hätte es der göttlichen Allmacht freigestanden, eine Welt des Seins hervorzubringen, die an diese Bedingung nicht gebunden war. Die Wahrheit ist ebenso wie die Wirklichkeit ein willkürliches Erzeugnis Gottes, sie ist mit seiner *Wesenheit* nicht notwendiger verknüpft als alle übrigen Kreaturen.[55] Die Vernunft, die anfangs als unumschränkte Bedingung des Seins erschien, ist jetzt zum vereinzelten und unselbständigen *Geschöpf* geworden. Diese Folgerung, die an die Grundlagen seines Rationalismus greift, muß Leibniz vor allem bekämpfen und beseitigen. Nirgends hat er so scharfe Worte der Kritik und der Verwerfung gefunden wie an diesem Punkte. Das Sein der Wahrheit, die Geltung der reinen *Beziehungen* von einem absoluten *Willensgebot* — und stammte es von dem höchsten und vollkommensten Wesen — abhängig zu machen, gilt ihm als die fundamentale Umkehrung aller logischen Wertverhältnisse. Wir würden uns jedes festen geistigen Halts entäußern, wir würden all unser Wissen dem Zufall und der Willkür preisgeben, wenn wir uns der Allgemeinheit und des Rechtes unserer Vernunftsätze begeben wollten. Es ist ein leeres Sophisma, mit dem man

---

[55] Descartes, *Correspondance*, éd. Adam/Tannery I, S. 152; vgl. I, S. 145, IV, S. 118, V, S. 224.

sich und andre täuscht, wenn man glaubt, das Ansehen und die Macht Gottes dadurch erhöhen zu können, daß man ihr den spezifischen Eigenwert und die Unabhängigkeit des Intellekts aufopfert. Denn was das *Sein* Gottes hierdurch gewinnt, dessen geht seine *Erkenntnis* verlustig: wenn der *Inhalt* des Gottesbegriffs bereichert scheint, so ist sein *Recht* und seine philosophische *Begründung* verkümmert. Verzichten wir auf die Gültigkeit der Grundprinzipien des Denkens, so geben wir damit jedes Mittel auf, zur Feststellung irgendeines Seins, des empirischen so gut wie des metaphysischen zu gelangen. Man kann die *Existenz* Gottes nicht länger behaupten wollen, wenn man alle Wege und alle Kriterien, kraft deren Gott von uns *gewußt* werden kann, zunichte gemacht hat. Wahrhaft *unbedingt* ist also — wie Leibniz immer wieder und in stets erneuten Wendungen einschärft — nicht der göttliche *Wille*, sondern der göttliche *Verstand*: dieser aber bedeutet nichts andres und hat keinen andren Inhalt, als die Allheit und die systematische Zusammenfassung der »ewigen Wahrheiten«, die wir in uns selbst, aus dem Gesetz des eigenen Geistes, zu erfassen und zu begreifen vermögen. An diesen Inbegriff bleibt alle schöpferische Tätigkeit, bleibt jede Erzeugung von Wirklichkeit als Vorbild verwiesen: er selbst ist kein *Produkt*, sondern die Regel und die Leitung alles Produzierens. Ohne den Hinblick auf dauernde, für immer gültige *Ordnungen*, die er zu verkörpern und in die Wirklichkeit zu führen strebt, vermöchte der Wille Gottes sich keine Bestimmung und Richtung zu geben. Wenn die herkömmliche Metaphysik Gott durch die »Materie« beschränkt und gebunden glaubt, so gilt es, die materielle Schranke in eine ideelle zu verwandeln: nicht eine dingliche, reale Potenz, wohl aber die unabhängigen und notwendigen *Gesetze der Logik und Mathematik* sind es, die ihn begrenzen und die, unverrückbarer und unverletzlicher als der Styx, seinen Willen binden.

Zu ihrer vollen Bedeutung indes reift diese Auffassung erst, wenn wir uns von dem Reich der wirkenden Ursachen zum Reich der Zwecke, wenn wir uns von den Grundlagen der Naturerkenntnis zu denen der *Sittlichkeit* hinüberwenden. Der Gegensatz, der zuvor nur ein dialektisches Spiel scheinen konnte, enthüllt erst jetzt seinen Sinn und seine wahre Tendenz. Es handelt sich darum, ob

wir das ethische Gesetz als einen unbedingt verbindlichen Vernunft-
maßstab ansehen sollen, der seine Bürgschaft und Gewähr in sich
selber besitzt, — oder als eine willkürliche Satzung, die uns von
einem fremden Willen aufgedrängt ist. Sind wir es, die den Begriff
des Guten selbsttätig umgrenzen und die ihm universelle Geltung
und Kraft für jedes wollende Subjekt zusprechen können, oder ist
es irgendein autoritatives Gebot göttlicher oder menschlicher Natur, das seinen Inhalt vorzeichnet und bestimmt? In dieser Frage
wurzelt das sittliche Grundinteresse der Aufklärungsphilosophie;
in ihr trifft Leibniz mit den großen rationalistischen Vorgängern
wie Malebranche und mit den Kritikern der Theologie wie Bayle
zusammen. Die Stellung, die er hier einnimmt, ist *geschichtlich* durch einen doppelten Gegensatz bestimmt. Auf der einen Seite
sieht er sich der empiristischen Doktrin, sieht er sich der Lehre
von Hobbes gegenüber, die alle ethische Verpflichtung auf die
Macht und den Willen des Stärkeren zurückleitet.[56] Das ethische
Gesetz setzt danach den Staat, setzt bestehende reale Verhältnisse
der Herrschaft und Unterordnung notwendig voraus. Andrerseits
indes — und dieser Gegensatz ist nicht minder scharf und einschnei-
dend — sind es die *theologischen Moralsysteme* der Zeit, die Leibniz zu bekämpfen hat. Es ist äußerst bezeichnend und lehrreich,
daß diese, wenn nicht im *Inhalt* der sittlichen Gebote, so doch in
der *Methode* ihrer Ableitung und Begründung mit der modernen
Nützlichkeitsmoral völlig übereinkommen. Hier wie dort ist es
ein oberster *Herrscherwille*, der dem Gesetz seinen Halt und seine
Sanktion erteilt; hier wie dort hat das Ich es hinzunehmen und
sich ihm passiv zu unterwerfen. In der Betonung der Relativität
und des Unbestandes aller rein *menschlichen* Maßstäbe der Sittlichkeit stimmt der Mystiker Pascal, stimmt der Theologe Calvin mit
dem »Atheisten« Hobbes überein. Der unbeschränkten göttlichen
Machtvollkommenheit gegenüber schwinden alle unsere angeblichen Regeln und Kriterien der »Gerechtigkeit« in nichts dahin.
Nach eigenem freien Ermessen und ohne ein Verdienst des Individuums bestimmt und verteilt sie ihre Gnadenwirkungen, hebt sie

---

[56] Zum Ganzen vgl. E. Cassirer, *Leibniz' System in seinen wissenschaftlichen Grundlagen,* S. 428 f., 450 f., 480 f.

eine geringe Zahl von »Erwählten« aus der »Masse der Verdammnis« heraus. Die religiöse Grundstimmung besteht darin, daß der Einzelne sein Eigenwesen und seine sittliche Selbständigkeit aufopfern lernt, um sich als willenloses Werkzeug in der Hand eines höchsten, absoluten Seins zu fühlen. Gegen diese notwendige Konsequenz der theologischen *Prädestinationslehren* wendet sich Leibniz mit der ganzen Kraft und Entschiedenheit, die ihm seine philosophische Grundanschauung von der *Spontaneität* des Bewußtseins verleiht. Wir dürfen keinen Unterschied anerkennen zwischen dem Begriff des Guten, den wir in unserem Geiste entdecken und kraft unserer Vernunft beglaubigen und zwischen dem, was »an sich« gut und für den göttlichen Willen bestimmend ist. Sobald wir hier an irgendeinem Punkte eine Differenz zulassen, verzichten wir damit für immer auf jedes Recht sittlichen Urteils. Der *Begriff* des Rechts ist derselbe für Gott und den Menschen und besitzt für beide die gleiche bindende Kraft. Wir gelangen in uns selbst zum Begriff Gottes, indem wir jegliche »Vollkommenheit«, die wir in uns finden, unendlich gesteigert denken und den Inbegriff aller dieser Realitäten in eine Einheit zusammenfassen. So entsteht für uns der Gedanke des »Göttlichen« erst auf Grund der sittlichen *Werte*; nicht aber kann er diesen selbst erst als Halt und als Stütze dienen sollen. Wir erinnern uns, in welchem Sinne der Begriff eines »absoluten Verstandes« innerhalb der Sphäre des Logischen gebraucht wurde. Die Dinge sollten nach den Regeln und Erfordernissen der Erkenntnis bestimmt werden: aber nicht das empirische und begrenzte Wissen, wie es uns jeweilig gegeben ist, sondern ein höchstes *unbedingtes* Erkennen, das von allen zufälligen Einschränkungen frei ist, wurde als Maßstab und als Orientierungspunkt gewählt. (Vgl. oben S. LXXIV ff.) So wurde Gott nicht zum Schöpfer und Bürgen, wohl aber zum hypostasierten Inbegriff der reinen Prinzipien. Den gleichen Prozeß sehen wir jetzt im Gebiet des Sittlichen vor uns: im Gottesbegriff denken wir zugleich den sittlichen *Idealbegriff des Menschen*. Die Frage, von der wir ausgingen, ist nunmehr gelöst und der Zusammenhang mit dem Gesamtsystem von neuem geknüpft. Die Einheit und der feste Unterbau der Lehre wird durch den Gottesbegriff nicht erschüttert, weil dieser die *unbedingte* Geltung der Vernunfterkenntnis nicht antastet, noch auch den Versuch macht, sie tiefer abzuleiten: weil er das Ziel und Ergebnis, zu dem unsere ideellen Normen uns hinleiten, nicht aber ihr Ursprung und Rechtsgrund sein will.

Nur ein Problem bleibt hier freilich zurück: und mit ihm tritt auch der Gottesbegriff noch einmal in ein neues Licht. Wir haben das Reich der »Natur« wie das der »Sittlichkeit« nach festen, unveränderlichen und ureigenen Gesetzen vor uns entstehen sehen. Jedes bildet, für sich betrachtet, ein unabhängiges und selbstgenügsames Ganzes: keine äußerliche zweckmäßige Leitung und Lenkung zwingt das Einzelgeschehen in eine Bahn, die ihm nicht von dem vorangehenden Zustand der Dinge und von dem Inbegriff aller kausalen Bedingungen vorgezeichnet wäre. Die Wirklichkeit geht ihren eigenen, von allem Anfang an vorgezeichneten Gang. Und dennoch kann das *wollende und handelnde Subjekt*, so sehr es sich in seinem empirischen Dasein in den Zusammenhang der Naturbedingungen gestellt und durch ihn gebunden sieht, die Forderung der stetig fortschreitenden *Realisierung* des eigenen *ideellen* Vorbilds, das es in sich trägt, nicht aufgeben. Wie sehr die augenblickliche Weltlage, wie sehr der gegenwärtige tatsächliche Erfolg unseres Handelns dieser Forderung zu widersprechen scheint: wir müssen sie trotzdem unbeirrt festhalten, wenn wir uns die Sicherheit und die Energie unseres sittlichen Willensentschlusses wahren wollen. Das ethische Subjekt kann und soll auf den Antrieb durch unmittelbare Belohnung und Strafe verzichten lernen: aber es kann von der Überzeugung nicht lassen, daß die Natur, als Ganzes betrachtet, in unbeschränkter Annäherung einem Zustand entgegengeht, in welchem sie den sittlichen Maßstäben entspricht und gemäß ist. Zwischen den Zielen, denen das Universum nach immanenten Entwicklungsgesetzen zustrebt und den absoluten und höchsten Zwecken, die das ethische Bewußtsein sich setzt, besteht eine durchgreifende innere Harmonie. »Überall ist ein beständiger und freiester Fortschritt des gesamten Weltalls zum Gipfel der Schönheit und Vollkommenheit zu erkennen, so daß es zu Zuständen von immer höherer Bildung weitergeht.« Das Übel selbst und das Leiden ist nur das notwendige Ferment dieser Entwicklung — »wie das Korn, das wir in die Erde senken, leiden muß, ehe es Frucht tragen kann«.[57] So sehen wir, je tiefer wir in die Verfassung der Natur eindringen, wie das scheinbare Chaos sich von selbst lichtet und zur Einheit verknüpft. Die *Erfahrung* freilich, die stets nur einen engen und begrenzten Ausschnitt der Wirklichkeit beherrscht und überblickt, vermag uns diese durchgehende Ordnung niemals erschöpfend darzustellen und zu verbürgen. Das Bewußtsein dieses Zusammenhangs erschließt sich uns nicht, wenn wir von der Betrachtung des *Einzelnen* ausgehen und die besonderen Ergebnisse stückweise zusammenzusetzen suchen. Es wird gewonnen kraft einer allgemeinen und vorgreifenden Konzeption der *Vernunft*, mit der wir alsdann an die Beurteilung des Einzelgeschehens herangehen. Die unmittelbare empirische Beobachtung führt uns nirgends in den eigentlichen Mittelpunkt, von dem aus der einheitliche Sinn und das Ziel des Geschehens sich enthüllt; aber es steht bei uns, uns »mit den Augen des Verstandes dahin zu stellen, wo wir mit den Augen des Leibes nicht stehen, noch stehen können«.[58] Wir dürfen den Punkt, in welchem die beiden verschiedenen Reihen des Seins sich begegnen und sich durchdringen, nicht in irgendeiner gegebenen Erfahrung zu finden hoffen. Dennoch aber ist dieser »unendlich ferne« Punkt kein bloß gedachtes und fiktives Gebilde, sondern er bezeichnet das Ziel, auf das all unsere sittliche *Tätigkeit* dauernd gespannt und gerichtet sein muß. Wir müssen die Einheit, ohne sie jemals verwirklicht zu sehen, in der Idee antizipieren: denn nur in dieser gedanklichen Vorwegnahme erwächst uns, als handelnden Subjekten, jener *Glaube* und jener sittliche Mut, »der früher oder später den Widerstand der stumpfen Welt besiegt«.

Jetzt erst erfüllt der *Gottesbegriff* seine eigentliche und wichtigste Funktion: der Glaube an *Gott* bedeutet für Leibniz nichts andres als den Glauben an die Möglichkeit der fortschreitenden Verwirklichung des Sittlichen in der Natur und Menschengeschichte.[59]

---

[57] *De rerum originatione radicali*, Gerh. VII, 307 f.

[58] *Von dem Verhängnisse*, siehe Hauptschriften II, Nr. 24.

[59] Ich verweise hierfür auf eine Abhandlung Albert Görlands, die mir im Manuskript zugänglich war: *Leibniz' Gottesbegriff. Ein Vorwort zu seinem System*. [Erschienen: Giessen 1907]

Es ist dies der Gedanke, mit dem Leibniz am tiefsten auf die deutsche Geisteskultur des 18. Jahrhunderts, mit dem er auf Lessing und Herder gewirkt hat. Die Religionsphilosophie des deutschen Idealismus hat hier ihren Ursprung und ihre Wurzel: noch in Fichtes Abhandlung *Über den Grund unseres Glaubens an eine göttliche Weltregierung* vernimmt man überall unmittelbar den Nachklang Leibnizscher Gedanken und Wendungen. Von hier aus erst erschließt sich uns der wahre Sinn und die Grundbedeutung des vielverkannten Leibnizschen »Optimismus«. Man kann Leibniz nicht ärger mißverstehen, als wenn man seinen Optimismus im Sinne einer Befriedigung an der tatsächlich *gegebenen*, empirischen Wirklichkeit auffaßt und ausdeutet. Wie sein Monadenbegriff das Sein in die *Unendlichkeit des Strebens* auflöst und aufgehen läßt, so weist die *Harmonie*, die er zwischen Sein und Sollen annimmt, dauernd in die Zukunft voraus: sie muß von uns selbst beständig erst *erschaffen* und hergestellt werden. Leibniz wagt das Wort, daß die wahre Religion auf den Affekt der *Freude* gegründet sein müsse: aber die »Freude« ist ihm kein ruhendes Behagen, kein hingegebenes Verweilen bei dem vorhandenen Zustand der Dinge, sondern ein »Streben nach immer neuen Vollkommenheiten«. Quietismus und Askese gelten ihm daher als die eigentlichen Feinde der echten religiösen Grundstimmung. In dieser neuen *Schätzung* des Lebens und des empirischen Daseins trennt er sich für immer von der mittelalterlichen Weltansicht[60], wie groß auch die theoretischen Zugeständnisse sein mögen, die er hie und da der Scholastik noch zu machen scheint. Die Aufgabe des sittlichen Individuums wurzelt im Irdischen: nicht in die Betrachtung einer jenseitigen Seligkeit oder in die Anschauung eines mystischen Nirvana haben wir uns zu versenken, sondern den nächsten Zielen, die die *Gemeinschaft*, der wir angehören, uns stellt, sollen wir uns hingeben. Jede »Gottesliebe«, die sich nicht unmittelbar in solcher sittlichen *Tatkraft* bekundet und äußert, ist müßig und unfruchtbar. Indem wir an dem sozialen Fortschritt der *Menschheit* arbeiten, begründen wir damit erst die echte »societas divina«, schaffen

---

[60] Siehe hierzu H. Hoffmann, *Die Leibnizsche Religionsphilosophie in ihrer geschichtlichen Stellung*, Tübingen u. Leipzig 1903, S. 72f.

wir den ideellen Zusammenhang und die Einheit der »Vernunft-wesen«. So enthält der »Optimismus« im letzten Grunde kein Ur-teil über den Zustand der *Welt*, sondern eine neue Ansicht über den Wert und die Aufgaben des *Ich*: ein erneuter Beweis, wie alle Probleme der Leibnizschen Philosophie immer wieder in den zen-tralen Begriff des *Selbstbewußtseins* einmünden.

GOTTFRIED WILHELM LEIBNIZ

Hauptschriften zur
Grundlegung der Philosophie I

I. SCHRIFTEN ZUR LOGIK UND METHODENLEHRE

1.
Dialog über die Verknüpfung zwischen Dingen und Worten
*Dialogus**

August 1677

A. Wenn man Dir einen Faden gäbe, den Du so krümmen solltest, daß er in sich selbst zurückläuft und soviel Raum als möglich in sich faßt, in welcher Weise würdest Du ihn krümmen?

B. In eine Kreislinie; denn, wie die Geometer zeigen, ist der Kreis von allen Figuren mit gleichem Umfange diejenige, die den größten Flächeninhalt in sich schließt. Gibt es also zwei Inseln, die eine von kreisförmiger, die andere von quadratischer Gestalt, die man in der gleichen Zeit umschreiten kann, so enthält die kreisförmige mehr Land.

A. Bist Du der Ansicht, daß dieser Satz wahr bliebe, auch wenn er von Dir nicht gedacht würde?

B. Ja — und selbst dann, wenn die Geometer ihn noch nicht bewiesen hätten oder man noch nicht auf ihn aufmerksam geworden wäre.

A. Also liegen Deiner Ansicht nach *Wahrheit* und *Falschheit* in den Dingen, nicht in den Gedanken?

B. Allerdings.

A. Kann man nun aber irgendein Ding falsch nennen?

B. Nein, denke ich, sondern nur den Gedanken oder die Aussage über ein Ding.

A. Die Falschheit bezieht sich also jedenfalls auf Gedanken, nicht auf Dinge?

B. Daß muß ich zugeben.

---

* Siehe Gerh. VII, 190–93.

A. Damit doch wohl auch die Wahrheit?

B. So scheint es; dennoch hege ich noch einige Zweifel, ob der Schluß zwingend ist.

A. Bist Du nicht, wenn Dir eine Frage gestellt wird, solange Du Deiner Entscheidung noch nicht recht sicher bist, im Zweifel, ob etwas wahr oder falsch ist?

B. Ganz gewiß.

A. Du erkennst also an, daß es ein und dasselbe Subjekt ist, dem man Wahrheit oder Falschheit zusprechen kann, bis sich aus der besonderen Natur der Frage die Entscheidung darüber ergibt?

B. Das erkenne ich an und gebe jetzt zu, daß, wenn die Falschheit, so auch die Wahrheit den Gedanken und nicht den Dingen zukommen muß.

A. Dies steht aber mit Deiner früheren Behauptung im Widerspruch, daß ein Satz, auch wenn er von niemand gedacht wird, nichtsdestoweniger wahr bleibt.

B. Nun hast Du mich ganz verwirrt gemacht!

A. Dennoch müssen wir einen Ausgleich zwischen beiden Sätzen versuchen.

Bist Du der Meinung, daß alle Gedanken, die gefaßt werden könnten, tatsächlich zustande kommen, oder, um mich klarer auszudrücken, glaubst Du, daß alle möglichen Urteile auch wirklich gedacht werden?

B. Nein.

A. Du siehst also, daß die Wahrheit zwar dem Gebiet der Urteile und Gedanken, jedoch dem der möglichen Gedanken angehört und also nur soviel gewiß ist, daß, *wenn* jemand in dieser oder der entgegengesetzten Weise denkt, sein Gedanke wahr oder falsch ist.

B. Wie es scheint, hast Du damit den richtigen Ausweg aus unserer heiklen Lage gefunden.

A. Da ja aber notwendig ein Grund dafür vorhanden sein muß, einen Gedanken wahr oder falsch zu nennen, so frage ich: wo sollen wir diesen suchen?

B. Nun, ich denke in der Natur der Dinge.

A. Wie wäre es, wenn er aus deiner eigenen Natur entspränge?

B. Sicher nicht aus ihr allein. Denn notwendig muß außer meiner eigenen Natur auch die Natur der Dinge, über die ich nachdenke, von der Art sein, daß ich, bei richtigem methodischen Fortschritte, den Satz, zu dem ich schließlich gelange, als schlüssig und wahr erfinde.[1]

A. Ganz recht; doch bleiben noch manche Schwierigkeiten.

B. Was für welche meinst Du?

A. Manche Gelehrte sind der Ansicht, die Wahrheit habe ihren Ursprung in menschlicher Willkür und hafte an Namen oder Charakteren.

B. Ein recht paradoxer Satz.

A. Sie beweisen ihn indessen in folgender Weise: Die Definition ist doch die Grundlage jeder Beweisführung?

B. Allerdings; kann man doch einzig aus der Verbindung von Definitionen manche Sätze beweisen.

A. Die Wahrheit solcher Sätze hängt somit von den Definitionen ab?

B. Gewiß.

A. Die Definitionen aber hängen von unserer Willkür ab?

B. Wie das?

A. Nicht wahr, es steht doch im Belieben der Mathematiker, das Wort »Ellipse« zur Bezeichnung einer bestimmten Figur zu brauchen? Es stand weiter im Belieben der Lateiner, dem Worte »circulus« die Bedeutung beizulegen, die seine Definition ausdrückt?

B. Nun, und was weiter? Können doch Gedanken auch ohne Worte bestehen!

A. Aber nicht ohne irgendwelche anderen Zeichen.[2] Versuche nur, ob Du irgendeine arithmetische Rechnung anstellen kannst, ohne Dich der Zahl-Zeichen zu bedienen.

B. Du machst mich ganz verwirrt, — denn ich hielt die Charaktere oder Zeichen nicht für unumgänglich nötig für die Rechnung.

A. Die arithmetischen Wahrheiten setzen also irgendwelche Zeichen oder Charaktere voraus?

B. Das kann man nicht leugnen.

A. Also hängen sie von der menschlichen Willkür ab.

B. Du willst mich durch ein seltsames Blendwerk täuschen!

A. Es stammt nicht von mir, sondern von einem sehr scharfsinnigen Schriftsteller.[3]

B. Kann jemand so unvernünftig sein, die Wahrheit für willkürlich zu halten und sie von Namen abhängig zu machen, wo doch sicherlich Griechen, Lateiner und Deutsche nur eine und dieselbe Geometrie haben?

A. Richtig: indessen muß man zuvor der Schwierigkeit begegnen.

B. Dies eine nur macht mich bedenklich, daß ich, wie ich bemerke, niemals irgendeine Wahrheit erkenne, auffinde oder beweise, ohne im Geiste Worte oder irgendwelche Zeichen zu Hilfe zu rufen.

A. Allerdings; — ja, wir würden sogar, wenn es keine Zeichen gäbe, niemals etwas deutlich denken oder schließen.

B. Wenn wir nun aber die Figuren der Geometrie anschauen, so fördern wir hier doch häufig durch ihre genaue Betrachtung Wahrheiten zu Tage.

A. Ganz recht, nur darf man nicht vergessen, daß auch diese Figuren als Charaktere anzusehen sind. Denn der Kreis auf dem Papier ist nicht der wirkliche Kreis, auch ist das gar nicht vonnöten, sondern es genügt, daß er für uns die Stelle des Kreises vertritt.

B. Dennoch hat er eine bestimmte Ähnlichkeit mit dem Kreise, und die ist sicherlich nicht willkürlich.

A. Allerdings; und eben deshalb sind die Figuren die allergeeignetsten Charaktere. Welche Ähnlichkeit aber besteht wohl zwischen der Zehnzahl und dem Zeichen 10?

B. Es besteht unter den Zeichen, besonders wenn sie gut gewählt sind, eine Beziehung oder Ordnung, die einer Ordnung in den Dingen entspricht.

A. Mag sein, aber welche Ähnlichkeit haben denn die ersten Elemente mit den Gegenständen, die sie bezeichnen, z. B. die 0 mit dem Nichts, oder der Buchstabe a mit der Linie? Du mußt zugeben, daß zum mindesten diese Elemente keine Ähnlichkeit mit den Dingen zu haben brauchen. Dies gilt z. B. von den Stammworten »lux« und »fero«, während ihr Kompositum »lucifer« allerdings zu ihnen in einer bestimmten Beziehung steht und zwar in einer Beziehung, der eine Relation zwischen den *Objekten*, die durch lucifer, lux, fero bezeichnet sind, entspricht.

B. Im Griechischen hat aber φώσφορος dieselbe Beziehung zu φῶς und φέρω.

A. Ja, — doch hätten die Griechen hier auch ein anderes Wort anwenden können.

B. Ganz recht; nur meine ich, daß die Charaktere, wenn sie in der Beweisführung angewandt werden sollen, irgendeine Verknüpfung, Gliederung und Ordnung, wie sie auch den Gegenständen zukommt, aufweisen müssen, und daß dies, wenn auch nicht in den einzelnen Worten, — obgleich auch dies besser wäre — so doch in ihrer Verbindung und Verknüpfung notwendig ist. Diese Ordnung und Entsprechung wenigstens muß sich, obgleich in verschiedener Weise, in allen Sprachen finden. Und dies läßt mich auf eine Lösung der Schwierigkeit hoffen. Denn wenngleich die Charaktere als solche willkürlich sind, so kommt dennoch in ihrer Anwendung und Verknüpfung etwas zur Geltung, was nicht mehr willkürlich ist: nämlich ein Verhältnis, das zwischen ihnen und den Dingen besteht, und damit auch bestimmte Beziehungen zwischen all den verschiedenen Charakteren, die zum Ausdruck derselben Dinge dienen. Und dieses Verhältnis, diese Beziehung ist die Grundlage der Wahrheit. Denn sie bewirkt, daß, ob wir nun diese oder andere Charaktere anwenden, das Ergebnis doch stets dasselbe bleibt oder daß wenigstens die Ergebnisse, die wir finden, äquivalent sind und in bestimmtem Maße einander entsprechen. Irgendwelcher Charaktere allerdings bedarf man wohl stets zum Denken.

A. Ausgezeichnet! Du hast Dich ganz vorzüglich aus der Verlegenheit gezogen. Deine Ansicht wird auch durch den analytischen oder arithmetischen Kalkül bestätigt; denn bei den Zahlen wird stets dasselbe herauskommen, ob man sich nun des Dezimal- oder, wie es auch geschieht, des Duodezimalsystems bedient. Wenn man also das Ergebnis verschiedenartiger Rechnungen nachher auf Körner oder eine andere zählbare Materie anwendet, so wird das Resultat immer das nämliche bleiben. Ebenso verhält es sich in der Analysis, obgleich es hier bei verschiedenartigen Charakteren leichter den Anschein gewinnt, als sei die Sache selbst in ihren Verhältnissen geändert. Auch hier jedoch ist eben in der Verknüpfung und Anordnung der Charaktere stets eine feste Grundlage der Wahrheit gegeben. Bezeichnet man etwa das Quadrat von a als a^2 und setzt $a = b + c$, so erhält man:

$a^2 = {+b^2 \atop +c^2} + 2bc$, setzt man dagegen a gleich $d - e$, so ergibt sich:

$a^2 = {+d^2 \atop +e^2} - 2de$. Die erste Form stellt die Beziehung des Ganzen (a) zu seinen Teilen (b, c) dar, die zweite die Beziehung eines Teiles (a) zum Ganzen (d) und der Differenz, die zwischen ihm und dem Ganzen besteht (e). Daß beides jedoch auf dasselbe hinausläuft, ergibt sich durch Substitution: denn setzen wir in der Formel: $d^2 + e^2 - 2de$ (was ja $= a^2$) für d seinen Wert $a + e$ ein, dann erhalten wir für $d^2 : a^2 + e^2 + 2ae$, für $-2de : (-2ae - 2e^2)$, also, durch Addition:

$$
\begin{aligned}
+d^2 &= a^2 + e^2 + 2ae \\
+e^2 &= +e^2 \\
\hline
-2de &= -2\,e^2 - 2ae
\end{aligned}
$$

$$\text{die Summe:} \ = a^2$$

Du siehst, daß, so willkürlich man auch die Charaktere nimmt, doch stets alle Ergebnisse untereinander übereinstimmen, wenn man nur bei ihrer Anwendung einer bestimmten Ordnung und Regel folgt. Wenngleich also die Wahrheiten notwendig irgendwelche Charaktere voraussetzen, ja zuweilen sogar diese Charaktere zum Gegenstand haben — wie dies die Sätze über die Neunerprobe zeigen[4] — so gründen sie sich doch nicht auf das, was in ihnen willkürlich, sondern darauf, was in ihnen beständig ist: auf die Beziehung, die die Zeichen selbst zu den Dingen besitzen. Denn es bleibt, ohne daß unsere Willkür darauf den geringsten Einfluß hätte, stets wahr, daß sich bei Anwendung bestimmter Charaktere eine bestimmte Rechnungsform ergibt, die sich durch den Gebrauch anderer Zeichen, deren Beziehung zu den ersteren jedoch bekannt ist, zwar verändert, die aber dennoch zur früheren jedenfalls eine feste Beziehung bewahrt, deren Art sich aus der Relation der Charaktere zu den früheren ergibt, wie dies durch Einsetzen oder Vergleichen zu Tage tritt.

2.

Betrachtungen über die Erkenntnis, die Wahrheit und die Ideen

Aus *Meditationes de cognitione, veritate et ideis**

1684

Streitfragen betreffs der Wahrheit und Falschheit der Ideen werden gegenwärtig unter hervorragenden Männern eifrig verhandelt;[5] und da selbst Descartes für dieses Problem, das von großer Bedeutung für die Erkenntnis der Wahrheit ist, die befriedigende Lösung nicht durchweg gefunden hat, möchte ich meine Auffassung von den unterscheidenden Merkmalen und Kriterien der Ideen und Erkenntnisse kurz darlegen. Es ist also eine Erkenntnis entweder dunkel oder *klar*, die klare wiederum verworren oder *distinkt*, die distinkte entweder inadäquat oder *adäquat*, symbolisch oder *intuitiv*; die vollkommenste Erkenntnis endlich wird die sein, welche zugleich adäquat und intuitiv ist.

Dunkel ist eine Vorstellung, wenn sie nicht genügt, um die vorgestellte Sache wiederzuerkennen, wie wenn ich mich einer Blume oder eines Tieres, das ich früher einmal gesehen habe, zwar erinnere, dies aber dennoch nicht so weit geht, daß ich es, falls es mir von neuem entgegentritt, wiedererkennen und von einem ihm ähnlichen unterscheiden kann. Betrachte ich etwa irgendeinen Terminus, der in den Schulen nicht hinlänglich erklärt wird, wie die Entelechie des Aristoteles oder die Ursache, sofern man sie zugleich als materiale, formale, wirkende und Zweckursache nimmt und anderes dergleichen, wovon man keine bestimmte Definition besitzt, so wird auch das Urteil, in das eine solche Vorstellung eingeht, dunkel.

Klar hingegen ist eine Erkenntnis, wenn sie es mir ermöglicht, die vorgestellte Sache wiederzuerkennen, und eine solche Erkenntnis ist wiederum verworren oder deutlich. *Verworren* ist sie, sobald ich nicht imstande bin, die Merkmale einzeln aufzuzählen,

---

* [Bei diesem Auszug handelt es sich um den ersten Teil des aus drei Teilen bestehenden Textes.] Siehe Gerh. IV, 422–26.

welche hinreichen, die Sache von anderen zu unterscheiden, wenn auch in der Sache selbst solche Merkmale und Bestimmungen wirklich liegen, und ihre Vorstellung sich in sie auflösen läßt. So vermögen wir Farben, Gerüche, Geschmäcke und andere besondere Sinnesobjekte zwar mit hinlänglicher Klarheit zu erkennen und voneinander zu unterscheiden, doch geschieht dies auf das einfache Zeugnis der Sinne hin, nicht aber durch angebbare Merkmale. Darum können wir auch einem Blinden nicht erklären, was »rot« ist und auch anderen derartige Inhalte nur dadurch bezeichnen, daß wir sie zu der Sache selbst hinführen, sie den Gegenstand selbst wirklich sehen, riechen oder schmecken lassen oder sie wenigstens an eine ähnliche frühere Wahrnehmung erinnern. Nichtsdestoweniger sind die Vorstellungen dieser Qualitäten sicherlich zusammengesetzt und müssen sich, da die Qualitäten selbst ihre Ursachen haben, weiter auflösen lassen. In ähnlicher Weise können wir beobachten, daß Maler und andere Künstler ganz vortrefflich erkennen, was richtig und was fehlerhaft gemacht ist, häufig aber nicht imstande sind, von ihrem Urteil Rechenschaft zu geben, und auf Befragen nur antworten, sie vermißten in der Sache, die ihnen mißfällt, irgend etwas, sie wüßten selbst nicht was. Eine *deutliche Vorstellung* aber ist eine solche, wie sie die Goldscheider vom Golde haben, auf Grund von Merkmalen nämlich und Untersuchungen, die hinreichen, die Sache von allen anderen ähnlichen Körpern zu unterscheiden. Wir haben sie gewöhnlich von Vorstellungen, die, wie die der Zahl, Größe und Gestalt, mehreren Sinnen gemeinsam sind,[6] ebenso von vielen seelischen Affekten, so von Furcht und Hoffnung, — mit einem Worte von all dem, wovon wir eine *Nominaldefinition* haben, die nichts anderes als eine Aufzählung der zureichenden Merkmale ist. Es gibt jedoch auch distinkte Erkenntnisse von undefinierbaren Vorstellungen, wenn diese nämlich *primitiv*, das heißt, wenn sie unauflösbar sind, nur durch sich selbst erkannt werden und so keine Vielheit von Elementen aufweisen. In zusammengesetzten Vorstellungen jedoch werden die einzelnen Elemente bisweilen zwar klar, aber doch in verworrener Weise erkannt, wie die Schwere, die Farbe, das Scheidewasser und anderes, was zu den Merkmalen des Goldes gehört; eine solche Erkenntnis des Goldes ist dann zwar deutlich, trotzdem aber *inadäquat*. Wird hingegen jeder Bestandteil, der in einen deutlichen Begriff eingeht, wiederum in deutlicher Weise erkannt, wird also die Analysis bis ans letzte Ende durchgeführt, dann ist die Erkenntnis *adäquat*. Freilich weist unser menschliches Wissen hierfür vielleicht kein vollkommenes Beispiel auf; doch kommt ihr die Erkenntnis der Zahlen sehr nahe. In den meisten Fällen aber, besonders bei einer längeren Analyse, überschauen wir nicht auf einmal die ganze Natur des Objekts, sondern wenden statt der Gegenstände selbst bestimmte Zeichen an, deren Erklärung wir im einzelnen Falle der Kürze halber zu unterlassen pflegen, wobei wir indes wissen oder doch annehmen, daß wir sie, wenn notwendig, geben könnten. Denke ich etwa ein Tausendeck oder ein Vieleck von 1000 gleichen Seiten, so betrachte ich nicht stets die Natur der Seite, der Gleichheit und der Zahl Tausend — d. h. der dritten Potenz von 10 — sondern ich brauche jene Worte, deren Sinn mir zum mindesten dunkel und ungenau gegenwärtig ist, für die Ideen selbst, da ich mich entsinne, daß ich ihre Bedeutung kenne, ihre Erklärung aber jetzt nicht für nötig halte. Eine solche Erkenntnis pflege ich als *blinde* oder auch als *symbolische* zu bezeichnen; man bedient sich derselben in der Algebra wie in der Arithmetik, ja fast überall. In der Tat können wir, wenn eine Vorstellung sehr zusammengesetzt ist, nicht alle in sie eingehenden Merkmale zugleich denken; wo dies dennoch möglich ist, und in dem Maße wie es möglich ist, nenne ich die Erkenntnis *intuitiv*. Von den distinkten, primitiven Vorstellungen ist keine andere als intuitive Erkenntnis möglich, während das Denken der zusammengesetzten Vorstellungen für gewöhnlich nur symbolisch ist.

Hieraus erhellt bereits, daß wir, um die Ideen von solchen Inhalten zu haben, die wir distinkt erkennen, notwendig des intuitiven Wissens bedürfen. Es kommt freilich häufig vor, daß wir *irrtümlich* glauben, *Ideen* in uns zu haben, indem wir fälschlich annehmen, wir hätten gewisse Bezeichnungen, die wir anwenden, bereits erklärt. Falsch nämlich, oder doch nicht ohne Zweideutigkeit ist die Behauptung, daß wir notwendig die Idee einer Sache haben müssen, um über sie — mit Verständnis dessen, was wir sagen — sprechen zu können. Denn oft verstehen wir zwar die einzelnen Worte oder erinnern uns, sie früher einmal verstanden zu haben; da wir uns jedoch mit dieser blinden Erkenntnis begnügen und die Auflösung der Vorstellungen nicht weit genug treiben, so kann uns ein Widerspruch, der etwa in der zusammengesetzten Vorstellung enthalten ist, leicht entgehen. Zu einer genaueren Untersuchung dieses Umstands hat mich dereinst das berühmte scholastische Argument für das Dasein Gottes veranlaßt, das von Descartes wieder erneuert worden ist. Was aus der Idee oder der Definition einer Sache folgt, — so heißt es hier — das läßt sich der Sache selbst zusprechen. Nun folgt das Dasein aus der Idee Gottes, als des vollkommensten oder größtmöglichen Wesens. Das vollkommenste Wesen nämlich schließt alle Vollkommenheiten in sich, unter die auch das Dasein gehört. Also kann man Gott das Dasein zusprechen. In Wahrheit läßt sich jedoch hieraus nur schließen, daß Gottes Dasein folgt, sobald seine Möglichkeit bewiesen ist. Denn wir können keine Definition zu einem Schlusse benutzen, ohne zuvor versichert zu sein, daß sie *real* ist oder daß sie keinen Widerspruch einschließt. Aus Begriffen nämlich, die einen Widerspruch enthalten, kann man ja gleichzeitig Entgegengesetztes schließen, was widersinnig ist. Zur Erklärung führe ich gewöhnlich das Beispiel der schnellsten Bewegung an, die einen Widersinn einschließt. Setzen wir nämlich, ein Rad drehe sich mit der schnellsten Bewegung, so ist leicht einzusehen, daß, wenn man eine Speiche des Rades über die Peripherie hinaus verlängert, ihr Endpunkt sich schneller bewegen wird, als ein Nagel, der in der Peripherie liegt. Dessen Bewegung ist also nicht die schnellste, was der Voraussetzung widerspricht. Auf den ersten Blick indessen könnte es scheinen, als hätten wir die Idee der schnellsten Bewegung: denn wir verstehen doch, was wir damit sagen; — trotzdem haben wir durchaus keine Idee von unmöglichen Dingen. Ebenso genügt es nicht, das vollkommenste Wesen zu denken, um behaupten zu können, wir hätten seine Idee, und in dem eben angeführten Beweise muß zur Gültigkeit des Schlusses die *Möglichkeit* des vollkommensten Wesens entweder nachgewiesen oder vorausgesetzt werden. Indessen ist es durchaus richtig, daß wir die Idee Gottes haben, daß ferner das vollkommenste Wesen möglich, ja sogar notwendig ist; der Beweis jedoch ist nicht zwingend, auch schon von Thomas von Aquino verworfen worden.

Hier gewinnen wir auch ein unterscheidendes Merkmal zwischen den *Nominaldefinitionen*, die nur die Merkmale enthalten, um eine Sache von anderen unterscheiden zu können und den *Realdefinitionen*, aus denen sich die Möglichkeit der Sache ergibt. Auf diese Weise läßt sich auch der Ansicht des Hobbes begegnen, nach der alle Wahrheiten willkürlich sein sollen, weil sie von Nominaldefinitionen abhängen;[7] — wobei er nicht erwog, daß die Realität der Definition selbst nicht in unserer Wahl steht, und daß nicht alle beliebigen Begriffe sich miteinander verknüpfen lassen. Schließlich erhellt hieraus der Unterschied zwischen *wahren* und falschen Ideen. Eine Idee ist wahr, wenn die Vorstellung möglich ist; falsch, wenn diese einen Widerspruch enthält. Die *Möglichkeit* einer Sache aber erkennen wir entweder *a priori* oder *a posteriori:* das erstere, wenn wir die Vorstellung in ihre Elemente, d. h. in andere Vorstellungen, deren Möglichkeit bekannt ist, auflösen und wissen, daß in ihnen nichts miteinander Unverträgliches enthalten ist. Dies ist zB. der Fall, wenn wir die Art, in der sich der Gegenstand erzeugen läßt, einsehen, weshalb die *kausalen Definitionen* von vorzüglicher Bedeutung sind. *A posteriori* hingegen erkennen wir die Möglichkeit einer Sache, wenn uns ihre Wirklichkeit durch Erfahrung bekannt wird; denn was wirklich existiert oder existiert hat, das muß jedenfalls möglich sein. In jeder adäquaten Erkenntnis benutzt man zugleich eine apriorische Erkenntnis der Möglichkeit; hat man nämlich die Analyse bis zum Ende durchgeführt, so ist, wenn kein Widerspruch sichtbar wird, die Möglichkeit der Vorstellung erwiesen. Ob aber jemals die menschliche Erkenntnis zu einer vollkommenen Analyse der Vorstellungen, also zu den *ersten Möglichkeiten* und unauflöslichen Begriffen gelangen wird, — ob sie, was dasselbe bedeutet, alle Gedanken jemals auf die absoluten Attribute Gottes selbst, als erste Ursachen und den letzten Grund der Dinge zurückführen wird, — das möchte ich für jetzt nicht zu entscheiden wagen. Für gewöhnlich sind wir damit zufrieden, uns der Realität gewisser Begriffe durch Erfahrung zu versichern, um sodann aus ihnen andere nach dem Vorbilde der Natur zusammenzusetzen.

Hieraus läßt sich schließlich erkennen, daß die Berufung auf die Ideen nicht immer einwandfrei ist, und daß viele diesen blendenden Namen mißbrauchen, um ihren Einbildungen Geltung zu verschaffen. Daß wir nicht die Idee jeder Sache haben, deren wir uns bewußt sind, hat das Beispiel der schnellsten Bewegung soeben gezeigt. Mit dem vielgerühmten Prinzip: *Alles, was ich klar und deutlich von einer Sache erfasse, das ist wahr oder kann von ihr ausgesagt werden,* wird heutzutage viel Mißbrauch getrieben. Häufig nämlich scheint bei voreiligem Urteil etwas klar und deutlich, was in Wahrheit dunkel und verworren ist. Dieses Axiom ist also unnütz, wenn nicht die *Kriterien* des Klaren und Deutlichen, die wir angegeben haben, herangezogen werden und wenn die Wahrheit der Ideen nicht erwiesen ist. Im übrigen sind beachtenswerte Kriterien für die Wahrheit von Urteilen die Regeln der *gemeinen Logik*, deren sich auch die Geometer bedienen: so z.B. die Vorschrift, nur das als gewiß zuzulassen, was durch sichere Erfahrung oder strengen Beweis bewährt ist. Streng ist ein Beweis aber, wenn er den Vorschriften der logischen Form entspricht. Zwar bedarf es nicht immer der gewöhnlichen, schulmäßigen Syllogismen, — wie sie Christian Herlinus und Konrad Dasypodius in den sechs ersten Büchern Euklids angewandt haben,[8] nur das wird erfordert, daß der Beweiskraft seiner Form den Schluß zustande bringt. Als Beispiel für einen solchen in *strenger Form geführten Beweis* ließe sich auch jede beliebige regelrechte Rechnung anführen. Man darf deshalb keine notwendige Prämisse auslassen, und alle Prämissen müssen schon vorher entweder bewiesen sein oder doch als Hypothese angenommen werden, in welch letzterem Falle dann auch der Schluß nur von hypothetischer Geltung ist. Beachtet man dies sorgsam, so wird man sich leicht vor trügerischen Ideen zu schützen wissen. Fast ganz stimmt hiermit der so scharfsinnige Pascal überein, der es in seiner berühmten Abhandlung *De l'esprit géométrique* — die bruchstückweise in dem vorzüglichen Buche des berühmten Antoine Arnauld *Logique ou l'art de penser* enthalten ist — als Aufgabe des Geometers bezeichnet, alle *nur einigermaßen* dunklen Termini zu definieren und alle *nur einigermaßen* zweifelhaften Wahrheiten zu beweisen.[9] Ich wünschte nur, er hätte die Grenzen bestimmt, jenseits derer eine Vorstellung oder eine Aussage nicht mehr dunkel oder zweifelhaft sein kann. Das hierzu Notwendige ergibt sich jedoch bei aufmerksamer Betrachtung leicht aus dem Früheren, und so wollen wir uns denn jetzt der Kürze befleißigen.

Was die Streitfrage angeht, ob wir alle Dinge in Gott schauen — übrigens ein alter und bei richtiger Auffassung haltbarer Satz — oder aber eigene Ideen haben,[10] so ist zu beachten, daß wir selbst dann, wenn wir alle Dinge in Gott schauten, notwendig zugleich eigene Ideen haben müßten und zwar nicht als eine Art von Abbildchen, sondern als Beschaffenheiten oder Bestimmungen unseres Geistes, entsprechend dem, was wir in Gott wahrnehmen. Unter allen Umständen nämlich geht im Wechsel der Gedanken eine Veränderung in unserem Geiste vor. Und auch die Ideen der Dinge, an die wir aktuell nicht denken, sind in unserem Geiste enthalten, wie die Gestalt des Herkules in dem rohen Marmor. In Gott jedoch ist nicht nur notwendig die Idee der absoluten und unendlichen Ausdehnung, sondern auch die von jeder beliebigen Gestalt, also jeder besonderen Bestimmung der absoluten Ausdehnung, vorhanden. Wenn wir übrigens Farben oder Gerüche wahrnehmen, so nehmen wir darin freilich nur Gestalten und Bewegungen wahr, jedoch so mannigfaltige und winzige, daß unser Geist in seinem gegenwärtigen Zustande sie unmöglich einzeln distinkt betrachten kann und demnach nicht zu bemerken vermag, daß seine Wahrnehmung sich allein aus den Wahrnehmungen von äußerst kleinen Gestalten und Bewegungen zusammensetzt. So nehmen wir bei einer Mischung von Teilchen des Gelben und Blauen die grüne Farbe wahr: und obwohl wir dabei nur Gelb und Blau in innigster Vermischung empfinden, bemerken wir dies nicht und denken uns irgendeine neue Wesenheit aus.

3.

Zur allgemeinen Charakteristik
Zur *Characteristica universalis**

Ein altes Wort besagt, Gott habe alles nach Gewicht, Maß und Zahl geschaffen. Manches aber kann nicht gewogen werden: nämlich all das, dem keine Kraft oder Potenz zukommt, manches auch weist keine Teile auf und entzieht sich somit der Messung. Dagegen gibt es nichts, das der Zahl nicht unterworfen wäre. Die Zahl ist daher gewissermaßen eine metaphysische Grundgestalt, und die Arithmetik eine Art Statik des Universums, in der sich die Kräfte der Dinge enthüllen.

Daß die Zahlen die tiefsten Geheimnisse in sich bergen: — davon ist man schon seit den Zeiten des Pythagoras überzeugt. Pythagoras selbst hat, nach einer glaubhaften Nachricht, diese Anschauung, wie vieles andere, aus dem Orient nach Griechenland mit herübergebracht. Da man aber den rechten Schlüssel des Geheimnisses nicht besaß, so wurde die Wißbegier hier schließlich auf Nichtigkeiten und Aberglauben aller Art geführt, woraus zuletzt eine Art Vulgär-Kabbala, die von der wahren weit abliegt, und — unter dem falschen Namen der Magie — mannigfaltige Phantastereien entstanden, von denen die Bücher wimmeln. Indessen erhielt sich doch in den Menschen der alte Hang, zu glauben, daß uns mit Hilfe der Zahlen, der Charaktere und einer neuen Sprache, die die einen die »adamische«, Jakob Böhme die Natursprache nennt, noch wunderbare Entdeckungen bevorstehen.

Trotzdem hat vielleicht bisher noch niemand den wahren Grund dafür durchschaut, daß man jedem Gegenstand seine bestimmte charakteristische Zahl beilegen kann. Denn die gelehrtesten Männer haben mir, wenn ich gelegentlich etwas der Art vor ihnen verlauten ließ, eingestanden, sie verständen nicht, was ich damit sagen wolle. Zwar haben schon seit langem vortreffliche Männer eine Art »Sprache« oder »allgemeine Charakteristik« ersonnen, in der sämtliche Begriffe und Dinge in gehörige Ordnung gebracht werden sollten, und mit deren Hilfe es den verschiedenen Nationen

---

* Siehe Gerh. VII, 184–89.

möglich sein sollte, sich ihre Gedanken mitzuteilen und schriftliche Aufzeichnungen in fremder Sprache in der eignen zu lesen. Niemand aber hat bisher eine Sprache oder Charakteristik in Angriff genommen, die zugleich die Technik der Entdeckung neuer Sätze und ihrer Beurteilung umfaßte, deren Zeichen oder Charaktere somit dasselbe leisten, wie die arithmetischen Zeichen für die Zahlen, und die algebraischen für Größen überhaupt. Und doch ist es, als wenn Gott, indem er dem Menschengeschlecht diese beiden Wissenschaften verlieh, uns damit nur habe bedeuten wollen, daß unser Verstand noch ein weit tieferes Geheimnis birgt, von dem sie nur ein Schattenbild sind.

Nun bin ich wie durch eine Art Schickung schon als Knabe auf diese Betrachtungen geführt worden, die seither, wie es mit ersten Neigungen zu gehen pflegt, stets aufs tiefste meinem Geiste eingeprägt blieben. Zweierlei kam mir dabei erstaunlich zustatten — was gleichwohl sonst oft bedenklich und manchem schädlich ist —: erstens, daß ich fast ganz Autodidakt war, sodann aber, daß ich in jeder Wissenschaft, an die ich herantrat, sogleich nach etwas Neuem suchte: häufig noch ehe ich nur ihren bekannten, gewöhnlichen Inhalt ganz verstand. Dadurch aber gewann ich zweierlei: ich füllte meinen Kopf nicht mit leeren Sätzen an, die mehr auf eine gelehrte Autorität als auf wirkliche Gründe hin angenommen sind, und die man später nur wieder zu vergessen hat; ferner aber ruhte ich nicht eher, als bis ich in die Fasern und Wurzeln einer jeden Lehre eingedrungen und zu den Prinzipien selbst gelangt war, von denen aus ich dann aus eigener Kraft all das, womit ich es zu tun hatte, aufzufinden vermochte.

Als ich daher von den Geschichtsbüchern, an denen ich von Jugend an außerordentlichen Gefallen fand, und von den Stilübungen, die ich in Prosa wie in gebundener Rede mit solcher Leichtigkeit trieb, daß meine Lehrer schon fürchteten, ich möchte an diesen Ergötzlichkeiten hängen bleiben, zur Logik und Philosophie geführt wurde, da warf ich, kaum daß ich nur irgend etwas von dem allen verstanden hatte, eine Fülle chimärischer Einfälle, die in meinem Gehirn auftauchten, aufs Papier und legte sie den Lehrern zu ihrem Erstaunen vor. Unter anderem regte ich einmal die Frage der Prädikamente an. Ich meinte nämlich, so wie man Prädikamente oder Klassen einfacher Begriffe habe, so müsse es auch eine neue Art von Prädikamenten geben, die die Sätze selbst oder die komplexen Termini in ihrer natürlichen Ordnung enthielten. Vom Beweisverfahren hatte ich nämlich damals keine Ahnung und wußte nicht, daß eben das, was ich forderte, die Geometer tun, indem sie ihre Sätze nach der Reihenfolge ordnen, in der sie im Beweis auseinander hervorgehen. Daher war mein Bedenken allerdings überflüssig, — da jedoch meine Lehrer es mir nicht lösten, so bemühte ich selbst mich, derartige Prädikamente der komplexen Termini oder Lehrsätze festzustellen. Bei meinen eifrigen Bemühungen um dieses Problem gelangte ich dann mit innerer Notwendigkeit zu einer Betrachtung von erstaunlicher Tragweite: es müßte sich, meinte ich, eine Art Alphabet der menschlichen Gedanken ersinnen und durch die Verknüpfung seiner Buchstaben und die Analysis der Worte, die sich aus ihnen zusammensetzen, alles andere entdecken und beurteilen lassen. Dieser Einfall machte mir nun ganz außerordentliche Freude, die freilich nur kindlich war, da ich die wahre Wichtigkeit der Sache damals noch nicht begriff. Später aber kräftigte sich mit jedem weiteren Fortschritt meiner Erkenntnis in mir zugleich der Entschluß, einen Gegenstand von solcher Bedeutung weiter zu verfolgen. Der Zufall fügte es sodann, daß ich als Jüngling von 20 Jahren eine akademische Abhandlung abzufassen hatte. So schrieb ich die Dissertation über die »ars combinatoria«, die 1666 in Buchform veröffentlicht worden ist, und in der ich meine erstaunliche Entdeckung öffentlich darlegte. Freilich merkt man dieser Abhandlung an, daß sie das Werk eines Jünglings ist, der eben erst die Schule verlassen hatte und noch nicht mit den realen Wissenschaften vertraut war; — denn dort, wo ich mich befand, wurde die Mathematik nicht gepflegt — hätte ich dagegen, wie Pascal, meine Kindheit in Paris verlebt, so wäre ich vielleicht früher dazu gelangt, die Wissenschaft zu fördern. Aus zwei Gründen jedoch bedauere ich nicht, diese Abhandlung geschrieben zu haben: erstens, weil sie bei vielen, höchst scharfsinnigen Männern außerordentlichen Beifall fand, dann aber, weil ich schon in ihr eine Andeutung meiner Entdeckung machte und somit nicht in den Verdacht geraten kann, dies alles erst kürzlich ersonnen zu haben.

Daß niemand bisher, soweit irgendeine schriftliche Kunde zurückreicht, einen Gegenstand von solcher Wichtigkeit in Angriff
genommen hat, darüber habe ich mich allerdings oft gewundert.
Denn wäre man nur streng methodisch vorgegangen, so hätten sich
sogleich am Anfang Betrachtungen dieser Art aufdrängen müssen
— wie denn ich selbst noch als Knabe beim Studium der Logik,
und noch ohne Bekanntschaft mit Mathematik, mit Natur und Geisteswissenschaften darauf verfiel: einzig aus dem Grunde, weil ich
stets die ersten und ursprünglichen Prinzipien suchte. Der wahre
Grund aber, weshalb man den Zugang verfehlt hat, liegt wohl darin,
daß die Prinzipien für gewöhnlich trocken und wenig reizvoll sind,
und man sie daher, nachdem man sie nur flüchtig gestreift, auf sich
beruhen läßt. Von drei Männern jedoch wundert es mich vor allem, daß sie an ein Problem von dieser Bedeutung nicht herange-
treten sind: Von Aristoteles, Joachim Jungius und René Descartes. Denn Aristoteles hat im *Organon* und der *Metaphysik* die innerste Natur der Begriffe mit großem Scharfsinn durchforscht.
Joachim Jungius aus Lübeck aber — der freilich selbst in Deutschland nur wenig bekannt ist — ist ein Mann von solcher Urteils-
schärfe und von so umfassendem Geiste, daß man ihm, wie keinem
anderen — Descartes selbst nicht ausgenommen — eine grundlegende Erneuerung der Wissenschaften hätte zutrauen dürfen, wäre er nur erkannt und unterstützt worden. Er war jedoch schon
ein Greis, als Descartes' Wirksamkeit begann, und es ist sehr zu
bedauern, daß beide einander nicht gekannt haben.[11]
Was Descartes angeht, so ist hier nicht der Ort, ihn, der durch
die Größe seines Geistes über alles Lob fast erhaben ist, zu rüh-
men. Sicherlich betrat er den wahren und richtigen Weg im Reiche der Ideen, der auch auf unser Ziel hingeleitet hätte, — später
jedoch ließ er sich, wie es scheint, in seiner Forschung zu sehr von
der Rücksicht auf den Erfolg bestimmen, ließ daher den Faden der
Untersuchung fallen, und begnügte sich damit, metaphysische Meditationen und Proben seiner Geometrie zu geben, womit er aller
Augen auf sich lenkte. Im übrigen faßte er den Vorsatz, die Natur
der Körper für die Zwecke der Medizin zu erforschen, woran er
gewiß recht tat; hätte er nur zuvor die andere Aufgabe, die er sich
gestellt: die Ordnung der Begriffe und Ideen, gelöst. Denn von

hier aus gerade wäre ein helleres Licht, als man glauben sollte, auch auf die Experimente gefallen. Daß er sein Streben nicht hierauf gerichtet, kann also nur darin seinen Grund haben, daß er die tiefere Bedeutung des Problems nicht erfaßt hat. Denn wenn er eine Methode gesehen hätte, eine rationale Philosophie von gleicher unangreifbarer Klarheit wie die Arithmetik zu begründen, so hätte er wohl keinen anderen Weg als diesen gewählt, um eine Schule zu gründen, wonach sein Ehrgeiz so sehr strebte. Denn eine Schule, die eine solche Methode der Philosophie befolgte, würde naturgemäß sogleich von ihren Anfängen an, wie die Geometrie, die Herrschaft im Reiche der Vernunft an sich ziehen und nicht eher ins Wanken geraten oder zugrundegehen, als durch das Eindringen einer neuen Barbarei die Wissenschaften selbst im Menschengeschlechte untergingen.

Mich hingegen hielt es, wie sehr ich auch sonst beschäftigt und abgelenkt sein mochte, immer wieder bei diesen Betrachtungen fest: einzig darum, weil ich ihre ganze Bedeutung durchschaut und einen wunderbar leichten Weg, zum Ziel zu gelangen, erkannt hatte. Dies nämlich ist es, was ich durch angestrengtes Nachdenken schließlich fand. Um die Charakteristik, die ich erstrebe, zustande zu bringen — wenigstens was die Grammatik dieser wunderbaren allgemeinen Sprache und ein Wörterbuch betrifft, das für die meisten und häufigsten Fälle ausreicht, — um mit anderen Worten für alle Ideen die charakteristischen Zahlen festzustellen, ist nichts anderes erforderlich, als die Begründung eines mathematisch-philosophischen Lehrgangs gemäß einer neuen Methode, die ich angeben kann, und die keine größeren Schwierigkeiten als jedes andere Verfahren enthält, da sie von den gewohnten Begriffen und der üblichen Schreibweise nicht allzusehr abweicht. Auch würde sie nicht mehr Arbeit erfordern, als jetzt schon auf Kurse oder Enzyklopädien verwandt wird. Ich denke, daß einige Auserlesene das Ganze in fünf Jahren werden leisten können, daß sie jedoch schon nach zwei Jahren dahin kommen werden, die Lehren, die im praktischen Leben zumeist gebraucht werden, d. h. die Sätze der Moral und Metaphysik, nach einem unfehlbaren Rechenverfahren zu beherrschen.

Sind nun die charakteristischen Zahlen einmal für die meisten

Begriffe festgesetzt, so wird das Menschengeschlecht gleichsam ein neues Organ besitzen, das die Leistungsfähigkeit des Geistes weit mehr erhöhen wird, als die optischen Instrumente die Sehschärfe der Augen verstärken und das die Mikroskope und Fernrohre im selben Maße übertreffen wird, wie die Vernunft dem Gesichtssinn überlegen ist. Größere Forderung, als die Magnetnadel jemals den Schiffern gebracht, wird dieses Sternbild all denen bringen, die das Meer der Forschung und der Experimente befahren. Was sonst daraus sich ergeben wird, ist dem Willen des Geschickes anheimgestellt, es kann indes insgesamt nur bedeutsam und vortrefflich sein. Denn alle anderen Gaben können den Menschen verderben; einzig die echte Vernunft ist ihm unbedingt heilsam: an ihrer Echtheit aber wird kein Zweifel mehr aufkommen können, wenn sie sich erst überall gleich klar und gewiß, wie bisher nur in der Arithmetik, zu erweisen vermag. Dann wird jener lästige Einwand aufhören, mit dem jetzt oft einer den anderen plagt, und der manchem die Lust am Schließen und Argumentieren überhaupt benimmt. Denn statt das Argument zu prüfen, macht der Gegner wohl den allgemeinen Einwand: Woher weißt du, daß deine Vernunft besser ist als die meine? Welches Kriterium hast du für die Wahrheit? Wenn sich der erste sodann wieder auf seine Gründe beruft, so fehlt es dem Zuhörer an Geduld, sie zu prüfen; denn zumeist muß noch eine große Menge anderer Fragen zuvor gründlich erledigt werden, was eine wochenlange Arbeit ergäbe, wenn man dabei das bisher gültige Schlußverfahren und seine Gesetze genau befolgte. Deshalb behalten nach langem Hin- und Widerreden schließlich meist die Affekte, nicht die Vernunftgründe den Sieg, und der Streit endet damit, daß der gordische Knoten, statt gelöst zu werden, durchhauen wird. Dies gilt besonders für die Erwägungen des praktischen Lebens, in denen zuletzt irgendein Entschluß gefaßt werden muß. Hier ist es nur wenigen gegeben, Nutzen und Nachteil, der häufig auf beiden Seiten mannigfach verteilt ist, wie auf einer Waage abzuwägen. Je stärker sich daher der eine diesen, der andere jenen Umstand, je nach seiner wechselnden Stimmung, vergegenwärtigt, oder je besser er es versteht, ihn gegen andere beredt und wirksam hervorzuheben und auszumalen, um so entschiedener entschließt er sich selber oder reißt die anderen mit sich fort, besonders, wenn er ihre Neigungen geschickt ausnutzt. Hingegen gibt es kaum einen, der imstande wäre, bei einer Erwägung die ganze Tafel des Für und Wider auf beiden Seiten zusammenzurechnen, d. h. Nutzen und Nachteil nicht nur zu zählen, sondern auch gegeneinander richtig abzuwägen. Daher kommen mir zwei Streitende fast wie zwei Kaufleute vor, die einander verschiedene Kapitalien schulden, die jedoch niemals eine wechselseitige Bilanz ziehen, sondern statt dessen nur immer wieder die verschiedenen Posten ihres Guthabens herausstreichen und einige besondere Titel, ihrer Rechtmäßigkeit und Größe nach, übertreibend hervorheben wollten. Auf diese Weise freilich könnte ihr Streit niemals enden. Man braucht sich somit nicht darüber zu wundern, daß dies bisher in den meisten Streitigkeiten so geht, wo die Sache nicht klar, d. h. nicht auf Zahlen zurückgeführt ist. Unsere Charakteristik aber wird alle Fragen insgesamt auf Zahlen reduzieren und so eine Art von Statik darstellen, vermöge derer die Vernunftgründe gewogen werden können. Denn auch die Wahrscheinlichkeiten unterliegen der Berechnung und dem Beweise, da man stets abschätzen kann, welcher Fall aus den gegebenen Umständen mit größerer Wahrscheinlichkeit zu erwarten ist. Wer endlich von der Wahrheit der Religion und ihren Folgerungen fest überzeugt ist und zugleich in seiner Liebe zum Menschengeschlechte dessen Bekehrung ersehnt, der wird sicherlich, sobald er unser Verfahren begriffen, gestehen müssen, daß (außer den Wundern und den Taten der Heiligen oder den Siegen eines großen Herrschers) zur Ausbreitung des Glaubens kein wirksameres Mittel gedacht werden kann als die Entdeckung, von der hier die Rede ist. Denn wenn einmal die Missionare diese Sprache werden einführen können, dann wird auch die wahre Religion, die mit der Vernunft in genauer Übereinstimmung steht, festgestellt sein und einen Abfall von ihr wird man in Zukunft ebensowenig zu fürchten haben, als man eine Abkehr der Menschen von der Arithmetik und Geometrie, die sie einmal gelernt haben, befürchtet. Ich wiederhole deshalb, was ich häufig gesagt habe, daß jemand, der weder Prophet noch Fürst ist, sich keine Aufgabe stellen kann, die zum Wohle des Menschengeschlechts, wie zum Preise Gottes von größerer Bedeutung wäre. Man darf jedoch nicht bei Worten stehen bleiben. Da es aber wegen der wundersamen Verknüpfung, in der alle Dinge stehen, äußerst schwer ist, die charakteristischen Zahlen einiger weniger besonderer Dinge losgelöst darzustellen, so habe ich einen eleganten Kunstgriff ersonnen, vermöge dessen sich gewisse Beziehungen vorläufig darlegen und fixieren lassen, die man sodann weiterhin in zahlenmäßiger Rechnung bestätigen kann. Ich machte nämlich die Fiktion, jene so wunderbaren charakteristischen Zahlen seien schon gegeben, und man habe an ihnen irgendeine allgemeine Eigenschaft beobachtet. Dann nehme ich einstweilen Zahlen an, die irgendwie mit dieser Eigentümlichkeit übereinkommen und kann nun mit ihrer Hilfe sogleich mit erstaunlicher Leichtigkeit alle Regeln der Logik zahlenmäßig beweisen und zugleich ein Kriterium dafür angeben, ob eine gegebene Argumentation der Form nach schlüssig ist.[12] Ob aber ein Beweis der Materie nach zutreffend und schlüssig ist, das wird sich erst dann ohne Mühe und ohne die Gefahr eines Irrtums beurteilen lassen, wenn wir im Besitze der wahren charakteristischen Zahlen der Dinge selbst sein werden.

4.

Die Methoden der universellen Synthesis und Analysis

*De synthesi et analysi universali seu arte inveniendi et judicandi**

Schon als Knabe lernte ich die Logik, und da ich schon damals die Gewohnheit hatte, bei dem, was man mir vortrug, genauer nach den Gründen zu forschen, so machte ich meinen Lehrern den Einwand, weshalb es nicht, wie man Prädikamente von den einfachen Termini besitzt, nach denen die *Begriffe* geordnet werden, auch Prädikamente von den zusammengesetzten gäbe, nach denen die *Wahrheiten* in eine bestimmte Ordnung gebracht würden. Ich wußte nämlich nicht, daß beim Beweisverfahren der Geometer und in ihrer Anordnung der Sätze nach ihrer gegenseitigen Abhängigkeit eben dies der Fall ist.[13] Ich glaubte nun weiter, es müßte sich dies ganz allgemein bewerkstelligen lassen, wenn man erst einmal die wahren Prädikamente der einfachen Termini besäße, und wenn man, um dieses Ziel zu erreichen, gleichsam ein neues Alphabet des Denkens aufstellte, d. h. ein Verzeichnis der höchsten Gattungen — oder derer, die als solche angesehen werden — wie a, b, c, d, e, f, aus deren Vereinigung dann die niederen Begriffe entständen. Denn es ist zu beachten, daß die Gattungsbegriffe wechselseitig auch zur Bezeichnung der spezifischen Differenz verwandt werden können: daß also jede spezifische Differenz zum Gattungsbegriff, jeder Gattungsbegriff zur spezifischen Differenz werden kann, und man — wenn die Fiktion tatsächlich zulässig wäre — logisch ebensogut von einem »tierischen Vernunftwesen« (rational animale), wie von einem »vernünftigen Tier« (animal rationale) sprechen könnte.[14] Da aber die gewöhnlichen Gattungen in ihrer Verknüpfung die Unterarten nicht aus sich hervorgehen lassen, so schloß ich daraus, daß sie nicht richtig gebildet seien. Ich meinte also, daß diejenigen Gattungsbegriffe, die auf die höchsten zunächstfolgen, als *Binionen*, wie ab, ac, bd, cf, die Gattungsbegriffe dritten Grades als *Ternionen*, wie abc, bdf zu bezeichnen

---

* Siehe Gerh. VII, 292–98.

wären, und so weiter. Wären jedoch die höchsten Gattungsbegriffe oder die, die man dafür ansieht, unendlich, wie es bei den Zahlen der Fall ist, — denn hier kann man die Primzahlen als die höchsten Gattungen ansehen, alle geraden Zahlen sodann als »Zweizahlen«, alle durch 3 teilbaren als »Dreizahlen« bezeichnen und so fort, während jede abgeleitete Zahl durch die Primzahlen, die hier gleichsam die Gattungsbegriffe vertreten, ausgedrückt wird, jede durch 6 teilbare Zahl z. B. als Produkt einer Zwei- und Dreizahl: wären also auch die höchsten Gattungsbegriffe unendlich, so müßte sich doch wenigstens, wie bei den Zahlen, ihre Ordnung festsetzen lassen, aus der sich dann eine Ordnung auch der niederen Begriffe ergäbe. Wäre daher irgendein Artbegriff gegeben, so ließen sich ordnungsmäßig alle Sätze aufzählen, die man von ihm beweisen kann, oder alle seine Prädikate, sowohl solche von weiterem Umfang als der Subjektsbegriff, wie auch speziell die umkehrbaren Prädikate, und aus diesen könnte man sodann die bedeutsameren auswählen.[15] Es sei z. B. eine Spezies y gegeben, deren Begriff abcd sei, und man setze ab = 1, ac = m, ad = n, bc = p, bd = q, cd = r, welches Binionen sind, und wiederum abc = s, abd = v, acd = w, bcd = x, welches Ternionen sind. Nun werden diese alle zwar Prädikate von y sein, umkehrbar aber werden nur die folgenden sein: ax, bw, cv, ds; lr, mq, np. Hierüber habe ich ausführlicher gehandelt in der kleinen Abhandlung über die Ars Combinatoria[16] die ich noch im frühesten Jünglingsalter herausgegeben habe, als das schon lange in Aussicht gestellte Kirchersche Werk desselben Titels noch nicht erschienen war.[17] Hier hoffte ich, derartige Ausführungen zu finden, sah jedoch nachher, als es erschienen war, daß nur die Lullische Kunst oder etwas dergleichen in ihm wieder vorgebracht wurde,[18] die wahre Analysis der menschlichen Gedanken dem Verfasser jedoch ebensowenig wie anderen, die an eine Reform der Philosophie gedacht hatten, auch nur im Traume in den Sinn gekommen war. Die ersten Begriffe, aus deren Verbindung die übrigen entstehen, sind nun entweder deutlich oder verworren; deutlich sind solche, die aus sich selbst begriffen werden, wie »Wesen« (ens); verworren und dennoch klar die unmittelbaren Wahrnehmungen, wie die Farbe, die wir einem anderen nur dadurch erklären können, daß wir sie ihm zeigen. Denn wenngleich sie ihrer Natur nach auflösbar ist, da sie eine Ursache hat, so läßt sie sich doch von uns nicht in gesonderten, erklärbaren Merkmalen erkennen und genugsam beschreiben, wird vielmehr nur undeutlich erkannt und ist daher auch keiner Nominaldefinition fähig. Die Nominaldefinition besteht in der Aufzählung der Merkmale oder der Konstituentien, die hinreichen, das Objekt von allen anderen zu unterscheiden. Wenn man hierin fortfährt und diese Konstituentien wiederum in ihre Bestimmungen auflöst, so gelangt man schließlich zu den primitiven Begriffen, die entweder, absolut genommen, keine Bestimmungen oder doch keine solchen haben, die von uns weiter erklärt werden können.[19] In dieser Reduktion besteht die Kunst, die deutlichen Begriffe zu behandeln. Zur Behandlung der verworrenen Begriffe aber ist erforderlich, die deutlichen, unmittelbar erkennbaren, oder weiter auflösbaren Begriffe zu bezeichnen, die sie begleiten, da wir durch sie zuweilen zur Ursache der verworrenen oder zu einer Art Auflösung von ihnen zu gelangen vermögen.

Sodann entspringen alle abgeleiteten Begriffe aus der Verknüpfung der primitiven, und die weiter zusammengesetzten aus der Verknüpfung der zusammengesetzten; nur muß man sich hüten, unnütze Verbindungen zu schaffen, indem man Unvereinbares zusammenbringt. Hierüber aber läßt sich nur auf Grund des Experimentes oder durch Auflösung in die einfachen, distinkten Begriffe ein Urteil fällen. Bei der Festsetzung von Realdefinitionen ist somit sorgfältig darauf zu achten, daß man sich ihrer Möglichkeit, d. h. der Vereinbarkeit ihrer einzelnen Bestandteile, versichert. Wenngleich daher auch jede umkehrbare Eigenschaft eines Objekts als Nominaldefinition von ihm gelten kann, da aus ihr stets alle anderen Attribute der Sache bewiesen werden können, so eignet sie sich dennoch nicht stets zu einer Realdefinition. Denn es gibt gewisse paradoxe Eigenschaften, wie ich sie nenne, bei denen man im Zweifel darüber sein kann, ob sie möglich sind. So kann man z. B. bezweifeln, ob es eine Kurve gibt, bei der jeder beliebige Punkt sich zu jedem Segment so verhält, daß er verbunden mit den beiden Enden des Segments stets denselben Winkel bildet. Denn angenommen, wir hätten die Punkte der Kurve für ein bestimmtes Segment so eingerichtet, daß sie die Bedingung erfüllen, so können wir doch noch nicht vorhersehen, ob das, was scheinbar nur einmal durch einen günstigen Zufall geglückt ist, auch immer stattfinden wird, ob also dieselben Punkte, die ja nunmehr bestimmt sind und deren Wahl nicht mehr freisteht, auch für ein anderes Segment der Bedingung genügen werden. Dies ist nun freilich, wie wir wissen, die Natur des Kreises; trotzdem würde, wenn jemand nur diese Eigenschaft zugrunde legte und danach die Kurve benennen würde, daraus noch nicht sicher sein, ob sie möglich, ob also die Definition eine Realdefinition ist. Der von Euklid angegebene Begriff des Kreises aber, wonach er eine Figur ist, die dadurch zustande kommt, daß eine Gerade sich in einer Ebene um ein festes Zentrum bewegt, gewährt eine Realdefinition: es erhellt nämlich aus ihr, daß eine solche Figur möglich ist. Es ist daher von Wert, im Besitze von Definitionen zu sein, die die Erzeugung der Sache, oder, wenn dies ausgeschlossen ist, ihre innere Verfassung in sich schließen, d. h. ein Verfahren, das die Entstehungsart oder wenigstens die Möglichkeit des Objektes erkennen läßt. Aus dieser Bemerkung habe ich schon früher, bei Prüfung des ungenügenden Cartesischen Beweises für das Dasein Gottes, über den ich häufig mit den gelehrtesten Cartesianern schriftlich diskutiert habe, Nutzen gezogen. Descartes führt seinen Beweis nämlich in der folgenden Weise: Was aus der Definition einer Sache bewiesen werden kann, das läßt sich ihr rechtmäßig beilegen. Aus der Definition Gottes aber — nach der er das vollkommenste oder, nach einem scholastischen Ausdruck, das größtmögliche Wesen ist, — folgt seine Existenz; denn die Existenz ist eine Vollkommenheit und gibt dem Inhalt, dem sie zukommt, zweifellos einen Zuwachs an Größe und Vollkommenheit: also kann man von Gott die Existenz aussagen, d. h. Gott existiert. Dieses von Descartes erneuerte Argument hatte schon einer der älteren Scholastiker in einer eigenen Schrift unter dem Titel »contra insipientem« verteidigt,[20] doch erwidert Thomas hierauf mit anderen, hierdurch werde schon vorausgesetzt, daß Gott sei, d. h., wie ich dies auslege, daß er eine Wesenheit habe, zum mindesten in der Art, wie sie die Rose im Winter hat, oder daß ein solcher Begriff möglich sei. Der Vorrang des allervollkommensten Wesens besteht also darin, daß mit seiner Möglichkeit sogleich sein Dasein erwiesen ist, daß also aus seiner Wesenheit oder seinem möglichen Begriffe seine Existenz folgt. Wenn aber dieser Beweis streng sein soll, so muß zuvor die Möglichkeit dargetan werden. Offenbar nämlich können wir erst dann Schlußfolgerungen an einen Begriff knüpfen, wenn wir wissen, daß er möglich ist; denn von dem Unmöglichen oder dem an sich Widerspruchsvollen lassen sich auch widerstreitende Sätze ableiten. Es ist dies der apriorische Grund, weshalb zu einer Realdefinition die Möglichkeit erforderlich ist. Hiermit wird auch einem Einwand von Hobbes begegnet. Denn dieser hielt, da er sah, daß alle Wahrheiten aus den Definitionen hergeleitet werden können, die nach seiner Annahme willkürlich und bloße Worterklärungen sind, da es ja in unserem Belieben steht, die Dinge zu benennen, auch die Wahrheiten für bloße Namen und für völlig willkürlich.[21] Es ist jedoch zu beachten, daß Begriffe nicht beliebig miteinander verbunden werden dürfen, sondern daß man aus ihnen, um eine Realdefinition zu erhalten, einen möglichen Begriff bilden muß. Hieraus erhellt, daß jede Realdefinition zum mindesten die positive Behauptung einer Möglichkeit in sich schließt.[22] Ferner sind zwar die Benennungen willkürlich, dennoch aber folgen, wenn sie einmal gesetzt sind, aus ihnen notwendige Konsequenzen und Wahrheiten, die zwar von den einmal angenommenen Charakteren abhängen, trotzdem aber real sind. So hängt z. B. die Neunerprobe zwar von den Zeichen des dekadischen Zahlensystems ab, enthält aber dennoch eine reale Wahrheit.[23] Der Beweis für die Möglichkeit eines Inhaltes kann weiterhin dadurch geführt werden, daß man eine Hypothese zugrunde legt, aus der man ihn ableitet oder eine Art seiner Erzeugung darlegt. Dies ist auch dann von Nutzen, wenn der fragliche Gegenstand in Wirklichkeit nicht in der bestimmten, angegebenen Art zustande gekommen sein mag. Ein und dieselbe Ellipse z. B. kann man sich durch Bewegung eines Fadens um zwei feste Brennpunkte, oder durch den Schnitt eines Kegels oder Zylinders entstanden denken. Hat man auf diese Weise eine Hypothese oder eine Erzeugungsart gefunden, so besitzt man eine Realdefinition, aus der man wieder andere ableiten kann. Unter diesen werden dann, wenn es sich um die tatsächliche Entstehungsweise des Gegenstandes handelt, diejenigen ausgewählt, die sich den besonderen Umständen des Problems am besten anpassen. Weiterhin sind von den Realdefinitionen diejenigen am vollkommensten, die allen Hypothesen oder Erzeugungsarten gemeinsam sind und die nächste unmittelbare Ursache des Inhalts in sich schließen; endlich die, aus denen die Möglichkeit der Sache unmittelbar einleuchtet, ohne daß dazu die Beihilfe der Erfahrung oder der Beweis der Möglichkeit eines anderen Gegenstands erfordert würde. Dies ist der Fall, wenn der Gegenstand in reine, primitive Grundbegriffe, die unmittelbar erkannt werden, aufgelöst ist, welche Erkenntnisart ich als adäquate oder als intuitive zu bezeichnen pflege; denn hier müßte ein etwaiger verborgener Widerspruch sofort hervortreten, da keine weitere Auflösung statthat.

Aus diesen *Ideen* oder *Definitionen* also können alle Wahrheiten bewiesen werden, mit Ausnahme der identischen Sätze, die offenbar ihrer Natur nach unbeweisbar sind und daher wahrhaft Axiome genannt werden können. Die gemeinhin so genannten Axiome aber werden durch eine Analysis, die sich entweder auf das Subjekt oder das Prädikat oder auch auf beide gemeinsam erstreckt, auf identische Sätze zurückgeführt und damit bewiesen; sofern die Annahme ihres Gegenteils darauf hinauslaufen würde, daß ein und dasselbe zugleich sein und nicht sein würde.[24] Hieraus erhellt, daß der direkte und der indirekte Beweis in der letzten Analysis zusammenfallen, und daß auch das scholastische Prinzip, wonach alle Axiome, wenn erst die Termini völlig begriffen sind, sich auf den Satz des Widerspruchs zurückführen lassen, richtig ist. Es läßt sich daher von jeder Wahrheit ein Grund angeben; denn die Verknüpfung des Prädikats mit dem Subjekte ist entweder aus sich selbst klar, wie bei den identischen Sätzen, oder sie bedarf einer Erklärung, die durch die Auflösung der Termini erfolgt. Und zwar ist dies das einzige und höchste Kriterium der Wahrheit abstrakter und von der Erfahrung unabhängiger Sätze, daß sie entweder identisch oder doch auf identische Wahrheiten zurückführbar sind.

Hieraus lassen sich die Elemente der ewigen Wahrheit und eine Methode ableiten, um alle Begriffe, sofern man nur deren Sinn erfaßt hat, in demonstrativer, geometrischer Strenge zu behandeln. In dieser Weise erkennt Gott alles *a priori* und in der Art der ewigen Wahrheiten, da er der Erfahrung nicht bedarf, und von allem *adäquates* Wissen besitzt, während wir kaum etwas *adäquat*, weniges *a priori*, das meiste nur durch die *Erfahrung* erkennen, bei welch letzterer andere Prinzipien und Kriterien anzuwenden sind. Bei den tatsächlichen oder zufälligen Dingen nun, die nicht von der Vernunft, sondern von der Beobachtung oder dem Experiment abhängen, sind die ersten Wahrheiten — für uns — diejenigen, die wir unmittelbar in uns selbst wahrnehmen oder in unserem Selbstbewußtsein erfassen; denn diese können uns unmöglich durch andere Erfahrungen, die uns innerlich näher ständen, bewiesen werden. In meinem Selbstbewußtsein aber gewahre ich nicht nur mich selbst, als denkendes Subjekt, sondern außerdem eine große Mannigfaltigkeit von Gedanken in mir, woraus ich schließe, daß es auch außer mir etwas gibt. So gewinne ich zu den Sinnen allmählich Vertrauen und vermag den Skeptikern entgegenzutreten. Denn bei alledem, was keine metaphysische Notwendigkeit besitzt, muß uns die Übereinstimmung der Phänomene unter sich als Wahrheit gelten, da sie nicht planlos zustande kommen, sondern eine Ursache haben wird.[25] So unterscheiden wir sicherlich nur durch diese Übereinstimmung der Phänomene den Traum vom Wachen und sagen auch den Aufgang der Sonne für den morgigen Tag nur deshalb voraus, weil unsere Erwartung dieses Phänomens so oft erfüllt worden ist.[26] Hierzu kommt die große Macht der Autorität und des allgemeinen Zeugnisses, da es nicht glaublich ist, daß so viele sich übereinstimmend täuschen sollten. Dem allen kann man noch das hinzufügen, was der heilige Augustinus über den Nutzen des Glaubens gesagt hat.[27] Ist nun einmal die Glaubwürdigkeit der Sinne und der anderen Zeugnisse festgestellt, so lassen sich eine Geschichte der Phänomene und, wenn man abstrakte, aus der Erfahrung gewonnene Wahrheiten damit verknüpft, schließlich Wissenschaften gemischten Charakters begründen. Es bedarf aber einer ganz besonderen Kunst, um die Erfahrungen so anzustellen, anzuordnen und zu verbinden, daß sich daraus nützliche Induktionen ergeben, die Ursachen aufgedeckt und richtige allgemeine Beobachtungen und Begriffe festgesetzt werden.[28] Wundern muß man sich indes über die Nachlässigkeit der Menschen, die ihre Zeit mit Nichtigkeiten hinbringen, um Dinge aber, durch die sie für ihre Gesundheit und ihr Wohlergehen sorgen könnten, sich nicht kümmern. Denn es stünde vielleicht in ihrer Macht, einen großen Teil der Übel zu steuern, wenn sie nur angesichts der schon vorhandenen, äußerst reichhaltigen Beobachtungen unseres Jahrhunderts von der wahren Analysis den richtigen Gebrauch machten. Jetzt aber scheint mir die menschliche Naturerkenntnis wie ein Laden, der mit Waren aller Art vollkommen versehen ist, in dem aber keine Ordnung herrscht und kein Verzeichnis vorhanden ist.

Weiterhin erhellt hieraus auch, worin der Unterschied zwischen Synthesis und Analysis besteht. Eine Synthesis liegt vor, wenn man von den Prinzipien anfängt, der Ordnung nach die Wahrheiten durchläuft, eine gewisse Regelmäßigkeit des Fortschritts feststellt, und auf diese Weise Tafeln oder auch zuweilen allgemeine Formeln begründet, in denen später ein bestimmter Einzelfall aufgefunden werden kann. Die Analysis aber geht einzig, um das gegebene Problem zu lösen, von diesem zu den Prinzipien zurück und verfährt hierbei, wie wenn nichts sonst, das wir selbst oder andere bereits entdeckt haben, uns bekannt und gegeben wäre.[29] Die wichtigere Aufgabe bietet die Synthesis dar, da ihre Begründung von dauerndem Wert ist, während wir bei der analytischen Behandlung bestimmter Einzelprobleme oft nur getane Arbeit nochmals verrichten. Freilich ist es andrerseits eine geringere Kunst, eine Synthesis, die bereits von anderen festgestellt worden ist und Theoreme, die bereits bekannt sind, anzuwenden, als, wie es bei der Durchführung der Analysis notwendig, alles aus sich selbst zu leisten: eine Aufgabe, die um so wichtiger ist, als die Sätze, die wir oder andere gefunden haben, uns nicht immer sogleich gegenwärtig und zur Hand sind. Die Analysis ist eine doppelte: die gewöhnliche, die sprungweise fortschreitet, kommt in der Algebra zur Anwendung; — die zweite, eigenartige Form, die ich als »reduzierende Analysis« bezeichne, ist weit eleganter, jedoch noch zu wenig bekannt.[30] Die Analysis ist von größerer Bedeutung für die Praxis, um Probleme, die uns hier entgegentreten, zu lösen; wer jedoch imstande ist, der Theorie genauer nachzugehen, der wird, zufrieden damit, die Analysis soweit zu üben, daß er die analytische Kunst beherrscht, im übrigen lieber die Synthesis verfolgen und fast nur die Fragen berühren, zu denen ihn der geregelte Fortschritt selbst führt. Auf diese Weise wird er stets bequem und leicht vorwärts kommen, ohne je auf Schwierigkeiten zu stoßen oder sich über den Ausgang zu täuschen, und wird so in kurzer Zeit zu weit Größerem gelangen, als er selbst jemals zu Anfang gehofft hätte. Gewöhnlich aber beraubt man sich der Frucht seines Nachdenkens durch Übereilung, indem man ohne Vermittlung auf die schwierigeren Fragen überspringt und so mit aller Mühe nichts erreicht. Zur Vollendung ist die wahre Forschungsmethode erst gelangt, wenn wir voraussehen können, ob sie uns bis zur endgültigen Lösung führen wird. Irrtümlich ist dagegen die Unterscheidung zwischen analytischer und synthetischer Darstellungsart, wonach erstere den Ursprung der Entdeckung eines Theorems aufweist, letztere ihn jedoch nicht erkennen läßt.[31] Ich habe häufig bemerkt, daß von den schöpferischen Talenten die einen mehr analytisch, die anderen mehr kombinatorisch veranlagt sind. Sache der Kombinatorik oder der synthetischen Anlage ist es, Nutzen und Anwendung einer Sache zu entdecken, z. B., nachdem der Magnet bekannt ist, seine Anwendung auf den Kompaß zu ersinnen; Sache der analytischen dagegen, wenn Gegenstand und Ziel der Erfindung fest stehen, die richtigen Mittel zu finden. Indessen ist die Analysis selten ganz rein; denn meist verfallen wir bei Aufsuchung der Mittel auf Kunstgriffe, die andere oder wir selbst — zufällig oder auf methodischem Wege — bereits gefunden haben, und die wir nun in unserem Gedächtnis oder in den Berichten andrer, wie in einer Tafel oder einem Verzeichnisse vorfinden und zur Anwendung bringen, — welches Verfahren synthetisch ist. Übrigens ist für mich die *kombinatorische Kunst* speziell diejenige Wissenschaft, — oder auch, wie man sie allgemein nennen könnte, — diejenige *Charakteristik* oder Bezeichnungskunst, die die Formen oder Formeln der Dinge überhaupt, d. h. ihre *Qualität* im allgemeinen oder das Verhältnis des Ähnlichen und Unähnlichen an ihnen behandelt; sofern z. B. aus gegebenen Elementen a, b, c, und so weiter — sie mögen nun Quantitäten oder irgend etwas anderes darstellen — durch ihre wechselseitige Verknüpfung sehr verschiedene Formeln entstehen können. Hierdurch unterscheidet sie sich von der Algebra, welche von den Formeln der *Quantität* oder vom Verhältnis des Gleichen und Ungleichen handelt. Die Algebra ist da-

her der kombinatorischen Kunst untergeordnet und macht fortwährend von deren Regeln Gebrauch, die indes weit allgemeiner
sind, und nicht nur in der Algebra, sondern auch in der Dechif-
frierkunst, bei den verschiedenen Arten von Spielen, selbst in der
synthetischen Geometrie nach antiker Methode zur Anwendung
gelangen, kurz in allen Fällen, in denen es sich um ein Verhältnis
der Ähnlichkeit handelt.

II. SCHRIFTEN ZUR MATHEMATIK

5.

Aus den metaphysischen Anfangsgründen
der Mathematik

Aus *Initia rerum mathematicarum metaphysica**

Der ausgezeichnete Mathematiker Christian Wolff hat kürzlich
in seinem lateinischen Kursus der Mathematik einige Gedanken
von mir über die Analysis der Axiome und den mathematischen
Begriff der Ähnlichkeit erwähnt und nach seiner Methode erläutert. (Man vgl. die »Acta Eruditorum«, Jahr 1714.) Ich will daher
einige Betrachtungen, die sich hierauf beziehen, und mit denen ich
mich schon lange Zeit trage, um sie nicht verloren gehen zu lassen, hier vortragen: als Beweis dafür, daß es eine Kunst der Analysis gibt, die umfassender ist als die Mathematik und aus der diese
gerade ihre vollkommensten Methoden entlehnt. Ich muß hierfür
etwas weiter zurückgreifen.

Gesetzt, es existiert eine Mehrheit dinglicher Zustände, die einander nicht ausschließen, so werden sie als *zugleich existierend* bezeichnet. Daher gelten uns die Ereignisse des vergangenen und dieses
Jahres nicht als zugleich, weil sie nämlich entgegengesetzte Zustände
eines und desselben Dinges bedingen.

Wenn von zwei Elementen, die nicht zugleich sind, das eine
den Grund des anderen einschließt, so wird jenes als *vorangehend*,
dieses als *folgend* angesehen. Mein früherer Zustand schließt den
Grund für das Dasein des späteren ein. Und da, wegen der Verknüpfung aller Dinge, der frühere Zustand in mir auch den früheren Zustand der anderen Dinge in sich schließt, so enthält er auch
den Grund für den späteren Zustand der anderen Dinge und ist
somit früher als sie. Alle existierenden Elemente lassen sich daher

---

* Siehe Math. VII, 17–29.

nach dem Verhältnis der *Gleichzeitigkeit* oder des *Vor-* und *Nacheinander* ordnen.[32]

Die Zeit ist die Ordnung des nicht zugleich Existierenden. Sie ist somit die *allgemeine* Ordnung der Veränderungen, in der nämlich nicht auf die bestimmte Art der Veränderungen gesehen wird.[33]

Die Dauer ist die Größe der Zeit. Wird die Größe der Zeit gleichförmig kontinuierlich vermindert, so geht die Zeit in den *Moment* über, dem keine Größe zukommt.

Der Raum ist die Ordnung des Koexistierenden, oder die Ordnung der Existenz für alles, was zugleich ist. In jeder von beiden Ordnungen — in der der Zeit wie der des Raumes — können wir von einer *Nähe oder Entfernung* der Elemente sprechen, *je nachdem mehr oder weniger Mittelglieder erforderlich sind, um ihre gegenseitige Ordnung zu erkennen.* Es sind also zwei Punkte einander näher, wenn die Punkte zwischen ihnen, und das Gebilde, das aus ihnen in höchster Bestimmtheit hervorgeht, etwas relativ Einfacheres darstellen. Ein solches Gebilde, das die Zwischenglieder in höchster Bestimmtheit in sich vereint, ist der einfachste, d. h. der kürzeste und zugleich gleichförmigste *Weg* von einem zum anderen Punkte; in diesem Falle also die Gerade, die zwischen näheren Punkten kürzer ist.

Die Ausdehnung ist die Größe des Raumes. Es ist falsch, die Ausdehnung, wie dies gemeinhin geschieht, mit dem Ausgedehnten selbst zusammenzuwerfen und sie als Substanz anzusehen. Wird die Größe des Raumes gleichförmig kontinuierlich vermindert, so geht sie in den *Punkt* über, dem keine Größe zukommt.

Die Lage ist eine Bestimmung des Beisammenseins. Sie schließt daher nicht nur die Quantität, sondern auch die Qualität ein.

Die *Quantität* oder Größe ist diejenige Bestimmung der Dinge, die in ihnen nur durch ihr *unmittelbares, gleichzeitiges Beisammensein (oder durch ihre gleichzeitige Wahrnehmung) erkannt werden kann.* So ist es z. B. unmöglich, zu erkennen, was der Fuß und die Elle ist, wenn man nicht ein wirklich gegebenes Objekt als Maßstab zugrunde legt und es sodann nacheinander mit verschiedenen Gegenständen zusammenbringt. Was »ein Fuß« ist, kann daher durch keine Definition vollständig erklärt werden, d. h. durch keine, die nicht wiederum eine Bestimmung derselben Art in sich schlösse. Denn mögen wir immerhin sagen, der Fuß bestehe aus 12 Zoll, so erhebt sich wieder dieselbe Frage für den Zoll, und wir sind also um nichts weitergekommen; auch kann man nicht sagen, ob der Begriff des Zolls oder der des Fußes logisch früher ist, da die Wahl der Grundeinheit ganz in unserem Belieben steht.

Die *Qualität* aber ist diejenige Bestimmtheit der Dinge, die sich an ihnen erkennen läßt, *wenn man sie einzeln und für sich genommen betrachtet, auch ohne daß sie also in unmittelbarem Beisammen gegeben zu sein brauchen.* Hierher gehören alle Attribute, die sich durch Definition oder durch eine Mannigfaltigkeit von Merkmalen, die sie einschließen, erklären lassen.[34]

Was dieselbe *Quantität* hat, ist *gleich.* Was dieselbe *Qualität* hat, ist *ähnlich.* Sind daher zwei ähnliche Dinge verschieden, so sind sie nur, wenn man sie unmittelbar nebeneinander hält, voneinander zu unterscheiden.

Hieraus erhellt z. B., daß zwei gleichwinklige Dreiecke proportionale Seiten haben, und umgekehrt. Denn sind die Seiten einander proportional, dann sind die Dreiecke notwendig einander ähnlich, da ihre Bestimmungsstücke und die Art, in der sie aus diesen hervorgehen, ähnlich sind.[35] Da ferner in beiden Dreiecken die Winkelsumme dieselbe, nämlich gleich zwei rechten ist, so muß notwendig auch das Verhältnis der homologen Winkel zu der Summe in beiden Figuren dasselbe sein; denn sonst ließe sich die eine ohne weiteres, d.h. in sich selbst und einzeln betrachtet, von der anderen unterscheiden. Auf diese Weise läßt sich leicht beweisen, was sonst nur auf großen Umwegen möglich ist.

Homogen sind zwei Elemente, wenn man zwei andere derart angeben kann, daß sie den ersten gleich und untereinander ähnlich sind. Es seien z. B. A und B gegeben, und es lasse sich ein Element L = A, ein anderes M = B in der Weise angeben, daß L und M einander ähnlich sind, dann bezeichnet man A und B als homogen.

Daher pflege ich auch zu sagen, homogen seien Elemente, die durch eine Umformung einander ähnlich gemacht werden können, wie z. B. eine Kurve und eine Gerade. Dadurch nämlich, daß A in eine andere, ihm gleiche Größe L umgeformt wird, läßt es sich dem B oder dem M, in das, nach der Annahme, B umgeformt wird, ähnlich machen.

Wir sagen von einem Element, daß es in einem bestimmten Gebilde *enthalten* ist, oder daß es ein *Ingrediens* von ihm bildet, wenn durch die Setzung des Gebildes das Element unmittelbar, und ohne daß es hierzu Schlußfolgerungen bedarf, mitgesetzt wird. So setzen wir z. B. zugleich mit einer endlichen Strecke unmittelbar deren Endpunkte als ihr zugehörig.

Ein Gebilde, das in einem anderen *enthalten* und ihm zugleich homogen ist, heißt *Teil*, — das andere, in dem es enthalten, heißt *Ganzes*. Der Teil ist — mit anderen Worten — ein homogenes Ingrediens des Ganzen.[36] Unter der *gemeinsamen Grenze* zweier Gebilde verstehen wir etwas, was in ihnen beiden enthalten ist, ohne daß sie doch einen gemeinsamen Teil haben. Werden hierbei beide Gebilde als Teile eines und desselben Ganzen angesehen, so wird ihre gemeinsame Grenze als *Schnitt* des Ganzen bezeichnet.

Hieraus erhellt, daß Grenze und Begrenztes und Schnitt und Geschnittenes einander nicht homogen sind.

Zeit und Augenblick, Raum und Punkt, Begrenzung und Begrenztes sind zwar nicht homogen, dennoch aber wesensverwandt »homogon« — *sofern durch kontinuierliche Veränderung eins in das andere übergehen kann.*

Ein räumliches Gebilde, von dem man sagt, daß es in einem anderen enthalten ist, denkt man damit als diesem homogon, bildet es aber einen Teil von ihm oder ist es einem seiner Teile gleich, so ist es ihm nicht nur homogon, sondern auch homogen. Der *Winkel*, obwohl an einem Punkte gelegen, ist dennoch nicht *in* diesem Punkte enthalten, sonst würde dem Punkte eine Größe zugeschrieben.

Wenn ein Teil einer Größe einer anderen Größe in ihrer Gesamtheit gleich ist, so heißt die erste *größer*, die zweite *kleiner*.

Daher ist *das Ganze größer als der Teil*. Es sei das Ganze A, der Teil B, so behaupte ich, daß A größer als B ist, weil ein Teil von A (nämlich eben B) dem B in seiner Gesamtheit gleich ist. Man kann dies auch durch einen Syllogismus mit der Definition als Obersatz und einem identischen Urteil als Untersatz aussprechen, nämlich:

Was einem Teile von A gleich ist, ist kleiner als A, der Definition nach

— Nun ist B sich selbst, also nach der Voraussetzung einem Teile von A gleich,

— Also ist B kleiner als A.

Hieraus ersehen wir, daß alle Beweise sich letztlich auf zweierlei unbeweisbare Grundlagen zurückführen lassen: auf die Definitionen oder Ideen und auf ursprüngliche, d. h. identische Sätze, wie der, daß B gleich B ist, daß ein jedes Element sich selbst gleich ist und unzählig viel derselben Art.

Die *Bewegung* ist die Veränderung der Lage.

Wir sagen, daß ein Objekt *sich bewegt*, wenn es seine Lage ändert und zugleich der Grund für diese Veränderung in ihm selbst gelegen ist.[37]

Das Bewegliche ist dem Ausgedehnten homogon; denn auch der Punkt wird als beweglich angesehen.

Der *Weg* ist der stetige sukzessive Ort des beweglichen Objekts.

Die *Stelle* ist der Ort, den das bewegliche Objekt in einem bestimmten Augenblicke einnimmt. Die Stelle für die Begrenzung eines beweglichen Objekts ergibt sich daher als der Schnitt des Weges, den diese Begrenzung beschreibt, vorausgesetzt, daß das Objekt sich nicht an ein und derselben Stelle bewegt.

Man sagt von einem Objekt, daß es sich *an ein und derselben Stelle bewegt*, wenn jeder seiner Punkte mit Ausnahme seiner Begrenzung kontinuierlich in den Ort eines anderen, demselben Objekt angehörigen Punktes eintritt.

Vorausgesetzt, daß das Bewegliche sich nicht in dieser Weise bewegt, so entsteht die *Linie* als der Weg des Punktes.

Die *Fläche* ist der Weg der Linie.

Der gesamte *Raumumfang* oder, wie man gemeinhin sagt, der dreidimensionale Körper ist der Weg der Fläche. Die Größen der Wege, auf welchen der Punkt die Linie, die Linie die Fläche, die Fläche den Raumumfang beschreibt, werden als *Länge*, *Breite* und *Tiefe* bezeichnet. Sie heißen *Dimensionen*, und es wird in der Geometrie bewiesen, daß es deren nur drei gibt.[38]

Breite kommt einem Gebilde zu, wenn sein Schnitt oder, mit anderen Worten, seine Begrenzung Ausdehnung besitzt.

Tiefe hat ein Gebilde, wenn es nicht als Grenze oder Schnitt eines anderen angesehen werden kann; bei der Tiefe nämlich kommt, gegenüber den Gebilden, die als Grenze auftreten können, ein neues Moment hinzu.

Die *Linie* ist die letzte ausgedehnte Begrenzung.

Der Körper von drei Dimensionen ist das letzte ausgedehnte und begrenzte Gebilde.

Die Ähnlichkeit oder Unähnlichkeit zweier Gestalten im Raume ergibt sich aus ihren Begrenzungen, der Raum von drei Dimensionen selbst ist daher, da seine Wesenheit sich durch solche Gebilde, die als Grenze auftreten können, nicht erschöpfen läßt, innerlich überall gleichförmig. Bäume, bei denen sämtliche Enden zusammenfallen, einander decken oder einander ähnlich sind, fallen selbst zusammen und sind einander kongruent, bzw. ähnlich. Ebenso verhält es sich mit der *Ebene*, die eine innerlich gleichförmige, in all ihren Teilen ähnliche Fläche und mit der *Geraden*, die eine innerlich gleichförmige Linie ist.

Die allseitige Begrenzung eines ausgedehnten, mit Breite begabten Gebildes kann sein *Umfang* genannt werden. So ist der Umfang des Kreises seine Peripherie, der Umfang der Kugel die Kugel-Oberfläche.

Der *Punkt* — d. h. der des Raumes — ist der einfachste Ort, oder der Ort keines anderen Ortes.

Der *absolute Raum* ist der durchweg erfüllte Ort oder der Ort aller Örter.

Aus einem Punkte resultiert nichts.

Aus zwei Punkten resultiert ein neues Gebilde, nämlich der Inbegriff aller Punkte, die ihrer Lage nach mit Bezug auf die beiden gegebenen einzigartig bestimmt sind, d. h. die Gerade, die durch die beiden gegebenen Punkte hindurchgeht.

Aus drei Punkten resultiert die *Ebene*, d. h. der Ort aller Punkte, die ihrer Lage nach mit Bezug auf drei nicht in derselben Geraden liegende Punkte einzigartig bestimmt sind.

Aus vier, nicht in dieselbe Ebene fallenden Punkten resultiert der *absolute Raum*. Denn jeder Punkt ist mit Bezug auf vier, nicht in dieselbe Ebene fallenden Punkten seiner Lage nach eindeutig bestimmt.

Des Wortes *resultieren* (prosultare) bediene ich mich, um die Entstehung eines neuen Inhalts zu bezeichnen: sofern nämlich durch die Setzung bestimmter ursprünglicher Elemente ein neues Gebilde dadurch bestimmt wird, daß es zu diesen Elementen in einer einzigartigen *Beziehung* steht. In unserem Falle ist die *Lage* die Art der Beziehung, um die es sich handelt.

Die Zeit ist bis ins Unendliche fortsetzbar. Da nämlich jedes Ganze der Zeit seinen Teilen *ähnlich* ist, so wird es sich auch zur übrigen Zeit gleichfalls wie ein Teil verhalten, und sich somit in eine andere, größere Zeitdauer fortgesetzt denken lassen.

In gleicher Weise läßt sich auch der Umfang des dreidimensionalen Raumes bis ins Unendliche fortsetzen, sofern jeder seiner Teile als dem Ganzen ähnlich angenommen werden kann; es lassen sich somit auch die Ebene und die Gerade ins Unendliche verlängern. Ebenso wird bewiesen, daß der Raum, wie die Gerade und die Zeit, allgemein aber jedes stetige Gebilde bis ins Unendliche geteilt werden kann. Denn in der Geraden wie in der Zeit ist der Teil dem Ganzen ähnlich, kann also auch in derselben Weise wie dieses geteilt werden. Selbst diejenigen ausgedehnten Gebilde, bei denen die Teile dem Ganzen nicht ähnlich sind, können doch in solche, bei denen dies der Fall ist, umgeformt und alsdann im selben Verhältnis wie diese geteilt werden.[39]

Es folgt aus dem Obigen auch, daß zu jeder gegebenen Bewegung eine andere, die im bestimmten Verhältnis schneller oder langsamer ist, sich angeben läßt: bewegt man nämlich eine starre Gerade um einen festen Mittelpunkt herum, so verhalten sich die Bewegungen der einzelnen Punkte, wie ihre Entfernungen vom Mittelpunkte, die Geschwindigkeiten können also in derselben Weise variieren, wie die Geraden.

Es gibt eine doppelte Art der *Größenschätzung*, eine unvollkommene und eine vollkommene: unvollkommen ist sie, wenn wir zwischen zwei Elementen eine Beziehung des Größer und Kleiner setzen, ohne daß beide einander homogen sind, oder in einem Zahlen-Verhältnisse zueinander stehen, wie wenn man etwa sagte, daß die Linie größer als der Punkt, oder die Oberfläche größer als die Linie sei. In dieser Weise nannte Euklid den Berührungswinkel (der von der Kreislinie und ihrer Tangente in einem bestimmten Punkte gebildet wird) kleiner als jeden geradlinigen Winkel, obgleich in Wahrheit zwischen diesen ihrer ganzen Art nach verschiedenen Gebilden gar kein Vergleich stattfinden kann, da sie weder homogen sind, noch auch durch kontinuierliche Veränderung sich ineinander überführen lassen. Für die eigentliche, vollkommene Größenvergleichung homogener Inhalte besteht die Regel, daß man beim kontinuierlichen Übergang von einem Endpunkt zum anderen wirklich durch alle Zwischenglieder hindurchschreitet; diese Regel ist indes auf die unvollkommene Art der Vergleichung nicht anwendbar, weil hier das Element, das man als »mittleres« bezeichnet, in Wahrheit dem Anfangs- und Endpunkt ganz heterogen ist. So gelangt man z. B. beim stetigen Übergang von einem gegebenen spitzen zum rechten Winkel niemals zu dem Winkel, den der Radius mit der Peripherie des Kreises bildet, wenngleich dieser, der gewöhnlichen Bezeichnung nach, »kleiner« als ein rechter und »größer«, als jeder beliebige spitze Winkel ist — der Ausdruck »größer« wird hier nur ungenau und im übertragenen Sinne gebraucht, um zu bezeichnen, daß das eine Gebilde ganz *innerhalb* des Gebietes des anderen liegt.[40]

Der Quantität nach gibt es viele verschiedenartige Beziehungen, so kann z. B. zwischen zwei Geraden die Beziehung bestehen, daß ihre Summe gleich einer konstanten Strecke ist. Dann gibt es unendlich viele Paare von Geraden, x und y, die dieser Bedingung genügen, so daß also $x+y=a$. Ist z. B. $a=10$, so können x und y beziehungsweise 1 und 9, 2 und 8, 3 und 7, 4 und 6, 5 und 5, 6 und 4, 7 und 3, 8 und 2, 9 und 1 sein. Man kann aber auch unendlich viel Brüche, kleiner als 10, angeben, die der Aufgabe genügen. Weiterhin kann zwischen 2 Geraden x und y eine Beziehung der Art bestehen, daß die Summe ihrer Quadrate dem Quadrate einer konstanten Strecke a gleich ist, also $x^2+y^2=a^2$; auch hier gibt es unendlich viele Wertepaare, die die Gleichung erfüllen. Von dieser Art ist die Beziehung, die im Kreise zwischen dem Sinus eines Winkels und dem Sinus seines Komplements besteht; setzt man ersteren $=x$, letzteren $=y$, so wird die Größe a hier durch den Radius des Kreises dargestellt. Solcher Beziehungen nun kann man sich unendlich viele ausdenken, — ebenso viele, wie man Arten von Linien in der Ebene beschreiben kann.

Werden die x als Abszissen auf der horizontalen Koordinatenachse abgetragen, so ergeben sich die y als die zugehörigen, einander parallelen Ordinaten, deren Endpunkte auf der betrachteten Linie liegen [...]

Weiter ist zu beachten, daß die gesamte Algebra eine bloße Anwendung der *Kombinatorik* auf Quantitäten ist, eine Anwendung der abstrakten Formenlehre oder allgemeinen Charakteristik, die zur Metaphysik gehört. So ist z. B. das Produkt aus der Multiplikation $a+b+c$ usw. mit $l+m+n$ usw. nichts anderes, als die Summe aller Binome, die aus den Buchstaben der beiden verschiedenen Klassen gebildet werden können, und das Produkt aus der Multiplikation dreier Faktoren $a+b+c$ usw. $l+m+n$ usw. und $s+t+v$ usw. wird die Summe aller Ternionen aus den Buchstaben der verschiedenen Klassen sein; während aus anderen Operationen wieder andere Formen hervorgehen. Daher wird im Kalkül nicht nur das Gesetz der Homogenität, sondern auch das der harmonischen Entsprechung (*lex justitiae*) gewahrt: es besteht darin, daß gleichartigen Beziehungen in den *Daten* oder Voraussetzungen eines Problems gleichartige Beziehungen in den *Ergebnissen*, die aus ihnen abgeleitet werden, entsprechen: daß somit diese, soweit der besondere Fall es praktisch zuläßt, bei den rechnerischen Operationen übereinstimmend behandelt (und geformt) werden können.[41] Allgemein gilt der Satz, daß einer bestimmten geregelten Ordnung innerhalb der Bedingungen eine ebensolche Ordnung innerhalb der Reihe des Bedingten entspricht. Hieraus ergibt sich auch das von mir zuerst aufgestellte *Gesetz der Kontinuität*, vermöge dessen das Gesetz für die ruhenden Körper gewissermaßen nur ein besonderer Fall der allgemeinen Regel für die bewegten Körper, das Gesetz der Gleichheit gewissermaßen ein Fall des Gesetzes der Ungleichheit, das Gesetz für das Krummlinige gleichsam eine Unterart des Gesetzes für das Geradlinige ist. Dies gilt ganz allgemein, so oft ein Übergang von Elementen, die einem gemeinsamen Gattungsbegriff angehören, zu einer entgegengesetzten Abart dieses Begriffes stattfindet.[42] Hierher gehört auch jenes Schlußverfahren, das in der Geometrie altberühmt ist, vermöge dessen aus irgendeiner hypothetischen Annahme, die zunächst gemacht wird, unmittelbar ihr Gegenteil gefolgert wird, so daß also das, was zunächst als

Unterart des allgemeinen Begriffs angesehen wurde, sich als ihm entgegengesetzt und disparat erweist.[43] Und zwar ist dies das Vorrecht des Kontinuierlichen; — *Kontinuität* aber kommt der Zeit wie der Ausdehnung, den Qualitäten wie den Bewegungen, überhaupt aber *jedem Übergange in der Natur* zu, da ein solcher niemals sprungweise vor sich geht.

Die *Lage* ist eine Beziehung der Koexistenz unter einer Mehrheit von Elementen. Zu ihrer Erkenntnis wird auf andere koexistierende Elemente zurückgegangen, die als Zwischenglieder dienen, d. h. zu den ursprünglichen Elementen in einer einfacheren Beziehung der Koexistenz stehen.

Wir erkennen indes nicht nur diejenigen Inhalte, deren wir uns zugleich bewußt werden, sondern auch solche, die wir nacheinander erfassen, als koexistierend, vorausgesetzt nur, daß während des Übergangs von einem zum anderen Inhalt nicht zugleich der erste vernichtet und der zweite erschaffen worden ist. Gilt die letztere dieser beiden Annahmen für sich allein, so folgt, daß beide Glieder im gegenwärtigen Moment zusammen existieren; gilt die erstere Annahme, so ergibt sich, daß sie beide zu dem Zeitpunkt, als wir das erste Glied in Gedanken faßten, zusammen existiert haben.

Der Übergang von Glied zu Glied erfolgt weiterhin in einer bestimmten *Ordnung*, sofern er durch bestimmte Mittelglieder hindurchschreitet. Diese Ordnung können wir als »*Weg*« bezeichnen: da sie jedoch in unendlich mannigfacher Weise variieren kann, so muß notwendig *eine* einfachste Art des Überganges gedacht werden, in der durch die Natur der Sache selbst die Folge der Mittelglieder bestimmt ist, worin also, mit anderen Worten, die Mittelglieder das denkbar *einfachste* Verhältnis zum Anfangs- und Endglied aufweisen. Denn wenn dies nicht der Fall wäre, so gäbe es im Beisammen der Dinge keine Möglichkeit einer Unterscheidung, da man auf jede beliebige Art und Weise den Übergang vom einen zum anderen Element vollziehen könnte. Dies[e eindeutige Ordnung des Überganges] nun ist der kürzeste Weg vom einen Element zum anderen; — seine Größe wird als »*Entfernung*« der Elemente bezeichnet.

Um dies zu verdeutlichen, wollen wir jetzt von aller besonderen Beschaffenheit der Elemente, von deren »Entfernung« hier die

Rede ist, absehen und sie betrachten, als gäben sie in sich selbst keiner Mehrheit von Bestimmungen Raum, d. h. wir wollen sie gleichsam als Punkte ansehen. »Punkt« nämlich heißt ein Element, in dem sich nichts anderes mehr als koexistierend setzen läßt, so daß alles, was in ihm ist, er selbst ist.

Dann wird der Weg des Punktes die *Linie* sein, der keine Breite zukommt, weil ihr Schnitt, nämlich der Punkt, keine Länge hat.

Durch *einen* gegebenen Punkt wird kein weiteres Gebilde bestimmt. Durch *zwei* gegebene Punkte indes wird der einfachste Weg vom einen zum anderen bestimmt, den wir als *Gerade* bezeichnen.

1) Hieraus folgt *erstens*, daß die Gerade die Kürzeste von einem Punkte zum anderen, oder daß ihre Größe die Entfernung der Punkte ist.

2) *Zweitens*, daß die Gerade zwischen ihren Endpunkten gleichförmig ist. Denn es ist in ihr nichts gesetzt, aus dem sich ein Grund für eine Verschiedenartigkeit herleiten ließe.

3) Daher lassen sich, wenn man sich einen Punkt auf einer Geraden bewegt denkt, seine verschiedenen aufeinanderfolgenden Lagen nur durch ihre verschiedene Beziehung zu den Endpunkten unterscheiden.

Es ist ferner jeder Teil der Geraden selbst eine Gerade; diese ist daher im Inneren überall sich selbst ähnlich und man kann zwei ihrer Teile nicht anders als durch ihre Endpunkte voneinander unterscheiden.

4) Wenn man also die Endpunkte als ähnlich, als kongruent oder zusammenfallend annimmt, so müssen auch die Geraden selbst ähnlich und kongruent sein bzw. zusammenfallen. Die Endpunkte aber sind stets einander ähnlich; also sind zwei beliebige Geraden und somit wiederum jeder Teil dem Ganzen ähnlich.

5) *Drittens* folgt aus der Definition, daß die Gerade durch diejenigen Punkte hindurchgeht, die zu den beiden gegebenen Punkten der Lage nach in einzigartiger Beziehung stehen: eine Beziehung, die den höchsten Grad der Bestimmtheit enthält. Es muß aber solche Punkte geben, da sonst aus den beiden gegebenen Elementen keine neue Bestimmung sich ergeben würde. Gäbe es aber noch einen anderen Punkt, der sich ebenso zu A und B verhielte, wie

der betrachtete, so wäre kein Grund vorhanden, warum jener bestimmte, einfachste Weg eher durch den einen, als durch den anderen Punkt hindurchgehen sollte.[44] Es erhellt dies auch aus dem Vorhergehenden, sofern wir gezeigt haben, daß die Gerade zugleich mit ihren Endpunkten vollständig gegeben ist, so daß, wenn diese zusammenfallen, auch die Geraden zur Deckung kommen.

6) *Viertens* folgt, daß die Gerade sich nach allen Seiten hin gleich verhält, daß sie also nicht, wie eine Kurve, eine konkave und eine konvexe Seite besitzt; denn aus der Voraussetzung zweier Punkte A und B ließe sich kein Grund für eine derartige Verschiedenheit angeben.

7) Wenn man ferner zwei beliebige Punkte L und M außerhalb der Geraden annimmt, die zu einem Punktepaar auf der Geraden in derselben Beziehung stehen, so daß also L sich zu A und B wie M zu A und B verhält, — dann wird auch ihr Verhältnis zu der ganzen Geraden identisch sein, d. h. L wird sich zu der Geraden durch A und B genau so wie M verhalten.

8) Es ist ferner klar, daß eine *starre* Gerade, d. h. eine solche, deren Punkte ihre gegenseitige Lage nicht verändern, sich nicht bewegen kann, wenn zwei Punkte in ihr festbleiben. Denn sonst gäbe es eine Mehrheit von Punkten, die zu den zwei festen Punkten alle in derselben Beziehung ständen, nämlich sowohl die Stelle, in der der bewegliche Punkt sich anfangs befand, als alle die, zu denen er während seiner Bewegung übergeht.

9) Umgekehrt folgt daraus, daß alle anderen Punkte, die nicht auf der Geraden durch A und B oder nicht in der Richtung A B liegen, beweglich sind, ohne ihre Lage zu den festen Punkten A und B zu verändern. Denn die Gerade ist der Ort aller Punkte, die zu A und B in einem einzigartigen Verhältnis stehen, alle übrigen also können variieren, und zwar nach allen Seiten hin, da die Gerade sich nach allen Seiten hin gleich verhält.

10) Wenn daher ein starres ausgedehntes Gebilde sich derart bewegt, daß zwei Punkte in ihm festbleiben, so fallen seine sämtlichen ruhenden Punkte in die Gerade, die durch die unbewegten Punkte hindurchgeht, jeder bewegliche Punkt aber beschreibt einen Kreis um sie als Achse.

Sind drei Punkte gegeben, die nicht in dieselbe Gerade fallen, so ist das Gebilde, das dadurch bestimmt wird, die *Ebene*. Es seien gegeben die Punkte A, B, C, die nicht auf derselben Geraden liegen, dann ist durch die Punkte A und B die Gerade, die durch sie hindurchgeht, aus C und B ferner die Gerade CB bestimmt. Jeder Punkt der Geraden AB bestimmt weiterhin, im Verein mit jedem Punkte der Geraden CB, eine neue Gerade, und somit resultieren aus dem gegebenen Punkten A, B und C unendlich viele Geraden, deren Ort man *Ebene* nennt.

1) Deshalb ist *erstens* die Ebene die kleinste Fläche von allen, die innerhalb einer gegebenen Begrenzung möglich sind. Ihr Umfang besteht nicht in einer Geraden, weil die Gerade keinen Raum begrenzt und einschließt, da sonst einer ihrer Teile dem Ganzen unähnlich wäre. Ist also der Umfang gegeben, so sind damit drei nicht auf derselben Geraden liegende Punkte gegeben, der Umfang bestimmt demnach allein die Ebene, die er umschließt, diese also ist ein Minimum.

2) *Zweitens* ist die Ebene innerhalb ihrer Begrenzung gleichförmig, weil sich aus diesem ihrem Ursprung kein Grund für irgendeine Verschiedenartigkeit ableiten läßt.

3) Hieraus folgt, daß die Ebene überall sich selbst ähnlich ist, so daß die jeweilige Lage eines Punktes, der sich auf ihr bewegt, von jeder anderen Lage nur durch die Beziehung auf die Grenzen unterscheidbar ist. Auch läßt sich ein Teil der Ebene von einem anderen nur durch die Beziehung auf die Grenzen unterscheiden.

4) Es folgt weiterhin, daß Ebenen, deren Umfänge ähnlich oder kongruent sind oder zusammenfallen, selbst ähnlich oder kongruent sind oder zusammenfallen.

5) Drittens geht aus der Definition der Ebene hervor, daß sie der Ort aller Punkte ist, die mit Bezug auf drei gegebene Punkte ihrer Lage nach in einziger Weise bestimmt sind.

6) Viertens folgt, daß die Ebene nach beiden Seiten hin sich gleichmäßig verhält, daß sie also nicht eine konkave und eine konvexe Seite hat.

7) Steht somit irgendein Punkt (außerhalb der Ebene) in einer beliebigen Beziehung zu A, B, C und damit zu der durch sie bestimmten Ebene, so läßt sich stets ein anderer beliebiger Punkt

angeben, der die gleiche Beziehung zu diesen drei Punkten aufweist, da kein Grund für eine Verschiedenartigkeit vorliegt.

8) Die Ebene besitzt *Breite*; denn sie kann durch eine gerade Linie geschnitten werden, die durch je zwei gegebene Punkte von ihr hindurchgeht. Daher kommt ihrem Schnitt Länge zu; das aber, dessen Schnittlänge zukommt, besitzt selbst Breite.

Sind vier nicht in dieselbe Ebene fallende Punkte gegeben, so ergibt sich hieraus die *Tiefe*, oder das Gebilde, in dem sich etwas angeben läßt, was nicht als Begrenzung auftreten kann, was also nicht ihm selbst und einem anderen Gebilde gemeinsam sein kann, ohne daß dieses zum Teil in ihm selbst eingeschlossen ist [...]

6.
Zur Analysis der Lage
De analysi situs[*]

Die gemeinhin bekannte *mathematische Analysis* ist eine solche der *Größe*, nicht der *Lage*, und steht somit zwar direkt und unmittelbar in Beziehung zur Arithmetik, läßt sich jedoch auf die Geometrie nur auf Umwegen anwenden. Daher kommt es, daß aus der Betrachtung der Lage vieles mit Leichtigkeit sich ergibt, das durch die algebraische Rechnung nur auf umständlichere Weise zu zeigen ist. Geometrische Probleme auf die Algebra, d. h. Bestimmungen der Figur auf Gleichungen zurückführen, ist oft eine recht weitläufige Aufgabe, und wieder einer anderen Weitläufigkeit und Schwierigkeit bedarf es, um von der Gleichung zur Konstruktion, von der Algebra zur Geometrie den Rückweg zu finden. Häufig kommen auch auf diesem Wege nicht gerade bequeme Konstruktionen heraus, wenn man nicht durch einen glücklichen Zufall auf unvorhergesehene Bestimmungen und Sätze verfällt. Selbst Descartes hat dies bei der Lösung eines Problems des Pappus im dritten Buche seiner *Geometrie* stillschweigend anerkannt.[45] Die Algebra nämlich hat es — in der Zahlen- wie in der Buchstabenrechnung — nur mit Additionen, Subtraktionen, Multiplikationen, Divisionen und Radizierungen: lauter rein arithmetischen Operationen zu tun. Denn die *Logistik*, d. h. die Wissenschaft von der Größe und der Proportion überhaupt, hat nichts anderes als die allgemeine und unbestimmte Zahl und die erwähnten Operationen mit ihr zu ihrem Gegenstand, da die *Größe* in Wahrheit durch die Anzahl der bestimmten Teile zu messen ist, welche Anzahl jedoch für ein und dasselbe Objekt verschieden ausfällt, je nachdem man ein verschiedenes Maß als Einheit zugrunde legt. Es versteht sich daher, daß die Wissenschaft, die die Größe im allgemeinen betrachtet, von arithmetischer Art ist, da sie von der unbestimmten Zahl handelt.

Die Alten besaßen eine andere, von der Algebra verschiedene Methode der Analysis, die der Betrachtung der Lage näher kommt;

[*] Siehe Math. V, 178 ff.

sie handelte von den Daten und den Stellen oder Örtern bestimmter gesuchter Elemente. Hierher gehört Euklids Buch *De datis*, zu dem ein Kommentar des Marinus existiert.[46] Die ebenen, körperlichen und linearen Orte aber hat nach anderen besonders Apollonius behandelt, aus dessen Sätzen, wie sie uns Pappus erhalten hat, die Neueren die Lehre von den ebenen und körperlichen Örtern wiederhergestellt haben — in einer Form jedoch, die, wie es scheint, zwar die Richtigkeit, nicht aber den Ursprung der alten Lehre enthüllt. Doch enthält diese Art der Analysis weder eine Reduktion des Problems auf die Rechnung, noch geht sie bis zu den ersten Prinzipien und Elementen der Lage zurück, was doch zu einer vollkommenen Analyse notwendig ist.

Die wahre Analysis der Lage ist also noch zu liefern. Dies ergibt sich schon daraus, daß alle Analytiker, ob sie nun die Algebra nach moderner Methode oder nach dem antiken Verfahren des Gegebenen und Gesuchten[47] behandeln, viele Voraussetzungen aus der Elementargeometrie herübernehmen müssen, die nicht aus der Betrachtung der Größe, sondern aus der der Figur abgeleitet werden, und deren Gültigkeit bisher nicht in strenger methodischer Bestimmtheit erwiesen wurde. Euklid selbst hat sich für den Fortschritt des Ganzen genötigt gesehen, einige ziemlich dunkle Axiome ohne Beweis anzunehmen. Auch wird offenbar der Beweis der Theoreme und die Lösung der Probleme in seinen *Elementen* oft mehr in mühsamer Arbeit, als in der Kunst der Methode erreicht, wenngleich er die Künstlichkeit seines Verfahrens bisweilen zu verdecken weiß.

Die Figur enthält allgemein außer der Quantität noch eine bestimmte Qualität oder Form, und wie dasjenige *gleich* ist, dem dieselbe Größe zukommt, so ist *ähnlich*, was dieselbe Form besitzt. Die Theorie der Ähnlichkeiten oder der Formen nun reicht weiter als die Mathematik und ist aus der Metaphysik abzuleiten, wenngleich sie auch in der Mathematik mannigfache Verwendung findet und sogar im algebraischen Kalkül von Nutzen ist.[48] Vor allem aber kommt die Ähnlichkeit bei den Verhältnissen der Lage oder den Figuren der Geometrie in Betracht. Eine wahrhaft geometrische Analysis muß daher neben der Gleichheit und der Proportion, deren Begriff auf den der Gleichheit zurückgeht, auch die

Ähnlichkeit und die Kongruenz, die aus der Verbindung von Gleichheit und Ähnlichkeit entsteht, zur Anwendung bringen.

Der Grund dafür, daß die Geometer von der Betrachtung der Ähnlichkeit keinen genügenden Gebrauch gemacht haben, scheint mir nur darin zu liegen, daß sie von ihr keinen allgemeinen Begriff besaßen, der genügend distinkt und für mathematische Untersuchungen verwendbar gewesen wäre. Es ist das die Schuld der Philosophen, die sich — besonders in der Prinzipienlehre — gewöhnlich mit vagen Definitionen zufrieden geben, die dem definierten Gegenstand an Dunkelheit nichts nachgeben, daher es denn nicht zu verwundern ist, daß diese Lehre zumeist nur ein unfruchtbares Spiel mit Worten ist. Es genügt daher nicht, als »ähnlich« Gegenstände zu bezeichnen, die dieselbe Form haben, wenn man nicht wiederum im Besitze eines allgemeinen Begriffes der *Form* ist. Ich bin nun durch eine Erklärung der Qualität oder Form, die ich aufgestellt, zu der Bestimmung gekommen, daß *ähnlich* das ist, was für sich beobachtet nicht voneinander unterschieden werden kann. Zur Erfassung der *Quantität* nämlich müssen die Gegenstände, die man vergleicht, unmittelbar nebeneinander gegeben sein oder doch durch irgendeine Art der Vermittlung tatsächlich einander gegenübergestellt werden können. Die Qualität hingegen stellt dem Geiste etwas dar, was sich in einem Gegenstand, auch wenn man ihn allein betrachtet, für sich erkennen und weiterhin zum Vergleich zweier Gegenstände unter sich brauchen läßt, ohne daß es nötig ist, die Vergleichsobjekte unmittelbar oder mittelbar, durch Beziehung auf ein drittes Objekt als Maßstab, aneinander heranzubringen. Denken wir uns, es seien zwei Tempel oder Gebäude in der Weise eingerichtet, daß sich in dem einen nichts finden läßt, was sich nicht auch in dem anderen vorfände: daß also das Material durchweg dasselbe, etwa weißer Parischer Marmor ist, daß ferner die Wände, die Säulen und alles Übrige beiderseits genau dieselben Verhältnisse zeigen, die Winkel in beiden gleich sind und so weiter. Wird nun jemand mit verbundenen Augen nacheinander in diese beiden Tempel geführt, und wird ihm erst nach dem Eintritt die Binde abgenommen, so wird er, wenn er in ihnen umhergeht, an ihnen selbst kein Merkmal entdecken, an dem er sie unterscheiden könnte. Trotzdem aber können sie der Größe nach voneinander verschieden sein und werden sich auch wirklich unterscheiden lassen, wenn man sie von einer und derselben Stelle aus zugleich betrachtet, oder auch — falls sie voneinander entfernt sind —, wenn man ein drittes Objekt wählt, es von dem einen Gebäude zum anderen hinüberträgt und beide mit ihm vergleicht; — indem man also irgendein Maß: eine Elle, einen Fuß oder einen anderen Maßstab nacheinander an beide anlegt. Dann erst wird in der Ungleichheit, die sich hierbei ergibt, ein Mittel der Unterscheidung gegeben sein. Dasselbe gilt, wenn der Körper des Beobachters selbst oder eines seiner Glieder, — die ja von Ort zu Ort übertragbar sind und somit als Maß dienen können — mit beiden Tempeln verglichen wird; auch dann wird sich zeigen, daß ihre Größe voneinander abweicht, und darin eine Möglichkeit der Unterscheidung sich ergeben. Denkt man sich indes, daß der Zuschauer gleichsam nur ein geistiges Auge besitzt, daß er also sozusagen ganz in einem einzigen Punkte konzentriert ist, und weder in Wirklichkeit noch in seiner sinnlichen Vorstellung über Vergleichsgrößen verfügt, vielmehr nur diejenigen Bestimmungen der Dinge, die dem reinen Verstande zugänglich sind, erfaßt — wie die Zahlen, die Verhältnisse, die Winkel — so wird gar kein Unterschied zutage treten. Alsdann also werden diese Tempel *ähnlich* heißen, da sie nur durch unmittelbare sinnliche Vergleichung miteinander, oder mit einem dritten, nicht aber einzeln und für sich betrachtet, unterschieden werden konnten.

Diese einleuchtende, praktische und allgemeine Beschreibung der Ähnlichkeit wird uns, wie sich bald zeigen wird, für die geometrischen Beweise von Nutzen sein. Wir werden zwei vorliegende Figuren »ähnlich« nennen, wenn man nicht imstande ist, in der einen, für sich betrachtet, ein Merkmal anzugeben, das sich nicht auch in der anderen vorfände. Es muß demnach auf beiden Seiten das Verhältnis oder die Proportion der einzelnen Bestandteile identisch sein: sonst müßte sich, auch wenn man jede der beiden Figuren gesondert und ohne sie einander sinnlich gegenüberzustellen, betrachtet, ein Unterschied offenbaren. Die Geometer haben indes in Ermangelung eines allgemeinen Begriffs der Ähnlichkeit solche Figuren als ähnlich definiert, in denen die entsprechenden Winkel gleich sind; dies ist indes nur ein besonderer Fall, der uns über die allgemeine Natur der Ähnlichkeit nicht aufklärt. Man bedurfte daher eines Umweges zum Beweise von Sätzen, die vermöge unseres Begriffs auf den ersten Blick einleuchten. Doch kommen wir zu Beispielen!

In den *Elementen* wird gezeigt, daß ähnliche oder gleichwinklige Dreiecke proportionale Seiten haben und umgekehrt. Doch bringt Euklid diesen Beweis nach mancherlei Umschweifen erst im fünften Buch zustande, während er ihn in ganz elementarer Weise hätte führen können, wenn er sich dabei unseres Begriffs bedient hätte. Wir wollen also erstens beweisen, daß *gleichwinklige Dreiecke ähnlich sind*. Es seien gegeben zwei Dreiecke ABC und LMN (Fig. 1), und es seien die Winkel A, B, C den entsprechenden Winkeln L, M, N gleich: alsdann, behaupte ich, sind die Dreiecke ähnlich. Ich brauche hierzu noch folgendes neue Axiom: »Was in seinen *Bestimmungsstücken* — oder den gegebenen Elementen, die es zureichend definieren — ununterscheidbar ist, das läßt sich überhaupt nicht unterscheiden, da aus den Bestimmungsstücken sich alles übrige ergibt.«[49] So ist, wenn die Grundlinie BC und die Winkel B und C — somit auch der Winkel A — gegeben sind, das Dreieck ABC, und ebenso, wenn die Grundlinie MN und die Winkel M und N — somit auch der Winkel L — gegeben sind, das Dreieck LMN gegeben. Vermittels dieser Data aber, die hinreichen, die Dreiecke zu bestimmen, lassen sich diese, einzeln betrachtet, nicht voneinander unterscheiden. Denn in einem jeden kennen wir die Grundlinie und zwei anliegende Winkel; da man nun die Grundlinie nicht mit den Winkeln vergleichen kann, so bleibt, wenn man jedes der Dreiecke einzeln betrachtet und in seinen Bestimmungsstücken untersucht, nur das Verhältnis, das seine Winkel zu dem Winkel von 1R oder 2R besitzen: mit anderen Worten also nur die Größe der Winkel übrig. Da man aber findet, daß diese Winkelgröße in beiden Fällen gleich ist, so lassen sich notwendig die Dreiecke, gesondert betrachtet, nicht voneinander unterscheiden und sind also ähnlich. Denn sie können sich zwar, um dies als Scholion hinzuzufügen, ihrer Größe nach unterscheiden; die Größe selbst aber läßt sich nur dadurch feststellen, daß beide Dreiecke einander direkt oder jedes einzelne einem bestimmten Maßstab gegenübergestellt und mit ihm verglichen wird, damit aber wäre die Bedingung, daß sie gesondert betrachtet und beurteilt werden sollen, nicht mehr erfüllt.

Umgekehrt ist klar, daß *ähnliche Dreiecke gleichwinklig sind*. Denn gäbe es in dem Dreiecke ABC einen Winkel gleich A, dem kein gleicher im Dreiecke LMN entspräche, so wäre in ABC ein Winkel enthalten, dessen Verhältnis zur Winkelsumme von 2R ein anderes, als das eines Winkels in LMN wäre; dies aber würde genügen, um das Dreieck ABC von dem Dreieck LMN, auch wenn man beide gesondert betrachtet, zu unterscheiden. Es ist ferner gewiß, *daß ähnliche Dreiecke proportionale Seiten haben*. Denn stünden zwei Seiten, etwa AB und BC in einem Verhältnis, das sich im Dreieck LMN nirgends wiederfände, so ließen sich eben damit wieder die beiden Dreiecke auch in gesonderter Betrachtung unterscheiden. *Wenn schließlich die Seiten proportional sind, so werden die Dreiecke ähnlich sein*; da nämlich mit den Seiten auch die Dreiecke gegeben sind, so genügt nach unserem Axiom der Umstand, daß man aus dem Verhältnis der Seiten zu keinem Unterschiede gelangen kann, zu dem Schlusse, daß man aus der gesonderten Betrachtung der Dreiecke zu einem solchen überhaupt nicht gelangen kann. Hieraus aber leuchtet auch ein, *daß gleichwinklige Dreiecke proportionale Seiten haben und umgekehrt*.

Ebenso läßt sich sogleich, mit einem einzigen geistigen Blick, aus unserem Begriffe der Ähnlichkeit unmittelbar zeigen, daß zwei Kreise sich wie die Quadrate ihrer Durchmesser verhalten, was Euklid erst im zehnten Buch mit Hilfe der eingeschriebenen und umschriebenen Polygone, mittels eines indirekten Beweisverfahrens, also weit umständlicher als nötig, dartut. Es sei ein Kreis mit dem Durchmesser AB gegeben, und um diesen das Quadrat des Durchmessers: CD beschrieben; ebenso sei ein Kreis mit dem Durchmesser LM gegeben und um diesen das Quadrat NO beschrieben (Fig. 2.). Die Art der Bestimmung ist auf beiden Seiten ähnlich: nämlich der Kreis ist dem Kreise, das Quadrat dem Quadrat ähnlich und die Beziehung und Art, in der sich der Kreis dem Quadrate anschmiegt, beiderseits gleich; daher sind — nach dem obigen Axiom — die Figuren ABCD und LMNO ähnlich. Es wird sich also — gemäß der Definition der Ähnlichkeit — der Kreis AB zum Quadrat CD verhalten wie der Kreis LM zum Quadrat NO, also auch der Kreis AB zum Kreise LM wie das Quadrat CD zum Quadrat NO, was zu beweisen war. In derselben Weise läßt sich zeigen, daß sich zwei Kugeln verhalten wie die Kuben ihrer Durchmesser. Überhaupt aber werden sich bei ähnlichen Gebilden die einander homologen Linien, Flächen und Körper entsprechend wie die Längen, die Quadrate und Kuben der homologen Seiten verhalten: ein Satz, der bisher mehr allgemein angenommen als bewiesen worden ist.

Ferner hat diese Betrachtungsweise, abgesehen von der Leichtigkeit, mit der man nach ihr Wahrheiten beweist, die sich auf andere Weise nur schwer dartun lassen, mir auch eine neue Art von Kalkül eröffnet, der von dem algebraischen Kalkül gänzlich verschieden und neu sowohl in den Zeichen, wie in ihrer Anwendung und den Operationen mit ihnen ist. Ich nenne ihn *Analysis der Lage*, weil er die Lage geradewegs und unmittelbar zur Darstellung bringt, sofern in ihm die Figuren, auch ohne wirklich gezeichnet zu werden, durch Zeichen geistig abgebildet werden, und alles, was die sinnliche Anschauung an ihnen empirisch erkennt, vermittels eines sicheren Rechnungs- und Beweisverfahrens aus Symbolen abgeleitet wird. Zugleich aber lassen sich hier auch all die Fragen, für die das Vermögen der Anschauung nicht mehr zureicht, weiter verfolgen, so daß der hier geschilderte Kalkül der Lage die Ergänzung der sinnlichen Anschauung und gleichsam ihre Vollendung darstellt. Ferner wird er, außer in der Geometrie, auch in der Erfindung von Maschinen und in den Beschreibungen der Mechanismen der Natur bisher unbekannte Anwendungen verstatten.

7.

Entwurf der geometrischen Charakteristik*

Aus einem Brief an Huygens

8. September 1679

Ich habe die Elemente einer neuen Charakteristik gefunden, die von der Algebra vollkommen verschieden ist, und die vorzüglich dazu geeignet sein wird, dem Geiste die Objekte der sinnlichen Anschauung genau und ihrer Natur gemäß, wenngleich ohne Figuren, darzustellen. Die Algebra ist lediglich die Charakteristik der unbestimmten Zahlen oder der Größen, sie drückt jedoch nicht unmittelbar die Lage, die Winkel und die Bewegung aus. Daher ist es häufig schwierig, die Eigenschaften der Figur auf einen Ausdruck der Rechnung zu bringen und noch schwieriger, selbst nach vollständiger Beendigung des algebraischen Kalküls, bequeme geometrische Beweise und Konstruktionen zu finden. Diese neue Charakteristik hingegen, die sich der anschaulichen Figur genau anpaßt, enthält notwendig zugleich die Lösung wie die Konstruktion und den geometrischen Beweis, und zwar alles nach einer naturgemäßen Methode und vermittels einer Analyse, d. h. also durch ein genau vorgeschriebenes Verfahren.[50] Während die Algebra die Elemente der Geometrie voraussetzen muß,[51] führt diese Charakteristik die Analyse bis zum Ende durch. Läge sie in der Vollendung vor, in der ich sie mir denke, so könnte man in Zeichen, also etwa bloß durch die Buchstaben des Alphabets, die Beschreibung einer beliebig komplizierten Maschine geben, und dadurch dem Geiste die Möglichkeit bieten, sie deutlich und leicht in allen ihren Teilen und selbst in ihrer Anwendung und in ihrem Gang zu verstehen, ohne hierzu Figuren oder Modelle nötig zu haben und ohne die sinnliche Anschauung zu bemühen. Trotzdem aber würde die Figur dem Geiste sogleich gegenwärtig sein, sobald er nur die geometrische Deutung der Charaktere vornimmt. Man könnte dies Verfahren auch zu genauen Beschreibungen der Naturkörper, z. B. der Pflanzen und des Baues der Tiere, benutzen. Mit seiner Hilfe

---

* Siehe Math. II, 20–25.

ferner könnte sich auch der, dem es Schwierigkeit bereitet, Figuren zu zeichnen, wenn er nur den betreffenden Gegenstand im Geiste genau gegenwärtig hat, vollkommen verständlich machen und seine Gedanken und Erfahrungen der Nachwelt übermitteln, was heute noch unmöglich ist, da die Worte unserer Sprachen nicht bestimmt genug sind, um sich hierüber ohne Figuren hinreichend deutlich zu erklären. Dies ist jedoch der geringste Nutzen dieser Charakteristik; denn wenn es sich nur um eine Beschreibung handelt, wird es immer vorzuziehen sein, — vorausgesetzt, daß man die Zeit und die Kosten daran wenden will — Figuren und Modelle, die uns die Dinge im Originale wiedergeben, zu wählen. Der wesentliche Nutzen aber besteht in den Folgerungen und Schlüssen, die sich aus den Operationen mit den Charakteren gewinnen lassen, und die sich durch Figuren — geschweige durch Modelle — nicht ausdrücken lassen, ohne deren Zahl sehr zu häufen und sie durch ein Übermaß von Punkten und Linien zu verwirren, zumal man eine Unzahl unnützer Versuche machen müßte, während die neue Methode sicher und mühelos zum Ziele führen würde. Ich glaube, man könnte mit ihrer Hilfe die Mechanik fast wie die Geometrie behandeln und selbst bis zur Prüfung der Qualität der Materialien vordringen, da diese für gewöhnlich von einer bestimmten Gestalt ihrer sinnlichen Teile abhängt. Schließlich habe ich keine Hoffnung, daß man es in der Physik sehr weit bringen kann, bevor man nicht ein derartiges Mittel zur Entlastung der Einbildungskraft besitzt. Denn wir sehen z. B., welche Reihe von geometrischen Schlüssen notwendig ist, um nur den Regenbogen zu erklären, der doch eine der einfachsten Naturerscheinungen ist; — man kann hieraus ersehen, welche Kette von Folgerungen notwendig wäre, um die Struktur bestimmter Mischungen zu bestimmen, deren Zusammensetzung so äußerst fein ist, daß das Mikroskop, in dem wir sie auf weniger als ihren 100 000. Teil reduziert betrachten, uns keine wesentliche Aufklärung gibt. Es wäre indessen einige Hoffnung, dies Ziel teilweise zu erreichen, sobald diese wahrhaft geometrische Analyse begründet wäre.

Da ich jedoch nicht wüßte, daß irgendwer jemals diesen Gedanken gefaßt hätte und daher fürchte, daß er verloren geht, wenn mir die Zeit fehlt, ihn auszuführen, — so füge ich hier einen Versuch bei, der, wie mir scheint, beachtenswert ist und zum mindesten genügen wird, meinen Plan glaubhafter und leichter verständlich zu machen. Wenn daher irgendein zufälliger Umstand seine Vollendung für jetzt hindert, so kann dieser Versuch doch vielleicht der Nachwelt als Zeugnis und einem Nachfolger als Anregung dienen, den Gedanken zum Abschluß zu bringen.[52]

Nun besteht zunächst, wie bekannt, die wichtigste Aufgabe der Geometrie in der Betrachtung der Örter: ich werde also damit beginnen, einen der einfachsten durch Charaktere dieser Art auszudrücken. Die Buchstaben des Alphabets sollen für gewöhnlich die Punkte der Figuren bedeuten; die ersten Buchstaben, wie A und B, sollen die gegebenen, die letzten, wie X und Y, die gesuchten Punkte bezeichnen. Während man nun in der Algebra die Verhältnisse der Gleichheit oder die Gleichungen anwendet, bediene ich mich hier der Verhältnisse der Kongruenz, die ich durch das Zeichen $\simeq$ ausdrücke. So bedeutet ABC$\simeq$DEF, daß die beiden Dreiecke ABC und DEF entsprechend der Ordnung der Punkte einander kongruent sind, daß sie genau denselben Raum einnehmen können, und daß man sie zur Deckung bringen kann, ohne an ihnen, außer einer Stellversetzung, irgendeine andere Veränderung vorzunehmen (Figur 3). Wenn man so D auf A, E auf B, und F auf C fallen läßt, so werden die beiden Dreiecke, die als gleich und ähnlich angenommen sind, offenbar zusammenfallen. Ohne indes von den Dreiecken zu sprechen, kann man dasselbe in gewisser Weise auch von den Punkten sagen: ABC$\simeq$DEF bedeutet alsdann (vgl. Figur 4), daß man gleichzeitig A auf D, B auf E und C auf F legen kann, ohne daß die Lage der 3 Punkte ABC oder der 3 Punkte DEF unter sich irgendeine Veränderung erleidet, wobei man etwa voraussetzt, daß die drei ersten, wie die anderen 3 Punkte durch starre Linien — die gerade oder krumm sein können — verbunden sind. Nach dieser Erklärung der Charaktere ergeben sich für die Örter die folgenden Ausdrücke:

Es sei A$\simeq$Y (vgl. Figur 5), d. h. es sei ein Punkt A gegeben. Gefragt ist nach dem Orte aller der Punkte Y — ich bezeichne ihren Inbegriff mit (Y) —, welche mit dem Punkte A kongruent sind. Der Ort aller dieser Y wird nun der nach allen Seiten *unendliche Raum* sein. Denn zwischen allen Punkten der Welt besteht Kongruenz, d h. der eine kann immer an die Stelle des anderen gesetzt werden. Nun befinden sich alle Punkte der Welt in einem und demselben Raume. Man kann diesen Ort auch ausdrücken durch Y ≃ (Y). Alles das ist nur zu klar, aber wir mußten eben mit dem Anfange beginnen.

Es sei AY ≃ A(Y) (Figur 6). Der Ort aller der Y wird die Oberfläche der Kugel sein, deren Mittelpunkt A und deren Radius AY ist, eine ihrer Größe nach konstante Gerade, die also gleich einer gegebenen Strecke AB oder CB ist. Man kann daher denselben Ort auch so ausdrücken: AB ≃ AY oder CB ≃ AY.

Es sei AX ≃ BX (Figur 7). Dann ist der Ort für alle X die Ebene. Hier sind zwei Punkte A und B gegegeben; gesucht wird ein dritter X, der dieselbe Lage bezüglich des Punktes A, wie bezüglich des Punktes B hat, [so daß AX gleich — oder, da alle gleichen Geraden einander kongruent sind, — kongruent BX ist, der Punkt B also auf den Punkt A fallen kann, ohne die Lage, die er mit Bezug auf den Punkt X hatte, zu verändern.] Ich behaupte nun, daß alle Punkte X einer einzigen, bestimmten, bis ins Unendliche fortgesetzten Ebene — ich bezeichne ihre Gesamtheit wieder mit (X) — der Forderung Genüge leisten. Denn wie AX ≃ BX, so gilt dies für jeden Punkt der Ebene: es ist also A(X) ≃ B(X). Außerhalb dieser Ebene aber wird es keinen einzigen Punkt geben, der der Bedingung genügte. Ihre Fortführung bis ins Unendliche wird daher der gemeinsame Ort für alle Punkte der Welt sein, die sich zu A hinsichtlich ihrer Lage gerade so wie zu B verhalten. [Es folgt weiter, daß diese Ebene durch die Mitte der Geraden AB hindurchgehen wird, und diese auf ihr senkrecht steht.][53]

Es sei ABC ≃ ABY (Figur 8), dann wird der Ort aller Y die Kreislinie sein. Hier sind nämlich 3 Punkte: A, B und C gegeben, man sucht einen vierten: Y, der dieselbe Lage mit Bezug auf A, B hat wie C. Ich behaupte, es gibt eine Unendlichkeit von Punkten, die der Bedingung Genüge leisten können, und der Ort aller dieser Punkte ist die Kreislinie. Diese Beschreibung oder Definition der Kreislinie setzt nicht, — wie die Euklids — die Ebene, noch auch nur die Gerade voraus. Es ist aber klar, daß das Zentrum des Kreises der Punkt D zwischen A und B ist. Man könnte auch sagen: ABY ≃ AB(Y), es wäre alsdann der Ort ein Kreis, der aber nicht gegeben wäre. Man muß deshalb einen gegebenen Punkt hinzufügen. Man kann sich vorstellen, daß die Punkte A und B fest bleiben, während der Punkt C, der mit ihnen durch irgendwelche starre Linien — gerade oder krumme — verbunden ist, und infolgedessen mit Bezug auf sie immer dieselbe Lage beibehält, um A, B, herumgedreht wird und so die Kreislinie CY(Y) beschreibt. Daraus kann man ersehen, daß man den Begriff der Lage zweier Punkte gegeneinander fassen kann, ohne dazu der Geraden zu bedürfen, sofern man die Punkte nur durch irgendeine beliebige Linie verbunden sein läßt. Unter der Voraussetzung, daß diese Linie starr ist, wird dann die relative Lage der beiden Punkte unveränderlich sein. Und von 2 Punkten kann man sagen, daß sie dieselbe relative Lage zueinander haben, wie zwei andere, wenn sie durch eine Linie verbunden werden können, die der Verbindungslinie des zweiten Punktepaares kongruent ist. Ich bemerke dies ausdrücklich, damit man daraus ersehen kann, daß das bisher Gesagte noch nicht von der Geraden, — deren Definition ich erst geben will — abhängig ist und daß es ein Unterschied ist, ob ich von A, C, als von der Lage, die A und C zueinander haben oder von der geraden Linie AC spreche.

Es sei $AY \simeq BY \simeq CY$ (Figur 9); dann wird der Ort aller Y die Gerade sein. Hier sind 3 Punkte gegeben; gesucht wird ein Punkt Y, der dieselbe Lage zu A, wie zu B, wie zu C hat. Ich sage nun, daß alle diese Punkte in die unendliche Gerade Y(Y) fallen werden.[54] Wenn alles in derselben Ebene vor sich ginge, so würden 2 gegebene Punkte genügen, um so die Gerade zu bestimmen.[55]

Es sei endlich (Figur 10) $AY \simeq BY \simeq CY \simeq DY$; dann wird der Ort ein einziger Punkt sein, denn es wird ein Punkt Y gesucht, der dieselbe Lage mit Bezug auf 4 gegebene Punkte A, B, C und D hat, so daß also die Geraden AY, BY, CY und DY einander gleich sein sollen: dieser Bedingung aber kann nur ein einziger Punkt genügen.

Diese selben Örter lassen sich auch noch auf verschiedene andere Arten ausdrücken; die obigen Ausdrücke jedoch sind die einfachsten und fruchtbarsten und können als Definitionen gelten. Um nun ihren Nutzen für die Beweisführung zu veranschaulichen, will ich, bevor ich schließe, mit Hilfe der Charaktere die Resultate des Schnitts der einzelnen Örter ableiten.

Es ist erstens *der Durchschnitt zweier Kugel-Oberflächen eine Kreis-Linie.* Denn der Ausdruck des Kreises ist: ABC ≅ ABY, woraus sich AC ≅ AY und BC ≅ BY ergibt; die Orte, die diesen Kongruenzen entsprechen, sind aber zwei Kugeloberflächen, von denen die eine A zum Mittelpunkt und AC zum Radius, die andere B zum Mittelpunkt und BC zum Radius hat.[56]

Ebenso ist der Schnitt einer Ebene und einer Kugeloberfläche ein Kreis. Denn der Ausdruck der Kugel ist AC ≅ AY, der der Ebene AY ≅ BY, also ist auch AC ≅ BC, weil der Punkt C einer der Y-Punkte ist. Da nun BC ≅ AC und AC ≅ AY, so ist BC ≅ AY und (da AY ≅ BY) BC ≅ BY. Fassen wir diese Kongruenzen zusammen, so erhalten wir ABC ≅ ABY, nämlich AB ≅ AB, BC ≅ BY, AC ≅ AY. Nun ist ABC ≅ ABY der Ausdruck des Kreises, also gibt der Durchschnitt einer Ebene und einer Kugeloberfläche die Kreislinie, was hier vermittels dieser Art des Kalküls zu zeigen war. Auf dieselbe Weise ergibt sich, daß *der Durchschnitt zweier Ebenen eine Gerade ist.* Denn es seien zwei Kongruenzen, AY ≅ BY für die eine, AY ≅ CY für die andere Ebene gegeben, dann erhalten wir die Kongruenz AY ≅ BY ≅ CY; der Ort aber, der ihr entspricht, ist die Gerade. Schließlich ist *der Durchschnitt zweier Geraden ein Punkt.* Denn angenommen, es ist AY ≅ BY ≅ CY und BY ≅ CY ≅ DY, dann ergibt sich AY ≅ BY ≅ CY ≅ DY.

Bemerken möchte ich nur noch, daß ich für möglich halte, die Charakteristik auf Objekte auszudehnen, die nicht der sinnlichen Anschauung unterworfen sind: doch ist dies eine zu wichtige und folgenschwere Frage, als daß ich sie in wenigen Worten erörtern könnte.

8.

Über das Kontinuitätsprinzip

*Principium quoddam generale non in mathematicis
tantum sed in physicis utile, cujus ope ex considera-
tione sapientiae divinae examinantur naturae leges,
qua occasione nata cum R. P. Mallebranchio contro-
versia explicatur, et quidam Cartesianorum errores
notantur**

1687

Dieses *Prinzip* der *allgemeinen Ordnung* leitet seinen Ursprung
vom Unendlichen her; es ist bei allen Vernunfterwägungen von
großem Nutzen, wenngleich es bisher weder genügend angewandt,
noch auch in seiner ganzen Tragweite bekannt ist. Es ist von unbedingter Notwendigkeit in der Geometrie, bewährt sich jedoch
auch in der Physik, da die höchste Weisheit, die der Quell der Dinge
ist, die vollkommenste Geometrie ausübt und eine Harmonie beobachtet, an deren Schönheit nichts heranreicht. Ich bediene mich
daher dieses Prinzips häufig als einer Art von Prüfstein, mit dessen Hilfe sich sogleich auf den ersten Blick, selbst ohne eindringende Untersuchung der Tatsachen, der Irrtum und der innere
Mangel an Zusammenhang bei manchen Theorien aufzeigen läßt.
Man kann es folgendermaßen formulieren: Wenn sich in der Reihe der gegebenen und vorausgesetzten Elemente der Unterschied
zweier Fälle unbegrenzt vermindern läßt, so muß er notwendig
auch in den gesuchten oder abhängigen Elementen, die sich aus
der ersten Reihe ergeben, unter jede beliebig kleine Größe sinken.
Oder, allgemeiner verständlich ausgedrückt: *Wenn in der Reihe
der gegebenen Größen zwei Fälle sich stetig einander nähern, so daß
schließlich der eine in den anderen übergeht, so muß notwendig in
der entsprechenden Reihe der abgeleiteten oder abhängige Größen,
die gesucht werden, dasselbe eintreten.* Es hängt dies von dem folgenden, noch allgemeineren Prinzip ab: *Einer geregelten Ordnung
im Gegebenen entspricht eine geregelte Ordnung im Gesuchten.*[57]

---

* Siehe Math. VI, 129–35.

Dieser Satz bedarf indessen, damit der Grund, auf den wir uns bei seiner Anwendung stützen, besser einleuchtet, der Erläuterung durch einige leichte und durchsichtige Beispiele.

Wie bekannt, entstehen die Kegelschnitte durch den Schatten oder die zentrale Projektion eines Kreises; die Projektion einer Geraden ist ferner wiederum eine Gerade. Wird nun der Kreis ursprünglich von einer Geraden in zwei Punkten geschnitten, so wird auch deren Projektion die Projektion des Kreises, etwa eine Ellipse oder eine Hyperbel, in zwei Punkten schneiden. Nun kann die Sekante des Kreises so bewegt werden, daß sie mehr und mehr aus diesem heraustritt, und daß die Schnittpunkte sich einander immer mehr nähern, bis sie schließlich zusammenfallen; in diesem Falle beginnt sie aus dem Kreise herauszutreten und wird zur Tangente. Dann müssen auch die projizierten Schnittpunkte der Geraden und des Kreises, d. h. die Schnittpunkte der projizierten Geraden mit der Projektion des Kreises, sich stetig einander nähern, um schließlich, nachdem die beiden ursprünglichen Schnittpunkte zu einem geworden sind, ebenfalls zusammenzufallen. Sobald daher die erste Gerade zur Tangente des Kreises wird, wird auch die Projektion zur Tangente des zugehörigen Kegelschnitts. Auf diese Weise läßt sich einer der Hauptsätze der Lehre von den Kegelschnitten ohne Umschweife und ohne Aufwand von Figuren, durch bloße geistige Anschauung, — auch nicht, wie sonst, für jeden Kegelschnitt besonders, sondern allgemein — erweisen.

Nehmen wir ein anderes Beispiel aus der Lehre von den Kegelschnitten: Der Fall oder Begriff der Ellipse läßt sich bekanntlich dem der Parabel derart annähern, daß der Unterschied zwischen beiden unter jede beliebig kleine Größe sinkt, wofern man nur annimmt, daß der eine Brennpunkt der Ellipse sich weit genug von dem anderen entfernt. Dann nämlich werden die Radien, die von ihm ausgehen, sich von Parallelen beliebig wenig unterscheiden; man wird demnach kraft unseres Prinzips alle von der Ellipse geltenden geometrischen Sätze ohne Ausnahme auf die Parabel anwenden können, sofern diese als eine Ellipse, deren einer Brennpunkt unendlich fern ist, angesehen wird, oder — wenn man den Ausdruck des Unendlichen vermeiden will — als eine Figur, deren

Unterschied von der Ellipse unter jeden beliebig kleinen Wert vermindert werden kann.

Übertragen wir jetzt dasselbe Prinzip auf die *Physik*, so kann man z. B. die Ruhe als eine unendlich kleine Geschwindigkeit oder als eine unendlich große Langsamkeit ansehen.[58] Was demnach von der Geschwindigkeit oder Langsamkeit überhaupt gilt, das muß entsprechend auch von der Ruhe, als höchstem Grade der Langsamkeit, gelten. Will man also die Regeln für die Bewegung und Ruhe festsetzen, so darf man nicht vergessen, daß die Regel für die Ruhe so gefaßt werden muß, daß sie als eine Art von Korollar und Sonderfall der Gesetze der Bewegung gedacht werden kann. Wird dieser Forderung nicht Genüge geleistet, so ist dies das sicherste Zeichen dafür, daß die aufgestellten Regeln mangelhaft sind und untereinander nicht in Übereinstimmung stehen. Ebenso kann man auch die Gleichheit als eine unendlich kleine Ungleichheit: als einen Unterschied, der jedoch kleiner als irgendeine beliebig kleine vorgegebene Größe ist, ansehen. Durch Vernachlässigung dieses Umstandes ist selbst Descartes bei all seinem Genie in der Feststellung der Naturgesetze zu Irrtümern verleitet worden. Ich will für jetzt nicht auf die andere Fehlerquelle, auf die ich früher hingewiesen habe, auf seine Verwechselung von lebendiger Kraft und Bewegungsquantität zurückkommen;[59] ich will nur zeigen, inwiefern er gegen das hier erörterte Prinzip verstoßen hat. Nehmen wir z. B. seine erste und zweite Bewegungsregel, wie er sie in den *Principia philosophiae* gegeben hat: so behaupte ich, daß sie einander widerstreiten. Seine zweite Regel lautet nämlich: Wenn zwei Körper B und C mit gleicher Geschwindigkeit unmittelbar aufeinanderstoßen, und B größer ist als C, so wird C mit seiner früheren Geschwindigkeit und entgegengesetzter Richtung zurückgehen, B jedoch seine Bewegung fortsetzen, und somit werden beide gemeinschaftlich in der Richtung von B fortschreiten. Nach der ersten Regel jedoch werden B und C, wenn sie gleich und von gleicher Geschwindigkeit sind, nach dem Stoße beide mit ihrer ursprünglichen Geschwindigkeit zurückgeworfen.[60] Ein derartiger Gegensatz zwischen den Fällen der Gleichheit und Ungleichheit wäre jedoch der Vernunft nicht angemessen; kann man doch die Ungleichheit der Körper mehr und mehr abnehmen und schließlich beliebig klein werden lassen, so daß der Unterschied zwischen den beiden Voraussetzungen der Gleichheit und Ungleichheit unter jede beliebige Größe sinkt. In diesem Falle aber muß kraft unseres Prinzips und der natürlichen Vernunftgebote auch die Verschiedenheit der Wirkungen oder Erfolge, die den angenommenen Bedingungen entsprechen, stetig abnehmen und schließlich beliebig klein werden. Wäre jedoch die zweite Regel, ebenso wie die erste, richtig, so träte das Gegenteil ein. Denn nach ihr würde jede noch so geringe Vergrößerung des Körpers B, der zuvor gleich C war, nicht etwa, wie anzunehmen wäre, eine beliebig kleine und erst allmählich im Verhältnis anwachsende Änderung der Wirkung, sondern sogleich die allergrößte bedingen: sie hätte zur Folge, daß B, während es zuvor mit seiner ganzen Geschwindigkeit zurückgeworfen wurde, nunmehr mit eben dieser in gleicher Richtung Fortschritte, also mit einem gewaltigen Sprunge von einem Extrem zum anderen überginge. Die Vernunft verlangt dagegen, daß bei einer geringen Vermehrung der Größe und somit der Kraft von B dieses zunächst in etwas verringertem Maße zurückgeworfen wird; daß also, wenn der Zuwachs oder Überschuß unmerklich und fast Null ist, auch der Rückstoß nur sehr, wenig und unbedeutend geändert wird. Auf ähnliche innere Mängel und Unebenheiten stößt man auch in den übrigen Regeln Descartes', doch will ich hierauf für jetzt nicht weiter eingehen.[61]

Nun hat der Pater Malebranche in seine Werke *De la recherche de la vérité* neben anderen vortrefflichen Bemerkungen auch mehrere Hauptsätze der Cartesischen Philosophie verbessert, insbesondere auch neue Regeln der Bewegung aufgestellt.[62] Damals hielt ich es der Mühe wert, zu bemerken, daß auch er innere Mängel der vorerwähnten Art nicht vermieden hat; um so mehr, als ich bei seiner ausgesprochenen Liebe zur Wahrheit auf seine eigene Zustimmung rechnen durfte, auch eine Warnung für notwendig hielt, um Irrtümern, in die auch die scharfsinnigsten Männer verfallen waren, für die Folge zu begegnen. Er drückt sich, um in einem Beispiel seinen Satz zu formulieren, folgendermaßen aus: Es sei gegeben ein Körper B (= 2) mit der Geschwindigkeit $_1$B $_2$B (= 1), ferner ein Körper C (= 1) mit der Geschwindigkeit $_1$C $_2$C (= 2), die unmittelbar aufeinandertreffen. Dann nimmt Malebranche an, daß beide mit ihrer ursprünglichen Geschwindigkeit zurückgeworfen werden; wird aber die Geschwindigkeit oder die Größe des einen, — z. B. von B — um ein wenig vermehrt, so sollen beide Körper nunmehr gleichmäßig in der Richtung von B und mit einer gemeinsamen Geschwindigkeit, die ungefähr gleich $4/3$ sein wird, die frühere also um ein Drittel übertrifft, fortschreiten — wenn wir nämlich annehmen, daß die bei B vorgenommene Vermehrung der Kraft so geringfügig ist, daß man die früheren Zahlen ohne merklichen Fehler beibehalten kann.[63] Wie läßt sich aber annehmen, daß ein beliebig kleiner Zuwachs von B eine so gewaltige Verschiedenheit im Ergebnisse bewirken wird; — daß nämlich die Reflexion dadurch überhaupt aufhört, und der Körper (B), der vorher mit einer Geschwindigkeit $=1$ zurückgeworfen wurde, nunmehr bei einer ganz geringfügigen Kraftvermehrung mit einem gewaltigen Sprung ins entgegengesetzte Extrem übergeht, indem er nicht nur nicht zurückgeworfen wird, sondern sogar mit einer Geschwindigkeit $=4/3$ fortschreitet. Dabei ergibt sich ferner geradezu ein: παράλογον, sofern der Gegenstoß des anderen Körpers (C) B in keiner Weise zurückhält oder verzögert, sondern es gewissermaßen anzieht und seine fortschreitende Tendenz, obwohl sie ihm doch entgegengerichtet ist, noch verstärkt: vor dem Stoße nämlich soll sich B mit einer Geschwindigkeit $=1$ bewegt haben, jetzt aber, nachdem es mit dem entgegengesetzt gerichteten Körper C zusammengetroffen ist, seine Bewegung mit einer Geschwindigkeit $=4/3$ fortsetzen; ein Ergebnis, bei dem man sich doch wohl unmöglich beruhigen kann. Als ich hierauf in meiner Erwiderung an den Abbé Catelan (»Nouvelles de la République des Lettres«, Februar 1637, pag. 139) hinwies, erschien von dem Pater Malebranche in der April-Nummer desselben Jahres (pag. 48) eine Entgegnung von höchst rühmlicher Sachlichkeit. Er erkannte an, daß in dieser meiner Bemerkung etwas Richtiges enthalten sei, erklärte aber die Paradoxie der Folgerungen aus den Mängeln der Voraussetzung, die auch er schon als falsch bezeichnet und zurückgewiesen habe. Er sei nämlich in seinem Werke *De la recherche de la vérité* (Buch VI, letztes Kapitel) von der Betrachtung *vollkommen harter* Körper ausgegangen, während doch die Härte nur aus dem Druck der umgebenden Körper, nicht, wie Descartes geglaubt hatte, aus der Ruhe der Teile entstehe und demnach niemals vollkommen und absolut sei. Nimmt man dagegen an, daß Gott vollkommen harte Körper geschaffen habe, zugleich aber, daß er dieselbe Quantität der Bewegung erhält — übrigens eine Annahme, die Malebranche bei näherer Prüfung wohl nicht mehr für wahrscheinlich gehalten und durch meinen Satz von der Erhaltung der Kraft ersetzt hätte — so ist er überzeugt, daß jene fast unglaublichen Konsequenzen, auf die ich aufmerksam gemacht habe, sich notwendig ergeben müssen; — daß also der schwächere Körper (C) die Richtung des stärkeren (B) ändert, oder aber von ihm, ohne Mitwirkung der Elastizität, mit größerer Geschwindigkeit, als sie B selbst zuvor besaß, zurückgestoßen wird: beides Annahmen, die ihm selbst wenig glaubhaft erscheinen. Hierauf habe ich einiges in den »Nouvelles de la République des Lettres« (Juni 1687 auf Seite 745) geantwortet. Von der allerunglaubhaftesten Folgerung, daß nämlich der Körper B vom entgegengerichteten Körper angezogen werden soll, will ich zunächst ganz absehen. Geben wir indes Malebranche einmal zu, daß nicht der Körper *selbst* einem anderen eine Bewegung, die schneller als seine eigene ist, mitteilt, sondern daß *Gott* gelegentlich einer bestimmten Lage der Körper die Bewegungen in ihnen hervorbringt: so leuchtet nicht ein, warum Gott nicht auch ohne jede Vermittlung, wie sie hier die Elastizität leisten soll, dem Körper C die Bewegung verleihen könnte, die das Gesetz der Erhaltung der Kräfte vorschreibt, in diesem Falle also eine solche, die schneller ist als der Körper B, der hier als Gelegenheitsursache angesehen wird; vielmehr ließe sich gerade dies wieder zur Unterstützung der Anschauung brauchen, daß eine wirkliche Wechselwirkung zwischen den Körpern nicht besteht.[64] Wie dem aber auch sei, so würde es sich doch, wenn Gott, unter Beibehaltung aller übrigen tatsächlichen Verhältnisse und Umstände, vollkommen harte Körper schaffen wollte, aus unserem allgemeinen Prinzip als eine Forderung der Vernunft ergeben, daß selbst diese harten Körper die gleichen Gesetze wie die tatsächlich vorhandenen elastischen Körper befolgen müssen, sofern man sie als Massen von höchster Elastizität ansehen könnte, die ihren Zustand mit unendlich großer Schnelligkeit wiederherstellen.

Mögen daher die Bewegungsgesetze auch, wie der Pater Malebranche will, vom göttlichen Willen abhängig sein, so wird doch eben dieser Wille selbst in allem, was er tut, um es einstimmig zu gestalten, Ordnung und Vernunft wahren, somit auch in der Feststellung der Naturgesetze das Prinzip, von dem hier die Rede ist, nirgends verletzen, noch auch schlecht verknüpfte und lückenhafte Regeln zugrunde legen. Wenn sich daher in der Natur Regellosigkeiten von der Art ergäben, wie sie Malebranche hier als möglich zuläßt, so würde dies, wie ich glaube, kaum weniger das Erstaunen der Geometer wecken, als wenn es ihnen nicht gelänge, in der angegebenen Weise die Eigenschaften der Ellipse denen der Parabel anzunähern. Niemals aber wird, wie ich glaube, in der Natur ein Fall vorkommen, der in solchem Grade die Vernunft verletzt. Was jedoch in den einfachen und abstrakten Prinzipien selbst paralogisch, das ist in den konkreten Naturphänomenen nur paradox: denn bei zusammengesetzten Körpern kann es allerdings vorkommen, daß eine geringfügige Änderung der Bedingungen eine gewaltige Änderung der Wirkung zur Folge hat. So kann ein Fünkchen, das in eine gewaltige Pulvermasse fällt, eine ganze Stadt zerstören, und ein elastischer Körper von hoher Spannung, der durch ein geringfügiges Hindernis zurückgehalten wurde, kann durch eine leichte Berührung frei werden und alsdann eine gewaltige Kraft ausüben. Diese Dinge stehen jedoch nicht nur in keinem Widerspruch zu unserem Prinzip, sondern finden aus ihm, wie den anderen allgemeinen Prinzipien erst ihre Erklärung. In den Prinzipien aber und den einfachen Elementen darf nichts derartiges zugelassen werden, da sonst die Natur nicht als das Produkt einer unendlichen Weisheit erschiene.

Hieraus läßt sich weiterhin, gründlicher als sonst, verstehen, in welcher Weise die wahre Physik aus den Quellen der göttlichen Vollkommenheit abzuleiten ist. Gott ist der letzte Grund der Dinge, die Erkenntnis von ihm daher ebenso das Prinzip aller Wissenschaft, wie seine Wesenheit und sein Wille die Prinzipien der Dinge sind. Je mehr man in die Tiefen der Philosophie eindringt, um so mehr gelangt man zu dieser Einsicht. Nur wenige sind indessen bisher imstande gewesen, aus der Betrachtung der göttlichen Eigenschaften Wahrheiten abzuleiten, die für die Wissenschaft von einiger

Bedeutung gewesen wären. Vielleicht wird indes dieser oder jener durch die Proben, die hier gegeben werden, hierzu angeregt werden. Die Philosophie erhält durch Zuflüsse aus dem heiligen Quell der natürlichen Theologie ihre Weihe. Keineswegs also darf man die Zweckursachen und den Gedanken an einen Geist von vollkommener Weisheit, dessen Tätigkeit auf das höchste Gut gerichtet ist, zurückweisen: Güte und Schönheit sind nichts Willkürliches, wie von Descartes, oder etwas nur für uns Gültiges, Gott dagegen Fremdes, wie von Spinoza angenommen wird. Vielmehr leiten sich gerade die Hauptsätze der Physik aus dem Begriff einer geistigen Ursache ab. Vortrefflich hat dies schon Sokrates in Platos *Phaidon* bemerkt, indem er gegen den Anaxagoras und die übrigen, allzu materialistischen Philosophen zu Felde zieht, die zwar ein der Materie übergeordnetes Verstandesprinzip anerkennen, sich seiner aber bei der philosophischen Erklärung des Universums nicht bedienen. Wo zu zeigen wäre, daß der Geist alles aufs beste ordnet, und daß er der Grund aller Dinge ist, deren Hervorbringung er seinem Plane gemäß beschließt, greifen sie lieber zur Bewegung und zum Stoß der rohen Körper, indem sie die bloßen Bedingungen und Werkzeuge mit der wahren Ursache verwechseln. Das ist — sagt Sokrates — wie wenn einer Rechenschaft davon geben wollte, daß ich hier im Gefängnisse sitze und den verhängnisvollen Kelch erwarte, statt, wie ich gekonnt hätte, zu den Böotiern oder anderswohin zu flüchten — und er dann sagte, dies geschehe darum, weil ich Knochen, Bänder und Muskeln hätte und diese so gestreckt wären, wie es zum Sitzen erforderlich ist. Jene Knochen und Muskeln aber wären wahrhaftig nicht hier, noch würdet ihr mich hier sitzen sehen, hätte nicht der Geist das Urteil gefällt, es sei des Sokrates würdiger, den Gesetzen zu gehorchen. Diese Platonische Stelle verdient in ihrem ganzen Umfang gelesen zu werden, da sie gründliche und außerordentlich schöne Gedanken enthält.[65] Ich leugne indessen nicht, daß die Naturvorgänge, nachdem die Prinzipien einmal festgestellt, nach den Regeln der mathematischen Mechanik erklärt werden können und müssen; vorausgesetzt nur, daß die bewundernswürdigen Zwecke der ordnenden Vorsehung darüber nicht vergessen werden. Die Prinzipien der Physik aber und somit auch die der Mechanik können selbst nicht weiter aus Gesetzen von mathematischer Notwendigkeit abgeleitet werden, sondern bedürfen zu ihrer Begründung letztlich des Hinweises auf die höchste Intelligenz: hierin liegt die echte Versöhnung zwischen Glauben und Vernunft. Hätten Henry More und andere gelehrte und religiöse Männer dies beachtet, so hätten sie nicht so sehr gefürchtet, daß die Fortschritte der mechanischen Korpuskular-Philosophie der Religion Abbruch tun würden.[66] Diese Lehre nämlich zieht von Gott und den immateriellen Substanzen nicht ab, sie kann vielmehr, richtig verstanden und weiter vertieft und ergänzt, auf einem besseren Wege als ihn die bisherige Philosophie darbot, zu jenen erhabenen Gegenständen wieder hinleiten.[67]

9.

Aus dem Briefwechsel zwischen Leibniz und Varignon*

Varignon an Leibniz[68]

Paris, den 28. Nov. 1701

Gestatten Sie, daß ich mir die Freiheit nehme, Sie meiner tiefsten Ergebenheit zu versichern und Ihnen zugleich Mitteilung von einer Schrift zu machen, die man hier unter Ihrem Namen verbreitet. Sie bezieht sich auf den Streit, der, wie Sie wissen, zwischen Herrn Rolle und mir wegen Ihres Infinitesimal-Kalküls besteht, den er als falsch hinstellt und dem er Schlußfehler vorwirft. Der Herr Abbé Gallois, der eigentlich hinter dem allen steht, verbreitet hier, Sie hätten erklärt, daß Sie unter dem *Differential* oder dem *Unendlichkleinen* nur eine, zwar sehr kleine, dennoch aber konstante und bestimmte Größe verstehen, wie sie etwa der Erde mit Bezug auf das Firmament, oder einem Sandkorn mit Bezug auf die Erde zukommt; während ich als das *Unendlichkleine* oder das *Differential* einer Größe dasjenige bezeichnet habe, worin diese unerschöpflich ist.

Infinit oder *indefinit* habe ich also alles Unerschöpfliche, *infinit* oder *indefinit* klein — relativ zu einer gegebenen Größe — dagegen dasjenige genannt, worin diese unerschöpflich ist. Daraus habe ich den Schluß gezogen, daß im Differential-Kalkül die Ausdrücke: *Infinit, Indefinit, an Größe unerschöpflich, größer als jede angebbare Größe, unbestimmbar groß,* — wie andrerseits die Bezeichnungen: *infinit* oder *indefinit klein, kleiner als jede angebbare Größe, unbestimmbar klein* — völlig gleichbedeutend sind. Hierüber erbitte ich mir Ihr Urteil, um den Gegnern dieses Kalküls Einhalt gebieten zu können, die Ihren Namen mißbrauchen, um Unwissende und Toren zu täuschen. Der Mathematik-Professor des hiesigen Jesuitenkollegiums hat mir eine Schrift gezeigt, die, wie er mir sagte, von Ihnen zur Aufnahme in das »Journal de Tre-

---

* Siehe Math. IV, 89–94

voux« bestimmt war und zur Aufklärung von Einwänden dienen sollte, die dort gelegentlich der neuen Methode des Herrn Bernoulli aus Basel zur Bestimmung der Berührungskreise algebraischer Kurven gegen den Begriff des Unendlichen erhoben worden waren; eine Schrift, die übrigens sehr fehlerhaft wiedergegeben worden ist. Ich habe, wie gesagt, diese Schrift gesehen:[69] sie ist, mit Ausnahme von einigen Verbesserungen zwischen den Zeilen, in denen ich Ihre Schriftzüge zu erkennen glaubte, nicht von Ihrer Hand. — Soweit ich mich erinnere, sagen Sie darin nur, daß die Beziehung zwischen den verschiedenen Ordnungen des Unendlichen oder Unendlichkleinen, die Sie annehmen, ebenso aufzufassen ist, wie man gewöhnlich das Verhältnis des Firmaments zur Erde, der Erde zu einem Sandkorn ansieht: daß also, auf das Firmament bezogen, die Erde ein Differential erster Ordnung, das Sandkorn eines der zweiten Ordnung wäre. Da ich nicht leugnen konnte, daß diese Schrift von Ihnen stammte, sagte ich dem Pater, es sei dies nur ein grober Vergleich, den Sie angewandt hätten, um sich allgemeinverständlich auszudrücken. Die Gegner Ihres Kalküls jedoch benutzen ihn, um ihn nunmehr triumphierend als bestimmte und deutliche Erklärung Ihrer Ansicht zu verkünden. Ich bitte Sie daher, uns sobald als möglich die eigentliche, deutliche und bestimmte Erklärung Ihrer Ansicht über diesen Punkt zugehen zu lassen und sie an unseren berühmten Freund, Herrn Bernoulli in Groeningen, oder auch an mich zu richten, wenn Sie mich dieser Ehre für würdig erachten, damit dadurch die Feinde der Wahrheit wenn möglich zum Schweigen gebracht oder doch beschämt werden. Herr Bernoulli wird Ihnen jedenfalls von den groben Fehlschüssen des Herrn Rolle gesprochen haben; ich sende ihm heute neue Proben, die er Ihnen mitteilen kann. Da sie jedoch der Akademie Schande machen würden, so bitte ich Sie, das Geheimnis darüber zu wahren. Verzeihen Sie, daß ich mir die Freiheit genommen habe, so geradeswegs an Sie zu schreiben; ich tat es, um unserem berühmten und vortrefflichen Freunde Herrn Bernoulli die Mühe zu ersparen, Ihnen einen so langen Brief abzuschreiben. Er hat die Güte gehabt, Ihnen von Zeit zu Zeit den Ausdruck meiner tiefen Ergebenheit zu übermitteln und Sie der innigen Verehrung zu versichern, die ich für Ihr seltenes Verdienst hege; ich bitte Sie, überzeugt zu sein, daß dies die wahrhaften Empfindungen meines Herzens sind usw.

Leibniz an Varignon

Hannover, den 2. Febr. 1702

Ein wenig spät antworte ich auf Ihren Brief vom 29. November vorigen Jahres, den ich erst heute erhalten habe. Da Herr Bernoulli ihn mir nämlich von Groeningen aus geschickt hat, so ist er in Berlin erst angekommen, als ich es schon verlassen hatte, um mit der Königin von Preußen nach Hannover zurückzukehren.

Ich bin Ihnen, mein Herr, und den Gelehrten Ihres Landes sehr verbunden, daß Sie mir die Ehre erweisen, Betrachtungen über einen Brief anzustellen, den ich gelegentlich von Einwänden, die im »Journal de Trevoux« gegen den Differential- und Summen-Kalkül erhoben wurden, an einen Freund gerichtet hatte. Ich erinnere mich nicht mehr genau der Ausdrücke, die ich gebraucht haben mag, meine Absicht war jedoch, zu zeigen, daß man die mathematische Analysis von metaphysischen Streitigkeiten nicht abhängig zu machen braucht, also nicht zu behaupten braucht, daß es in der Natur Linien gibt, die, relativ zu unseren gewöhnlichen, in aller Strenge unendlich klein sind, noch auch solche, die unendlichmal größer als die gewöhnlichen [dennoch aber begrenzt sind. Dies mußte ich um so mehr betonen, als das Unendliche im strengen Sinne seine Quelle, wie ich glaube, im Unbegrenzten hat, und ich ohne diesen letzteren Begriff keine geeignete Grundlage zu finden vermag, es vom Endlichen zu unterscheiden.][70] Um daher diese subtilen Streitfragen zu vermeiden, begnügte ich mich, da ich meine Erwägungen allgemein verständlich machen wollte, das Unendliche durch das Unvergleichbare zu erklären d. h. Größen anzunehmen, die unvergleichlich größer oder kleiner als die unsrigen sind. Auf diese Weise nämlich erhält man beliebig viele Grade unvergleichlicher Größen, sofern ein unvergleichlich viel kleineres Element, wenn es sich um die Feststellung eines unvergleichlich viel größeren handelt, bei der Rechnung außer acht bleiben kann. So ist etwa ein Teilchen der magnetischen Materie, die das Glas durchdringt, einem Sandkorn, dieses wiederum der Erdkugel, die Erdkugel schließlich dem Firmament nicht vergleichbar. Daher habe ich früher in den »Acta Eruditorum« einige Hilfssätze für die Rechnung mit den Unvergleichbaren aufgestellt, die man sowohl auf das Unendliche im strengen Sinne, wie auch auf Größen anwenden kann, die, an anderen gemessen, nur nicht in Betracht kommen.[71]

Hierbei ist jedoch zu berücksichtigen, daß die unvergleichlich kleinen Größen, selbst in ihrem populären Sinn genommen, keineswegs konstant und bestimmt sind,[72] daß sie vielmehr, da man sie so klein annehmen kann, als man nur will, in geometrischen Erwägungen dieselbe Rolle wie die Unendlichkleinen im strengen Sinne spielen. Will nämlich ein Gegner unseren Sätzen die Richtigkeit absprechen, so zeigt unser Kalkül, daß der Irrtum geringer ist, als irgendeine angebbare Größe, da es in unserer Macht steht, das Unvergleichbarkleine, — das man ja immer so klein, als man nur will, annehmen kann — zu diesem Zwecke hinlänglich zu verringern. Dies dürfte es wohl sein, was Sie mit dem Unerschöpflichen meinen, und zweifellos liegt darin der strenge Beweis unserer Infinitesimalrechnung. Ihr Vorzug liegt darin, daß sie unmittelbar und augenscheinlich und in einer Art, die den eigentlichen Quell der Entdeckung frei legt, dasjenige gibt, was die Alten, so z. B. Archimedes, auf Umwegen vermittelts des indirekten Beweises erreichten.[73] Sie konnten indes mangels eines solchen Kalküls in verwickelten Fällen nicht zur richtigen Lösung gelangen, wenngleich die Grundlage der Entdeckung ihnen bekannt war. Man kann somit die unendlichen und unendlich kleinen Linien — auch wenn man sie nicht in metaphysischer Strenge und als reelle Dinge zugibt, — doch unbedenklich als ideale Begriffe brauchen, durch welche die Rechnung abgekürzt wird, ähnlich den sogenannten imaginären Wurzeln in der gewöhnlichen Analysis, wie z. B. $\sqrt{-2}$. Mag man diese auch als imaginär bezeichnen, so sind sie dennoch nützlich und bisweilen sogar unentbehrlich, um auf analytische Weise reelle Größen auszudrücken: so ist es z. B. unmöglich, ohne ihre Hilfe den analytischen Ausdruck einer Geraden zu geben, die einen gegebenen Winkel in drei gleiche Teile teilt. Ebenso könnte man unseren Kalkül der transzendenten Kurven nicht aufstellen, ohne von Differenzen zu sprechen, die im Begriffe sind, zu verschwinden, wobei man ein für allemal den Begriff des Unvergleichbarkleinen einführen kann, statt stets von Größen zu reden, die unbegrenzter Verminderung fähig sind. In derselben Weise denkt man sich mehr als drei Dimensionen und selbst Potenzen, deren Exponenten nicht gewöhnliche Zahlen sind: alles, um damit Begriffe zu bezeichnen und aufzustellen, die zur Abkürzung der Rechnung dienen, und die in Realitäten ihre Grundlage haben.

Man darf jedoch nicht glauben, daß durch diese Erklärung die Wissenschaft des Unendlichen herabgewürdigt und auf Fiktionen zurückgeführt wird, denn es bleibt, — um mich schulmäßig auszudrücken, — immer ein synkategorematisch Unendliches bestehen;[74] so bleibt es z. B. immer richtig, daß 2 gleich ist $\frac{1}{1}+\frac{1}{2}+\frac{1}{4}+\frac{1}{8}+\frac{1}{16}+\frac{1}{32}+\ldots$, d. h. gleich einer unendlichen Reihe, die alle Brüche in sich begreift, deren Zähler 1 sind und deren Nenner in geometrischer Progression fortschreiten. Trotzdem kommen in dieser Reihe immer nur gewöhnliche Zahlen zur Anwendung und es tritt niemals ein unendlich kleiner Bruch, dessen Nenner eine unendliche Zahl wäre, auf. Auch die imaginären Wurzeln haben ihr *fundamentum in re.* Als ich z. B. den verstorbenen Herrn Huygens darauf aufmerksam machte, daß $\sqrt[2]{1+\sqrt{-3}} + \sqrt[2]{1-\sqrt{-3}}$ gleich $\sqrt[2]{6}$ ist, so fand er dies so wunderbar, daß er mir erwiderte, es läge darin etwas für uns Unbegreifliches.[75] Ebenso kann man sagen, daß das Unendliche und das Unendlichkleine so festgegründet ist, daß alle Ergebnisse in der Geometrie, ja selbst alle Ereignisse in der Natur sich so verhalten, als ob beides vollkommene Realitäten wären. Zum Beweise hierfür dient nicht nur unsere geometrische Analyse der transzendenten Kurven, sondern auch mein *Gesetz der Kontinuität*, kraft dessen man die Ruhe als eine unendlichkleine Bewegung d. h. als äquivalent einer Unterart ihres Gegenteils — ansehen kann, das Zusammenfallen zweier Punkte als eine unendlichkleine Entfernung zwischen ihnen, die Gleichheit als Grenzfall der Ungleichheit und so weiter. Dieses Gesetz habe ich früher in den »Nouvelles de la République des Lettres« des Herrn Bayle auseinandergesetzt und zur Prüfung der Bewegungsgesetze des Descartes und des Pater Malebranche angewandt, — seither aber habe ich aus der zweiten, später erschienenen Ausgabe der Regeln dieses Paters entnommen, daß man seine ganze Tragweite immer noch nicht hinlänglich erwogen hatte. Ganz allgemein kann man sagen, daß die Kontinuität überhaupt etwas *Ideales* ist, und es in der Natur nichts gibt, das vollkommen gleichförmige Teile hat; dafür aber wird auch das *Reelle* vollkommen von dem *Ideellen* und *Abstrakten* beherrscht: die Regeln des Endlichen behalten im Unendlichen Geltung, wie wenn es Atome, — d. h. Elemente der Natur von angebbarer fester Größe — gäbe, obgleich dies wegen der unbeschränkten, wirklichen Teilung der Materie nicht der Fall ist,[76] und umgekehrt gelten die Regeln des Unendlichen für das Endliche, wie wenn es metaphysische Unendlichkleine gäbe, obwohl man ihrer in Wahrheit nicht bedarf, und die Teilung der Materie niemals zu solchen unendlichkleinen Stückchen gelangt. Denn alles untersteht der Herrschaft der Vernunft, und es gäbe sonst weder Wissenschaft noch Gesetz, was der Natur des obersten Prinzips widerstreiten würde.

10.

Rechtfertigung der Infinitesimalrechnung durch den gewöhnlichen algebraischen Kalkül
*Justification du calcul des infinitesimales par celuy de l'algèbre ordinaire**

1702

Zwei Gerade AX und EY (Fig. 11) mögen sich im Punkte C schneiden; von den Punkten E und Y seien zwei Gerade EA und YX senkrecht zu AX gezogen. Nennen wir AC c, AE e, AX x und XY y. Dann verhält sich, da die Dreiecke CAE und CXY einander ähnlich sind, $x - c : y = c : e$. Wenn nunmehr die Gerade EY sich mehr und mehr dem Punkte A nähert, dabei jedoch in dem variablen Punkte C immer denselben Winkel mit AX bildet, so werden offenbar die Strecken c und e immer kleiner werden, ihr Verhältnis jedoch wird ungeändert bleiben. Wir wollen annehmen, daß es von der Gleichheit verschieden, der betreffende Winkel also nicht $= 45°$ ist.

Setzen wir nun den Fall, daß die Gerade EY schließlich durch den Punkt A hindurchgeht, so werden offenbar C und E in diesem einen Punkte zusammenfallen, die Geraden AC und AE oder c und e werden also verschwinden. Das Verhältnis oder die Gleichung $\frac{x-c}{y} = \frac{c}{e}$ gestaltet sich also zu $\frac{x}{y} = \frac{c}{e}$ um. In dem vorliegenden Falle wird also, vorausgesetzt, daß auch er unter die allgemeine Regel fällt, $x - c = x$ sein. Dennoch aber werden c und e nicht im absoluten Sinne »Nichts« sein, da sie ja zueinander stets das Verhältnis von CX : XY bewahren, oder, mit anderen Worten: das Verhältnis zwischen dem Sinus von $90°$ oder dem Radius und der Tangente des Winkels in C, den wir bei der Annäherung von EY an A als konstant angenommen haben.[77] Wären nämlich c und e in diesem Kalkül für den Fall des Zusammenfallens der Punkte C, E, A im absoluten Sinne Nichts, so wurden sie, da *ein* Nichts denselben Wert hat wie ein anderes,

* Siehe Math. IV, 104–106.

einander gleich sein, und aus der Gleichung oder dem Verhältnis $\frac{x}{y}=\frac{c}{e}$ ergäbe sich $\frac{x}{y}=\frac{0}{0}=1$, d. h. es wäre auch x gleich y, was ein offenbarer Widersinn ist, da unserer Annahme nach der Winkel nicht = 45° sein sollte. Die Größen c und e werden also in diesem algebraischen Kalkül nur vergleichsweise, mit Bezug auf x und y, als Nichts gerechnet, besitzen jedoch untereinander ein algebraisches Verhältnis[78] und werden als Infinitesimale behandelt, wie die Elemente, die wir in unserem Differential-Kalkül bei den Koordinaten der Kurven annehmen, d.h. wie momentane Zuwüchse oder Abnahmen. So findet man schon in dem Kalkül der gewöhnlichen Algebra die Spuren des transzendenten Kalküls der Differenzen und dieselben Eigentümlichkeiten, an denen manche Gelehrte hier Anstoß nehmen. Es kann eben selbst der algebraische Kalkül ihrer nicht entbehren, wenn er sich seine Vorzüge erhalten will, deren wesentlichster seine Allgemeinheit ist, die ihm ermöglicht, *alle* Fälle, selbst den, wo bestimmte gegebene Gerade verschwinden, zu umfassen. Hierauf Verzicht zu leisten und sich damit freiwillig eines der fruchtbarsten Hilfsmittel zu begeben, wäre lächerlich. Schon in der gewöhnlichen Algebra haben alle geschickten Analytiker hieraus Nutzen gezogen, um ihren Rechnungen und Konstruktionen Allgemeinheit zu geben. Wenn man diesen Vorteil sodann auf die Physik und besonders auf die Gesetze der Bewegung anwendet, so ergibt sich hierbei z. T. das *Gesetz der Kontinuität*, wie ich es nenne, das mir seit langer Zeit in der Physik als Prinzip für die Entdeckung neuer Wahrheiten und zudem als vorzüglicher Prüfstein zur Beurteilung mancher Regeln dient, die man in diesem Gebiet aufstellt. Ich hatte hiervon vor mehreren Jahren eine Probe in den »Nouvelles de la République des Lettres« veröffentlicht, in der ich die Gleichheit als einen Sonderfall der Ungleichheit, die Ruhe als Sonderfall der Bewegung, den Parallelismus als Fall der Konvergenz zweier Geraden usw. ansah — wobei jedoch angenommen wird, daß die Differenz der Größen, die gleich werden, nicht schon null *ist*, sondern erst im Begriff ist, zu verschwinden; — ebenso, daß die Bewegung noch nicht absolut zu Nichts geworden ist, sondern erst im Begriffe steht, es zu werden. Will sich jemand hiermit nicht zufrieden geben, so kann man ihm nach der Methode des Archimedes zeigen, daß der Irrtum keine angebbare Größe besitzt, und daß er durch keine Konstruktion darstellbar ist. Mit dem Hinweis hierauf hat man einem übrigens höchst scharfsinnigen Mathematiker geantwortet, der auf Grund ähnlicher Bedenken, wie man sie unserem Kalkül entgegensetzt, gegen die Richtigkeit der Quadratur der Parabel Einwendungen machte. Man hielt ihm nämlich die Frage entgegen, ob er durch irgendeine Konstruktion eine Größe *angeben* könne, die geringer als die Differenz sei, die seiner Behauptung nach zwischen dem von Archimedes gegebenen und dem wahrhaften Flächeninhalt der Parabel bestehen sollte, — wozu man immer imstande ist, wenn eine Quadratur falsch ist.

Wenngleich es indessen nicht in aller Strenge richtig ist, daß die Ruhe eine Abart der Bewegung, oder die Gleichheit eine Art Ungleichheit ist, ebensowenig wie der Kreis in Wirklichkeit eine Art reguläres Vieleck ist, so kann man trotzdem sagen, daß die Ruhe, die Gleichheit und der Kreis die *Grenzfälle* der Bewegungen, der Ungleichheiten und der regulären Vielecke bilden, die durch eine stetige Veränderung im Zustande des Verschwindens schließlich in jene übergehen. Und obgleich diese Grenzen ausgeschlossen, d. h. streng genommen in der Mannigfaltigkeit, die sie abschließen, nicht mit einbegriffen sind, besitzen sie dennoch deren Eigentümlichkeiten, wie wenn sie darin enthalten wären. Dies steht im Einklang mit der Terminologie des Unendlichen und Unendlichkleinen, nach der z. B. der Kreis ein Vieleck mit unendlich vielen Seiten ist. Andernfalls würde das Gesetz der Kontinuität verletzt, denn da man von den Vielecken durch stetige Veränderungen und ohne einen Sprung zu machen zum Kreise gelangt, so darf nach diesem Gesetz auch beim Übergänge von den *Eigenschaften* der Vielecke zu denen des Kreises kein Sprung stattfinden [...]

III. SCHRIFTEN ZUR PHORONOMIE
UND DYNAMIK

11.*
Streitschriften zwischen Leibniz und Clarke
(1715 – 1716)**

Leibniz' erstes Schreiben

Auszug eines Briefes an die Prinzessin von Wales vom November
1715.

1. Wie es scheint, verliert selbst die natürliche Religion in England
außerordentlich an Kraft, viele sehen die Seelen, andere Gott selbst
als körperlich an.

2. Locke und seine Anhänger zweifeln zum mindesten, ob die
Seelen nicht materiell und von Natur vergänglich sind.

3. Newton sagt, der Raum sei das Organ, dessen Gott sich bediene, um die Dinge wahrzunehmen. Wenn er jedoch irgendeines
Mittels bedarf, um sie wahrzunehmen, so sind sie nicht völlig von
ihm abhängig und nicht in jeder Hinsicht sein Erzeugnis.

4. Newton und seine Anhänger haben außerdem noch eine recht
sonderbare Meinung von dem Wirken Gottes. Nach ihrer Ansicht
muß Gott von Zeit zu Zeit seine Uhr aufziehen, — sonst bliebe
sie stehen. Er hat nicht genügend Einsicht besessen, um ihr eine
immerwährende Bewegung zu verleihen. Der Mechanismus, den
er geschaffen, ist nach ihrer Ansicht sogar so unvollkommen, daß
er ihn von Zeit zu Zeit durch einen außergewöhnlichen Eingriff
ummodeln und selbst ausbessern muß, wie ein Uhrmacher sein
Werk.[79] Nun ist aber der schlechteste Meister derjenige, der sich

* Als Ergänzung der Streitschriften zwischen Leibniz und Clarke folgen aus dem Briefwechsel zwischen Leibniz und Huygens die Briefe, die
die Diskussion des Begriffs der absoluten und relativen Bewegung betreffen.
** Siehe Gerh. VII, 353 – 440.

am häufigsten zu Abänderungen und Berichtigungen genötigt sieht.
Meiner Anschauung nach besteht im Ganzen der Welt stets diesel-
be Kraft und Tätigkeit fort; sie geht nur gemäß den Gesetzen der
Natur und der erhabenen prästabilierten Ordnung von Materie zu
Materie über. Tut Gott Wunder, so geschieht dies, wie ich glaube,
nicht deshalb, weil die Natur, sondern weil die Gnade sie fordert:
hier aber anders urteilen hieße eine recht niedrige Vorstellung von
Gottes Macht und Weisheit haben.

Clarkes erste Entgegnung

1. Daß es in England, ebenso wie in anderen Ländern, Leute gibt,
die selbst die natürliche Religion leugnen oder in hohem Grade
entstellen, ist nur zu wahr und sehr zu beklagen. Nächst den ver-
derbten Neigungen der Menschen ist dies jedoch in der Hauptsa-
che der falschen Philosophie der Materialisten zuzuschreiben, der
die mathematischen Prinzipien der Philosophie unmittelbar widerstreiten. Daß manche die menschliche Seele, andere sogar Gott selbst
zu einem körperlichen Wesen machen, ist ebenfalls richtig; — dies
jedoch sind die erklärten Feinde der mathematischen Prinzipien
der Philosophie. Diese Prinzipien, und zwar sie allein, erweisen
die Materie und den Körper als den kleinsten und unbedeutend-
sten Teil des Universums.

2. Daß Locke Zweifel hegte, ob die Seele immateriell ist oder
nicht, läßt sich zwar auf Grund einiger Stellen in seinen Schriften
argwöhnen, doch sind ihm hierin nur einige Materialisten gefolgt,
die Feinde der mathematischen Prinzipien der Philosophie, die in
Lockes Schriften außer seinen Irrtümern wenig oder nichts billigen.

3. Sir Isaak Newton sagt weder, daß der Raum das Organ sei,
dessen Gott sich bedient, noch daß er irgendeines Mittels bedürfe,
um die Dinge wahrzunehmen. Er behauptet im Gegenteil, daß Gott
als allgegenwärtig alle Dinge, wo sie sich auch im Raume befinden
mögen, durch seine unmittelbare Gegenwart wahrnimmt, ohne den
Gebrauch oder den Beistand irgendeines Organs oder Mittels. Um
dies verständlicher zu machen, erläutert er es durch einen Vergleich:

Wie nämlich die menschliche Seele die Bilder oder Abbilder der Dinge, die sich im Gehirn vermittels der Sinnesorgane gestalten, durch ihre unmittelbare Gemeinschaft mit ihnen so sieht, wie wenn sie die Dinge selbst wären — so sieht Gott alle Dinge durch die unmittelbare Gemeinschaft, in der er mit ihnen steht. Denn er ist der Gesamtheit der Dinge selbst wirklich und innerlich gegenwärtig, wie die menschliche Seele es allen im Gehirn gebildeten Bildern der Dinge ist.[80] Sir Isaak Newton betrachtet das Gehirn und die Sinnesorgane als die Mittel, mit deren Hilfe jene Bilder zustande kommen, nicht aber als die Mittel, durch die die *Seele* sie sieht oder wahrnimmt. Die Dinge des Universums gelten ihm nicht als Abbilder, die durch bestimmte Mittel oder Organe zustande kommen, sondern als reale Gegenstände, die durch Gott selbst geschaffen und von ihm an allen Stellen, wo sie sich auch befinden mögen, ohne die Vermittlung irgendeines Mediums wahrgenommen werden. Dies allein ist der Sinn seines Vergleiches, wenn er den unendlichen Raum sozusagen das »Sensorium« des allgegenwärtigen Wesens nennt.

4. Bei den Menschen gilt allerdings der Handwerker als der geschickteste, dessen Werk am längsten ohne weitere Hilfe des Meisters seine regelmäßige Bewegung beibehält. Denn die menschliche Geschicklichkeit besteht nur darin, Stücke zusammenzusetzen, richtig zu verwenden und miteinander zu verbinden. Die Elemente für die Bewegung der Einzelstücke sind hier vom Künstler gänzlich unabhängig; die Gewichte, die Federn und ihre Kräfte werden von dem Handwerker nicht geschaffen, sondern nur richtig einander angepaßt. Mit Bezug auf Gott aber liegt der Fall ganz anders, da er nicht nur Dinge zusammensetzt oder miteinander verbindet, sondern selbst der Urheber und immerwährende Erhalter ihrer ursprünglichen Fähigkeiten und ihrer bewegenden Kräfte ist. Es ist also keine Herabsetzung, sondern die wahre Verherrlichung seiner Werke, wenn man sagt, daß nichts ohne seine immerwährende Leitung und Aufsicht vor sich geht. Wenn man sich die Welt als eine große Maschine vorstellt, die — wie eine Uhr ohne Hilfe des Uhrmachers — ohne den Eingriff Gottes weiter geht, so führt dies zum Materialismus und Fatalismus und zielt — unter dem Vorwand, Gott zu einem überweltlichen Verstandeswesen zu ma-

chen — darauf ab, die göttliche Vorsehung und Leitung tatsächlich aus der Welt zu verbannen. Denn ebenso wie sich der Philosoph hier alle Dinge vom Anbeginn der Schöpfung an ohne die Herrschaft oder Leitung der Vorsehung in beständigem Fortgang denkt, kann ein Skeptiker noch weiter zurückgehen und behaupten, die Dinge hätten, wie jetzt, so auch von Ewigkeit an ohne eine wahrhafte Erschaffung und ohne ursprünglichen Schöpfer ihren Lauf genommen: nur von der allweisen und ewigen Natur, wie solche Vernünftler es nennen, geleitet. Wenn ein König ein Reich besäße, in dem alles beständig ohne seine Leitung und Einwirkung vor sich ginge, so würde es für ihn nur dem Namen nach ein Königreich sein, in der Tat jedoch würde er den Titel »König« oder »Herrscher« keineswegs verdienen. Gegen alle die, die behaupten, daß in einer irdischen Regierung die Dinge ohne Einmischung des Königs vollkommen ihren Gang gehen könnten, ist der Verdacht gerechtfertigt, daß sie am liebsten den König ganz beiseite schieben möchten: so zielt denn auch in der Tat die Lehre, daß der Lauf der Welt die stete Leitung Gottes, des höchsten Herrschers, nicht nötig hat, darauf ab, Gott aus der Welt zu verbannen.

Leibniz' zweites Schreiben

1. In dem Schreiben an die Prinzessin von Wales, das Ihre Königliche Hoheit mir übersandt hat, bemerkt man mit Recht, daß nächst den lasterhaften Leidenschaften die Prinzipien der Materialisten viel dazu beitragen, den Unglauben zu unterstützen; — der Zusatz jedoch, daß die mathematischen Prinzipien der Philosophie denen der Materialisten entgegengesetzt sind, ist, wie ich meine, grundlos. Im Gegenteil: es sind dieselben, nur daß Materialisten wie Demokrit, Epikur und Hobbes sich auf die mathematischen Prinzipien beschränken und einzig Körper, die christlichen Mathematiker dagegen außerdem noch immaterielle Substanzen gelten lassen. Somit sind es nicht die *mathematischen* Prinzipien — im gewöhnlichen Sinne des Wortes — sondern die *metaphysischen* Prinzipien, die man denen der Materialisten entgegenstellen muß. Pythagoras, Platon, zum Teil auch haben sich ihrer Erkenntnis

genähert; ich jedoch glaube, sie in meiner *Theodicée*, wenngleich in populärer Darstellung, in beweiskräftiger Weise festgelegt zu haben.

2. Die große Grundlage der Mathematik ist das Prinzip des Widerspruchs oder der Identität, d. h. der Satz, daß eine Aussage nicht gleichzeitig wahr und falsch sein kann, daß demnach A = A ist und nicht = non A sein kann. Dieses einzige Prinzip genügt, um die Arithmetik und die Geometrie, also alle mathematischen Prinzipien, abzuleiten. Um aber von der Mathematik zur Physik überzugehen, ist noch ein anderes Prinzip erforderlich, wie ich in meiner Theodicée bemerkt habe, nämlich das Prinzip des zureichenden Grundes: daß sich nämlich nichts ereignet, ohne daß es einen Grund gibt, weshalb es eher so als anders geschieht. Deshalb hat sich Archimedes, als er in seinem Buche über das Gleichgewicht von der Mathematik zur Physik übergehen wollte, genötigt gesehen, sich eines besonderen Falles des umfassenden Prinzips des zureichenden Grundes zu bedienen. Er nimmt als zugestanden, daß eine Waage in Ruhe bleiben wird, wenn zu beiden Seiten alles gleich verteilt ist, und man an den Endpunkten der beiden Hebelarme gleiche Gewichte anbringt. Denn es gibt in diesem Falle keinen Grund, weshalb eine Seite eher als die andere sich herabsenken sollte. Einzig durch dieses Prinzip, daß es eines zureichenden Grundes bedarf, weshalb die Dinge sich eher so als anders verhalten, lassen sich die Gottheit und alle übrigen Sätze der Metaphysik oder natürlichen Theologie, ja in gewisser Weise auch die von der Mathematik unabhängigen physikalischen Prinzipien, d. h. die dynamischen oder die Kraftprinzipien beweisen.

3. Man behauptet weiter, daß nach den mathematischen Prinzipien, d. h. nach der Philosophie Newtons — denn die mathematischen Prinzipien machen darüber nichts aus — die Materie der unbedeutendste Teil des Universums ist. Newton nämlich nimmt außer der Materie einen leeren Raum an, nach ihm nimmt also die Materie nur einen sehr kleinen Teil des Raumes ein. Indessen haben Demokrit und Epikur dasselbe behauptet, wobei sie sich hinsichtlich der Materie nur dem Grade nach von Newton unterschieden, da es nach ihnen vielleicht mehr Materie in der Welt gibt als nach diesem. Doch liegt hierin, wie ich glaube, ein Vorzug; denn

je mehr Materie es gibt, um so mehr hat Gott Gelegenheit, seine Weisheit und seine Macht auszuüben. Aus diesem wie aus anderen Gründen bin ich der Ansicht, daß es überhaupt kein Leeres gibt. In dem Appendix zu Newtons *Optik* ist ausdrücklich bemerkt, daß der Raum das Sensorium Gottes ist. Nun hat das Wort »Sensorium« stets das Organ der Sinnesempfindung bedeutet. Mögen immerhin er und seine Freunde jetzt die frühere Erklärung verleugnen; ich habe nichts dagegen.

4. Man nimmt an, die bloße Gegenwart der Seele genüge, damit sie sich der Vorgänge im Gehirn bewußt wird. Aber gerade dies leugnet der Pater Malebranche und die ganze Cartesische Schule, und zwar mit Recht. Es bedarf ganz anderer Bedingungen als der bloßen Gegenwart, damit ein Ding die Vorgänge, die in einem anderen stattfinden, vorstellt. Irgendeine erklärbare Mitteilung, irgendeine Art des Einflusses der Dinge untereinander oder von seiten einer gemeinsamen Ursache ist hierzu erforderlich. Der Raum ist, nach Newton, dem Körper, welchen er enthält, und der durch ihn gemessen wird, unmittelbar gegenwärtig: folgt darum, daß der Raum sich dessen bewußt wird, was im Körper vorgeht, und daß er sich daran erinnert, nachdem der Körper ihn verlassen hat? Ferner bliebe, wegen der Unteilbarkeit der Seele, ihre unmittelbare Gemeinschaft mit dem Körper, die man sich etwa denken könnte, nur auf einen Punkt beschränkt, — wie sollte also die Seele sich dessen bewußt werden, was außerhalb dieses Punktes geschieht? Ich mache Anspruch darauf, zuerst die Art und Weise erklärt zu haben, wie die Seele sich dessen bewußt wird, was im Körper vor sich geht.

5. Daß Gott Bewußtsein von allem hat, ist nicht in seiner einfachen Gegenwart, sondern außerdem in seiner Wirksamkeit begründet, denn er erhält die Dinge durch eine Tätigkeit, die alles Gute und Vollkommene in ihnen beständig neu erschafft. Da aber die Seelen weder einen unmittelbaren Einfluß auf die Körper haben, noch umgekehrt diese auf jene, so kann die wechselseitige Übereinstimmung zwischen beiden nicht durch ihr bloßes Miteinander erklärt werden.

6. Wenn wir eine Maschine loben, so geschieht dies mehr mit Rücksicht auf ihre Wirkung als ihre Ursache. Man fragt nicht so

sehr nach der Macht als nach der Geschicklichkeit des Meisters. Der Grund, den man hier zum Lobe der Maschine Gottes anführt, daß er sie nämlich in allen ihren Bestandstücken geschaffen hat, ohne den Stoff dazu von außen her zu entlehnen, ist daher keineswegs ausreichend; er ist eine Ausflucht, zu der man sich gezwungen sieht. Wenn wir Gott vor einem anderen Meister den Vorzug geben, so geschieht dies nicht nur, weil er das Ganze geschaffen hat, während der Künstler seinen Stoff suchen muß. Dieser Vorzug käme allein von seiner Macht, — es gibt jedoch einen anderen Grund der Vortrefflichkeit der göttlichen Werke, der von seiner Weisheit herrührt. Er liegt darin, daß seine Maschine auch länger dauert und richtiger geht, als die eines beliebigen anderen Künstlers. Wer eine Uhr kauft, kümmert sich gar nicht darum, ob ein einzelner Handwerker sie vollständig verfertigt, oder ob er ihre Teile durch andere hat anfertigen lassen und sie nur zusammengefügt hat, — wenn sie nur richtig geht. Selbst wenn der Handwerker von Gott die Gabe erhalten hätte, die Materie der Räder zu erschaffen, so würde man damit nicht zufrieden sein, wenn er nicht zugleich auch von ihm die Gabe besäße, sie passend zusammenzufügen. So wird auch der Grund, den man uns hier anführt, für sich allein niemand genügen, um mit dem Werke Gottes zufrieden zu sein.

7. Es ist also nicht genug, daß die Kunstfertigkeit Gottes der eines Handwerkers gleichkommt; sie muß unendlich darüber hinausragen. Die einfache Erschaffung des Ganzen wäre wohl ein Zeichen der Macht Gottes, keineswegs aber ein genügender Beweis seiner Weisheit. Alle, die das Gegenteil behaupten, verfallen damit in den Fehler Spinozas und der Materialisten, von denen sie sich nach ihrer Versicherung fernhalten wollen: sie sprechen dem Urgrunde der Dinge zwar Macht, aber nicht genügend Weisheit zu.

8. Ich sage nicht, die körperliche Welt sei eine Maschine oder ein Uhrwerk, das ohne Mitwirkung Gottes geht, vielmehr betone ich zur Genüge, daß die Geschöpfe seines immerwährenden Einflusses bedürfen. Was ich behaupte, ist, daß das Uhrwerk der Welt, ohne einer Nachbesserung zu bedürfen, fortgeht; man müßte sonst sagen, daß sich Gott eines Besseren besinnt. Gott hat alles vorhergesehen, er hat für alles im voraus Sorge getragen, in seinen Wer-

ken herrscht eine Harmonie, eine Schönheit, die schon zuvor bestimmt ist.

9. Diese Ansicht schließt durchaus nicht die Vorsehung oder die Herrschaft Gottes aus, sondern läßt sie im Gegenteil erst in ihrer ganzen Vollkommenheit hervortreten. Eine wahrhafte Vorsehung Gottes fordert eine vollkommene Voraussicht, — ja, sie verlangt, daß er nicht nur alles vorausgesehen, sondern durch zuvorbestimmte passende Hilfsmittel für alles Sorge getragen hat; sonst hätte es ihm an der Weisheit, ein Ereignis vorherzusehen oder an der Macht, dafür Vorsorge zu treffen, gefehlt. Er würde dann dem Gott der Sozinianer gleichen, der nach einem Wort von Herrn Jurieu von Tag zu Tage lebt. Allerdings fehlt es Gott, nach der Meinung der Sozinianer, selbst an der Fähigkeit, die Schwierigkeiten vorauszusehen, wohingegen ihm nach der Ansicht derer, die ihn zwingen, sein eigenes Werk zu verbessern, nur die Fähigkeit abgeht, dafür Vorsorge zu treffen. Es scheint mir indessen, daß dies immerhin ein recht großer Mangel ist; es müßte ihm in diesem Falle entweder an Macht oder an gutem Willen fehlen.

10. Ich glaube, man darf mir keinen Vorwurf daraus machen, daß ich Gott als überweltliches Verstandeswesen (intelligentia supramundana) bezeichnet habe. Will man etwa sagen, daß er innerweltliches Verstandeswesen (intelligentia mundana), d. h. daß er die Weltseele ist? Hoffentlich nicht. Man hüte sich indessen, dieser Meinung unwissentlich Vorschub zu leisten.

11. Der Vergleich mit einem König, in dessen Reich alles seinen Lauf nähme, ohne daß er selbst sich darein mischt, ist schlecht angebracht, da ja Gott stets alle Dinge erhält, und sie ohne ihn gar nicht fortbestehen können: sein Königreich besteht demnach keineswegs nur dem Namen nach. Man müßte denn sagen, daß ein König, der seine Untertanen so gut hätte erziehen lassen, und der durch seine Fürsorge für sie ihrer Tüchtigkeit und ihres guten Willens so sicher wäre, daß er sie niemals zurechtzuweisen brauchte, — daß der nur dem Namen nach König wäre.

12. Wenn endlich Gott sich von Zeit zu Zeit genötigt sieht, die Natur zu verbessern, so muß das entweder auf übernatürlichem oder auf natürlichem Wege geschehen. Geschieht es auf übernatürlichem Wege, so muß man für die Erklärung der Natur zum

Wunder seine Zuflucht nehmen: eine Folgerung, durch die in der Tat eine Annahme ad absurdum geführt ist. Denn mit Wundern kann man von allem ohne große Mühe Rechenschaft geben. Geschieht es aber auf natürlichem Wege, so wird Gott kein außerweltliches Verstandeswesen mehr sein; er wird in der Natur der Dinge einbegriffen, d. h. die Weltseele sein.

Clarkes zweite Entgegnung

1. Wenn ich die mathematischen Prinzipien der Philosophie denen der Materialisten entgegengesetzt habe, so hieß das, daß die Materialisten den Bau der Natur allein aus den mechanischen Prinzipien der Materie und der Bewegung, der Notwendigkeit und des Schicksals entstehen lassen, während die mathematischen Prinzipien der Philosophie erkennen lassen, daß der Stand der Dinge — die Verfassung der Sonne und der Planeten — nur von einer verstandesbegabten und freien Ursache herrühren kann.[81] Was den Namen betrifft, so kann man die mathematischen Prinzipien, wenn man will, auch metaphysische nennen, sofern sich aus ihnen metaphysische Konsequenzen in beweiskräftiger Weise ergeben. Allerdings *ist* nichts ohne einen zureichenden Grund, weshalb es, und weshalb es eher so als anders ist; es gibt daher keine Wirkung ohne Ursache. Aber dieser zureichende Grund ist häufig kein anderer als der bloße Wille Gottes. Weshalb z. B. diese besondere System der Materie an einer bestimmten Stelle geschaffen wurde, während doch — da eine jede Stelle sich durchaus gleichgültig gegen alle Materie verhält — die Umkehrung, unter der Voraussetzung, daß beide materielle Systeme oder ihre Elemente gleich sind, genau dasselbe Resultat ergeben hätte: dafür kann es keinen anderen Grund als den bloßen Willen Gottes geben. Könnte dieser in keinem einzigen Falle anders als vermöge einer bestimmten Ursache handeln, so wenig sich eine Waage ohne ein überwiegendes Gewicht bewegen kann, so würde dies darauf hinauslaufen, alle freie Wahl aufzuheben und den Fatalismus einzuführen.

2. Viele alte Griechen, die ihre Lehre von den Phöniziern hatten, und deren Philosophie durch Epikur verdorben war, haben

in der Tat ganz allgemein die Materie und das Leere als Prinzipien aufgestellt, doch vermochten sie diese Prinzipien nicht vermittels der Mathematik zur Erklärung der Naturerscheinungen zu nutzen. Wie gering auch die Quantität der Materie sein mag, so bleibt doch Gott Gelegenheit genug, seine Weisheit und Macht zu betätigen; gibt es doch andere Dinge, an denen er sie in gleicher Weise betätigen kann. Ebensogut hätte man beweisen können, daß es Menschen oder irgendeine Art von Wesen in unendlicher Zahl geben müsse, damit es Gott nicht an Gegenständen zur Übung seiner Macht und Weisheit fehle.

3. Das Wort »Sensorium« bezeichnet nicht eigentlich das Organ, sondern die Stelle der Empfindung. Das Auge, das Ohr usw. sind Organe, aber keine Sensorien. Außerdem sagt Sir Isaak Newton nicht, der Raum sei das Sensorium, sondern nur bildlich, er verhalte sich wie das Sensorium und so weiter.

4. Die Gegenwart der Seele hat man niemals als die zureichende, sondern nur als eine notwendige Bedingung der Wahrnehmung angesehen. Ohne den Abbildern der wahrgenommenen Dinge innerlich gegenwärtig zu sein, könnte die Seele sie unmöglich wahrnehmen, doch wäre die bloße Gegenwart allerdings unzureichend, wenn die Seele nicht auch eine lebendige Substanz wäre. Unbelebte Substanzen nehmen, auch wenn sie gegenwärtig sind, nichts wahr, andrerseits kann eine lebendige Substanz nur an einer Stelle etwas wahrnehmen, an der sie entweder, wie der allgegenwärtige Gott dem ganzen Universum, den Dingen selbst oder, wie die menschliche Seele in ihrem Sensorium, den Abbildern der Dinge gegenwärtig ist. Nichts kann dort wirken oder eine Einwirkung erleiden, wo es nicht gegenwärtig ist, so wenig es dort sein kann, wo es sich nicht befindet.[82] Daß die Seele unteilbar ist, beweist noch nicht, daß sie nur an *einem* Punkte gegenwärtig ist. Der Raum, der endliche wie der unendliche, ist, sogar in Gedanken, durchaus unteilbar[83] — denkt man sich seine Teile voneinander fortbewegt, so hieße das, sie bewegten sich aus sich selbst heraus — trotzdem aber ist er kein bloßer Punkt.

5. Gott nimmt die Dinge in der Tat nicht durch seine unmittelbare Gemeinschaft mit ihnen, noch auch durch die Einwirkung auf sie wahr, sondern dadurch, daß er eine lebendige und verstan-

desbegabte, sowie eine allgegenwärtige Substanz ist. In gleicher Weise nimmt die Seele — innerhalb ihres engen Wirkungskreises — nicht durch ihre einfache Gegenwart, sondern vermöge ihrer Eigenschaft als lebendige Substanz die Abbilder wahr, denen sie innerlich gegenwärtig ist und könnte sie ohne diesen Umstand nicht wahrnehmen.

6. und 7. Allerdings besteht der Vorzug des Werkes Gottes nicht allein darin, daß es die Macht, sondern zugleich darin, daß es die Weisheit seines Urhebers bekundet. Dennoch offenbart sich Gottes Weisheit nicht darin, daß er die Natur — wie ein Handwerker eine Uhr — so einrichtet, daß sie imstande ist, ohne ihn zu gehen; denn das ist unmöglich, da es ja keine Naturkräfte gibt, die von ihm in gleicher Weise unabhängig sind, wie es die Gewichte und Federn von den Menschen sind. Die Weisheit Gottes besteht vielmehr darin, daß er sich ursprünglich die vollkommene und vollständige Vorstellung von einem Werke gemacht hat, welches jener ursprünglichen vollkommenen Vorstellung gemäß begann und durch die immerwährende, ununterbrochene Ausübung seiner Macht und Herrschaft fortbesteht.

8. Das Wort »Verbesserung« oder Umgestaltung muß man nicht mit Bezug auf Gott, sondern nur mit Bezug auf uns verstehen. Der gegenwärtige Bau des Sonnensystems z. B. wird nach den jetzt geltenden Bewegungsgesetzen im Laufe der Zeit in Verwirrung geraten und dann vielleicht verbessert oder in eine neue Form gebracht werden. Diese Verbesserung ist aber nur relativ, mit Bezug auf unsere Begriffe, zu verstehen. In Wirklichkeit sind für Gott der gegenwärtige Bau, die spätere Unordnung und die folgende Wiedererneuerung alle in gleicher Weise Teile des Planes, den er sich in seiner ursprünglichen, vollkommenen Idee vorgezeichnet hat. Es geht mit dem Bau der Welt wie mit dem des menschlichen Körpers: bei beiden besteht Gottes Weisheit nicht darin, den gegenwärtigen Bau zu verewigen, sondern ihn so lange dauern zu lassen, als er es für gut hält.

9. Die Weisheit und Voraussicht Gottes besteht nicht darin, daß er uranfänglich für Hilfsmittel sorgt, die von selbst jede Unordnung in der Natur beseitigen sollen. Denn streng genommen gibt es für ihn keine Unordnungen, somit auch keine Hilfsmittel, über-

haupt aber keine Naturkräfte, die — wie die Gewichte und Federn vom Standpunkt des Menschen — aus sich selbst etwas vermögen. Die Weisheit und Voraussicht Gottes besteht vielmehr, wie bereits gesagt, darin, daß er auf einmal und im voraus entwirft, was weiterhin durch seine Macht und Herrschaft zur stetigen Ausführung in der Wirklichkeit gelangt.

10. Gott ist weder ein innerweltliches, noch ein außerweltliches, sondern ein allgegenwärtiges Verstandeswesen, das sich in wie außer der Welt befindet. Er ist in allem, wirkt durch alles und ist doch über allem.

11. Soll unter der Erhaltung aller Dinge durch Gott seine tatsächliche Einwirkung und Herrschaft verstanden sein, durch die er die Wesenheit und die Kräfte, die Ordnung, Gliederung und Bewegung aller Dinge erhält und fortbestehen läßt, so ist das alles, was ich behaupte. Soll aber diese Erhaltung nicht mehr bedeuten, als die Wirksamkeit eines Königs, der seine Untertanen instandsetzt, gut zu handeln, ohne daß er sich darein mischt oder später jemals neue Anordnungen trifft, so macht man Gott damit in der Tat zu einem wirklichen Schöpfer, aber nur dem Namen nach zum Herrscher.

12. Das Argument dieses Paragraphen setzt voraus, daß alles, was Gott nur tun mag, übernatürlich oder wunderbar ist, und läuft demnach darauf hinaus, Gott jede Einwirkung auf die Leitung und Ordnung der Natur zu versagen. In Wahrheit aber sind für Gott natürlich und übernatürlich nicht im geringsten voneinander verschieden; diese Unterschiede gelten nur für unsere Art, die Dinge zu begreifen. Der Sonne oder der Erde eine regelmäßige Bewegung zu verleihen, das nennen wir »natürlich«, sie einen Tag stille stehen zu lassen, nennen wir »übernatürlich«, aber das eine erfordert keine größere Macht als das andere; auch ist für Gott beides gleich natürlich oder übernatürlich.[84] Daß Gott in und mit der Welt gegenwärtig ist, macht ihn noch nicht zur Weltseele. Eine Seele ist ein Teil einer Verbindung, deren anderer Teil der Körper ist; beide beeinflussen einander gegenseitig, als Bestandstücke eines und desselben Ganzen. Gott aber ist der Welt nicht als ein Teil von ihr, sondern als ihr Herrscher gegenwärtig; er wirkt auf alle Dinge ein, während auf ihn nichts einwirkt: »er ist nicht ferne von

einem jeden unter uns, denn in ihm leben, weben und sind wir (und alle Dinge).«[85]

Leibniz' drittes Schreiben

1. Nach gewöhnlicher Ausdrucksweise sind die mathematischen Prinzipien die der reinen Mathematik z. B. Zahl und Gestalt, Arithmetik und Geometrie. Die metaphysischen Prinzipien hingegen betreffen allgemeine Begriffe, wie z. B. Ursache und Wirkung.[86]

2. Man gibt mir das wichtige Prinzip zu: daß sich nichts ereignet, ohne daß ein zureichender Grund vorliegt, weshalb es sich eher so als andere verhält. Aber man gibt es mir in Worten zu und weigert sich in Wirklichkeit, es anzuerkennen. Daraus geht hervor, daß man seine ganze Tragweite nicht recht begriffen hat. Man braucht hier ein Beispiel, das gerade in einem meiner Beweise gegen den reellen absoluten Raum, diesem Idole einiger moderner Engländer, vorkommt. Ich spreche hier von einem »Idol«: nicht in einem theologischen, sondern in einem philosophischen Sinne, wie der Kanzler Baco einst von »idola tribus«, »idola specus« sprach.[87]

3. Diese Herren behaupten also, der Raum sei ein reelles absolutes Wesen, doch führt sie das auf große Schwierigkeiten. Denn, wie es scheint, muß dieses Wesen ewig und unendlich sein. Deshalb haben manche geglaubt, es sei Gott selbst oder doch sein Attribut, seine Unermeßlichkeit. Da der Raum aber Teile hat, so ist er mit dem Begriff Gottes unverträglich.

4. Ich habe mehrfach betont, daß ich den Raum ebenso wie die Zeit für etwas rein Relatives halte; für eine Ordnung der Existenzen im Beisammen, wie die Zeit eine Ordnung des Nacheinander ist. Denn der Raum bezeichnet unter dem Gesichtspunkt der Möglichkeit eine Ordnung der gleichzeitigen Dinge, insofern sie zusammen existieren, ohne über ihre besondere Art des Daseins etwas zu bestimmen. Wenn man mehrere Dinge zusammen sieht, so wird man sich dieser Ordnung der Dinge untereinander bewußt.[88]

5. Zur Widerlegung der Einbildung derer, die den Raum für eine Substanz oder wenigstens für irgendein absolutes Wesen hal-

ten, besitze ich mehrere Beweise, doch will ich mich zunächst nur des einen bedienen, zu dem man mir hier die Gelegenheit an die Hand gibt. Ich behaupte also, daß, wenn der Raum ein absolutes Wesen wäre, sich etwas ereignen würde, wofür sich unmöglich ein zureichender Grund angeben ließe, was gegen unser Axiom verstößt. Dies beweise ich folgendermaßen: der Raum ist etwas durchaus Gleichförmiges und sieht man von den Dingen ab, die sich in ihm befinden, so ist jeder seiner Punkte von einem beliebigen anderen Punkt in nichts verschieden. Folglich läßt sich, unter der Voraussetzung, daß der Raum etwas an sich selbst, daß er also mehr als die bloße Ordnung der Körper untereinander ist, unmöglich ein Grund dafür angeben, weshalb Gott die Körper — die Beibehaltung ihrer Abstände und gegenseitigen Lagebeziehungen vorausgesetzt — gerade an diese bestimmte Raumstelle und nicht an eine andere gesetzt hat; warum etwa nicht alles durch einen Umtausch von Osten und Westen umgekehrt angeordnet worden ist. Ist aber der Raum nichts anderes als diese Ordnung oder Beziehung selbst, und ist er ohne die Körper gar nichts als die Möglichkeit, ihnen eine bestimmte Stellung zu geben, so sind eben diese beiden Zustände, der ursprüngliche und seine Umkehrung, in nichts voneinander verschieden: ihr scheinbarer Unterschied ist nur eine Folge unserer chimärischen Voraussetzung von der Realität des Raumes an sich selbst. In Wahrheit aber wäre der eine genau dasselbe wie der andere, da sie durchaus ununterscheidbar sind und somit die Frage, warum der eine Zustand dem anderen vorgezogen wurde, ganz unstatthaft ist.[89]

6. Ebenso verhält es sich mit der Zeit. Angenommen, es fragte jemand, weshalb Gott nicht alles ein Jahr früher geschaffen hat, angenommen ferner, er wollte daraus den Schluß ziehen, Gott habe da etwas getan, wofür sich unmöglich ein Grund finden läßt, weshalb er so und nicht anders gehandelt, so würde man ihm erwidern, daß seine Schlußfolgerung nur unter der Voraussetzung gilt, daß die Zeit etwas außer den zeitlichen Dingen sei. Denn dann wäre es freilich unmöglich, einen Grund zu finden, weshalb die Dinge — unter Annahme ihrer festen identischen Reihenfolge — eher in solche als in andere Augenblicke hätten hineingesetzt werden sollen. Aber eben das beweist, daß die Augenblicke losgelöst

von den Dingen Nichts sind, und daß sie nur in der sukzessiven Ordnung der Dinge selbst ihren Bestand haben. Da diese Ordnung nun gleich bleiben soll, so würde der eine der beiden Zustände, z. B. der, in dem alles um einen bestimmten Zeitraum vorweggenommen ist, von dem anderen gar nicht abweichen und sich von ihm nicht unterscheiden lassen.

7. Aus all dem sieht man, daß man mein Axiom nicht richtig erfaßt hat, und daß man es tatsächlich zurückweist, während man es scheinbar zugesteht. Allerdings, sagt man, gibt es nichts ohne einen zureichenden Grund, weshalb es eher so ist, als anders, aber man fügt hinzu, daß dieser zureichende Grund häufig der einfache oder bloße Wille Gottes ist, so z. B. bei der Frage, weshalb die Gesamtheit der Materie — unter Wahrung der gegenseitigen Lageverhältnisse der Körper — nicht an eine andere Stelle des Raumes versetzt worden ist. Damit ist jedoch, gerade entgegen dem Axiom oder der allgemeinen Regel alles Geschehens, behauptet, daß Gott etwas will, ohne daß es für seinen Willen einen zureichenden Grund gibt. Man fällt hier in die unbestimmte Indifferenz zurück, die ich ausführlich widerlegt,[90] die ich selbst für die geschaffenen Wesen als durchaus chimärisch erwiesen habe, und die der Weisheit Gottes widerstreitet, da sie eine Tätigkeit von ihm, die nicht durch Vernunft bestimmt ist, für möglich hält.

8. Die Verwerfung dieses einfachen und bloßen Willens soll jedoch, wie man mir einwendet, zugleich die Aufhebung der Wahlfreiheit Gottes und die Einführung des Fatalismus bedeuten. Aber genau das Gegenteil ist der Fall. Man spricht Gott das Vermögen der Wahl zu, sofern man seine Wahl auf einen Grund zurückführt, der seiner Weisheit gemäß ist. Das »Schicksal« in diesem Sinne, in dem es nur die Vorsehung oder die Ordnung bedeutet, aus der das Vernünftigste sich ergibt, braucht man nicht zu scheuen, sondern nur eine rohe Schickung oder Notwendigkeit, bei der es weder Weisheit noch Wahl gibt.

9. Ich hatte bemerkt, daß man mit der Verminderung der Quantität der Materie die Zahl der Gegenstände vermindere, an denen Gott seine Güte betätigen kann; man antwortet mir, statt der Materie gäbe es im Leeren andere Dinge genug, an denen er sie trotzdem auszuüben vermag. Gut denn, obwohl ich nicht damit ein-

verstanden bin, denn ich halte dafür, daß eine jede geschaffene Substanz an Materie gebunden ist. Doch, wie gesagt, es sei so — dann erwidere ich, daß mit eben diesen Dingen eine größere Menge Materie verträglich war, daß demnach immerhin das Objekt der Wirksamkeit Gottes verringert ist. Das Beispiel einer größeren Zahl von Menschen oder Tieren paßt hier nicht, denn sie würden anderen Dingen den Raum benehmen.

10. Man wird uns schwerlich beibringen, daß im gewöhnlichen Sprachgebrauch *Sensorium* nicht das Organ der Empfindung bedeute. Folgendes sind die Worte von Rudolphus Goclenius in seinem philosophischen Wörterbuch[91] unter *Sensiterium*: ein barbarischer Ausdruck der Scholastiker, die bisweilen die Griechen nachäffen. Diese sagen αἰσϑητήριον, woraus jene Sensiterium gemacht haben, statt Sensorium d. h. des Organs für die Empfindung.

11. Die einfache Gegenwart einer Substanz, selbst einer beseelten, genügt nicht zur Wahrnehmung: ein Blinder und selbst ein Zerstreuter sieht nicht. Man muß erklären, auf welche Weise die Seele sich dessen bewußt wird, was außer ihr ist.

12. Gott ist den Dingen nicht der Lage, sondern der Wesenheit nach gegenwärtig. Seine Gegenwart bezeugt sich durch seine unmittelbare Wirksamkeit. Die Gegenwart der Seele ist von ganz anderer Art. Sagt man, die Seele sei durch den ganzen Körper ausgebreitet, so macht man sie damit ausgedehnt und teilbar; sagt man, sie sei ganz in jedem Teile des Körpers, so heißt das ebenfalls, sie als teilbar ansehen. Sie an einen Punkt heften, sie durch eine Reihe von Punkten verbreitet denken, alles das sind nur mißbräuchliche Ausdrücke, idola tribus.[92]

13. Wenn im Universum durch die natürlichen Gesetze, die Gott gegeben hat, die tätige Kraft abnähme, so daß, um sie zu ersetzen, ein neuer Anstoß nötig wäre, wie bei einem Handwerker, der der Unvollkommenheit seiner Maschine abhilft, so wäre dies eine Unordnung nicht nur mit Bezug auf uns, sondern auch mit Bezug auf Gott selbst. Er *konnte* dem zuvorkommen und seine Maßregeln besser treffen, um einen derartigen Übelstand zu vermeiden: also hat er es auch wirklich getan.

14. Wenn ich sagte, Gott sei derartigen Unordnungen im voraus begegnet, so heißt das durchaus nicht, daß er erst die Unord-

nungen herankommen lasse und dann die Hilfsmittel anwende, sondern daß er Mittel und Wege gefunden hat, um im voraus ihr Eintreten zu verhindern.

15. Man bemüht sich vergebens, meinen Ausdruck zu bekritteln, daß Gott ein *überweltliches Verstandeswesen* ist. Sagt man, er sei über der Welt, so leugnet man damit nicht, daß er in der Welt ist.

16. Ich habe niemals Veranlassung gegeben, daran zu zweifeln, ob die Erhaltung durch Gott eine tatsächliche Weitererhaltung und Fortsetzung der Wesenheiten und Kräfte, der Ordnungen, Gliederungen und Bewegungen der Dinge ist, vielmehr glaube ich, dies vielleicht besser als viele andere erklärt zu haben.[93] Sagt man aber: *das ist alles, was ich behauptet habe, darin* besteht der ganze Streit, so antworte ich: Ihr sehr ergebener Diener! Unser Streit besteht in ganz anderen Dingen. Die Frage ist: Erfolgen nicht die Handlungen Gottes in der allerregelmäßigsten und vollkommensten Weise, kann seine Maschine je in Unordnung geraten, so daß er sie auf außergewöhnlichem Wege wieder instandsetzen muß, kann sein Wille ohne Vernunft handeln; — ist der Raum ein absolutes Wesen, worin besteht die Natur des Wunders? — und eine Reihe ähnlicher Fragen die einen sehr gewaltigen Gegensatz zum Ausdruck bringen.

17. Mit der Behauptung, die man gegen mich vorbringt, daß es für Gott keinen Unterschied zwischen Natürlichem und Übernatürlichem gäbe, werden die Theologen nicht einverstanden sein. Die große Mehrzahl der Philosophen wird sie noch weniger billigen. Der Unterschied ist unendlich groß, doch hat man ihn wohl nicht recht erwogen. Das Übernatürliche übersteigt alle Kräfte der geschaffenen Wesen. Doch kommen wir zu einem Beispiel: das folgende ist eins, das ich häufig mit Erfolg gebraucht habe. Wenn Gott es so einrichten wollte, daß ein freier Körper sich im Äther um einen bestimmten, festen Mittelpunkt herumbewegte, ohne daß irgend etwas anderes auf ihn einwirkte, so wäre dies, wie ich behaupte, nur durch ein Wunder möglich, da man es aus der Natur der Körper nicht erklären kann. Denn ein freier Körper entfernt sich seiner Natur nach in der Richtung der Tangente von der Kurve. Im gleichen Sinne, behaupte ich, ist die Anziehung der Körper

im eigentlichen Verstande ein Wunder, da sie sich aus deren Natur nicht erklären läßt.

Clarkes dritte Entgegnung

1. Was man hier sagt, geht nur die Bedeutung der Worte an. Mag man sich immerhin mit den hier gegebenen Definitionen einverstanden erklären, so können trotzdem mathematische Betrachtungen auf physische und metaphysische Gegenstände angewandt werden.

2. Zweifellos ist nichts ohne einen zureichenden Grund, warum es eher ist als nicht ist, und warum es eher so als anders ist. Bei Dingen aber, die an sich indifferent sind, ist der bloße Wille, ohne daß etwas von außen auf ihn einwirkt, allein jener zureichende Grund, der sie ins Dasein ruft oder ihnen eine bestimmte Art des Seins zuweist. Dies gilt auch für die Frage, warum Gott ein bestimmtes Teilchen der Materie an dieser und keiner anderen Stelle geschaffen oder in sie versetzt hat, während doch alle Stellen ursprünglich gleich sind. Übrigens bleibt die Frage ganz dieselbe, selbst wenn der Raum nichts Reales, sondern die bloße Ordnung der Körper ist; denn auch dann ist es ganz gleichgültig, ob drei gleiche Partikelchen nebeneinander in der Ordnung 1, 2, 3, oder in der umgekehrten stehen; es ließe sich dafür auch hier kein anderer Grund als der bloße Wille Gottes angeben.[94] Aus dieser Indifferenz aller Stellen läßt sich also kein Beweis gegen die Realität des Raumes ableiten. Denn verschiedene Räume sind wirklich verschieden und voneinander distinkt, obwohl sie vollkommen einander ähnlich sind. Setzt man aber voraus, der Raum sei nichts Reales, sondern nur die Ordnung der Körper, so ergibt sich daraus ein augenscheinlicher Widersinn. Nimmt man nämlich an, daß Erde, Sonne und Mond unter Beibehaltung ihrer gegenseitigen Lage an die Stelle gesetzt worden wären, wo sich jetzt die entferntesten Fixsterne befinden: so wäre dies nicht nur, wie der gelehrte Autor mit Recht betont, dieselbe Sache, derselbe *tatsächliche Effekt*, sondern es würde nunmehr auch folgen, daß sie sich an derselben *Stelle* wie jetzt befinden. Das ist aber ein ausdrücklicher Widerspruch.[95]

Die Alten haben nicht jeden leeren Raum als imaginär bezeichnet, sondern nur den außerweltlichen; womit nicht gemeint war, daß ein derartiger Raum nicht reell ist, sondern nur, daß wir durchaus nicht wissen, welche Art von Dingen sich in ihm befindet. Wenn aber manche Schriftsteller das Wort »imaginär« brauchten, um zu *behaupten*, daß der Raum nichts Reales sei, so *bewiesen* sie damit ihre Behauptung noch nicht.

3. Der Raum ist keine Wesenheit, keine ewige und unendliche Wesenheit, sondern eine Eigenschaft oder Folge der Existenz eines unendlichen und ewigen Wesens. Der unendliche Raum ist die Unermeßlichkeit, die Unermeßlichkeit aber ist nicht Gott und deshalb ist der unendliche Raum nicht Gott. Auch was hier von den Teilen des Raumes gesagt wird, macht keine Schwierigkeit. Der unendliche Raum ist einzig; er ist absolut und wesentlich unteilbar. Sieht man ihn als geteilt an, so ist dies in sich selbst widersprechend, denn die Teilung selbst erfordert die Setzung eines [in sich ungeteilten, einheitlichen] Zwischenraumes: der Raum wäre also zugleich als geteilt und ungeteilt angenommen.[96] Durch die göttliche Unermeßlichkeit oder Allgegenwart wird die Substanz Gottes nicht geteilt, so wenig seine Dauer oder sein stetiges Sein der Zerlegung seiner Existenz in Teile gleichkommt. Die Schwierigkeit entsteht hier einzig und allein durch den bildlichen und mißbräuchlichen Sinn, den man dem Wort »Teile« gibt.

4. Wäre der Raum nichts als die Ordnung der koexistierenden Dinge, so würde, wenn Gott das Ganze der materiellen Welt mit einer beliebigen Geschwindigkeit gradlinig fortbewegte, das Universum dennoch immer an derselben Stelle verharren, und bei einem plötzlichen Einhalten der Bewegung wäre nicht die geringste Stoßwirkung spürbar. Wäre ferner die Zeit nur die Ordnung der Sukzession geschaffener Dinge, so würde daraus folgen, daß, wenn Gott die Welt Millionen von Jahren früher geschaffen hätte, sie dennoch nicht im mindesten früher erschaffen wäre. Außerdem sind Raum und Zeit *Quantitäten*, was Lage und Ordnung nicht sind.

5. Die Beweisführung dieses Paragraphen ist folgende: Der Raum ist an sich selbst gleichförmig, seine Teile sind vollkommen ähnlich und weichen nicht im geringsten voneinander ab. Wäre also

ein bestimmtes System von Körpern, in dem die gegenseitigen Lagebeziehungen als gegeben und unveränderlich angenommen sind, statt an dieser Stelle des Raumes an einer anderen erschaffen worden: so hieße das, daß es trotzdem an *derselben* Stelle erschaffen wäre, was ein offenbarer Widerspruch ist. Die Gleichförmigkeit des Raumes beweist in der Tat, daß für Gott kein *äußerer* Grund vorhanden sein konnte, die Dinge eher an die eine, als an eine andere Stelle zu setzen: aber hindert das etwa, daß sein eigener Wille für ihn Grund genug war, an einer bestimmten Stelle seine Wirksamkeit auszuüben, — wenn doch alle Stellen indifferent und gleich sind und zugleich für die Ausübung seiner Wirksamkeit an *irgendeiner* Stelle ein guter Grund vorhanden sein mag?

6. Hierfür gilt dieselbe Betrachtung wie für den vorhergehenden Paragraphen.

7. und 8. Wo irgendeine Verschiedenheit in der Natur der Dinge vorliegt, da wird ein verstandesbegabter und vollkommen weiser Wille in seinem Handeln jederzeit durch die Rücksicht auf diese Verschiedenheit bestimmt. Sind jedoch zwei Wege und zwei Entschließungen gleich gut, wie in den oben erwähnten Beispielen — so hieße es, Gott das ursprüngliche Prinzip oder Vermögen, eine Handlung von selbst zu beginnen, absprechen und seine Tätigkeit wie eine mechanische jederzeit äußeren Bestimmungsgründen unterwerfen, wenn man sagte, daß er in einem solchen Falle überhaupt nicht handeln könne, und daß das Vermögen zu handeln keine Vollkommenheit bedeuten würde, weil es durch keinen *äußeren* Beweggrund geregelt wäre.

9. Ich nehme an, daß die bestimmte, jetzt in der Welt vorhandene Quantität der Materie für den gegenwärtigen Bau der Natur oder den augenblicklichen Zustand der Dinge am geeignetsten ist, daß eine größere, wie eine geringere Quantität von Materie ihm weniger angemessen gewesen wäre, und daß sie demnach auch Gott keinen größeren Wirkungskreis zur Ausübung seiner Güte geboten hätte.

10. Die Frage ist nicht, was Goclenius, sondern was Sir Isaak Newton mit dem Worte Sensorium meint, da der Streit sich doch um den Sinn dreht, den Newton, nicht Goclenius in seinem Buche dem Worte gibt. Wenn Goclenius das Auge, das Ohr

oder irgendein anderes Sinnesorgan als Sensorium auffaßt, so ist er sicherlich im Irrtum. Wenn aber ein Schriftsteller ausdrücklich erklärt, was er mit einem bestimmten Terminus sagen will, wozu dann noch untersuchen, in welchem anderen Sinne der gleiche Ausdruck vielleicht einmal von anderen Schriftstellern gebraucht worden ist? Scapula erklärt ihn durch domicilium, als der Stelle, an der die Seele sich befindet.

11. Die Seele eines Blinden sieht deshalb nichts, weil der Weg verschlossen ist, auf dem Bilder zu dem Sensorium, in dem die Seele gegenwärtig ist, gelangen könnten. In welcher Art die Seele eines sehenden Menschen die Bilder sieht, denen sie innerlich gegenwärtig ist, das wissen wir nicht, — soviel aber ist sicher, daß sie sie nur durch ihre Gegenwart wahrnehmen kann; denn nichts kann dort wirken oder eine Einwirkung erleiden, wo es sich nicht befindet.

12. Da Gott allgegenwärtig ist, so ist er tatsächlich allen Dingen, dem Wesen wie der Substanz nach, gegenwärtig. Allerdings bezeugt sich selbst seine Gegenwart durch ihre Wirkung, doch kann Gott andrerseits nur dort, wo er *ist*, wirksam sein. Die Seele dagegen ist keineswegs in jedem Teil des Körpers allgegenwärtig und kann daher unmöglich auf jeden einwirken, sondern nur auf das Gehirn oder auf bestimmte Nerven und Lebensgeister, die ihrerseits nach den von Gott angeordneten Gesetzen und Arten der Mitteilung den ganzen Körper beeinflussen.

13. und 14. Die tätigen Kräfte im Universum vermindern sich, so daß sie neuer Einwirkungen bedürfen: doch ist dies keine Störung, keine Unordnung und keine Unvollkommenheit des Gesamtwerkes, sondern die bloße natürliche Folge davon, daß wir es mit abhängigen Dingen zu tun haben: ein Umstand, der keiner Verbesserung bedarf. Bei einem menschlichen Handwerker, der eine Maschine verfertigt, liegt der Fall ganz anders, da die Kräfte, vermöge deren die Maschine ihre Bewegungen fortsetzt, von dem Erbauer vollständig unabhängig sind.

15. Den Ausdruck »überweltliches Verstandeswesen« mag man in der Art, wie er von dem Verfasser erklärt worden ist, wohl zulassen; — ohne diese Erklärung jedoch kann er leicht zu der falschen Vorstellung führen, als ob Gott nicht wirklich und der Substanz nach überall gegenwärtig wäre.

16. Auf die hier vorgelegten Fragen ist folgendes die Antwort: Gott handelt jederzeit in der regelmäßigsten und vollkommensten Art; es gibt in seinem Werke keine Unordnungen; die gelegentlichen Änderungen, die er im Bau der Dinge vornimmt, liegen ebensowenig wie ihre gleichmäßige Forterhaltung außerhalb der allgemeinen Ordnung. Bei Dingen, die in sich selbst durchaus gleich und indifferent sind, kann sich der göttliche Wille frei und von selbst bestimmen, ohne daß ihn irgendeine äußere Ursache antreibt, und diese Fähigkeit bedeutet eine Vollkommenheit Gottes. Der Raum ist von der Existenz, der Ordnung oder Lage der Körper unabhängig.

17. Was schließlich den Begriff des Wunders angeht, so handelt es sich nicht darum, was Theologen und Philosophen gewöhnlich hierüber lehren, sondern um die Gründe, die sie für ihre Ansichten anführen. Wenn nur das ein Wunder ist, was die Macht aller Geschöpfe übersteigt, dann ist das Gehen eines Menschen auf dem Wasser oder das Einhalten der Bewegung der Sonne oder der Erde kein Wunder, denn beides bedarf zu seinem Zustandekommen keiner unendlichen Macht. Ebensowenig ist es ein Wunder, wenn ein Körper sich im leeren Raume im Kreise um ein festes Zentrum dreht, gleichviel ob das durch Gott selbst oder mittelbar durch irgendeines seiner Geschöpfe bewirkt wird, sofern nur diese Bewegung — wie die Drehung der Planeten um die Sonne — etwas Gewöhnliches ist. Ist sie aber ungewöhnlich, wie sie es etwa im Falle eines schweren Körpers wäre, der sich in der Luft schwebend erhielte, so bliebe dies immer ein Wunder, wobei es wiederum gleichgültig ist, ob das Ereignis unmittelbar durch Gott selbst oder mittelbar durch die unsichtbare Macht irgendeines erschaffenen Wesens bewirkt wird. Wenn alles, was aus den natürlichen Kräften des Körpers nicht entstehen und nicht erklärt werden kann, ein Wunder ist, dann muß schließlich jede tierische Bewegung so genannt werden: wie mir scheint, ein überzeugender Beweis, daß mein gelehrter Gegner mit diesem Ausdruck einen falschen Begriff verbindet.

Leibniz' viertes Schreiben

1. Bei durchaus indifferenten Dingen gibt es keine Wahl und demnach keine Willensentscheidung, da die Wahl doch stets irgendeinen Grund oder ein Prinzip haben muß.

2. Ein einfacher Wille ohne irgendeinen Beweggrund, (a mere will) ist eine Erdichtung, die nicht nur der Vollkommenheit Gottes widerstreitet, sondern auch chimärisch, widerspruchsvoll und mit der Definition des Willens unverträglich ist, die ferner schon in meiner *Theodicée* genügend widerlegt worden ist.

3. Es ist gleichgültig, in welche Ordnung man drei gleiche und vollständig ähnliche Körper bringt. Eine bestimmte Anordnung unter ihnen wird daher niemals von dem getroffen werden, der stets vollkommen weise handelt. Da er aber auch der Urheber der Dinge ist, so wird er derartige Körper gar nicht hervorbringen und die Natur wird nichts dergleichen enthalten.

4. Es gibt keine zwei unterscheidbaren Einzeldinge. Ein mir befreundeter, geistvoller Edelmann, mit dem ich mich im Parke von Herrenhausen in Gegenwart Ihrer Hoheit der Kurfürstin unterhielt, meinte, er könne wohl zwei vollkommen ähnliche Blätter finden. Die Kurfürstin bestritt dies, und er gab sich nun lange vergebliche Mühe damit, sie zu suchen. Zwei Tropfen Wasser oder Milch erweisen sich, durch das Mikroskop betrachtet, als unterscheidbar. Es ist dies ein Beweisgrund gegen die Atome, die, ebenso wie das Leere, den Prinzipien der wahren Metaphysik widerstreiten.

5. Die gewaltigen Prinzipien des zureichenden Grundes und der Identität der Ununterscheidbaren geben der Metaphysik eine neue Gestalt, da sie durch sie reale Bedeutung und Beweiskraft gewinnt, während sie früher fast nur aus leeren Worten bestand.

6. Zwei ununterscheidbare Dinge setzen, heißt dieselbe Sache unter zwei Namen setzen. Nimmt man daher an, das Universum hätte zuerst eine andere Lage nach Raum und Zeit gehabt, als sie ihm jetzt tatsächlich zukommt, während dennoch alle Beziehungen zwischen seinen Teilen die gleichen wie jetzt gewesen wären, so ist dies eine unmögliche Erdichtung.

7. Derselbe Grund, aus dem der Raum außerhalb der Welt ima-

ginär ist, beweist auch, daß jeder leere Raum etwas Imaginäres ist; denn beide sind nur dem Grade nach voneinander verschieden.

8. Wenn der Raum eine Eigenschaft oder ein Attribut ist, dann muß er die Eigenschaft irgendeiner Substanz sein. Von welcher Substanz wird nun aber der leere, begrenzte Raum, der, wie seine Verteidiger meinen, zwischen zwei Körpern existiert, Eigenschaft oder Merkmal sein?

9. Wenn der unendliche Raum die Unermeßlichkeit ist, dann wird der endliche Raum ihr Gegenteil, d. h. die Meßbarkeit oder die begrenzte Ausdehnung sein. Nun muß die Ausdehnung die Eigenschaft eines Ausgedehnten sein.[97] Ist nun dieser Raum leer, so wird er ein Attribut ohne Subjekt, eine Ausdehnung ohne Ausgedehntes sein. Macht man daher den Raum zu einer Eigenschaft, so führt auch dies auf meine Ansicht, nach der er eine Ordnung der Dinge, nicht aber etwas Absolutes ist.

10. Besitzt der Raum dagegen absolute Realität, so ist er keine Eigenschaft, keine abhängige Beschaffenheit mehr, die man der Substanz entgegenstellen könnte; er wird alsdann substantieller als die Substanzen selbst. Gott kann ihn dann weder zerstören, noch im geringsten ändern. Er ist nicht nur im ganzen unermeßlich, sondern auch in jedem seiner Teile unwandelbar und ewig: es wird also eine Unendlichkeit ewiger Dinge außer Gott geben.

11. Sagt man, der unendliche Raum sei ohne Teile, so heißt dies, daß er aus den endlichen Räumen nicht zusammengesetzt ist und auch dann fortbestehen könnte, wenn alle endlichen Räume in Nichts vergangen wären. Dies wäre ebenso, als wenn man, unter der Cartesischen Voraussetzung eines körperlichen, schrankenlos ausgedehnten Universums von einem Fortbestand der Welt, auch nach Vernichtung aller Einzelkörper, sprechen wollte.

12. Man schreibt dem Raume Teile zu (vgl. S. 19 der dritten Ausgabe der Verteidigung gegen Herrn Dodwell)[98] und läßt sie voneinander untrennbar sein. Auf Seite 30 der zweiten Verteidigung jedoch macht man daraus »Teile in uneigentlicher Bedeutung«; das läßt sich in einem guten Sinne verstehen.

13. Die Annahme, daß Gott das Universum in gerader oder in anderer Richtung vorrücken lasse, ohne darin sonst die geringste Änderung vorzunehmen, ist wiederum chimärisch. Denn zwei un-

unterscheidbare Zustände sind ein und derselbe Zustand — dies wäre also eine Änderung, die nichts ändert. Es läge hierin weder Sinn noch Verstand. Gott tut nichts ohne Grund, und hier könnte es unmöglich einen geben. Ferner wäre dies, wie gesagt, wegen der Ununterscheidbarkeit des späteren Zustandes vom früheren ein tätiges Nichtstun: agendo nihil agere.

14. Es sind das idola tribus, reine Chimären und oberflächliche Einbildungen. Das alles gründet sich nur auf die Annahme, daß der imaginäre Raum etwas Reales ist.

15. Eine ähnliche d. h. unmögliche Erdichtung ist in dem Gedanken enthalten, daß Gott die Welt einige Millionen Jahre früher hätte schaffen können. Wer sich Erdichtungen dieser Art hingibt, kann den Argumenten für die Ewigkeit der Welt nichts entgegensetzen. Denn da Gott nichts ohne Grund tut und kein Grund angebbar ist, weshalb er die Welt nicht eher geschaffen hat, so folgt, daß er entweder überhaupt nichts geschaffen, oder daß er die Welt vor aller angebbaren Zeit hervorgebracht hat, d. h. daß sie ewig ist. Zeigt man aber, daß der Anfang, welcher er auch sei, stets ein und derselbe ist, so entfällt die Frage, weshalb er kein anderer gewesen ist, von selbst.[99]

16. Wären Raum und Zeit etwas Absolutes, wären sie also mehr als bestimmte Ordnungen der Dinge, so wäre das Gesagte ein Widerspruch. Da dies jedoch nicht der Fall ist, so ist die Voraussetzung widerspruchsvoll und eine unmögliche Erdichtung.

17. Es ist das wie in der Geometrie, wo man bisweilen aus der Annahme, daß eine Figur *größer* ist als es in der Tat der Fall, die Folgerung ableitet, daß sie zugleich *kleiner* ist. Es ist das ein Widerspruch: er liegt indessen in der Annahme, die eben damit sich als falsch erweist.

18. Aus der Gleichförmigkeit des Raumes folgt, daß es weder einen inneren noch einen äußeren Grund gibt, die Teile voneinander zu unterscheiden und unter ihnen eine Wahl zu treffen. Denn jeder äußere Unterscheidungsgrund muß sich auf einen inneren stützen,[100] sonst würde die Wahl ohne Unterscheidung und Abwägung der verschiedenen Möglichkeiten erfolgen. Der grundlose Wille wäre gleichbedeutend mit dem Zufall der Epikureer. Ein Gott, der demgemäß handeln würde, wäre ein Gott nur dem Na-

men nach. Die Quelle dieser Irrtümer ist, daß man sich nicht bemüht, alles, was die göttlichen Vollkommenheiten beeinträchtigen würde, fernzuhalten.

19. Wenn zwei unvereinbare Dinge gleich gut sind und keins von ihnen — in sich selbst oder durch seinen Zusammenhang mit anderen Dingen — einen Vorzug besitzt, so wird Gott keins von beiden hervorbringen.

20. Gott wird nicht durch die äußeren Dinge, sondern stets durch innere — Gründe: d.h. durch seine Erkenntnisse, bestimmt Gründe, die auf ihn wirken, bevor überhaupt Dinge außer ihm existieren.

21. Es gibt keinen möglichen Grund, aus dem die Quantität der Materie beschränkt sein könnte: es besteht demnach keine derartige Einschränkung.

22. Wird dagegen die Größe der Materie einmal willkürlich als begrenzt angenommen, so ließe sich zu ihr stets etwas hinzufügen, ohne die Vollkommenheit der schon vorhandenen Dinge zu beeinträchtigen; man müßte daher in der Tat diese Vermehrung stets als wirklich denken, um dem Prinzip der Vollkommenheit aller göttlichen Werke genüge zu tun.

23. Man kann demnach nicht sagen, daß die gegenwärtige Quantität der Materie die angemessenste für ihre gegenwärtige Verfassung ist. Selbst wenn dem so wäre, so wäre damit doch bewiesen, daß die gegenwärtige Verfassung der Dinge, eben weil sie der Verwendung der Materie Schranken setzt, absolut genommen, keineswegs die angemessenste ist. Man müßte alsdann eine andere Ordnung der Dinge wählen, die mehr in sich zu fassen vermöchte.

24. Ich sähe gerne Stellen, wo von Philosophen *Sensorium* anders als bei Goclenius genommen wird.

25. Wenn Scapula »Sensorium« die Stelle nennt, wo der Verstand seinen Sitz hat, so wird er darunter das Organ des inneren Sinnes verstehen, somit nicht von Goclenius abweichen.

26. Unter dem *Sensorium* hat man stets das Organ der Empfindung verstanden. Die Zirbeldrüse wäre nach Descartes das Sensorium in dem Sinne, den Scapula nach der angeführten Stelle dem Worte gibt. [101]

27. Gott ein *Sensorium* zuzuschreiben, ist gewiß eine höchst unangemessene Ausdrucksweise. Man macht ihn dadurch, wie es scheint, zur Weltseele, und es wird schwer sein, Newtons Sprachgebrauch einen Sinn zu geben, der ihn rechtfertigen könnte.

28. Wenngleich es sich um die Bedeutung des Wortes bei Newton und nicht bei Goclenius handelt, so durfte ich mich doch auf das philosophische Wörterbuch dieses Verfassers berufen: ist es doch der Zweck der Wörterbücher, den Gebrauch der Termini festzustellen.

29. Gott erfaßt die Dinge unmittelbar in seinem eigenen Bewußtsein. Der Raum ist der Ort der Dinge, nicht der Ort der göttlichen Ideen, sofern man ihn nicht etwa als eine Art Bindeglied für den Zusammenhang zwischen Gott und den Dingen ansieht: einen Zusammenhang, den man analog der gewöhnlichen Vorstellung der Vereinigung von Seele und Körper denkt. Auch damit wäre Gott wieder zur Weltseele gemacht.

30. Die Erkenntnis und Wirksamkeit Gottes mit der der Seelen zu vergleichen ist falsch. Die Seelen erkennen die Dinge, weil Gott in sie ein Prinzip hineingelegt hat, nach welchem sie das, was außerhalb ihrer selbst ist, vorstellen; Gott hingegen erkennt sie, weil er sie immerwährend hervorbringt.

31. Die Wirksamkeit der Seelen beschränkt sich nach meiner Anschauung darauf, daß die Körper sich ihrem Begehren kraft der Harmonie, die Gott in ihnen zuvor bestimmt hat, anpassen.

32. Glaubt man jedoch, daß die Seelen dem Körper neue lebendige Kraft zuführen können, und daß Gott in der Welt das Gleiche tue, um Mängeln seiner Maschine abzuhelfen, so rückt man Gott der Seele zu nahe, indem man dieser zu viel, ihm zu wenig gibt.

33. Denn Gott allein kann der Natur neue Kräfte geben, aber er tut es nur auf übernatürlichem Wege. Wenn er es auch in ihrem natürlichen Verlauf tun müßte, so hätte er ein recht unvollkommenes Werk geschaffen. Er würde zur Welt im selben Verhältnis stehen, wie nach der gemeinen Auffassung die Seele zum Körper.

34. Wenn man sich zur Stütze der gewöhnlichen Ansicht von der Einwirkung der Seele auf den Körper auf die göttliche Wirksamkeit als Beispiel beruft, so nähert man Gott wiederum allzu-

sehr der Weltseele. Der Tadel, in dem man sich gegenüber meinem Ausdruck: »Intelligentia supramundana« gefällt, scheint ebenfalls auf nichts anderes hinauszulaufen.

35. Die Bilder, die auf die Seele unmittelbar einwirken, sind in ihr selbst, entsprechen jedoch denen des Körpers. Es besteht hier eine unvollkommene Gemeinschaft und Gegenwart, deren Erklärung allein auf diese Entsprechung zurückführt; die Gegenwart Gottes hingegen ist vollkommen und bezeugt sich durch seine Wirksamkeit.

36. Der Gedanke, daß die Gegenwart der Seele und ihr Einfluß auf den Körper miteinander zusammenhängen, ist mir gegenüber nicht angebracht, da ich ja, wie man weiß, diesen Einfluß durchaus verwerfe.

37. Die Ausbreitung der Seele im Gehirn ist ebenso unerklärlich wie ihre Zerstreuung im ganzen Körper; der Unterschied ist nur graduell.

38. Wer sich vorstellt, die tätigen Kräfte nähmen von selbst in der Welt ab, der kennt die Grundgesetze der Natur und die Schönheit der Werke Gottes noch nicht recht.

39. Wie will man beweisen, daß dieser Mangel aus der Abhängigkeit der Dinge folgt?

40. Der Mangel unserer Maschinen, der ihre Nachbesserung notwendig macht, rührt eben daher, daß sie nicht gänzlich der Macht der Erbauers unterstehen. Die Natur wird daher durch ihre Abhängigkeit von *Gott* mit keinem Mangel behaftet; es wird damit im Gegenteil erzielt, daß sie als das Werk eines vollkommenen Meisters, der keine Nachbesserung anzuwenden braucht, von diesen wie anderen Mängeln frei ist. Allerdings ist jede einzelne Maschine der Natur der Zerstörung ausgesetzt, dies gilt jedoch nicht für das Universum in seiner Gesamtheit, dessen Vollkommenheit nicht abnehmen kann.[102]

41. Man sagt, der Raum hänge nicht von der Lage der Körper ab: darauf erwidere ich, daß er allerdings nicht von dieser oder jener Lage der Körper abhängt, gleichwohl aber die Ordnung ist, welche die Lage der Körper überhaupt erst ermöglicht, und vermöge deren sie in ihrem Beisammensein ein Lageverhältnis gegeneinander haben, — ebenso wie die Zeit diese Ordnung mit Bezug

auf die Setzung im Nacheinander ist.[103] Gäbe es aber gar keine geschaffenen Dinge, so würden Raum und Zeit nur in den Ideen Gottes vorhanden sein.

42. Man scheint hier zuzugeben, daß die Vorstellung, die man sich vom Wunder macht, nicht die bei Theologen und Philosophen übliche ist. So genügt es mir denn, daß meine Gegner sich genötigt sehen, auf etwas zurückzugreifen, was man nach dem allgemeinen Sprachgebrauch als Wunder bezeichnet.

43. Will man den gewöhnlichen Sinn, den der Begriff des Wunders hat, ändern, so führt dies, wie ich fürchte, zu Unzuträglichkeiten. Das Wesen des Wunders bestimmt sich keineswegs aus dem Gesichtspunkt der Häufigkeit oder Seltenheit, sonst wäre jedes Monstrum ein Wunder.

44. Es gibt Wunder niederer Art, die ein Engel zustande bringen mag; er mag z. B. bewirken, daß ein Mensch auf dem Wasser geht, ohne zu versinken. Andere jedoch sind Gott vorbehalten und übersteigen alle natürlichen Kräfte und von dieser Art sind Schöpfung und Vernichtung.

45. Die Anziehung der Körper als Wirkung in die Ferne und ohne verbindendes Mittel ist ebenfalls übernatürlich, so wie es die Kreisbewegung eines Körpers wäre, der sich, ohne durch irgend etwas in seiner freien Bewegung behindert zu sein, nicht in der Richtung der Tangente vom Zentrum entfernte. Denn diese Wirkungen sind durch die Natur der Dinge durchaus nicht zu erklären.

46. Warum sollte die Bewegung der Tiere nicht durch die natürlichen Kräfte erklärbar sein? Allerdings ist die Entstehung der Tiere durch sie ebenso unerklärbar wie die Entstehung der Welt.

P S.

Wer für das Leere ist, läßt sich hierbei mehr durch die sinnliche Anschauung als durch die Vernunft leiten. In meiner Jugend verfiel ich auch auf die Ansicht vom Leeren und den Atomen; seither aber haben Vernunftgründe mich davon zurückgebracht.[104] Es war ein verlockendes Phantasiegebilde: man beschränkt in ihm seine Nachforschungen, man nagelt gewissermaßen die Untersuchung fest, man glaubt, die ersten Elemente, ein *non plus ultra*, gefunden zu haben. Wir möchten der Natur Stillstand gebieten, von ihr verlangen, daß sie begrenzt sei wie unser Geist, aber damit erkennen wir die Größe und Erhabenheit des Urhebers der Dinge. Das winzigste Körperchen ist aktuell bis ins Unendliche geteilt; es enthält eine Welt von neuen Geschöpfen in sich, die das Universum entbehren müßte, wenn dieses Körperchen ein Atom wäre, d. h. ein Körper, der aus einem einzigen nicht weiter geteilten und gegliederten Stück besteht. Ebenso schreibt man, wenn man ein Leeres in der Natur annimmt, Gott ein recht unvollkommenes Erzeugnis zu; man verletzt damit das große Prinzip der Notwendigkeit eines *zureichenden Grundes*, das viele im Munde führen, ohne seine ganze Kraft zu begreifen. Das habe ich noch kürzlich gezeigt, als ich durch dieses Prinzip bewies, daß Raum und Zeit *Ordnungen* der Dinge, nicht aber *absolute* Wesen sind. Abgesehen von vielen anderen Gründen gegen das Leere und die Atome, entnehme ich der Vollkommenheit Gottes und dem *zureichenden Grunde* die folgenden. Ich gehe davon aus, daß den Dingen jede Vollkommenheit gegeben worden ist, die ihnen Gott ohne Beeinträchtigung anderer Vollkommenheiten verleihen konnte. Stellen wir uns nun einen gänzlich leeren Raum vor, so konnte Gott ihn mit Materie erfüllen, ohne allen anderen Dingen irgendwie Abbruch zu tun — also hat er es wirklich getan; es gibt somit keinen völlig leeren Raum und alles ist erfüllt. Dieselbe Beweisführung ergibt, daß jedes Körperchen stets von neuem geteilt ist. Noch ein anderer Beweis ergibt sich aus der Notwendigkeit eines *zureichenden Grundes*: es gibt keinen Bestimmungsgrund, der das Verhältnis der Materie zum Raume, des Erfüllten zum Leeren regeln könnte. Man wird vielleicht sagen, beides müsse einander gleich sein; da aber die Materie vollkommener ist als das Leere, so ist es eine Forderung der Vernunft, daß das geometrische Verhältnis gewahrt ist, und die Menge der Materie dem Vorzug, der ihr vor dem Leeren zukommt, entspricht. Auf diese Weise aber wird es überhaupt nichts Leeres geben; denn die Vollkommenheit der Materie verhält sich zu der des Leeren wie eine endliche Größe zur Null. Genau so steht es mit den Atomen. Welchen Grund kann man anführen, um der Natur im Fortschritt der Weiterteilung Schranken zu setzen? Willkürliche Erdichtungen, die der wahren Philosophie unwürdig sind!

Die Gründe, die man für das Leere anführt, sind nichts als Sophismen.

Clarkes vierte Entgegnung

1. und 2. Die Anschauung, die man hier vertritt, führt zur unbedingten Notwendigkeit und zum Fatum. Sie setzt voraus, daß zwischen den Motiven und dem Willen eines vernunftbegabten Wesens dieselbe Beziehung wie zwischen den Gewichten und der Waage besteht. Zwischen zwei gänzlich unterschiedslosen Dingen soll es so wenig möglich sein zu wählen, wie eine Waage sich bei beiderseitig gleicher Verteilung der Gewichte neigen kann. Der Unterschied liegt aber im folgenden: die Waage ist kein tätiges Wesen, sie verhält sich ganz passiv und läßt die Gewichte auf sich einwirken, so daß, wenn diese gleich sind, kein Grund zu einer Bewegung vorhanden ist. Verstandesbegabte Wesen aber sind selbsttätig; sie werden nicht passiv durch Bestimmungsgründe wie die Waage durch Gewichte bewegt, sondern sie bewegen sich selbst, bisweilen auf stärkere, bisweilen auf schwächere Gründe hin; manchmal auch, wenn die äußeren Dinge durchaus keine Unterscheidung darbieten. Es können in diesem Falle sehr gute Gründe zum Handeln vorliegen, wenn auch zwei oder mehr Handlungsweisen durchaus gleichwertig sein mögen. Der gelehrte Verfasser setzt stets das Gegenteil als Prinzip voraus, beweist es jedoch weder aus der Natur der Dinge, noch aus den Vollkommenheiten Gottes.

3. und 4. Wenn dieses Argument richtig wäre, so würde es beweisen, daß Gott weder wirklich Materie erschaffen hat, noch daß es ihm überhaupt möglich war. Denn die vollkommen festen, nicht weiter auflösbaren Bestandteile der Materie sind, wenn man sie von gleicher Gestalt und Dimension annimmt, — was als Voraussetzung stets zulässig ist — genau gleich. An welche Stelle des Raumes sie versetzt werden, ist also gänzlich gleichgültig, und demgemäß wäre es nach dem Argument meines gelehrten Gegners für Gott unmöglich gewesen, ihnen die Stellen anzuweisen, die sie tatsächlich bei der Schöpfung erhalten haben, da er ebensogut jede andere Lage hätte wählen können. Zwei Blätter und vielleicht auch zwei Wassertropfen sind allerdings niemals vollkommen gleich, weil

dies sehr zusammengesetzte Körper sind: ganz anders jedoch bei den Teilen der einfachen festen Materie. Und selbst wenn man zusammengesetzte Körper betrachtet, ist die Erschaffung zweier ganz gleicher Wassertropfen für Gott keine Unmöglichkeit; beide würden trotz der Gleichheit doch niemals ein und derselbe Wassertropfen sein. Ebensowenig würde die Stelle des einen die des anderen sein, obgleich es vollkommen gleichgültig wäre, ob sie an diese oder jene Stelle versetzt würden. Dieselbe Betrachtung gilt für die ursprüngliche Bestimmung zur Bewegung in der einen oder der entgegengesetzten Richtung.

5. und 6. Zwei *genau gleiche* Dinge hören damit noch nicht auf *zwei* zu sein. Die Teile der Zeit sind wie die des Raumes einander genau gleich. Dennoch sind zwei Zeitpunkte nicht derselbe Augenblick, noch auch zwei Namen für einen und denselben Zeitpunkt. Hätte Gott die Welt erst im jetzigen Moment geschaffen, so wäre der Zeitpunkt ihrer Erschaffung ein anderer, als er es nun in Wirklichkeit ist. Hat Gott ferner die Materie in bestimmte Grenzen eingeschlossen — oder *konnte* er es wenigstens — so ist das materielle Universum seiner Natur nach beweglich, denn nichts Endliches ist unbeweglich. Die Behauptung, daß Gott für das Dasein der Materie keine andere Stelle in Raum und Zeit wählen konnte, macht diese zu einer unendlichen und ewigen Wesenheit und führt so alle Dinge auf Notwendigkeit und Schicksal zurück.

7. Ist die materielle Welt ihrer Ausdehnung nach begrenzt, so ist der außerweltliche Raum nicht imaginär, sondern reell. Auch die leeren Zwischenräume in der Welt sind nicht rein imaginär. In einem ausgepumpten Rezipienten müssen Lichtstrahlen und vielleicht auch noch irgendeine andere Materie in außerordentlich geringer Menge vorhanden sein; dennoch zeigt das Fehlen des Widerstands, daß der größte Teil dieses Raumes leer ist. Denn die Subtilität oder Feinheit der Materie kann nicht die Ursache für den Fortfall des Widerstandes sein. Quecksilber ist ebenso subtil und besteht aus ebenso feinen und flüssigen Teilen als Wasser. Trotzdem leistet es einen mehr als zehnmal so großen Widerstand; dieser entspringt also aus der Menge und nicht der Grobheit der Materie. [105]

8. Der leere Raum gehört einer unkörperlichen Substanz als Eigenschaft an. Der Raum ist nicht auf Körper beschränkt, sondern existiert in gleicher Weise in ihnen wie außer ihnen. Er ist nicht zwischen Körpern eingeschlossen, sondern die in ihren eigenen Abmessungen begrenzten Körper existieren im unbegrenzten Raum.

9. Der leere Raum ist kein Attribut ohne Subjekt, verstehen wir doch unter ihm niemals den von allen Dingen, sondern nur den von *Körpern* entblößten Raum. In allem leeren Raume ist Gott gewiß gegenwärtig und möglicherweise viele andere Substanzen, die weder tastbar, noch sonst sinnlich wahrnehmbar, somit nicht materiell sind.

10. Der Raum ist keine Substanz, sondern eine Eigenschaft; als Attribut des notwendigen Wesens aber kommt ihm — wie auch den übrigen Attributen — weit eher notwendiges Dasein zu als selbst den endlichen, zufälligen Substanzen. Er ist, ebenso wie die Dauer, unermeßlich, unwandelbar und ewig. Hieraus folgt jedoch nicht, daß es außerhalb Gottes etwas Ewiges gibt; denn Raum und Zeit sind nicht außer ihm, sondern durch ihn gewirkte, unmittelbare und notwendige Folgen seiner Existenz. Ohne sie würde seine Ewigkeit und Überallheit oder Allgegenwart wegfallen.

11. und 12. Das Unendliche setzt sich aus dem Endlichen in demselben Sinne zusammen, wie sich das Endliche aus dem Infinitesimalen zusammensetzt. In welchem Sinne man von Teilen des Raumes sprechen kann, in welchem nicht, ist oben erklärt worden (man vgl. das dritte Schreiben, Nr. 3). Teile im materiellen Sinne sind trennbar, zusammengesetzt, ohne inneren Zusammenhang, gegenseitig unabhängig und selbständig beweglich. Aber wenn wir uns auch den unbegrenzten Raum Teil für Teil zum Bewußtsein bringen, ihn in der Vorstellung also als Aggregat seiner Teile denken können, so sind doch diese Teile, wie wir sie ungenau nennen, ihrem Wesen nach unauflösbar, unbeweglich und ohne einen ausdrücklichen inneren Widerspruch nicht trennbar (vgl. drittes Schreiben, Nr. 3). Der Raum ist also in sich selbst wesentlich einzig und absolut unteilbar.

13. Ist die Welt ihrer Ausdehnung nach begrenzt, so ist sie auch durch die Macht Gottes beweglich, das Argument, das sich auf die Voraussetzung ihrer Beweglichkeit stützte, daher vollkommen

zwingend. Zwei Stellen, obwohl genau gleich, sind darum nicht dieselbe Stelle. Ebenso sind Bewegung und Ruhe des Universums keineswegs identische Zustände, so wenig die Bewegung eines Schiffes darum der Ruhe gleich kommt, weil sie, solange sie ganz gleichmäßig ist, für einen Beobachter im Innern der Kajüte nicht wahrnehmbar ist. Die Bewegung des Schiffes ist, wenngleich sie nicht bemerkt wird, ein tatsächlich verschiedener Zustand mit tatsächlich anderen Wirkungen und würde bei einem plötzlichem Einhalten wieder andere Wirkungen zur Folge haben. Ebenso würde es sich mit einer Bewegung des Universums verhalten, wenngleich sie durch die Wahrnehmung nicht zu unterscheiden wäre. Auf dieses Argument ist niemals eine Antwort erfolgt. Sir Isaak Newton ist darauf in seinen *Mathematischen Prinzipien* ausführlich eingegangen (vgl. Definition 8). Er betrachtet hier die Bewegung in ihrer Beschaffenheit, ihren Ursachen und Wirkungen und zeigt den Unterschied zwischen der realen Bewegung — die die Übertragung eines Körpers von einem Teile des Raumes zu einem anderen bedeutet — und der relativen, die nur ein Wechsel der Ordnung oder der gegenseitigen Lage der Körper untereinander ist. Es wird hier in mathematischer Form und an tatsächlichen Wirkungen der Natur bewiesen, daß es reale Bewegung ohne relative, und relative Bewegung ohne reale gibt. Die bloße *Behauptung* des Gegenteils ist keine Antwort hierauf.[106]

14. Die Realität des Raumes ist keine bloße Annahme, sondern durch die angegebenen Argumente, auf die man nichts erwidert hat, bewiesen. Auch auf das andere Argument, daß Raum und Zeit Größen sind, Lage und Ordnung dagegen nicht, ist keine Antwort erfolgt.

15. Es hätte in Gottes Macht gestanden, die Welt früher oder später, als er es getan, zu erschaffen, ebenso, wie es ihm möglich ist, sie früher oder später zu zerstören. Was die Ewigkeit der Welt angeht, so müssen diejenigen, denen Materie und Raum gleichbedeutend sind, annehmen, daß die Welt nicht nur tatsächlich, sondern notwendig unbegrenzt und ewig ist, wie Raum und Dauer, die nicht vom Willen, sondern vom Dasein Gottes abhängen. Wer aber glaubt, daß Gott die Materie in jeder beliebigen Menge, zu jeder beliebigen Zeit und an jeder beliebigen Stelle erschaffen

konnte, findet hier nicht die geringste Schwierigkeit. Denn die Weisheit Gottes mag gute Gründe gehabt haben, unsere Welt in diesem bestimmten Zeitpunkt zu schaffen; sie mag andere Dinge vor Beginn dieser materiellen Welt hervorgebracht haben, noch andere wiederum nach ihrer Zerstörung hervorbringen.

16. und 17. Daß Raum und Zeit nicht bloße Ordnungen von Dingen, sondern wirkliche Quantitäten sind — was für Ordnung und Lage nicht gilt — ist oben bewiesen worden (vgl. Nr. 4 des dritten und Nr. 13 dieses Schreibens). Noch ist keine Erwiderung auf diese Beweise erfolgt; bis also eine solche vorliegt, bleibt die Behauptung der gelehrten Autors — nach seinem eigenen Eingeständnis an dieser Stelle — ein Widerspruch.

18. Die Gleichförmigkeit aller Raumteile ist kein Argument gegen das Vermögen Gottes, in jedem Teil nach Belieben zu wirken. Gott mag gute Gründe haben, begrenzte Wesen zu schaffen; begrenzte Wesen aber können nur an bestimmten Orten existieren. Sind nun auch alle Stellen ursprünglich gleich (was auch dann gilt, wenn der Ort nur die Lage der Körper ist), so ist doch die Wahl einer bestimmten Ordnung zwischen zwei materiellen Würfeln der Vollkommenheit Gottes keineswegs unwürdig, wenngleich die beiden Stellungen, unter denen eine Auswahl getroffen wird, völlig gleich sind. Denn für das Dasein beider Würfel können sehr gute Gründe vorhanden sein, ihr Dasein aber bedingt ihre Existenz in einer der beiden gleich vernunftgemäßen Lagen. Der epikureesche Zufall bedeutet keine freie Wahl, sondern die blinde Notwendigkeit des Schicksals.

19. Wenn das angegebene Argument überhaupt etwas beweist, so beweist es (wie soeben in Nr. 3 bemerkt), daß Gott weder die Materie geschaffen hat, noch auch nur das Vermögen dazu besitzt. Denn die Lage der gleichen und ähnlichen Elemente der Materie, ferner aber ihre anfängliche Bestimmung zur Bewegung in der einen oder anderen Richtung, mußte ursprünglich gleichgültig sein.

20. Was die Sätze, die man hier vorbringt, für die vorliegende Frage beweisen sollen, verstehe ich nicht.

21. Daß Gott die Quantität der Materie nicht einschränken kann, ist ein Satz von zu erheblichen Folgen, um ihn ohne Beweis zuzugeben. Vermag er auch ihre Dauer nicht zu begrenzen, dann

folgt hieraus, daß die materielle Welt unbegrenzt und ewig ist: in notwendiger und von Gott unabhängiger Weise.

22. und 23. Wenn dieses Argument zutreffend wäre, so würde es beweisen, daß Gott alles, was er tun kann, auch tun muß, und daß er demnach allen Dingen Ewigkeit und Unendlichkeit verleihen muß. Damit aber hörte er auf, Herrscher zu sein; er wäre in seinem Tun notwendig bestimmt, d h. überhaupt nicht mehr selbsttätig, sondern bloßes Schicksal und Naturnotwendigkeit.

24. — 28. Für den Gebrauch des Wortes »Sensorium,« das übrigens Sir Isaak Newton nur im übertragenen Sinne anwendet, verweise ich auf Nr. 10 meines dritten Schreibens, Nr. 3 meines zweiten und Nr. 3 meines ersten Schreibens.

29. Der Raum ist der Ort aller Dinge und aller Ideen, wie auch die Dauer sich auf Dinge und Ideen in gleicher Weise bezieht. Daß dies jedoch nicht darauf zielt, Gott zur Weltseele zu machen, ist oben (vgl. das zweite Schreiben, Nr. 12) gezeigt. Zwischen Gott und Welt besteht keine Einheit. Den menschlichen Geist könnte man mit größerem Rechte die Seele der Abbilder der wahrgenommenen Dinge nennen als Gott die Seele der Welt, der er innerlich gegenwärtig ist, und auf die er nach seinem Gefallen einwirkt, ohne von ihr eine Einwirkung zu erleiden. Obwohl diese Erwiderung bereits früher (in Nr. 12 des zweiten Schreibens) gegeben wurde, so wird dennoch derselbe Einwand wieder und wieder, ohne Rücksicht auf meine Entgegnung, vorgebracht.

30. Was mit einem »principe représentatif« gemeint ist, verstehe ich nicht. Die Seele unterscheidet die Dinge vermittels der Bilder, die ihr durch die Sinnesorgane zugeführt werden, Gott dagegen unterscheidet sie dadurch, daß er den Dingen selbst innerlich und der Substanz nach gegenwärtig ist. Nicht als ob er sie immerwährend hervorbrächte, — denn er ruht jetzt von seinem Schöpfungswerke aus — sondern dadurch, daß er beständig jedem Dinge, von Beginn seiner Erschaffung an, allgegenwärtig ist.

31. Daß die Seele nicht auf den Körper einwirken und dieser sich dennoch auf Grund bloß mechanischer und materieller Antriebe dem Willen der Seele in der ganzen unendlichen Mannigfaltigkeit selbsttätiger tierischer Bewegung anpassen soll, ist ein immerwährendes Wunder. Prästabilierte Harmonie ist ein bloßes

Wort, ein Terminus, der nichts dazu beiträgt, die Ursache einer so wunderbaren Wirkung aufzuhellen.

32. Nimmt man an, daß die Seele bei der selbsttätigen tierischen Bewegung der Materie keine neue Bewegung und keinen Anstoß verleiht, sondern alles durch bloßen mechanischen Antrieb der Materie zustande kommt, so ist damit der Gang der Dinge gänzlich auf eine fatalistische Notwendigkeit zurückgeführt. Die Tätigkeit Gottes, der auf jedes Ding der Welt nach Belieben einwirkt, ohne mit ihm verbunden zu sein und von ihm eine Rückwirkung zu erfahren, läßt den Unterschied zwischen ihm, als allgegenwärtigem Herrscher, und der angeblichen Weltseele klar erkennen.

33. Jede Tätigkeit teilt dem Objekt, auf das sie sich richtet, eine neue Kraft mit; sie wäre sonst nicht wahrhafte Tätigkeit, sondern ein bloß passives Verhalten, wie dies z. B. bei der mechanischen, unbeseelten Übertragung der Bewegung der Fall ist. Ist daher die Mitteilung neuer Kraft etwas Übernatürliches, dann ist jede Tätigkeit Gottes übernatürlich, und er somit von der Herrschaft über die Natur völlig ausgeschlossen. Auch eine jede menschliche Tätigkeit müßte dann entweder übernatürlich heißen oder aber der Mensch als eine bloße Maschine, wie eine Uhr, angesehen werden.

34. und 35. Den Unterschied zwischen dem wahren Begriff von Gott und dem der Weltseele haben wir oben aufgezeigt; man vgl. das 2. Schreiben, Nr. 12 und Nr. 29 und 32 dieses Schreibens.

36. Dies habe ich soeben in Nr. 31 beantwortet.

37. Die Seele ist nicht im Gehirn zerstreut, sondern an einer bestimmten Stelle, die das »Sensorium« heißt, gegenwärtig.

38. Wiederum eine bloße Behauptung ohne Beweis. Stoßen zwei unelastische Körper mit gleichen entgegengesetzt gerichteten Kräften zusammen, so verlieren beide ihre Bewegung. Sir Isaak Newton hat in der lateinischen Ausgabe seiner *Optik* (vgl. S. 341) ein mathematisches Beispiel für beständige Zu und Abnahme der Bewegungsquantität ohne Einwirkung fremder Körper gegeben.[107]

39. Es liegt hier nicht, wie der Verfasser meint, ein Mangel vor, sondern es ist dies die wahre und eigene Natur der trägen Materie.

40. Wenn dieses Argument richtig ist, so beweist es, daß die materielle Welt unbegrenzt sein, daß sie von Ewigkeit her bestanden haben und in Ewigkeit fortbestehen muß; ferner aber, daß Gott

die größtmögliche Zahl von Menschen und von allen anderen Dingen schaffen mußte, und sie, solange es ihm irgend möglich, fortbestehen lassen muß.

41. Den Sinn der Erklärung, daß der Raum eine Ordnung, — oder eine Lage — der Körper ist, die ihre Stellung zueinander erst ermöglicht, verstehe ich nicht. Es scheint mir das darauf hinauszulaufen, daß die Lage die Ursache der Lage ist. Daß der Raum nicht bloß eine Ordnung der Körper ist, habe ich oben im 3. Schreiben (Nr. 2 und Nr. 4) nachgewiesen; daß hierauf keine Antwort erfolgt ist, wurde in diesem Schreiben (Nr. 13 und 14) gezeigt. Auch die Zeit ist ersichtlich mehr als die bloße Ordnung der aufeinanderfolgenden Dinge, da ohne eine Änderung in der Ordnung der Inhalte die Zeit ihrer Aufeinanderfolge großer und kleiner sein kann. Die Ordnung der Dinge, die sich in der Zeit folgen, ist nicht die Zeit selbst. Denn sie können in derselben Ordnung, nicht aber in derselben Zeitdauer schneller oder langsamer aufeinanderfolgen.[108] Wenn es keine Geschöpfe gäbe, so wurden Raum und Zeit infolge der Allgegenwart Gottes und der Fortdauer seiner Existenz dennoch dieselbe Natur wie jetzt besitzen.

42. Man beruft sich hier, statt auf die Vernunft, auf die gemeine Ansicht: ein unphilosophisches Verfahren, da diese nicht das Kriterium der Wahrheit ist.

43. Der Begriff des Ungewöhnlichen ist in der Vorstellung von einem Wunder notwendig enthalten. Sonst wären viele Dinge, die wir natürlich nennen, wie die Bewegungen der Himmelskörper, die Zeugung und Bildung von Pflanzen und Tieren und so weiter, das Wunderbarste, was es gibt, da sie zu ihrer Entstehung die größte Macht erfordern. Sie sind nur deshalb keine Wunder, weil sie gewöhnlich sind. Doch folgt daraus noch nicht, daß alles Ungewöhnliche als solches schon ein Wunder ist, denn es kann die unregelmäßige und seltenere Wirkung gewöhnlicher Ursachen sein. Hierher gehören Finsternisse, unnatürliche Geburten, Wahnsinn und zahlloses andere, was die Menge Wunder nennt.

44. Was hier vorgebracht wird, ist eine Bestätigung meiner Sätze. Indessen widerstreitet die Annahme, daß ein Engel Wunder tun kann, der gewöhnlichen Ansicht der Theologen.

45. Die gegenseitige Anziehung zweier Körper ohne irgend-

welche Vermittlung (sans aucun moyen) ist in Wahrheit kein Wunder, sondern ein Widerspruch; denn es hieße, daß etwas dort eine Wirkung ausübt, wo es sich nicht befindet. Das Mittel jedoch, vermöge dessen zwei Körper sich anziehen, kann unsichtbar, untastbar und vom Mechanismus prinzipiell verschieden sein,[109] dennoch aber wegen seiner regelmäßigen und konstanten Wirkungsweise natürlich genannt werden: ist es doch weit weniger wunderbar, als die tierische Bewegung, die doch niemals als Wunder bezeichnet wird.

46. Wenn unter Naturkräften hier nur mechanische Kräfte verstanden werden, dann sind alle Tiere und selbst die Menschen bloße Maschinen, wie Uhrwerke. Sollen jedoch auch nichtmechanische Kräfte so bezeichnet werden, dann kann die Gravitation durch regelmäßige und natürliche Kräfte, wenngleich diese nicht mechanischer Natur sind, zustande kommen.

NB. Man hat bereits oben auf die Argumente geantwortet, die Herr Leibniz in einer Anmerkung zu seinem vierten Schreiben hinzugefügt hat. Das einzige, was hier noch zu bemerken wäre, ist, daß Herr Leibniz mit der Behauptung der Unmöglichkeit der physischen Atome — denn es handelt sich für uns nicht um mathematische Punkte — einen offenbaren Widersinn begeht. Denn entweder gibt es vollkommen unelastische, feste Teile in der Materie oder nicht. Gibt es solche und nimmt man an, daß man durch ihre weitere Teilung zu neuen Partikeln von genau derselben Gestalt und genau gleichen Dimensionen gelangt, — was immer möglich ist — so werden diese neuen Partikel vollkommen ähnliche physische Atome sein. Gibt es dagegen in der Materie keine vollkommen festen Teile, so gibt es im Universum überhaupt keine Materie, denn je mehr man alsdann einen Körper teilt und weiter teilt, um endlich zu Partikeln zu gelangen, die vollkommen fest und ohne Poren sind, um so mehr nimmt das Verhältnis der Poren zu der festen Materie dieses Körpers zu. Ist es aber unmöglich, durch eine ins Unendliche fortgesetzte Teilung und Weiterteilung zu vollkommen festen und porenfreien Teilen zu gelangen, so folgt daraus, daß die Körper allein aus Poren bestehen, — da das Verhältnis dieser zu den festen Teilen unaufhörlich wächst —; es folgt also weiterhin, daß es überhaupt keine Materie gibt, was ein offenbarer Widersinn ist. Der gleiche Schluß gilt für die Materie, aus der die besonderen Arten der Körper sich zusammensetzen, sei es nun, daß man die Poren als leer ansieht oder annimmt, daß sie mit einer fremden Materie erfüllt sind.

Leibniz' fünftes Schreiben

Zu 1. und 2.

1. Diesmal werde ich eingehender antworten, um die Schwierigkeiten aufzuhellen und zu erproben, ob man auf Vernunftgründe eingehen und echte Wahrheitsliebe bekunden will oder es, statt auf sachliche Aufklärung, auf bloßes Schikanieren abgesehen hat.

2. Man bemüht sich mehrmals, mir die Behauptung einer fatalistischen Notwendigkeit zuzuschieben, wenngleich vielleicht niemand besser und gründlicher als ich es in der *Theodicée* getan habe, den wahren Unterschied zwischen Freiheit, Zufälligkeit und Selbsttätigkeit einerseits, und absoluter Notwendigkeit, Zufall und Zwang andrerseits erklärt hat.[110] Ich weiß noch nicht recht, ob man dies tut, weil man es nun einmal so will, gleichgültig, was ich auch sagen mag, oder ob diese Unterstellung in gutem Glauben geschieht, weil man meine Ansichten noch nicht richtig erwogen hat. Ich werde bald erproben, was ich davon zu halten habe und mich danach richten.

3. Die Vernunftgründe üben auf das Bewußtsein des Weisen, die Beweggründe auf jedes Bewußtsein in der Tat eine entsprechende Wirkung wie die Gewichte auf eine Waage aus. Man hält mir entgegen, diese Vorstellung führe zu einer fatalistischen Notwendigkeit; doch behauptet man dies, ohne es zu beweisen und ohne die Erklärung zu berücksichtigen, die ich früher gegeben habe, um alle Schwierigkeiten, die sich hier erheben können, zu lösen.

4. Auch spielt man, wie es scheint, mit doppelsinnigen Worten. Es gibt eine Notwendigkeit, die man gelten lassen muß; denn man muß zwischen *absoluter* und *hypothetischer* Notwendigkeit unterscheiden. Ferner ist zwischen der *logischen* und *metaphysischen* oder *mathematischen* Notwendigkeit, die dort gilt, wo das

Gegenteil einen Widerspruch einschließt, und der *moralischen* Notwendigkeit zu unterscheiden, der zufolge der Einsichtige das höchste Gut wählt und jeder Geist der vorwiegenden Neigung folgt.

5. Die hypothetische Notwendigkeit ist die, welche durch die Annahme der Voraussicht und Vorausbestimmung Gottes in den zukünftigen zufälligen Ereignissen gesetzt wird. Man muß sie gelten lassen, wenn man nicht mit den Sozinianern Gott diese Voraussicht und mit ihr die Vorsehung, die diese Dinge im einzelnen lenkt und regelt, absprechen will.

6. Aber weder diese Voraussicht noch die Vorausbestimmung tun der Freiheit irgendwie Abbruch. Bei der Wahl zwischen verschiedenen Reihen von Ereignissen, zwischen verschiedenen möglichen Welten, hat Gott sich der höchsten Vernunft gemäß für eine bestimmte Welt entschieden, in der, wie er voraussah, die freien Geschöpfe diesen oder jenen bestimmten Entschluß, wenngleich nicht ohne seine Mitwirkung, fassen würden. Damit hat er alle Ereignisse vorweg gewiß und ein für allemal bestimmt gemacht, ohne doch die Freiheit der Geschöpfe zu beeinträchtigen. Denn seine einfache Entscheidung änderte durchaus nichts an dem Wesen der freien Naturen, die er in seinen Ideen sah, sondern führte sie nur in die Wirklichkeit über.[111]

7. Ebensowenig beeinträchtigt die moralische Notwendigkeit die Freiheit, denn wenn der Einsichtige und vor allem Gott, das Wesen von höchster Einsicht, das Beste wählt, so ist er darum nicht weniger frei; umgekehrt besteht vielmehr die vollkommenste Freiheit eben darin, in der Wahl des Besten nicht gehindert zu sein. Wählt ein anderer, was ihm als das höchste Gut erscheint und wozu ihn seine Neigung am meisten treibt, so ahmt er darin im Maße seiner geistigen Anlage die Freiheit des Weisen nach; sonst wäre seine Wahl ein blinder Zufall.

8. Das Gute aber — das wahre wie das scheinbare, — mit einem Worte, der Beweggrund, bestimmt die Neigung ohne zu nötigen, d. h. ohne eine *absolute* Notwendigkeit zu bedingen. Wenn Gott z. B. das Beste wählt, so bleibt, was er verwirft und was von geringerer Vollkommenheit ist, doch immer noch möglich. Wäre dagegen das, wofür er sich entscheidet, absolut notwendig, so wäre jeder andere Entschluß logisch unmöglich. Dies aber würde gegen die

Voraussetzung verstoßen, nach welcher Gott zwischen verschiedenen möglichen Entschlüssen, von denen also keiner einen inneren Widerspruch einschließt, seine Wahl trifft.

9. Sagt man aber, Gott könne nur das Beste wählen, und schließt daraus, daß alles, was er nicht wählt, unmöglich ist, so wirft man dabei die Begriffe Macht und Willen, metaphysische und moralische Notwendigkeit, Essenz und Existenz durcheinander. Denn das, was notwendig ist, ist es der Wesenheit nach, sofern das Entgegengesetzte einen Widerspruch einschließt, das Zufällige aber, welches existiert, verdankt sein Dasein dem Prinzip des Besten als zureichendem Grunde der Dinge.[112] Eben deshalb sage ich, daß die Beweggründe bestimmen, ohne zu nötigen und daß es in den zufälligen Dingen Gewißheit und Unfehlbarkeit, aber keineswegs absolute Notwendigkeit gibt. Man vergleiche hiermit meine späteren Ausführungen in Nr. 73 und 76.

10. In meiner *Theodicée* habe ich zur Genüge gezeigt, in welch glücklicher Übereinstimmung diese moralische Notwendigkeit mit der göttlichen Vollkommenheit und mit dem gewaltigen Prinzip der Existenzen, dem Satz des zureichenden Grundes, steht. Die absolute und metaphysische Notwendigkeit dagegen hängt von dem anderen fundamentalen Vernunftprinzip, das für die Essenzen, die begrifflichen Wesenheiten, gilt: vom Prinzip der Identität oder des Widerspruchs ab; denn was absolut notwendig ist, ist das einzig Mögliche von mehreren Fällen, und sein Gegenteil schließt einen inneren Widerspruch ein.

11. Ich habe auch gezeigt, daß unser Wille nicht stets der praktischen Einsicht folgt, weil er Gründe haben oder finden kann, seinen Entschluß bis zu einer ferneren Erwägung auszusetzen.[113]

12. Will man mir danach noch eine absolute Notwendigkeit zuschieben, ohne imstande zu sein, irgend etwas gegen diese Betrachtungen vorzubringen, die den Dingen auf den Grund und vielleicht über alles hinausgehen, was man hierüber findet, so wäre dies nur noch unvernünftiger Starrsinn.

13. Wenn man mir »Fatalismus« vorwirft, so liegt auch darin eine Zweideutigkeit. Es gibt ein mohammedanisches, ein stoisches und ein christliches Fatum.[114] Dem mohammedanischen gemäß sollen die Wirkungen, die absolut notwendig sind, auch dann ein-

treffen, wenn man die Ursachen vermeidet. Das stoische Geschick verlangt Gelassenheit: man soll sich gewaltsam in Geduld fassen, da jede Auflehnung gegen den Lauf der Dinge nutzlos ist. Neben beiden aber gibt es, nach allgemeiner Annahme, auch ein christliches Fatum, eine bestimmte, von der Voraussicht und Vorsehung Gottes geregelte Schickung in allen Dingen. Fatum ist abgeleitet von *fari*, aussprechen, bestimmen und bedeutet im guten Sinne: »Bestimmung der Vorsehung«. Wer sich dieser Bestimmung in der Erkenntnis der göttlichen Vollkommenheiten, somit in der Liebe zu Gott, unterwirft, — denn diese besteht in der Freude, die aus jener Erkenntnis erwächst — der faßt sich nicht nur, wie die heidnischen Philosophen, in Geduld, sondern ist selbst mit allen Anordnungen Gottes zufrieden, da er weiß, daß Gott alles zum Besten wendet und nicht nur zum allgemeinen Besten, sondern auch zum größten Wohl aller, die ihn lieben.

14. Ich mußte ausführlich sein, um ein für allemal unbegründete Unterstellungen zu entkräften, was mir durch diese Erklärungen hoffentlich bei billigen Beurteilern geglückt ist. Ich komme jetzt auf einen Einwurf, den man hier gegen den Vergleich der Beweggründe des Willens mit den Gewichten einer Waage richtet. Man wendet mir ein, die Waage sei rein leidend und werde durch die Gewichte bewegt, während die verstandes und willensbegabten Wesen selbsttätig sind. Darauf erwidere ich, daß das Prinzip des zureichenden Grundes für Tätiges und Leidendes gleichmäßig gilt; denn für das Handeln wie für das Leiden ist ein zureichender Grund erfordert. Nicht nur die Waage selbst ist untätig, wenn sie auf beiden Seiten gleiche Antriebe erhält; — auch die Gewichte sind es, wenn sie im Gleichgewicht sind, das eine somit nicht sinken kann, ohne daß das andere ebensoviel steigt.

15. Man muß ferner erwägen, daß im eigentlichen Sinne die Motive auf das Bewußtsein nicht wie die Gewichte auf die Waage wirken. Es ist vielmehr das Bewußtsein selbst, das sich kraft der Motive, die ihm die Bedingungen zum Handeln geben, entschließt. Nimmt man also, wie man das hier tut, an, daß das Bewußtsein zuweilen den schwachen Beweggründen vor den stärksten und Gleichgültigem vor dem Motivierten den Vorzug gibt, so trennt man das Bewußtsein und seine Beweggründe, als ob diese außer ihm, wie die

Gewichte außerhalb der Waage, gesonderten Bestand hätten, und als ob das Bewußtsein neben den Motiven noch andere Bestimmungsgründe enthielte, kraft deren es sie ablehnen oder annehmen könnte. In Wahrheit jedoch umfassen die Beweggründe alle Bedingungen, die den Geist in seiner freien Wahl bestimmen können: nicht nur die Vernunftgründe, sondern auch die Neigungen, wie sie aus ursprünglichen Trieben oder aus anderen Eindrücken von außen her entstehen. Zöge demnach der Geist die schwächere Neigung der stärkeren vor, so würde er gegen sich selbst handeln und anders als er seinem eigenen Zustande nach sollte. Es zeigt dies, daß die Anschauungen der Gegner in diesem Punkte oberflächlich sind und bei genauerer Betrachtung in keiner Weise standhalten.

16. Sagt man ferner, wie hier, der Geist könne auch ohne Motive und selbst durchaus indifferenten Dingen gegenüber gute Gründe zur Tätigkeit haben, so ist das ein offenbarer Widerspruch. Denn wenn er für den Entschluß, den er faßt, gute Gründe hat, dann sind ihm eben die Dinge nicht gänzlich gleichgültig.

17. Die Behauptung ferner, daß eine Handlung auch dann zustande komme, wenn Gründe für sie im allgemeinen zwar bestehen, die verschiedenen Arten der Ausführung aber völlig gleichwertig sind, ist ebenfalls recht oberflächlich und ganz unhaltbar. Denn niemals besteht ein zureichender Grund zur Tätigkeit überhaupt, ohne daß zugleich ein Grund zu einer besonderen Art der Ausführung vorhanden ist. Jede Handlung ist etwas Individuelles, nicht aber etwas Allgemeines und von den besonderen Umständen des Einzelfalles Losgelöstes; sie bedarf somit ganz bestimmter Mittel und Wege, um überhaupt zustande zu kommen. Besteht also ein Grund, so und nicht anders zu handeln, dann besteht auch einer, diesen und keinen anderen Weg zu wählen, die Wege sind somit nicht mehr gleichgültig. Allemal, wo zureichende Gründe für eine einzelne Handlung bestehen, bestehen sie auch für all das, was zu ihr erforderlich ist (vgl. außerdem unten Nr. 66).

18. Alle diese Erwägungen springen in die Augen, es ist daher recht sonderbar, wenn man mir vorwirft, ich stellte mein Prinzip des zureichenden Grundes auf, ohne dafür Beweise aus der Natur der Dinge oder aus den göttlichen Vollkommenheiten zu erbrin-

gen. Denn die Natur der Dinge bringt es mit sich, daß jedes Ereignis zuvörderst seine Bedingungen, seine sachlichen Erfordernisse, seine angemessenen Voraussetzungen hat, aus denen es hervorgeht: in diesen besteht alsdann sein zureichender Grund.

19. Die Vollkommenheit Gottes ferner verlangt, daß alle seine Handlungen seiner Weisheit angemessen sind, und daß man ihm nicht vorwerfen kann, ohne Vernunftgründe gehandelt oder auch nur schwächeren Gründen vor stärkeren den Vorzug gegeben zu haben.

20. Ich werde mich indes gegen Ende dieses Schreibens noch ausführlicher über die Gewißheit und Bedeutung des großen Prinzips des zureichendes Grundes für jedes Ereignis verbreiten: eines Prinzips, dessen Umstürzung den besten Teil der ganzen Philosophie umstoßen würde. Es ist daher recht seltsam, daß ich mit seiner Aufstellung eine petitio principii begehen soll; — und es müssen wohl tatsächlich unhaltbare Ansichten sein, zu deren Verteidigung man zu solchen Mitteln, wie zur Leugnung dieses gewaltigen Prinzips, greifen muß, das eines der wesentlichsten der Vernunft ist.

Zu 3. und 4.

21. Man muß sagen, daß dieses große Prinzip zwar anerkannt, dennoch aber nicht genügend angewandt worden ist. Es ist das zum guten Teil der Grund, warum bisher die Prinzipienlehre so wenig fruchtbar und so wenig beweiskräftig gewesen ist. Ich ziehe aus ihm unter anderen die Folgerung, daß es in der Natur nicht zwei reelle, absolut ununterscheidbare Wesen gibt: denn gäbe es welche, so würden Gott und Natur, wenn sie das eine anders als das andere behandelten, etwas ohne Grund tun. Demnach, so schließe ich, bringt Gott gar nicht zwei materielle Teile hervor, die einander vollkommen gleich und ähnlich sind. Man antwortet auf diesen Schluß, ohne seine Voraussetzungen zu widerlegen, und zwar mit einem sehr schwachen Einwand. Wenn — sagt man — dieses Argument richtig wäre, so würde es beweisen, daß es Gott unmöglich ist, überhaupt Materie zu schaffen. Denn die vollkommen festen Teile der Materie würden, wenn man sie, was als Voraussetzung möglich ist, als gleich und von derselben Gestalt annimmt, in

ihrer Beschaffenheit völlig mit einander übereinstimmen. Es ist jedoch eine offenbare petitio principii, wenn man hier eben die vollkommene Übereinstimmung zugrunde legt, die nach meiner Ansicht unzulässig ist. Die Annahme zweier ununterscheidbarer Inhalte — wie zweier völlig gleicher materieller Teile — scheint, abstrakt betrachtet, möglich, ist jedoch tatsächlich weder mit der Ordnung der Dinge noch mit der göttlichen Weisheit, die nichts Grundloses zuläßt, verträglich. Die gewöhnliche Anschauung, die bei unvollständigen Begriffen stehen bleibt, läßt solche Vorstellungen zu: es ist dies einer der Fehler der Atomisten.

22. Ich gebe sodann auch das Dasein vollkommen fester Elemente der Materie nicht zu, d.h. das Dasein von Elementen, die wie die vorgeblichen Atome ganz aus einem Stück und ohne irgendeine Mannigfaltigkeit oder Besonderung in der Bewegung ihrer Teile sind. Die Annahme solcher Körper ist ebenfalls eine populäre, schlecht begründete Ansicht. Jedes materielle Teilchen ist, wie ich bewiesen habe, aktuell in weitere, verschiedenartig bewegte Teile geteilt, von denen kein einziges dem anderen vollständig gleicht. [115]

23. Ich hatte darauf hingewiesen, daß man unter den Sinnendingen niemals zwei ununterscheidbare findet, daß sich z. B. nie zwei Blätter oder auch zwei Wassertropfen finden lassen, die einander vollkommen gleich sind. Das läßt man für die Blätter und vielleicht (perhaps) für die Wassertropfen gelten, man konnte es jedoch auch bei diesen ohne Bedenken und ohne »perhaps« (senza forse würde der Italiener sagen) zugeben.

24. Ich glaube, daß die allgemeinen Beobachtungen, die sich für die Sinnendinge ergeben, entsprechend auch auf das Unsinnliche zutreffen. Man kann hier mit dem Narren im *Empereur de la Lune* [116] sagen: »Es ist alles wie bei uns.« Es ist somit schon eine gewichtige Gegeninstanz gegen die ununterscheidbaren Dinge überhaupt, daß man in den Objekten der Wahrnehmung kein Beispiel für sie findet. [117] Man streitet gegen diese Folgerung, weil, wie man sagt, die sinnlichen Körper zusammengesetzt, die nichtsinnlichen Elemente, deren Dasein man behauptet, dagegen einfach sind. Ich gebe jedoch auch dies nicht zu. Nach meiner Ansicht gibt es nichts Einfaches als die wahrhaften *Monaden*, die weder Teile noch Aus-

dehnung haben. Einfache und selbst vollkommen ähnliche Körper ergeben sich nur aus der falschen Setzung des Leeren und der Atome; sie bestehen nur für die träge Philosophie, die die Analyse der Dinge nicht weit genug treibt und sich einbildet, zu den ersten körperlichen Elementen der Natur gelangen zu können, weil das unsere sinnliche Anschauung zufriedenstellen würde.

25. Wenn ich das Vorhandensein zweier ganz ähnlicher Wassertropfen oder zweier anderer ununterscheidbarer Körper leugne, so behaupte ich damit nicht die begriffliche Unmöglichkeit ihrer Setzung, sondern bestreite nur ihre *Existenz*, weil diese der göttlichen Weisheit widersprechen würde.

Zu 5. und 6.

26. *Wenn* zwei ununterscheidbare Dinge existierten, so wären es allerdings zwei, indessen ist die Voraussetzung falsch und dem großen Prinzip des Grundes zuwider. Die gewöhnliche Schulphilosophie ist, in der Annahme, daß es Dinge gibt, die sich *solo numero* oder nur dadurch, daß sie zwei sind, unterscheiden, fehlgegangen, und gerade aus diesem Irrtum ist ihre Ratlosigkeit über das sogenannte »principium individuationis« entsprungen.[118] Die Metaphysik ist für gewöhnlich als einfache Lehre von den Termini wie ein philosophisches Wörterbuch behandelt worden. Die oberflächliche Philosophie, wie die der Anhänger der Atome und des Leeren, schmiedet sich Dinge zurecht, die vor höheren Gründen nicht standhalten. Hoffentlich werden meine Beweise, den schwachen Einwendungen zum Trotz, die man mir hier entgegensetzt, der Philosophie ein anderes Ansehen geben.

27. Die Teile der Zeit und des Ortes sind an und für sich etwas Ideelles, gleichen sich daher vollkommen wie zwei abstrakte Einheiten.[119] Anders verhält es sich dagegen mit zwei konkreten Einheiten, zwei tatsächlichen Zeiten oder zwei erfüllten, d. h. wahrhaft wirklichen Räumen.

28. Ich sage nicht, zwei Raumpunkte seien ein und derselbe Punkt oder zwei Zeitmomente ein und derselbe Moment, wie man mir unterzulegen scheint. Man kann sich indessen bisweilen irrtümlich einbilden, es gäbe zwei verschiedene Momente, wo in

Wahrheit nur ein einziger vorhanden ist. So setzt man, wie in Nr. 17 des letzten Antwortschreibens bemerkt, in der Geometrie häufig zwei Punkte als verschieden voraus, um damit eine falsche, der Wahrheit widerstreitende Annahme zu bezeichnen, findet sodann aber bei nachträglicher Untersuchung, daß beide in einen zusammenfallen müssen. Wenn jemand annähme, eine Gerade schnitte eine andere in zwei Punkten, so wird sich am Ende der Rechnung ergeben, daß diese vorgeblichen beiden Punkte zusammenfallen müssen und nur einen ausmachen können. Das ist auch der Fall, wenn eine Gerade, die im allgemeinen eine Kurve in zwei Punkten schneidet, in einem besonderen Falle zur Tangente wird.

29. Ich habe bewiesen, daß der Raum nichts anderes als eine Ordnung der Existenz der Dinge ist, sofern sie in ihrer Gleichzeitigkeit aufgefaßt werden. Die Fiktion eines materiellen begrenzten Universums, das in seiner Gesamtheit in einem unbegrenzten leeren Raume umherwandert, ist daher unzulässig. Sie ist gänzlich unvernünftig und unbrauchbar: denn abgesehen davon, daß es außerhalb des materiellen Universums keinen realen Raum gibt, würde eine solche Handlung zwecklos sein; sie bedeutete ein tätiges Nichtstun: agendo nihil agere. Für keinen Beobachter würde sich hieraus die geringste merkliche Veränderung ergeben. Es sind das Phantasiegebilde von Philosophen, die bei unvollständigen Begriffen stehen bleiben und aus dem Raume eine absolute Realität machen. Die einfachen Mathematiker, die sich nur mit dem Spiele der Einbildung genügen, mögen sich wohl derartige Begriffe schmieden, die jedoch durch höhere Gründe zunichte werden.

30. Absolut gesprochen hat es den Anschein, als ob Gott das materielle Universum der Ausdehnung nach begrenzen könnte, doch scheint das Gegenteil seiner Weisheit angemessener zu sein.

31. Ich gebe durchaus nicht zu, daß alles Begrenzte beweglich ist. Selbst nach der Voraussetzung der Gegner ist ein Teil des Raumes unbeweglich, wenngleich er begrenzt ist. Das Bewegliche muß seine Lage mit Bezug auf einen anderen Gegenstand wechseln können und dabei zu einem neuen, von dem ersten unterscheidbaren Zustand gelangen, sonst ist die Veränderung eine Fiktion. Demnach muß ein begrenztes Bewegliches Teil eines größeren Ganzen

sein, damit sich eine der Beobachtung zugängliche Veränderung ergibt.

32. Descartes hat die Schrankenlosigkeit der Materie behauptet, und ich glaube nicht, daß man ihn genügend widerlegt hat.[120] Stimmt man ihm zu, so folgt daraus doch weder, daß die Materie notwendig ist, noch daß sie von aller Ewigkeit her bestanden hat, da ihre schrankenlose Zerstreuung alsdann aus Gottes Wahl hervorgegangen wäre, der es so für besser befunden hätte.

Zu 7.

33. Da der Raum genau wie die Zeit, an sich selbst etwas Ideales ist, so muß wohl der Raum außerhalb der Welt imaginär sein, wie sogar die Scholastiker richtig erkannt haben. Ebenso verhält es sich mit dem leeren Raume innerhalb der Welt, den ich aus Gründen, die ich bereits angegeben, gleichfalls für imaginär halte.

34. Man hält mir das Vacuum entgegen, das Herr Guerike aus Magdeburg durch Auspumpen der Luft aus einem Rezipienten dargestellt hat, behauptet also, dieser Rezipient sei tatsächlich vollkommen leer und enthalte einen Raum, der ganz oder mindestens zum Teil ohne Materie sei.[121] Die Aristoteliker und Cartesianer, die das Leere im eigentlichen Sinne nicht gelten lassen, haben auf dieses Experiment des Herrn Guerike, sowie auf das von Herrn Torricelli aus Florenz, — der vermittels Quecksilbers in einer Glasröhre einen luftleeren Raum herstellte — geantwortet, daß die Röhre und der Rezipient keineswegs leer seien, da das Glas feine Poren hat, durch welche die Strahlen des Lichtes, des Magnets und andere sehr winzige Materien hindurchdringen können. Darin bin ich durchaus ihrer Ansicht. Man könnte den Rezipienten etwa mit einem im Wasser befindlichen durchlöcherten Kasten vergleichen, in dem Fische oder andere große Körper enthalten sind; nähme man diese nun heraus, so würde ihre Stelle trotzdem durch das Wasser ausgefüllt werden. Der Unterschied liegt nur darin, daß das Wasser, wenngleich es flüssig und nachgiebiger ist als diese groben Körper, dennoch ebenso schwer und massiv wie sie oder sogar noch schwerer ist, während in dem Rezipienten die Materie, die an Stelle der Luft tritt, weit weniger dicht ist. Die neuen Anhänger des

Leeren erwidern auf diesen Einwurf, nicht die Grobheit der Materie, sondern ihre Quantität bedinge den Widerstand und es ständen daher leerer Raum und Widerstand notwendig im umgekehrten Verhältnisse zueinander. Man fügt hinzu, daß der Grad der Feinheit dabei nichts ausmache, daß die Teile des Quecksilbers ebenso subtil und fein wie die des Wassers seien, trotzdem aber das Quecksilber einen mehr als zehnfachen Widerstand leiste. Darauf erwidere ich, daß nicht die Quantität der Materie, als vielmehr die Schwierigkeit, mit der sie entweicht, den Widerstand bedingt. Das treibende Holz z. B. enthält weniger schwere Materie als das Wasser von gleichem Volumen und leistet nichtsdestoweniger dem Schiffe einen größeren Widerstand als dieses.

35. Was übrigens das Quecksilber anbetrifft, so enthält es in der Tat ungefähr 14 mal soviel schwere Materie wie das Wasser bei gleichem Volumen, doch folgt daraus nicht, daß es absolut genommen 14 mal mehr Materie enthält. Vielmehr enthält das Wasser ebensoviel, wenn man nämlich seine eigene schwere Materie mit der fremden, seine Poren durchdringenden, nicht schweren Materie zusammennimmt. Denn Quecksilber sowohl wie Wasser sind Massen schwerer Materie, durch deren Öffnungen schwerlose Materie, die keinen sinnlich wahrnehmbaren Widerstand leistet, eindringt. Hierzu gehören augenscheinlich der Lichtäther und andere unsinnliche Fluida, wie vor allem das, das die Schwere verursacht, indem es bei seiner Entfernung vom Mittelpunkt die gröberen Körper diesem zutreibt. Denn es ist eine seltsame Täuschung, der ganzen Materie Schwere zu verleihen und sie gegen jeden Teil der Materie hin wirksam sein zu lassen, wie wenn alle Körper sich gegenseitig, gemäß ihren Massen und Entfernungen, anzögen und zwar durch eine Anziehung im eigentlichen Sinne, die sich nicht auf verborgene Stoßwirkungen unter ihnen zurückführen läßt. Die Schwere der sinnlich wahrnehmbaren Körper nach dem Mittelpunkt der Erde zu setzt vielmehr die Bewegung irgendeines Fluidums als Ursache voraus. Das Gleiche wird auch von den anderen Arten der Schwere, z. B. von der Gravitation der Planeten nach der Sonne oder untereinander gelten. Ein Körper kann auf natürliche Weise nie anders bewegt werden als durch einen anderen, der ihn berührt und damit antreibt,[122] danach aber setzt er seine Be-

wegung fort, bis er durch die Berührung eines anderen Körpers daran gehindert wird. Jede andere Einwirkung auf die Körper muß entweder als ein Wunder oder als bloße Einbildung an gesehen werden.

Zu 8. und 9.

36. Ich hatte eingewendet, daß der Raum, wenn man ihn ohne die Körper als etwas Reales und Absolutes ansieht, ein ewiges, unveränderliches und von Gott unabhängiges Ding wäre. Diesen Einwand suchte man dadurch zu entkräften, daß man den Raum eine Eigenschaft Gottes nannte, worauf ich in meinem letzten Schreiben wiederum erwiderte, daß zwar die Unermeßlichkeit eine Eigenschaft Gottes ist, nicht aber der Raum, der häufig mit den Körpern gleiches Maß hat, und mit der Unermeßlichkeit Gottes daher nicht gleichbedeutend ist.

37. Wenn der Raum eine Eigenschaft ist, — so habe ich ferner eingewendet — und wenn der unendliche Raum die Unermeßlichkeit Gottes ist, so wird der begrenzte Raum die Ausdehnung oder die Meßbarkeit eines begrenzten Dinges sein. Der Raum, den ein Körper einnimmt, wäre dann mit der Ausdehnung dieses Körpers identisch: was widersinnig ist, da ein Körper seinen Raum wechseln kann, mit seiner Ausdehnung aber unlöslich verknüpft ist.[123]

38. Angenommen aber, der Raum sei eine Eigenschaft: wessen Eigenschaft — so fragte ich weiter — wird dann ein leerer begrenzter Raum sein, so wie man ihn sich in dem luftleeren Rezipienten vorstellt? Es scheint widersinnig, zu behaupten, dieser leere Raum von runder oder quadratischer Form sei eine Eigenschaft Gottes. Soll er also etwa die Eigenschaft irgendwelcher immaterieller, ausgedehnter, imaginärer Substanzen sein, die man sich, wie es scheint, in den imaginären Räumen vorstellt?

39. Wenn der Raum Eigenschaft oder Beschaffenheit der in ihm befindlichen Substanz ist, so wird ein und derselbe Raum bald die Beschaffenheit eines, bald eines anderen Körpers sein, bald wird er einer immateriellen Substanz, bald vielleicht auch Gott angehören, wenn er leer ist und keine andere materielle oder immaterielle Substanz enthält. Es ist aber doch eine seltsame Eigenschaft oder

Beschaffenheit, die von Subjekt zu Subjekt übergeht! Die Subjekte werden auf diese Weise ihre Akzidenzien wie ein Gewand ablegen, damit andere Subjekte sich damit bekleiden können. Wie soll man danach noch Akzidenzien und Substanzen unterscheiden?[124]

40. Ferner: sind die endlichen Räume die Beschaffenheiten der endlichen Substanzen, die sich in ihnen befinden, und ist der unendliche Raum die Eigenschaft Gottes, so ist — höchst seltsam! — die Konsequenz nicht zu umgehen, daß sich die Eigenschaft Gottes aus den Beschaffenheiten der Geschöpfe zusammensetzt; denn alle endlichen Räume zusammengenommen ergeben den unendlichen Raum.

41. Leugnet man jedoch, daß der endliche Raum eine Eigenschaft der endlichen Dinge ist, dann ist es ebenso unvernünftig, daß der unendliche Raum die Eigenschaft oder Beschaffenheit eines unendlichen Dinges ist. In meinem letzten Schreiben hatte ich auf alle diese Schwierigkeiten hingewiesen, doch hat man sich, wie es scheint, nicht die Mühe gegeben, sie aufzulösen.

42. Ich habe außerdem noch andere Gründe gegen die seltsame Vorstellung, daß der Raum eine Eigenschaft Gottes ist. Verhält es sich nämlich so, dann geht der Raum in das Wesen Gottes ein. Nun hat der Raum Teile, also würde es im Wesen Gottes Teile geben. *Spectatum admissi!*

43. Außerdem sind die Räume bald leer, bald erfüllt, also wird es im Wesen Gottes Teile geben, die bald leer, bald erfüllt, die somit einem immerwährenden Wechsel unterworfen sind. Die den Raum erfüllenden Körper würden einen Teil der Wesenheit Gottes erfüllen und mit diesem gleiche Abmessungen haben; unter Voraussetzung des Leeren ferner wird ein Teil des göttlichen Wesens in dem Rezipienten enthalten sein! Dieser Gott, der Teile hat, dürfte außerordentlich dem stoischen Gotte gleichen, der die Gesamtheit des Alls selbst war, sofern es wie ein göttliches Lebewesen betrachtet wurde.

44. Wenn der unendliche Raum die Unermeßlichkeit Gottes, dann ist die unendliche Zeit seine Ewigkeit. Man wird also sagen müssen, daß alles, was im Raume ist, in der Unermeßlichkeit Gottes und folglich in seinem Wesen ist und ebenso, daß alles, was in der Zeit ist, im Wesen Gottes enthalten ist: lauter seltsame Sätze,

die klar erkennen lassen, daß man die Ausdrücke mißbräuchlich verwendet.

45. Noch ein anderes Beispiel dafür: aus der Unermeßlichkeit Gottes folgt, daß er sich in allen Räumen befindet. Ist aber Gott im Raume, wie kann man dann noch sagen, daß der Raum in ihm oder daß er eine Eigenschaft Gottes ist? Man hat schon gehört, daß die Eigenschaft im Subjekte, nicht aber, daß das Subjekt in seiner Eigenschaft enthalten ist. Ebenso existiert Gott in aller Zeit; inwiefern ist also die Zeit in Gott und wie kann sie eine Eigenschaft von ihm sein? Es sind das lauter paradoxe Redewendungen, zu denen man sich immer wieder geführt sieht.

46. Wie mir scheint, verwechselt man die Unermeßlichkeit oder die Ausdehnung der Dinge mit dem Raume, im Verhältnis zu dem diese Ausdehnung bestimmt wird. Der unendliche Raum ist ebensowenig die Unermeßlichkeit Gottes, der endliche Raum so wenig die Ausdehnung der Körper, wie die Zeit mit der Dauer gleichbedeutend ist. Die Dinge behalten ihre Ausdehnung, aber nicht stets ihren Raum bei. Jedes Ding hat seine eigene Ausdehnung, seine eigene Dauer, nicht aber seine eigene Zeit und seinen eigenen Raum, den es beibehält. [125]

47. Zur Bildung der Raumvorstellung gelangt man etwa in folgender Weise. Man beobachtet, daß verschiedene Dinge gleichzeitig existieren und findet in ihnen eine bestimmte Ordnung des Beisammens, der gemäß ihrer Beziehung mehr oder weniger einfach ist. Es ist dies ihre wechselseitige Lage oder Entfernung. [126] Ändert nun eins der Elemente seine Beziehung zu einer Mehrheit unserer Glieder, ohne daß unter diesen selbst eine Veränderung vor sich geht, und nimmt ein neu hinzukommendes eben die Beziehung zu den anderen ein, die das erste hatte, so sagt man, es sei an seine *Stelle* getreten und nennt diese Veränderung eine *Bewegung*, die man demjenigen Element zuschreibt, in dem die unmittelbare Ursache der Veränderung liegt. [127] Wenn nun mehrere oder selbst alle Glieder nach gegebenen Regeln der Richtungs- und Geschwindigkeitsänderung fortschreiten, so kann man stets die Lagebeziehung bestimmen, die jedes Glied mit Bezug auf jedes andere erwirbt; man könnte selbst von jedem Element, unter der Voraussetzung, daß es sich gar nicht oder in anderer Weise als

tatsächlich geschah, bewegt hätte, sein Lageverhältnis zu allen anderen angeben. Nimmt man nun an, oder macht man die Fiktion, daß es unter diesen koexistierenden Körpern eine genügende Anzahl von solchen gibt, die untereinander keine Veränderung erleiden, so wird man von Gliedern, die zu diesen festen Elementen in eine Beziehung getreten sind, wie sie früher anderen Körpern zukam, sagen, daß sie sich jetzt an der *Stelle* dieser anderen befinden. Der Inbegriff aller dieser Stellen aber wird *Raum* genannt. Es zeigt dies, daß es, um den Begriff der Stelle und folglich den des Raumes zu bilden, genügt, diese *Beziehungen* und die *Regeln ihrer Veränderung* zu betrachten, ohne daß man nötig hätte, sich hier eine absolute Realität außer den Dingen, deren Lage man betrachtet, vorzustellen. Um eine Art von Definition zu geben, so ist *Stelle* das, was für A und B gleich ist, wenn die Beziehung, die B in seiner Koexistenz zu C, E, F, G usw. hat, vollständig mit der Beziehung übereinstimmt, die A in seiner Koexistenz zu ihnen hatte; vorausgesetzt, daß das Verhältnis von C, E, F, G selbst durch keine äußere Ursache geändert worden ist. Man könnte auch, ohne die Erklärung an besondere Elemente zu knüpfen, sagen, daß wir unter Stelle dasjenige verstehen, was verschiedenen Existenzen zu verschiedenen Zeiten identisch zukommt, sofern sie in ihren Lagebeziehungen mit Rücksicht auf bestimmte, inzwischen als fest angenommene Existenzen völlig übereinstimmen. »Feste Existenzen« heißen hierbei solche, für die kein Grund bestand, ihre Ordnung der Koexistenz zu ändern, in denen also, mit anderen Worten, keine Bewegung stattfand. Der Raum endlich ist das, was sich aus dem Inbegriff aller Stellen insgesamt ergibt. Hierbei muß man zugleich den Unterschied zwischen der *Stelle* selbst und der Lagebeziehung des Körpers, der die Stelle einnimmt, erwägen. Die Stelle nämlich von A und B ist dieselbe, während die Beziehung von A zu den festen Körpern nicht genau und individuell mit der Beziehung *identisch* ist, die B, das an seine Stelle tritt, zu eben diesen festen Elementen besitzt, sondern nur mit ihr *übereinstimmt*. Zwei verschiedene Subjekte wie A und B nämlich können nicht dieselbe individuelle Beschaffenheit haben, da ein und dasselbe individuelle Akzidens sich weder in zwei Subjekten vorfinden, noch von Subjekt zu Subjekt hinüberwandern kann.[128] Der Geist aber ist mit dieser *Übereinstimmung* nicht zufrieden; er sucht eine Identität, ein Ding, das wahrhaft dasselbe wäre, und er stellt es sich wie außerhalb dieser Subjekte vor; — dies ist es, was hier *Stelle* oder *Raum* genannt wird. Es kann indessen nur ideal sein; enthält es doch nichts als eine gewisse Ordnung, in der der Geist eine fortgesetzte Anwendung von Beziehungen begreift.[129] So kann sich z. B. der Geist eine Reihe genealogischer Beziehungen vorstellen und in dieser nach der Anzahl der Generationen eine bestimmte Größenordnung feststellen, in der jedem Individuum ein fester Platz zukäme. Wenn man weiterhin etwa die Fiktion der Seelenwanderung hinzunähme, so könnten die Individuen nunmehr auch ihre Stelle innerhalb dieser Ordnung vertauschen: wer Vater oder Großvater gewesen ist, könnte Sohn oder Enkel werden usw. Dennoch aber wären die genealogischen Stellen, Linien und Räume, wenngleich sie reale Wahrheiten ausdrückten, ideal. Ich will noch ein Beispiel von der Gewohnheit unseres Geistes geben, zu Eigenschaften, die nur in den Subjekten selbst Bestand haben, ein Etwas, das ihnen außerhalb der Subjekte entspricht, hinzuzudenken. Das Verhältnis oder die Proportion zwischen zwei Linien L und M kann man sich auf drei Weisen vorstellen: als Verhältnis der größeren (L) zur kleineren (M), als Verhältnis der kleineren (M) zur größeren (L) oder endlich als etwas von beiden Losgelöstes, d. h. als das Verhältnis zwischen L und M, ohne dabei zu erwägen, welches Glied das Vorhergehende oder Folgende, das Subjekt oder Objekt ist.[130] Auf diese Art betrachtet man die Proportionen z. B. in der Musik. In der ersten Betrachtungsweise ist die größere Linie L, in der zweiten die kleinere M das Subjekt für dieses Akzidens, das die Philosophen als Verhältnis oder Beziehung bezeichnen. Was aber wird in dem dritten Sinne sein Subjekt sein? Man kann nicht sagen, daß alle beide, L und M zusammengenommen, das Subjekt für ein solches Akzidens bilden, denn wir hätten dann ein Akzidens in zwei Subjekten, das also gleichsam mit einem Fuße im einen, mit dem anderen im anderen Subjekt stände, was mit dem Begriff des Akzidens unvereinbar ist. Man muß demnach sagen, daß die Beziehung im dritten Sinne allerdings *außerhalb* der Subjekte ist, daß sie aber, da sie weder Substanz noch Akzidens ist, etwas rein *Ideales* sein muß, dessen Betrachtung jedoch darum nicht minder fruchtbar ist. Im übrigen habe ich es hier ungefähr so gemacht wie Euklid: der, da er den Begriff des geometrischen Verhältnisses im absoluten Sinne nicht recht definieren konnte, bestimmte, was unter »gleichen Verhältnissen« zu verstehen ist. So habe ich, um die Stelle zu erklären, zu definieren versucht, was »gleiche Stellen« sind. Ich bemerke endlich, daß die Spuren beweglicher Dinge, die sie zuweilen in dem unbeweglichen Hintergrund, vor dem sich die Bewegung vollzieht, zurücklassen, zu der Vorstellung geführt haben, als ob selbst nach Aufhebung der unbeweglichen Dinge noch eine derartige »Spur« zurückbliebe. Doch ist dies rein ideal zu verstehen und kann nur bedeuten, daß, wenn es etwas Unbewegliches gäbe, man in ihm die Spur bezeichnen könnte. So bildet man sich vermittels dieser Analogie Stellen, Spuren, Räume ein, während doch all diese Dinge nur in der Wahrheit der Beziehungen, keineswegs aber in einer absoluten Realität ihren Bestand haben.

48. Ist übrigens der körperliche Raum, den man sich vorstellt, nicht gänzlich leer, womit, frage ich dann, ist er erfüllt? Gibt es etwa ausgedehnte Geister oder immaterielle Substanzen, die imstande sind, sich auszubreiten und wieder zusammenzuziehen, die sich umherbewegen und einander durchdringen, ohne einander zu stören, wie die Schatten zweier Körper auf der Oberfläche einer Wand? Ich sehe schon im Geiste die kurzweiligen Phantasien des Herrn Morus wieder auftauchen, — übrigens eines gelehrten Mannes von den besten Absichten — und anderer, die der Meinung waren, diese Geister könnten sich, wenn es ihnen gerade gefällt, undurchdringlich machen. Einige haben sich sogar eingebildet, der Mensch hätte im Stande der Unschuld ebenfalls die Gabe der Durchdringung gehabt und wäre erst durch den Sündenfall fest, undurchsichtig und undurchdringlich geworden! Heißt das nicht, alle Vorstellungen der Dinge auf den Kopf stellen, wenn man Gott Teile, den Geistern Ausdehnung gibt? Das Prinzip des zureichenden Grundes allein bringt alle diese phantastischen Trugbilder zum Verschwinden; man erdichtet sich leicht Fiktionen, wenn man dieses gewaltige Prinzip nicht richtig anwendet.[131]

Zu 10.

49. Man darf keine bestimmte Dauer ewig nennen, kann jedoch die Dinge, die immer dauern, insofern als ewig bezeichnen, als sie stets eine neue Fortdauer gewinnen.[132] Alles, was von der Zeit und Dauer existiert, ist, da es im Nacheinander besteht, in beständigem Untergang begriffen. Und wie könnte etwas Ewiges Dasein besitzen, das, genau gesprochen, niemals da ist? Denn wie könnte etwas *sein*, wovon niemals ein Teil vorhanden ist![133] Von der Zeit sind immer nur Momente vorhanden: und der Moment ist nicht einmal ein Teil der Zeit. Wer dies alles erwägt, wird wohl begreifen, daß die Zeit nur etwas Ideales sein kann; die Analogie aber, die zwischen Raum und Zeit besteht, wird weiterhin zu dem Schlusse führen, daß beide gleich ideal sind. Versteht man jedoch unter der ewigen Dauer eines Dinges nur, daß das Ding selbst in Ewigkeit fortbesteht, so habe ich daran nichts auszusetzen.

50. Wenn die Realität des Raumes und der Zeit für die Unermeßlichkeit und Ewigkeit Gottes notwendig ist, wenn Gott im Raume sein muß, und dies eine Eigenschaft von ihm ausmacht, dann wird Gott in gewisser Weise von Raum und Zeit abhängig sein und ihrer bedürfen. Der Ausweg nämlich, daß der Raum und die Zeit in Gott und gleichsam seine Eigenschaften seien, ist bereits abgeschnitten; denn ist etwa die Behauptung erträglich, daß die Körper in den Teilen des göttlichen Wesens umherwandern?

Zu 11. und 12.

51. Ich hatte eingewendet, der Raum könne nicht in Gott sein, weil er Teile hat. Nun sucht man eine neue Ausflucht, indem man, von der allgemein geltenden Bedeutung der Termini abweichend, behauptet, der Raum habe keine Teile: weil seine einzelnen Stücke nicht voneinander trennbar sind und nicht durch Zerteilung voneinander entfernt werden können. Es genügt jedoch, daß der Raum Teile hat, gleichgültig ob sie trennbar sind oder nicht, und daß man sie durch die Körper, die in ihm sind, oder durch Linien und Flächen, die man in ihm zieht, angeben kann.

Zu 13.

52. Um zu beweisen, daß der Raum ohne die Körper eine absolute Realität sei, hatte man mir eingewendet, daß das materielle, begrenzte Universum im Raume umherwandern könne. Darauf habe ich erwidert, daß die Annahme der Bewegung des materielles Alls mir erstlich nicht vernunftgemäß erscheint, daß aber ferner, selbst wenn man sie zugesteht, jede Bewegung des Alls, die nicht in einem relativen Stellenwechsel seiner Teile besteht, sinnwidrig ist, da sie keine der Beobachtung zugängliche Veränderung hervorbrächte und somit ganz zwecklos wäre. Anders liegt die Sache, wenn die Teile ihre Lage untereinander verändern, denn man erkennt alsdann im Raume eine Bewegung, die aber in der Änderung der Ordnung der Beziehungen besteht. Man wirft mir jetzt ein, die Wahrheit der Bewegung sei unabhängig von der Beobachtung: ein Schiff z. B. könne sich vorwärtsbewegen, ohne das man es im Innern bemerkt. Darauf erwidere ich, daß die Bewegung zwar von der *Beobachtung*, aber keineswegs von der *Möglichkeit der Beobachtung überhaupt* unabhängig ist.[134] Bewegung gibt es nur dort, wo eine der Beobachtung zugängliche Änderung stattfindet; ist diese Veränderung durch keine Beobachtung feststellbar, so ist sie auch nicht vorhanden.[135] Die gegenteilige Behauptung gründet sich auf die Annahme eines reellen, absoluten Raumes, die ich durch das Prinzip des zureichenden Grundes in aller Strenge widerlegt habe.

53. Weder in der 8. Definition der *Mathematischen Prinzipien der Naturphilosophie*, noch in dem Scholion zu dieser Definition finde ich irgend etwas, das die Realität des Raumes an sich selbst bewiese oder beweisen könnte. Ich gebe indessen einen Unterschied zwischen der absoluten wahrhaften Bewegung eines Körpers und seiner einfachen, relativen Lageveränderung mit Bezug auf einen anderen Körper zu. Liegt nämlich die unmittelbare Ursache der Veränderung im Körper selbst, so ist er wahrhaft in Bewegung, zugleich aber wird sich nunmehr auch die Lage der anderen Körper mit Bezug auf ihn ändern, obwohl die Ursache dieser Veränderung nicht in ihnen selbst liegt.[136] Allerdings gibt es genau gesprochen keinen Körper, der sich vollkommen und gänzlich in Ruhe befindet, doch sieht man bei der mathematischen Betrach-

tung davon ab. So habe ich denn nichts von dem, was man für die absolute Realität des Raumes angeführt hat, unbeantwortet gelassen. Ich habe die Unhaltbarkeit dieser Realität durch ein grundlegendes, höchst vernunftgemäßes und erprobtes Prinzip dargetan, das keine Ausnahme duldet und keinen Einwand verstattet. Im übrigen kann man aus dem Gesagten entnehmen, daß ich weder ein bewegliches Universum noch einen Ort außerhalb des materiellen Universums zulassen kann.

Zu 14.

54. Ich wüßte keinen Einwand mehr, auf den ich nicht, wie ich glaube, zur Genüge geantwortet habe. Was den Einwand betrifft, daß Raum und Zeit *Größen* oder vielmehr Objekte sind, denen Größe zukommt, während dies von Lage und Ordnung nicht gilt, so antworte ich, daß die Ordnung ebenfalls ihre Größe hat: gibt es doch in ihr ein vorhergehendes und ein folgendes Glied, somit Entfernung und Zwischenraum. Die relativen Dinge haben, ebensogut wie die absoluten, ihre Größe, so haben z. B. in der Mathematik die Verhältnisse oder Proportionen ihre Größe und werden durch die Logarithmen gemessen; dennoch aber sind und bleiben es Relationen.[137] Ebenso sind Raum und Zeit, wenngleich sie in Beziehungen bestehen, darum von der Größe nicht ausgeschlossen.[138]

Zu 15.

55. Was die Frage anbetrifft, ob Gott die Welt hätte eher schaffen können, so muß man sich über sie zunächst genau verständigen. Da die Zeit, wie bewiesen, ohne die Dinge eine bloße ideale Möglichkeit ist, so hat die Behauptung, daß diese unsere wirkliche Welt, ohne sonstige Änderung auch früher hätte geschaffen werden können, offenbar keinen verständlichen Sinn; denn es gibt kein Unterscheidungsmerkmal, an dem sich erkennen ließe, daß sie früher erschaffen wurde. Die Annahme, daß Gott dieselbe Welt eher erschaffen habe, enthält also, wie gesagt, etwas Chimärisches; sie macht aus der Zeit ein absolutes, von Gott unabhängiges Ding,

während sie nur mit den geschaffenen Gegenstanden zusammen bestehen kann und nur durch die Ordnung und Größe ihrer Veränderungen begriffen wird.

56. Absolut gesprochen kann man sich jedoch vorstellen, daß ein Universum eher angefangen habe, als dies tatsächlich der Fall ist. Angenommen, unser Universum oder irgendein anderes sei durch die Figur ABEF (Fig. 12) dargestellt, die Ordinate AB stelle seinen ersten Zustand, die Ordinaten CD, EF bestimmte Folgezustände dar, — so konnte man sich einen früheren Anfang denken, indem man sich die Figur nach rückwärts verlängert denkt und ein Stück RABS hinzufügt. Denn hier wird zugleich mit der Vermehrung der Dinge auch die Zeit verlängert sein; ob aber ein derartiger Zuwachs vernunftgemäß und der Weisheit Gottes angemessen ist, das ist eine andere Frage, die man verneinen muß; — denn sonst wäre er tatsächlich erfolgt.[139] In Wahrheit wäre es:

Humano capiti cervicem pictor equinam
Jungere si velit.

Ebenso verhält es sich mit der Fortdauer der Welt. Wie man sich ihrem Anfang etwas hinzugefügt, so könnte man sich ebenso gegen Ende etwas weggenommen denken, doch wäre auch dies widervernünftig.

57. Auf diese Weise muß man es verstehen, wenn gesagt wird, daß Gott die Dinge zu der Zeit geschaffen hat, die ihm gut schien; es hängt das von den Dingen ab, deren Erschaffung er beschlossen hat. Da aber zugleich mit den Dingen auch über ihre Beziehungen entschieden wurde, so gab es in betreff der Zeit oder der Stelle fernerhin keine Wahl mehr, denn diese haben für sich allein nichts Reales und Bestimmendes, ja sogar nichts Unterscheidbares.

58. Man darf also nicht, wie hier, sagen, die Weisheit Gottes könne gute Gründe haben, gerade diese Welt (this world) zu einer bestimmten Zeit zu schaffen, da die Annahme eines besonderen Zeitpunktes, der bestanden hätte, ohne daß noch Dinge existierten, eine unmögliche Fiktion ist, und gute Gründe für eine Wahl nicht vorhanden sein können, wo alles ununterscheidbar ist.

59. Wenn ich von dieser Welt spreche, so verstehe ich darunter die Gesamtheit der materiellen und immateriellen Geschöpfe von Anfang der Dinge an; verstände man darunter jedoch nur den An-

fang der materiellen Welt, und nähme man vor ihr immaterielle Geschöpfe an, so ließe sich dies schon eher hören. Denn die Zeit wäre alsdann bereits durch existierende Dinge bezeichnet, somit nicht mehr gleichgültig und ließe eine Wahl zu. Allerdings würde man die Schwierigkeit nur weiter zurückschieben, denn nimmt man weiterhin einen Beginn des gesamten Universums der immateriellen und materiellen Dinge an, so wäre für dessen Zeitpunkt Gott keine Wahl mehr gelassen.

60. Man darf also nicht wie hier sagen, daß Gott die Dinge in dem besonderen Raume und zu der besonderen Zeit, die ihm gefallen haben, geschaffen hat, denn da alle Zeiten und alle Räume an sich selbst vollkommen gleichförmig und ununterscheidbar sind, so kann der eine nicht mehr als der andere gefallen.

61. Ich will mich hier nicht bei meiner an anderer Stelle näher dargelegten Ansicht aufhalten, daß es keine geschaffenen Substanzen gibt, die gänzlich von Materie frei sind.[140] Ich halte es darin mit den Alten und mit der Vernunft, daß ich sowohl die Engel oder Intelligenzen, wie die vom gröberen Stoffe losgelösten Seelen, stets in Verbindung mit feineren Körpern denke, wenngleich sie selbst unkörperlich sind. Die gemeine Philosophie läßt leicht alle Art von Fiktionen zu, die meine ist hierin strenger.[141]

62. Ich sage keineswegs, Materie und Raum seien dasselbe, sondern behaupte nur, daß es ohne Materie auch keinen Raum gibt, und daß der Raum an sich selbst keine absolute Realität ist. Raum und Materie unterscheiden sich voneinander wie Zeit und Bewegung: beide sind, wenngleich verschieden, so doch untrennbar.

63. Doch folgt daraus keineswegs die Ewigkeit und Notwendigkeit der Materie, wenn man nicht etwa auch die des Raumes annimmt; eine in jeder Beziehung schlecht begründete Annahme.

Zu 16. und 17.

64. Ich glaube, auf alles eine Antwort gegeben zu haben und bin besonders auf den Einwand eingegangen, daß Raum und Zeit Größe haben, die Ordnung dagegen nicht. Man vgl. oben Nr. 54.

65. Ich habe gezeigt, daß der *Widerspruch*, der hier zutage tritt, in der Voraussetzung der gegnerischen Ansicht seinen Grund hat,

die einen Unterschied da sucht, wo er nicht vorhanden. Es wäre offenbar unbillig, daraus schließen zu wollen, ich hätte einen Widerspruch in meiner eigenen Ansicht anerkannt.

Zu 18.

66. Es kehrt hier eine Erwägung wieder, deren Nichtigkeit ich schon oben unter Nr. 17 nachgewiesen habe. Man sagt, Gott könne gute Gründe haben, zwei vollkommen gleichen und ähnlichen Würfeln ihren Platz anzuweisen und müsse sie alsdann wohl an ihre Stellen setzen, obgleich alle Bedingungen vollkommen gleich sind. Man darf indes die Sache selbst von ihren besonderen näheren Umständen nicht trennen. Diese ganze Überlegung bewegt sich durchweg in unvollständigen Begriffen. Die Entschlüsse Gottes sind niemals bloß allgemein und unvollkommen, so daß er erstlich die Erschaffung der zwei Würfel bestimmte und sodann eine besondere Entscheidung darüber träfe, wohin sie zu setzen sind. Der Mensch in seiner Beschränktheit mag so handeln: er mag zuvor etwas beschließen und sodann wegen der Mittel und Wege, des Ortes und der näheren Umstände der Ausführung in Verlegenheit geraten; Gott aber entschließt sich niemals für einen Zweck, ohne zugleich über die Mittel und alle näheren Umstände einen Entschluß zu fassen. In meiner *Theodicée* habe ich sogar gezeigt, daß für das ganze Universum nur ein einziger Beschluß besteht, durch den es von der Möglichkeit zur Existenz zugelassen wurde. Demnach wird Gott niemals einen Würfel wählen, ohne gleichzeitig seine Stelle zu wählen, und wird niemals unter Ununterscheidbarem eine Wahl treffen.

67. Die Teile des Raumes sind nur durch die darin enthaltenen Dinge bestimmt und unterschieden, und diese Mannigfaltigkeit der Dinge ist es, die Gott bestimmt, in verschiedener Weise auf verschiedene Teile des Raumes einzuwirken. Ohne alle Dinge aber enthält der Raum nichts Bestimmendes, ja ist alsdann nichts Wirkliches.

68. Wenn Gott sich entschlossen hat, einen bestimmten materiellen Würfel zu setzen, dann hat er auch über die Stelle dieses Würfels eine Bestimmung getroffen; es geschieht dies jedoch

mit Beziehung auf andere materielle Teile, nicht aber mit Beziehung auf den abgesonderten Raum, der nichts Bestimmendes enthält.

69. Seine Weisheit läßt es indessen nicht zu, gleichzeitig zwei vollkommen gleiche und ähnliche Würfel zu setzen, weil es unmöglich ist, einen Grund zu finden, um ihnen verschiedene Stellen anzuweisen. Es läge sonst ein Wille ohne Beweggrund vor.

70. Ich hatte einen Willen ohne Beweggrund, wie ihn oberflächliche Erwägungen Gott zuschreiben, mit dem Zufall Epikurs verglichen. Man entgegnet, der Zufall Epikurs sei eine blinde Notwendigkeit, nicht aber ein Entschluss des Willens. Ich erwidere, daß der Zufall Epikurs nicht Notwendigkeit, sondern etwas Indifferentes bedeutet; auch führte ihn Epikur ausdrücklich ein, um der Notwendigkeit zu entgehen. Allerdings ist der Zufall blind, aber ein Wille ohne Beweggrund wäre es nicht minder und würde nicht weniger dem bloßen Ungefähr verdankt.

Zu 19.

71. Man wiederholt hier, was ich schon oben (Nr. 21) widerlegt habe, daß eine Erschaffung der Materie unmöglich wäre, wenn Gott unter Ununterscheidbarem keine Wahl treffen könnte. Bestände die Materie aus Atomen, aus völlig gleichartigen Körpern oder anderen derartigen Fiktionen der oberflächlichen Philosophie, so hätte man recht; in Wahrheit aber macht dasselbe große Prinzip, das die Wahl unter den Ununterscheidbaren ausschließt, auch diese schlecht begründeten Fiktionen zunichte.

Zu 20.

72. Man hatte mir (im dritten Schreiben, Nr. 7 und 8) eingewendet, es hieße Gott ein inneres Prinzip der Tätigkeit absprechen, wenn man ihn durch äußere Dinge bestimmt sein lasse. Darauf habe ich geantwortet, daß die Vorstellungen der äußeren Dinge in ihm sind, er somit durch innere Gründe, d. h. durch seine Weisheit, bestimmt wird. Jetzt will man auf einmal nicht verstehen, worauf sich meine Entgegnung bezog.

Zu 21.

73. In den Einwendungen, die man mir macht, verwechselt man häufig das, was Gott nicht *will*, mit dem, was er nicht *kann*. (Man vgl. oben Nr. 9 und weiter unten Nr. 76.) So *kann* Gott z. B. alles tun, was möglich ist, *will* aber nur das Beste tun. Ich sage also auch nicht, wie man mir hier zuschiebt, Gott könne der Ausdehnung der Materie keine Grenzen setzen, sondern nur, daß er es anscheinend nicht wolle und es vorgezogen habe, ihr keine zu setzen.

74. Der Schluß von der Ausdehnung auf die Dauer ist nicht zulässig; aus der unbegrenzten Ausbreitung der Materie ließe sich nicht auf ihre endlose Dauer, auch nicht nach rückwärts auf ihre Anfangslosigkeit schließen. Wenn die Natur der Dinge im ganzen derart ist, daß sie stets gleichmäßig an Vollkommenheit wachsen, dann muß das Universum der Geschöpfe einen Anfang gehabt haben.[142] Es wird somit Gründe geben, die Dauer der Dinge einzuschränken, selbst wenn für die Einschränkung ihrer Ausdehnung keine bestehen. Außerdem widerstreitet der Anfang der Welt nicht der Unendlichkeit ihrer Dauer a parte post, d. h. in der Folge; die Grenzen der Welt hingegen würden der Unendlichkeit ihrer Ausdehnung widerstreiten. Demnach ist es, wenn man in beiden Fällen den Charakter eines unendlichen Urhebers wahren will, vernunftgemäßer, einen Anfang zu setzen, als Grenzen zuzulassen.

75. Dennoch haben die, welche die Ewigkeit der Welt oder doch wenigstens — wie manche berühmte Theologen — die Möglichkeit ihrer Ewigkeit zugelassen haben, damit keineswegs ihre Abhängigkeit von Gott geleugnet, wie man ihnen dies hier ohne Grund unterstellt.

Zu 22. und 23.

76. Ebenso grundlos ist der Einwand, daß meiner Ansicht nach Gott alles, was er tun kann, notwendig tun muß. Als wüßte man nicht, daß ich gerade dies in meiner *Theodicée* gründlich widerlegt habe, und daß ich die Behauptung, nur das sei möglich, was sich wirklich ereignet, — eine Behauptung, die sich bereits bei einigen alten Philosophen, unter anderen nach Cicero bei Diodor

findet[143], zunichte gemacht habe! Man verwechselt die moralische Notwendigkeit, die sich aus der Wahl des Besten ergibt, mit der absoluten Notwendigkeit, man verwechselt den Willen Gottes mit seiner Macht. Gott *kann* alles, was möglich ist, d. h. was keinen Widerspruch einschließt, will aber von dem Möglichen nur das Beste hervorbringen. (Man vgl. oben unter Nr. 9 und Nr. 74.)

77. Gott handelt also bei der Hervorbringung der Geschöpfe nicht aus Notwendigkeit, da er ja seiner Wahl gemäß handelt. Der Zusatz indes, daß der, der notwendig tätig ist, überhaupt nicht eigentlich tätig ist, ist schlecht begründet. Man stellt gegen mich oft kühn und grundlos Thesen auf, die sich nicht beweisen lassen.

Zu 24.–28.

78. Man führt zur Entschuldigung an, daß man nicht gesagt habe, der Raum *sei* das Sensorium Gottes, sondern nur, er verhalte sich *wie* sein Sensorium. Mir scheint indes das eine ebensowenig angemessen und verständlich, wie das andere.

Zu 29.

79. Der Raum ist nicht der Ort aller Dinge, da er nicht der Ort Gottes ist, sonst gäbe es ein Ding, das von gleich ewiger Dauer wie Gott und von ihm unabhängig wäre, ja, von dem Gott selbst abhinge, da er einer Stelle bedürfen soll.

80. Ebensowenig verstehe ich, wie man den Raum den Ort der Ideen nennen kann, die doch im Verstande sind.

81. Recht seltsam ist es auch, wenn man sagt, die menschliche Seele sei die »Seele der Bilder«. Sofern die Bilder im Verstande sein sollen, sind sie im Geiste; — wäre dieser jedoch die Seele der Bilder, so müßten sie außer ihm sein. Faßt man die Bilder aber als körperliche auf, — wie soll dann unser Geist ihre Seele sein, da sie alsdann doch nur vorübergehende Eindrücke in dem Körper waren, dessen Seele er ist?

82. Wenn Gott die Vorgänge in der Welt vermittels eines Sensoriums wahrnimmt, so wirken die Dinge, wie es scheint, auf ihn ein, somit stellt man ihn sich nach Art der Weltseele vor. Man

beschuldigt mich, ich hätte Einwendungen wiederholt, ohne von den Erwiderungen Kenntnis zu nehmen, doch sehe ich nicht, daß man dieser Schwierigkeit Genüge geleistet hätte. Man täte besser daran, gänzlich auf dieses vorgebliche Sensorium zu verzichten.

Zu 30.

83. Hier spricht man, wie wenn man nicht verstände, in welchem Sinne ich die Seele ein repräsentatives Prinzip nenne, d. h. gerade so, wie wenn man niemals von meiner prästabilierten Harmonie hätte reden hören.[144]

84. Mit der gemeinen Anschauung, nach der die Bilder der Dinge durch die Organe bis zur Seele geführt (conveyed) werden, stimme ich keineswegs überein. Denn es ist nicht zu begreifen, durch welche Öffnung oder auf welchem Vehikel diese Hinüberführung der Bilder vom Organe bis zur Seele erfolgen soll. Diese Anschauung der gemeinen Philosophie ist, wie die Neucartesianer zur Genüge gezeigt haben,[145] gar nicht zu verstehen. Es ist unerklärlich, wie die immaterielle Substanz durch die Materie beeinflußt werden soll; stellt man darüber eine unverständliche Annahme auf, so kommt man damit wieder auf die Scholastik und ihre chimärische Vorstellung von irgendwelchen unerklärbaren »immateriellen Spezies« zurück, die von den Organen in die Seele hinüberwandern.[146] Die Cartesianer haben die Schwierigkeit gesehen, sie aber nicht gelöst, sondern zu einer ganz besonderen Mitwirkung Gottes ihre Zuflucht genommen, die in der Tat wunderbar wäre; ich dagegen glaube, die wahre Lösung dieses Rätsels gegeben zu haben.

85. Ebenso unverständlich ist es, wenn man sagt, Gott erkenne die Vorgänge in der Welt, weil er den Substanzen innerlich gegenwärtig ist, nicht aber vermöge der Abhängigkeit, in der sie in der Fortdauer ihrer Existenz beständig von ihm stehen, eine Abhängigkeit, die in gewissem Sinne eine stete Neuschöpfung in sich schließt. Die einfache Gegenwart oder die Nähe der Koexistenz genügt nicht, um verständlich zu machen, warum die Vorgänge in dem einen Wesen denen in einem anderen Wesen entsprechen müssen.

86. Sodann heißt das geradezu in die Lehre verfallen, die Gott und Weltseele gleich setzt, da er danach die Dinge nicht durch die Abhängigkeit, in der sie von ihm stehen, — d. h. durch die stete Erzeugung alles Guten und Vollkommenen in ihnen — wahrnehmen soll, sondern durch eine Art von Empfindung, analog derjenigen, durch die die Seele nach gewöhnlicher Vorstellung die Vorgänge im Körper wahrnimmt. Damit setzt man die göttliche Erkenntnis tief herab.

87. In Wahrheit jedoch ist die Empfindung in der Art, wie sie hier genommen wird, gänzlich chimärisch und findet selbst in den Seelen nicht statt. Diese nehmen die äußeren Vorgänge durch innere wahr, die den Außendingen, kraft der von Gott prästabilierten Harmonie, entsprechen, — dieser schönsten und bewundernswürdigsten aller seiner Schöpfungen, zufolge deren jede einfache Substanz kraft ihrer Natur sozusagen eine Konzentration und ein lebender Spiegel des ganzen Universums gemäß ihrem bestimmten Gesichtspunkte ist. Hierin liegt auch einer der schönsten und unbestreitbarsten Beweise für das Dasein Gottes; denn nur Gott allein, d.h. die gemeinsame Ursache der Dinge, vermochte diese Harmonie unter ihnen zu stiften. Gott selbst aber kann die Dinge nicht vermöge desselben Mittels wahrnehmen, durch das er den anderen Subjekten ihre Wahrnehmung ermöglicht. Er nimmt sie wahr, weil er selbst aus eigenem Vermögen dieses Mittel erschafft, und bringt sie den anderen nur dadurch zum Bewußtsein, daß er sie insgesamt in innerer Übereinstimmung erzeugt und die Vorstellung von ihnen in sich trägt: nicht als ob er von ihnen abhängig wäre, sondern weil sie es von ihm sind und er ihre bewirkende und vorbildliche Ursache ist. Er empfindet sie, weil sie von ihm herstammen, — wenn man hier überhaupt von Empfindung sprechen darf, was nur dann zulässig ist, wenn man dem Ausdruck seine Unvollkommenheit, nach der er eine Einwirkung der Dinge zu besagen scheint, zuvor abstreift. Sie sind und sind ihm bekannt, weil er sie erkennt und will, und weil das, was er will, ebensoviel ist, wie das, was existiert. Dies wird um so augenscheinlicher dadurch, daß er sie einander gegenseitig wahrnehmen läßt und zwar kraft der Naturen, die er ihnen ein für allemal ursprünglich verliehen hat und die er nur gemäß ihren besonderen Gesetzen erhält:

Gesetzen, die bei aller Verschiedenheit doch auf eine genaue Entsprechung der Ergebnisse hinauslaufen. Es geht dies über alle die Vorstellungen hinaus, die man gemeinhin von der göttlichen Vollkommenheit und den göttlichen Werken gehabt hat und erhebt sie auf die höchste Stufe, wie Herr Bayle richtig erkannt hat, wenngleich er ohne Grund der Meinung war, daß diese Annahme das Mögliche überschreite. [147]

88. Es hieße mit dem Text der Heiligen Schrift Mißbrauch treiben, wenn man daraus, daß »Gott von seinen Werken ausruht« entnehmen wollte, es gäbe keine stete Erschaffung mehr. Allerdings werden keine neuen einfachen Substanzen mehr erzeugt: aber man täte unrecht, daraus den Schluß zu ziehen, daß Gott in der Welt nunmehr nur dieselbe Rolle spielt, die — nach der gewöhnlichen Vorstellung — der Seele im Körper zukommt: daß er sie nämlich durch seine bloße Gegenwart regiert, ohne eine für die Fortdauer ihres Daseins notwendige Einwirkung auf sie zu üben.

Zu 31.

89. Die Harmonie oder Entsprechung zwischen Seele und Körper ist kein immerwährendes Wunder, sondern, wie alle Dinge der Natur, die Wirkung oder Folge eines ursprünglichen, bei der Schöpfung der Dinge geschehenen Wunders. Freilich bleibt sie damit stets ein erstaunliches und wunderbares Werk: jedoch nur in dem Sinne, in dem es viele natürliche Dinge sind. [148]

90. Das Wort »prästabilierte Harmonie« ist freilich ein terminus technicus, jedoch kein bloßer nichtssagender Terminus, da er in sehr verständlicher Weise erklärt wird und man ihm hier keinerlei Einwände und Schwierigkeiten entgegenzustellen weiß.

91. Da es in der Natur einer jeden einfachen Substanz, Seele oder wahrhaften Monade liegt, daß jeder folgende Zustand eine Konsequenz des vorhergehenden ist, so ist damit die Ursache für die Harmonie schon vollständig gefunden. Gott braucht nunmehr nur zu bewirken, daß die einfache Substanz, einmal und im Anfange, nichts anderes als eine Vorstellung des Universums aus einem bestimmten Gesichtspunkte heraus ist: daraus folgt schon von selbst, daß sie es immerwährend sein wird, und daß alle einfachen

Substanzen stets in Harmonie untereinander stehen werden, weil sie stets ein und dasselbe Universum vorstellen.

Zu 32.

92. Allerdings stört nach meiner Ansicht weder die Seele die Gesetze des Körpers, noch der Körper die der Seele. Beide stehen nur in Übereinstimmung miteinander; dabei handelt jedoch diese frei, indem sie den Regeln der Zweckursachen, jener dagegen mechanisch, indem er den Gesetzen der wirkenden Ursachen folgt. Dies widerstreitet also nicht, wie man hier glaubt, der Freiheit der Seele; denn jedes tätige Wesen, das gemäß Zweckursachen mit Wahl handelt, ist frei, wenngleich seine Handlungen mit Ereignissen, die nur durch mechanische Ursachen und ohne Bewußtsein gewirkt sind, übereinkommen. Gott, der voraussah, was die freie Ursache tun würde, hat im Anfange seine Maschine so geregelt, daß sie damit unfehlbar übereinstimmen muß. Herr Jaquelot hat diese Schwierigkeit in einem seiner Bücher gegen Herrn Bayle vorzüglich gelöst; die betreffende Stelle habe ich in der *Theodicée* im ersten Teil, § 63 zitiert. Ich werde darauf noch weiter unten unter Nr. 124 zurückkommen.

Zu 33.

93. Ich gebe nicht zu, daß jede Handlung dem Objekt, auf das sie sich richtet, eine neue Kraft zuführt. Beim Stoß der Körper kommt es häufig vor, daß jeder seine Kraft beibehält, wie dies beim Zusammentreffen von zwei gleichen elastischen Körpern der Fall ist. Es wird alsdann nur die Richtung geändert, ohne daß eine Änderung in der Kraft vorhanden wäre; jeder der Körper nimmt die Richtung des anderen an und kehrt mit derselben Geschwindigkeit, die er vorher gehabt hat, zurück.

94. Dennoch sage ich durchaus nicht, es sei übernatürlich, einem Körper eine neue Kraft zuzuführen, ich erkenne vielmehr an, daß ein Körper häufig auf einen anderen Kraft überträgt, wobei er selbst ebensoviel von der seinen verliert. Als übernatürlich bezeichne ich nur, daß das ganze Universum der Körper einen Zu-

wachs an Kraft gewinnt, daß demnach ein Körper an Kraft zunimmt, ohne daß andere ebensoviel verlieren. Deshalb erkläre ich
es auch für unhaltbar, daß die Seele dem Körper Kraft zuführt, weil
dies für die Gesamtheit der Körper einen Zuwachs an Kraft bedeuten würde.[149]

95. Das Dilemma, welches man hier vorbringt, daß nämlich nach
mir der Mensch *entweder* übernatürlich handelt *oder* aber eine bloße
Maschine, wie ein Uhrwerk, sei, ist schlecht begründet. Der Mensch
handelt nicht auf übernatürliche Weise; sein Körper ist wirklich
eine Maschine und handelt nur wie eine solche; seine Seele aber
ist dennoch eine freie Ursache.

Zu 34. und 35.

96. Was den Vergleich Gottes mit der Weltseele und den Umstand
angeht, daß die gegnerische Ansicht beide Begriffe einander zu sehr
annähert, so berufe ich mich hierfür auf die vorangehenden und
noch folgenden Erörterungen dieses Schreibens unter Nr. 82, 86,
88 und 111.

Zu 36.

97. Ich beziehe mich ferner auf das, was ich unter Nr. 89 ff. über
die Harmonie zwischen Seele und Körper gesagt habe.

Zu 37.

98. Man sagt, die Seele sei nicht im Gehirn, sondern im Sensorium
gegenwärtig, ohne aber näher zu erklären, was dieses Sensorium
ist. Ist es ausgedehnt, wie man anzunehmen scheint, so bleibt immer dieselbe Schwierigkeit zurück, und die Frage, ob die Seele durch
die ganze Ausdehnung des Sensoriums, wie groß oder klein diese
auch sei, zerstreut ist, taucht von neuem auf; denn das Mehr oder
Weniger macht hier nichts aus.

Zu 38.

99. Ich stelle mir für jetzt nicht die Aufgabe, meine Dynamik oder meine Lehre von den Kräften darzulegen; dazu ist hier nicht der geeignete Platz. Dennoch ist es mir ein Leichtes, auf den Einwurf zu antworten, den man mir hier macht. Ich hatte behauptet, die tätigen Kräfte erhielten sich in der Welt. Man wendet mir ein, daß zwei weiche oder nicht elastische Körper bei ihrem Zusammenstoß einen Kräfteverlust erleiden. Darauf erwidere ich, daß dies nicht der Fall ist. Betrachtet man nur die Gesamtmassen und ihre Gesamtbewegung, so geht hier freilich Kraft verloren; sie wird jedoch auf die Teile übertragen, indem diese innerlich durch die Kraft des Zusammentreffens oder des Stoßes erregt werden. Ein Verlust tritt also nur scheinbar ein: die Kräfte sind nicht zunichte geworden, sondern nur in den winzig kleinen Teilen zerstreut; sie sind damit nicht verloren, sondern es ist nur dasselbe, wie bei der Umwechslung von großem Gelde in kleines geschehen.[150] Ich gebe allerdings zu, daß die Quantität der Bewegung nicht dieselbe bleibt, und billige in Bezug auf diesen Punkt das Beispiel auf S. 341 der Newtonschen *Optik*, die man hier zitiert; ich habe jedoch an anderer Stelle gezeigt, daß zwischen der Quantität der Bewegung und der Quantität der Kraft ein Unterschied besteht.

Zu 39.

100. Man hatte mir entgegengehalten, die Kraft nehme im körperlichen Universum auf natürliche Weise ab und hatte dies als eine Folge der Abhängigkeit der Dinge bezeichnet (man vergleiche Nr. 13 und 14 des dritten Schreibens). In meinem dritten Antwortschreiben hatte ich nun den Beweis dafür verlangt, daß dieser Mangel aus der Abhängigkeit der Dinge folge; jetzt sucht man dieser Forderung geschickt auszuweichen, indem man sich an einen zufälligen Nebenumstand hält und bestreitet, daß hier überhaupt ein Mangel vorliegt. Indessen — mag es nun ein Mangel sein oder nicht, jedenfalls mußte man beweisen, daß die Tatsache, die man behauptet, eine Folge der Abhängigkeit der Dinge ist.

101. Es ist indessen wohl nicht zu umgehen, daß ein Umstand, der die Maschine der Welt ebenso unvollkommen machen würde wie die eines schlechten Uhrmachers, ein Mangel ist.

102. Man behauptet jetzt, die Abnahme der Kraft sei eine Folge der Trägheit der Materie, doch wird man dafür den Beweis wohl schuldig bleiben. Diese Trägheit, die von Kepler eingeführt und benannt worden ist, die Descartes in seinen Briefen wieder aufgenommen hat und die ich in der *Theodicée* gebraucht habe, um ein Bild und zugleich ein Beispiel für die natürliche Unvollkommenheit der Geschöpfe zu geben, hat nur zur Folge, daß die Geschwindigkeiten sich vermindern, wenn die Massen zunehmen, von einer Verminderung der *Kräfte* kann dabei jedoch nicht die Rede sein. [151]

Zu 40.

103. Ich hatte behauptet, die Abhängigkeit der Weltmaschine von einem göttlichen Urheber hebe diesen Mangel auf: sie mache jede Nachbesserung überflüssig, da das Werk dem Zufall und der Verschlechterung nicht ausgesetzt ist. Nun frage ich einen jeden, wie es möglich ist, daraus, wie man es hier tut, den Schluß zu ziehen, daß die materielle Welt unendlich und ewig und ohne Anfang sei, und daß Gott stets die größtmögliche Zahl von Menschen und anderen Wesen hätte schaffen müssen.

Zu 41.

104. Ich sage nicht, der Raum sei eine Ordnung oder Lage, die die Stellung der Körper ermögliche; das wäre unverständliches Gerede. Man braucht nur meine eigenen Worte zu beachten und sie mit dem zu verbinden, was ich soeben unter Nr. 47 gesagt habe, um zu erklären, wie der Geist dazu kommt, sich die Vorstellung des Raumes zu bilden, ohne daß es deshalb ein entsprechendes reelles und absolutes Wesen außerhalb des Geistes und außerhalb der Beziehungen zu geben brauchte. Ich sage also nicht, daß der Raum eine Ordnung oder Stellung, sondern daß er eine *Stellenordnung* ist, gemäß der die Stellen gegliedert sind, und daß der abstrakte

Raum die Ordnung aller als möglich angenommenen Stellen ist.[152] Demnach ist er etwas Ideales — worin man mich jedoch, wie es scheint, nun einmal nicht verstehen will. Auf den Einwand, daß eine Ordnung keine Größe haben könne, habe ich schon oben unter Nr. 54 geantwortet.

105. Man hält mir hier entgegen, die Zeit könne nicht die Ordnung der nacheinander folgenden Dinge sein, weil ihre Größe wechseln kann, während die Reihenfolge im Nacheinander dieselbe bleibt. Ich antworte, daß dies nicht der Fall ist; vielmehr wird zur Vermehrung oder Verminderung der Zeit notwendig eine Vermehrung oder Verminderung der Zwischenstufen im Nacheinander erfordert, da es in der Zeit selbst so wenig wie im Raume ein Leeres, somit keine Verdichtung oder Durchdringung gibt.

106. Ich behaupte, daß ohne die geschaffenen Dinge die Unermeßlichkeit und Ewigkeit Gottes zwar weiter bestehen würde, von Zeiten oder Orten jedoch gänzlich unabhängig wäre. Gäbe es keine geschaffenen Dinge, so würde es weder Zeit noch Ort, also auch keinen wirklichen Raum geben. Die Unermeßlichkeit Gottes ist vom Raume, wie seine Ewigkeit von der Zeit unabhängig. Beide Prädikate wollen nur mit Bezug auf diese zwei Ordnungen der Dinge besagen, daß Gott allen Dingen, die jemals existieren könnten, gegenwärtig und koexistent sein werde. So gebe ich denn auch nicht zu, daß Raum und Zeit, wie hier behauptet, ebenso wie jetzt beständen, auch wenn Gott allein existierte; sie wären dann, wie ich glaube, nur in Gedanken vorhanden wie die einfachen Möglichkeiten. Die Unermeßlichkeit und Ewigkeit Gottes ist etwas erhabeneres als die Dauer und Ausdehnung der Geschöpfe, nicht nur der Größe, sondern auch dem Inhalt und der Sache nach. Diese göttlichen Attribute bedürfen der Dinge außer Gott, wie es doch die aktuellen Orte und Zeiten sind, nicht, wie dies von Theologen und Philosophen zur Genüge anerkannt wird.

Zu 42.

107. Ich hatte eine Einwirkung Gottes, durch die er die Maschine der Körperwelt nachbesserte, die sich selbst überlassen in Stillstand verfallen müßte, als Wunder bezeichnet. Man hat mir geantwor-

tet, ein solcher Eingriff sei durchaus nicht wunderbar, da er gewöhnlich sei und ziemlich häufig vorkommen müsse. Darauf habe ich erwidert, daß es nicht das Gewöhnliche oder Ungewöhnliche ist, was den eigentlichen Begriff des Wunders ausmacht, sondern daß es vielmehr darauf ankommt, daß alle Kräfte der Geschöpfe übertroffen werden, wofür ich mich auf die allgemeine Ansicht der Theologen und Philosophen berief. Man gestehe mir damit also mindestens dies ein: daß die Annahme, die man einführt und die ich bestreite, nach dem nun einmal angenommenen Begriffe ein Wunder der höchsten Art sei, d. h. ein solches, das alle Kräfte geschaffener Wesen übersteigt, daß sie also gerade zu den Annahmen gehört, denen in der Philosophie jedermann aus dem Wege zu gehen sucht. Man antwortet mir jetzt, es heiße das, sich statt auf die Vernunft, auf die gemeine Meinung berufen; ich entgegne, daß es eine sehr vernunftgemäße gemeine Meinung ist, die besagt, es sei in der philosophischen Naturerklärung nach Möglichkeit alles auszuschließen, was über die Natur der geschaffenen Dinge hinausliegt. Sonst wäre es sehr leicht, von allem Rechenschaft zu geben, indem man einfach eine Gottheit, *Deum ex machina*, einführte, ohne sich weiter um die Naturen der Dinge zu bekümmern.

108. Übrigens darf man die übereinstimmende Ansicht der Theologen nicht schlechtweg als gemeine Meinung behandeln. Man muß gewichtige Gründe haben, ehe man es wagt, ihr entgegenzutreten, und solche vermag ich hier nicht zu entdecken.

109. Wie mir scheint, entfernt man sich übrigens von dem eigenen Begriff des Wunders, wonach es etwas seltenes bedeutet, wenn man mir, allerdings grundlos, zu Nr. 31 vorwirft, die prästabilierte Harmonie würde ein immerwährendes Wunder sein; es sei denn, daß man gegen mich ad hominem hat argumentieren wollen.

Zu 43.

110. Wenn das Wunder von dem Natürlichen nur dem Anscheine nach und mit Bezug auf uns abweicht, so daß wir nur das selten Beobachtete Wunder nennen, so gibt es keinen wirklichen inne-

ren Unterschied zwischen dem Wunder und dem Natürlichen. Im letzten Grunde wird dann alles gleich natürlich oder auch gleich wunderbar sein. Wäre es aber wohl richtig, wenn die Theologen sich dieser ersteren, die Philosophen dieser letzteren Ansicht anbequemen wollten?

111. Wird das nicht ferner wieder darauf hinauslaufen, Gott zur Weltseele zu machen, da doch alle seine Handlungen alsdann ebenso natürlich sind, wie die Einwirkung der Seele auf den Körper? Auf diese Weise wird Gott zu einem Teile der Natur.

112. In einer vernünftigen Philosophie und einer gesunden Theologie muß man zwischen dem, was durch die Naturen und Kräfte der Geschöpfe und dem, was nur durch die Kräfte der unendlichen Substanz erklärbar ist, unterscheiden. Man muß einen unendlichen Abstand zwischen der Wirksamkeit Gottes, die über die natürlichen Kräfte hinausgeht und den Wirkungen der Dinge annehmen, die sich nach den Gesetzen vollziehen, die Gott in sie gelegt hat und zu deren Befolgung er sie vermöge ihrer eigenen Natur, wenngleich mit seinem Beistand, befähigt hat.

113. Dadurch entfällt die Anziehung im eigentlichen Wortsinne und andere aus der Natur der geschaffenen Dinge nicht erklärbare Wirkungen. Sieht man sie als wirklich an, so muß man entweder zum Wunder oder zu Widersinnigkeiten greifen, d. h. zu den qualitates occultae der Scholastiker, die man uns jetzt unter dem blendenden Titel von Kräften wieder vorzusetzen beginnt, die uns aber in das Reich der Finsternis zurückführen. Das heißt: inventa fruge glandibus vesci.[153]

114. Zur Zeit des Herrn Boyle und anderer ausgezeichneter Männer, deren Blütezeit in England zu Beginn der Regierung Karls II. fällt, hätte man nicht gewagt, uns so leere Begriffe zu bieten. Hoffentlich wird diese glückliche Zeit unter einer so guten Regierung wie die jetzige ist, wiederkehren; hoffentlich werden dann die Geister, die jetzt durch die Ungunst der Zeitverhältnisse allzusehr in Anspruch genommen waren, Kenntnisse wieder zur Pflege der gründlichen Kenntnisse zurückkehren. Herrn Boyles Haupttendenz war stets darauf gerichtet, einzuschärfen, daß in der Physik alles in mechanischer Weise vor sich gehe.[154] Aber es ist nun einmal das Unglück der Menschen, daß sie schließlich der Ver-

nunft selbst überdrüssig werden, und daß das Licht sie ermüdet. Die Trugbilder beginnen wieder aufzuleben, und man findet an ihnen Gefallen, weil sie etwas Geheimnisvolles enthalten. Im Reiche der Philosophie geschieht dasselbe, wie im Reiche der Dichtung: man ist der vernünftigen Romane, wie der französischen *Clélie* und der deutschen *Aramena* überdrüssig geworden und seit einiger Zeit zu den Feenmärchen zurückgekehrt. [155]

115. Die Bewegungen der Himmelskörper, ja auch die Bildung der Pflanzen und Tiere enthalten abgesehen von ihrem Anfang nichts, das einem Wunder ähnlich wäre. Der Organismus der Tiere ist ein Mechanismus, der eine göttliche Präformation voraussetzt: was aus ihr folgt, ist rein natürlich und gänzlich mechanisch. [156]

116. Die Vorgänge im Körper des Menschen und jedes Lebewesens sind ebenso mechanisch wie die in einer Uhr, nur mit dem Gradunterschied, der notwendig zwischen einer Maschine von göttlicher Erfindung und dem Erzeugnis eines so beschränkten Handwerkers wie des Menschen, bestehen muß.

Zu 44.

117. Die Wunder der Engel begegnen bei den Theologen keinen Schwierigkeiten; es handelt sich nur darum, den Sprachgebrauch festzustellen. Man kann sagen, daß die Engel Wunder tun, die jedoch untergeordneter Art sind, und daher streng genommen diese Bezeichnung nicht verdienen; hierüber zu disputieren wäre bloßer Wortstreit. Der Engel, der Habakuk durch die Lüfte trug oder der den See von Bethesda erregte, mag ein Wunder getan haben, es war dies jedoch keines der höchsten Art, da es durch die natürlichen, den unseren überlegenen Kräfte der Engel erklärbar ist.

Zu 45.

118. Ich hatte eingewendet, daß eine Anziehung im eigentlichen Sinne, nach Art der scholastischen Qualitäten, eine Fernwirkung ohne Vermittlung wäre. Nun antwortet man mir, eine Anziehung ohne Vermittlung sei ein Widerspruch. Ausgezeichnet — was aber

heißt es dann, daß die Sonne durch einen leeren Raum hindurch die Erdkugel anziehen soll? Dient etwa Gott als Vermittlung? Das wäre dann ein Wunder, wenn es jemals eins gegeben hat; denn es würde die Kräfte der geschaffenen Dinge übersteigen.

119. Oder sind es vielleicht irgendwelche immateriellen Substanzen, irgendwelche geistigen Strahlungen, ein Akzidens ohne Substanz, eine Art immaterieller Spezies,[157] oder ich weiß nicht was sonst noch, was hier die angebliche Vermittlung herstellt? Lauter Dinge, von denen man, wie es scheint, noch einen tüchtigen Vorrat im Kopfe hat, ohne daß man sich genügend darüber ausließe.

120. Dieses Mittel der Fortpflanzung ist, wie man sagt, dem Gesicht und dem Getast unzugänglich und nicht mechanisch; es ist, wie man mit demselben Rechte hinzufügen könnte, unerklärbar, unverständlich, fragwürdig, grund- und beispiellos.[158]

121. Aber, sagt man, es ist regelmäßig, es ist beständig und infolgedessen natürlich. Darauf erwidere ich, daß es nicht regelmäßig sein kann, ohne vernunftgemäß und nicht natürlich, ohne durch die Naturen der Geschöpfe erklärbar zu sein.

122. Ist jedoch diese Vermittlung der eigentlichen Attraktion beständig und wahrhaft, zugleich aber durch die Kräfte der Geschöpfe nicht erklärbar, dann ist sie ein immerwährendes Wunder. Und soll sie dies nicht sein, so ist sie falsch: eine Chimäre, eine scholastische qualitas occulta!

123. Sie gliche der Kreisbewegung eines Körpers, der sich, ohne durch angebbare Umstände daran gehindert zu sein, trotzdem nicht in der Richtung der Tangente entfernte: ein Beispiel, das ich bereits angeführt habe, auf das zu antworten man jedoch nicht für nötig befunden hat, weil es zu klar den Unterschied zeigt, der zwischen dem wahrhaft Natürlichen einerseits und der chimärischen qualitas occulta der Scholastiker andrerseits besteht.

Zu 46.

124. Die natürlichen Kräfte der Körper sind ganz den mechanischen Gesetzen, die der Geister dagegen gänzlich den moralischen Gesetzen unterworfen. Die ersteren folgen der Ordnung der wir-

kenden Ursachen; die letzteren der Ordnung der Zweckursachen. Jene wirken ohne Freiheit, einem Uhrwerk vergleichbar, diese dagegen wirken frei, obgleich sie genau mit jener Art von Uhrwerk, das ihnen eine andere, höhere, freiwirkende Ursache im voraus angepaßt hat, übereinkommen. Davon habe ich in diesem Schreiben schon unter Nr. 92 gesprochen.

125. Ich komme schließlich auf einen Punkt, den man mir zu Anfang des vierten Schreibens entgegengehalten hat; ich habe darauf bereits unter Nr. 18, 19, 20 geantwortet, mir jedoch vorbehalten, zum Schluß noch einmal darauf zurückzukommen. Zunächst hat man behauptet, ich begehe eine petitio principii. Aber man denke nur, welches Prinzip damit getroffen werden soll! Wollte Gott, man hätte niemals weniger klare Prinzipien vorausgesetzt! Dieses Prinzip ist das des zureichenden Grundes dafür, daß ein Ding existiert, daß ein Ereignis eintritt, daß eine Wahrheit stattfindet. Ist das ein Prinzip, das des Beweises bedürfte? Unter Nr. 2 des dritten Schreibens hatte man es mir sogar zugegeben, oder sich doch den Anschein gegeben, es zu tun: vielleicht, weil es zu anstößig gewesen wäre, es zu leugnen. Man hat das jedoch entweder nur den Worten nach getan, oder man widerspricht sich, oder man nimmt sein Wort zurück.

126. Ich wage die Behauptung, daß ohne dieses Prinzip ein Beweis für die Existenz Gottes, sowie die Begründung vieler anderer wichtiger Wahrheiten unmöglich wäre.

127. Hat man es nicht seit jeher und bei tausend Gelegenheiten gebraucht? In vielen Fällen freilich hat man es aus Lässigkeit nicht beachtet, aber gerade dies ist der Ursprung für Chimären geworden, wie die Annahme einer absoluten Zeit und eines absoluten, realen Raumes, die des Leeren, der Atome, einer scholastischen Kraft der Attraktion, des physischen Einflusses zwischen Seele und Körper und für tausend andere Trugbilder, die man teils auf die Autorität der Alten hin beibehalten, teils auch erst vor kurzem erfunden hat.

128. Gab nicht die Verletzung dieses großen Prinzips schon den Alten Anlaß, über die unbegründete Abweichung der Atome Epikurs zu spotten? Ich möchte behaupten, daß die scholastische Anziehungskraft, die man in unseren Tagen erneuert, und über

die man noch vor etwa dreißig Jahren nicht minder gespottet hat,
nicht im geringsten vernünftiger ist.

129. Ich habe häufig aufgefordert, mir einen Beleg gegen dieses
gewaltige Prinzip vorzubringen, irgendeinen unbestrittenen Fall,
in dem es versagt, — man hat dies jedoch niemals getan und wird
es niemals tun. Dagegen gibt es eine Unendlichkeit von Fällen, in
denen es zutrifft; oder vielmehr: es trifft in allen bekannten Fällen zu, in denen man es angewandt hat. Daraus muß man vernunftgemäß und gemäß der Maxime der Experimental-Philosophie, die
a posteriori vorgeht, den Schluß ziehen, daß es auch für die unbekannten Fälle gilt, oder für solche, die durch seine Anwendung
erst zu unserer Kenntnis kommen werden; — selbst wenn es nicht
außerdem aus reiner Vernunft, d. h. a priori, gerechtfertigt würde.[159]

130. Streitet man mir dieses gewaltige Prinzip ab, so tut man
es darin wieder dem Epikur gleich, der sich gezwungen sah, jenes andere gewaltige Prinzip, das des Widerspruchs zu leugnen:
daß nämlich jede Aussage, sofern sie einen Sinn hat, wahr oder falsch
sein muß. Chrysipp machte sich das Vergnügen, es gegen Epikur
zu beweisen, doch glaube ich nicht, daß ich ihm darin zu folgen
brauche. Indessen habe ich schon oben die Gründe zur Rechtfertigung meines Prinzips vorgebracht und könnte ihnen noch manches hinzufügen, was aber vielleicht zu tief wäre und in den Streit,
um den es sich handelt, nicht hineinpaßte. Ich glaube jedenfalls,
daß vernünftige und unparteiische Beurteiler mir zugeben werden,
daß man seinen Gegner ad absurdum geführt hat, wenn man ihn
zwingt, *dieses* Prinzip zu leugnen.

Clarkes fünfte Entgegnung

Die Menge der Worte ist weder ein Beweis für begriffliche Klarheit des Autors, noch auch ein geeignetes Mittel, diese beim Leser
zu erzeugen; ich will mich daher bemühen, so kurz als ich kann,
eine deutliche Antwort auf das fünfte Schreiben zu geben.

1.–20. Zwischen einer Waage, die durch Gewichte oder einen
mechanischen Antrieb bewegt wird und dem Geiste, der sich selbst

bewegt, oder gemäß bestimmten Motiven handelt, besteht keinerlei Ähnlichkeit. Der Unterschied ist, daß die eine sich gänzlich leidend verhält und der absoluten Notwendigkeit unterworfen ist; der andere dagegen nicht nur Einwirkungen erfährt, sondern zugleich ausübt, worin eben das Wesen der Freiheit besteht. Nimmt man an, (Nr. 14) daß, wenn verschiedene Handlungsweisen gleich gut erscheinen, dem Geiste überhaupt alle Möglichkeit zur Tätigkeit genommen ist, wie die Gleichheit der Gewichte eine Waage notwendig im Ruhezustande erhält, so leugnet man damit, daß der Geist in sich selbst ein tätiges Prinzip trägt und verwechselt das Vermögen zur Tätigkeit mit dem Eindruck, den die Motive auf ihn machen und in dem er sich rein leidend verhält. Der Beweggrund oder der Gegenstand, den der Geist betrachtet, und auf den er abzielt, ist ihm gegenüber etwas Äußeres; die Einwirkung, die er übt, erfolgt durch einen bloßen Wahrnehmungsakt, in dem sich der Geist durchaus passiv verhält. Die Fähigkeit zur Selbstbewegung oder zur Handlung besteht im Gegensatz hierzu in dem Vermögen, zufolge und gemäß jener Wahrnehmung tätig zu sein. Wir bezeichnen sie bei allen beseelten Wesen als Selbsttätigkeit, bei moralischen Wesen als Freiheit im engeren Sinne. Wenn man diese Dinge nicht sorgfältig auseinanderhält, sondern den Beweggrund zur Handlung mit ihrem Prinzip verwechselt (Nr. 15), wenn man daher dem Geiste kein anderes Prinzip der Tätigkeit als das Motiv selbst zugesteht — während er doch gerade in der Einwirkung, die er von diesem empfängt, rein leidend ist — so liegt hier der Grund zu dem ganzen Irrtum.[160] Es führt dies zu der Annahme, daß der Geist nicht in höherem Maße tätig ist als es eine Waage wäre, die die Kraft der Wahrnehmung besäße. Hiermit aber wird der Begriff der Freiheit gänzlich zunichte gemacht. Eine Waage, die auf beiden Seiten mit gleichen Kräften getrieben wird, oder bei der auf jeder Seite der Druck gleicher Gewichte besteht, kann sich überhaupt nicht bewegen. Nimmt man an, sie besäße die Fähigkeit der Wahrnehmung, so daß sie ihr eigenes Unvermögen zur Bewegung bemerken oder aber sich einbilden könne, sie bewege sich selbst, während sie in der Tat nur getrieben wird, so kann sie als genaues Gegenbild des Zustandes dienen, in dem sich nach der Meinung des gelehrten Autors ein freies Wesen in allen Fällen unbedingter

Gleichgültigkeit befindet. Der Trugschluß liegt jedoch offenbar in folgendem: die Waage kann sich, da ihr ein Prinzip oder Vermögen zur Tätigkeit mangelt, bei gleichen Gewichten überhaupt nicht bewegen, ein freies tätiges Wesen hat hingegen, auch wenn sich ihm zwei oder mehr Handlungsweisen als gleich vernünftig darbieten, immer noch in sich selbst kraft seines selbstbewegenden Prinzips, ein Vermögen zu handeln. Es kann ferner sehr gewichtige und gute Gründe haben, sich nicht der Tätigkeit überhaupt zu enthalten, wenngleich ein Grund, eine bestimmte Art der Ausführung zu wählen und sie allen anderen vorzuziehen, nicht vorhanden ist. Nimmt man also an (Nr. 16–19 und Nr. 69), zwei verschiedene Arten der räumlichen Setzung und Anordnung bestimmter materieller Partikeln wären gleich gut und vernunftgemäß und behauptet alsdann, daß es in diesem Falle in Ermangelung eines zureichenden Bestimmungsgrundes für Gott weder möglich noch seiner Weisheit entsprechend wäre, einen der beiden Wege zu wählen, so macht man ihn damit nicht zu einem tätigen, sondern zu einem leidenden Wesen. Er ist alsdann aber überhaupt kein Gott, kein Lenker des Universums mehr. Leugnet man dagegen die Möglichkeit der Annahme der Existenz zweier gleicher materieller Teile, deren Orte ebensogut miteinander vertauscht werden könnten, so läßt sich dafür kein anderes Argument anführen, als die petitio principii (Nr. 20), daß alsdann dem Satze vom zureichenden Grunde, wie mein gelehrter Gegner ihn nimmt, das Fundament entzogen wäre. Denn wie kann man es sonst für unmöglich erklären, daß Gott weise und gute Gründe haben kann, eine Mehrzahl gleicher materieller Teilchen in verschiedenen Teilen des Universums zu erschaffen? (Nr. 16, 17, 69 und 66). Da nun die Teile des Raumes einander gleich sind, so ist es in diesem Falle klar, daß kein Grund, sondern der bloße Wille darüber entscheidet, daß die Orte nicht ursprünglich in anderer Weise gewählt werden. Doch kann man hier nicht von einem Willen ohne Beweggrund sprechen (Nr. 16 und 69): denn eben die guten Gründe, die Gott möglicherweise zur Erschaffung einer Mehrzahl genau gleicher materieller Partikel bewogen, mußten ihn bestimmen, sich für eine der beiden absolut gleichwertigen Arten der Ausführung zu entscheiden, was bei einer Waage unmöglich wäre; er muß also eine bestimmte Anordnung treffen, obgleich die umgekehrte genau ebenso gut wäre.

Notwendigkeit bedeutet in philosophischen Fragen stets absolute Notwendigkeit. Hypothetische und moralische Notwendigkeit sind bildliche Redewendungen, die, in wahrhaft philosophischer Strenge genommen, gar keine Notwendigkeit bezeichnen. Die Frage ist gar nicht, ob ein Ding sein *muß*, wenn man annimmt, daß es *ist* oder *sein wird*, — was hypothetische Notwendigkeit ist — ebensowenig, ob ein gutes Wesen, ohne aufzuhören gut zu sein, Böses tun, ein weises ohne aufzuhören weise zu sein, unweise handeln kann, ein wahrhafter Mensch, ohne aufzuhören wahrhaft zu sein, eine Lüge aussprechen kann, worin die moralische Notwendigkeit besteht.

Es gibt bezüglich der Freiheit in der Philosophie nur eine einzige wahrhafte Frage: liegen die unmittelbaren physischen Ursachen oder das Prinzip des Handelns tatsächlich in dem Subjekt, das wir als tätig bezeichnen, oder aber in einem anderen zureichenden Grunde, der durch seine Einwirkung auf das Subjekt die reale Ursache der Handlung ist, und dieses somit nicht als tätig, sondern als leidend erscheinen läßt? Es mag hier nebenbei bemerkt werden, daß der gelehrte Autor seiner eigenen Annahme widerspricht, wenn er sagt (Nr. 11), der Wille folge nicht immer genau dem praktischen Verstande, da er manchmal Gründe finden könne, mit seinen Entschlüssen zurückzuhalten; denn sind nicht eben diese Gründe das letzte Urteil, das der praktische Verstand fällt?

21.–25. Wenn Gott möglicherweise zwei genau gleiche materielle Teile erschafft oder erschaffen hat, bei denen also die Vertauschung ihrer Orte gänzlich gleichgültig wäre, so wäre damit dem Begriff des zureichenden Grundes, wie ihn mein gelehrter Gegner vertritt, der Boden entzogen. Darauf antwortet er, — nicht, wie es sein Argument erfordert, daß es dem *Vermögen* Gottes, sondern daß es seiner *Weisheit* widerspricht, zwei Teile genau gleich zu machen. Aber woher weiß er denn, daß hierin ein Widerspruch gegen die Weisheit Gottes läge? Kann er *beweisen*, daß Gott unmöglich durch weise Gründe bewogen werden könnte, eine Mehrzahl genau gleicher Teile der Materie in verschiedenen Teilen des Universums zu erschaffen? Das einzige Argument, das er beibringt, ist, daß dann kein zureichender Grund vorhanden wäre, der den Willen Gottes bestimmen könnte, den einzelnen Teilen ihre besonderen Stellen zuzuweisen. Wenn nun aber, — falls sich sonst kein Gegengrund hiergegen anführen läßt — Gott möglicherweise mancherlei weise Gründe hatte, mehrere genau gleiche Körper zu erschaffen, schließt dann der bloße Umstand, daß ihr Ort gänzlich gleichgültig wäre, die Möglichkeit einer solchen Schöpfung aus, oder benimmt er ihr den Charakter der Weisheit? Will man dies behaupten, so ist dies, wie ich denke, eine ausdrückliche Vorwegnahme dessen, was zu beweisen wäre. (Nr. 20) Auf ein gleiches Argument, das ich der unbedingten Gleichgültigkeit der ursprünglichen Richtungsbestimmung der Bewegung entnommen habe, ist keine Antwort erfolgt.

26.–32. In diesen Artikeln scheint mir eine Reihe von Widersprüchen enthalten zu sein. Daß zwei genau gleiche Dinge wahrhaft zwei wären, erkennt man an (Nr. 26): trotzdem aber bemerkt man, daß in ihnen kein Prinzip der Individuation gegeben wäre und behauptet weiterhin (im vierten Schreiben Nr. 6) ausdrücklich, daß sie nur ein und dasselbe Ding unter zwei Namen sein würden. So wird also eine Annahme zwar als möglich zugestanden, mir aber trotzdem verwehrt, sie zugrunde zu legen. Die Teile des Raumes und der Zeit sollen an sich selbst genau gleich sein, nicht aber, wenn Körper in ihren Teilen verschiedener sind (Nr. 27). Die Annahme verschiedener gleichzeitig bestehender Teile des Raumes und verschiedener nacheinander bestehender Teile der Zeit vergleicht man mit der Voraussetzung, daß eine Gerade eine andere in zwei Punkten schneidet, die aber zusammenfallen und somit in der Tat nur ein einziger Punkt sind (28). Man behauptet, der Raum sei nichts als die Ordnung der gleichzeitig existierenden Dinge und dennoch gesteht man zu, daß das materielle Universum möglicherweise begrenzt ist (29), woraus die Annahme eines leeren, außerweltlichen Raumes notwendig folgt (30). Man erkennt an, daß Gott dem Universum hätte Schranken setzen können: trotzdem behandelt man später die Voraussetzung, daß die Welt möglicherweise endlich ist, nicht nur als unvernünftig und zwecklos, sondern auch als gänzlich untunliche Fiktion und behauptet, es ließe sich kein möglicher Grund denken, die Menge der Materie zu begrenzen.[1] Man stellt den Satz auf, die Bewegung des gesamten, materiellen Universums würde überhaupt keine Änderung hervorbringen (Nr. 29), bleibt jedoch auf meinen Einwand, daß bei plötzlicher Geschwindigkeitszunahme oder plötzlichem Stillstand der Bewegung des Ganzen sich in allen Teilen eine merkliche Stoßwirkung zeigen würde, die Antwort schuldig. Ebenso einleuchtend ist es, daß eine Kreisbewegung des Ganzen eine Zentrifugalkraft in allen seinen Teilen hervorbringen würde. Meine Folgerung, daß die materielle Welt, wenn in ihrer Gesamtheit begrenzt, so auch beweglich sein müsse (31), wird bestritten, weil die Teile des Raumes, der als Ganzes unendlich und notwendig existiert, unbeweglich sind. Man versichert, die Bewegung schlösse notwendig einen relativen Wechsel der Lage eines Körpers mit Bezug auf andere Körper ein; — und zeigt dennoch kein Mittel an, die widersinnige Folgerung zu vermeiden, daß die Beweglichkeit eines Körpers alsdann von der Existenz anderer Körper abhängt, daß ein einzelner für sich bestehender Körper also der Bewegung unfähig wäre, und die Teile einer rotierenden Masse, z. B. der Sonne, die Zentrifugalkraft, die aus ihrer Kreisbewegung entsteht, verlieren würden, wenn alle äußere Materie um sie herum vernichtet würde.[161] Schließlich bezeichnet man die Unendlichkeit der Materie als Folge des göttlichen *Willens*, hält aber trotzdem die Cartesische Auffassung als unumstößlich fest, obwohl diese, wie bekannt, gänzlich auf der Annahme beruht, daß die Materie notwendig und dem Wesen der Dinge nach unendlich, und die Voraussetzung ihrer Begrenztheit in sich selbst widersprechend sei. Seine Worte sind (Brief 69 des ersten Teils): »Puto implicare contradictionem, ut mundus sit finitus.«[162] Ist das richtig, dann stand es niemals in Gottes Macht, die *Menge* der Materie zu bestimmen, er ist somit weder ihr Schöpfer noch imstande, sie zu vernichten.

So zieht sich denn durch alles, was der gelehrte Autor über das Verhältnis von Raum und Materie sagt, ein fortgesetzter innerer Widerspruch. Seine Einwendungen gegen das Vakuum oder einen stoffleeren Raum (Nr. 29, 33–35, 62, 63) lauten bisweilen, als ob er der Natur der Dinge nach und absolut unmöglich wäre, da Raum

[1] Viertes Schreiben, Nr. 21.

und Materie untrennbar seien (Nr. 62); dann aber wieder häufig so, als ob die Quantität der Materie im Universum vom Willen Gottes abhinge (Nr. 30, 32 und 73).

33.–35. Gegen die Annahme der materiellen Erfüllung des Universums hatte ich auf den Mangel an Widerstand in bestimmten Räumen hingewiesen; mein gelehrter Gegner antwortet darauf, diese Räume seien mit einer schwerlosen Materie erfüllt (Nr. 35). Ich hatte mich jedoch nicht auf die Schwere, sondern auf den Widerstand berufen, der der Quantität der Materie proportional sein muß, gleichviel ob diese schwer ist oder nicht.

Um diesen Einwurf zu entkräften, wird bemerkt (Nr. 34), daß der Widerstand nicht so sehr aus der Quantität der Materie, als aus der Schwierigkeit der Verschiebung ihrer Teile entspringt. Indessen trifft dies weit vom Ziel, da sich die Frage hier nur auf solche flüssige Körper bezieht, die, wie Wasser und Quecksilber, wenig oder gar keine Elastizität haben, bei denen also die Verschiebung keine anderen Schwierigkeiten bietet, als die, die aus der Größe ihrer Masse entsteht. Der Einwurf von dem treibenden Stück Holz, das weniger schwere Materie enthält als ein gleiches Volumen Wasser, dennoch aber einen größeren Widerstand entgegensetzt, ist auffallend unphilosophisch. Denn ein gleiches Volumen Wasser würde, in ein Gefäß eingeschlossen oder zu Eis gefroren, größeren Widerstand leisten als das treibende Holz, weil dieser sich alsdann aus dem ganzen Volumen den Wassers ergäbe. Ist aber das Wasser frei und in seinem flüssigen Zustand, so wird der Widerstand in diesem Falle nicht durch die Gesamtmasse, sondern nur durch einen Teil von ihr bewirkt; es ist somit kein Wunder, daß hier scheinbar ein geringerer Widerstand als bei dem Holze geleistet wird.

36.–48. Diese Paragraphen enthalten, wie mir scheint, keinerlei ernst zu nehmende Argumente, sie gehen vielmehr nur darauf aus, den Begriff der Unermeßlichkeit oder Allgegenwart Gottes in ein schlechtes Licht zu setzen. Gott ist keine bloße intelligentia supramundana (semota a nostris rebus sejunctaque longe), er ist nicht ferne von einem jeden unter uns; denn in ihm leben, weben und sind wir und alle Dinge.[2]

---

[2] Apostelgeschichte XVII, 27, 28.

Der Raum, den ein Körper einnimmt, ist nicht seine Ausdehnung, sondern der ausgedehnte Körper existiert in diesem Raume (Nr. 36, 37). In Wahrheit gibt es so etwas wie begrenzten Raum gar nicht (Nr. 38). Unsere Einbildung richtet nur ihre Aufmerksamkeit auf einen beliebigen Teil oder eine beliebige Größe des Raumes, der jedoch an sich selbst immer und notwendig unbegrenzt ist (Nr. 39).[163]

Der Raum ist keine Beschaffenheit des einen oder anderen Körpers oder irgendeines begrenzten Wesens, er geht auch nicht von Subjekt zu Subjekt über, sondern stellt stets und unwandelbar die Unermeßlichkeit eines einzigen und stets identischen, unermeßlichen Wesens dar. Endliche Räume sind keineswegs die Beschaffenheiten endlicher Substanzen (Nr. 40), sondern nur die Teile des unendlichen Raumes, in dem die endlichen Substanzen existieren.

Wäre die Materie unendlich, so wäre dennoch der unendliche Raum ebensowenig eine Beschaffenheit des unendlichen Stoffes (Nr. 41), wie die endlichen Räume Beschaffenheiten der endlichen Körper sind: vielmehr wäre in diesem Falle die unendliche Materie, wie es jetzt die begrenzten Körper sind, im unendlichen Raume enthalten.

Unermeßlichkeit ebenso wie Ewigkeit (Nr. 42) gehören zum Wesen Gottes. Die Teile der Unermeßlichkeit[3] heben, da sie von ganz anderer Art als die körperlichen, zerlegbaren, trennbaren, unterscheidbaren und beweglichen Teile sind, in denen der Grund der Zerstörbarkeit liegt, ihre wesentliche Einheit ebensowenig auf, als die Teile der Dauer die einheitliche Natur der Ewigkeit zunichte machen. Gott selbst erleidet durch die Mannigfaltigkeit und Veränderlichkeit der Dinge (Nr. 43), die in ihm leben, weben und sind, keinen Wechsel.

Die Lehre, die hier als seltsam bezeichnet wird (Nr. 44), ist die ausdrückliche Behauptung des Apostel Paulus[4] und die klare Stimme von Natur und Vernunft.[164]

Gott existiert nicht im Raume und in der Zeit (Nr. 45), sondern bringt durch sein Dasein erst Raum und Zeit selbst hervor.

---

[3] Siehe mein drittes Schreiben, Nr. 3; viertes Schreiben, Nr. 11.
[4] Apostelgeschichte XVII, 27, 28.

Wenn wir ihm, gemäß der gewöhnlichen Ausdrucksweise, ein Dasein in allem Raum und zu aller Zeit zusprechen, so wollen diese Worte nur besagen, daß er allgegenwärtig und ewig ist, d. h. daß Raum und Zeit in ihrer Grenzenlosigkeit die notwendige Folge seiner Existenz, nicht aber von ihm verschiedene Wesen sind, in denen er existiert.

Inwiefern der begrenzte Raum nicht die Ausdehnung der Körper ist, habe ich soeben in Nr. 40 gezeigt; mit dem, was dort ausgeführt, sind auch die beiden folgenden Abschnitte (47 und 48) zu vergleichen.₅

49.–51. Diese Abschnitte scheinen mir bloße Wortklaubereien zu enthalten. Was die Frage der Teile des Raumes angeht, so vergleiche man oben mein drittes Antwortschreiben Nr. 3 und mein viertes Schreiben Nr. 11.

52. und 53. Bei meinem Beweise, daß die Vorstellung des Raumes von der des Körpers tatsächlich unabhängig ist, stützte ich mich nur auf die *Möglichkeit*, daß das materielle Universum begrenzt und beweglich ist; es genügt daher nicht, wenn der gelehrte Autor erwidert, daß seiner Meinung nach Gott nicht weise und vernünftig gehandelt hätte, wenn er das materielle Universum begrenzt und beweglich geschaffen hätte. Er muß entweder behaupten, es sei für *Gott unmöglich*, dies zu tun oder aber die Strenge meines Arguments, das sich einzig auf die Möglichkeit der Begrenztheit und Beweglichkeit der Welt gründet, notwendig anerkennen. Es genügt auch nicht, daß der Verfasser seine Behauptung, daß die Bewegung eines begrenzten, materiellen Universums in Ermanglung anderer Körper, auf die man sie beziehen könnte, Nichts wäre und keine bemerkbare Veränderung hervorrufen wurde, lediglich wiederholt; er müßte denn zuvor meinen Einwand entkräften: daß nämlich insofern eine gewaltige Veränderung feststellbar wäre, als die Teile durch eine plötzliche Beschleunigung oder einen plötzlichen Stillstand des Ganzen einen merklichen Stoß erhielten. Auf diese Gegeninstanz hat der Verfasser aber nicht zu erwidern versucht.[165]

53. Ich überlasse dem Urteil eines jeden, der sich die Mühe ge-

---

₅ Man vgl. auch weiter unten die Bemerkungen zu Nr. 53 und 54.

ben will, die Ausführungen des Verfassers mit Newtons Sätzen (Buch I, Def. 8) zu vergleichen, die Entscheidung darüber, ob der Unterschied zwischen der realen und absoluten und der relativen Bewegung, den der Verfasser hier anerkennen muß, nicht notwendig die Folgerung einschließt, daß der Raum etwas von der Lage und Ordnung der Körper gänzlich Verschiedenes ist.[166]

54. Ich hatte mich darauf gestützt, daß Raum und Zeit Größen seien, Lage und Ordnung dagegen nicht. Darauf hat man geantwortet, auch die Ordnung habe ihre Größe, es gäbe vorhergehende und folgende Glieder, es gäbe Entfernung und Abstand in ihr. Darauf erwidere ich, daß das Früher und Später der Glieder ihre Ordnung oder Reihenfolge ausmacht; daß aber die Entfernung, der Abstand oder die Größe der Zeit oder des Raumes, worin ein Ding dem anderen folgt, von der gegenseitigen Beziehung oder Ordnung der Inhalte gänzlich verschieden ist, und keine Größenbestimmung dieser Beziehung oder Ordnung selbst begründet. Die Beziehung oder Ordnung kann bei sehr verschiedener Größe der Zeit oder des Raumes, der dazwischen liegt, genau dieselbe sein.[167] Der gelehrte Autor fügt hinzu, daß die Verhältnisse oder Proportionen ihre Größe haben, dasselbe also auch für Zeit und Raum gelten könne, wenn sie gleich nichts als Relationen sind. Darauf erwidere ich *erstens*, daß, selbst wenn einigen besonderen Arten von Relationen, wie den Verhältnissen und Proportionen, Größe zukäme, dies damit noch nicht für Lage und Ordnung erwiesen wäre, die Beziehungen ganz anderer Art sind, daß aber *zweitens* auch die Proportionen selbst gar keine Größen, sondern Verhältnisse von Größen sind. Wären sie Größen, so würden sie Größen von Größen sein, was offenbar widersinnig ist.[168] Ferner müßten sie alsdann gleich allen anderen Größen durch Addition wachsen. Verknüpfe ich jedoch das Verhältnis $1:1$ mit sich selbst, so ergibt sich wiederum nur $1:1$, und verknüpfe ich das Verhältnis $1/2:1$ mit $1:1$, so erhalte ich damit nicht das Verhältnis $1\,1/2:1$, sondern wiederum nur $1/2:1$.[169] Was die Mathematiker zuweilen ungenau die Quantität einer Proportion nennen, das ist, genau und streng ausgedrückt, nur die Quantität oder die relative Vergleichungsgröße eines Dinges mit Bezug auf ein anderes. Die Proportion aber ist nicht die Vergleichungsgröße selbst, sondern der Vergleich oder

die Beziehung der Größe zu einer anderen. Das Verhältnis von 6:1 ist, verglichen mit dem von 3:1, keine doppelte Größe des Verhältnisses, sondern nur das Verhältnis einer doppelten Größe. Wenn man im allgemeinen von größeren oder kleineren Proportionen spricht, so meint man damit nicht eine größere oder geringere Quantität in dem Verhältnis oder der Beziehung selbst, sondern drückt nur die Beziehung, das eine Mal an größeren, das andere Mal an kleineren Quantitäten aus: nicht dem Vergleich, sondern dem Verglichenen kommt Größe zu. Der logarithmische Ausdruck einer Proportion (Nr. 54) ist nicht — wie der gelehrte Autor meint — ein Maß, sondern nur ein künstlicher Index oder ein Zeichen des Verhältnisses; er gibt nicht die Größe der Proportion wieder, sondern bezeichnet nur, wieviel Mal irgendeine Proportion wiederholt oder mit sich selbst zusammengestellt werden kann. Der Logarithmus der Proportion der Gleichheit, die doch ebenso reell und ebensogut wie jede andere ein Verhältnis darstellt, ist 0; ist ferner der Logarithmus negativ (z. B. — 1), so bleibt dennoch die Proportion selbst, deren Zeichen oder Index er ist, positiv. Eine zwei oder dreifache Proportion besagt keine doppelte oder dreifache Größe des Verhältnisses, sondern gibt nur an, wie oft dieses wiederholt wird. Multipliziere ich z. B. eine Größe oder Quantität einmal mit 3, so steht das Produkt zur ursprünglichen Zahl im Verhältnis 3:1, verdreifache ich es jetzt nochmals, so erhalte ich nicht etwa eine doppelte Quantität der Proportion, sondern eine Größe oder Quantität, die zu der ersten im Verhältnis von 9:1 steht; fahre ich damit fort, so ergibt sich das sogenannte dreifache Verhältnis 27:1 und so fort.

Endlich gehören *drittens* Raum und Zeit ihrem Wesen nach durchaus nicht zu den Proportionen, sondern zu den absoluten Quantitäten, von denen die Proportionen gelten. So ist z. B. die Proportion von 12:1 eine viel größere Proportion — d. h., wie oben bemerkt, nicht eine größere Quantität des Verhältnisses selbst, sondern das Verhältnis einer größeren, relativen Quantität — als die von 2:1, und dennoch kann eine und dieselbe unveränderliche Größe mit Bezug auf ein Ding wie 12:1 mit Bezug auf ein anderes wie 2:1 sich verhalten. Ein ganzer Tag z. B. hat eine bedeutend größere Proportion zu einer Stunde, als zu einem halben

Tage, bleibt jedoch trotzdem dieselbe unveränderliche Zeitgröße. Die Zeit — und aus demselben Grunde der Raum — ist daher ihrem Wesen nach kein Verhältnis, sondern eine absolute und unveränderliche Quantität, der verschiedene Verhältnisse zukommen. Solange diese Betrachtung nicht als falsch erwiesen wird, bleibt also die Ansicht des gelehrten Autors[6] seinem eigenen Eingeständnis nach ein Widerspruch.[170]

55.–63. Auch der Inhalt dieser Abschnitte scheint mir ein offenbarer Widerspruch. Die Gelehrten mögen darüber selbst urteilen: In dem einen Abschnitt (Nr. 56) nimmt der Verfasser offen und klar an, es hätte in Gottes Belieben gestanden, das Universum früher oder später zu erschaffen; dann aber werden diese selben Ausdrücke [früher und später] (Nr. 55, 57, 58–63) wieder als unverständliche Worte und unmögliche Voraussetzungen angesehen. Das Gleiche gilt für den Raum, in dem die Materie existiert. Siehe oben zu Nr. 26–32.

64. und 66. Man vergleiche oben Nr. 54.

66.–70. Man vergleiche oben Nr. 1–20 und 21–25. Ich füge nur noch hinzu, daß, wenn der Autor den Willen Gottes, der eine Wahl zwischen vielen gleich guten Arten der Ausführung trifft, mit dem Zufall des Epikur vergleicht (Nr. 70), der bei der Bildung des Universums keinen Willen, keinen Verstand und überhaupt kein tätiges Prinzip zuließ, damit zwei Dinge zusammengebracht werden, wie sie verschiedener wohl nicht gedacht werden können.

71. Man vergleiche oben Nr. 21–25.

72. Man vergleiche oben Nr. 1–20.

73.–75. Die Frage, ob der Raum von der Materie unabhängig ist, und das materielle Universum begrenzt und beweglich sein kann (vergleiche oben Nr. 1–20 und 26–32), betrifft nicht die Weisheit oder den Willen Gottes (Nr. 73), sondern die absolute und notwendige Natur der Dinge. Wenn das materielle Universum durch den Willen Gottes möglicherweise begrenzt und beweglich sein kann, was mein gelehrter Gegner selbst zugeben muß, obwohl er es dann wieder unaufhörlich als eine unmögliche Voraussetzung behandelt, — dann ist der Raum, in dem diese Bewegung vor sich

[6] IV., Nr. 16.

geht, offenbar von der Materie unabhängig. Gilt jedoch das Gegenteil,[7] und ist folglich der Raum nicht von der Materie unabhängig, dann folgt daraus klar und deutlich, daß Gott der Materie keine Grenzen setzen kann oder jemals setzen konnte, daß sie also nicht nur grenzenlos, sondern auch nach vorwärts wie nach rückwärts ewig sein muß (Nr. 74), auf notwendige und vom Willen Gottes unabhängige Weise. Die Ansicht, die Welt könnte von aller Ewigkeit her durch den Willen Gottes, der seine ewige Macht ausübte, bestanden haben, steht in keinerlei Beziehung zu dem hier (Nr. 75) in Frage kommenden Gegenstande.

76 und 77. Man vergleiche oben die Bemerkungen zu Nr. 73 bis 76 und zu Nr. 1–20, sowie unten zu Nr. 103.

78. Dieser Abschnitt enthält keinen neuen Einwand. Ich habe in den vorhergehenden Schreiben ausführlich nachgewiesen, wie zutreffend und verständlich der Vergleich ist, den Sir Isaak Newton gebraucht hat.

79.–82. Alles, was mir im Abschnitt 79 und 80 entgegengehalten wird, kommt auf einen bloßen Wortstreit hinaus. Die Existenz Gottes bringt, wie schon verschiedentlich bemerkt worden ist, den Raum hervor, in dem alle anderen Dinge existieren. Gott ist daher auch der Ort der Ideen (Nr. 80), da er der Ort der Substanzen selbst ist, in deren Bewußtsein die Ideen vorhanden sind.

Ich habe den Satz, die menschliche Seele sei die Seele der wahrgenommenen Bilder, zum Vergleich und als Beispiel einer törichten Auffassung herangezogen; jetzt wendet mein gelehrter Gegner ihn unter allerlei Scherzen gegen mich, als hätte ich ihn als meine eigene Meinung vorgebracht. Gott nimmt die Dinge nicht mittels eines Organes wahr, sondern dadurch, daß er selbst tatsächlich überall gegenwärtig ist. Dieses »Überall« oder der allumfassende Raum ist also der Ort seiner Wahrnehmung. Der Begriff des Sensoriums und der Weltseele ist oben ausführlich dargelegt worden. Es ist zu viel verlangt, daß man die Schlußfolgerungen aufgeben soll, ohne daß eine weitere Einwendung gegen die Prämissen gemacht worden ist.

83.–88. und 89.–91. Daß die Seele ein repräsentatives Prinzip sei, daß jede einfache Substanz ihrer Natur nach eine Zusammen-

[7] IV., Nr. 21; V., Nr. 29.

fassung und ein lebender Spiegel des ganzen Universums ist, daß sie es ihrem Gesichtspunkte gemäß vorstellt, und daß alle einfachen Substanzen in Harmonie untereinander stehen, da sie stets dasselbe Universum vorstellen, all dies — ich gebe es zu — verstehe ich nicht.

Was die prästabilierte Harmonie (Nr. 83, 87, 89, 90) angeht, gemäß welcher die Vorgänge in der Seele und die mechanischen Bewegungen des Körpers miteinander in Übereinstimmung stehen sollen, ohne sich doch gegenseitig zu beeinflussen, so vergleiche man die späteren Bemerkungen: Nr. 110–116.

Was die Annahme betrifft, daß die Bilder der Dinge durch die Sinnesorgane in das Sensorium gelangen und dort von der Seele wahrgenommen werden, so wird zwar behauptet (Nr. 84), nirgends aber bewiesen, daß sie unbegreiflich ist.

Betreffs der Wechselwirkung zwischen immateriellen und materiellen Substanzen (Nr. 84) vergleiche unten zu Nr. 110 bis 116.

Daß Gott die Dinge nicht durch seine Gegenwart in ihnen, sondern durch ihre beständige Neuschöpfung wahrnimmt und erkennt, ist eine leere, unbewiesene Erdichtung der Scholastiker.

Was den Einwand betrifft, daß Gott die Weltseele sei, so habe ich darauf ausführlich in Nr. 12 meines zweiten und in Nr. 32 meines vierten Schreibens geantwortet.

92. Nimmt man an, daß alle Bewegungen unseres Körpers notwendig sind und, unabhängig von der Seele, aus rein mechanischen Antrieben der Materie entstehen (Nr. 92, 95 und 116), so läuft das, wie ich nicht umhin kann zu denken, auf die Behauptung einer fatalistischen Notwendigkeit hinaus. Es führt dazu, die Menschen als bloße Maschinen anzusehen, wie Descartes die Tiere dafür ansah, indem man alle Argumente zunichte macht, die sich auf die Phänomene, d. h. auf die Handlungen der Menschen stützen, um aus ihnen die Existenz einer Seele oder eines Etwas, das mehr als bloße Materie ist, im Menschen zu beweisen.[171] Siehe unten zu Nr. 110–116.

93.–95. Ich führte aus, daß jede Handlung auf das Objekt, auf das sie gerichtet ist, eine neue Kraft überträgt. Darauf erwidert man, daß zwei gleiche, elastische Körper, die gegeneinander prallen, mit derselben Kraft zurückkehren, ihre Wechselwirkung also keine neue Kraft erzeugt. Es möchte genügen, darauf zu antworten, daß keiner der beiden Körper mit seiner eigenen Kraft zurückkehrt, sondern daß jeder die seine verliert₈ und sich vermittels einer neuen zurückbewegt, die ihm durch die Elastizität des anderen mitgeteilt ist; sind sie aber nicht elastisch, so kehren sie überhaupt nicht zurück. In der Tat ist jedoch jede bloß mechanische Mitteilung von Bewegung keine Handlung im eigentlichen Sinne, sondern nur ein Zustand des Leidens und zwar sowohl in dem stoßenden wie in dem gestoßenen Körper. Handlung ist die Erzeugung einer vorher nicht vorhandenen Bewegung aus einem Prinzip des Lebens oder der Tätigkeit heraus. Wenn Gott, der Mensch oder irgendeine lebende und tätige Macht irgendeinen Einfluß auf die materielle Welt ausübt, und in ihr nicht alles bloßer absoluter Mechanismus ist, so muß im Universum eine unaufhörliche Zu- und Abnahme der Gesamtsumme der Bewegung stattfinden, was der gelehrte Autor an mehreren Stellen bestreitet.

96. und 97. Der gelehrte Autor bezieht sich hier nur auf das, was er an anderen Stellen gesagt hat; so kann auch ich dasselbe tun.

98. Wenngleich die Seele eine Substanz ist, die das Sensorium, d. h. die Stelle füllt, an der sie die ihr übermittelten Bilder der Dinge wahrnimmt — so folgt doch daraus noch nicht, daß sie aus körperlichen Teilen bestehen muß. Denn die Teile des Körpers sind distinkte, voneinander unabhängige Substanzen, die Seele dagegen sieht, hört und denkt in ihrer Gesamtheit, da sie ihrem Wesen nach ein einziges, individuelles Wesen ist.[172]

99. Um zu zeigen, daß sich die tätigen Kräfte im Universum, d. h. die Quantität der Bewegung oder der Antrieb, der den Körpern verliehen ist, von Natur nicht vermindern, führt der gelehrte Autor aus, daß zwei weiche, unelastische Körper, die mit gleich großen und entgegengesetzt gerichteten Kräften aufeinanderstoßen, nur deshalb an Gesamtbewegung verlieren, weil diese sich in eine Bewegung ihrer kleinen Teile umsetzt und zerstreut. Die Frage ist jedoch, was aus der Bewegung und der tätigen Kraft in dem Falle wird, daß zwei vollkommen harte, unelastische Körper durch ihren Zusammenstoß ihre Gesamtbewegung verlieren. Sie kann sich alsdann nicht in die Teile zerstreuen, weil diese keine Elastizität

---

₈ Vgl. weiter unten Nr. 99.

besitzen, somit einer schwingenden Bewegung nicht fähig sind.[173] Sollte man jedoch leugnen, daß die Körper in diesem Falle ihre Gesamtbewegung verlieren, so würde daraus folgen, daß elastische, harte Körper mit einer doppelten Kraft zurückprallen müßten, die sich aus der Elastizität und der ursprünglichen, unmittelbaren Kraft — diese ganz oder doch zum Teile genommen — ergäbe, was jedoch der Erfahrung widerstreitet.

Schließlich sieht sich mein Gegner infolge des Beweises, den ich von Newton anführte, zu dem Zugeständnis gezwungen (Nr. 99), daß die Quantität der Bewegung in der Welt nicht immer dieselbe ist, greift jedoch zu einer anderen Ausflucht, indem er behauptet, Bewegung und Kraft seien der Quantität nach nicht immer gleich. Doch auch dies widerspricht der Erfahrung. Denn die Kraft, um die es sich hier handelt, ist nicht die Trägheitskraft der Materie, die in der Tat stets dieselbe ist, solange die Quantität der Materie dieselbe bleibt, sondern man meint die relative, tätige, treibende Kraft, die der Quantität der relativen *Bewegung* stets proportional ist.[174] Dies zeigt sich fortwährend klar und deutlich in der Erfahrung, wenn man von der Fehlerquelle absieht, die darin besteht, daß die entgegenwirkende, hemmende Kraft, wie sie bei jeder Bewegung aus dem Widerstand des Mediums, bei der Aufwärtsbewegung aus der beständigen Gegenwirkung der Schwere, entsteht, nicht richtig veranschlagt wird.

100. – 102. Daß die tätige Kraft — im früher angegebenen Sinne — sich von Natur im materiellen Universum vermindert, ist im letzten Abschnitt gezeigt worden. Daß dies kein Mangel ist, ist einleuchtend, da es ja nur eine Folge davon ist, daß die Materie ohne Leben und Bewegung untätig und träge ist.[175] Denn die Trägheit der Materie bewirkt nicht nur, wie der gelehrte Verfasser bemerkt, daß die Geschwindigkeit in demselben Maße abnimmt wie die Quantität der Materie wächst — was ja in der Tat keine Abnahme der Quantität der Bewegung ist — sondern auch, daß feste, vollkommen harte und unelastische Körper, die mit gleichen, entgegengesetzt gerichteten Kräften zusammenstoßen, ihre Gesamtbewegung und tätige Kraft, wie oben nachgewiesen, einbüßen und der Einwirkung einer neuen Ursache bedürfen, um wieder Bewegung zu erlangen.

103. Daß keines der Dinge, auf die man sich hier beruft, einen Mangel bedeutet, habe ich in meinen früheren Schreiben ausführlich gezeigt. Warum sollte es Gott nicht freistehen, eine Welt zu schaffen, die ihren ursprünglichen Zustand so lange oder auch so kurze Zeit beibehielte, als er für gut befände, die dann aber in eine beliebige andere Form umgewandelt wurde durch Veränderungen, die höchst weise und angemessen sein mögen, wenn sie auch vielleicht unmöglich auf mechanische Weise vor sich gehen können. Der Verfasser behauptet₉, daß das Universum nicht an Vollkommenheit abnehmen könne, daß es keinen möglichen Grund für die Beschränkung der Quantität der Materie gäbe, Gott vielmehr seiner Vollkommenheit gemäß stets die größtmögliche Menge von Materie erschaffen müsse, daß also ein begrenztes, materielles Universum eine unbrauchbare Erdichtung sei.₁₀ Ob der Schluß, den ich hieraus gezogen, daß nach dieser Anschauung die Welt notwendig unendlich und ewig sein muß, gerechtfertigt ist, das will ich gerne den Gelehrten zur Beurteilung überlassen, die unser Schreiben einem Vergleiche unterziehen werden.

104.–106. Wir werden jetzt (Nr. 104) belehrt, daß der Raum nicht eine Ordnung oder Lage, sondern die Ordnung von Lagen ist. Der Einwand bleibt jedoch bestehen, daß eine Ordnung von Lagen keine Größe ist, wie dies für den Raum gilt. Der Autor beruft sich deshalb auf Nr. 54, wo er den Beweis dafür, daß die Ordnung eine Größe ist, erbracht zu haben glaubt; ich kann mich wiederum auf meine obigen Ausführungen zu diesem Abschnitt beziehen, wo ich, wie ich meine, das Gegenteil erwiesen habe. Was der Verfasser hier (Nr. 105) von der Zeit sagt, kommt offenbar auf folgenden Widerspruch heraus: die Zeit ist nur die Ordnung der Dinge im Nacheinander, dennoch aber eine echte Größe, weil sie — *nicht nur* die Ordnung der Dinge im Nacheinander, sondern auch die Quantität der Dauer ist, die zwischen den Einzelinhalten liegt, welche in jener Ordnung aufeinanderfolgen: wie man sieht, ein ausdrücklicher Widerspruch.[176]

₉ IV., Nr. 40, 20–22; V., Nr. 29.
₁₀ Vgl. oben Leibniz' Postskriptum zum vierten Schreiben.

Sagt man, die Unermeßlichkeit bedeute nicht den grenzenlosen Raum und die Ewigkeit nicht eine anfangs- und endlose Dauer oder Zeit, so heißt dies, den Worten überhaupt ihren Sinn nehmen. Statt aller Beweise verweist uns der Autor hier (Nr. 106) auf die Erklärungen gewisser Theologen und Philosophen — natürlich solcher, die seiner Meinung waren — darum aber handelt es sich zwischen uns nicht.

107.–109. Ich habe behauptet, daß für Gott kein Ding, sofern es nur überhaupt möglich, wunderbarer als irgendein anderes sei und daher beim Wunder nicht an die innere, aus der Natur des Dinges selbst stammende Schwierigkeit der Ausführung, sondern nur an die Seltenheit, mit der es von Gott gewirkt wird, zu denken ist. Wir sprechen von der »Natur«, von »Naturkräften«, vom »Lauf der Natur« und dergleichen, aber all dies sind nur leere Worte, die bloß bezeichnen, daß sich etwas gewöhnlich oder häufig ereignet. Wenn ein zu Staub gewordener menschlicher Körper aufersteht, so nennen wir das ein Wunder, die gewöhnliche Erzeugung eines menschlichen Körpers dagegen nennen wir natürlich — einfach deshalb, weil die Macht Gottes das eine regelmäßig, das andere nur selten geschehen läßt. Ein plötzliches Stillstehen der Sonne oder der Erde würden wir als Wunder bezeichnen, ihre fortgesetzte Bewegung bezeichnen wir als Naturvorgang: wiederum aus demselben Grunde, weil das eine gewöhnlich, das andere ungewöhnlich ist. Wäre es ebenso gewöhnlich, daß die Menschen aus den Gräbern zu neuem Leben erständen, wie daß das Getreide aus dem Saatkorn erwächst, so würden wir jenes sicherlich ebenfalls natürlich nennen, und stände die Sonne oder die Erde dauernd still, so würde uns auch dies als natürlich, und ihre Bewegung zu irgendeiner Zeit als ein Wunder erscheinen. Gegen diese klaren und deutlichen Gründe,[11] weiß der gelehrte Verfasser nichts vorzubringen, als die beständige Berufung auf die gewöhnliche Redeweise mancher Theologen und Philosophen, worauf es jedoch, wie bereits bemerkt, hier nicht ankommt.

110.–116. Auch hier ist es sehr überraschend, daß wir bei Fragen der Vernunft, nicht der Autorität, wiederum auf die Meinung

---

[11] ces grandes raisons, Nr. 108.

bestimmter Philosophen und Theologen verwiesen werden. Jedoch, abgesehen davon, — was versteht der gelehrte Autor unter einem wirklichen innerlichen Unterschiede zwischen dem Wunderbaren und Nichtwunderbaren, oder zwischen natürlichen und nichtnatürlichen Wirkungsarten, wenn dies absolut und in Bezug auf Gott gedacht werden soll (Nr. 110 und 111)? Meint er, in Gott seien zwei verschiedene und wirklich getrennte Prinzipien oder Vermögen der Tätigkeit oder glaubt er, ein Ding sei für Gott schwerer auszuführen als ein anderes? Wenn nicht, dann ist die Unterscheidung zwischen natürlichen und übernatürlichen Wirkungen etwas, das nur für uns Bedeutung hat, sofern wir eine gewöhnliche Wirkung der Macht Gottes »natürlich«, eine ungewöhnliche »übernatürlich« nennen, während der Ausdruck »Naturkraft« (Nr. 112) in Wahrheit nur ein leeres Wort ist. Man könnte auch das eine Mal die unmittelbare Tätigkeit Gottes, das andere Mal seine Tätigkeit, sofern sie durch sekundäre Ursachen vermittelt wird, verstehen wollen. Der Verfasser erklärt sich hier offen gegen die erste dieser beiden Annahmen, die letztere aber weist er ausdrücklich in Nr. 117 zurück, wo er zugibt, daß die Engel wahrhafte Wunder tun können. Und doch glaube ich, daß man außer diesen beiden verschiedenen Fällen keinen dritten auffinden kann.

Es ist höchst unvernünftig, die Anziehung ein Wunder und einen unphilosophischen Ausdruck zu nennen (Nr. 113), nachdem wir doch so oft und bestimmt erklärt haben, daß wir mit dem Worte nicht die *Ursache* der wechselseitigen Tendenz der Körper gegeneinander, sondern lediglich die Wirkung oder das *Phänomen selbst* und seine Gesetze und Größenverhältnisse, wie sie durch Erfahrung gefunden werden, bezeichnen wollen, die Ursache mag nun sein, welche sie wolle. Noch unvernünftiger scheint es mir, die Gravitation oder Anziehung in dem so festgestellten Sinne, in dem sie ein wirkliches, offenkundiges Naturphänomen ist, zu verwerfen und gleichzeitig die Annahme einer so seltsamen Hypothese zu erwarten, wie die der prästabilierten Harmonie (Nr. 109 und 92, 87, 89, 90), nach der die Seele und der Körper des Menschen auf ihre Bewegungen und Zustände gegenseitig ebensowenig Einfluß haben sollen als zwei Uhren, die, auch in der größten Entfernung voneinander, ohne wechselseitige Einwirkung gleich gehen. Man behauptet in der Tat (Nr. 92), daß Gott, der die Neigungen der Seele jedes Menschen vorhersieht, vom Beginn der Welt an die große Maschine des materiellen Universums so ausgedacht hat, daß lediglich durch die notwendigen Gesetze des Mechanismus angemessene Bewegungen in den menschlichen Körpern, als Teilen dieser großen Maschine, hervorgebracht werden. Ist es aber möglich, daß Bewegungen von solcher Art und Mannigfaltigkeit, wie sie im menschlichen Körper vorhanden sind, durch den einfachen Mechanismus zustande kommen, ohne daß der Wille und der Geist auf sie irgendwelchen Einfluß ausüben? Es steht z. B. in der Macht des Menschen, einen Monat zuvor zu beschließen und zu wissen, was er an einem bestimmten Tage oder zu einer bestimmten Stunde in Zukunft tun wird: ist es in diesem Falle glaublich, daß der Körper durch die bloße mechanische Kraft, die der materiellen Welt ursprünglich bei der Schöpfung mitgeteilt wurde, sich zur bestimmten Zeit Punkt für Punkt allen Entschlüssen des menschlichen Geistes anpassen wird?[177] Folgt man dieser Hypothese, dann werden alle philosophischen Beweisgründe (für die Existenz der Seele), die den Phänomenen und der Erfahrung entnommen sind, zunichte.[178] Ist nämlich die prästabilierte Harmonie richtig, so sieht, hört und fühlt der Mensch nicht in Wirklichkeit, noch bewegt er seinen Körper: — er träumt nur, er sehe, höre, fühle und bewege seinen Körper. Hat man indessen einmal der Welt glauben gemacht, daß der menschliche Körper eine bloße Maschine ist, und alle seine scheinbar willkürlichen Bewegungen allein aus den notwendigen Gesetzen des körperlichen Mechanismus erfolgen, ohne daß der geringste Einfluß oder die geringste Wirksamkeit der Seele auf den Körper vorhanden ist, so wird man daraus bald den Schluß ziehen, daß diese Maschine der ganze Mensch, und die harmonische Seele, wie sie bei der Hypothese der prästabilierten Harmonie angenommen wird, eine bloße Erdichtung und ein Traumbild ist. Was ist außerdem mit einer so seltsamen Hypothese gewonnen? Nur die eine Schwierigkeit, die in der angeblichen Unbegreiflichkeit der Einwirkung immaterieller Substanzen auf die Materie liegt, scheint vermieden. Ist aber nicht Gott eine immaterielle Substanz, und wirkt er nicht trotzdem auf die Materie ein? Und liegt etwa eine größere Schwierigkeit darin, zu begreifen, wie eine immaterielle Substanz auf die Materie wirkt, als wie Materie auf Materie einwirkt? [179] Ist es nicht ebenso leicht verständlich, daß gewisse Teile der Materie den Regungen und Zuständen der Seele ohne jeden körperlichen Zusammenhang notwendig folgen, als daß zwei stoffliche Stücke sich in ihren Bewegungen vermittels der Adhäsion ihrer Teile, die mechanisch auf keine Weise zu erklären ist, genau folgen müssen oder auch, daß die Lichtstrahlen regelmäßig von einer Fläche zurückgeworfen werden, die sie doch niemals berühren? Und doch hat uns Sir Isaak Newton hiervon in seiner *Optik* verschiedene klare und augenscheinliche Beweise gegeben. [180]

Ebenso überraschend ist es, daß der Autor nochmals in ausdrücklichen Worten seine Behauptung wiederholt (Nr. 115 f.), daß nach der ersten Erschaffung der Dinge die Fortsetzung der Bewegungen der Himmelskörper, die Entstehung der Pflanzen und Tiere, überhaupt aber jede körperliche Bewegung, beim Menschen sowohl wie bei allen anderen Lebewesen, ebenso mechanisch wie der Fortgang eines Uhrwerks erfolgt. Wer dies behauptet, muß, wie ich denke, wirklich imstande sein, im einzelnen zu erklären, durch welche mechanischen Gesetze die Planeten und Kometen durch widerstandslose Räume hindurch ihre Bahn fortsetzen können, gemäß welchen mechanischen Gesetzen Tiere und Pflanzen gebildet werden, und auf welche Weise die unendlich mannigfaltigen selbsttätigen Bewegungen der Tiere und Menschen entstehen. Ich bin aber vollkommen überzeugt, daß dies ebenso unmöglich ist, als die Erbauung eines Hauses oder einer Stadt oder die Entstehung der Welt selbst aus bloß mechanischen Gründen, ohne Mitwirkung einer verstandesbegabten und tätigen Ursache, abzuleiten. Daß die Dinge in ihrem ersten Anfang nicht einzig durch den Mechanismus entstehen konnten, erkennt der Verfasser ausdrücklich an. Ist das aber einmal zugestanden, warum dann dieser Eifer, Gott die *tatsächliche* Regierung der Welt abzusprechen und die Wirksamkeit seiner Vorsehung nur in soweit zuzulassen, als sie, wie man sich ausdrückt, mit dem »konkurriert« und zusammentrifft, was alle Geschöpfe schon von selbst nach bloß mechanischen Gesetzen tun würden?! Auch kann ich nicht begreifen, warum man Gott — durch seine Natur oder seine Weisheit — dem Zwange und der Beschränkung unterworfen sein läßt, nur solche Dinge zu erschaffen, die möglicherweise auch durch eine körperliche Maschine, nachdem sie nur einmal in Gang versetzt ist, nach bloß mechanischen Gesetzen zustande gebracht werden könnten.

117. Das Zugeständnis des Verfassers an dieser Stelle, daß es bei den wahren Wundern ein »Mehr« oder »Weniger« gibt, und daß die Engel zuweilen wahrhafte Wunder wirken können, steht mit der Vorstellung von der Natur eines Wunders, für die er die ganze Zeit in seinem Schreiben eingetreten ist,[12] in vollkommenem Widerspruch.

118–123. Daß die Sonne die Erde durch den leeren Zwischenraum hindurch anzieht, d. h. daß beide gegeneinander gravitieren oder tendieren — welches auch die Ursache dieser Tendenz sein mag — und zwar mit einer Kraft, die zu ihren Massen — den Produkten aus Volumen und Dichtigkeit — im direkten, zu ihren Entfernungen im umgekehrten quadratischen Verhältnis steht, daß ferner der Zwischenraum leer, d.h. in ihm nichts vorhanden ist, was der Bewegung der Körper in ihm einen merklichen Widerstand entgegensetzt: all das ist nichts als ein Phänomen, eine wirkliche, durch Erfahrung gefundene Tatsache. Daß dieses Phänomen nicht ohne Vermittelung zustande kommt (Nr. 118), d. h. nicht ohne irgendeine Ursache, die eine solche Wirkung hervorzubringen vermag, das ist zweifellos wahr. Die Philosophen mögen deshalb nach dieser Ursache forschen, und, wenn möglich, sie zur Entdeckung bringen, sei sie nun eine mechanische oder nicht. Aber selbst wenn ihnen das nicht gelingt — ist deshalb etwa die Wirkung selbst, das Phänomen, die Erfahrungstatsache, die allein wir unter den Worten »Anziehung« oder »Gravitation« verstehen, weniger wahr? Oder darf man eine offen zutage liegende Eigenschaft dunkel nennen (Nr. 122), weil ihre unmittelbar wirkende Ursache vielleicht dunkel oder noch nicht entdeckt ist? Wenn ein Körper sich im Kreise fortbewegt, ohne sich in der Richtung der Tangente zu entfernen (Nr. 123), so muß gewiß etwas vorhanden sein, das ihn daran hindert. Wenn es jedoch in einigen Fällen nicht auf mechanische Weise erklärbar oder noch nicht entdeckt wäre, was dieses »Etwas« ist, folgt

12 Vgl. oben Leibniz' drittes Schreiben, Nr. 17.

daraus, daß das Phänomen selbst falsch ist? Das wäre in der Tat eine merkwürdige Schlußfolgerung.

124.–130. Das Phänomen selbst, die Anziehung, Gravitation oder Tendenz der Körper gegeneinander — oder wie immer man es nennen mag — und seine Gesetze und Größenverhältnisse sind durch Beobachtung und Experimente nunmehr zur Genüge bekannt. Wenn der gelehrte Autor oder sonst irgend jemand diese Phänomene durch mechanische Gesetze erklären kann (Nr. 124), so wird er nicht nur keinem Widerspruch begegnen, sondern sich den überreichen Dank der ganzen gelehrten Welt verdienen. Wenn man indes (Nr. 128) die Gravitation, die ein Phänomen oder eine wirkliche Tatsache ist, mit Epikurs Abweichung der Atome vergleicht, so ist dies eine höchst eigentümliche Art der Beweisführung. Denn diese Annahme ist eine bloße Hypothese oder unmögliche Fiktion des Epikur, der eine ältere und vielleicht gesündere Philosophie atheistisch entstellte: zudem aber in einer Welt, in der, wie er voraussetzte, alle Verstandeswesen ausgeschlossen sein sollten.

Was das große Prinzip des zureichenden Grundes angeht (Nr. 125ff.), so wird es in allem, was der gelehrte Verfasser noch dafür beibringt, nur immer von neuem *behauptet*, nirgends aber *bewiesen*, ich brauche darauf also nicht einzugehen. Ich bemerke hier nur, daß dieser Satz doppelsinnig ist und ebensogut die bloße Notwendigkeit bedeuten, als auch den Willen und die freie Wahl mit einschließen kann. Daß im allgemeinen ein zureichender Grund vorhanden ist (Nr. 125), durch den jedes existierende Ding besteht, ist unzweifelhaft wahr und wird von niemand bestritten. Die Frage ist nur, ob in Fällen, wo es höchst vernünftig ist, zu handeln, sich nicht trotzdem verschiedene gleich vernünftige Wege der Ausführung darbieten können; — ob alsdann nicht der bloße Wille Gottes$_{13}$ für sich allein ein zureichender Grund ist, um den einen oder anderen besonderen Weg zu wählen, und ob nicht ferner selbst dort, wo die stärkstmöglichen Gründe alle auf einer Seite vereinigt sind, bei verstandesbegabten und selbsttätigen Wesen, das Prinzip der Tätigkeit — worin meiner Meinung nach das Wesen der

---

$_{13}$ Vgl. oben zu Nr. 1–20; 21–25

Freiheit besteht — von dem Motive oder dem Grund, den das tätige Subjekt im Auge hat, verschieden ist. Alles dies wird fortwährend von dem gelehrten Verfasser bestritten. Nimmt er aber sein großes Prinzip des zureichenden Grundes in einem Sinne, in dem es dies alles ausschließt (Nr. 20 und 125), und erwartet er dennoch, daß man es ihm in eben diesem Sinne ohne Beweis zugibt, so begeht er eben damit das, was ich seine petitio principii nenne, d. h. die Vorwegnahme dessen, was zu beweisen wäre, und verfährt so unphilosophisch, als sich nur denken läßt.

Diskussion des Begriffs der absoluten und relativen
Bewegung zwischen Leibniz und Huygens

Huygens an Leibniz

29. Mai 1694

Ich will diesmal nicht näher auf die Frage des Leeren und der Atome eingehen,[181] da ich gegen meine Absicht schon allzu ausführlich geworden bin. Für jetzt nur so viel, daß ich unter Ihren Anmerkungen zu Descartes den Satz gefunden habe: es sei widersinnig, daß es keine reale Bewegung, sondern nur relative geben solle (absonum esse nullum dari motum realem, sed tantum relativum).[182] Ich jedoch halte dies für ganz gewiß, ohne mich darin durch die Gründe und Experimente in Newtons »Prinzipien der Philosophie« beirren zu lassen, da Newton sich, wie ich weiß, im Irrtum befindet und ich gespannt bin, zu sehen, ob er nicht in der neuen Auflage des Werkes, die David Gregory besorgen soll, sein Urteil widerrufen wird.[183] Descartes hat keine genügende Kenntnis dieses Gegenstandes besessen.

Leibniz an Huygens

12/22. Juni 1694

Was den Unterschied zwischen der absoluten und relativen Bewegung betrifft, so glaube ich, daß, wenn die Bewegung oder vielmehr die bewegende Kraft der Körper etwas Reales ist, — was man, denke ich, zugestehen muß — sie notwendig auch einem Subjekt zukommen muß. Wenn a und b sich einander nähern, so werden allerdings alle Phänomene die gleichen sein, gleichviel, ob man dem einen oder anderen der beiden Körper Bewegung oder Ruhe zuschreibt. Und selbst bei 1000 Körpern gebe ich zu, daß die Phänomene weder uns (noch selbst den Engeln) einen unfehlbaren Anhaltspunkt zur Bestimmung des Subjekts und des Grades der Bewegung liefern, und daß jeder einzelne ebensogut als ruhend angesehen werden könnte. Dies ist auch wohl alles, was Sie verlangen; Sie werden indes, denke ich, nicht leugnen, daß jedem Körper wirklich ein bestimmter Grad von Bewegung oder, wenn Sie wollen, von Kraft zukommt, trotz der Gleichwertigkeit der Annahmen über deren Verteilung. Allerdings ziehe ich daraus die Folgerung, daß es in der Natur noch etwas anderes gibt, als die Geometrie darin zur Bestimmung bringen kann; und es ist dies nicht der geringste unter den mannigfachen Gründen, durch die ich zu beweisen pflege, daß man, abgesehen von der Ausdehnung und ihren verschiedenen Bestimmungen, die etwas rein Geometrisches sind, noch ein übergeordnetes Prinzip, nämlich die Kraft, anerkennen muß. Newton erkennt die Äquivalenz der Hypothesen für den Fall der geradlinigen Bewegung an, glaubt jedoch, daß bei der Kreisbewegung das Streben der Körper, sich vom Mittelpunkt oder der Drehungsachse zu entfernen, uns ihre absolute Bewegung erkennen läßt. Ich aber habe Gründe zu der Ansicht, daß nichts das allgemeine Gesetz der Äquivalenz durchbricht. Indessen, scheint mir, waren Sie selbst betreffs der Kreisbewegung früher einmal derselben Ansicht wie Newton.

Aus Huygens Antwort

21. August 1694

Was die Frage der absoluten und relativen Bewegung angeht, so habe ich Ihr Gedächtnis bewundert, da Sie sich entsinnen, daß ich früher betreffs der Kreisbewegung derselben Ansicht wie Newton war. In der Tat habe ich erst seit zwei oder drei Jahren hier die richtigere Anschauung gewonnen, zu der, wie es scheint, auch Sie jetzt neigen. Nur darin, daß bei der relativen Bewegung mehrerer Körper jeder einen bestimmten Grad von wirklicher Bewegung oder Kraft besitzt, kann ich Ihnen nicht beistimmen.

Leibniz an Huygens

4./14. September 1694

Als ich Ihnen eines Tages in Paris sagte, es sei schwierig, das wahrhafte Subjekt der Bewegung zu erkennen, antworteten Sie mir, es ließe sich dies vermittels der Kreisbewegung erreichen. Das machte mich stutzig und fiel mir wieder ein, als ich fast dasselbe in dem Werke Newtons las; indessen glaubte ich damals schon zu erkennen, daß der Kreisbewegung in dieser Rücksicht kein Vorrecht zukommt. Auch Sie sind, wie ich nun sehe, derselben Ansicht. Ich halte also dafür, daß alle Annahmen äquivalent sind, und daß, wenn man bestimmten Körpern bestimmte Bewegungen zuschreibt, dafür kein anderer Grund als die Einfachheit der Hypothese sich angeben läßt, da man, alles in allem, die einfachste Annahme immer für die wahre halten darf. Da auch ich somit kein anderes Kennzeichen als dies anerkenne, so glaube ich, daß der Unterschied zwischen uns nur in der Ausdrucksweise besteht, die ich soweit als möglich und unbeschadet der Wahrheit dem gewöhnlichen Sprachgebrauch anzunähern suche. Jedenfalls entferne ich mich kaum sehr weit von Ihrer Anschauung und habe mich ihr in einer kleinen Schrift, die ich Herrn Viviani mitgeteilt habe, und die mir geeignet schien, die maßgebenden Persönlichkeiten in Rom zur Zulassung der Kopernikanischen Ansicht zu bewegen, angepaßt.[184] Wenn Sie indessen über die Realität der Bewegung so denken, so

meine ich, müßten auch Ihre Anschauungen über die Natur des
Körpers von den gewöhnlichen abweichen. Die meinen sind ziemlich eigenartig, jedoch, wie mir scheint, streng erwiesen. Ich wünschte gelegentlich Ihr Urteil über meine Anmerkungen zu Descartes, das Sie mir in Aussicht stellten, zu erfahren, ebenso Ihre Ansicht über die Einwände gegen das Leere und die Atome, die ich Ihnen mitgeteilt habe.

12.

Kurzer Beweis eines wichtigen Irrtums, den Descartes und andere in der Aufstellung eines Naturgesetzes, nach dem Gott stets dieselbe Bewegungsquantität erhalten soll, begangen haben

*Brevis demonstratio erroris memorabilis Cartesii et alienorum circa legem naturae, secundum quam volunt a Deo eandem semper quantitatem motus conservari, qua et in re mechanica abuntur**

1686

Mehrere Mathematiker haben, von der Tatsache ausgehend, daß bei den fünf gewöhnlichen Maschinen Geschwindigkeit und Masse sich untereinander ausgleichen, allgemein die Quantität der Bewegung, d. h. das Produkt des Körpers in seine Geschwindigkeit, als Grundlage für die Schätzung der Kraft angenommen. Man sagt also, um dies mehr im geometrischen Sprachgebrauch auszudrücken, daß die Kräfte zweier gleichartiger Körper, die zur Bewegung angetrieben werden, und die sowohl durch ihre Masse wie durch ihre Bewegung wirken, im zusammengesetzten Verhältnis der Körper oder Massen und ihrer Geschwindigkeiten stehen. Nun ist es aber der Vernunft angemessen, daß sich dieselbe Summe der bewegenden Kraft in der Natur erhält und sich weder vermindert — (denn niemals sehen wir einen Körper Kraft verlieren, ohne daß diese sich auf einen anderen überträgt) — noch auch vermehrt, weshalb auch ein mechanisches perpetuum mobile niemals zustande kommt, weil nämlich keine Maschine und selbst die ganze Welt nicht ihre Kraft, ohne einen neuen Impuls von außen, erhöhen kann. Daher hat Descartes, der die *bewegende Kraft* und die *Bewegungsquantität* als gleichbedeutend ansah, den Satz aufgestellt, daß Gott dieselbe Bewegungsquantität in der Welt erhält. [185]

Um nun zu zeigen, wie groß der Unterschied zwischen beiden Begriffen ist, gehe ich erstens von der Annahme aus, daß ein Körper, der von einer bestimmten Höhe herabfällt, dadurch die Kraft

---

* Siehe Math. VI, 117 ff.

erlangt, die notwendig ist, um ebenso hoch wieder emporzusteigen, vorausgesetzt, daß äußere Hindernisse nicht vorhanden sind. So würde z.B. ein Pendel genau zu der Höhe, von der es herabfiel, wieder zurückkehren, wenn nicht der Widerstand der Luft und andere kleine Hindernisse der Art, von denen wir jetzt jedoch einmal absehen wollen, etwas von seiner Kraft absorbierten. Zweitens nehme ich an, daß eine gleichgroße Kraft nötig ist, um den Körper A [= 1 Pfund] zur Höhe CD = 4 Meter, oder aber den Körper B [= 4 Pfund] zur Höhe EF [= 1 m] zu heben. (Siehe Figur 14). Dies alles geben die Cartesianer wie auch alle anderen modernen Philosophen und Mathematiker zu. Hieraus folgt, daß der Körper A durch den Fall von der Höhe CD genau so viel Kraft wie B durch den Fall von EF erlangt. Denn ist der Körper (A) durch seinen Fall nach D gelangt, so hat er dort — nach Voraussetzung 1 — die Kraft, wieder bis zu C emporzusteigen, d.h. die Kraft, einen Körper von einem Pfund — sich selbst nämlich — zu einer Höhe von 4 m zu erheben. Ebenso hat der Körper (B), wenn er im Fall von E nach F gelangt ist, dort — nach Voraussetzung 1 — die Kraft, wieder bis E zu steigen, d. h. einen Körper von 4 Pfund zur Höhe von einem Meter zu erheben. Also sind, nach Voraussetzung 2, die Kräfte des Körpers (A) in D und des Körpers (B) in E einander gleich.

Sehen wir nun zu, ob auch die Bewegungsquantität auf beiden Seiten dieselbe ist, so ergibt sich hier wider Erwarten ein gewaltiger Unterschied. Das tue ich folgendermaßen dar: Galilei hat bewiesen, daß die Geschwindigkeit, die durch den Fall von C nach D erlangt wird, das Doppelte der Geschwindigkeit ist, die sich aus dem Fall von E nach F ergibt. Multiplizieren wir also den Körper A = 1 mit seiner Geschwindigkeit = 2, so ist das Produkt oder die Bewegungsquantität gleich 2; multiplizieren wir andrerseits den Körper B = 4 mit seiner Geschwindigkeit = 1, so ist das Produkt oder die Bewegungsquantität hier gleich 4. Also ist die Bewegungsquantität, die der Körper A in D besitzt, die Hälfte von der, die der Körper B im Punkte F besitzt, dennoch aber sind, wie sich soeben ergeben hat, die Kräfte auf beiden Seiten gleich.[186] Es besteht also ein großer Unterschied zwischen der bewegenden Kraft und der Bewegungsquantität, so daß eins sich nach dem anderen nicht abschätzen läßt, was zu zeigen unsere Aufgabe war. Vielmehr ergibt sich hieraus, daß die Kraft nach der Größe des *Effekts* zu berechnen ist, den sie hervorzubringen imstande ist, z. B. nach der Höhe, zu der sie einen schweren Körper von gegebener Größe zu heben, nicht aber nach der Geschwindigkeit, die sie ihm mitzuteilen vermag. Denn es bedarf nicht nur der doppelten, sondern einer größeren Kraft, um ein und demselben Körper eine doppelte Geschwindigkeit zu erteilen. Es ist indes kein Wunder, daß bei den einfachen Maschinen, dem Hebel, dem Rad an der Welle, der Winde, dem Keil, der Schraube und anderen derart Gleichgewicht besteht, sofern die Größe des einen Körpers und die Geschwindigkeit des anderen, nämlich diejenige Geschwindigkeit, die man nach Anlage der Maschine erhalten würde, einander aufwiegen, wofern also — die Körper als gleichartig angenommen — ihre Größen sich umgekehrt wie ihre Geschwindigkeiten verhalten und sich auf beiden Seiten dieselbe Bewegungsquantität ergibt. Hier nämlich tritt der Fall ein, daß auch die Quantität des Effekts oder die Höhe des Ab- oder Aufstiegs auf beiden Seiten dieselbe ist, nach welcher Seite des Gleichgewichts auch die Bewegung erfolgen mag. Es trifft sich daher nur zufällig hier so, daß die Kraft sich nach der Bewegungsquantität schätzen läßt; während in anderen Fällen, wie in dem früher angeführten Beispiele, beides nicht zusammenfällt.[187] Da übrigens nichts einfacher ist als dieser unser Beweis, so ist es zu verwundern, daß weder Descartes noch so gelehrte Männer wie die Cartesianer auf ihn verfallen sind. Wie jenen indes die allzugroße Zuversicht auf sein eigenes Genie, so hat diese ihr zu großes Vertrauen auf fremdes Urteil in die Irre geführt. Denn Descartes hat sich, mit einem Fehler, der bei großen Männern häufig ist, schließlich allzuviel zugetraut, die Cartesianer aber tun es, wie ich fürchte, oft schon den Peripatetikern gleich, die sie verspotten, indem sie die Gewohnheit annehmen, statt der Vernunft und der Natur der Dinge die Bücher des Meisters zu befragen.

Man muß also sagen, daß bei gleicher spezifischer Schwere oder gleicher Solidität der verglichenen Massen die Kräfte einerseits den Körpern selbst, dann aber den *Höhen*, die als Erzeuger der Geschwindigkeiten zu betrachten sind, proportional sind oder allgemeiner — da bisweilen tatsächlich noch gar keine Geschwindigkeit erzeugt wurde — proportional den Höhen, die sich aus den Kräften ergeben *könnten*; — daß sie dagegen nicht, wie es zunächst den Anschein hat und wie man zumeist geglaubt hat, im direkten Verhältnis der Geschwindigkeiten der bewegten Massen stehen. Aus dieser letzteren Annahme sind mannigfache Irrtümer entsprungen, wie sie sich in den mathematisch-mechanischen Schriften von Honoratius Fabri, von Claudius Dechales, von Gianalfonso Borelli und anderen Gelehrten, die sich im übrigen auf diesem Gebiete ausgezeichnet haben, aufzeigen lassen. Ja, es liegt hierin, wie ich glaube, der Grund dafür, daß kürzlich die *Huygenssche* Regel für das Oszillationszentrum der Pendel, die durchaus richtig ist, von manchen Gelehrten in Zweifel gezogen worden ist.[188]

Beilage

Es soll gezeigt werden, daß dieselbe Kraft erforderlich ist, um ein Pfund zur Höhe von 2 Fuß, wie um zwei Pfund zur Höhe von einem Fuß zu erheben.

Dieser Satz wird nicht nur zugestanden, sondern auch ausdrücklich angewandt und als Prinzip verwertet von Descartes in seinen Briefen und in einer kurzen, mechanischen Abhandlung, die zusammen mit den Briefen erschienen, wie auch gesondert herausgegeben ist; von Pascal in seiner Abhandlung über das Gleichgewicht der Flüssigkeiten, von dem Engländer SamuelMorland — dem Erfinder des Sprachrohrs — in einer kürzlich erschienenen Abhandlung über Hydraulik.[189] Auch ein gelehrter Cartesianer, der in den holländischen »Nouvelles de la république des lettres« meinen Beweis gegen Descartes, den er indes nicht richtig verstand, durch mancherlei gesuchte Ausflüchte zu entkräften suchte,[190] hat dies Prinzip anerkannt, von anderen Cartesianern wie von Philosophen anderer Richtung zu schweigen. Ich durfte es daher zur Widerlegung des angeblichen Naturgesetzes der Cartesianer mit Recht verwenden.

Der Satz wird weiterhin durch die fünf allgemein bekannten mechanischen Potenzen: Hebel, Rad an der Welle, Winde, Keil und Schraube bestätigt; denn hier ergibt er sich überall als zutreffend. Für jetzt mag es der Kürze halber genügen, dies nur am Beispiel des Hebels zu zeigen, oder, was auf dasselbe hinausläuft, aus unserer Regel zu erweisen, daß hier im Falle des Gleichgewichts sich die Abstände umgekehrt wie die Gewichte verhalten müssen. Angenommen also, AC (siehe Figur 15) sei doppelt so groß wie BC und das Gewicht B das Doppelte des Gewichts A, so, sage ich, sind A und B im Gleichgewicht. Nehmen wir nämlich an, eins von beiden, z. B. B, habe ein Übergewicht, es sinke also B bis (B) herab, während A bis (A) hinaufsteigt, und ziehen wir dann von (A) und (B) die Lote auf AB, nämlich (A)E und (B)D, so wird offenbar, wenn D(B) einen Fuß groß ist, (A)E zwei Fuß groß sein; es wird also, während zwei Pfund um einen Fuß herabgesunken sind, gleichzeitig ein Pfund um zwei Fuß gehoben worden sein, und somit, da dies beides miteinander äquivalent ist, nichts gewonnen sein. Daher findet denn auch eine derartige Verschiebung, die unnütz wäre, nicht statt, sondern es verharrt alles wie zuvor im Gleichgewicht. Ebenso läßt sich zeigen, daß auch A nicht herabsinken oder ein Übergewicht haben kann. Auf diese Weise wird unser Satz a posteriori bestätigt; da man, wenn man ihn als Voraussetzung zugrunde legt, alle Sätze der gewöhnlichen Mechanik über das Gleichgewicht und die fünf einfachen Maschinen erweisen kann.

Ja, ich möchte selbst die Behauptung wagen, daß es kein mechanisches Theorem gibt, das unsere Annahme nicht bestätigt oder voraussetzt, wie man das am Gesetz der schiefen Ebene, an den Springbrunnen, wie am beschleunigten Fall schwerer Körper zeigen könnte. Und wenngleich die Phänomene hier bisweilen mit der Annahme vereinbar scheinen, daß die Kraft nach dem Produkt aus Masse und Geschwindigkeit zu messen ist, so ist dies doch nur ein zufälliges Ergebnis, sofern nämlich bei den toten Kräften, bei denen die bloße Tendenz zur Bewegung, — also ihr Anfangs oder Endstadium — zur Wirksamkeit gelangt, die beiden Annahmen zusammenfallen. Bei den lebendigen Kräften dagegen, die bereits mit einer bestimmten Größe der Geschwindigkeit wirken, tritt eine Scheidung ein, wie aus dem Beispiel in der Abhandlung, die ich hierüber veröffentlicht habe, hervorgeht.[191] Denn lebendige und tote Kraft, Geschwindigkeit und Bewegungstendenz verhalten sich zueinander wie Linie und Punkt oder wie Ebene und Linie. Und wie sich zwei Kreise nicht wie die Durchmesser, sondern wie die Quadrate der Durchmesser, so verhalten sich die lebendigen Kräfte gleicher Massen nicht wie die Geschwindigkeiten, sondern wie die Quadrate der Geschwindigkeiten.

Da man sich aber hier nicht bei der Autorität beruhigen darf, noch auch der Geist in seinem Drange nach strenger Einsicht sich mit Induktionen und Hypothesen begnügen kann, so wollen wir den *Beweis unseres Satzes* antreten, damit er für die Folge seinen festen Platz unter den unabänderlich feststehenden Grundlagen der Mechanik einnehmen kann.

Ich mache hierbei die *einzige Voraussetzung, daß ein schwerer Körper, der von einer bestimmten Höhe herabgefallen ist, dadurch genau die Kraft gewinnt, die erforderlich ist, um ihn zur selben Höhe wieder emporzuheben,* vorausgesetzt, daß er auf seinem Wege weder durch Reibung noch durch den Widerstand des Mediums oder eines anderen Körpers an Kraft verloren hat.

Korollar. Es erlangt daher ein Körper von einem Pfund, der aus der Höhe von einem Fuß fällt, genau die Kraft, einen gleichgroßen Körper zur selben Höhe von einem Fuß zu erheben.

Außerdem postuliere ich, daß es gestattet ist, verschiedenartige Verbindungen der schweren Massen unter sich und wiederum Lösungen dieser Verbindungen anzunehmen, ferner auch andere Veränderungen hypothetisch einzuführen, vorausgesetzt, daß sie keine Änderung der Größe der Kraft bedingen, indem man sich Fäden, Wellen, Hebel und andere Maschinen ohne Schwere und Widerstand, angebracht denkt.[192]

Theorem. Unter diesen Voraussetzungen behaupte ich, daß beim Fall des Körpers B (siehe Figur 16) von einem Pfund aus der Höhe BB'' von zwei Fuß genau so viel Kraft erzeugt wird, als erforderlich ist, um den Körper A von zwei Pfund zur Höhe AA' von einem Fuß zu heben.

Beweis. Ich nehme an, der Körper A setze sich aus zwei Stücken E und F zusammen, von denen jedes ein Pfund schwer ist. Nun gewinnt der Körper B (von einem Pfund durch seinen Fall von der Höhe BB' (gleich einem Fuß) nach dem Korollar genau die Kraft, den Körper E, dessen Gewicht gleich einem Pfund ist, zur

Höhe EE' (= 1 Fuß) zu erheben, wenn wir ihn, nach dem Postulat, mit ihm verbunden denken. Setzen wir weiterhin, nach demselben Postulat, daß der Körper B an der Stelle B' aus der Verbindung mit dem Körper E, der in E' zurückbleibt, gelöst wird und nunmehr mit F in Verbindung tritt, dann wird B vermöge der Fortsetzung seiner absteigenden Bewegung über die Strecke B'B'' hin (nach dem Korrolar) imstande sein, den Körper F (= 1 Pfund) auf die Höhe FF' (= 1 Fuß) zu erheben. Durch die gesamte Fallbewegung des 1 Pfund schweren Körpers B über die Strecke BB'B'' von zwei Fuß ist also eine Kraft erzeugt, die hinreicht, E und F zusammen, also den zwei Pfund schweren Körper A, auf die Höhe von einem Fuß (AA') zu heben. Genau dies aber war zu beweisen.

Zusatz

Bei aufmerksamer Betrachtung wird man auch ohne jeden Aufwand von Figuren leicht zu der Einsicht gelangen, daß es zwei äquivalente Leistungen sind: ein Pfund auf die Höhe von zwei Fuß zu heben — d. h. ein Pfund zunächst um einen Fuß und dann noch einmal um die gleiche Strecke zu heben — und zwei Pfund auf *einen* Fuß Höhe, d. h. ein Pfund auf einen Fuß und noch einmal dasselbe Gewicht auf dieselbe Höhe zu erheben. Denn allgemein ist die Kraft nach dem *Effekt* zu schätzen, nicht nach der Zeit, denn diese kann durch äußere Umstände mannigfache Änderungen erleiden. So wird z. B. die Kugel C (siehe die Figur 17), wenn man annimmt, daß sie einen bestimmten Grad der Geschwindigkeit besitzt, vermittels dessen sie auf der schiefen Ebene LM oder LN zur Höhe GH ansteigen kann, um so mehr Zeit brauchen, je länger die schiefe Ebene ist. In beiden Fällen indes wird sie zur selben Niveauhöhe aufsteigen, sofern nämlich, wie es hier notwendig, der Widerstand der Luft und der Ebene außer Betracht bleibt. Die Kraft der Kugel also bleibt dieselbe, auf welcher schiefen Ebene auch immer der Anstieg erfolgt. Ich verstehe hier überall einen solchen *Effekt*, der in sich selbst wieder eine wirkende Naturkraft darstellt und andrerseits bei seiner Erzeugung einen vorhandenen Antrieb abschwächt und aufbraucht. Ein Effekt dieser Art ist die Erhebung

einer schweren Masse, die Spannung einer elastischen Feder, der
Antrieb eines ruhenden oder die Verzögerung eines bewegten Körpers und andere derartige Wirkungsweisen. Hingegen ist der größere oder geringere Fortschritt eines Körpers, der sich auf der
horizontalen Ebene bewegt, keine Wirkung der bezeichneten Art,
nach der ich die absolute Kraft schätze: denn hier bleibt während
der ganzen Dauer des Fortschritts ein und dieselbe Größe der Kraft
bestehen (ohne aufgebraucht zu werden), was ich zur Vermeidung
von Mißverständnissen ausdrücklich bemerken wollte, da man es
sich für gewöhnlich nicht genügend deutlich macht. Allerdings kann
man, wenn die Zeit oder die Geschwindigkeit gegeben ist, die zu
ihr im umgekehrten Verhältnis steht, und wenn die übrigen Umstände bekannt sind, auch über die Kraft des gegebenen Körpers
urteilen. Trotzdem aber stellt weder die Zeit noch die Geschwindigkeit, sondern nur der Effekt das absolute Maß der Kraft dar,
da er bei gleichbleibender Größe der Kraft stets unverändert in seiner Größe beharrt, und weder durch die Zeit, noch durch andere
äußere Umstände eine Wandlung erfährt. Es ist daher kein Wunder, daß die Kräfte zweier gleicher Massen sich nicht wie die Geschwindigkeiten, sondern wie die Ursachen bzw. die Wirkungen
der Geschwindigkeiten, d. h. wie die erzeugenden oder erzeugba-
ren Höhen oder wie die Quadrate der Geschwindigkeiten verhalten. Daher erklärt es sich auch, daß beim Zusammenstoß zweier
Massen sich nicht dieselbe Quantität der Bewegung oder der Geschwindigkeit, sondern dieselbe Quantität der Kraft erhält; es erklärt sich ferner, daß man eine Saite mit einem vierfachen Gewichte
anspannen muß, um einen doppelt so hohen Ton zu erhalten; das
Gewicht nämlich stellt die Kraft, der Ton die Geschwindigkeit der
Schwingungen der Saite dar. Der letzte Grund hiervon ist aber der,
daß die Bewegung selbst an sich nichts Absolutes und Reales ist.

13.
Aus *Specimen dynamicum**

Teil I

1695

Seit wir zuerst von einer neuen *Wissenschaft der Dynamik*, die noch zu begründen wäre, gesprochen haben, hat eine Reihe hervorragender Männer an verschiedenen Orten ihr Verlangen nach einer ausführlicheren Darlegung dieser Lehre zu erkennen gegeben. Wir wollen daher, da für ein Buch unsere Zeit noch nicht zureicht, hier wenigstens einen Entwurf geben, der schon einiges Licht geben könnte, und der uns vielleicht dereinst mit Zins und Zinseszins zurückerstattet wird, wenn es ihm gelingt, Männer, die gleich sehr über gedankliche Kraft wie über stilistische Feinheit verfügen, zur Äußerung ihrer Ansichten zu bewegen. Ihr Urteil wird uns jederzeit erwünscht und, wie wir hoffen, der Vollkommnung unseres Werkes förderlich sein.

Wir haben an einem anderen Orte ausgeführt, daß in den materiellen Dingen etwas enthalten ist, was zu der bloßen Ausdehnung hinzukommt, ja ihr vorangeht: nämlich eine natürliche *Kraft*, die vom Schöpfer den Dingen allerorts eingepflanzt worden ist.[193] Sie besteht nicht in jener einfachen »Fähigkeit«, mit der die Schulphilosophie sich begnügte, sondern wird außerdem durch ein Streben oder eine Tendenz bezeichnet, die, wenn sie nicht durch ein gegensätzliches Streben gehemmt wird, auch zur vollen Wirksamkeit gelangt.[194] Diese Tendenz stellt sich hie und da direkt den Sinnen dar und auch dort, wo sie für die Empfindung nicht zutage tritt, läßt sich überall, wie ich glaube, ihr Dasein in der Materie aus Vernunftgründen einsehen. Da es nun nicht angeht, diese Kraft wie durch ein Wunder auf Gott selbst zurückzuführen,[195] so muß man annehmen, daß sie von ihm in die Körper selbst gelegt worden ist, ja, daß sie deren innerste Natur ausmacht. Denn *Wirken*

---

* [Dieser Auszug bringt den ersten Teil des aus zwei Teilen bestehenden Textes.] Siehe Math. VI, 234 ff.

ist das Charakteristikum der Substanzen, die Ausdehnung dagegen besagt nichts anderes, als die stetige Wiederholung oder Ausbreitung einer schon vorausgesetzten, strebenden und widerstrebenden, d. h. widerständigen Substanz,[196] kann also unmöglich die Substanz selbst ausmachen.

Es tut hierbei nichts zur Sache, daß jede körperliche Tätigkeit von der Bewegung herstammt, diese selbst aber wieder aus einer anderen Bewegung abzuleiten ist, die in dem Körper schon zuvor vorhanden war oder durch äußere Einwirkung auf ihn übertragen wurde. Denn genau genommen hat die Bewegung, so wenig wie die Zeit, jemals ein eigentliches *Dasein*, da sie keine koexistierenden Teile besitzt, folglich niemals als Ganzes existiert.[197] Und so liegt in ihr selbst nichts Reales außer der Realität des momentanen Zustandes, der durch die Kraft und ihr Streben nach Veränderung zu bestimmen ist. Hierin also ist all das befaßt, was außer dem Objekt der Geometrie oder der Ausdehnung in der materiellen Natur vorhanden ist. Diese Auffassung wird schließlich ebensosehr der Wahrheit wie der Lehre der Alten gerecht. Wir besitzen bereits moderne Ehrenrettungen der Atome Demokrits, der Ideen Platons und der stoischen Gemütsruhe, die aus der Einsicht in die bestmögliche Verfassung der Dinge entspringen soll: hier wird nun auch die überlieferte Lehre der Peripatetiker von den Formen oder Entelechien — die mit Recht stets als rätselhaft galt und von den Autoren selbst kaum ganz klar erfaßt schien — auf verständliche Begriffe gebracht. Wir glauben somit, daß diese jahrhundertelang anerkannte Philosophie nicht ganz zu beseitigen ist, sondern nur, daß sie einer Erklärung, die sie, soweit das möglich ist, in sich selbst einstimmig macht, und der Erläuterung und Erweiterung durch neue Wahrheiten bedarf.

Diese Forschungsmethode entspricht, wie ich glaube, der Klugheit des Lehrers wie der Förderung der Lernenden am meisten. So nur ist zu verhüten, daß bloße Zerstörungssucht über das Streben nach einem wirklichen Aufbau siegt, daß wir zwischen beständigen Änderungen der Doktrin, die von kühnen Geistern ausgehen, unsicher und wie vom Winde getrieben hin und her schwanken. So läßt es sich erreichen, daß das Menschengeschlecht endlich einmal die Leidenschaft der Sekten, die durch eitle Neuerungssucht gestachelt wird, zügelt und nach Feststellung bestimmter fester Sätze sicheren Schrittes — in der Philosophie nicht minder wie in der Mathematik — zu letzten Prinzipien fortschreitet. Denn die Schriften hervorragender Männer alter wie neuer Zeit enthalten, abgesehen etwa von ihrer zu scharfen Polemik gegen Andersdenkende, zumeist viel Wahres und Gutes, was wohl verdient, herausgeholt und dem gemeinsamen Wissensschatz eingeordnet zu werden. Möchte man sich doch lieber dieser Aufgabe zuwenden, als mit Kritiken die Zeit zu verschwenden, mit denen man doch nur seiner Eitelkeit opfert! Ich wenigstens finde trotz mancher eigenen und neuen Entdeckungen, die ich gemacht — und zwar mit solchem Erfolg, daß Freunde mir oft geraten haben, mich ihnen allein zu widmen — trotzdem auch an den meisten fremden Leistungen Gefallen und weiß sie, jede nach ihrem Werte, wenn auch in verschiedenem Grade zu schätzen; vielleicht deshalb, weil ich in vielseitiger Tätigkeit gelernt habe, nichts zu verachten. Doch kehren wir jetzt auf unseren Weg zurück.

Die tätige Kraft — man bezeichnet sie mit einigen nicht übel als Wirksamkeit (virtus) — ist doppelter Art. Sie stellt sich erstens als *primitive* Kraft dar, die jeder körperlichen Substanz an sich innewohnt — da, meiner Ansicht nach, die Natur der Dinge keinen durchaus ruhenden Körper zuläßt — oder aber als *derivative* Kraft. Diese ist gleichsam eine Einschränkung der primitiven Kraft, wie sie sich aus der gegenseitigen Wechselwirkung der Körper in mannigfacher Weise ergibt. Die primitive Kraft — die nichts anderes als die erste Entelechie, ἐντελέχεια ἡ πρώτη, ist — entspricht der *Seele* oder der *substantiellen Form*, gehört jedoch eben deshalb auch nur zu den *allgemeinen* Ursachen, die zur Erklärung der Erscheinungen unzureichend sind. Ich stimme daher denen bei, die sich gegen die Anwendung der Formen bei Erforschung der eigentlichen und besonderen Ursachen der Sinnendinge wenden.[198] Dies möchte ich betonen, um nicht darum, weil ich den Formen wieder ihr ehemaliges Recht, uns die Quellen der Dinge zu erschließen zuerkenne, in den Verdacht zu kommen, als wollte ich zugleich die scholastischen Klopffechtereien wieder zu Ehren bringen. Die Erkenntnis der Formen kann indes die wahre *Philosophie* nicht entbehren; auch darf niemand glauben, die Natur des Körpers völlig begriffen zu haben, wenn er nicht hierauf geachtet und eingesehen hat, daß der gewöhnliche grobe Begriff der körperlichen Substanz unvollkommen, ja falsch ist: dieser Begriff, der allein der sinnlichen Auffassung entlehnt ist und nur durch einen Mißbrauch der — an sich ausgezeichneten und völlig wahren — Korpuskularphilosophie seit einigen Jahren unbedachtsam eingeführt wurde.[199] Dies geht auch daraus hervor, daß er den völligen Stillstand oder die absolute Ruhe der Materie nicht ausschließt, ferner auch, daß er keine Gründe in sich schließt, die uns die Regeln und Naturgesetze, die für die derivative Kraft gelten, begreiflich machen könnten.[200]

In ähnlicher Weise ist auch die *passive* Kraft von doppelter Art, nämlich *primitiv* oder *derivativ*. Die primitive Kraft des Leidens oder die Kraft des Widerstands konstituiert das Prinzip, das in der Schulphilosophie gewöhnlich die »erste Materie« genannt wird, wenn man diesen Ausdruck richtig deutet. Sie bewirkt nämlich, daß ein Körper nicht von einem anderen durchdrungen wird, sondern ihm Widerstand entgegensetzt und sozusagen mit einer gewissen Trägheit, d. h. einem Widerstreben gegen die Bewegung, behaftet ist, so daß der Antrieb, den er erhält, notwendig die Kraft des Körpers, der auf ihn einwirkt, etwas abschwächt. Die *derivative Kraft des Leidens* zeigt sich sodann in mannigfaltiger Weise in der *zweiten* Materie.[201] Wir wollen jedoch die allgemeinen und primitiven Voraussetzungen für jetzt außer acht lassen und, nachdem wir einmal festgestellt, daß jeder Körper vermöge seiner Form handelt, vermöge seiner Materie sich leidend verhält und Widerstand leistet, zu der weiteren Aufgabe fortschreiten, die Lehre von den derivativen Kräften und Widerständen zu behandeln: den Fall also, daß die Körper vermittels ihrer verschiedenen Tendenzen einen Antrieb oder mannigfache Hemmungen aufeinander ausüben. Auf diese derivativen Kräfte nämlich beziehen sich die Wirkungsgesetze, die sowohl durch Vernunft erkennbar, als auch durch die Empfindung selbst in den Erscheinungen zu beweisen sind.

Die derivative Kraft, auf der die tatsächliche Wirkung und Gegenwirkung der Körper beruht, denken wir hier nun stets im Zusammenhang mit der Bewegung — als Ortsbewegung — und ihrerseits wieder auf die Fortsetzung der Ortsbewegung gerichtet. Denn wir erkennen an, daß allein durch die Ortsbewegung sich alle übrigen materiellen Erscheinungen erklären lassen.[202] Bewegung ist nun die kontinuierliche Veränderung des Orts, bedarf daher der Zeit. Das bewegliche Subjekt indes besitzt, wie ihm in der Zeit eine bestimmte *Bewegung* zukommt, so in jedem Momente eine bestimmte *Geschwindigkeit*, die um so größer ist, ein je größerer Raum in je weniger Zeit durchlaufen wird. Die Geschwindigkeit, in der wir zugleich eine bestimmte Richtung mitdenken, nennen wir »Streben« (conatus), während wir unter dem »Antrieb« (impetus) das Produkt aus der Masse des Körpers in seine Geschwindigkeit verstehen: die Größe also, die die Cartesianer gewöhnlich als Bewegungsquantität bezeichnen, unter der somit eigentlich die Größe der *momentanen* Bewegung zu verstehen ist. Genauer ausgedrückt, stellt sich jedoch die wahre Quantität der Bewegung, da diese ein Dasein in der Zeit ist, als Integral der einzelnen Antriebe dar, die dem Beweglichen während einer bestimmten Zeitdauer, in gleicher oder wechselnder Stärke, zukommen. Indessen sind wir in der Polemik gegen die Cartesianer ihrer Ausdrucksweise gefolgt. Wir können jedoch im wissenschaftlichen Sprachgebrauch recht gut einen Zuwachs, der schon erfolgt ist oder noch erfolgen soll, von dem Zuwachs, der *eben jetzt* erst eintritt, unterscheiden und diesen als Inkrement oder *Element* des Zuwachses bezeichnen; ebenso können wir zwischen dem momentanen *Akt* des Herabfallens und dem Weg, der im Falle schon zurückgelegt wurde, einen Unterschied machen. In gleicher Weise werden wir auch das gegenwärtige, augenblickliche Element der Bewegung von derjenigen Bewegung, die sich über eine bestimmte Zeitdauer erstreckt, unterscheiden und als »Motion« auszeichnen können. Danach müßte, was man gemeinhin Bewegungsgröße nennt, genauer als Quantität der Motion bezeichnet werden. Und wenngleich wir wegen der Worte keine Schwierigkeiten machen wollen, falls nur eine deutliche Erklärung von ihnen gegeben worden ist, so müssen wir doch, solange dies nicht geschehen, auch auf sie größere Sorgfalt verwenden, um uns nicht durch ihre Zweideutigkeit täuschen zu lassen.[203]

Wie ferner die Berechnung der Bewegung, die sich über eine bestimmte Zeit erstreckt, aus der Summierung der unendlich vielen Antriebe erfolgt, so entsteht auch der Antrieb selbst — wenn-

gleich er etwas Momentanes ist — aus der sukzessiven Folge unendlich vieler Einwirkungen, die auf ein und dasselbe Bewegliche
ausgeübt werden. Auch er hat somit ein bestimmtes *Element*, aus
dem er durch dessen unendliche Wiederholung hervorgeht ... Die
Tendenz ist also von doppelter Art, und man kann die elementare, unendlich kleine Tendenz (sollicitatio) von dem Antrieb selbst
unterscheiden, der aus ihrer stetigen Wiederholung und Fortsetzung entsteht. Ich meine jedoch damit nicht, daß diese mathematischen Wesenheiten sich wirklich so in der Natur der Dinge
vorfinden, sondern halte sie nur für ein Mittel der abstraktmathematischen, exakten Berechnung.

Hier ergibt sich also eine neue, zwiefache Unterscheidung der
Kraft: die eine nämlich — ich bezeichne sie auch als tote Kraft —
enthält erst das Element der Kraft, weil in ihr noch nicht die Bewegung selbst, sondern nur der Anreiz zur Bewegung gegeben ist
wie bei einem Stein in der Schleuder, der sich in der Richtung der
Tangente zu entfernen sucht, auch wenn er durch das Band, an
dem er befestigt ist, zurückgehalten wird. Die andere Kraft hingegen, ich nenne sie auch lebendige Kraft, ist die gewöhnliche, mit
der zugleich eine tatsächliche Bewegung gegeben ist. Ein Beispiel
für die tote Kraft ist die Zentrifugalkraft, weiterhin die Schwere
oder Zentripetalkraft, ferner auch die Kraft, durch die ein gespannter elastischer Körper seinen ursprünglichen Zustand wiederherzustellen sucht. Beim Stoße aber, — sei es, daß er von einem schweren
Körper herrührt, der sich eine Zeitlang abwärts bewegt hat, oder
auch von einem gespannten Bogen, der allmählich seine frühere
Gestalt annimmt, oder von irgendeiner ähnlichen Ursache — ist
lebendige Kraft vorhanden, die aus unendlich vielen, stetig fortgesetzten Einwirkungen der toten Kraft entstanden ist. Das wollte
wohl auch Galilei sagen, wenn er mit einem ziemlich rätselhaften Ausdruck die Kraft des Stoßes unendlich groß nennt, sofern
sie nämlich mit der einfachen Tendenz der Schwerkraft verglichen
wird. Wenngleich indes der Antrieb oder die Geschwindigkeit eines Körpers stets mit lebendiger Kraft *verbunden* ist, so sind beide
dennoch, wie weiter unten gezeigt werden soll, nicht *identisch*.

Die lebendige Kraft eines Systems von Körpern läßt sich wiederum doppelt verstehen: nämlich als *totale* oder als *partielle* Kraft, welch letztere entweder *relative* oder *direktive* Kraft ist, je nachdem sie bloß zwischen den Teilen ausgeübt wird oder sich auf das Gesamtsystem bezieht. Die relative Kraft, die den Teilen eignet, ist es, durch die die Körper innerhalb eines bestimmten Gesamtsystems wechselweise aufeinander einwirken können, während vermöge der direktiven Kraft das System selbst auch äußere Wirkungen ausüben kann. Ich bezeichne sie als Direktivkraft, weil die Erhaltung der Richtung sich völlig auf diese partielle Kraft gründet. Sie allein würde übrig bleiben, wenn man sich dächte, daß das System durch die Aufhebung der relativen Bewegung der Teile untereinander plötzlich gänzlich erstarrte. Es setzt sich demnach aus dem Produkt von relativer und Direktivkraft *die absolute Gesamtkraft* zusammen: was jedoch besser aus den weiter unten angegebenen Regeln erhellen wird.[204]

Die Alten haben, soweit bekannt, allein eine Wissenschaft der toten Kraft gekannt, und diese ist es, die gemeinhin als Mechanik bezeichnet wird. Sie handelt vom Hebel, der Winde, der schiefen Ebene — zu der Keil und Schraube gehören — vom Gleichgewicht der flüssigen Körper und ähnlichen Problemen, wobei nur vom Beginn des Gegenstrebens der Körper, nicht von einem Antrieb, den sie durch ihre Tätigkeit bereits erlangt haben, die Rede ist. Wenngleich sich nun die Gesetze der toten Kraft in gewisser Weise auf die lebendige übertragen lassen, so bedarf es dabei doch großer Vorsicht. Hat man sich doch gerade hier zu dem Irrtum verleiten lassen, die Kraft ganz allgemein mit dem Produkt von Masse und Geschwindigkeit zu verwechseln, weil man sah, daß die tote Kraft diesen beiden Faktoren proportional ist. Dies rührt indes, wie schon oben bemerkt, von einem ganz besonderen Umstand her, nämlich davon, daß z.B. beim Fall schwerer Körper — unmittelbar zu Beginn der Bewegung — die Wege oder die durchmessenen Räume, solange sie noch unendlich kleine oder elementare Größen sind, den Geschwindigkeiten proportional sind. Ist jedoch einmal ein [endlicher] Fortschritt geschehen und eine lebendige Kraft entstanden, so sind die durch den Fall erlangten Geschwindigkeiten nun nicht mehr den durchlaufenen Räumen — nach denen, wie schon früher bewiesen und noch weiter zu beweisen sein wird, die Kraft zu messen — ist sondern nur deren Elementen proportional.[205] Galilei hat, — wenngleich er sich eines anderen Namens, ja eines anderen Begriffes bediente — die Lehre von der lebendigen Kraft zuerst in Angriff genommen und zuerst das Entstehen der Fallbewegung aus der Beschleunigung der schweren Körper erklärt. Descartes hat richtig Geschwindigkeit und Richtung unterschieden und erkannt, daß beim Zusammenstoß der Körper derjenige Erfolg eintritt, bei dem die Änderung des früheren Zustandes ein Minimum wird. Dies Minimum selbst hat er jedoch nicht richtig angegeben, da er entweder die Richtung oder die Geschwindigkeit allein sich ändern läßt, während doch die Gesamtänderung aus der gemeinsamen Mitwirkung dieser beiden Faktoren hätte bestimmt werden müssen. Wie das jedoch möglich sei, vermochte er nicht einzusehen — weil ihm, der in dieser Untersuchung mehr auf begriffliche als auf reale Unterschiede ausging,[206] zwei so heterogene Dinge für ganz unvergleichlich und unvereinbar gelten mußten; von anderen Fehlern seiner Lehre ganz zu schweigen.

Honoratius Fabri, Marcus Marci, Gianalfonso Borelli, Ignace-Gaston Pardiès, Claudius Dechales und andere scharfsinnige Männer haben in der Wissenschaft der Bewegung achtungswerte Leistungen aufzuweisen; sie alle jedoch haben fundamentale Irrtümer nicht vermieden.[207] Huygens, der unserer Zeit hervorragende Entdeckungen geschenkt hat, ist auch in diesem Punkte, soviel ich weiß, zuerst zur klaren und reinen Wahrheit gelangt und hat durch seine Regeln, die schon vor längerer Zeit veröffentlicht worden sind, die Mängel und Fehlschlüsse in dieser Lehre beseitigt. Zu denselben Regeln sind auch Wren, Wallis und Mariotte gelangt, alles Männer, die, wenngleich in verschiedenem Maße, auf diesem Gebiete von hervorragender Bedeutung sind.[208] Betreffs der Ursachen herrscht jedoch keine Übereinstimmung, daher denn auch die hervorragendsten Kenner hier nicht stets zu denselben Schlußfolgerungen gelangt sind. Die wahren Quellen dieser Wissenschaft waren demnach, wie es scheint, bisher noch nicht erschlossen; selbst der Satz, der mir gewiß zu sein scheint, ist noch nicht allgemein anerkannt: daß nämlich der Rückstoß oder die Reflexion nur von der elastischen Kraft, d. h. von dem Widerstand einer inneren Bewegung, herrührt. Ja, der Begriff der Kräfte selbst ist vor uns niemals richtig erklärt worden: ein Umstand, der den Cartesianern und manchen anderen zu schaffen gemacht hat, da sie es nicht verstehen konnten, daß die Summe der Bewegung oder der Geschwindigkeit, — die sie als Quantität der Kräfte ansahen — nach dem Stoß eine andere als zuvor sein könne, weil damit auch die Quantität der Kraft verändert zu sein schien.

Noch als Jüngling und zu einer Zeit, wo ich mit Demokrit und mit Gassendi und Descartes, die hierin seine Anhänger sind, die Natur des Körpers allein in die träge Masse setzte,[209] kam ich auf den Gedanken, ein Buch unter dem Titel *Hypothesis physica* zu veröffentlichen, in dem ich die Theorie sowohl der abstrakten wie der konkreten Bewegung auseinandersetzte: eine Schrift, die, wie ich sehe, weit über ihr geringes Verdienst hinaus bei vielen vorzüglichen Männern Beifall gefunden hat. Hier habe ich — unter der Voraussetzung eines derartigen Körperbegriffs — den Satz aufgestellt, daß jeder stoßende Körper sein Bestreben fortzuschreiten auf den Körper gegen den er anläuft, und der ihm unmittelbar entgegensteht als solchen übertragen müsse. Denn da er im Augenblicke des Stoßes versucht, seine Bewegung fortzusetzen und den entgegenstehenden Körper mit sich fortzureißen, und dieses Streben — wegen der Gleichgültigkeit des Körpers gegen Bewegung oder Ruhe, die ich damals annahm — zur vollen Wirkung kommen muß, wenn es nicht durch ein Gegenstreben gehemmt wird; ja, selbst in diesem Falle seinen Erfolg haben muß, der sich dann nur aus der Zusammensetzung der verschiedenen Strebungen ergibt, so ließ sich offenbar kein Grund dafür angeben, warum nicht der anlaufende Körper die Wirkung, der er zustrebt, voll erreichen, warum er also dem entgegenstehenden sein Vorwärtsstreben nicht ganz mitteilen solle, so daß dessen Bewegung sich aus seiner früheres Strebung und der neuen, die er von außen empfangen, zusammensetzte. Wenn man somit den Körper nur unter mathematischen Begriffen wie Größe, Gestalt, Ort und deren Änderung denkt und die Änderung der Geschwindigkeit erst im Augenblicke des Zusammenstoßes eintreten läßt, ohne auf metaphysische Begriffe Rücksicht zu nehmen,[210] ohne also, was die Form betrifft, auf die tätige Kraft, was die Materie betrifft, auf die Trägheit und den Widerstand einzugehen — mit anderen Worten: wenn man das Ergebnis des Stoßes notwendig allein durch die geometrische Zusammensetzung der Geschwindigkeiten bestimmen muß, so ergibt sich daraus, wie ich zeigte, die Folgerung, daß die Geschwindigkeit auch des kleinsten Körpers auf einen noch so großen, auf den er trifft, ganz übertragen werden müsse. Ein ruhender Körper, so groß er auch sein mag, würde also von jedem noch so kleinen anderen, der auf ihn stößt, ohne daß dieser auch nur die geringsten Verzögerung erlitte, mitgerissen werden, da ja bei einem solchen Begriffe von Materie von keinem Widerstand, sondern nur von einer Gleichgültigkeit gegen die Bewegung die Rede sein kann. Es würde demnach keine größere Schwierigkeit machen, einen großen, als einen kleinen ruhenden Körper von der Stelle zu bewegen, es gäbe eine Wirkung ohne Gegenwirkung, und jede zahlenmäßige Bestimmung der Kraft müßte aufhören, da alles von allem geleistet werden könnte. Da nun diese und andere derartige Folgerungen der Ordnung der Dinge zuwider sind und den Prinzipien der wahren Metaphysik widerstreiten, so glaubte ich damals, und zwar mit Recht, daß der Urheber der Dinge in seiner Weisheit durch eine besondere Anordnung seines Systems dafür gesorgt habe, daß die Folgen, die an sich und nach den rein geometrischen Bewegungsgesetzen sich ergeben müßten, in Wirklichkeit vermieden würden.

Sodann aber, da ich der Sache genauer auf den Grund ging, erkannte ich, worin die echte systematische Erklärung der Dinge bestehe und bemerkte, daß meine frühere Definition des Körperbegriffs ungenügend war. Ich fand nunmehr gerade hierin, abgesehen von anderen Argumenten, eine Bestätigung dafür, daß man im Körper außer Größe und Undurchdringlichkeit noch ein anderes Prinzip zugrunde legen muß, aus dem sich die Betrachtung der *Kräfte* herleiten läßt. Erst wenn man deren metaphysische Gesetze mit den Gesetzen der Ausdehnung verbindet, ergeben sich die *systematischen* Regeln der Bewegung, wie ich sie nennen möchte: alle Veränderung vollzieht sich stetig, jeder Wirkung entspricht eine Gegenwirkung, und neue Kraft kann nur durch Verminderung der Kraft an einer anderen Stelle entstehen. Der Körper, der einen anderen mit sich fortreißt, muß also von diesem stets eine Verzögerung erleiden, derart, daß in der Wirkung weder mehr noch weniger Kraft als in der Ursache enthalten ist. Da dieses Gesetz sich nicht aus dem Begriff der [bloß ausgedehnten] Masse ableiten läßt, so muß ihm notwendig ein anderes, den Körpern immanentes Prinzip zugrunde liegen: nämlich die Kraft selbst, die sich stets in derselben Quantität erhält, wenngleich sie sich auf verschiedene Körper verteilt. Hieraus nun zog ich den Schluß, daß man außer den rein mathematischen Prinzipien, die der sinnlichen Anschauung angehören, noch metaphysische, die allein im Denken erfaßbar sind, gelten lassen muß und daß zum Begriffe der stofflichen Masse ein übergeordnetes, gleichsam formales Prinzip hinzuzufügen ist. Denn nicht alle Wahrheiten, die sich auf die Körperwelt beziehen, lassen sich aus bloß arithmetischen und geometrischen Axiomen — also aus Axiomen des Größer und Kleiner, des Ganzen und des Teiles, der Gestalt und der Lage — abnehmen, sondern es müssen andere über Ursache und Wirkung, Tätigkeit und Leiden hinzukommen, um von der Ordnung der Dinge Rechenschaft zu geben. Ob wir dieses Prinzip nun als »Form«, als ἐντελέχεια oder als »Kraft« bezeichnen, darauf kommt es nicht an, wenn wir uns nur daran erinnern, daß es allein im Begriff der Kräfte eine verständliche Erklärung findet.

Wenn aber heute einige hervorragende Männer, die die Mängel des herrschenden Begriffs der Materie durchschauen, wiederum zum »Deus ex machina« greifen und den Dingen alle selbständige Kraft und Wirksamkeit absprechen, so kann ich dem nicht zustimmen.[211] Denn wenngleich sie vortrefflich dargetan haben, daß es, in metaphysischer Strenge genommen, keine Einwirkung einer geschaffenen Substanz auf eine andere geben kann, und wenngleich, wie ich ebenfalls gern zugebe, alle Dinge beständig durch eine kontinuierliche Schöpfertätigkeit Gottes entstehen, so ist doch, wie ich glaube, der Grund für irgendeine Wahrheit der Natur niemals unmittelbar in der Wirksamkeit oder dem Willen Gottes zu suchen. Vielmehr hat Gott stets *den Dingen selbst* Eigenschaften und Bestimmungen beigelegt, aus denen sich alle ihre Prädikate erklären lassen. Sicherlich hat er nicht nur die Körper, sondern auch die Seelen, denen die ursprünglichen Entelechien entsprechen, geschaffen, dies alles wird jedoch an anderer Stelle aus seinen eigenen, tieferen Quellen und Gründen bewiesen werden.

Wenngleich ich ferner in den Körpern durchweg ein tätiges Prinzip annehme, das den bloß materiellen Begriffen übergeordnet ist und gleichsam ein Lebensprinzip heißen kann, so bin ich trotzdem hier nicht der Ansicht des Henry More und anderer durch Religiosität und Geist ausgezeichneter Männer, die für die Deutung der Erscheinungen selbst irgendeine ursprüngliche Lebenskraft oder ein hylarchisches Prinzip in Anspruch nehmen.[212] Als ließen sich nicht alle Naturvorgänge mechanisch erklären und als wollten die, die eine solche Erklärung versuchen, alle unkörperlichen Realitäten überhaupt leugnen und seien daher der Irreligiosität verdächtig! Oder wäre es etwa nötig, mit Aristoteles an die kreisenden Gestirne Intelligenzen zu heften oder, was freilich so bequem wie unfruchtbar ist, die Elemente durch ihre Form nach aufwärts oder abwärts treiben zu lassen? Dem allen, wie gesagt, stimme ich nicht bei, und diese Philosophie gefällt mir so wenig wie die Lehre mancher Theologen, die fest davon überzeugt waren, daß Donner und Schnee von Jupiter selbst herrühren, und alle, die nach näherliegenden Ursachen forschten, des Atheismus beschuldigten. Das beste Verhältnis, bei dem in gleicher Weise der Religion wie der Wissenschaft Genüge geleistet wird, ist meiner Ansicht nach, daß man die Möglichkeit, alle körperlichen Erscheinungen von mechanisch wirkenden Ursachen herzuleiten, anerkennt, zugleich aber einsieht, daß die mechanischen Gesetze selbst, in ihrer Allgemeinheit, aus höheren Gründen herstammen, und daß man somit hier eine höhere wirkende Ursache braucht, die jedoch nur zur Feststellung der allgemeinen und demnach entfernteren Gründe dient. Ist dies jedoch einmal sichergestellt, so lassen wir, wenn es sich um die nächsten und besonderen Ursachen handelt, die Seelen oder Entelechien nicht weiter zu, so wenig wie die müßigen Vermögen oder die unerklärbaren Sympathien. Denn die erste und allgemeinste wirkende Ursache darf bei der Behandlung von Einzelproblemen nicht eingemengt werden; abgesehen etwa von einer Betrachtung der Zwecke, die die göttliche Weisheit in ihrer Ordnung der Dinge befolgt hat, um keine Gelegenheit zu ihrem Lobe und Preise vorbeigehen zu lassen.

In der Tat lassen sich (wie ich an einem Beispiel aus der *Optik*, dem der berühmte Molyneux in seiner *Dioptrik*[213] vollen

Beifall spendet, gezeigt habe) die Zweckursachen selbst bei besonderen physikalischen Problemen mit großem Nutzen anwenden, nicht nur, um Bewunderung für die Schönheit der göttlichen Werke in uns zu wecken, sondern auch, um bisweilen auf diesem Wege ein Ergebnis vorauszusehen, zu dem wir auf dem Wege der wirkenden Ursachen nicht oder doch nur mit hypothetischer Gewißheit gelangt wären.[214] Auf diesen Gebrauch des Zweckprinzips haben die Philosophen bisher vielleicht noch nicht genügend geachtet. Allgemein ist daran festzuhalten, daß sich alle Vorgänge auf doppelte Weise erklären lassen: durch das *Reich der Kraft* oder die *wirkenden Ursachen* und durch das *Reich der Weisheit* oder die *Zweckursachen*: daß Gott wie ein Architekt die Körper als bloße Maschinen nach den mathematischen Gesetzen der Größe erschaffen, sie jedoch zum Gebrauch der Seelen bestimmt hat. Über die Seelen aber, die der Vernunft fähig sind, herrscht er wie über seine Bürger, die mit ihm selbst eine Art von Gemeinschaft bilden: nach Art eines Fürsten, ja eines Vaters, der nach den moralischen Gesetzen der Güte regiert und alles zu seinem Ruhme lenkt. So durchdringen sich diese beiden Reiche überall, ohne daß doch ihre Gesetze sich jemals vermengen und stören, so daß stets zugleich im Reiche der Kraft das Größte und in dem der Weisheit das Beste zustande kommt. Unsere Absicht geht jedoch an dieser Stelle darauf, die allgemeinen Regeln der wirkenden Kräfte festzustellen, um sie alsdann bei der Erklärung der besonderen wirkenden Ursachen verwenden zu können.*

---

* Der Schluß der Abhandlung geht wiederum ausführlich auf die Frage des Kraftmaßes ein; er wird hier übergangen, da diese Frage in der vorangehenden Schrift bereits ausführlich erörtert wurde und später noch häufig zur Sprache kommt.

14.
Aus dem Briefwechsel zwischen Leibniz
und de l'Hospital* [215]

15. Januar 1696

Wenn Sie, mein Herr, der Meinung sind, daß meine Antwort auf das Schreiben des Abbé Foucher dem Druck übergeben werden kann, so verlasse ich mich hierin ganz auf Ihr kompetentes Urteil; sie wird, wenn sie durch Ihre Vermittlung jetzt in das »Journal des Savants« aufgenommen wird, noch immer rechtzeitig erscheinen können. [216] Das Naturgesetz, das in ihr erwähnt wird, ist in einem Entwurf meiner *Dynamik* bewiesen, den ich in Italien ausgearbeitet und bei einem sachverständigen Florentiner Freunde, der die Drucklegung übernehmen wollte, zurückgelassen habe. [217] Ich selbst habe jedoch den Druck verzögert, da ich meinem Freunde noch den Schluß zu schicken hatte, dies aber wegen der Fülle von Betrachtungen, die sich mir seither darboten, hinausschob. Was nun Ihre Bedenken über meine Auffassung der Kraft angeht, so können Sie versichert sein, daß mir nichts angenehmer sein kann als Einwände, die von einem so durchdringenden Verstande wie dem Ihrigen herrühren. Je stärker übrigens und je tiefer eindringend die Einwendungen sind, um so mehr gefallen sie mir; denn sie sind auf diese Weise jedenfalls lehrreich, sei es nun, daß ich ihnen genügen kann oder auch, daß ich mich ihnen ergeben muß, was ich sicherlich, wenn nötig, mit derselben Unparteilichkeit tun werde, wie wenn es sich um einen anderen handelte.

Ich bin mit Ihnen darin einverstanden, daß die Wirkung eines Körpers gemäß seiner Masse und seiner Geschwindigkeit erfolgt, und bestimme in der Tat allein nach diesen beiden Faktoren die bewegende Kraft. Es folgt jedoch daraus nicht, daß die Kräfte dem Produkt aus den Massen und den Geschwindigkeiten proportional sind. Die geraden Kegel sind durch ihre Höhe und die Basis des erzeugenden Dreieckes vollständig bestimmt, ohne doch durch das Produkt dieser beiden Größen gemessen zu werden. Wie je-

* Siehe Math. II, 305 ff.

doch zwei Kegel gleich groß sind, wenn ihre erzeugenden Dreiecke dieselbe Basis und Höhe haben, so kommt ebenso zwei Körpern die gleiche Kraft zu, wenn ihre Massen und ihre Geschwindigkeiten gleich sind.[218] Haben z. B. zwei Körper A und B, von denen der eine doppelt so groß wie der andere ist, gleiche Geschwindigkeiten α und β, so wird die Kraft des größeren doppelt so groß wie die des kleineren sein. Denn A besteht alsdann aus zwei Teilen (A' und A''), die beide einzeln gleich B, und deren Geschwindigkeiten α' und α'' gleich α (der Geschwindigkeit des Ganzen) sind. Der Fall von A', das die Geschwindigkeit α' ($= \alpha$) besitzt, deckt sich somit genau mit dem Falle von B, das die Geschwindigkeit β ($= \alpha$) besitzt, ist ihm also äquivalent; das Gleiche gilt von dem Fall A'' mit der Geschwindigkeit α''. Der Körper A (mit der Geschwindigkeit α) enthält also den Fall von B (mit der Geschwindigkeit β) genau zweimal in sich, besitzt somit auch die doppelte Kraft, d. h. dem doppelt so großen Körper kommt das Doppelte der Kraft des einfachen Körpers von gleicher Geschwindigkeit zu. Das ist nur zu klar, werden Sie sagen; gerade dies jedoch ist die Grundlage meiner Dynamik, ja der ganzen mathematischen Größenberechnung und Messung überhaupt, — vorausgesetzt, daß man das eine Prinzip hinzufügt, *daß die Gesamtwirkung ihrer Ursache äquipollent ist.* Denn um das Verhältnis zwischen diesen beiden handelt es sich hier, da die Kraft sich in ihrer Tätigkeit offenbart. Jede Größenberechnung nun geschieht durch die Wiederholung eines Grundmaßes, und zwar gibt es zwei Arten von Wiederholungen, eine formelle, die ich *Kongruenz* nenne, und die dort vorliegt, wo das *Subjekt*, dem die Kraft zukommt, wiederholt wird, und eine virtuelle, die ich *Äquipollenz* nenne.[219] Diese liegt vor, wenn die erwähnte formelle Wiederholung oder Kongruenz nicht in den verglichenen Subjekten selbst, sondern in ihren vollständigen Ursachen oder ihren Gesamtwirkungen statthat. Man kann jedoch weder durch das Prinzip der Kongruenz noch durch das der Äquipollenz beweisen, daß ein Körper durch Verdoppelung seiner Geschwindigkeit die doppelte Kraft erhält, noch auch, daß ein doppelt so großer Körper (A) mit einfacher Geschwindigkeit dieselbe Kraft wie der einfache Körper (B) mit doppelter Geschwindigkeit besitzt. Von Kongruenz ist hier keine Rede, und die Äquipollenz zeigt das Gegenteil. Denn wenn auch im ersteren Falle die Geschwindigkeit zweimal gesetzt ist, so ist doch der Körper selbst nicht verdoppelt worden; eine wahrhafte Kongruenz, eine wiederholte Setzung desselben Inhalts liegt also nicht vor. Behauptet man aber, die Geschwindigkeit könne virtuell für die Masse eintreten und sie ersetzen, indem man als Kraftmaß das Produkt aus Masse und Geschwindigkeit annimmt, so ist dies eine unbewiesene Voraussetzung, die zudem durch das Prinzip der Äquipollenz widerlegt wird. Da demnach die Fälle, wo es sich um zwei Körper von verschiedener Geschwindigkeit handelt, nicht vermittels der einfachen Kongruenz oder der genauen Wiederholung eines identischen oder völlig gleichen Grundmaßes verglichen werden können, so muß man zur Äquipollenz von Ursache und Wirkung greifen, d. h. versuchen, ob sich nicht durch einen Körper von doppelter Geschwindigkeit eine *Wirkung* erzielen läßt, die eine genaue mehrfache Wiederholung von dem *Effekt* des Körpers mit einfacher Geschwindigkeit darstellt. Nun kann man dies auf verschiedene Weisen erreichen. Wenn z. B. der Körper mit einfacher Geschwindigkeit ein Gewicht von einem Pfund auf eine Höhe von einem Fuß heben kann, so kann derselbe Körper, wenn er die doppelte Geschwindigkeit besitzt, genau das vierfache leisten, d.h. *vier* Pfund auf *einen* Fuß Höhe oder ein Pfund auf *vier* Fuß Höhe erheben. In beiden Fällen ist der ursprüngliche Effekt genau viermal wiederholt. Es wird also, — um das beiläufig zu erwähnen der Satz, daß es dasselbe ist, ein Pfund um vier Fuß oder vier Pfund um einen Fuß zu heben, auch durch das Prinzip der Kongruenz erwiesen.[220] Daraus ergibt sich also, daß ein Körper mit doppelter Geschwindigkeit die vierfache Kraft hat, wie ein gleicher Körper mit einfacher Geschwindigkeit. Wenn also beispielsweise der eine Körper einer Feder, die er auf seinem Wege antrifft, einen gewissen Grad von Spannung verleihen kann, und er in dieser Wirkung seine gesamte Leistung erschöpft, so wird der zweite genau dieselbe Wirkung auf vier solcher Federn ausüben. Ja, es kann sogar ein Körper mit zweifacher Geschwindigkeit nicht nur zwei, sondern vier gleich großen Massen die einfache Geschwindigkeit mitteilen, wie sich leicht beweisen läßt. Also ist nach dem Prinzip der Äquipollenz von Wirkung und Ursache ein Körper mit zweifacher Geschwindigkeit äquipollent vier gleichen Körpern von einfacher Geschwindigkeit. Nach dem Prinzip der Kongruenz aber besitzen vier gleiche Körper von einfacher Geschwindigkeit die vierfache Kraft wie ein einziger von ihnen, — es hat also schließlich ein Körper mit doppelter Geschwindigkeit die vierfache Kraft wie derselbe Körper mit einfacher Geschwindigkeit.

Sie sehen, wie in diesem Falle die vereinte Kraft stärker ist (vis unita est fortior). Die natürliche Trägheit der Körper nämlich, die von Kepler, von dem auch diese Bezeichnung herstammt, beobachtet wurde, hat zur Folge, daß die Substanzen nur insoweit wirken, als sie nicht durch den Widerstand der Körper gehemmt werden: quantum non noxia corpora tardant, um diesen Worten Vergils einen philosophischen Sinn zu geben.[221] Wenn daher eine relativ große Geschwindigkeitsmenge an einem relativ kleinen Körper haftet, so ist weniger Hemmung und demgemäß mehr Kraft vorhanden, als wenn dieselbe Bewegungsquantität vorhanden wäre, sich jedoch auf ein größeres Quantum des Stoffes verteilte. Es sei dies jedoch nur zur Verdeutlichung bemerkt; die eigentlichen Beweise dafür sind in den obigen Erörterungen enthalten. Ich habe zudem andere Beweisgründe mehr apriorischer und abstrakter Natur, die ich dereinst vorlegen werde, und auf die ich schon früher einmal in meiner Polemik gegen die Cartesianer verwiesen habe. All diese Beweise führen übereinstimmend zu genau demselben Ergebnis. Sie sehen, daß der Satz von der *Gleichheit von Ursache und Wirkung, d. h. die Ausschließung eines mechanischen perpetuum mobile*, meiner Schätzung der Kraft zugrunde liegt. Diese erhält sich demgemäß in unwandelbarer Identität, d. h. es erhält sich immer das Quantum, das zur Hervorbringung einer bestimmten Wirkung, zur Erhebung eines Gewichts auf eine bestimmte Höhe, zur Spannung einer Feder, zur Mitteilung einer bestimmten Geschwindigkeit etc. erforderlich ist, ohne daß in der Gesamtwirkung das geringste gewonnen werden oder verloren gehen kann, wenngleich allerdings oft ein Teil von ihr, den man jedoch niemals in Rechnung zu ziehen vergessen darf, durch die nicht mehr wahrnehmbaren Teile des Körpers selbst oder durch seine Umgebung absorbiert wird.[222] Dafür, daß sich die Bewegungsquantität in der Natur erhalten muß, gibt es dagegen keinen Beweis. Bei den Körpern, die wir beobachten können, widerspricht dem die Erfahrung, und die Vernunft gibt uns keine Veranlassung, eine solche Erhaltung in den unwahrnehmbaren Teilen der Materie anzunehmen, bei denen wir doch stets im Verhältnis dieselben Wirkungen wie bei den sinnlichen Körpern voraussetzen müssen. Was aber diese selbst angeht, so gründet sich meine Anschauung hier offenbar nicht auf die Erfahrungen beim Stoße, sondern auf *Prinzipien*, die von diesen Erfahrungen selbst Rechenschaft geben und die imstande sind, Fälle, für die es noch keine Experimente oder Regeln gibt, zur Bestimmung zu bringen und zwar einzig und allein aus dem Prinzip der Gleichheit von Ursache und Wirkung.

Aber selbst wenn man zugibt, — so fahren Sie fort — daß die Bewegungsquantität sich in der Natur nicht erhält, so folgt daraus doch noch nicht, daß die Quantität der Kraft von ihr verschieden ist. Es zeigt sich nun aber, daß sich die Kraft stets erhält, daß sie somit nicht identisch sein kann mit etwas, dem diese Eigenschaft nicht zukommt. Ferner sieht man aus dem Obigen, daß das Maß derjenigen Größe, die sich in Wahrheit erhält, d.h. das Maß der Fähigkeit, ein und dieselbe *Leistung* zu vollziehen, von dem Maß der Bewegungsquantität verschieden ist, da diese Leistungsfähigkeit doppelt so groß werden kann, ohne daß die Bewegungsquantität sich verdoppelt; — will man nämlich die Kraft eines und desselben Körpers verdoppeln, so darf man nicht seine Bewegungsquantität zweimal so groß setzen, da man ihm auf diese Weise eine vierfache Kraft mitteilen würde. Denn um die Bewegungsquantität eines Körpers zu verdoppeln, muß man ihm eine doppelte Geschwindigkeit geben, alsdann aber wird er eine mechanische Wirkung hervorrufen, die das vierfache seiner ursprünglichen Leistung beträgt, er wird z. B., wenn er zuvor ein Pfund auf einen Fuß zu erheben vermochte, jetzt vier Pfund auf dieselbe Höhe heben können. Auch gibt ein und dieselbe Bewegungsquantität, wenn in verschiedener Weise verdoppelt, ungleiche Kräfte. Denn die Bewegungsmenge eines Körpers von einem Pfund und einer Geschwindigkeit gleich 1 läßt sich auf zwei verschiedene Arten verdoppeln, indem man nämlich entweder den Körper verdoppelt und die Geschwindigkeit beibehält, so daß man zwei Pfund mit der einfachen Geschwindigkeit erhält, oder aber die Größe des Körpers unverändert läßt und die Geschwindigkeit verdoppelt, so daß man *ein* Pfund mit zwei Graden Geschwindigkeit hat. In diesen beiden Fällen aber ist die Kraft ungleich, und zwar ist sie im ersten Falle halb so groß wie im zweiten; denn wenn zwei Pfund, die die Geschwindigkeit 1 besitzen, imstande sind, zwei Pfund auf einen Fuß Höhe zu erheben, so wird *ein* Pfund mit der Geschwindigkeit gleich 2 vier Pfund auf einen Fuß zu heben vermögen.

Sie behaupten ferner, daß die Bewegungsmenge, wenn sie sich auch nicht *absolut* erhält, doch zum mindesten, relativ zu einer bestimmten Richtung genommen, konstant bleiben muß, nach den Experimenten von Mariotte und anderen. Darauf antworte ich, daß allerdings die Quantität des Fortschritts in bestimmter Richtung, wie ich dies zu nennen pflege, beständig gleich bleibt. Eben hierin besteht das Gesetz der Erhaltung derselben Richtungsquantität, das ich in meiner Antwort an Foucher aufgestellt und sogar a priori bewiesen habe: vermöge des Prinzips der Gleichheit von Ursache und Wirkung, aus dem ich, wie zu Beginn dieses Schreibens erwähnt, meine Dynamik herleite. Man darf jedoch nicht außer acht lassen, daß die Quantität des Fortschritts eines Systems von Körpern nur dann mit seiner Bewegungsquantität, d. h. mit der Summe der Bewegungen jedes einzelnen Körpers, zusammenfällt, wenn die Körper alle nach derselben Seite fortschreiten, daß aber in dem Falle, wo sie sich in einander entgegengesetztem Sinne bewegen, die Größe des Fortschritts zweier Körper nach einer Seite sich als Differenz ihrer Einzelbewegungen darstellt. Bei einer Mehrzahl von Körpern muß also eine Bewegung, die der Richtung, in welcher man den Fortschritt rechnet, entgegengesetzt ist, das Zeichen »Minus« erhalten, ihre Größe also subtrahiert werden. Der Fortschritt wird somit hier durch den negativen Wert der Bewegungsquantität bemessen und die Größe der respektiven Fortbewegung, die sich so ergibt, ist eben die Richtungsquantität,[223] die Descartes mit vollem Recht von der Bewegungsquantität unterschieden hat. Getäuscht hat er sich nur darin, daß er, auch mit Rücksicht auf die Seele, die Bewegungsquantität, nicht aber die Richtungsquantität als konstant ansah: denn es verhält sich genau umgekehrt.[224]

Sie beschließen die Erörterung dieses Gegenstandes mit dem Wunsche, daß man einige überzeugende Experimente anstellen könnte, um darüber Gewißheit zu erlangen, ob die Kraft von der Bewegungsquantität unterschieden ist oder nicht, weil man dieses Prinzip doch auf Grund von Beobachtungen beweisen müsse, ehe man Folgerungen daraus ziehen könne. Dieser Wunsch bekundet Ihre Exaktheit und Ihre Liebe zur Wahrheit. Was mich jedoch in der Überzeugung, daß alle Experimente, die man noch anstellen könnte, meinem System gemäß ausfallen müßten, bestärkt, ist, daß alle, die man bisher gemacht, mit ihm übereinstimmen, sei es, daß man dabei die Schwere oder auch die Spannkraft oder auch den Stoß der Körper zugrunde legte. Da aber die Lehre von der Fallbewegung relativ einfach ist, da sie bereits durch Galilei festgegründet und durch die Erfahrung bestätigt ist, so bin ich von ihr ausgegangen, um meine Maßformel aufzustellen und mit ihrer Hilfe sodann von allen Vorgängen beim Stoße der Körper Rechenschaft zu geben. Überall finde ich hier, daß die Quantität der Kraft — dieses Wort in meinem Sinne gefaßt — selbst absolut genommen, konstant bleibt, nicht aber dieselbe Bewegungsquantität. An elastischen Federn habe ich noch keine Versuche gemacht, zweifle jedoch nicht, daß sich das Resultat bewährt, das sich oben ergeben hat: wenn ein Körper mit der einfachen Geschwindigkeit eine Feder, der er in seinem Lauf begegnet, auf einen bestimmten Grad der Spannung bringen kann, so wird er mit der doppelten Geschwindigkeit *vier* Federn derselben Art die gleiche Spannung erteilen können. Ein entscheidenderes Experiment wüßte ich im Bereich der wahrnehmbaren Körper nicht anzugeben. Mag man indes Experimente anstellen, welcher Art man nur will; ich möchte dafür einstehen, daß sie mit der Anschauung, die ich soeben entwickelt habe, übereinstimmen werden, da alle meine Sätze sich allein auf die Gleichheit von Ursache und Wirkung stützen; ein Prinzip, das bereits durch eine Unzahl von Experimenten bestätigt ist und durch die sorgsamen Anstalten, die die Natur trifft, um die Erfindung eines mechanischen perpetuum mobile zu vereiteln, in dem die Wirkung die Ursache überstiege.

IV. SCHRIFTEN ZUR GESCHICHTLICHEN STELLUNG DES SYSTEMS

15.
Bemerkungen zum allgemeinen Teil der Cartesischen Prinzipien
Aus *Animadversiones in partem generalem Principiorum Cartesianorum**

1692

Zu Teil I

Zu Art. 1. Descartes' Vorschrift, an allem zu zweifeln, was auch nur die geringste Ungewißheit enthält, hätte sich besser und klarer folgendermaßen fassen lassen: Man müsse bedenken, bis zu welchem Grade jedes Urteil Zustimmung oder Verwerfung verlangt oder einfacher: man müsse nach den Gründen eines jeden Satzes forschen. Damit wären alle die Einwendungen gegen den Cartesischen Zweifel fortgefallen; doch hat es freilich der Autor selbst vielleicht vorgezogen, Paradoxien vorzubringen, um den Leser in Erstaunen zu setzen und durch die Neuheit zu reizen. Ich wünschte nur, Descartes selbst hätte sich seiner Vorschrift stets erinnert oder sie in ihrer ganzen Bedeutung erfaßt. Die Sache selbst und ihre Anwendung können wir am besten am Beispiele der Geometer verdeutlichen. Wie bekannt, liegen diese Axiome und Postulate zugrunde, auf deren Richtigkeit sich alles übrige stützt. Diesen geben wir unsere Zustimmung, weil sie einesteils unmittelbar dem Geiste einleuchten, dann auch, weil sie durch die Erfahrung in unendlich vielen Fällen erprobt sind; dennoch aber wäre es zur Vervollkommnung der Wissenschaft von Bedeutung, sie zu beweisen.

* [Dieser Text stellt einen Kommentar zu den ersten beiden Teilen Descartes' *Principia philosophiae* dar. Der vorliegende Auszug kommentiert Teil I.]
Siehe Gerh. IV, 354 ff.

Das haben vorlängst unter anderen Apollonius und Proklos und neuerdings Roberval versucht.[225] In der Tat hätte Euklid, so wie er, um die geometrischen Wahrheiten nicht auf sinnliche Bilder, sondern auf Vernunftgründe zu stützen, *beweisen* wollte, daß zwei Seiten eines Dreiecks zusammen größer sind als die dritte, was, wie einer der Alten scherzte, auch die Esel wissen, die sich in gerader Richtung und nicht auf Umwegen nach ihrem Stall begeben, — ebenso auch beweisen können, daß zwei Geraden, die, beliebig verlängert, nicht zusammenfallen, nur einen einzigen Punkt miteinander gemeinsam haben können, — hätte er nur eine gute Definition der Geraden gehabt.[226] Für mich steht fest, daß der Beweis der Axiome für die wahre Analysis oder Erfindungskunst von großem Nutzen ist. Wenn daher Descartes das Beste von dem, was seine Regel enthält, hätte ins Werk setzen wollen, so hätte er an dem Beweis der Prinzipien der Wissenschaften arbeiten und so in der Philosophie das zustande bringen müssen, was Proklos für die Geometrie erstrebte, für die es weniger notwendig ist. Unserem Autor jedoch kam es bisweilen wohl mehr auf Beifall als auf Gewißheit an. Auch würde ich es nicht so sehr tadeln, daß er sich hier und da bei der bloßen Wahrscheinlichkeit beruhigt, hätte er nicht selbst durch die Strenge seiner Ansprüche die Erwartung höher gespannt. Euklid hingegen mache ich es weit weniger zum Vorwurf, daß er manche Sätze ohne Beweis angenommen hat, da er es doch dahin gebracht hat, daß wir nunmehr, wenn wir nur einige wenige Voraussetzungen zugestehen, von dem übrigen wissen, daß es sicher, ja sogar diesen Voraussetzungen an Gewißheit gleich ist. Hätten Descartes oder andere Philosophen etwas dergleichen geleistet, so hätte es keine Not. Übrigens mögen sich dies auch die Skeptiker gesagt sein lassen, die die Wissenschaften unter dem Vorwande verachten, daß sie sich hie und da unbewiesener Prinzipien bedienen. Ich meinerseits bin ganz im Gegenteil der Ansicht, daß die Geometer zu loben sind, weil sie durch diese Sätze wie durch Pflöcke, der Wissenschaft einen festen Halt gegeben und die Kunst entdeckt haben, fortzuschreiten und aus Wenigem so vieles herzuleiten; denn wenn sie die Erfindung der Theoreme und Probleme hätten hinausschieben wollen, bis alle Axiome und Postulate bewiesen gewesen wären, so hätten wir vielleicht heute noch keine Geometrie.

Zu Art. 2. Übrigens sehe ich nicht ein, wozu es nützen soll, alles Zweifelhafte als falsch anzusehen: das hieße nicht Vorurteile aufgeben, sondern nur andere an ihre Stelle setzen. Wird jedoch diese Regel nur als Fiktion verstanden, so hätte ihr Mißbrauch verhütet werden müssen, aus dem, wie sich später im Art. 8 bei Behandlung des Unterschiedes des Geistes vom Körper ergeben wird, ein Fehlschluß entstanden ist.

Zu Art. 4. Von den Sinnendingen können wir nichts anderes wissen, noch brauchen wir von ihnen etwas anderes zu verlangen, als daß sie unter sich wie mit den unzweifelhaften Vernunftgründen übereinkommen und daß somit die Zukunft aus der Vergangenheit bis zu einem gewissen Grade vorausgesehen werden kann. Nach einer anderen Wahrheit oder Realität, als sie hierin verbürgt ist, in ihnen zu forschen, ist vergebens, — die Skeptiker dürfen nichts anderes fordern, die Dogmatiker nichts anderes verheißen.[227]

Zu Art. 5. An den mathematischen Beweisen kann man nur in derselben Art zweifeln, wie man etwa auch in den arithmetischen Rechnungen einen Rechenfehler befürchten kann. Man kann hier nur dadurch Abhilfe schaffen, daß man die Rechnung mehrmals wiederholt und die Probe auf sie macht. Diese Schwäche des menschlichen Geistes, die aus Mangel an Aufmerksamkeit und Gedächtnis entspringt, läßt sich niemals völlig heben, und, wenn Descartes sie hier in dem Sinne erwähnt, als wolle er uns ein Heilmittel für sie entdecken, so ist das ein vergeblicher Versuch. Es genügt, daß es hier um die Mathematik nicht anders bestellt ist wie um jedes Wissen überhaupt; denn jede, auch die Cartesische Beweisführung, so bündig und genau sie auch sein mag, würde dennoch diesem Zweifel unterliegen; gleichviel was man schließlich über einen mächtigen, betrügerischen Geist oder über die Unterscheidung von Traum und Wachen ausmachen mag.

Zu Art. 6. Freien Willen haben wir nicht im Empfinden, sondern im Handeln.[228] Es liegt nicht in meiner Willkür, ob der Honig mir süß oder bitter schmeckt, ebensowenig aber, ob mir ein Theorem, das man mir vorlegt, wahr oder falsch scheint. Sache des Bewußtseins ist hierbei nur die Betrachtung und Untersuchung der gegebenen Erscheinung. In jedem Urteil sind wir uns einer Empfindung oder eines Begriffs, der uns gegenwärtig ist, bewußt, oder es ist uns doch die Erinnerung an vergangene Empfindungen oder Begriffe gegenwärtig, wenngleich wir hierin durch unser unsicheres Gedächtnis oder mangelnde Aufmerksamkeit häufig getäuscht werden. Das Bewußtsein des Gegenwärtigen und des Vergangenen aber hängt schlechterdings nicht von unserer Willkür ab. Sache des Willens ist es einzig und allein, die Aufmerksamkeit und das Interesse zu regeln, er kann daher, wenn er auch unser Urteil nicht eigentlich zustande bringt, doch mittelbar dazu beitragen. So kommt es, daß häufig die Menschen endlich das glauben, wovon sie wünschen, daß es wahr sei, indem sie sich gewöhnen, auf das, wovon sie eingenommen sind, besonders zu achten, wodurch sie es denn schließlich dahin bringen, daß außer ihrem Willen auch ihr (theoretisches) Bewußtsein befriedigt ist. (Siehe auch die Bemerkung zu Art. 31.)

Zu Art. 7. »Ich denke, also bin ich«, dieser Satz gehört, wie Descartes vortrefflich bemerkt, zu den ersten Wahrheiten. Billigerweise hätte er jedoch andere, ihm gleichstehende nicht vernachlässigen sollen. Man kann ganz allgemein sagen, daß alle Wahrheiten in *Tatsachen* und *Vernunftwahrheiten* einzuteilen sind. Die Grundlage der Vernunftwahrheiten ist der Satz des Widerspruchs, oder, was auf dasselbe hinausläuft, der Identität, wie auch Aristoteles richtig erkannt hat. Primitive Tatsachenwahrheiten aber gibt es ebensoviele, wie es unmittelbare Perzeptionen oder, um mich so auszudrücken, »Bewußtseine« gibt. Ich bin mir nicht nur meiner selbst als des denkenden Subjekts, sondern auch meiner Gedanken bewußt und ebenso wahr und gewiß, als *ich* denke, wird auch *dieses* oder *jenes* von mir gedacht. Man kann somit die primitiven Tatsachenwahrheiten passend auf folgende zwei zurückführen: »ich denke« und »Mannigfaches wird von mir gedacht«. Hieraus folgt nicht nur, daß ich existiere, sondern auch, daß ich auf mannigfache Art bestimmt bin.[229]

Zu Art. 8. »Ich kann annehmen oder mir einbilden, daß nichts Körperliches existiert, niemals aber mir einbilden, daß ich nicht existiere oder nicht denke; also bin ich nicht körperlich, noch ist das Denken eine Beschaffenheit des Körpers.« Eine derartige Argumentation hilft zu nichts, und ich bin erstaunt, wie ein so ausgezeichneter Mann einem so bedeutungslosen Sophisma solche Beweiskraft hat zutrauen können. Wenigstens fügt er in diesem Artikel nichts weiter hinzu; was er in den *Meditationes* beigebracht hat, wird an seiner Stelle untersucht werden. Wer die Seele für körperlich hält, der wird die Annahme, daß nichts Körperliches existiert, für unmöglich erklären und nur so viel zugestehen, daß man (solange man die Natur der Seele noch nicht kennt) im Zweifel darüber sein kann, ob Körperliches existiert oder nicht. Er wird also nur den Schluß ziehen, daß man die Existenz der Seele klar erkennen und trotzdem noch daran zweifeln kann, ob die Seele ihrer Natur nach körperlich ist; und mehr wird man in der Tat durch keine Folterwerkzeuge aus diesem Argument herauspressen. Den Anlaß zu diesem Fehlschluß bot die Freiheit, die Descartes sich oben im Artikel 2 genommen hat, das Zweifelhafte als falsch zu verwerfen — als dürfe man die Annahme machen, daß nichts Körperliches existiert, weil man an seinem Dasein zweifeln kann. Dies jedoch ist ein unzulässiger Schluß. Anders stände es, wenn wir von der *Natur* der Seele eine ebenso vollkommene Erkenntnis wie von ihrer *Existenz* besäßen; denn dann stände freilich fest, daß alles, was sich in ihr nicht kundgibt, in ihr auch nicht vorhanden ist.[230]

Zu Artikel 13. Ich habe schon zum Artikel 5 bemerkt, daß die Irrtümer, die aus dem Mangel des Gedächtnisses und der Aufmerksamkeit stammen, und die auch bei arithmetischen Rechnungen vorkommen können — selbst wenn, wie bei den Zahlen, eine vollkommene Methode bereits entdeckt ist hier mit Unrecht angeführt werden. Denn es läßt sich kein Verfahren ausdenken, in dem solche Fehler nicht zu befürchten wären, besonders, wenn die Rechnung recht lang ist. Man muß daher zu Nachprüfungen seine Zuflucht nehmen. Im übrigen hat man, wie mir scheint, Gott hier nur als eine Art Zierde oder Prunkstück herangezogen.[231] Einmal nämlich braucht die seltsame Fiktion oder der Skrupel, ob wir nicht auch bei den allerevidentesten Schlüssen zum Irrtum geschaffen sind, auf niemand Eindruck zu machen, da die Natur der Evidenz dem widerstreitet, und die Erfahrungen und Ergebnisse des ganzen Lebens das Gegenteil bezeugen. Gesteht man diesem Zweifel aber einmal ein Recht zu, so wäre er alsdann für Descartes selbst wie für jeden anderen unüberwindlich, da er ihm stets, auch wenn er das allerevidenteste vorbrächte, entgegentreten würde. Hiervon aber ganz abgesehen kann dieser Zweifel doch durch die Leugnung *Gottes* nicht hervorgerufen, durch die Annahme seiner Existenz nicht beseitigt werden. Denn gäbe es auch keinen Gott, so könnten wir darum doch, sofern nur unser Dasein möglich bliebe, zur Erfassung der Wahrheit befähigt sein; — andrerseits würde aus der Existenz Gottes nicht folgen, daß es kein Geschöpf geben kann, das im höchsten Grade unvollkommen und der Täuschung unterworfen ist — zumal seine Unvollkommenheit möglicherweise nicht ursprünglich, sondern etwa nach der Lehre der christlichen Theologen über den Ursprung der Sünde durch schwere Sünde zugezogen sein könnte und Gott also nicht anzurechnen wäre. Wenngleich mir jedoch die Einmischung Gottes hier ungehörig erscheint, so bin ich trotzdem, jedoch in anderer Art, der Überzeugung, daß die wahre Erkenntnis Gottes das Prinzip der höheren Weisheit ist. Gott ist nämlich ebenso die erste Ursache wie der letzte Grund der Dinge, und es gibt keine bessere Erkenntnis der Dinge, als die aus ihren Ursachen und Gründen.

Zu Art. 14. Den Schluß vom *Begriffe* Gottes auf seine *Existenz* hat, soweit bekannt, zuerst der Erzbischof Anselm von Canterbury in seinem uns erhaltenen Werke »contra insipientem« erfunden und vorgetragen.[232] Sodann wird er allenthalben von den Schriftstellern der scholastischen Theologie, selbst von Thomas von Aquino geprüft. Von hier scheint ihn Descartes, der, [da er seine Bildung bei den Jesuiten in La Flèche genossen hatte,]* Studien dieser Art nicht fern stand, entlehnt zu haben. Dieser ganze Schluß enthält manches Schöne, ist aber dennoch unvollkommen [und bedarf einer Ergänzung]. Die Sache läuft auf folgendes hinaus: was sich aus dem Begriffe eines Dinges erweisen läßt, das kann man dem Dinge zuschreiben. — Nun läßt sich aus dem Begriffe des vollkommensten und größten Wesens die Existenz erweisen; — also

---

* Die Sätze, die in Klammern eingeschlossen sind, sind spätere Zusätze und Verbesserungen von Leibniz selbst.

kann man dem vollkommensten Wesen (Gott) Existenz zuschreiben, d. h. Gott existiert. Der Untersatz ergibt sich in folgender
Weise: das vollkommenste oder größte Wesen enthält *alle* Vollkommenheiten, also auch die Existenz, die unter allen Umständen
zu der Zahl der Vollkommenheiten gehört, da es ein Mehr und
ein Größeres ist, zu existieren als nicht zu existieren. Soweit dies
Argument; — man hätte jedoch ohne Vermittlung des Begriffs von
Vollkommenheit oder Größe die Beweisführung schärfer und angemessener wie folgt fassen können: Das notwendige Wesen — als
das Wesen, dessen Essenz seine Existenz besagt oder das Wesen an
sich — existiert, wie das schon aus den Worten erhellt. Nun ist
Gott — gemäß seiner Definition — ein solches Wesen: also existiert Gott. Diese Argumente sind schlüssig, sofern nur zugegeben
wird, daß das vollkommenste oder das notwendige Wesen *möglich* ist und keinen Widerspruch einschließt, oder, was dasselbe besagt, daß eine Essenz möglich ist, aus der die Existenz folgt. Solange
aber diese Möglichkeit nicht bewiesen ist, darf man auch die Existenz Gottes durch ein derartiges Argument nicht für vollkommen
bewiesen erachten. Überhaupt muß man wissen — wie ich darauf
auch früher schon aufmerksam gemacht habe [233] — daß man aus
einer beliebigen Definition bezüglich des definierten Gegenstandes nichts mit Sicherheit schließen kann, solange man sich nicht
vergewissert hat, daß der Inhalt, den die Definition ausdrückt,
möglich ist. Denn wenn sie etwa einen verborgenen Widerspruch
einschließt, so kann sich etwas Widersinniges aus ihr ergeben.
Immerhin lernen wir aus der obigen Beweisführung das ausgezeichnete Vorrecht der göttlichen Natur kennen, daß sie, sofern sie nur
möglich ist, auch ohne weiteres existiert, was bei den übrigen Gegenständen zum Beweis ihres Daseins nicht ausreicht. Für einen
geometrischen Beweis der Existenz Gottes bleibt also nur übrig,
daß die Möglichkeit Gottes mit peinlicher Genauigkeit und in geometrischer Strenge dargetan wird. Inzwischen gewinnt die Existenz eines Dinges, das nur des Beweises der Möglichkeit bedarf,
freilich große Glaubwürdigkeit. Daß es im übrigen ein notwendiges Ding geben muß, folgt, nach einem anderen Beweisgrunde, auch
daraus, daß zufällige Gegenstände existieren. [234]

Zu Art. 18. Daß wir die *Idee* des vollkommensten Wesens haben (und folglich die Ursache dieser Idee — d. h. das vollkommenste Wesen — existiert, wie es dem Argument von Descartes entspricht) ist zweifelhafter als die Möglichkeit Gottes und wird auch von einer großen Anzahl derer geleugnet, die Gottes Möglichkeit nicht nur, sondern auch sein Dasein mit dem größten Eifer bekennen. Wenn Descartes, wie ich mich erinnere, irgendwo sagt, daß wir die Idee einer Sache haben, wenn wir von ihr mit Verständnis der Worte, die wir brauchen, sprechen können, so ist dies Irrtum.[235] Denn es kommt häufig vor, daß wir Unverträgliches miteinander verbinden, so z. B., wenn wir uns die schnellste Bewegung denken, die bekanntlich unmöglich ist, und der demnach keine Idee entspricht, von der man aber trotzdem zugeben wird, daß wir über sie mit Verständnis der Worte sprechen können. Wie ich nämlich an anderer Stelle auseinandergesetzt habe, denken wir häufig das, wovon wir sprechen, nur verworren und sind uns der Wirklichkeit einer Idee in unserem Geiste erst dann wahrhaft bewußt, wenn wir den Gegenstand erkennen und, soweit es nötig ist, in seine Bestandteile auflösen.[236]

Zu Art. 20. Das dritte Argument krankt, abgesehen von allem anderen, an demselben Übel, sofern es annimmt, daß wir die Idee der höchsten Vollkommenheit Gottes besitzen und daraus den Schluß zieht, daß Gott sei, da ja wir, die wir seine Idee haben, existieren.

Zu Art. 21. Daraus, daß wir jetzt existieren, folgt, daß wir auch im nächsten Moment noch existieren werden, wenn kein Grund zu einer Veränderung vorliegt. Wäre es daher nicht aus anderen Gründen gewiß, daß wir nur durch Gottes Beistand bestehen können, so würde sich aus unserer Fortdauer nichts für Gottes Existenz ergeben. Denn dieser Folgerung liegt die Annahme zugrunde, daß jeder Teil dieses unseres Daseins von den anderen völlig unabhängig ist, was man nicht zugeben darf.[237]

Zu Art. 26. Obwohl wir selbst endlich sind, so können wir dennoch vieles vom Unendlichen wissen, so von den asymptotischen Linien, d. h. solchen, die, ins Unendliche verlängert, sich stets einander nähern, ohne doch jemals zusammenzutreffen, von Räumen, die sich der Länge nach ins Unendliche erstrecken, deren Flächeninhalt jedoch kleiner als eine bestimmte endliche Größe ist, von den Summen unendlicher Reihen.[238] Andernfalls hätten wir auch von Gott nicht die geringste sichere Erkenntnis. Es ist jedoch ein Unterschied, ob man etwas von einem Gegenstand weiß, oder ob man ihn im wahren Sinne begreift, d. h. alles, was in ihm verborgen liegt, in seiner Gewalt hat.

Zu Art. 28. Was die Zwecke angeht, die Gott sich vorgesetzt hat, so hege ich die Überzeugung, daß sie sich erkennen lassen, und daß ihre Untersuchung von größtem Nutzen, die Vernachlässigung dieser Forschungsweise jedoch nicht ohne Gefahren und Bedenken ist. Ganz allgemein können wir, so oft wir sehen, daß ein Gegenstand vorzüglichen Nutzen mit sich bringt, mit Sicherheit so viel sagen, daß Gott unter anderem, als er den Gegenstand schuf, diesen Nutzen als Zweck vor Augen hatte, daß er ihn kannte und im voraus auf ihn bedacht war. An anderer Stelle habe ich bemerkt und durch Beispiele belegt, daß sich durch die Betrachtung der Zweckursachen manche verborgenen physikalischen Wahrheiten von großer Bedeutung aufhellen lassen, die man vermittels der wirkenden Ursache nicht ebenso leicht erkennen könnte.[239]

Zu Art. 30. Selbst wenn man jene vollkommene Substanz zuläßt, die schlechterdings nicht der Quell von Unvollkommenheiten sein soll, so heben sich damit noch nicht jene wahren oder fiktiven Zweifelgründe Descartes', wie ich das schon zu Artikel 13 bemerkt habe.[240]

Zu den Art. 31 und 35. Daß der Irrtum mehr vom Willen als vom Verstande abhängt, gebe ich nicht zu. Die Annahme von etwas Wahrem oder Falschem, somit Erkenntnis und Irrtum, setzt nur das Bewußtsein von Wahrnehmungen oder Begriffen oder die Erinnerung an solche voraus: sie ist somit vom Willen unabhängig, außer insofern, als wir bisweilen durch eine künstliche Verkehrung schließlich dahin gebracht werden können, in Fällen, wo wir tatsächlich unwissend sind, das, was wir wünschen, auch für wahr zu halten. (Vgl. hierzu Art. 6.) Wir urteilen also nicht auf Grund des Willens, sondern auf Grund der uns gegebenen Erscheinungen. Übrigens ist der Satz, der Wille reiche weiter als der Verstand, eher geistreich als wahr, ja, gerade heraus gesagt, eine blendende populäre Redewendung.[241] Wir *wollen* nur das, was sich dem Verstande darbietet. Der Ursprung aller Irrtümer ist in gewisser Art derselbe wie der der Rechenfehler bei den Arithmetikern. Häufig nämlich kommt es durch Mangel an Aufmerksamkeit oder Gedächtnis vor, daß man eine unnötige Operation ausführt, eine nötige dagegen vergißt, oder daß man meint, eine Operation ausgeführt zu haben, die man unterlassen hat, eine andere dagegen unterlassen zu haben, die man ausgeführt hat. So geschieht es wohl, daß man bei der Rechnung — der im Denken der Vernunftschluß entspricht — nötige Zeichen ausläßt, unnötige dagegen setzt, daß man beim Zusammenzählen etwas überschlägt und das ganze Verfahren in Unordnung bringt. Ist unser Geist nämlich erschöpft oder zerstreut, so achtet er nicht genug auf seine augenblickliche Tätigkeit oder nimmt durch einen Gedächtnisfehler etwas als früher bewiesen an, was nur dadurch in uns festgeworden ist, daß es sich uns häufiger aufgedrängt hat, daß es eindringlich betrachtet oder eifrig gewünscht wurde. Auch ist das Mittel, um Irrtümer im Denken zu meiden, das gleiche wie für Rechenfehler: wir müssen genau auf Materie und Form achten, langsam vorgehen, die Operation zu wiederholten Malen und in verschiedener Form vornehmen, das Ergebnis durch Proben bestätigen, und längere Schlußreihen in einzelne Teile zerlegen, damit der Geist sich erholen kann, jeden einzelnen Teil aber wiederum durch besondere Proben bewahren. Da man nun bisweilen Eile hat, so ist es von großer Bedeutung, sich durch Übung eine große geistige Konzentration anzueignen, wie sie manche besitzen, die mitten im Lärme und ohne schriftliche Ausrechnungen, dennoch mit ungeheuren Zahlen zu rechnen vermögen. Denn der Geist darf weder leicht zerstreut, noch durch äußere Sinneseindrücke oder eigene Vorstellungen und Affekte abgelenkt werden, er muß sich über das, was er tut, erheben und sich die Fähigkeit bewahren können, aufzumerken oder, wie man es gewöhnlich nennt, sich auf sich selbst zu besinnen, um alsdann zu sich selber, statt einer äußeren Stimme, die ihn mahnt, sagen zu können: »sieh zu, was du tust, sag an, warum du es tust, es fließt die Stunde dahin.« Die Deutschen haben dafür den ausgezeichneten Ausdruck: *sich begreifen*, die Franzosen den nicht weniger schönen: *s'aviser*, wie wenn man gleichsam sich selbst ermahnte, sich selbst einen Rat gäbe; in der Art, wie die Namennenner den römischen Kandidaten Namen und

Verdienste der Bürger angaben, bei denen sie sich bewerben wollten; wie der Souffleur dem Schauspieler die Stichworte zuflüstert, und wie jener Jüngling Philipp von Macedonien das berühmte Wort zurief: »Denke daran, daß du sterblich bist.« Eben dieses Aufmerken aber, das s'aviser, steht nicht in unserer Macht und Willkür, es muß sich zunächst dem Verstande von selbst darbieten und hängt von dem augenblicklichen Grade unserer geistigen Vollkommenheit ab. Sache des Willens ist es, im voraus eifrig nach einer günstigen Vorbereitung des Geistes zu streben, wofür die Betrachtung der Erfahrungen und des Schadens anderer von Wert ist, dann auch die Nutzanwendung, die man aus eigenem Nachteil zieht, der nur, soweit möglich, ohne eigentliche Gefahr oder geringfügig und unbedeutend sein muß, — besonders aber die Gewöhnung an eine bestimmte Ordnung und Methode des Denkens, damit sich ihm später im gegebenen Moment das Nötige wie von selbst darbietet. Doch kann manches der Erinnerung auch ohne Schuld entschwinden oder uns nicht einfallen; hier aber haben wir es nicht mit einem Mangel des Urteils, sondern des Gedächtnisses und der Fassungskraft zu tun. Es ist dies nicht sowohl Irrtum, als Mangel an Wissen, — da wir nicht imstande sind, alles, was wir wollen, zu wissen oder uns seiner zu erinnern — und gehört somit nicht hierher. Genug, wenn wir nur aufmerken und gegen den Mangel an geistiger Anspannung ankämpfen — wenn wir der verworrenen Erinnerung an frühere Beweisgründe, die vielleicht keine waren, nicht trauen und die Untersuchung, falls es angeht und der Gegenstand von Bedeutung ist, von neuem vornehmen, andernfalls aber uns auf frühere eindringende Forschung, die genügend erprobt und bezeugt ist, verlassen.

Zu Art. 37. Die höchste Vollkommenheit des Menschen besteht nicht nur darin, daß er frei, sondern daß er vernunftgemäß handelt. Oder vielmehr beides ist dasselbe, da man um so freier handelt, je weniger der Gebrauch der Vernunft durch den Ansturm der Affekte getrübt wird.[242]

Zu Art. 39. Die Frage, ob unserem Willen Freiheit zukommt, bedeutet eigentlich nichts anderes, als ob ihm »Wollen« zukommt. Die Ausdrücke »frei« und »willensgemäß« besagen dasselbe. Denn Freiheit ist vernunftgemäße Selbsttätigkeit, »wollen« aber ist eine

Bestimmung zum Tun durch einen verstandesgemäß erfaßten Grund. Je reiner aber der Beweggrund ist, um so weniger die Macht des rohen und verworrenen Eindrucks in ihm mitwirkt, um so freier ist die Handlung. Der Verzicht auf das Urteil ist jedoch nicht Sache des Willens, sondern des Verstandes, der sich selbst zu einer Art Aufmerken rät, wie das schon oben bei Artikel 35 gesagt worden ist.

Zu Art. 40. Wenn jemand glaubt, daß Gott alles zuvor bestimmt hat, sich selbst jedoch trotzdem für frei hält, und man antwortet auf diese einander widerstreitenden Argumente nur das eine, was Descartes angibt, daß nämlich der Verstand begrenzt sei und daher derartiges nicht begreife: so ist dies, wie mir scheint, eine Entgegnung auf die Folgerung, nicht aber auf das Argument und heißt den Knoten zerhauen, nicht lösen. Nicht dies ist die Frage, ob du die Sache in sich selbst begreifst, sondern ob du nicht, wenn ich dich darauf hinweise, den eigenen Widersinn, den du begehst, einsiehst. Auch in den Mysterien des Glaubens, geschweige in den Mysterien der Natur darf kein Widerspruch enthalten sein. Wenn du dich daher als Philosoph erweisen willst, so mußt du die Beweisführung, die aus deinen Vordersätzen mit einem Anschein von Wahrheit zu einem widersprechenden Schlusse geführt hat, von neuem vornehmen und den Fehler in ihr aufzeigen, was sicherlich unter allen Umständen möglich sein muß, es sei denn, daß du dich (schon in den Prämissen) geirrt hast.

Zu den Art. 43, 45 und 46. An anderem Ort habe ich darauf aufmerksam gemacht, daß die vielgerühmte Regel: daß man nur dem Klaren und Distinkten seine Zustimmung geben solle, keinen großen Wert hat, wenn man nicht bessere Kennzeichen des Klaren und Distinkten anführt, als Descartes sie uns gibt.[243] Die Regeln des Aristoteles und der Geometer haben den Vorzug, daß sie, mit Ausnahme der Prinzipien, — d. h. der ersten Wahrheiten oder Hypothesen — nur das zulassen, was durch ein rechtmäßiges Argument bewiesen ist, d. h. durch ein solches, das weder der Form noch der Materie nach einen Mangel aufweist. Der Materie nach aber ist ein Beweis mangelhaft, wenn er irgend etwas außer den Prinzipien selbst und den rechtmäßigen Folgerungen aus ihnen voraussetzt. Unter der richtigen Form aber verstehe ich nicht nur die gemeine syllogistische, sondern auch jede beliebige andere, sofern sie zuvor bewiesen worden und kraft ihrer Gestaltung zu einem sicheren Schlusse berechtigt. Dies ist z. B. auch bei den Formen der arithmetischen und algebraischen Operationen, der der Rechnungsbücher, ja in gewissem Grade auch bei der Form des juristischen Prozesses der Fall: denn bisweilen begnügen wir uns praktisch mit einem bestimmten Grade von Wahrscheinlichkeit. Allerdings bleibt dieser Teil der Logik, der sich mit der Abschätzung der Wahrscheinlichkeitsgrade beschäftigt und für das praktische Leben von größtem Nutzen ist, noch erst zu behandeln. Verschiedenes hierzu habe ich selbst angemerkt. — Betreffs der Form vergleiche ferner Artikel 75.

Zu den Art. 47 und 48. Es hat schon längst irgendwer — ich glaube Comenius — richtig bemerkt, daß Descartes, der uns im Artikel 47 verspricht, summarisch alle einfachen Begriffe aufzuzählen, uns gleich darauf im 48sten im Stiche läßt und, nachdem er einige hergezählt hat, fortfährt: *und andere derart*, ganz abgesehen davon, daß die meisten von ihm genannten keine einfachen Begriffe sind. Die Untersuchung dieser Frage ist von größerer Wichtigkeit, als man gemeinhin annimmt.

Zu Art. 50. Was die sehr einfachen Wahrheiten angeht, die aber trotzdem infolge menschlicher Vorurteile häufig bestritten werden, so ist es am geratensten, sie durch noch einfachere zu beweisen.

Zu Art. 51. Ich glaube nicht, daß die Definition der Substanz, wonach sie zu ihrer Existenz allein des Beistandes Gottes bedarf, auf irgendeine uns bekannte geschaffene Substanz zutrifft, außer wenn man sie in einem Sinne nimmt, der dem allgemein angenommenen Sprachgebrauch nicht ganz entspricht. Denn nicht nur bedürfen wir anderer Substanzen, sondern vor allem unserer eigenen Akzidenzien. Da also Substanz und Akzidens einander gegenseitig genötigen, so bedurfte es anderer Anzeichen, um die Substanz von den Akzidenzien zu unterscheiden. Ein solches Kriterium liegt z. B. darin, daß die Substanz zwar *immer irgendein* Akzidens bedarf, dennoch aber häufig kein bestimmtes verlangt, und sich somit, wenn das eine aufgehoben wird, mit einem anderen, das zum Ersatze an seine Stelle tritt, begnügt, das Akzidens hingegen nicht nur irgendeine Substanz ganz allgemein, sondern eben die bestimmte Substanz, der es zukommt, fordert und sie nicht wechselt.[244] Es bleibt jedoch an anderer Stelle über die Natur der Substanz noch manches zu sagen, was von größerer Bedeutung ist und einer tieferen Untersuchung angehört.

Zu Art. 52. Ich gebe zu, daß jeder Substanz *ein* Attribut vorzüglich zukommt, das ihr Wesen zum Ausdruck bringt, bezweifle jedoch, ob, wenn es sich um eine *besondere* Substanz handelt, sich deren Wesenheit durch eine Nominaldefinition — noch dazu in so wenig Worten — wiedergeben läßt. Die allgemeinen Gattungen der Substanzen lassen sich, wie andere Inhalte, durch Definitionen erklären.[245] Daß die Ausdehnung die allgemeine Natur der körperlichen Substanz ausmache, haben, so viel ich sehe, zwar sehr viele zuversichtlich behauptet, nirgends aber bewiesen. Sicherlich lassen sich weder die Bewegung oder der tätige Zustand noch der Widerstand oder der leidende Zustand daraus ableiten. Ebensowenig entspringen die Naturgesetze der Bewegung und des Stoßes allein aus dem Begriffe der Ausdehnung, wie ich das an anderem Orte gezeigt habe.[246] In der Tat ist der Begriff der Ausdehnung nicht ursprünglich, sondern weiter auflösbar. In dem Begriff des Ausgedehnten liegt, daß es ein kontinuierliches Ganzes ist, in dem eine Mehrheit gleichzeitig existiert. Um dies weiter auszuführen, so gehört zur Ausdehnung, da ihr Begriff doch ein relativer ist, ein Etwas, das sich ausdehnt, oder das sich kontinuierlich fortsetzt, wie in der Milch die weiße Farbe, im Körper eben das, was sein Wesen ausmacht, sich ausbreitet. Die Wiederholung dieses Etwas — wie es auch beschaffen sein mag — ist die Ausdehnung. Ich stimme also mit Huygens — dessen Ansicht in physikalischen und mathematischen Dingen mir überhaupt sehr hoch steht — ganz darin überein, daß die Begriffe des leeren Ortes und der bloßen Ausdehnung ein und dasselbe bedeuten. Auch läßt sich, meiner Meinung nach, die Beweglichkeit und die ἀντιτυπία selbst nicht aus der Ausdehnung allein verstehen, sondern nur aus dem Subjekt der Ausdehnung, durch das der Ort nicht nur bestimmt, sondern auch erfüllt wird.[247]

Zu Art. 54. Mir ist nicht erinnerlich, daß von unserem Autor oder von seinen Anhängern ein vollkommener Beweis dafür geführt worden wäre, daß der denkenden Substanz die Ausdehnung oder der ausgedehnten das Denken fremd ist, so daß sich daraus ergäbe, daß in ein und demselben Subjekte beide Attribute einander nicht erfordern, ja, miteinander nicht zusammen bestehen können. Auch ist das nicht zu verwundern; hat doch der Verfasser des Werkes *De la recherche de la vérité*, der überhaupt einige treffliche kritische Bemerkungen gemacht hat, mit Recht darauf aufmerksam gemacht, daß die Cartesianer keinen distinkten Begriff des Denkens beibringen: kein Wunder also, wenn betreffs des tieferliegenden Gehalts dieses Begriffs bei ihnen selbst keine Übereinstimmung herrscht.

Zu den Art. 60 und 61. Es ist eine unnötige Änderung des einmal angenommenen Wortgebrauchs, den realen Unterschied zwischen den Modi zu leugnen.[248] Bisher hat man auch die Modi als Dinge betrachtet und gemeint, daß sie sich wirklich voneinander unterscheiden, so z. B. die sphärische Figur des Wachses von der quadratischen. Zum mindesten ist die Verwandlung aus einer Figur in eine andere eine wahre und hat eine reale Grundlage.

Zu Art. 63. Denken und Ausdehnung als die denkende oder ausgedehnte Substanz selbst auffassen: das scheint mir weder richtig noch möglich zu sein. Es ist das ein verdächtiger Kunstgriff, ähnlich dem anderen, wonach man das Zweifelhafte als falsch ansehen sollte. Durch derart künstliche Wendungen Descartes' werden seine Anhänger nur zu hartnäckigem Verharren auf ihrer Meinung und zu Fehlschlüssen verleitet.

Zu den Art. 65–68. Dem Beispiele der Alten folgend, hat Descartes erfolgreich daran gearbeitet, das Vorurteil zu entwurzeln, daß Wärme, Farbe und die übrigen Phänomene Dinge außer uns sind, während es doch feststeht, daß eine und dieselbe Hand das, was ihr soeben noch sehr warm erschien, gleich darauf schon als lauwarm empfindet; daß man ferner eine Mischung als grüne Farbe ansieht, in der man gleich darauf mit bewaffnetem Auge nicht mehr grün, sondern eine Mischung von gelb und blau bemerkt, bis man vermöge eines noch besseren Instrumentes oder auf Grund von Experimenten oder Vernunftgründen weiterhin auch die Ursachen dieser beiden Farben entdeckt. Aus alledem ist einleuchtend, daß es kein Gegenstand außer uns ist, dessen Erscheinung sich hier unserer Einbildung darstellt. Wir gleichen gemeinhin Knaben, die glauben, es befände sich am Ende des Regenbogens, wo er die Erde berührt, eine goldene Schale, und die vergeblich hineilen, um sie aufzufinden. [Indessen haben wir ganz recht, wenn wir sagen, Farbe und Wärme sei in den Dingen, sofern wir nämlich darunter die Grundlagen dieser Phänomene verstehen.]

Zu den Art. 71–74. Über die Ursachen des Irrtums habe ich oben zu den Artikeln 31–35 einige Bemerkungen gemacht. Aus ihnen kann man auch die Erklärung für all das, was hier angeführt wird, entnehmen. Denn die Vorurteile der Kindheit sind von gleicher Art wie die unbewiesenen Annahmen, von denen dort die Rede war; die Ermüdung schwächt die Aufmerksamkeit, und die Zweideutigkeit der Worte ist ein Fall von Mißbrauch der Zeichen und bedeutet einen Fehler in der Form. Es ist dies alsdann, wie wenn man, wie es im deutschen Sprichworte heißt, in der Rechnung ein X für ein U macht.

Zu Art. 75. Es scheint mir billig, auch den Alten das ihre zuzugestehen und nicht durch ein böswilliges und für uns selbst schädliches Verschweigen ihre Verdienste in den Schatten zu stellen. Die Vorschriften, die Aristoteles in seiner Logik gegeben hat, reichen, wenn auch nicht zur Erfindung, so doch in der Regel zur Beurteilung aus, wenigstens da, wo es sich um die notwendigen Schlüsse handelt. Es ist nun schon ein gewaltiges Unternehmen, die Schlüsse, die der menschliche Geist vollzieht, durch sichere Regeln von gleichsam mathematischer Gewißheit festzulegen. Ich habe auch schon bemerkt, daß Fehlschlüsse, die in ernsten Fragen begangen werden, häufiger als man gemeinhin annimmt, auf einen Fehler gegen die logische Form zurückgehen. Will man demnach alle Irrtümer vermeiden, so braucht man nur mit großer Beständigkeit und Strenge die allbekannten logischen Regeln anzuwenden. Weil aber häufig die Komplikation der Dinge diese pedantische Strenge verbietet, so wenden wir in wissenschaftlichen wie in praktischen Fragen spezielle logische Formen an, die vermöge der allgemeinen Regeln, jedoch unter Rücksicht auf die besondere Natur des Gegenstandes zuvor bewiesen sein müssen. So hat z. B. Euklid seine eigene Logik für die Konversionen, Kompositionen und Divisionen der Verhältnisse, die in einem besonderen Buche seiner

Elemente zuvor bewiesen wird und sodann die ganze Geometrie beherrscht. In dieser Art versichert man sich sowohl der Kürze wie der Bündigkeit im Schließen, und je mehr Mittel dieser Art man besitzt, um so weiter ist der Ausbau einer Wissenschaft fortgeschritten. Vgl. hier die Bemerkungen zu den Artikeln 43 ff. über die sogenannten »formgemäßen« Argumentationen, die sich weiter ausdehnen lassen, als man gemeinhin annimmt.[249]

Zu Teil II

Zu Art. 1. Das Argument, durch welches Descartes das Dasein der materiellen Dinge zu beweisen sucht, ist recht schwach: dieser Versuch wäre daher besser unterblieben. Der Nerv seiner Beweisführung liegt in folgendem: der Grund dafür, daß wir materielle Dinge wahrnehmen, liegt außer uns, daher entweder in Gott oder in einem anderen oder eben in den Dingen selbst. Nun liegt er — vorausgesetzt, daß materielle Dinge nicht existieren — nicht in Gott, da dieser damit zum Betrüger würde, nicht in einem anderen — wofür Descartes den Beweis schuldig geblieben ist — also in ihnen selbst, und sie existieren somit. Hierauf läßt sich erwidern, daß die Wahrnehmung von einer anderen Ursache als Gott herstammen kann; — daß Gott, wie er auch andere Übel aus schwerwiegenden Gründen zuläßt, so auch diese unsere Täuschung zulassen könnte, ohne deshalb als Betrüger gelten zu müssen, zumal mit ihr kein Schaden verbunden ist, und im Gegenteil die Aufhebung der Täuschung uns unersprießlich wäre. Es liegt außerdem insofern ein Sophisma vor, als die Argumentation die Möglichkeit unberücksichtigt läßt, daß die Wahrnehmungen zwar von Gott oder einem anderen Urheber herstammen, das *Urteil* über ihre Ursache aber (ob diese nämlich in einem realen Objekte außer uns liegt oder nicht)[250] und somit die Täuschung, nur in uns selbst ihren Ursprung hat. Dies ist z. B. der Fall, wenn man Farben und anderes der Art als reale Objekte ansieht. Zudem könnten die Seelen es durch frühere Schuld verdient haben, daß sie zu diesem von Täuschung erfülltem Leben verurteilt wären, indem sie statt der Dinge nur Schatten erhaschen: eine Meinung, der, wie es scheint, die Platoniker sich nähern, denen dieses Leben nur ein traumähnliches Hindämmern in der Höhle des Morpheus ist, während der Geist, wie die Dichter sangen, »bevor er hierher kam, durch den Trank der Lethe betört ward.«

Zu Art. 4. Daß der Körper allein in der Ausdehnung besteht, sucht Descartes durch Aufzählung der übrigen Attribute, die er dann sämtlich in Gedanken aufhebt, zu beweisen: es hätte jedoch zuvor gezeigt werden müssen, daß die Aufzählung vollständig ist. Auch was über die Aufhebbarkeit bestimmter Eigenschaften gesagt wird, ist nicht durchweg richtig: wer z. B. Atome, d.h. Körper von größter Härte, annimmt, wird nicht zugeben, daß das Wesen der Härte in dem Widerstand des Körpers gegen den Druck der Hände begründet ist, sondern es vielmehr dareinsetzen, daß der Körper seine Gestalt beibehält. Wer das Wesen des Körpers durch die ἀντιτυπία oder Undurchdringlichkeit bestimmt sein läßt, leitet seinen Begriff daher nicht von der Tastempfindung der Hände noch überhaupt von den Sinnen, sondern von dem Umstande ab, daß ein Körper einem anderen gleichartigen das Eindringen in seine Stelle verwehrt, sofern er nicht selbst anderswohin entweichen kann.[251] Denken wir uns z. B., es träfen auf einem Würfel in ein und demselben Augenblicke mit gleicher Geschwindigkeit sechs andere Würfel, die ihm selbst genau gleich und ähnlich sein sollen, so daß jeder von ihnen mit einer seiner Grundflächen je einer Grundfläche des Würfels, gegen den sie anprallen, genau kongruent ist. Alsdann ist es ausgeschlossen, daß der erste Würfel oder ein Teil von ihm sich von der Stelle bewegt, gleichgültig, ob man ihn als elastisch oder unelastisch auffaßt. Setzt man ihn dagegen der durchdringlichen Ausdehnung oder dem bloßen Raume gleich, dann werden die sechs aufeinanderstoßenden Würfel zwar an den Ecken einander Widerstand leisten, ihre mittleren Teile jedoch werden — die Gleichheit der Würfel vorausgesetzt — von dem kubischen Raume aufgenommen werden und in ihn eindringen können. Hieraus erhellt auch, worin der Unterschied zwischen der Härte besteht, die nur einigen, und der Undurchdringlichkeit, die allen Körpern zukommt, und die Descartes, neben der Härte, ebenfalls hätte erwähnen sollen.

Zu den Art. 5.–7. Descartes hat ganz ausgezeichnet auseinandergesetzt, daß die Verdünnung und Verdichtung, wie wir sie sinnlich wahrnehmen, stattfinden könne, ohne daß darum ein leerer Zwischenraum oder eine Veränderung in den Maßverhältnissen eines und desselben materiellen Teils anzunehmen wäre.

Zu den Art. 8.–19. Die Verteidiger des Leeren fassen zumeist den Raum als eine Substanz auf und können somit durch die Cartesischen Argumente nicht widerlegt werden. Um diesen Streit zu schlichten, bedarf es anderer Prinzipien. Denn der Gegner wird zwar zugeben, daß Quantität und Zahl außerhalb der Dinge, denen man sie beilegt, keinen Bestand haben, leugnen wird er jedoch, daß der Raum oder der Ort die Quantität des Körpers ausmacht, vielmehr annehmen, daß dem Raum selbst eine eigene Quantität oder Kapazität zukommt, die der des körperlichen Rauminhalts gleich ist. Descartes hätte also zeigen müssen, daß der Raum oder der innere Ort[252] von der Substanz des Körpers nicht verschieden ist. Die Gegner werden sich hinter die gemeine Vorstellung der Menschen verschanzen, nach der bei einer Verschiebung der Körper der eine in denselben Ort und Raum eintritt, den der andere verläßt; was sich schlechterdings nicht aufrechterhalten ließe, wenn der Raum mit der Substanz des Körpers selbst zusammenfiele. Denn die *bestimmte* Lage eines Körpers oder sein Dasein an einem *gegebenen* Orte mag man immerhin als Akzidens von ihm ansehen — daß jedoch der Ort als solcher ein Akzidens des Körpers ist, wird ein Gegner nicht gelten lassen: so wenig darum, weil die Berührung ein Akzidens ist, es auch das berührte Objekt selbst sein müßte. Übrigens scheint mir Descartes hier nicht so sehr stichhaltige Gründe für seine eigene Ansicht beizubringen, als vielmehr auf gegnerische Argumente zu antworten, was ihm an dieser Stelle gar nicht schlecht gelingt: ein Kunstgriff, den er häufig statt eines strengen Beweises braucht. Wir erwarteten indessen etwas mehr und, wenn ich nicht irre, mit Recht. Daß das Nichts keine Ausdehnung hat, ist zuzugeben und mit Recht allen denen entgegenzuhalten, die die Existenz irgendeines imaginären Raumes annehmen. Diejenigen aber, für die der Raum eine Substanz ist, werden durch dieses Argument nicht getroffen; sie würden es nur, wenn Descartes zuvor bewiesen hätte, was er hier annimmt, daß eine jede ausgedehnte Substanz ein Körper ist. [Im übrigen wird sich dereinst zeigen, daß die materielle Masse selbst keine Substanz, sondern ein

Aggregat ist, das aus Substanzen resultiert, der Raum aber nichts anderes, als die gemeinsame Ordnung alles Koexistierendem, wie die Zeit die des Nichtkoexistierenden.]

Zu Art. 20. Die Einwände des Autors gegen die Atome scheinen mir nicht völlig überzeugend; denn die Verteidiger der Atome können zugeben, daß diese in *Gedanken* oder auch durch göttliche Macht geteilt werden können. Ob aber von Natur Körper existieren können, die eine für die *Naturkräfte* unüberwindliche Festigkeit besitzen, — worin der wahre Begriff der Atome besteht — das ist eine Frage, die Descartes hier seltsamerweise nicht einmal berührt. Dennoch gilt ihm hier, wie im ganzen weiteren Verlaufe seines Werkes, die Atomenlehre als vernichtet. Einiges weitere über die Atome folgt beim Artikel 54.

Zu den Art. 21.–23. Daß die Welt der Ausdehnung nach keine Grenzen hat und so nur eine einzige sein kann, daß ferner die Gesamtheit der Materie überall homogen ist und sich nur in ihren Bewegungen und somit in ihren Gestalten unterscheidet, das sind Sätze, die hier auf den weder allgemein anerkannten, noch von dem Autor bewiesenen Grundsatz aufgebaut werden: daß das Ausgedehnte und der Körper dasselbe sind, [sie mögen indes aus anderen Gründen wahr sein].

Zu Art. 25. Wenn die Bewegung nichts anderes als die Veränderung der Berührung oder der unmittelbaren Nachbarschaft ist, so folgt, daß man niemals definieren kann, welches Ding sich eigentlich bewegt. So wie nämlich in der Astronomie dieselben Phänomene sich durch verschiedene Hypothesen wiedergeben lassen, so wird es freistehen, die reale Bewegung dem einen oder dem anderen der Subjekte zuzuschreiben, die ihre Nachbarschaft oder ihre Lage gegeneinander verändern: so daß sich, wenn eins von ihnen willkürlich als ruhend angenommen wird oder als mit bestimmter Richtung und Geschwindigkeit bewegt, mathematisch feststellen läßt, was man den übrigen an Bewegung oder Ruhe zuschreiben muß, damit die gegebenen Phänomene herauskommen. Wenn demnach die Bewegung nichts anderes als diese relative Lageveränderung enthält, so folgt, daß die Natur uns keinen Grund an die Hand gibt, sie eher dem einen Subjekt als dem anderen zuzuschreiben. Die Konsequenz daraus wird sein, daß es eine reale Bewegung überhaupt nicht gibt. Wir verlangen demnach, um sagen zu können, daß sich »Etwas« bewegt, nicht nur, daß es seine Lage mit Bezug auf ein anderes verändert, sondern außerdem, daß die Ursache der Veränderung, eine Kraft, eine Tätigkeit in ihm enthalten sei.[253]

Zu Art. 26. Aus den Bemerkungen zum vorhergehenden Paragraphen ersieht man, daß die Behauptung Descartes', zur Bewegung gehöre keine größere Tätigkeit des Körpers als zur Ruhe, unhaltbar ist. Allerdings bedarf es einer Kraft, damit das Ruhende gegen andrängende Körper seine Ruhe erhält, doch liegt diese Kraft nicht in ihm selbst, sondern in den Körpern außer ihm, die durch die wechselseitige Kraft ihrer *Bewegung* einander widerstreiten und so bewirken, daß der ruhende Körper in seiner früheren Lage verharren muß.

Zu Art. 32. Soweit bekannt, hat sich zuerst Archimedes in seiner Untersuchung der Spiralen mit der Zusammensetzung der Bewegungen befaßt; zur Erklärung der Gleichheit des Ein und Ausfallwinkels wurde sie sodann zuerst von Kepler in seinen optischen Paralipomenen[254] benutzt, indem er die schräge Bewegung in eine senkrechte und eine horizontale zerlegt, worin ihm, wie überhaupt in der Optik, Descartes gefolgt ist. Der erste, der den außerordentlich umfassenden Nutzen gezeigt hat, den die Zusammensetzung der Bewegungen für die Physik und die Mechanik bietet, ist Galilei.

Zu den Art. 33.–35. Was Descartes an dieser Stelle sagt, ist außerordentlich schön und seines Genies würdig: daß nämlich eine jede Bewegung im erfüllten Raume eine Kreisbewegung bedingt und daß notwendig die Materie durchweg in Teile geteilt ist, die kleiner sind als irgendeine beliebig kleine angebbare Größe. Die Bedeutung dieses letzten Schlusses jedoch scheint er selbst nicht genügend erwogen zu haben.

Zu Art. 36. Daß sich in der Natur stets dieselbe Quantität der Bewegung erhält, ist der berühmteste Satz der Cartesianer. Trotzdem haben sie keinen Beweis dafür gegeben; denn wie schwach der Beweisgrund aus der Beständigkeit Gottes ist, sieht jeder. Denn wenn auch die Beständigkeit Gottes die höchstmögliche ist, er auch keine Veränderung anders als gemäß den Gesetzen einer vorlängst

vorgeschriebenen Ordnung vornimmt, so fragt sich doch, *was* sich
eigentlich seinem Beschlusse gemäß in der Reihe der Weltbegeben-
heiten erhält, ob die Quantität der Bewegung oder irgend etwas
von ihr Verschiedenes, z. B. die Quantität der Kräfte. Von dieser
habe ich bewiesen, daß ihr in Wahrheit die Erhaltung zukommt,
und daß sie sich eben darum von der Quantität der Bewegung unterscheidet, da letztere sich sehr häufig ändert, während die Quantität der Kräfte stets gleich bleibt. Den Beweis hierfür und die
Widerlegung der gegnerischen Einwände kann man an anderer Stelle
nachlesen. [255] Da diese Frage jedoch von großer Bedeutung ist, so
will ich den Kern meiner Anschauung kurz an einem Beispiele aufzeigen. Es seien gegeben zwei Körper, von denen der eine (A) die
Masse 4 und die Geschwindigkeit 1, der andere (B) die Masse 1 und
die Geschwindigkeit O besitzen, d. h. ruhen möge. Nehmen wir
an, oder fingieren wir, daß nunmehr die ganze Kraft des A auf B
übertragen werde, daß also A in Ruhe versetzt wird, B hingegen
sich statt dessen allein bewegt: die Frage ist dann, welchen Ge-
schwindigkeitsgrad B annehmen muß? Nach den Cartesianern müßte es die Geschwindigkeit 4 erhalten; denn auf diese Weise ergäbe
sich die Gleichheit der früheren und der jetzigen Quantität der Bewegung, da das Produkt aus der Masse 4 und der Geschwindigkeit
1 gleich dem aus der Masse 1 und der Geschwindigkeit 4 ist. Meiner Auffassung gemäß muß jedoch B (mit der Masse $=1$) eine Geschwindigkeit $=2$ annehmen, um ebensoviel Kraft zu erhalten,
wie A (mit der Masse 4 und der Geschwindigkeit 1) besaß. Der
Grund hierfür soll so kurz als möglich dargelegt werden, um nicht
den Schein einer grundlosen Behauptung zu erwecken. Ich behaupte
also, daß B nunmehr ebensoviel Kraft wie vorher A besitzt, d. h.,
daß der gegenwärtige und der frühere Zustand an Kraft gleich sein
werden, was zu zeigen sich wohl der Mühe lohnt. Um also tiefer
zu gehen und zunächst die richtige *Methode* jeder numerischen Messung überhaupt darzulegen — was die Aufgabe einer wahrhaft universalen Mathematik ist, die allerdings noch nirgends behandelt ist,
— so ist vor allem offenbar, daß die Kraft verdoppelt, verdreifacht,
vervierfacht wird, wenn der Inhalt der einfachen genau zwei, drei
oder viermal von neuem gesetzt wird. Es haben also zwei Körper,
die an Masse und Geschwindigkeit gleich sind, die doppelte Kraft

wie jeder einzelne für sich. Daraus folgt indes nicht, daß ein Körper mit doppelter Geschwindigkeit nur die doppelte Kraft wie einer, der die einfache hat, besitzt; denn mag hier auch der *Grad der Geschwindigkeit* noch einmal gesetzt sein, so ist doch das *Subjekt*, dem sie zukommt, nicht von neuem wiederholt, wie das in der Tat geschieht, wenn an Stelle eines Körpers ein doppelt so großer oder zwei andere von gleicher Geschwindigkeit treten, in welchem Falle eine vollständige Wiederholung des einen, der Größe wie dem Bewegungszustand nach, erfolgt ist. Analog sind zwei Pfund, die einen Fuß hoch gehoben wurden, der Sache und der Leistungsfähigkeit nach genau das Doppelte wie eines, das auf gleiche Höhe gehoben ist; und zwei gleich gespannte, elastische Körper sind das Doppelte wie einer von ihnen. Sind jedoch die beiden Subjekte, denen die Kraft zukommt, nicht vollkommen homogen und können sie somit nicht derart miteinander verglichen und auf ein inhaltlich gemeinsames Maß ihrer Leistungsfähigkeit zurückgeführt werden, so muß man eine indirekte Vergleichung versuchen, indem man nämlich ihre Wirkungen oder ihm Ursachen, falls diese homogen sind, einander gegenüberstellt.[256] Denn jeder Ursache kommt die gleiche Kraft zu wie ihrer vollen Wirkung, d. h. dem Effekt, den sie dadurch erzeugt, daß sie ihre Kraft verbraucht. Da also in dem Falle, von dem oben die Rede war, die beiden Körper: A (mit der Masse 4 und der Geschwindigkeit 1) und B (mit der Masse 1 und der Geschwindigkeit 2) an und für sich nicht im strengen Sinne vergleichbar sind und sich kein kraftbegabtes Subjekt angeben läßt, aus dessen einfacher Wiederholung beide hervorgingen, so müssen wir sie in ihren Wirkungen betrachten. Setzen wir z. B., es wären zwei schwere Körper, so wird A, wenn es seine Richtung nach oben wendet, sich vermöge seiner Geschwindigkeit (=1) zur Höhe von einem Fuß erheben, während B mit der doppelten Geschwindigkeit bis zu 4 Fuß steigen wird, wie dies von Galilei und anderen bewiesen ist. In jeder dieser beiden Wirkungen wird die Kraft vollständig verbraucht, beide sind somit ihrer wirkenden Ursache gleich. Ferner aber sind die Wirkungen selbst, nämlich die Erhebung von 4 Pfund auf 1 Fuß Höhe und die von einem Pfund auf vier Fuß, ihrer Kraftleistung nach offenbar untereinander gleich, somit schließlich auch ihre Ursachen: der Körper A mit der Masse 4 und der Geschwindigkeit 1 und B mit der Masse 1 und der Geschwindigkeit 2, was behauptet wurde. Leugnet jemand den Satz, daß dieselbe Kraft dazu gehört, 4 Pfund auf 1 Fuß und 1 Pfund auf 4 Fuß zu erheben, daß also beide Wirkungen äquivalent sind, — obgleich dies wohl fast allgemein zugestanden wird[257], so kann man ihn vermittels desselben Prinzips überzeugen. Denn denken wir uns eine Waage mit ungleichen Hebelarmen, so werden hier, wenn auf der einen Seite ein Gewicht von einem Pfund um vier Fuß herabsinkt, auf der anderen Seite genau vier Pfund um einen Fuß gehoben werden, und es ist nicht möglich, darüber hinaus noch etwas zu leisten, so daß also die Wirkung die Kraft der Ursache genau verbraucht und ihr somit an Leistungsfähigkeit gleich sein wird. Also zusammenfassend: Wenn die gesamte Kraft des A (mit der Masse 4 und der Geschwindigkeit 1) auf B (= 1) übertragen werden soll, so muß B die Geschwindigkeit 2 annehmen, oder, was auf dasselbe hinausläuft, wenn B von der Ruhe zur Bewegung, A umgekehrt von der Bewegung zur Ruhe übergehen soll, so muß, alle übrigen Umstände gleichgesetzt, die ursprüngliche Geschwindigkeit, die auf eine viermal kleinere Masse übergeht, sich verdoppeln. Nähme jedoch B, das gleich einem Viertel von A ist, wie man gemeinhin glaubt, die vierfache Geschwindigkeit an, so erhielten wir ein *perpetuum mobile*, d. h. eine Wirkung, die ihre Ursache an Leistungsfähigkeit übertrifft. Denn die Bewegung von A konnte nur die Erhebung von 4 Pfund auf 1 Fuß oder von 1 Pfund auf 4 Fuß Höhe bewirken, die von B jedoch könnte 1 Pfund auf 16 Fuß erheben; — die Höhen nämlich verhalten sich wie die Quadrate der Geschwindigkeiten, vermöge deren sie erreicht werden können, und so hebt die vierfache Geschwindigkeit zu einer 16fachen Höhe. So könnten wir jetzt also mit Hilfe des B nicht nur A wieder auf die Höhe von 1 Fuß zurückbringen, von der herabfallend es seine frühere Geschwindigkeit erhalten würde, sondern auch noch verschiedenes andere zustande bringen. Das heißt aber das mechanische perpetuum mobile verwirklichen, da in diesem Falle die erste Kraft vollständig zurückgewonnen und trotzdem noch etwas darüber hinaus geleistet würde. Daß nämlich die Voraussetzung selbst, die Übertragung der *ganzen* Kraft des A und B, sich niemals völlig verwirklichen läßt, tut nichts zur Sache, da es sich hier nur um die richtige *Methode* der Messung als solcher handelt, d. h. um die Frage, welche Geschwindigkeit B, eben dieser Voraussetzung gemäß, annehmen müßte. Auch dann, wenn die Kraft nur zu einem Teil übertragen wird, zu einem anderen dagegen zurückbleibt, ergeben sich notwendig dieselben Widersinnigkeiten. Denn wenn die Quantität der Bewegung erhalten bleiben soll, so ist es klar, daß die der Kräfte sich nicht stets erhalten kann, da die erstere bekanntlich nach dem Produkt aus Masse und Geschwindigkeit, die letztere dagegen, wie wir gezeigt haben, nach dem Produkt aus der Masse und der Höhe zu messen ist, zu welcher der schwere Körper vermöge seiner Kraft gehoben werden kann, die Höhen aber sich wie die Quadrate der Geschwindigkeiten verhalten. Man kann indes folgende Regel aufstellen: Es erhält sich dieselbe Quantität der Kräfte wie der Bewegung, wenn die Körper vor wie nach dem Zusammenstoße sich nach denselben Richtungen bewegen, imgleichen, wenn die zusammenstoßenden Körper gleich sind.[258]

Zu den Art. 37 und 38. Es ist ein durchaus wahres und unbezweifeltes Naturgesetz, daß ein Ding, soviel an ihm selbst liegt, stets in demselben Zustande verharrt, wie das auch Galilei, Gassendi und eine Reihe anderer Forscher längst behauptet haben. Es ist daher seltsam, daß manche auf den Gedanken gekommen sind, die Fortsetzung der Bewegung eines geworfenen Körpers rühre von der Luft her, — ohne zu bedenken, daß man alsdann mit gleichem Rechte wiederum nach dem Grunde für die Fortsetzung der Bewegung der Luft suchen müßte. Denn diese könnte nicht, wie jene wollen, den geschleuderten Stein vorwärts treiben, wenn sie nicht die Kraft hätte, die einmal angenommene Bewegung fortzusetzen und hierin von dem Widerstand des Steines gehindert würde.

Zu Art. 39. Das schöne Gesetz, dem gemäß Körper, die sich kreisförmig oder in einer beliebigen Kurve bewegen, sich in der Tangente zu entfernen streben, hat Kepler nicht nur beobachtet — denn hierin mögen ihm andere vorangegangen sein — sondern er hat von ihm bereits denjenigen Gebrauch gemacht, den ich zur Erläuterung der Ursache der Schwere für wesentlich halte, wie dies aus der *Epitome astronomiae Copernicanae* erhellt.[259] Descartes hat dieses Gesetz richtig aufgestellt und ausgezeichnet erläutert, es jedoch nicht bewiesen, was man von ihm eigentlich erwarten durfte.

Zu den Art. 40–44. In den Artikeln 37 und 39 wies Descartes zwei Naturgesetze nach, die durchaus wahr sind und sozusagen durch ihr eigenes Licht unmittelbar erhellen. Das dritte dagegen scheint mir nicht nur aller Wahrheit, sondern auch aller Wahrscheinlichkeit so sehr zu widersprechen, daß ich mich wundere, wie es nur einem so bedeutendem Manne in den Sinn gekommen ist. Dennoch aber baut er auf ihm alsbald seine Bewegungs und Stoßregeln auf und läßt alle Ursachen der besonderen Veränderungen der Körperwelt in ihm enthalten sein. Ein Körper — so lautet das Gesetz — der mit einem anderen, stärkeren zusammentrifft, verliert nichts von seiner Bewegung, sondern ändert nur seine Richtung, kann jedoch umgekehrt von der Bewegung des stärkeren etwas annehmen. Trifft er dagegen mit einem schwächeren zusammen, so gibt er soviel Bewegung ab, als er auf diesen überträgt. Daß jedoch ein Körper bei seinem Zusammenstoß mit einem stärkeren nichts von seiner Bewegung verliert, sondern seine Geschwindigkeit beibehält oder vermehrt, gilt in Wahrheit nur für den Fall, daß beide sich im entgegengesetzten Sinne direkt auf einander zu bewegen. Holt dagegen ein schwächerer, aber schnellerer Körper einen stärkeren, langsameren, der vor ihm hergeht, ein und stößt mit ihm zusammen, dann ergibt sich das Gegenteil und es zeigt sich allgemein, daß die Geschwindigkeit des ersten Körpers sich durch den Stoß verringert. Denn angenommen, er setzte seine Bewegung nach dem Stoße fort, so könnte er sie doch jedenfalls nicht mit der früheren Geschwindigkeit fortsetzen, ohne diese auch dem Körper vor ihm mitzuteilen, in welchem Falle sich jedoch die Summe der Kraft im Ganzen vermehren würde. Ruht er aber nach dem Stoße, so ist für sich klar, daß durch den Stoß seine Geschwindigkeit vermindert, weil überhaupt aufgehoben worden ist. Die Ruhe tritt aber bei *elastischen* Körpern — die ich hier stets meine — ein, wenn das Verhältnis des Überschußes des eingeholten Körpers über den einholenden zur Masse des einholenden Körpers zweimal so groß ist wie die Proportion zwischen der Geschwindigkeit des eingeholten zur Geschwindigkeit des einholenden Körpers.[260] Wenn schließlich der anlaufende Körper nach dem Zusammentreffen zurückgeworfen wird, so erhellt wiederum, daß seine Bewegung geringer ist als vorher. Denn wollten wir uns seine Geschwindigkeit vermehrt oder auch nur in gleicher Größe erhalten denken, so würde — da der vorangehende Körper inzwischen durch den Impuls einen Geschwindigkeitszuwachs erhalten hat, — die Gesamtsumme der Kräfte wiederum vermehrt sein, was widersinnig ist. Wenn aber jemand zur Rechtfertigung Descartes' sein drittes Stoßgesetz nur auf Körper beziehen wollte, die in entgegengesetzter Richtung aufeinander treffen, so will ich dies gerne gelten lassen; man muß alsdann jedoch zugeben, daß der Fall des Zusammenstoßes gleich gerichteter Körper von ihm nicht vorgesehen ist, obwohl er, wie bereits bemerkt, selbst erklärt, sein Gesetz erstrecke sich auf alle besonderen Fälle. Auch umfaßt die Beweisführung, die der Artikel 41 anstrebt, wenn sie richtig ist, alle Arten des Stoßes gleichgerichteter wie entgegengesetztgerichteter Körper. Sie hat jedoch, wie ich glaube, nicht einmal den Schein eines Beweises für sich. Allerdings gebe ich zu, daß die Größe und die Richtung der Bewegung sich unterscheiden lassen, und daß sich bisweilen die eine ändert, während die andere sich erhält; andrerseits aber ist es eine Tatsache, daß nicht selten beide sich zugleich ändern. In der Tat wirken beide zusammen, um sich gegenseitig zu erhalten, und der Körper strebt mit seiner ganzen Kraft und Bewegungsquantität dahin, die Bestimmtheit seiner Richtung beizubehalten.[261] Ein Geschwindigkeitsverlust bei gleichbleibender Richtung betrifft auch die Richtungsbestimmtheit selbst; denn ein Körper, der nach derselben Richtung langsamer fortschreitet, hat einen geringeren Grad von Bestimmtheit, sie festzuhalten. Ferner wird ein Körper A, wenn er auf einen ruhenden, kleineren Körper B stößt, mit verringerter Bewegung in derselben Richtung fortschreiten, wenn er dagegen auf einen gleich großen ruhenden trifft, so wird er zum Stillstand kommen, so daß er selbst ruht und seine ganze Bewegung auf B überträgt; wenn endlich B ruhend und größer als A, oder auch ihm gleich, aber von entgegengesetzter Tendenz ist, dann wird A völlig zurückgeworfen.[262] Hieraus ergibt sich, daß ein größerer Widerstand nötig ist, um A in entgegengesetzter Richtung zurückzuwerfen, als um es zur Ruhe zu bringen: was Cartesischen Aufstellungen völlig widerstreitet. Denn ein größerer Widerstand liegt vor, wenn das entgegenstehende Hemmnis größer oder seine Tendenz nach der entgegengesetzten Richtung stärker ist. Der Satz aber, daß die Bewegung als ein einfacher Zustand fortdauert, bis sie durch eine äußere Ursache vernichtet wird, gilt nicht nur von der Quantität, sondern auch von der Richtungsbestimmtheit der Bewegung. Auch diese Bestimmtheit des Körpers oder sein Streben, nach einer gegebenen Seite fortzuschreiten, hat ihre eigene Quantität, die sich leichter vermindern als überhaupt aufheben, d. h. auf die Ruhe zurückführen läßt, und sich weiterhin leichter (d. h. durch ein geringeres Hemmnis), aufheben und anhalten, als in die entgegengesetzte, rückgewandte Bewegung verkehren läßt, wie wir soeben bemerkt haben. Mag daher auch die Bewegung als solche und ihrem Begriffe nach der Bewegung nicht entgegengesetzt sein, so leistet doch hier die bestimmte, gegenwärtige Einzelbewegung und der Fortschritt in der einen Richtung dem Fortschritt in der entgegengesetzten Widerstand, und es gehört, wie gezeigt, eine geringere Veränderung und ein geringeres Hemmnis dazu, den Fortschritt zu vermindern, als ihn völlig aufzuheben und ihn in sein Gegenteil umzugestalten. Descartes' Beweisführung kommt mir daher etwa so vor, als wollte einer spitzfindig dartun, daß zwei Körper, die gegeneinander einen Druck ausüben, niemals zerbrechen und in Stücke gehen können, sondern sich stets biegen und ihre Gestalt einander anpassen müssen: da ja doch die Materie von der Figur unterschieden und hier nicht die eine *Materie* der anderen, sondern nur die eine *Figur* der anderen entgegengesetzt sei.[263] Da nun ferner — so könnte er weiter folgern — die Quantität der Materie im Körper bei der Gestaltveränderung erhalten bleiben kann, so muß sich in diesem Falle allein die Figur des Körpers ändern, ohne daß seine Größe abnimmt. Hätte Descartes bedacht, daß jeder Körper, der auf einen anderen stößt, bevor er zurückgeworfen wird, zunächst in seinem Fortschreiten nachläßt, dann zum Stillstand kommt und erst zuletzt zurückprallt, daß er also nicht sprung-, sondern gradweise von einer Bestimmung zur entgegengesetzten übergeht, so würde er uns andere Bewegungsregeln gegeben haben. Denn es ist zu beachten, daß jeder Körper, so hart er auch ist, dennoch einen bestimmten Grad von Biegsamkeit und Elastizität besitzt,[264] etwa wie ein von der Luft aufgeblasener Ball, der, wenn er zu Boden fällt oder von einem Steinchen getroffen wird, etwas nachgibt, bis die Kraft des Stoßes sich allmählich abschwächt und schließlich ganz aufhört, worauf der Ball seine frühere Gestalt wieder annimmt, den Stein, der ihm nun keinen Widerstand mehr leistet, fortschleudert oder sich vom Boden, auf den er niedergefallen war, selbst wieder erhebt. Daß etwas Ähnliches bei jedem Zusammenprallen geschieht, wenn auch die Pressung und die Wiederherstellung des ursprünglichen Zustandes nicht sinnlich wahrnehmbar ist, läßt sich durch sichere Anzeichen aus der Erfahrung entnehmen. Descartes aber — des Nachruhmes zu sicher — hat in seinen Briefen die Erklärung der Reflexion durch die elastische Kraft, die von Hobbes zuerst gegeben wurde, stolz und verächtlich abgewiesen.[265] Was aber den Beweis des zweiten Teiles seines angeblichen Naturgesetzes betrifft, der im Artikel 42 versucht wird, und der davon ausgeht, daß ebensoviel Bewegung, wie dem einen der Körper beim Stoße entzogen wird, zu dem anderen hinzukommt, — so bedarf er keiner neuen Untersuchung, da er auf der Annahme der Erhaltung der Bewegungsquantität beruht, die ich früher bereits (im Art. 36) als irrig nachgewiesen habe.

Zu Art. 45. Bevor ich zur Untersuchung der besonderen Bewegungsgesetze unseres Autors schreite, will ich ein allgemeines Kriterium feststellen und einen Prüfstein für sie geben, den ich als »Gesetz der Kontinuität« zu bezeichnen pflege. Die Sache selbst habe ich schon vor langer Zeit an anderer Stelle behandelt,[266] doch soll sie hier von neuem aufgenommen und ausführlicher untersucht werden. Wenn nämlich zwei Hypothesen oder zwei verschiedene gegebene *Bedingungen* sich kontinuierlich einander nähern, bis sie schließlich beide zusammenfallen, so müssen notwendig auch die *Resultate*, die diesen Bedingungen entsprechen, sich kontinuierlich nähern und endlich ineinander übergehen und umgekehrt. Läßt man z. B. bei einer Ellipse den einen Brennpunkt fest, während man den anderen sich von ihm mehr und mehr auf der Achse fortbewegen läßt, dann werden die neuen, auf diese Weise entstehenden Ellipsen sich stetig der Parabel annähern und schließlich ganz in diese übergehen, wenn nämlich der bewegte Brennpunkt unendlich fern ist. Es werden daher auch die Eigenschaften solcher

Ellipsen sich mehr und mehr denen der Parabel annähern, ja schließlich mit diesen zusammenfallen. Die Parabel wird somit als Ellipse, deren einer Brennpunkt unendlich fern ist, angesehen werden können, und alle Eigenschaften der Ellipse überhaupt werden sich auch an ihr, als einem Sonderfall, finden lassen. Von Beispielen dieser Art ist die Geometrie voll: aber auch die Natur, deren Schöpfer vermöge seiner Weisheit die vollkommenste Geometrie ausübt, befolgt dies Gesetz, da in ihr sonst kein geordneter Fortschritt bestehen könnte. So geht die allmählich abnehmende Bewegung schließlich in die Ruhe und die stetig verminderte Ungleichheit in die genaue Gleichheit über, so daß die Ruhe als unendlich kleine Bewegung oder unendlich große Langsamkeit, die Gleichheit als eine unendlich kleine Ungleichheit angesehen werden kann, somit alles, was von der Bewegung oder der Ungleichheit überhaupt erwiesen ist, nach dieser Auffassung auch von der Ruhe und der Gleichheit gelten muß, und die Regeln für beide in gewisser Weise als ein Sonderfall der Regeln für die Bewegung oder für die Ungleichheit gedacht werden können. Gelingt dies nicht, so kann man sicher sein, daß die Regeln nicht miteinander übereinstimmen und schlecht gefaßt sind...

Zu Art. 46. Wir wollen nunmehr die Cartesischen Bewegungsregeln betrachten, die wir uns für elastische Körper geltend denken, die durch keine äußeren Hindernisse in ihrer freien Beweglichkeit gehemmt sind.

Regel 1. »Wenn zwei gleiche Körper B und C mit gleicher Geschwindigkeit unmittelbar aufeinander stoßen, so werden sie beide mit ihrer früheren Geschwindigkeit zurückgeworfen.« Diese erste Cartesische Bewegungsregel allein ist vollständig richtig und läßt sich folgendermaßen beweisen. Da beide Körper zueinander wechselseitig im selben Verhältnis stehen, so werden sie entweder beide ihre Bewegung fortsetzen, sich also durchdringen, was widersinnig ist, oder aber beide ruhen, womit jedoch ihre Kraft verloren ginge, oder endlich beide zurückprallen und zwar mit der früheren Geschwindigkeit. Denn wenn sich die Geschwindigkeit des einen verringerte, so müßte wegen der Gleichheit aller Verhältnisse auch die des anderen abnehmen, damit aber die Gesamtsumme der Kräfte sich vermindern, was unmöglich ist.

Zu Art. 47. *Regel 2.* »Wenn B und C mit gleichen Geschwindigkeiten aufeinander treffen, B jedoch größer ist, dann wird C allein zurückgeworfen, B dagegen setzt seine Bewegung fort, so daß nunmehr beide Körper, und zwar mit ihrer früheren Geschwindigkeit, in der Richtung von B fortschreiten.« Diese Regel ist falsch und stimmt mit der vorhergehenden nicht überein, wie aus dem eben angegebenen Kriterium erhellt. Denn wird die Ungleichheit oder der Überschuß des B über C stetig verringert, bis schließlich völlige Gleichheit eintritt, so wird auch das Resultat, das dem Falle der Ungleichheit entspricht, sich dem Resultate der Gleichheit stetig nähern müssen. Nehmen wir also an, der Überschuß des B über C sei zunächst so groß, daß B trotz des Gegenstoßes seine Bewegung fortsetzt, so muß doch notwendig, wenn B allmählich abnimmt, auch sein Fortschreiten sich stetig verringern, bis man zu einem bestimmten Verhältnis von B zu C gelangt, wobei B vollkommen zum Stillstand kommt. Bei weiterer Abnahme wird B endlich zur entgegengesetzt gerichteten, allmählich wachsenden Bewegung übergehen, bis man, nachdem die Ungleichheit zwischen B und C ganz geschwunden ist, auf die Regel für die Gleichheit kommt, der gemäß — wie der erste Satz ergab — der Rückprall nach dem Stoß mit derselben Geschwindigkeit wie die anfängliche Vorwärtsbewegung erfolgt.

Es kann daher diese zweite Cartesische Regel nicht zu Recht bestehen. Denn nach ihr bleiben, wie sehr man auch B vermindern mag, um es der Größe von C anzunähern und ob auch der Unterschied zwischen beiden beinahe unter jeden angebbaren Grad sinken mag, die Ergebnisse für das Verhältnis der Gleichheit und der Ungleichheit dennoch stets im höchsten Grade verschieden und nähern sich einander nicht allmählich, da B stets in derselben Richtung mit derselben Geschwindigkeit seine Bewegung fortsetzt, solange es auch nur ganz wenig größer ist als C. So kommt es, daß man noch zuletzt, gleichsam im Handumdrehen, den Fehler wieder gutmachen muß, und daß eine noch so geringfügige Änderung der Bedingungen einen gewaltigen Sprung in den Ergebnissen nach sich zieht. Wenn nämlich schließlich der Überschuß des B über C völlig aufhört, die unbestimmt kleine Größe, die beide noch unterschied, also ganz wegfällt, so gelangt man unmittelbar von den verschiedenen Arten des Fortschreitens zu denen des Rückpralls, wobei eine Unendlichkeit von Zwischenstufen wie mit einem Sprunge überschritten wird und zwei Fälle, deren Differenz den vorgegebenen Bedingungen nach kleiner als jede angebbare Größe ist, in den zugehörigen Ergebnissen einen höchst bedeutenden Unterschied aufweisen. Die beiden Fälle begegnen also einander erst im letzten Moment, so daß in ein und demselben Zeitpunkt ihre Annäherung beginnt und zugleich — mit ihrem gänzlichen Zusammenfallen — aufhört: dies aber widerstreitet der Vernunft.[267] Hier wird sich daher auch die Regel für die Gleichheit oder die unendlich kleine Ungleichheit nicht unter die allgemeine Regel für die Ungleichheit überhaupt einbegreifen lassen. Wenn demnach zwei Körper B und C, die einander gleich sind und mit gleicher Geschwindigkeit aufeinander treffen (nach Regel 1), beide mit der früheren Geschwindigkeit zurückprallen, so muß, bei einer unbedeutenden Vermehrung von B, oder — wenn B konstant bleibt — bei einer Verminderung von C, eine gewisse Änderung im Ergebnisse erfolgen, wodurch dies sich dem Resultat nähert, das bei der größten Verminderung des C, d. h. seiner völligen Aufhebung, eintreten würde. Angenommen nun, C sinke unter den Wert von B, so lassen sich die beiden äußersten Extreme dieses Prozesses: der Fall der totalen Gleichheit, in welchem der totale Rückstoß von B eintritt und der Fall des völligen Verschwindens von C, in dem der ungehinderte Fortschritt von B erfolgt, einander nur dadurch annähern, daß wir die Geschwindigkeit des Rückstoßes von B allmählich vermindern. Läßt man also den Unterschied zwischen B und C immer mehr anwachsen, so wird B endlich ein solches Übergewicht erlangen, daß es überhaupt nicht mehr zurückprallt, sondern zwischen Rück- und Vorwärtsschreiten, gleichsam in der Mitte schwebend, einhält; vermehrt man es noch weiter, so wird es jetzt in seiner früheren Richtung fortschreiten, wenngleich keine noch so große Vermehrung der Masse von B verhindern kann, daß die Geschwindigkeit seiner Fortbewegung sich durch den Gegenstoß abschwächt; außer in dem Falle, daß sein Verhältnis zu C unendlich groß, C also 0 wird. Dies ist in der Tat das wirkliche Verhalten ungleicher Körper, die mit gleicher Geschwindigkeit einander begegnen: in innerer Übereinstimmung aller Fälle untereinander und mit den Forderungen der Vernunft. Die genaue Größenbestimmung der verbleibenden Geschwindigkeiten aber gehört nicht hierher, da sie eine tiefere Spezialuntersuchung verlangt, die anderwärts[268] von mir angestellt worden ist.*

Zu Art. 54 und 55. Die Erklärung, daß diejenigen Körper *flüssig* sind, deren Teilchen in verschiedenartigen Bewegungen nach allen Seiten streben, *hart* dagegen die, deren Teile relativ zu einander ruhen, und daß die Materie durch kein anderes Bindemittel zusammengehalten wird, als durch die relative Ruhe der einzelnen Teile, halte ich nicht für ganz richtig, wenn auch etwas Wahres in ihr liegt. Daß die Härte oder, wie ich mich lieber allgemeiner ausdrücken möchte, die Festigkeit, die auch den weichen Körpern in einem bestimmten Grade zukommt, allein von der Ruhe herrührt, schließt Descartes daraus, daß das Bindemittel oder der Grund der Kohäsion kein Körper sein kann, — denn sonst würde die Frage wiederkehren — somit ein Modus des Körpers sein muß. Richtig; nun aber gibt es keine andere Modifikation des Körpers, die hierzu geeignet wäre als die Ruhe. Warum aber? — weil sie den höchsten Gegensatz gegen die Bewegung bildet! Es ist erstaunlich, daß man einen Schluß von solcher Bedeutung so leichthin und oberflächlich, ja so sophistisch abtut. Der Syllogismus würde lauten: Die Ruhe ist der Modus des Körpers, der den größten Gegensatz zur Bewegung bildet; — derjenige Modus des Körpers aber, der den größten Gegensatz zur Bewegung bildet, ist die Ursache der Festigkeit. — Also ist sie die Ursache der Festigkeit.[269] Es sind jedoch beide Prämissen falsch, wenn sie auch einen schwachen Schein von Wahrheit für sich haben. Es kommt bei Descartes nur allzuhäufig vor, daß er durchaus unsichere Voraussetzungen als ganz gewiß hinstellt und den leichtgläubigen Leser mit diktatorischer Kürze abfertigt. Auf diese Weise schließt er z. B., daß die Ausdehnung das Wesen der Materie ausmacht, daß das Denken von

---

* Die folgenden Bemerkungen zu Art. 48–53 behandeln die fünf noch übrigen Stoßregeln Descartes'; sie werden hier übergangen, da sie nur wiederholte Anwendungen des allgemeinen Kontinuitätsgesetzes auf besondere Fälle sind, und keinen neuen prinzipiellen Gehalt haben.

der Materie unabhängig ist, und daß in der Natur dieselbe Quantität der Bewegung erhalten bleibt: alles mehr auf bloße Autorität als auf eigentliche Beweisgründe hin. Ich denke doch, daß, wenn eine bestimmte Bewegung gegeben ist, die Bewegung in entgegengesetzter Richtung einen größeren Gegensatz zu ihr bildet als die Ruhe, und daß ein größerer Widerstand nötig ist, einen Körper zurückzuwerfen, als ihn nur zum Stehen zu bringen, wie bei Artikel 47 gezeigt worden ist. Aber auch die andere Prämisse: daß nämlich, was den höchsten Gegensatz zur Bewegung bildet, die Ursache der Festigkeit ist, hätte bewiesen werden müssen. Sollte etwa der Autor einen Prosyllogismus folgender Art im Sinne gehabt haben: die Festigkeit ist der größte Gegensatz gegen die Bewegung; wenn aber etwas den größten Gegensatz zur Bewegung bildet, so gilt dies auch für seine Ursache; — also ist die Ursache der Festigkeit im höchsten Grade der Bewegung entgegengesetzt. In diesem Prosyllogismus sind indessen wiederum beide Prämissen mangelhaft. Erstens leugne ich, daß die Festigkeit der denkbar größte Gegensatz gegen die Bewegung überhaupt ist, — wenngleich sie sich, wie ich zugebe, der *relativen* Verschiebung der Teile untereinander widersetzt, und dies gerade der Umstand ist, nach dessen Ursache hier allein zu fragen war. Ich weiß auch nicht, ob das Axiom zuverlässig ist, nach dem hier von einem Gegensatze in der Wirkung auf einen Gegensatz in der Ursache zurückgeschlossen wird. Gibt es einen größeren Gegensatz als zwischen Leben und Tod, und bildet nicht trotzdem ein Lebendiges sehr häufig die Ursache für den Tod eines Wesens? Auf solche ganz vage, nirgends festumgrenzte philosophische Regeln läßt sich kein Beweis gründen. Es wird vielleicht mancher an dieser Stelle ärgerlich werden und mir vorwerfen, daß ich bedeutende Philosophen gleichsam wieder in die schulmäßigen Bahnen einengen möchte, indem ich syllogistisch gegen sie streite: noch andere werden vielleicht eine Untersuchung, die in so ausgetretenen Bahnen fortschreitet, überhaupt verachten. Ich jedoch habe oft genug erprobt, daß jene großen Philosophen und häufig auch andere in den ernstesten Dingen durch Vernachlässigung dieser kindlich einfachen Logik in Irrtum verfallen, ja, daß dies fast der alleinige Grund ihrer Irrtümer ist.[270] Denn was enthält diese Logik anders, als die allgemeinsten und obersten Vernunftsätze in leicht verständliche Regeln zusammengefaßt? Ich wollte hier einmal an einem Beispiele zeigen, wie wichtig es ist, derartige Schlüsse auf die strenge, vorgeschriebene Form zu bringen, damit die Beweiskraft der einzelnen Argumente ermittelt wird, zumal hier nicht, wie bei der Mathematik, die sinnliche Anschauung der Vernunft zuhilfe kommt und wir es mit einem Schriftsteller zu tun haben, der seine vereinzelten Argumente zu einem gewaltigen Gebäude von Schlußfolgerungen zusammenfügt [...]*

Zu Art. 64. Der Autor schließt den zweiten Teil, der allgemein von den Prinzipien der materiellen Dinge handelt, mit einer Bemerkung, die, wie ich glaube, der Einschränkung bedarf. Er sagt nämlich, zur Erklärung der Naturerscheinungen seien keine anderen Prinzipien nötig als diejenigen, die aus der abstrakten Mathematik, aus der Lehre von der Größe, Gestalt und Bewegung stammen, auch erkenne er keinen anderen Begriff von Materie an als den, der den Gegenstand der *Geometrie* bildet. Ich stimme nun zwar mit ihm vollkommen darin überein, daß alle besonderen Naturerscheinungen, sobald wir sie genügend erforscht haben, mechanisch erklärt werden können, und daß sich auf keine andere Weise eine Einsicht in die Ursachen der materiellen Dinge gewinnen läßt; dennoch aber gebe ich zugleich immer wieder zu bedenken, daß die mechanischen Prinzipien selbst und mit ihnen die allgemeinen Naturgesetze aus höheren Prinzipien entspringen und aus der bloßen Betrachtung der Quantität und der Objekte der Geometrie nicht erklärbar sind, daß in ihnen vielmehr ein Metaphysisches enthalten ist, das von der Anschauung unabhängig und auf eine unausgedehnte Substanz zurückzubeziehen ist. Denn neben der Ausdehnung und ihren mannigfachen Bestimmungen kommt der Materie eine *Kraft* oder ein Vermögen zur Tätigkeit zu, das den Übergang von der Mathematik zur Natur,[271] vom Materiellen zum Immateriellen bildet. Diese Kraft hat ihre eigenen Gesetze, die nicht mehr bloß aus den Prinzipien einer absoluten und sozusagen blinden Notwendigkeit, wie sie in der Mathematik herrscht, sondern aus den Grundsätzen einer vollkommenen Ver-

---

* Es folgen hierauf Leibniz' eigene Erklärung der Festigkeit und andere Erörterungen von Spezialfragen, die hier übergangen werden sollen.

nunft abgeleitet sind. Ist dies jedoch erst einmal im allgemeinen festgestellt, so kann man, wenn es sich um den Grund der besonderen Naturerscheinungen handelt, alles mechanisch entwickeln, und es ist ebenso verkehrt, hier besondere, ursprüngliche Lebenstriebe, wirkende Ideen, substantielle Formen und Seelen zu Hilfe zu nehmen, als es verkehrt wäre, wenn wir uns zur Erklärung der einzelnen Naturerscheinungen auf die oberste Ursache selbst, als einen »Deus ex machina«, und auf den einfachen Willen Gottes berufen würden,[272] was, wie ich mich erinnere, der Verfasser der *Philosophia Moysaica* auf Grund einer falschen Auslegung von Worten der heiligen Schrift tut.[273] Wer dies gehörig erwägt, der wird beim Philosophieren den Mittelweg einhalten und ebenso den Theologen wie den Physikern Genüge leisten; er wird zu der Einsicht gelangen, daß der Fehler der Scholastiker nicht darin bestand, daß sie die unteilbaren Formen überhaupt behandelt haben, sondern darin, daß sie sie auch dort verwandten, wo es sich vielmehr um die Modifikationen, die Organe und Betätigungsweise der Substanz, d. h. um den Mechanismus handelt. Innerhalb der Natur besteht gleichsam ein Staat im Staate, und es gibt in ihr ein doppeltes Reich, das der *Vernunft* und das der *Notwendigkeit*, das der *Formen* und der *materiellen* Teilchen; denn wie von Seelen, so ist auch alles von organischen Körpern erfüllt. Diese Reiche werden, deutlich voneinander geschieden, ein jedes nach eigenem Recht regiert, und so wenig man den Grund für das Bewußtsein und das Streben in den Modifikationen der Ausdehnung, so wenig darf man den Grund für die Ernährung und die übrigen organischen Funktionen in den Formen oder Seelen suchen. Jene höchste Substanz aber, die die universelle Ursache von allem ist, bewirkt vermöge ihrer unendlichen Weisheit und Macht, daß sich beide durchaus verschiedenen Reihen in derselben körperlichen Substanz aufeinander beziehen und vollkommen miteinander übereinstimmen; genau, wie wenn die eine der Einwirkung der anderen gehorchte. Betrachtet man daher die Notwendigkeit der Materie und die Ordnung der wirkenden Ursachen, so wird man hier kein Ereignis ohne anschaulich gegebene Ursache und außerhalb der mathematischen Gesetze des Mechanismus finden; — richtet man dagegen seinen Blick auf die goldene Kette der Zwecke und den Umkreis der

Formen als eine intelligible Welt, so erkennt man, wie hier wegen der Vollkommenheit des höchsten Urhebers die Spitzen der Ethik und Metaphysik in einen Punkt auslaufen und nichts ohne die höchste Vernunft geschieht. Denn Gott ist sowohl mit dem höchsten Formprinzip und der obersten wirkenden Ursache als auch mit dem Endzweck und dem letzten Grund der Dinge identisch. Uns aber kommt es zu, seine Spuren in allen Dingen zu verehren und nicht nur seine Werkzeuge und die Maschine der materiellen Wirkungen zu betrachten, sondern auch den erhabenen Zielen seines herrlichen Kunstwerkes nachzusinnen. Dann werden wir in ihm nicht bloß den Architekten der Körperwelt, sondern vor allem den König der Geister erkennen, dessen Weisheit das All aufs beste verwaltet und es zu einem Gesamtstaat des Universums unter der Herrschaft des mächtigsten und weisesten Monarchen macht. Auch bei den einzelnen Naturerscheinungen wird die Verbindung dieser beiden Betrachtungsweisen den praktischen Bedürfnissen wie der geistigen Vervollkommnung der Wissenschaft wie der Religion am besten dienen.

16.
Gegen Descartes*

Mai 1702

Ich habe zwar bisher noch kein Buch gegen die Cartesische Philosophie im Druck veröffentlicht, doch finden sich verschiedentlich in den Leipziger »Acta Eruditorum« und den französischen und niederländischen Zeitschriften Abhandlungen von mir, in denen ich meine abweichende Ansicht bezeugt habe. Besonders aber — um von dem übrigen für jetzt zu schweigen — habe ich in der Frage nach der Natur des Körpers und den ihm einwohnenden bewegenden Kräften ganz andere Wege einschlagen müssen. Die Cartesianer setzen nämlich das Wesen des Körpers in die bloße Ausdehnung. Ich dagegen bestreite — und zwar in Übereinstimmung mit Aristoteles und Descartes und im Gegensatz zu Demokrit und Gassendi — das Dasein des Leeren, und nehme weiterhin, gegen Aristoteles und mit Demokrit und Descartes an, daß alle Verdünnung und Verdichtung nur scheinbar ist: dennoch aber glaube ich — hierin in Übereinstimmung mit Demokrit und Aristoteles und im Gegensatz zu Descartes, — daß im Körper abgesehen von der Ausdehnung etwas Passives, nämlich ein Prinzip, vorhanden ist, wodurch er der Durchdringung Widerstand leistet. Außerdem aber erkenne ich mit Platon und Aristoteles gegen Demokrit und Descartes im Körper eine tätige Kraft oder ἐντελέχεια an, so daß ich Aristoteles beistimme, wenn er die Natur als das Prinzip der Bewegung und Ruhe definiert. Damit will ich nicht sagen, daß ein ruhender Körper die Bewegung von sich selbst oder von einer Qualität, z. B. der Schwere empfangen könne, sondern bin vielmehr der Ansicht, daß jeder Körper eine bewegende Kraft, ja eine innerliche, wirkliche Bewegung schon vom Ursprunge der Dinge an in sich enthält. Die Ausübung dieser bewegenden Kraft jedoch und die körperlichen Erscheinungen — darin stimme ich Demokrit und Descartes gegen die gewöhnliche scholastische Ansicht bei — lassen sich stets auf mechanische Weise erklären, mit Ausnahme der Ursachen der Bewegungsgesetze selbst, die in einem hö-

---

* [Im Original ohne Titel.] Siehe Gerh. IV, 393 ff.

heren Prinzip, nämlich der Entelechie wurzeln und sich nicht aus der bloßen passiven Masse[274] und ihren wechselnden Zuständen ableiten lassen.

Um jedoch das Verständnis dieser meiner Ansicht zu erleichtern und ihre Gründe deutlicher hervortreten zu lassen: so bestreite ich die Annahme, daß die Natur des Körpers in der bloßen Ausdehnung besteht erstlich deshalb, weil ich in der Entwicklung des Begriffs der Ausdehnung finde, daß er die Beziehung auf ein Etwas einschließt, das sich ausdehnt, und daß er somit die Ausbreitung oder wiederholte Setzung einer bestimmten Wesenheit bezeichnet.[275] Eine jede wiederholte Setzung, d. h. jede Menge identischer Elemente, ist nun entweder *diskret*, wie eine Mehrheit gezählter Dinge, in der sich die einzelnen Teile des Aggregats bestimmt voneinander abheben und unterscheiden lassen, oder aber kontinuierlich, in welchem Falle die Teile unbestimmt sind und auf unendlich verschiedenartige Weise angenommen werden können.[276] Das Stetige aber zerfällt wiederum in zwei Unterarten, sofern es entweder sukzessiv, wie Zeit und Bewegung, oder simultan ist, d. h. aus gleichzeitig existierenden Teilen besteht, wie Raum und Körper. Und wie wir im Begriff der Zeit nichts anderes denken als die Gliederung oder Reihenfolge der Veränderungen, die in ihr vorgehen können, so verstehen wir auch unter dem Raum nichts anderes als die mögliche Gliederung der Körper. Sagt man daher, der Raum dehne sich aus, so ist damit dasselbe gemeint, wie wenn man sagt, die Zeit dauere oder die Zahl werde gezählt. In Wahrheit nämlich enthalten Zeit und Raum nicht mehr als Dauer und Ausdehnung: wie jedoch der Zeitinhalt in sukzessiven Veränderungen besteht, so enthält der Körper mannigfaltige Bestimmungen, die zugleich bestehen und sich nebeneinander ausbreiten können. Da nämlich die Ausdehnung nichts anderes als die kontinuierliche und simultane, die Dauer nichts anderes als die sukzessive Wiederholung ist, so kann man überall dort von Ausdehnung sprechen, wo sich ein und dieselbe Wesenheit über eine Vielheit erstreckt und zerstreut — wie dies im Golde mit der Dehnbarkeit, der spezifischen Schwere und der gelben Farbe, in der Milch mit der Weiße, im Körper ganz allgemein mit dem Widerstand oder der Undurchdringlichkeit der Fall ist.[277] Allerdings bieten Farbe,

Gewicht, Dehnbarkeit und ähnliche Bestimmungen, die nur dem Anschein nach homogen verteilt sind, auch nur scheinbar ein Beispiel jener stetigen Ausbreitung, da sie sich nicht in beliebig kleinen Teilen wiederfinden, und die Ausdehnung des Widerstands durch die Materie hin verdient daher, streng genommen, allein diesen Namen. Hieraus erhellt aber, daß die Ausdehnung kein absolutes Prädikat, sondern relativ zu dem Inhalte ist, der sich ausdehnt oder verbreitet, daß sie sich daher von diesem Inhalte und dieser Wesenheit so wenig abtrennen läßt wie die Zahl von dem gezählten Gegenstande. Wenn manche sie als ein absolutes, ursprüngliches Attribut des Körpers angesehen haben, gleichsam als etwas Irrationales, das keiner weiteren begrifflichen Zerlegung fähig ist, so sind sie, weil ihnen die echte Methode der Analysis fremd war, fehlgegangen und in Wahrheit wieder zu den verborgenen Qualitäten zurückgekehrt, die sie sonst so verachten: scheint es doch nach ihnen, als wäre die Ausdehnung etwas Unerklärbares.

Es fragt sich nun, wie die Wesenheit, deren Ausbreitung den Körper konstituiert, näher zu bestimmen ist. Durch die Ausbreitung der Widerstandskraft wird, wie schon erwähnt, die *Materie* konstituiert, da aber nach unserer Ansicht im Körper noch etwas anderes als die Materie enthalten ist, so fragt sich, worin dessen Natur besteht. Wir behaupten nun, daß seine Wesenheit einzig und allein ἐν τῷ δυναμικῷ, d. h. in einem ursprünglichen, inneren Prinzip der Veränderung und der Beharrung bestehen kann. Die Physik wendet daher die Prinzipien *zweier* mathematischer Wissenschaften an und ist ihnen beiden: der *Geometrie* wie der *Dynamik* untergeordnet; — die Grundbegriffe der letzteren Wissenschaft, die bisher noch nicht ausreichend behandelt worden sind, habe ich an anderer Stelle künftig zu geben versprochen. Die Geometrie selbst aber, als die Wissenschaft der Ausdehnung, untersteht wiederum der Arithmetik, da die Ausdehnung, wie oben hervorgehoben, eine Wiederholung oder eine Vielheit einschließt, während die Dynamik der Metaphysik, die von Ursache und Wirkung handelt, untergeordnet ist [...]*

---

* Die folgenden Entwicklungen geben Leibniz' nähere Bestimmung des Kraftbegriffs und seine genauere Sonderung in aktive und passive, primitive

Bevor ich schließe, möchte ich noch hinzufügen, daß Descartes selbst im Gegensatz zu den meisten seiner Anhänger, die die Formen und Kräfte in den Körpern unbedingt und kategorisch verwerfen, sich maßvoller ausgedrückt und nur gesagt hat, er finde keinen Grund, von ihnen Gebrauch zu machen. Nun gebe ich zu, daß sie mit Recht zurückzuweisen wären, wenn sie keine Anwendung zuließen, aber eben hierin hat sich Descartes, wie gezeigt, geirrt. Denn nicht nur sind in den Entelechien oder in dem δυναμικόν die Prinzipien des Mechanismus, von denen alle körperlichen Erscheinungen beherrscht werden, enthalten, sondern es laßt sich auch, wie ich dies in den »Acta Eruditorum« dem berühmten Johann Christoph Sturm gezeigt habe, der in seiner eklektischen Physik[278] meine Lehre — ohne sie jedoch ganz richtig erfaßt zu haben — bekämpft hatte, durch einen zweifellosen Beweis dartun: daß es unter der Voraussetzung durchgehender Raumerfüllung unmöglich wäre, irgendeine Veränderung wahrzunehmen, wenn in der Materie nichts anderes vorhanden wäre als die Masse selbst und die wechselseitige Verschiebung ihrer Teile. Denn alsdann würden stets nur äquivalente Zustände einander ablösen, und es gäbe, wenn man von dem Streben der Körper und ihrer Tendenz auf das Künftige absieht, wenn man also die Entelechien beiseitesetzt, kein Mittel, den momentan gegebenen Zustand der Dinge in einem bestimmten Zeitpunkt von dem Zustand eines be-

und derivative Kraft. Wiederum wird betont, daß die empirische Erklärung der Erscheinungen sich einzig auf ihre mechanische Ableitung, also ihre Zurückführung auf derivative Kräfte zu beschränken hat, während von dem Begriff der primitiven Kraft oder »Form« in der Naturwissenschaft gänzlich abzusehen ist. Das Grundgesetz der Physik, der Satz von der Erhaltung der Kraft, bezieht sich lediglich auf die derivativen Kräfte. In der Erörterung dieses Gesetzes weist Leibniz von neuem auf die beiden Grundmängel der Cartesischen Physik: auf die Gleichsetzung von Kraft und Bewegungsgröße sowie auf die Verletzung des Stetigkeitsprinzips hin. Wir übergehen diese Darlegungen, da sie durchweg Gedanken wiederholen, die früher — bereits im *Specimen dynamicum* — ausführlicher entwickelt worden sind und wenden uns sogleich zu der Schlußbemerkung des Aufsatzes.

[Diese Schlußbemerkung hat Leibniz, nach Gerhardt, in einer Note hinzugefügt.]

liebigen anderen Moments zu unterscheiden.[279] Dies mag wohl Aristoteles erkannt haben, wenn er außer der Ortsbewegung noch eine andere Art der Veränderung für notwendig hält, um den Erscheinungen Genüge zu tun. Alle Veränderungen aber werden, wenngleich sie anscheinend vielfältig sind, genau wie die Qualitäten in der endgültigen Analysis schließlich allein auf die Variation von Kräften zurückgeführt. Denn auch alle Qualitäten der Körper, d. h. abgesehen von der Figur, alle ihre realen, stabilen Beschaffenheiten, die also nicht, wie die Bewegung, bloß in einem Übergang bestehen, sondern, wenngleich auf die Zukunft bezogen, doch im Zeitmoment als gegeben und bestimmt angesehen werden, lassen sich vermittels der Analysis schließlich auf Kräfte zurückführen.[280] Hebt man ferner die Kräfte auf, so verbleibt der Bewegung nichts Reales mehr: denn aus der bloßen Veränderung der Lage läßt sich nicht bestimmen, wo die wahre Bewegung oder der Grund der Veränderung zu suchen ist.[281]

17.

Kritik der philosophischen Prinzipien des Malebranche

*Entretien de Philarète et d'Ariste, suite du premier
entretien d'Ariste et de Théodore**

1711

Ariste. Erstlich hat Théodore unternommen, mir zu zeigen, daß
jenes »Ich, welches denkt« in keinem Falle ein Körper ist, weil Gedanken nicht Bestimmungen der Ausdehnung sind, in dieser aber
das Wesen des Körpers besteht. Ich bat ihn, mir zu beweisen, daß
mein Körper nichts als Ausdehnung ist und mir schien auch, als
glückte ihm dieser Beweis, der mir jetzt jedoch durch irgendeinen
Umstand entfallen ist. Doch ich komme nach und nach wieder darauf. Die Ausdehnung, so sagte er wohl, genügt, um den Körper
zu bilden und ihre Aufhebung durch Gott würde auch die Vernichtung des Körpers zur Folge haben.

Philarète. Die Philosophen werden, soweit sie nicht Cartesianer sind, nicht zugeben, daß die Ausdehnung genügt, um einen
Körper zu bilden. Sie werden noch ein anderes Etwas fordern, das
die Alten »Antitypie« nannten, und das den Grund der Undurchdringlichkeit des Körpers enthält. Die Ausdehnung gibt nach ihnen nur den Ort oder den Raum, in dem die Körper sich befinden.
Mir scheint in der Tat, daß Descartes und seine Anhänger in ihren Versuchen, diese Ansicht zu widerlegen, sich nur auf willkürliche Annahmen, oder, um die Sache beim richtigen Namen zu
nennen, auf eine petitio principii stützen.

Ariste. Beweist denn aber nicht der Umstand, daß der Körper
vernichtet wird, wenn man die Ausdehnung in Gedanken aufhebt,
daß nur in ihr seine Wesenheit besteht?

---

* Die folgende Abhandlung ist — entsprechend der Form, die Leibniz
in den »Nouveaux Essais« durchgeführt hatte — als Dialog zwischen zwei
Freunden gefaßt, von denen der eine, Ariste, die Philosophie des Malebranche vertritt, während der andere, Philarète, ihm gegenüber den Leibnizschen Standpunkt behauptet. Ariste beginnt mit der Wiedergabe seines
Gesprächs, das er soeben mit Théodore — durch welch fiktiven Namen
Malebranche selbst bezeichnet wird — geführt hat. Siehe Gerh. VI, 579 ff.

Philarète. Es beweist das nur, daß die Ausdehnung zum Wesen oder zur Natur des Körpers mitgehört, nicht aber, daß sie sein ganzes Wesen ausmacht, ähnlich wie etwa die Größe zum Wesen der Ausdehnung gehört, aber nicht genügt, es vollständig zu bestimmen. Denn auch Zahl, Zeit und Bewegung sind Größen und trotzdem von der Ausdehnung verschieden. Wenn Gott alle wirklich vorhandene Größe vernichtete, so würde er damit auch die Ausdehnung aufheben, wenn er aber die Größe erzeugte, so gilt nicht der umgekehrte Schluß, daß er zugleich mit ihr auch die Ausdehnung erzeugen müßte; denn er könnte ebensogut nur die Zeit erschaffen. Das Gleiche gilt von Ausdehnung und Körper: mit der Vernichtung der Ausdehnung durch Gott wäre freilich auch der Körper zerstört, mit ihrer Erschaffung dagegen vielleicht nur der Raum ohne Körper gesetzt, — wenigstens nach einer verbreiteten Ansicht, deren Widerlegung den Cartesianern noch nicht recht gelungen ist.

Ariste. Es tut mir leid, daß ich diese Schwierigkeit nicht sogleich bemerkt habe, ich werde sie mir aber merken, um sie Théodore vorzutragen. Indessen führte er mir, wenn ich mich recht entsinne, noch einen anderen Beweis desselben Satzes an, der mir jedoch sehr subtil zu sein schien, da er sich auf den Begriff der Substanz stützte. Théodore bewies mir, daß die Ausdehnung eine Substanz ist und wollte daraus wohl den Schluß ziehen, daß der Körper durch sie völlig bestimmt sein muß, da er andernfalls aus einer Mehrheit von Substanzen sich zusammensetzte. Aber ich möchte mich nicht verbürgen, daß dies wirklich Théodores Meinung ist; ich kann mich täuschen und seine Worte in einem unrichtigen Zusammenhang wiedergeben; ich will mich daher nochmals genauer unterrichten.

Philarète. Ich finde auch in dem Schluß, den Sie Théodore, wenngleich nicht mit voller Sicherheit, zuschreiben, eine Schwierigkeit. Wie Sie wissen, lassen die Peripatetiker den Körper aus zwei substantiellen Prinzipien, aus Stoff und Form, zusammengesetzt sein. Man müßte demnach die Unmöglichkeit beweisen, daß der Körper gleichzeitig aus zwei Substanzen, nämlich aus der Ausdehnung, — wenn man zugibt, daß diese eine Substanz ist — und noch aus irgendeiner anderen Substanz zusammengesetzt ist. Prüfen wir jedoch zunächst Théodores Beweis dafür, daß die Ausdehnung eine Substanz ist; denn dieser Punkt ist von großer Bedeutung.

Ariste. Ich werde versuchen, mir ihn ins Gedächtnis zurückzurufen: Alles das, was man für sich selbst und ohne den Gedanken an irgend etwas anderes begreifen kann, was man also für sich ohne die Vorstellung eines anderen Gegenstands zu Hilfe zunehmen, *vorstellen* oder in gesonderter Existenz, unabhängig von allem anderen, *denken* kann, all das ist eine Substanz; was man dagegen nicht für sich oder ohne daß man gleichzeitig etwas anderes in Gedanken faßt, begreifen kann, ist eine Beschaffenheit oder Modifikation der Substanz. Dies meint man, wenn man die Substanz als ein Wesen erklärt, das in sich selbst seinen Bestand hat, und es gibt für uns keinen anderen Weg, um die Substanzen von den Modifikationen zu unterscheiden. Nun zeigte mir Théodore, daß ich die Ausdehnung denken könne, ohne dabei irgend etwas anderes in Gedanken zu fassen.

Philarète. Diese Definition der Substanz ist nicht ohne Schwierigkeiten. Im Grunde genommen kann man nur Gott allein in völliger Unabhängigkeit von allen anderen Dingen denken. Sollen wir also mit einem nur zu bekannten Neuerer sagen, Gott sei die einzige Substanz, die Geschöpfe nichts als seine Modifikationen?[282] Schränken Sie dagegen Ihre Definition durch den Zusatz ein, daß Substanz alles das ist, was sich unabhängig von einem anderen *geschaffenen* Objekt begreifen läßt, so werden wir vielleicht manches finden, dem dieselbe Unabhängigkeit wie der Ausdehnung zukommt, ohne daß es darum Substanz ist. So sind z. B. die tätige Kraft, das Leben, der Widerstand etwas Wesentliches und Ursprüngliches, was man unabhängig von anderen Begriffen und selbst von ihren eigenen Subjekten abstrakt erfassen kann. Ja, die Subjekte selbst werden umgekehrt erst vermittels dieser Attribute erkannt, die indes von den Substanzen, denen sie zugehören, verschieden sind.[283] Es gibt demnach etwas, das nicht Substanz ist, und das man dennoch ebensowenig wie die Substanz selbst als abhängig von einem anderen denken kann. Also ist diese Unabhängigkeit des Begriffes kein auszeichnendes Charakteristikum der Substanz, da es als solches ja nur ihr allein und wesentlich zukommen müßte.

Ariste. Ich glaube, daß man solche Abstrakta nicht unabhängig von allem anderen auffassen kann, zum mindesten nicht unabhängig von dem konkreten Subjekt, dem sie zugehören. Dieses Subjekt wäre für sich allein freilich ungenügend, und wird erst durch die Verbindung mit einem solchen ursprünglichen, hinreichenden und wesentlichen Attribut vollständig bestimmt. Um uns aber all diesen heiklen Fragen zu entziehen, wollen wir die Definition nur für die Konkreta gelten lassen: die Substanz soll also ein Konkretum sein, das von jedem anderen konkreten erschaffenen Gegenstande unabhängig ist.

Philarète. Damit schränken Sie Ihre Definition von neuem ein; sie enthält jedoch immer noch große Schwierigkeiten. Denn 1. Die Erklärung des Konkreten selbst setzt möglicherweise die Substanz bereits voraus, und so würde unsere Definition einen Zirkel enthalten. 2. Gebe ich Ihnen nicht zu, daß die Ausdehnung ein Konkretum ist, denn sie ist das Abstraktum des ausgedehnten Inhalts. 3. Folgt daraus, daß das bestimmte, obzwar für sich allein ungenügende Subjekt, d. h. das einfache und ursprüngliche Konkretum — das allerdings erst zusammen mit dem wesentlichen Attribute die vollständige Substanz ausmacht — allein den Namen der Substanz verdient, weil die Abstrakta sowohl wie die vollständigen Konkreta nur seiner bedürfen, um begriffen zu werden oder um zu existieren. 4. Bei den Schwierigkeiten, die aus der theologischen Lehre entstehen, daß im Sakrament des Abendmahles die Akzidenzien ohne ihr Subjekt existieren, wollen wir uns hier nicht aufhalten; danach nämlich wären sie vom Subjekt wesentlich unabhängig, und es träfe daher Ihre Definition auf sie zu.

Ariste. Wir geraten hier in rechte Spitzfindigkeiten, und es ist nur gut, daß ich die scholastischen Termini vom Kollegium her noch nicht gänzlich vergessen habe. Indessen sind diese Spitzfindigkeiten, wie ich gestehe, hier unvermeidlich; auch bringen Sie sie in klarer und verständlicher Weise vor und ermöglichen mir dadurch, Ihnen zu antworten. Ich erwidere also auf den *ersten* Punkt, daß die Definition des Konkretums der Substanz nicht bedarf; denn auch Akzidenzien können Konkreta sein. So kann man z. B. der Wärme eine »Größe« zusprechen, »groß« aber ist ein Konkretum; ebenso kann man eine Zahl als groß oder proportional oder kommensurabel bezeichnen. Was den *zweiten* Punkt betrifft, so wird für Théodore die Ausdehnung — da sie nach ihm mit Raum und Körper gleichbedeutend ist — ein Konkretum sein. Auf den *dritten* Einwand erwidere ich, daß eben die Ausdehnung oder der Körper das erste Subjekt und der Grundstoff ist, der durch Gestalt und Bewegung weiterhin seine bestimmte Form erhält, um dadurch zum vollständigen Subjekt zu werden. Bezüglich des *vierten* Punktes wird Théodore vielleicht die Möglichkeit von Akzidenzien ohne Subjekt nicht zugeben; wer dies jedoch tut und trotzdem unsere Definition aufrecht erhalten will, wird unter »Substanz« ein Konkretum verstehen, das unter natürlichen Bedingungen von jedem anderen geschaffenen Konkretum unabhängig ist.

Philarète. Ihre Antwort auf den ersten Punkt scheint mir treffend, doch müßte man die Begriffe des Konkreten und Abstrakten noch schärfer bestimmen. Betreffs des zweiten Punktes aber kann man Ihnen nicht zugestehen, daß Ausdehnung und Ausgedehntes dasselbe sind; es gibt unter den Objekten der Schöpfung kein einziges Beispiel für die Identität von Abstraktum und Konkretum. Die Erwiderung auf den dritten Punkt mag hingehen, ebenso die Antwort, die Sie auf den vierten Einwand vom Standpunkt derer geben, die das gesonderte Dasein der Akzidenzien außerhalb des Subjektes leugnen. Wer aber die Definition durch eine Einschränkung auf das, was unter den natürlichen Bedingungen gilt, berichtigen will, der wird eine ähnliche Erklärung zustande bringen wie die Definition des Menschen, die man Platon zuschreibt. Man erzählt nämlich, er habe ihn als zweibeiniges, ungefiedertes Tier definiert, worauf Diogenes einen Hahn gerupft und ihn mit dem Ausruf: »Da habt ihr einen Platonischen Menschen!« in den Hörsaal geworfen habe. Ein Platoniker hätte hier auch zu Gunsten seiner Erklärung sagen können, daß in ihr nur von einem Tiere unter seinen natürlichen Bedingungen die Rede sei. Was man jedoch verlangt, sind Definitionen, die das Wesen der Dinge darstellen. Allerdings können auch Definitionen, die sich nur auf das beziehen, was an und für sich und unter den natürlichen Umständen gilt, wohl ihren Nutzen haben, und es lassen sich drei Abstufungen in den Prädikaten unterscheiden: das Wesentliche, das Natürliche und das schlechthin Zufällige. In der Metaphysik aber

möchte man wesentliche Attribute haben, d. h. solche, die den sogenannten »formellen Grund« des Gegenstands wiedergeben.

Ariste. Soweit ich sehe, bleibt somit unter uns nur noch die Frage
offen, ob die Ausdehnung ein Abstraktum oder ein Konkretum
ist?

Philarète. Ich könnte gegen Ihre Definition noch einwenden,
daß die Körper gegenseitig voneinander nicht unabhängig sind, und
daß sie z. B. einer Einwirkung oder Anregung von ihrer Umgebung
bedürfen; doch könnten Sie mir hier meine eigene Erwiderung,
daß es hinreichend ist, wenn eine Erklärung das Wesentliche enthält, entgegenhalten: da es freilich in Gottes Macht stände, den einzelnen Körper hiervon unabhängig zu machen und ihn selbst nach
Vernichtung aller anderen äußeren Materie in seinem Zustande zu
erhalten. Ich bestehe also nur noch auf meiner früheren Behauptung, daß die Ausdehnung nur ein Abstraktum ist und ein Etwas
voraussetzt, das ausgedehnt ist. Sie bedarf, genau wie die Dauer,
eines Subjektes, auf das sie sich bezieht. Sie setzt weiterhin in diesem Subjekte selbst eine andere, ursprüngliche Eigenschaft — sie
setzt eine Qualität, ein Attribut, eine Natur dieses Subjektes voraus, die sich ausdehnt, ausbreitet und kontinuierlich fortsetzt.[284]
In der Ausdehnung erscheint diese ursprünglich einfache Qualität
oder Natur gleichsam verstreut und auseinandergelegt. So ist z. B.
in der Milch eine Ausdehnung oder Verbreitung der weißen Farbe, in dem Diamanten eine Ausdehnung oder Verbreitung der Härte, in dem Körper ganz allgemein eine Ausdehnung oder Verbreitung des Widerstands oder der Stofflichkeit gegeben. Sie erkennen hierin zugleich, daß es im Körper eine ursprünglichere Bestimmung als die Ausdehnung gibt. Diese verhält sich zum Raume etwa
wie die Dauer zur Zeit. Dauer und Ausdehnung sind Attribute der
Dinge, Zeit und Raum jedoch gelten uns gleichsam als etwas außerhalb der Dinge und dienen dazu, diese zu messen.[285]

Ariste. Wer das Dasein eines vom Körper verschiedenen Raumes annimmt, sieht ihn als Substanz an, die den Ort ausmacht —
die Cartesianer und Théodore dagegen fassen die Materie so auf
wie Sie den Raum, nur daß sie ihm außer der Ausdehnung auch
das Prädikat der Beweglichkeit zuschreiben.

Philarète. Damit geben Sie also stillschweigend zu, daß die Ausdehnung nicht zureicht, um die Materie oder den Körper zu konstituieren, da Sie doch die Beweglichkeit hinzufügen müssen, die eine Folge der Antitypie oder der Widerstandskraft ist, ohne welche ein Körper durch einen anderen keinen Stoß oder Antrieb erhalten könnte.

Ariste. Sie werden die Beweglichkeit als eine Folgeerscheinung der Ausdehnung erklären, sofern alle Ausdehnung teilbar ist, ihre Teile somit auch voneinander trennbar sind.

Philarète. Wer einen leeren oder wenigstens einen reellen, von dem Stoffe, der ihn erfüllt, unterschiedenen Raum annimmt, wird diese Folgerung nicht zugeben. Er wird sagen, man könne zwar im Raume die verschiedenen Teile (gedanklich absondern und) bezeichnen, nicht aber sie wirklich voneinander trennen.[286] Ich selbst mache einen begrifflichen Unterschied zwischen Ausdehnung und Körper, glaube indes, daß es kein Leeres, ja auch keine *Substanz* gibt, die man Raum nennen könnte. Ich möchte immer unterschieden wissen zwischen der *Ausdehnung* oder Extension und dem *Attribut,* auf das sie als *relativer* Begriff sich zurück bezieht. Dies wäre in diesem Falle die *Lage* oder *örtliche Bestimmtheit.* Es würde also die Ausbreitung des *Ortes* den Raum erzeugen, der gleichsam das πρῶτον δεκτικόν, die erste Grundlage der Ausdehnung darstellte, vermöge derer sie sich erst auf andere *Dinge* im Raum beziehen ließe. So ist die Ausdehnung, als Attribut des Raumes, die Verbreitung oder stetige Wiederholung der Lage oder der örtlichen Bestimmtheit; — als Attribut des materiellen Körpers dagegen die Verbreitung des Widerstandes oder der stofflichen Bestimmtheit. Denn das Prädikat des Ortes kommt dem Punkte sowohl wie dem Raume zu, kann also ohne Ausdehnung oder Verbreitung gedacht werden. Die Verbreitung nach der bloßen Längendimension erzeugt sodann eine räumlich ausgedehnte Linie. Das Gleiche gilt von der materiellen Bestimmtheit, auch sie kommt wie dem Körper ebenso bereits dem Punkte zu, und ihre Verbreitung in der Längendimension erschafft eine materielle Linie.[287] Die anderen stetigen Wiederholungen nach Breite und Tiefe bilden sodann die Fläche und den Körper der Geometrie; sie erzeugen, kurz gesagt, im Bereich der bloßen Ortsbeziehungen den Raum, im Bereich der Materie den physischen Körper.

Ariste. Diese genaue Entsprechung der Bestimmungen des Ortes und der Materie, des Raumes und des Körpers gefällt mir. Die Betrachtung dieser Verhältnisse wird für die Exaktheit des Ausdrucks förderlich sein, — es wird danach gut sein, all dies, wie auch die Dauer von der Zeit, die Ausdehnung vom Raume genau zu unterscheiden. Ich muß doch Théodore hierüber um seine Meinung fragen.

Philarète. Um schließlich noch weiter zu gehen, so kann man, glaube ich, nicht nur die Ausdehnung, sondern auch den Körper selbst für sich und unabhängig von anderen Dingen nicht begreifen. Man müßte also sagen, daß die Körper keine Substanzen sind oder aber, daß die Forderung der unabhängigen Erkennbarkeit, wenngleich nur von Substanzen, so doch nicht von allen Substanzen gleichmäßig befriedigt werde. Denn da der Körper ein Ganzes ist, so ist er seinem Wesen nach von anderen Körpern abhängig, aus denen er sich zusammensetzt und die seine Teile ausmachen. Die *Monaden* allein, d. h. die einfachen und unteilbaren Substanzen, sind wahrhaft von allen geschaffenen und konkreten Dingen unabhängig.

Ariste. So werde ich denn die Substanz ein Konkretum nennen, das von jedem anderen erschaffenen Konkretum, das *außerhalb* ihrer selbst liegt, unabhängig ist. Die Abhängigkeit der Substanz von ihren eigenen Attributen und Teilen wird uns sodann in unseren Erwägungen keine Schwierigkeit mehr machen.

Philarète. Das ist nun die dritte Einschränkung Ihrer Definition. Es ist dies ja allerdings gestattet, aber, um die Wahrheit zu sagen, gibt es so manches, was zwar erlaubt, aber darum doch nicht angebracht ist: Non omne quod licet expedit. Was tut es, ob der Wurm, der an mir nagt, in mir oder außer mir ist; bin ich darum weniger von ihm abhängig? Nur die unkörperlichen Substanzen sind von jeder anderen Substanz der Schöpfung unabhängig. Im streng philosophischen Sinne kommt daher den Körpern der Name »Substanz« gar nicht zu; eine Ansicht, die offenbar bereits Platon vertritt, indem er sie vergängliche Wesenheiten nennt, die niemals länger als einen Augenblick fortbestehen. Es ist dies jedoch ein Punkt, der einer ausführlicheren Erörterung bedarf. Auch habe ich noch andere wichtige Gründe dafür, den Körpern in der

Sprache der Metaphysik Namen und Anspruch der Substanzen zu versagen. Denn — um dies mit einem Worte zu erwähnen — der Körper hat keine wahrhafte Einheit; er ist nichts als ein *Aggregat*, schulmäßig ausgedrückt, ein »Ens per accidens«, ein Beisammen wie eine Herde. Seine Einheit stammt nur aus unserer (subjektiven) Auffassung. Er ist somit ein bloßes Vernunftwesen oder vielmehr ein Gebilde unserer sinnlichen Anschauung: ein Phänomen.[288]

Ariste. Ich hoffe, Théodore wird alle diese Schwierigkeiten richtig zu lösen wissen. Nehmen wir einstweilen an, daß Körper und Ausdehnung nicht allzusehr voneinander verschieden sind, da Sie ja einen leeren Raum leugnen, oder stellen wir wenigstens diese Frage bis zu einer ausführlicheren Erörterung zurück und gehen wir zum zweiten Teil des Beweises von Théodore über. Er läuft auf folgendes hinaus: jeder Gegenstand, dessen Bestimmungen sich nicht aus der Ausdehnung ableiten lassen, ist damit vom Körper verschieden, vorausgesetzt, daß Körper und Ausdehnung einerlei sind, oder sich doch nur wie der Raum und das Subjekt der einfachen Raumerfüllung unterscheiden, dem, wie Sie anzunehmen scheinen, außer der Ausdehnung noch eine Art Widerstand und Beweglichkeit zukommt. Nun besitzt die Seele Bestimmungen, die weder der Ausdehnung als solcher zukommen, noch auch aus dem Prinzip des Widerstands, also von dem Subjekt der Raumerfüllung, ableitbar sind. Théodore tritt hierfür selbst den Beweis an: die Freude, das Begehren, die Gedanken in mir sind keine Verhältnisse des Nebeneinander und der Entfernung, die man, wie den Raum oder was ihn erfüllt, nach Fuß und Zoll messen könnte.

Philarète. Ich bin ganz Théodores Ansicht, daß die Bestimmungen der Seele nicht die gleichen wie die der Materie sind, daß die Seele demnach immateriell ist. Sein Beweis aber hat noch eine gewisse Schwierigkeit. Die Gedanken sollen nach ihm keine Verhältnisse des Nebeneinander sein, weil wir sie nicht messen können. Ein Anhänger Epikurs wird hierauf erwidern, daß dies nur an einem Mangel unserer Einsicht liegt und daß, wenn wir erst einmal von den materiellen Teilen, die das Denken zustande bringen und den Bewegungen, die hierzu notwendig sind, genaue Kenntnis hätten, die Gedanken sich uns als meßbar und als Spiele bestimmter, feiner Maschinen erweisen würden. So scheint uns etwa auch die innere Natur der Farbe zunächst nicht auf etwas Meßbarem zu beruhen, trotzdem aber würden sich all diese Qualitäten, wenn es richtig ist, daß ihr Grund in bestimmten Konfigurationen und Bewegungen zu suchen ist — wie z. B. die Weiße des Schaumes von den kleinen hohlen Blasen kommt, die wie lauter kleine Spiegel glänzen, — schließlich auf etwas Meßbares, Materielles und Mechanisches zurückführen lassen.

Ariste. Demnach geben Sie den Gegnern alle Beweise preis, die man für die Unterscheidung von Seele und Körper anführen kann?

Philarète. Keineswegs; — meine Absicht ist nur, sie zu vervollkommnen. Um Ihnen davon eine kleine Probe zu geben, so gehe ich davon aus, daß die Materie lediglich passiv ist: eine Voraussetzung, der, so viel ich sehe, die Demokriteer wie auch alle anderen Anhänger einer mechanischen Betrachtungsweise zustimmen müssen. Denn nicht nur die Ausdehnung, sondern auch der Widerstand, den man den Körpern zuschreibt, ist etwas rein Passives, — der Ursprung der Tätigkeit kann demnach in keiner Bestimmung der Materie liegen. Daher müssen Bewegung wie Gedanke aus einer anderen Quelle stammen.

Ariste. Gestatten auch Sie mir nun, Ihnen zu zeigen, worin Ihr Argument mir mangelhaft erscheint; lehren Sie mich doch, bis zur Strenge exakt zu sein. Ich werde also vor allem sagen, daß Ihr Beweisgrund nur ein Argument *ad hominem* ist, nämlich nur für die Anhänger der Philosophie Demokrits und Descartes' gilt. Die Platoniker aber und Aristoteliker, ferner die modernen Verteidiger ursprünglicher, unableitbarer Lebenskräfte, schließlich auch die neuesten Anhänger der Sympathie, die die Anziehung der Körper aus der Ferne behaupten, denken sich in den Körpern selbst Qualitäten, die mechanisch nicht erklärbar sind und werden demgemäß nicht zugeben, daß sie sich nur leidend verhalten.[289] Ich entsinne mich selbst, daß ein Schriftsteller, der Ihnen nahe steht, obgleich er für die ausschließlich mechanische Erklärung der körperlichen Phänomene ist, in einigen Essais, die in den Leipziger »Acta Eruditorum« abgedruckt sind, zu zeigen gesucht hat, daß den Körpern eine tätige Kraft innewohnt und daß sie somit aus zwei Prinzipien bestehen, — der ursprünglichen tätigen Kraft, der aristotelischen *ersten Entelechie* und der *Materie* oder der ursprünglichen *passiven Kraft*, die, wie es scheint, mit der »Antitypie« gleichbedeutend ist. Deshalb läßt sich — wie er annimmt — in den materiellen Dingen alles mechanisch erklären, außer den Prinzipien des Mechanismus selbst, die sich aus der bloßen Betrachtung der Materie nicht ableiten lassen.

Philarète. Ich stehe mit diesem Autor in Verbindung und verstehe mich ein wenig auf seine Lehren. Jene ursprüngliche tätige Kraft, die man *das Leben* nennen könnte, gibt sich uns nach ihm eben in dem zu erkennen, was wir eine Seele oder eine einfache Substanz nennen. Es ist dies eine immaterielle, unteilbare und unzerstörbare Realität, die nach ihm überall in den Körpern anzunehmen ist, da es seiner Ansicht nach keinen Teil des Stoffes gibt, in dem sich nicht ein organischer Körper befindet, dem irgendeine Perzeption oder eine Art von Seele zukommt. So führt uns diese Erwägung unmittelbar auf die Unterscheidung von Seele und Materie. Will man diese Vereinigung eines seelischen Prinzips mit einer stofflichen Masse »Körper« nennen, während ich sie lieber mit ihm als »körperliche Substanz« bezeichnen möchte, so ist das nur eine terminologische Frage. Die tätige Kraft zeigt am besten und recht augenfällig den Unterschied zwischen Seele und Materie. Denn die Prinzipien des Mechanismus, aus denen sich die Bewegungsgesetze ergeben, lassen sich nicht von etwas rein Passivem, Geometrischem oder Materiellem ableiten, noch auch aus bloßen Axiomen der Mathematik beweisen. Derselbe Autor hat zu verschiedenen Malen im Pariser »Journal des savants«, in den Leipziger »Acta Eruditorum« und sonst, wo er von seiner *Dynamik* gesprochen hat, schließlich auch vor kurzem in seiner *Theodicée* gezeigt, daß man zur Rechtfertigung der dynamischen Gesetze notwendig auf die reale Metaphysik und die Prinzipien der Zweckmäßigkeit zurückgreifen muß, — Prinzipien, die dem Bereich des Seelischen angehören, an Genauigkeit aber dem Geometrischen nicht nachstehen. In dem Briefwechsel mit Herrn Hartsoeker, der in den »Mémoires de Trevoux« abgedruckt ist, werden Sie sodann auch finden, wie er durch tiefere Betrachtungen die Begriffe des Leeren und der Atome zunichte gemacht hat, wobei er seine Dynamik teilweise zu Grunde legt.[290] Wer jedoch bei der Betrachtung der materiellen Natur stehen bleibt, kann diese Frage nicht zur Entscheidung bringen. Die Modernen waren daher, da sie meist zu materialistisch dachten und nicht auf eine Vereinigung der Metaphysik mit der Mathematik gerichtet waren, nicht imstande, über die Realität der Atome und des Leeren zu entscheiden; manche neigen sogar dieser Annahme zu, glauben also entweder an das Leere und die Atome oder doch an Atome, die in einem vollkommenen Fluidum, das an die Stelle des leeren Raumes tritt, umherschwimmen.[291] Der Verfasser zeigt jedoch, daß all diese Begriffe: das Leere, die Atome, die vollkommene Härte und endlich die vollkommene Fluidität in gleicher Weise der Harmonie und Ordnung widerstreiten.

Ariste. Hierin mag etwas Richtiges liegen, das ich zusammen mit Ihnen noch weiter verfolgen möchte — besonders soweit die Dynamik und ihre Bedeutung für unsere Erkenntnis der immateriellen Substanzen, sowie die Unmöglichkeit der Atome und des Leeren in Frage kommt. Ich möchte Ihnen indes noch einen anderen Einwand machen. Alles nämlich, was Sie den Seelen zuschreiben, könnte Gott für sich allein und unmittelbar bewirken; die Bestimmungen und Wirkungsarten, die über die bloße Materie hinausgehen, würden alsdann nicht zu Seelen führen, die von der Materie verschieden sind, sondern wären direkte göttliche Wirkungen. Allerdings richtet sich dieser Einwand auch gegen Théodore selbst und gegen ihn vielleicht am meisten, da er, wie Sie wissen, die sekundären Ursachen nur als Gelegenheitsursachen betrachtet.[292]

Philarète. Selbst wenn die fraglichen Wirkungen der unmittelbaren Tätigkeit Gottes entspringen würden, so können doch die Bestimmungen, die man den Seelen zuschreibt und die wir in unserem eigenen Bewußtsein wahrnehmen, nicht als Bestimmungen Gottes betrachtet werden. Und selbst wenn man nur die Tätigkeit in Betracht zieht, so kann man uns selbst ein inneres, eigenes Tun nicht abstreiten. Dies aber wäre hier schon genug, da die bloß passive Materie dessen nicht fähig ist. Die ganze Ansicht aber, die alle äußeren Handlungen Gott allein zuschreibt, läuft schließlich auf die Annahme von Wundern hinaus und sogar von solchen Wundern, die widervernünftig und der göttlichen Weisheit wenig angemessen sind. Mit demselben Rechte wie man solche Fiktionen macht, für deren Möglichkeit man sich allein auf die wunderbare Allmacht Gottes berufen kann, könnte man die Behauptung durchführen, daß Ich allein in der Welt bin und Gott alle Erscheinungen in meiner Seele in der Art hervorruft, als ob es andere Dinge außer mir gäbe, ohne daß dies doch der Fall ist. Selbst wenn indessen die gegenwärtige Erwägung zur Begründung des Unterschiedes zwischen Seele und Materie, sofern sie sich auf die äußeren Wirkungsweisen oder die Dynamik stützt, nur unter der Voraussetzung Geltung hätte, daß die Dinge im gewöhnlichen Lauf der Natur und durch natürliche Kräfte vor sich gehen, ohne daß Gott auf sie einen anderen Einfluß als den ihrer Erhaltung ausübte, — so wäre damit schon viel gewonnen. Denn es wäre damit entweder der Unterschied von Seele und Körper oder aber die Existenz der Gottheit bewiesen. Wir könnten noch weiter gehen und zeigen, wie die Dynamik für die eine wie die andere dieser wichtigen Grundlehren die Bestätigung enthält, doch würde hierzu eine ausführlichere Erörterung gehören, in die wir uns für jetzt nicht einlassen dürfen.

Ariste. Wir werden darüber, ganz nach Ihrem Belieben, ein anderes Mal weitersprechen; ich finde indessen, daß schon viel damit gewonnen ist, daß die Gegner der Religion nunmehr Ihrem Beweis für die Unsterblichkeit der Seele nichts entgegenstellen können, — es sei denn, daß sie — was sie ja am meisten scheuen — sich selbst auf Gott berufen. Haben sie aber erst einmal die Existenz Gottes, d. h. eines Geistes von unendlicher Macht und Weisheit, zugestanden, so wird es nicht mehr schwer sein, daraus den Schluß zu ziehen, daß er auch endliche Geister geschaffen hat, die, gleich ihm, unkörperlich sind und daß es seiner Gerechtigkeit widerspräche, wenn unsere Seelen mit den Körpern zugrunde gingen.

Philarète. Es läßt sich sogar mit gutem Grund bezweifeln, ob Gott überhaupt etwas anderes als Monaden, d. h. ausdehnungslose Substanzen, erschaffen hat, und ob die Körper mehr sind als die Phänomene, die sich aus diesen Substanzen ergeben. Mein Freund, dessen Ansichten ich Ihnen mitgeteilt habe, neigt ersichtlich dieser Auffassung zu, indem er alles auf die *Monaden*, d. h. die einfachen Substanzen und ihre Bestimmungen zurückführt, mit

Einschluß der Phänomene, die aus ihnen resultieren, und deren Realität durch die gesetzmäßige Verknüpfung gewährleistet wird, die sie von Träumen unterscheidet.[293] Ich habe diese Frage bereits mehrmals gestreift — will also jetzt zunächst den Fortgang in den Schlußfolgerungen Ihres vortrefflichen Théodore anhören.

Ariste. Nach der Feststellung des Unterschieds von Seele und Körper, — als Grundlage der wichtigsten Sätze der Philosophie und des Beweises der Unsterblichkeit der Seele — wies er mich auf die Ideen hin, deren die Seele sich bewußt wird. Er behauptet, diese Ideen seien Realitäten; — mehr noch: er spricht ihnen ewige und notwendige Existenz zu und sieht in ihnen das Urbild der sichtbaren Welt, während die Dinge, die wir außer uns wahrzunehmen glauben, häufig bloße Einbildungen und stets flüchtig und ohne Dauer sind. Er hat auch das folgende Argument vorgebracht: Angenommen, Gott vernichtete alles, was er erschaffen, mit Ausnahme von uns beiden, angenommen ferner, er wirke in unserem Geiste dieselben Ideen, die sich ihm jetzt vermöge der Gegenwart der Objekte darstellen, so würde uns dieselbe Ordnung und Schönheit wie jetzt erscheinen. Die Schönheit des Alls, die wir wahrnehmen, ist also nichts Materielles, sondern etwas Intelligibles.

Philarète. Ich bin mit Ihnen ganz einig darin, daß die materiellen Dinge nicht der unmittelbare Gegenstand des Bewußtseins sind, finde jedoch in dieser Beweisart und Erklärung noch manche Schwierigkeit und wünschte eine genauere Entwicklung. Enthält der hypothetische Obersatz des Arguments wirklich eine sichere Schlußfolgerung? Da wir nach Aufhebung der äußeren Dinge alle Inhalte ebenso in einer rein intelligiblen Welt wahrzunehmen vermöchten, so folgt, daß auch alles, was wir jetzt wahrnehmen, einer rein intelligiblen Welt angehört. Ist, frage ich, dieser Schluß wirklich unumstößlich? Könnte nicht unsere jetzige, gewöhnliche Art der Perzeption von gänzlich anderer Natur als jene außergewöhnliche Form des Bewußtseins sein? — Der Untersatz lautet: Im Falle der Vernichtung der äußeren Gegenstände würden wir alle Inhalte ebenso in einer rein intelligiblen Welt wahrnehmen. Aber auch er wird manchem zweifelhaft erscheinen. Ein Gegner, der eine Einwirkung des Körpers auf die Seelen annimmt, wird einwenden, daß im Falle der Vernichtung der Körper Gott selbst an ihre Stelle tritt, um in unseren Seelen unmittelbar die Eindrücke zu erzeugen, die sonst die Körper hervorriefen, ohne daß man deshalb der ewigen Ideen und einer intelligiblen Welt bedürfte. Und selbst zugegeben, daß im gewöhnlichen Vorstellungsverlauf der Vorgang der gleiche ist, wie er nach Aufhebung aller äußeren Dinge wäre, daß also (wie ich es in der Tat glaube) wir selbst, oder (nach der Meinung Théodores) Gott unsere inneren Phänomene beständig erzeugen, ohne daß der Körper einen Einfluß auf uns ausübt: ist es dann notwendig, daß äußere Ideen hierbei eine Rolle spielen? Genügt es nicht, daß diese Phänomene einfach neue veränderliche Bestimmungen unseres Bewußtseins sind?[294]

Ariste. Ich entsinne mich nicht, daß Théodore mir einen allgemeinen Beweis dafür gegeben hätte, daß die Ideen, die wir wahrnehmen, ewige Realitäten sind; er hat dies nur im besonderen für die Idee des Raumes unternommen. Damit allein ist jedoch schon eine gewisse Wahrscheinlichkeit gegeben, daß der Satz auch für die sonstigen Ideen von Gegenständen gilt, in die ja die Idee des Raumes zumeist als Bestandstück eingeht. Auch die Gegengründe, die ich ihm meinerseits vorgehalten, hat er vortrefflich widerlegt. Ich habe ihm eingewendet, daß die Erde mir Widerstand leistet und daß dem doch etwas Solides zugrunde liegen muß: er hat mir erwidert, dieser Widerstand könne, wie etwa in einem lebhaften Traum, rein imaginär sein, während die Ideen nicht trügen. Im übrigen hat er mir jedoch, wie gesagt, bewiesen, daß die Idee des Raumes notwendig, ewig, unveränderlich und für alle denkenden Subjekte dieselbe ist.

Philarète. Man wird Ihnen zugeben, daß es ewige *Wahrheiten* gibt, aber nicht jedermann wird zugestehen, daß es ewige *Realitäten* gibt, die sich unserem Bewußtsein bei der Betrachtung dieser Wahrheiten darstellen. Es genügt, wird man sagen, daß unsere Gedanken hierbei eine Beziehung zu den Gedanken Gottes haben, in dem allein die ewigen Wahrheiten realisiert sind.

Ariste. Das Argument, das Théodore vorbrachte, um seine Behauptung zu beweisen, ist folgendes: Wenn wir die Idee des Raumes haben, so haben wir damit die Idee des Unendlichen, diese aber ist selbst unendlich und kann somit nicht eine abhängige Bestimmung unserer endlichen Seele sein. Es gibt also Ideen, deren wir uns bewußt werden, die jedoch keine bloßen Bestimmungen unserer eigenen Seele sind.

Philarète. Dieses Argument ist der Erwägung und einer eingehenden Entwicklung wohl wert. Ich gebe zu, daß wir die Idee einer unendlichen Vollkommenheit besitzen: man braucht, um sich das zu vergegenwärtigen, nur den Begriff des Absoluten zu fassen, indem man alle Einschränkungen beiseite läßt. Diese Perzeption des Absoluten ist uns möglich, weil wir in bestimmtem Sinne, sofern wir nämlich an der Vollkommenheit Anteil haben, auch an ihm teilnehmen. Bezweifeln darf man indes, ob wir die Idee eines unendlichen *Ganzen* oder eines Unendlichen, das sich aus Teilen zusammensetzt, besitzen: denn ein Aggregat ist niemals etwas Absolutes. Man wird z. B. sagen, daß wir sehr wohl einsehen, daß jede gerade Linie verlängert werden kann, daß es, mit anderen Worten, stets eine Gerade gibt, die größer als die gegebene ist, daß wir aber dennoch nicht die Idee einer unendlichen Geraden oder einer solchen, die größer wäre als alle anderen angebbaren Linien, besitzen.[295]

Ariste. Nach Théodores Meinung ist zwar unsere *Idee* der Ausdehnung unendlich, unser *Gedanke* von ihr aber, der eine Bestimmung in unserer Seele ist, ist es nicht.

Philarète. Wie will man aber beweisen, daß wir mehr brauchen als unsere Gedanken und deren Gegenstände in uns, und daß wir für unseren Zweck, und um einen bestimmten, in sich begrenzten Gedanken zu fassen, einer unendlichen Idee, die in Gott existiert, bedürfen? Ist es nicht genug, daß — wenn nun einmal »Ideen« im Unterschiede von Gedanken uns notwendig sein sollen, — diese nur den Gedanken selbst proportional sind? Man wird daher sagen müssen, daß es kein Mittel gibt, um sich der (unendlichen) Ideen im Sinne Théodores zu versichern.

Ariste. Théodore hat mir hierzu doch einen Weg angegeben. Der Geist sieht nach ihm das Unendliche nicht in der Art, als könne er es durch seine Gedanken ausmessen; es genügt auch, um den Begriff des Unendlichen zu fassen nicht, daß er bei irgendeinem Fortschritt ein Ende nur *nicht wahrnimmt* (denn er könnte hierbei trotzdem immer noch hoffen, es dereinst zu finden), sondern er muß in begrifflicher Strenge einsehen, daß ein Abschluß nicht existiert. So begreifen z. B. die Geometer, daß, wie weit man auch die Teilung fortsetzt, man doch niemals einen auch noch so kleinen aliquoten Teil der Quadratseite finden kann, der zugleich ein aliquoter Teil der Diagonale, somit imstande wäre, sie exakt zu messen. Ebenso sehen sie ein, daß die Asymptoten der Hyperbel diese niemals schneiden können, obgleich sie sich ihr ohne Ende annähern.

Philarète. Diese Methode der Erkenntnis des Unendlichen ist sicher und unbestreitbar; in ihr wird *bewiesen*, daß die Gegenstände, um die es sich handelt, keine Grenzen haben; — aber wenngleich wir daraus schließen können, daß es kein letztes endliches Ganzes gibt, so folgt daraus doch nicht, daß wir die Vorstellung eines unendlichen Ganzen besitzen. Es gibt keine unendliche, gerade Linie, aber jede Gerade kann verlängert oder von einer anderen größeren übertroffen werden. Demnach beweist auch das Beispiel des Raumes im besonderen nicht die Notwendigkeit von Ideen, denen im Gegensatz zu den vergänglichen Bestimmungen unseres Denkens ein losgelöstes, dauerndes Dasein zukäme; unsere Gedanken selbst, wie es zunächst scheint, sind in dieser Frage völlig zureichend.

Ariste. Wenn ich den Raum und die Gestalten betrachte, so sehe ich in ihnen nicht mich selbst; es ist also etwas außer mir, das ich in ihnen anschaue.

Philarète. Warum sollte ich all dies nicht in mir selbst erblikken?[296] Die Möglichkeit davon erkenne ich freilich, ohne zuvor die Existenz dieser Objekte wahrzunehmen; — ebenso begreife ich, daß diese Möglichkeiten, auch wenn wir unseren Blick nicht auf sie lenken, immer noch als ewige Wahrheiten von möglichen Dingen fortbestehen, deren Realität in etwas Wirklichem, nämlich in Gott, vollständig gegründet ist. Die Frage ist aber, ob wir deshalb sagen dürfen, daß wir sie in Gott schauen. Wie ich indes den schönen Gedanken Théodores im großen Ganzen beizustimmen vermag, so läßt sich auch für diese seine Anschauung, so paradox sie denen scheint, die sich über das Sinnliche nicht zu erheben vermögen, eine Rechtfertigung finden. Ich bin überzeugt, daß Gott das einzige unmittelbare, äußere Objekt der Seele ist, weil es, abgesehen von ihm, nichts außerhalb der Seelen gibt, das unmittelbar auf sie einwirkt. Alle unsere Gedanken, alles, was in uns ist, ist, sofern ihm irgendwelche Vollkommenheit zukommt, ein Erzeugnis seiner stetigen, unausgesetzten Schöpfertätigkeit.[297] Sofern wir also unsere begrenzten Vollkommenheiten von ihm, der an Vollkommenheit unendlich ist, empfangen, stehen wir unmittelbar unter seiner Einwirkung. In diesem Sinne berührt sich unser Geist unmittelbar mit den ewigen Ideen in Gott, sofern er Gedanken faßt, die sich auf sie beziehen und an ihnen Teil haben: und so verstanden, können wir sagen, daß er alles in Gott schaut.

Ariste. Ich hoffe, daß Ihre Einwände und Ihre Erläuterungen Théodore nicht mißfallen, ja, daß sie ihm Freude machen werden. Er liebt es, seine Ansichten anderen mitzuteilen; die Mitteilung unseres Gesprächs wird ihn veranlassen, uns mehr und mehr mit seinen tiefen Einsichten bekannt zu machen. Ich schmeichle mir sogar, daß ich Sie, indem ich Sie miteinander bekannt mache, beide verpflichten kann; ich selbst werde dabei am meisten gewinnen.

18.

Zu Spinozas Ethik[298]
*Ad Ethicam B. d. Sp.**

1678

Erster Teil: Von Gott

Definition 1. Ursache seiner selbst (causa sui) ist das, dessen Wesenheit die Existenz einschließt.

Definition 2. [Ein Ding heißt in seiner Art begrenzt, wenn ihm durch ein anderes, gleichartiges Schranken gesetzt werden können. So heißt z. B. ein Körper begrenzt, weil sich stets ein größerer Körper denken läßt. Ebenso kann ein Gedanke von einem anderen, nicht aber der Körper durch einen Gedanken oder ein Gedanke durch einen Körper begrenzt werden.]** Die Erklärung, daß ein Gegenstand begrenzt ist, sofern ihm durch einen anderen, gleichartigen Schranken gesetzt werden können, ist dunkel. Was heißt es ferner, daß ein Gedanke durch einen anderen begrenzt wird? Soll das bedeuten, daß der eine größer als der andere ist, in der Art, wie ein Körper dadurch begrenzt wird, daß man sich einen anderen größeren denkt? Man vgl. hierzu unten Lehrsatz 8.

Definition 3. Substanz ist das, was in sich selbst ist und durch sich selbst begriffen wird. Auch dies ist dunkel. Denn was heißt: »in sich sein«? Es fragt sich sodann, ob beide Bestimmungen nebeneinander oder miteinander vereint zu denken sind, d. h. ob gemeint ist: Substanz ist erstens all das, was in sich selbst seinen Bestand hat, ferner aber dasjenige, was durch sich selbst begriffen wird, oder aber, ob es heißen soll, daß, um dem Begriffe der Substanz zu genügen, beides zusammenfallen muß, daß sie nämlich sowohl in sich ihren Bestand haben, wie allein durch sich begriffen worden muß. Dann aber wäre es notwendig zu beweisen,

---

* Siehe Gerh. I, 139-50.

** Die in [ ] Klammern eingeschlossenen Sätze fehlen im Leibnizschen Manuskript; sie sind von E. Cassirer hier zum besseren Verständnis der folgenden kritischen Bemerkungen aus Spinozas *Ethik* eingerückt.

daß beide Momente untrennbar verbunden sind, da es vielmehr den Anschein hat, als gäbe es mancherlei Inhalte, die zwar in sich selbst ihren Bestand haben, dennoch aber nicht durch sich allein begriffen werden können.[299] In dieser Weise pflegt man sich auch gemeinhin die Substanzen zu denken. Wenn er fortfährt: Die Substanz ist das, dessen Begriff zu seiner Bildung nicht des Begriffes eines anderen Gegenstandes bedarf, so liegt auch hierin eine Schwierigkeit. Denn in der folgenden Definition heißt es, das *Attribut* werde vom Verstande als der Substanz zugehörig und ihre »Wesenheit« ausmachend erfaßt; der Begriff des Attributs wäre danach zur Bildung des Begriffs der Substanz notwendig. Würde man etwa einwenden, das Attribut sei kein Ding, und es sei nur die Forderung gestellt, daß die Substanz nicht des Begriffes eines anderen »Dinges« bedürfe, so antworte ich darauf: es ist also zum Verständnis der Definition erforderlich, zu erklären, was der Ausdruck »Ding« besagt, und in welchem Sinne das Attribut nicht als Ding zu bezeichnen ist.[300]

Definition 4. Auch die Bestimmung, daß das Attribut das ist, was der Verstand an der Substanz als ihre Wesenheit ausmachend erfaßt, ist dunkel. Die Frage ist nämlich, ob unter dem Attribut jedes umkehrbare Prädikat zu verstehen ist oder nur jedes wesentliche Prädikat überhaupt, gleichviel ob es umkehrbar ist oder nicht, oder schließlich jedes erste, unbeweisbare, wesentliche Prädikat der Substanz.[301] Siehe die fünfte Definition.

Definition 5. Modus heißt das, was in einem anderen seinen Bestand hat und durch ein anderes begriffen wird. Der Modus erscheint also darin von dem Attribut verschieden, daß dieses zwar gleichfalls in der Substanz seinen Bestand hat, dennoch aber durch sich selbst begriffen wird. Fügt man diese Erklärung hinzu, so schwindet die Dunkelheit der vierten Definition.

Definition 6. Gott, sagt er, definiere ich als das absolut unendliche Wesen oder als die Substanz, die aus unendlich vielen Attributen besteht, von denen jedes einzelne eine ewige und unendliche Wesenheit ausdrückt. Hier wäre zu beweisen gewesen, daß diese beiden Definitionen gleichwertig sind, da sie sonst für einander nicht beliebig eingesetzt werden dürfen. Sie werden aber gleichwertig sein, sobald der Beweis geführt ist, daß es in der Natur der

Dinge mehrere Attribute oder Prädikate gibt, die durch sich selbst begriffen werden, ferner aber, daß eine Mehrheit von Prädikaten miteinander verträglich ist. Zudem ist jede Definition unvollkommen — mag sie immerhin richtig und klar sein, — aus der sich nicht zugleich mit dem Verständnis des definierten Inhalts zweifellos ergibt, ob dieser Inhalt möglich ist. Dies ist aber hier der Fall; denn man kann noch daran zweifeln, ob ein Wesen von unendlich vielen Attributen nicht in sich widersprechend ist; es kann ferner fraglich sein, ob ein und dieselbe einfache Wesenheit sich in mehreren, verschiedenen Attributen ausdrücken läßt. In der Tat sind von den zusammengesetzten Gegenständen mehrere Definitionen möglich, von einem einfachen Gegenstande dagegen kann es nur eine geben, und seine Wesenheit läßt sich, wie es scheint, nur auf eine einzige Weise ausdrücken.[302]

Definition 7. Frei nennen wir einen Gegenstand, der aus der Notwendigkeit seiner Natur heraus existiert und zum Handeln bestimmt wird, *gezwungen* dagegen den, der von einem anderen zur Existenz und zum Handeln bestimmt wird.

Definition 8. Unter *Ewigkeit* verstehe ich die Existenz selbst, sofern wir sie als Folge der Wesenheit des Gegenstandes begreifen. Diesen beiden Definitionen stimme ich zu.

Was die *Axiome* betrifft,* so bemerke ich zu ihnen folgendes:

*Axiom 1) Alles was ist, ist entweder in sich oder in einem anderen.

2) Was nicht durch ein anderes begriffen werden kann, wird durch sich selbst begriffen.

3) Ist eine bestimmte Ursache gegeben, so folgt aus ihr notwendig die Wirkung; ist sie nicht gegeben, so ist es umgekehrt unmöglich, daß die Wirkung folgt.

4) Die Erkenntnis der Wirkung hängt von der der Ursache ab und schließt sie ein.

5) Was untereinander nichts gemein hat, kann durcheinander auch nicht begriffen werden; der Begriff des einen schließt den Begriff des anderen nicht ein.

6) Die wahre Idee muß mit dem Inhalt, den sie vorstellt, übereinstimmen (idea vera debet cum suo ideato convenire).

7) Was sich als nichtexistierend denken läßt, dessen Wesenheit schließt die Existenz nicht ein.

Das erste bleibt so lange dunkel, als nicht festgestellt ist, was der Ausdruck »in sich sein« bedeutet. Das zweite und siebente Axiom brauchte nicht besonders hervorgehoben zu werden. Das sechste scheint mir nicht richtig: denn jede Idee stimmt mit ihrem Gegenstand überein, und ich verstehe [nach dieser Erklärung] nicht, was eine falsche Idee ist. Das dritte, vierte und fünfte Axiom lassen sich, wie ich glaube, beweisen.

Lehrsatz 1. »Die Substanz ist ihrer Natur nach früher als ihre Zustände«, d. h. ihre Modi; denn nach der fünften Definition sind diese unter den Zuständen der Substanz verstanden. Hier ist keine Erklärung dafür gegeben, was der Ausdruck: der *Natur nach früher* (natura prius) bedeutet, dieser Satz läßt sich somit nicht aus den vorhergehenden beweisen. Wie es scheint, ist darunter, daß ein Inhalt *der Natur nach früher als ein anderer* ist, verstanden, daß er dasjenige ist, wodurch dieser begriffen und erkannt wird. Ich gestehe übrigens, daß auch hierin eine gewisse Schwierigkeit liegt, kann doch, wie es scheint, nicht nur das Spätere durch das Frühere, sondern auch umgekehrt das Frühere durch das Spätere erkannt werden. Immerhin wird man von zwei Begriffen den einen als der Natur nach früher bezeichnen können, wenn er zu seiner Erkenntnis den anderen nicht verlangt, umgekehrt aber die notwendige Bedingung ist, um diesen zu begreifen. Um die Wahrheit zu sagen, erschöpft sich allerdings hierin nicht der ganze Sinn der Bezeichnung: denn es ist z. B. die Eigenschaft der Zehnzahl, daß sie gleich $6 + 4$ ist, der Natur nach später als die, daß sie gleich $6 + 3 + 1$ ist, — da der zweite Ausdruck der ursprünglichen Definition der Zahl 10, nach der sie gleich $1 + 1 + 1 + 1 + 1 + 1 + 1 + 1 + 1 + 1$ ist, näher liegt — dennoch aber kann die ferner liegende Bestimmung hier ohne die frühere gedacht, ja, was mehr ist, bewiesen werden. Ich will noch ein anderes Beispiel anführen: im Dreieck ist die Eigenschaft, daß die drei inneren Winkel gleich zwei rechten sind, der Natur nach später als die, daß zwei innere Winkel gleich dem Außenwinkel des dritten sind; dennoch kann jene ohne diese gedacht, ja vielleicht, — wenn auch nicht in gleich einfacher Weise — ohne sie bewiesen werden.

Lehrsatz 2. Zwei Substanzen, die verschiedene Attribute haben, haben nichts miteinander gemein. Versteht Spinoza unter

Attributen Prädikate, die durch sich selbst begriffen werden, so gebe ich den Satz zu, vorausgesetzt, daß hier von zwei Substanzen A und B die Rede ist, denen je ein Attribut c und d zukommt, oder wenn wir die Gesamtheit der Attribute ins Auge fassen, daß der Substanz A die Attribute c und e, der Substand B dagegen die Attribute d und f zukommen. Anders liegt die Sache hingegen, wenn jene zwei Substanzen einige Attribute gemeinsam haben, in anderen dagegen verschieden sind, wenn also etwa die Attribute von A c und d, die von B d und f sind. Bestreitet Spinoza die Möglichkeit dieser Annahme, so müßte der Beweis dafür geführt werden. Er wird alsdann seinen Satz gegen unseren Einwand etwa in folgender Weise zu behaupten suchen: da d und c dieselbe Wesenheit ausdrücken, — sofern sie der Voraussetzung nach Attribute derselben Substanz A sind — da dies ferner aus demselben Grund für d und f gilt, die ebenfalls der Voraussetzung nach Attribute derselben Substanz B sind, so muß es auch für c und f gelten. Daraus folgt, daß A und B dieselbe Substanz sind, was der Voraussetzung widerspricht, es ist also widersinnig, daß zwei verschiedene Substanzen etwas Gemeinsames haben. Darauf erwidere ich, daß ich die Möglichkeit zweier »verschiedener«, für sich erkennbarer, »primitiver« Attribute, die dennoch dasselbe ausdrücken, nicht zugebe. Vielmehr lassen sich, wie leicht zu beweisen, in diesem Falle die beiden Attribute, die ein und dasselbe in verschiedener Weise auszudrücken scheinen, zum mindesten aber eins derselben, schließlich immer noch weiter auflösen.[303]

Lehrsatz 3. Von zwei Dingen, die nichts miteinander gemein haben, kann das eine nicht der Grund des anderen sein; nach den Axiomen 5 und 4.

Lehrsatz 4. Zwei oder mehrere distinkte Gegenstände lassen sich entweder vermittels der Verschiedenheit der Attribute der Substanzen oder vermittels der Verschiedenheit ihrer Zustände unterscheiden. Das beweist er folgendermaßen: Alles, was ist, hat seinen Bestand in sich selbst oder in einem anderen (nach Axiom 1), d. h. (nach Definition 3 und 5) außerhalb des Verstandes gibt es nichts als Substanzen und deren Zustände. Hier wundert es mich, daß er die Attribute vergißt: denn nach der 5. Definition versteht er unter den Zuständen der Substanz nur die Modi. Entweder also ist der Ausdruck zweideutig, oder aber die Attribute werden nicht zu den Gegenständen, die außerhalb des Verstandes existieren, gerechnet,[304] sondern allein die Substanzen und Modi. Übrigens hätte der Satz noch leichter durch die Erwägung bewiesen werden können, daß die Gegenstände, die doch nur durch ihre Attribute oder Zustände begriffen werden können, notwendigerweise durch sie auch erkannt und somit unterschieden werden.

Lehrsatz 5. In der Natur der Dinge kann es nicht zwei oder mehrere Substanzen geben, denen dieselbe Natur oder dasselbe Attribut zukommt. Hierzu bemerke ich, daß der Ausdruck: »in der Natur der Dinge« wiederum dunkel ist. Die Frage ist, ob darunter die Allheit der »existierenden« Dinge oder aber das Reich der Ideen, d. h. der »möglichen« Wesenheiten, verstanden ist. Sodann ist nicht klar, ob er sagen will, es könne nicht mehrere Wesenheiten geben, denen ein und dasselbe Attribut zukommt oder aber, es könne nicht mehrere Individuen von derselben Wesenheit geben. Seltsam ist auch, daß er hier das Wort »Natur« und das Wort »Attribut« als gleichwertig braucht, es sei denn, daß er unter dem Attribut diejenige Bestimmtheit versteht, die die ganze Natur der Sache einschließt. Unter dieser Voraussetzung aber sehe ich wiederum nicht ein, wie es mehrere Attribute derselben Substanz geben könnte, die durch sich selbst begriffen werden.

Der Beweis lautet wie folgt: Wenn sich die beiden Substanzen voneinander unterscheiden sollen, so müssen sie sich entweder durch ihre Attribute oder ihre Zustände unterscheiden; wenn durch diese, so müssen sie sich, da (nach Lehrsatz 1) die Substanz ihrer Natur nach früher ist als ihre Zustände, auch dann noch, wenn man diese beiseite läßt, also durch die Attribute unterscheiden lassen; sollen aber die Attribute das Unterscheidungsmerkmal bilden, so kann es demnach nicht zwei Substanzen mit gleichem Attribut geben. Hier liegt, wie mir scheint, ein Fehlschluß vor. Denn es können sich zwei Substanzen durch ihre Attribute voneinander unterscheiden lassen und dennoch irgendein gemeinsames Attribut haben, wenn sie nur neben diesem noch andere, ihnen eigentümliche Bestimmungen besitzen: wenn also z. B. der Substanz A die Bestimmungen c und d, der Substanz B die Bestimmungen d und e zukommen. Ich bemerke ferner, daß der erste Lehrsatz nur an dieser Stelle angewandt wird; er ist also entbehrlich, denn hier genügt es zum Beweise, daß die Substanz ohne ihre Zustände gedacht werden kann, gleichviel ob sie der Natur nach früher ist, als diese oder nicht.

Lehrsatz 6. Eine Substanz kann nicht von einer anderen erschaffen werden; denn (nach Lehrsatz 5) besitzen zwei verschiedene Substanzen kein identisches Attribut, haben also (nach Lehrsatz 2) nichts miteinander gemeinsam; die eine kann somit (nach Axiom 5) nicht die Ursache der anderen sein. Dasselbe läßt sich auf anderem, kürzerem Wege daraus beweisen, daß das, was durch sich selbst »begriffen« wird, nicht durch etwas anderes als Ursache zu begreifen ist (nach Axiom 4). Übrigens stimme ich dem Beweis zu, falls unter Substanz hier ein Gegenstand gedacht ist, der durch sich selbst begriffen wird; anders steht die Sache dagegen, wenn man sie entsprechend der gewöhnlichen Ansicht als einen Gegenstand auffaßt, der in sich selbst seinen Bestand hat, es müßte denn gezeigt werden, daß beide Bestimmungen identisch sind.

Lehrsatz 7. Zur Natur der Substanz gehört die Existenz. Die Substanz kann nicht von einem anderen erschaffen werden (nach Lehrsatz 6). Sie ist also Ursache ihrer selbst, d. h. (nach Definition 1) ihre Wesenheit schließt die Existenz ein. Hier kann man Spinoza mit Recht vorwerfen, daß er den Begriff »causa sui« bald in der besonderen Bedeutung braucht, die er ihm in seiner Definition beigelegt hat, bald wieder ihn in dem herkömmlichen und gewöhnlichen Sinne verwendet. Dem wäre jedoch leicht abzuhelfen, wenn er die Definition 1 in ein Axiom verwandelte und sagte: Alles, was nicht von einem anderen herstammt, stammt aus sich selbst, d. h. aus seiner eigenen Wesenheit. Hier aber würden sich wieder andere Schwierigkeiten ergeben: denn der Beweis gilt nur unter der Voraussetzung, daß die Substanz existieren kann. Dann nämlich müßte sie freilich, da sie von einem anderen nicht herstammen kann, ihren Ursprung in sich selbst haben und somit notwendig existieren; daß sie aber überhaupt möglich ist, d. h. gedacht werden kann, wäre erst zu beweisen. Der Beweis ließe sich etwa wie folgt führen: wenn nichts durch sich selbst erkannt würde, so auch nichts durch ein anderes, es wäre also überhaupt nichts erkennbar. Um dies deutlich zu machen, muß man erwägen, daß, wenn a durch b erkannt werden soll, der Begriff von a den Begriff von b enthalten muß. Wenn andrerseits b durch c erkannt werden soll, so muß im Begriff des b der des c enthalten sein, es wird somit der Begriff des c in dem des a enthalten sein, und so fort bis zum letzten Begriff. Wollte jemand einwenden, es gäbe keinen letzten Begriff, so erwidere ich, daß es alsdann auch keinen ersten gäbe, was ich folgendermaßen dartue: Der gesamte Inhalt eines Begriffes, der durch einen anderen erkannt wird, ist von andersher entlehnt; bei der schrittweisen Zerlegung des Begriffs muß sich daher entweder ergeben, daß er überhaupt keinen Gehalt besitzt oder aber, daß dieser in lauter solchen Begriffen, die durch sich selbst erkennbar sind, besteht. Dieser Beweis ist völlig neu, aber, wie ich denke, fehlerlos.[305] Auch läßt sich mit seiner Hilfe die Möglichkeit dessen, was durch sich selbst begriffen wird, dartun. Man kann indes noch bezweifeln, ob die »Möglichkeit«, die wir auf diese Art bewiesen haben, den Sinn hat, in dem wir sie hier brauchen: denn hier soll sie nicht nur für etwas stehen, das in sich selbst begriffen werden kann, sondern für etwas, von dem sich eine Ursache begreifen läßt, die schließlich auf die erste und ursprüngliche zurückführbar ist. Denn nicht alles, was von uns begriffen werden kann, kann darum auch erschaffen werden, da seine Existenz möglicherweise mit anderen, gewichtigeren Umständen unverträglich ist. Daß daher das Wesen, das durch sich selbst begriffen wird, *tatsächlich* existiert, muß mit Hilfe der Erfahrung bewiesen werden; denn da Dinge existieren, die durch etwas anderes begriffen werden, so existiert auch das, wodurch sie begriffen werden. Man sieht, daß ein ganz anderes Schlußverfahren notwendig ist, um von dem Dasein eines Gegenstandes, der durch sich selbst existiert, einen exakten Beweis zu geben; indessen ist vielleicht diese äußerste Vorsicht nicht notwendig.

Lehrsatz 8. Jede Substanz ist notwendig unendlich, da sie sonst (nach Definition 2) durch eine andere von derselben Natur begrenzt würde, und es somit, im Widerspruch zum fünften Lehrsatz, zwei Substanzen mit demselben Attribut gäbe. Dieser Satz ist zuzugeben, sofern er bedeuten soll: Der Gegenstand, der durch sich selbst begriffen wird, ist in seiner Art unendlich. Der Beweis aber leidet einmal an der Dunkelheit, die in dem Begriff der »Begrenzung« enthalten ist (siehe oben zu Definition 2), sodann an der Ungewißheit, die ihm aus seinem Verhältnis zum fünften Lehrsatz anhaftet. Im Scholium findet sich ein eleganter Beweis dafür, daß der Gegenstand, der durch sich selbst begriffen wird, in seiner Art einzig sein muß. Überall dort nämlich, — so heißt es — wo eine Mehrheit von Individuen existiert, muß es in der Natur einen Grund geben, warum gerade so viele nicht mehr vorhanden sind. Der Grund für die Existenz einer bestimmten »Anzahl« von Individuen kann nun kein anderer sein als derjenige, der die Existenz jedes einzelnen Exemplars bedingt; er muß somit allen gemeinsam sein und kann daher nicht in diesem oder jenem Individuum allein, sondern nur »außerhalb« ihrer aller liegen. Ein Einwand ließe sich hiergegen erheben: man könnte nämlich sagen, die Anzahl der Exemplare sei unbegrenzt, es sei also überhaupt keine feste Zahl, sondern nur eine alle Zahl übersteigende Mehrheit vorhanden. Dem ließe sich indes dadurch abhelfen, daß wir nur eine begrenzte Menge aus dem Ganzen herausgreifen und auf sie die Frage nach dem Grunde ihrer Existenz beziehen, oder aber, wenn mehrere Elemente eine gemeinsame Bestimmung haben, z. B. am selben Orte existieren, danach fragen, warum dies der Fall ist.

Lehrsatz 9. Je mehr Realität oder Wesenheit eine Sache besitzt, umsomehr Attribute kommen ihr zu. (Es hätte erklärt werden müssen, was unter »Realität« und »Wesenheit« verstanden werden soll; denn diese Begriffe sind nicht unzweideutig.) Der Beweis erhellt, wie der Autor meint, aus der vierten Definition. Mir scheint indes, daß er sich hieraus nicht ergibt. Denn es kann eine Sache auch darum mehr Realität als eine andere besitzen, weil sie innerhalb ihrer eigenen Art größer ist als diese, weil ihr also ein bestimmtes Attribut in größerem Maße zukommt: der Kreis z. B. hat eine größere Ausdehnung als das eingeschriebene Quadrat. Auch läßt sich noch daran zweifeln, ob es, in dem Sinne, in dem der Autor die Attribute erklärt hat, mehrere Attribute derselben Substanz geben kann. Läßt man dies indes gelten und nimmt man an, daß die Attribute miteinander verträglich sind, so gebe ich zu, daß eine Substanz um so vollkommener ist, je mehr Attribute sie hat.

Lehrsatz 10. Jedes Attribut einer Substanz muß durch sich allein begriffen werden (nach den Definitionen 4 und 3). Es folgt hieraus jedoch, wie ich bereits mehrfach eingewandt habe, daß es für eine Substanz nur ein einziges Attribut gibt, sofern dieses ihre gesamte Wesenheit ausdrücken soll.

Lehrsatz 11. Gott, d. h. die Substanz mit unendlich vielen Attributen, von denen jedes einzelne eine ewige und unendliche Wesenheit ausdrückt, existiert notwendig. Er bringt drei Argumente dafür: *erstens,* weil Gott eine Substanz ist und also nach Lehrsatz 7 existieren muß, wobei indes vorausgesetzt ist, einmal, daß die Substanz notwendig existiert, was im 7. Lehrsatz nicht ausreichend bewiesen wurde, ferner, daß Gott eine mögliche Substanz ist, wofür der Beweis nicht mit derselben Leichtigkeit zu führen ist. Das *zweite* Argument lautet: Es muß sich stets ein Grund sowohl für das Dasein wie für das Nichtsein eines jeden Gegenstandes angeben lassen, nun kann es aber keinen Grund dafür geben, daß Gott nicht existieren sollte; denn dieser kann weder in seiner eigenen Natur liegen, die ja keinen Widerspruch einschließt, noch auch in einem anderen. Denn dies andere müßte alsdann entweder von gleicher Natur und gleichem Attribut wie Gott und somit eben Gott selbst sein, oder aber, sofern dies nicht der Fall ist, mit Gott nichts gemein haben, — würde aber dann seine Existenz weder setzen noch aufheben können. Darauf erwidere ich, daß erstens noch nicht bewiesen ist, daß die Natur Gottes keinen inneren Widerspruch einschließt, wenngleich der Autor, ohne stichhaltigen Beweis, eine derartige Behauptung für widersinnig erklärt; zweitens läßt sich ein Sein denken, das in einigen Stücken mit Gott von gleicher Natur ist, ohne es doch in allen zu sein. Das dritte Argument Spinozas geht davon aus, daß endliche Wesen existieren, wie wir aus der Erfahrung wissen; wer also das Dasein des Unendlichen leugnet, müsse annehmen, daß die endlichen Dinge das unendliche Wesen an »Macht« übertreffen. Darauf ist die Antwort, daß dem unendliche Wesen, falls es einen Widerspruch einschließt, auch keine »Macht« zugeschrieben werden kann; — abgesehen davon, daß dieser Ausdruck hier nur im übertragenen Sinne, nämlich von dem Vermögen, das sich im bloßen Dasein eines Dinges bekundet, gebraucht wird.

Lehrsatz 12 und 13. In Wahrheit läßt sich kein Attribut einer Substanz denken, aus dem folgte, daß die Substanz geteilt werden kann. Die Substanz, im absoluten Sinne gefaßt, ist unteilbar. Denn sie wurde durch die Teilung vernichtet, da die Teile nicht unendlich und somit keine Substanzen mehr wären; oder aber es gäbe, wenn sie den Charakter der Substanz behielten, mehrere Substanzen von derselben Natur. Ich gebe dies, soweit es sich auf den Gegenstand bezieht, der durch sich selbst seinen Bestand hat, zu. Als *Korollar* hierzu folgt, daß keine Substanz, somit auch nicht die körperliche, teilbar ist.

Lehrsatz 14. Außer Gott kann es eine Substanz weder geben, noch läßt sich eine denken. Denn da Gott alle Attribute zukommen, und es nicht mehrere Substanzen mit gleichem Attribut gibt, so existiert außer Gott keine Substanz. Dies alles setzt die Definition der Substanz als ein Wesen, das durch sich selbst begriffen wird, wie auch mancherlei andere Bestimmungen voraus, deren Unzulässigkeit ich oben dargetan habe. (Mir scheint es auch noch nicht sicher, daß die Körper Substanzen sind; mit den Geistern allerdings verhält es sich anders.)[306]

Folgesatz 1. Gott ist einzig.

Folgesatz 2. Das denkende und das ausgedehnte Ding sind entweder selbst Attribute Gottes oder, nach Axiom 1, Zustände der Attribute Gottes. Das ist recht unklar ausgedrückt, zudem wurde noch nicht bewiesen, daß Ausdehnung und Denken Attribute sind, d. h. durch sich selbst begriffen werden.

Lehrsatz 15. Alles, was ist, ist in Gott, und nichts kann ohne Gott sein oder gedacht werden. Denn da es (nach Satz 14) keine Substanz außer Gott gibt, so müssen alle anderen Dinge Zustände oder Modi Gottes sein, da es außer den Substanzen und den Modi nichts gibt — wobei wiederum die Attribute außer acht gelassen sind.

Lehrsatz 16. Aus der Notwendigkeit der göttlichen Natur folgen unendlich viele Bestimmungen und in unendlich mannigfacher Weise, d. h. es folgt aus ihr alles, was Gegenstand für einen unendlichen Verstand sein kann (nach Definition 6).

Folgesatz 1. Hieraus folgt, daß Gott die wirkende Ursache von allem ist, was Objekt des Verstandes ist.

2. Daß Gott an und für sich und seiner Natur, nicht einer bloß zufälligen Beschaffenheit nach, Ursache der Dinge ist.

3. Daß er die unbedingt erste Ursache ist.

Lehrsatz 17. Gott handelt einzig nach den Gesetzen seiner eigenen Natur, und ohne von irgend etwas Zwang zu erfahren, da es außer ihm nichts gibt.

Folgesatz 1. Hieraus folgt erstens, daß es keine Ursache gibt, die Gott, abgesehen von der Vollkommenheit seiner eigenen Natur, äußerlich oder innerlich zum Handeln bestimmte.

Folgesatz 2. Gott allein ist eine freie Ursache.

In den Scholien wird ausführlich dargetan, daß Gott alles, was Objekt seines Verstandes ist, auch erschaffen habe (während er doch, wie ich glaube, nur das geschaffen hat, wozu sein Wille sich entschied). Gottes Verstand unterscheidet sich, wie Spinoza meint, von dem unseren seinem Wesen nach, so daß es zweideutig ist, beide mit demselben Namen zu bezeichnen, und nicht anders, als wenn man unter dem Worte »Hund« bald das Sternbild und bald das bellende Tier versteht. Die Wirkung ist von der Ursache in eben der Bestimmung, die sie von dieser empfängt, verschieden. So unterscheidet sich ein Mensch vom anderen bezüglich der Existenz, die er von einem Menschen, von Gott dagegen bezüglich seiner Wesenheit, die er von ihm empfängt.

Lehrsatz 18. Gott ist die immanente, nicht die vorübergehende Ursache der Dinge. Es folgt dies aus dem Satz, den er zuvor bewiesen zu haben glaubt, daß nämlich Gott allein Substanz ist, alles andere nur seine Modi sind.

Lehrsatz 19. Gott, oder alle seine Attribute sind ewig. Denn seine Wesenheit schließt die Existenz und seine Attribute seine Wesenheit ein. Der Autor zitiert ferner den Beweis, den er hierfür im 17. Lehrsatz der Schrift über die Prinzipien Descartes' geführt hat,[307] und gibt ihm seine Zustimmung.

Lehrsatz 20. Gottes Wesenheit und Existenz sind ein und dasselbe. Dies beweist er dadurch, daß die Attribute Gottes als ewig (nach Lehrsatz 19) Existenz ausdrücken (gemäß der Definition der Ewigkeit). Ebenso aber drücken sie, gemäß der Definition des Attributs, Gottes Wesenheit aus. Es sind also Wesenheit und Existenz in Gott dasselbe. Ich entgegne, daß dieser Schluß nicht zulässig ist: was sich hieraus ergibt, ist nur, daß beide von ein und demselben ausgedrückt werden. Ich bemerke auch, daß der Satz den vorher-

gehenden voraussetzt, daß aber, wenn man hier, statt des Inhaltes
des vorhergehenden Satzes selbst, seinen Beweis einsetzt, sich sogleich im Gang der Argumentation ein ganz unnützer Umweg zeigt.
Daß Gottes Wesenheit und Existenz ein und dasselbe sind, geht
daraus hervor, daß die Attribute Gottes sowohl seine Existenz wie
seine Wesenheit ausdrücken: die Wesenheit gemäß der Definition
des Attributs, die Existenz, weil sie ewig sind. Ewig aber sind sie
— wie aus dem Beweis zum 19. Lehrsatz hervorgeht — nur deshalb, weil sie die Existenz einschließen; denn sie drücken Gottes
Wesenheit aus, die seine Existenz einschließt. Wozu dient also die
Erwähnung der Ewigkeit der Attribute und der Lehrsatz 19, wenn
die Sache schließlich doch nur darauf hinausläuft, daß Gottes Existenz und Wesenheit ein und dasselbe ist, weil Gottes Wesenheit
seine Existenz einschließt — alles übrige dagegen nur eitler Zierat
ist, um das Ganze künstlich in die Form eines strikten Beweises
zu drechseln? Argumentationen dieser Art finden sich häufig bei
denen, die die wahre Methode des Beweises nicht kennen.

Folgesatz 1. Hieraus folgt, daß Gottes Existenz, ebenso wie seine Wesenheit, eine ewige Wahrheit ist. Ich sehe nicht, inwiefern
dieser Satz sich aus dem vorhergehenden ergeben soll, ist er doch
selbst weit wahrer und klarer als dieser. Unter der Voraussetzung
nämlich, daß Gottes Wesenheit die Existenz »einschließt« — selbst
wenn man beides nicht als »identisch« gelten läßt — ergibt er sich
sofort.

Folgesatz 2. Gott und alle seine Attribute sind unwandelbar. Die
Art, wie dieser Satz vorgetragen und bewiesen wird, ist unklar und
verworren.

Lehrsatz 21. Was aus der absoluten Natur irgendeines göttlichen
Attributs folgt, das mußte zu aller Zeit und unendlich existieren,
d. h. es ist vermöge desselben Attributs ewig und unendlich. Dies
wird ziemlich dunkel und weitschweifig dargetan, obgleich der Beweis dafür einfach ist.

Lehrsatz 22. Was aus irgendeinem göttlichen Attribute folgt,
muß, sofern es damit an einer Bestimmung teilhat, die notwendig
und unendlich existiert, selbst auch ein notwendiges und unendliches Dasein besitzen. Der Beweis soll, wie er sagt, derselbe wie beim
vorhergehenden Satze sein; er wird also ebenso dunkel wie dieser

sein. Übrigens wünschte ich, er hätte ein Beispiel für eine derartige Bestimmung gegeben.

Lehrsatz 23. Jeder Modus, der notwendig und unendlich existiert, folgt entweder mit Notwendigkeit aus der absoluten Natur eines göttlichen Attributes selbst oder aus einer Bestimmung eines solchen Attributs, die in sich notwendig und unendlich ist; er ist also mit anderen Worten eine unmittelbare oder mittelbare Folge aus der absoluten Natur irgendeines göttlichen Attributs.

Lehrsatz 24. Die Wesenheit der von Gott erschaffenen Dinge schließt ihre Existenz nicht ein, sonst wären sie nach der 1. Definition Ursache ihrer selbst, was gegen die Voraussetzung verstößt. Der Satz steht aus anderen Erwägungen fest; der Beweis jedoch, der hier für ihn gegeben wird, ist ein Fehlschluß. Der Begriff »Ursache seiner selbst« hat nämlich durch seine Definition einen neuen Sinn erhalten, der dem gewöhnlichen Sprachgebrauch nicht entspricht. Der Autor darf also das Wort nicht mehr in seiner gewöhnlichen Bedeutung statt in der eigenen, die er ihm willkürlich gegeben, brauchen, ohne zuvor zu zeigen, daß beide einander gleichwertig sind.

(Aus diesem Satz folgt gegen Spinoza selbst, daß die Dinge nicht notwendig sind. Denn das, dessen Wesenheit seine Existenz nicht einschließt, ist nicht notwendig.)

Lehrsatz 25. Gott ist die wirkende Ursache, nicht nur der Existenz, sondern auch der Wesenheit der Dinge. Denn sonst könnte die Wesenheit der Dinge ohne Gott gedacht werden, entgegen dem vierten Axiom. Dieser Beweis ist indes ohne Bedeutung, denn, zugegeben selbst, daß (gemäß Satz 15) die Wesenheit der Dinge ohne Gott nicht gedacht werden kann, so folgt daraus doch nicht, daß Gott die Ursache der Wesenheit der Dinge ist. Denn das vierte Axiom besagt nicht: ein Ding ist die Ursache eines anderen, wenn dieses ohne jenes nicht gedacht werden kann, — dies nämlich wäre falsch, da ein Kreis ohne sein Zentrum nicht gedacht werden kann, dennoch aber das Zentrum nicht die Ursache des Kreises ist — sondern es sagt nur aus, daß die Erkenntnis der Wirkung die Erkenntnis der Ursache einschließt, was etwas ganz anderes ist. Denn dies Axiom ist nicht umkehrbar, ganz abgesehen davon, daß es nicht dasselbe ist, ob man sagt, die Wirkung schließe die Ursache ein, oder aber sie könne nicht ohne sie gedacht werden. Die Erkenntnis der Parabel schließt die Erkenntnis des Brennpunktes ein, dennoch läßt sich die Parabel ohne den Brennpunkt denken.

Folgesatz. Die Einzeldinge sind nichts als die Beschaffenheiten oder Modi der göttlichen Attribute, wodurch diese in fester und bestimmter Weise ausgedrückt werden. Dies soll, wie er sagt, aus der Definition 5 und dem Lehrsatz 15 hervorgehen. Es ist indes nicht klar, wie dieser Folgesatz mit dem Lehrsatz 25, zu dem er gehört, zusammenhängt. Sicherlich ist Spinoza kein großer Beweiskünstler. Der Inhalt dieses Korollars erhellt zur Genüge aus den früheren Sätzen: in Wahrheit sind allerdings, richtig verstanden, die *Dinge* nicht als Modi und Arten der göttlichen Attribute zu betrachten, da vielmehr die Art, in der wir die Einzeldinge *denken*, nur eine bestimmte Art und Weise unserer *Erkenntnis* der göttlichen Attribute ist.

Lehrsatz 28. Jedes Einzelding oder jeder Gegenstand, der endlich und von bestimmt begrenztem Dasein ist, kann nur dadurch existieren oder zum Handeln bestimmt werden, daß er von einer äußeren Ursache, die ebenfalls endlich ist und ein bestimmtes Dasein hat, zur Existenz oder zur Tätigkeit bestimmt wird; von dieser Ursache gilt wieder das gleiche, und so weiter ins unendliche. Denn nichts, was begrenzt und endlich ist, und in einer bestimmten Zeit existiert, kann aus der absoluten Wesenheit Gottes folgen. Erwägt man diese Ansicht recht, so ergeben sich aus ihr mancherlei Widersinnigkeiten. In Wahrheit nämlich würden die Dinge alsdann keine Folge der göttlichen Natur sein; denn das, was sie zum Sein bestimmt, wäre wiederum von einem anderen bestimmt, und so ins unendliche. Gott indes wäre keineswegs der bestimmende Grund der Dinge, sondern würde von sich aus nur gewisse allgemeine und absolute Prädikate auf sie übertragen. Richtiger ist es zu sagen, daß ein Einzelding von einem anderen und weiterhin durch die unendliche Reihe der Dinge nicht bestimmt wird, daß vielmehr hier in der Tat, soweit man auch fortschreiten mag, alles unbestimmt bleibt, in Wahrheit also alle Einzeldinge von Gott bestimmt werden.[308] Die früheren Ereignisse sind also nicht die einzige und vollständige Ursache der folgenden, sondern es ist vielmehr Gott, der das Spätere derart aus sich hervorbringt, daß es mit dem Früheren, gemäß den Regeln der Weisheit, zusammenhängt. Und wenn wir das Frühere als die wirkende Ursache des Späteren bezeichnen, so wird doch umgekehrt das Spätere in gewisser Weise die Zweckursache des Früheren enthalten, wenigstens für die, welche annehmen, daß Gott nach Zwecken handelt.

Lehrsatz 29. In der Natur der Dinge gibt es nichts Zufälliges, sondern alles ist aus der Notwendigkeit der göttlichen Natur zu einer gewissen Art des Daseins und der Tätigkeit bestimmt. Der Beweis hierfür ist dunkel und abrupt und wird mit Hilfe von früheren, abrupten, dunklen und zweifelhaften Sätzen geführt. Die Entscheidung der Frage ist von der Definition des *Zufälligen* abhängig, die er nirgends gegeben hat. Ich verstehe mit anderen unter »zufällig« das, dessen Wesenheit die Existenz nicht einschließt. In diesem Sinne sind nach Spinoza selbst (Lehrsatz 24) die Einzeldinge zufällig. Bezeichnet man jedoch als »zufällig«, wie manche Scholastiker im Gegensatz zu Aristoteles und dem gewöhnlichen Sprachgebrauch es getan haben, ein Ereignis, bei dem sich in keiner Weise Rechenschaft davon geben läßt, daß es so und nicht anders eingetroffen ist, versteht man darunter also eine Wirkung, deren Ursache, alle äußeren und inneren Bedingungen eingerechnet, zu einer gewissen Art der Tätigkeit nicht mehr als zu ihrem Gegenteil bestimmt war, so schließt ein solcher Begriff des Zufälligen meiner Ansicht nach einen Widerspruch ein. Unter der Voraussetzung des göttlichen Willens und eines gegebenen Zustandes der Dinge sind alle Ereignisse ihrer Natur nach, gemäß einem festen, wenngleich von uns nicht durchweg erkannten Zusammenhang bestimmt; eine Bestimmung, die nicht in ihnen selbst liegt, sondern aus der Annahme äußerer Momente herzuleiten ist.

Lehrsatz 30. Der Intellekt — der aktuell endliche sowohl wie der aktuell unendliche — muß die göttlichen Attribute und Zustände, und nichts außer ihnen, begreifen. Diesen Satz, der nach dem Vorangegangenem klar genug und, richtig verstanden, auch wahr ist, beweist unser Autor nach seiner Art durch andere, dunkle, zweifelhafte und fernliegende Erwägungen; er geht nämlich davon aus, daß eine wahre Idee mit ihrem Gegenstand übereinstimmen muß: eine Behauptung, die er als selbstverständlich hinstellt, während ich sie, wie ich gestehe, weder für selbstverständlich, noch selbst für wahr halten kann. Alles, was als [»objektive«] Vorstellung im Verstande gegeben ist, das muß, wie er ausführt, notwendig auch in der Natur existieren; nun aber gibt es nur eine Substanz, nämlich Gott: alles Sätze, die recht dunkel, zweifelhaft und weit hergeholt sind. Die Denkweise Spinozas war, wie es scheint, seltsam gedrechselt: selten schreitet er auf dem klaren und natürlichen Wege fort, stets geht er ohne Zusammenhang und auf Umwegen vorwärts und seine Beweise sind zumeist mehr bestechend als überzeugend.

Lehrsatz 31. Der Intellekt, der aktuell endliche sowohl wie der aktuell unendliche, ferner Wille, Trieb, Liebe usw. sind zur »natura naturata«, nicht zur »natura naturans« zu rechnen. Unter dieser letzteren nämlich versteht er Gott und seine absoluten Attribute, unter jener seine Modi: Der Intellekt aber ist nach ihm nichts anderes als eine bestimmte Modifikation des Bewußtseins, weswegen, wie er an anderer Stelle erklärt, Gott eigentlich weder Verstand noch Wille zukommt. Ich stimme ihm hierin nicht bei.

Lehrsatz 32. Der Wille kann nicht als freie, sondern nur als eine notwendige Ursache bezeichnet werden, weil frei nur dasjenige ist, was allein durch sich selbst bestimmt wird; der Wille aber als bloßer »Modus« des Bewußtseins durch Bedingungen außerhalb seiner selbst modifiziert wird.

Lehrsatz 33. Die Dinge konnten in keiner anderen Art oder Ordnung von Gott erschaffen werden als sie tatsächlich erschaffen worden sind; denn sie folgen aus der unwandelbaren Natur Gottes. Dieser Satz ist, je nachdem man ihn erklärt, wahr oder falsch. Unter der Voraussetzung eines göttlichen Willens, der stets das Beste wählt, d. h. in der vollkommensten Weise handelt, konnte sicherlich nur diese eine Folge der Dinge entstehen; betrachtet man indes nur die Natur der Dinge an und für sich, so wäre hiernach auch ein anderes Universum möglich gewesen. So sagen wir z. B., daß die Engel trotz ihrer Freiheit versichert sind, nicht sündigen zu können; nicht deshalb, weil sie es nicht könnten, wenn sie wollten, sondern weil sie es niemals wollen werden. Die Möglichkeit eines derartigen Willensentschlusses ist also nicht absolut, wohl aber durch die Voraussetzung des bestimmten, tatsächlichen Zustands der Dinge ausgeschlossen. Der Autor erkennt auch ganz richtig in dem Scholion, daß die Unmöglichkeit eines Ereignisses sich auf zweifache Weise ergeben kann, entweder deshalb, weil das Ereignis in sich selbst einen Widerspruch einschließt oder weil keine äußere Ursache vorhanden ist, die imstande wäre, es hervorzubringen. Im zweiten Scholium bestreitet er, daß alle Handlungen Gottes im Hinblick auf das Gute und einen bestimmten Zweck erfolgen. Denn den Willen hat er ihm bereits abgestritten und behauptet nun, daß, wer das Gegenteil annimmt, Gott dem Fatum unterwerfe, — während er doch selbst zugesteht, daß alle Handlungen Gottes unter dem Gesichtspunkt der Vollkommenheit erfolgen.

Lehrsatz 34. Gottes Macht besteht in seiner Wesenheit selbst, da aus deren Natur folgt, daß er die Ursache seiner selbst wie von allem anderen ist.

Lehrsatz 35. Alles, was in Gottes Fähigkeit steht, ist notwendig, d. h. es folgt aus seiner Wesenheit.

Lehrsatz 36. Alles, was existiert, bedingt seiner Natur nach irgendeine Wirkung, da es die Natur Gottes (d. h. aber nach Satz 34 seine Macht) in fester und bestimmter Weise zum Ausdruck bringt. Der Satz ist richtig, wenngleich die Beweisführung nicht streng ist.

Er fügt noch einen Appendix gegen die hinzu, die Gott um eines Zweckes willen handeln lassen, wobei er Wahres und Falsches durcheinander mischt. Denn wenn es auch richtig ist, daß nicht alles der Menschen wegen geschieht, so folgt darum doch nicht, daß Gott ohne Willen oder ohne Einsicht in das Gute handelt.

V. SCHRIFTEN ZUR BIOLOGIE UND ENTWICKLUNGSGESCHICHTE

19.

Über die Atomistik*

*Leibniz an Huygens***

1./11. April 1692

Als ich kürzlich Ihre Erklärung der Schwere wieder einmal überlas, fiel es mir auf, daß Sie für das Leere und die Atome sind. Ich muß gestehen, daß es mir große Mühe macht, den Grund einer derartigen Unzerbrechlichkeit einzusehen; ja, ich glaube, daß man zu einer Art beständigen Wunders greifen müßte, um eine derartige Wirkung zu erzielen. Auch vermag ich keine Notwendigkeit einzusehen, auf so außerordentliche Dinge zurückzugreifen. Da Sie indessen geneigt scheinen, sie zu billigen, so muß Sie wohl irgendein wichtiger Grund dazu bestimmen. Ich bin [...]

---

* Die folgende Diskussion zwischen Leibniz und Huygens kann als Einleitung zu den biologischen Schriften dienen, sofern sie in knappen Umrissen den Leibnizschen *Begriff der Materie* feststellt. Zu ihrem Verständnis muß man sich zuvor den wissenschaftlichen und spekulativen Standpunkt der beiden Gegner im allgemeinen vergegenwärtigen. Huygens vertritt die bekannten Grundlehren der *kinetischen Atomistik*, die er zu voller Folgerichtigkeit fortbildet; er bezeichnet den philosophischen »Höhepunkt der Korpuskulartheorie, bevor sie durch Verschmelzung mit dynamischen Vorstellungen von der Materie den Charakter der reinen Kinetik verliert«. (Siehe K. Lasswitz, *Geschichte der Atomistik vom Mittelalter bis Newton*, Bd. II, S. 341 ff.) Leibniz hingegen hatte schon in seinem physikalischen Jugendwerk, der *Hypothesis physica nova*, alle Naturerscheinungen aus der

** Siehe Math. II, 136.

Huygens an Leibniz *

(11. Juli 1692)

Der Grund, der mich dazu nötigt, unzerbrechliche Atome vorauszusetzen, ist, daß ich mich ebensowenig wie Sie, mein Herr, mit dem Cartesischen Lehrsatze einverstanden erklären kann, daß das Wesen der Körper allein in der Ausdehnung bestehen soll. Vielmehr halte ich es für notwendig, den Körpern, damit sie ihre Gestalten beibehalten und bei der Bewegung einander Widerstand leisten können, Undurchdringlichkeit und Widerstand gegen jede Trennung ihrer Teile zuzusprechen. Nun muß man annehmen, daß dieser Widerstand unendlich groß ist; denn es wäre widersinnig, nur einen bestimmten Grad von ihm anzunehmen, ihn also etwa dem des Diamanten oder des Eisens gleichzusetzen; ließe sich doch hierfür in einer Materie, in welcher man nichts als Ausdehnung annimmt, keinerlei Ursache angeben. Ich habe es daher stets für einen Irrtum Descartes' gehalten, wenn er annimmt, seine klei-

Voraussetzung eines feinen, elastischen *Äthers*, der den Weltraum *kontinuierlich erfüllt*, zu erklären versucht. Die »Festigkeit« eines Körpers gilt ihm nicht als der Ausdruck einer absoluten und nicht weiter ableitbaren Grundqualität seiner kleinsten Teile, sondern verlangt eine besondere mechanische Deutung und Erklärung. Sie beruht ihrem Wesen nach auf dem gleichartigen Druck, der *von außen her* auf alle einzelnen Teile des Körpers ausgeübt wird und der sie zu gleichzeitigen *übereinstimmenden Bewegungen* (motus conspirantes) bestimmt. Der Körper setzt der Trennung seiner Partikeln Widerstand entgegen, sofern durch das Eindringen jeder neuen Masse der allgemeine *Gleichgewichtszustand* der flüssigen Materie, der sich an der bestimmten Stelle herausgebildet hat, eine Störung erleidet. »Flüssig« (im engeren Sinne) heißen somit Körper, deren Teile in verschiedenartiger, »fest« heißen Körper, deren Teile in gleichartiger Bewegung begriffen sind. (Siehe Math. VI, 87.) In den *Animadversiones in partem generalem Principiorum Cartesianorum*, die Leibniz an Huygens übersandt hatte (siehe Nr. 15), hatte er von diesen Voraussetzungen aus die

* Siehe Math. II, 139.

nen Kugeln des zweiten Elements hätten sich durch das Abschleifen der Ecken und Vorsprünge aus kubischen oder anders geformten Körperchen gebildet.[309]

Denn wenn eine bestimmte Kraft dazu erforderlich war, um den Widerstand, den diese Ecken und Vorsprünge jeder Formveränderung entgegensetzten, zu überwinden, wodurch glaubte er denn, diesen Widerstand bestimmen und begrenzen zu können, und wie hoch sollte man ihn anwachsen lassen? Leisten sie aber keinen Widerstand, so daß diese Körper sich abstumpfen und abrunden lassen, wenn nur irgendwelche andre Partikeln ihnen begegnen: warum sollten sie sich dann nicht wie feuchter Ton kneten lassen, und wie könnten sie ihre Gestalt, nachdem sie einmal kugelförmig geworden sind, bewahren?

Die Annahme einer unendlichen Härte scheint mir also durchaus notwendig zu sein, und ich begreife nicht, weshalb Sie dieselbe so sonderbar finden, und weshalb Sie glauben, daß sie ein immerwährendes Wunder in sich schließt. Denn was die Schwie-

Atomistik bekämpft. Ein Atom soll — wie hier ausgeführt wird — ein extensives Partikel der Materie sein: es besteht somit im Grunde aus einer Mehrheit gedanklich unterschiedener, wenngleich tatsächlich nicht trennbarer Teile. Denken wir uns nun, daß zwei kubische Atome sich derart einander nähern, daß ihre ebenen Oberflächen sich berühren und unmittelbar decken, so wird sich eine solche Atom*gruppe* von dem einzelnen Atom, das ja auch eine Vielheit unmittelbar zusammenhängender Bestandteile in sich schließt, *begrifflich* durch kein einziges Merkmal unterscheiden. Es müßte demnach auch der Gruppe selbst nunmehr das Merkmal physischer Unzerlegbarkeit zukommen: die einzelnen Bestandstücke wären, nachdem sie einmal zusammengeraten, nicht wieder trennbar. Auf diese Weise aber müßten sich die einzelnen Atome immer mehr zu großen Massen von absoluter Härte zusammenballen, und es müßte dereinst »alles wie zu ewigem Eise erstarren, da sich eine Ursache der Vereinigung, nicht aber eine Ursache der Trennung denken ließe«. (Gerh. IV, 386 ff.) Auf diesen Einwand von Leibniz, sowie auf seine Erklärung der Festigkeit durch die »übereinstimmende Bewegung« der Teile geht Huygens in den folgenden Briefen ein.

rigkeit angeht, daß aus dem Zusammentreffen zweier ebener Oberflächen eine dauernde Vereinigung entstehen müßte, so lösen Sie dieselbe selbst auf. Sie brauchen in der Tat nur Sandkörner durch ein Mikroskop zu betrachten und zuzusehen, ob Sie an denselben jemals streng ebene Oberflächen finden. Und selbst wenn es an den Atomen solche gäbe, so bedürfte es doch immer noch ihrer richtigen Aneinanderfügung, quod in indivisibili consistit. Ich bitte Sie, diese Gründe in Erwägung zu ziehen und mir mitzuteilen, in welcher Weise Sie die Kohäsion ganz einfacher und ursprünglicher Körper auffassen. Soll sie etwa durch die von Ihnen angenommene übereinstimmende Bewegung von Teilen, die tatsächlich als getrennt anzusehen wären, erklärt werden, und soll der betreffende Paragraph Ihrer Einwände gegen Descartes ebenso auf die einfachen wie auf die zusammengesetzten Körper gehen?[310]

Ich muß gestehen, daß ich die Richtigkeit Ihres Gedankens weder in dem einen noch in dem andern dieser Fälle einzusehen vermag. Sollen nach Ihnen die Teilchen einer Eisenbarre im Innern eine »übereinstimmende Bewegung« haben, und soll man trotzdem auch nicht die geringste Veränderung an dieser Barre entdecken können? Wer versteht das? Und trotzdem behaupten Sie, Ihre Erklärung der Kohäsion genüge sowohl der Vernunft wie der sinnlichen Erfahrung. Ich habe eine andere Art, die Kohäsion der Körper zu erklären, bei der der äußere Druck und noch andere Umstände herangezogen werden.

*Leibniz an Huygens**

16./26. September 1692

Ich komme auf unsern Streit über das Leere und die Atome zurück, der nicht ohne Schwierigkeit aufzulösen sein wird. Sie, mein Herr, nehmen an, daß in den Körpern eine gewisse ursprüngliche Festigkeit vorhanden ist und schließen weiterhin, daß man sie als unendlich groß ansehen muß, da es durchaus keinen Grund gibt,

---

* Siehe Math. II, 145

ihr einen endlichen, bestimmten Grad zuzuschreiben. Ich stimme mit Ihnen darin überein, daß es widersinnig wäre, den Körpern einen bestimmten Grad von Festigkeit zuzusprechen, da es nichts gibt, was uns eher veranlassen könnte, irgendeinem einzelnen Größengrad vor allen andern den Vorzug zu geben. Dennoch liegt nichts Widersinniges darin, verschiedenen Körpern verschiedene Festigkeitsgrade zu geben; sonst würde man mit demselben Rechte beweisen können, daß die Körper entweder eine unendlich große oder gar keine Geschwindigkeit haben müssen. Nehmen wir indes einmal an, daß die Natur eine Mannigfaltigkeit verlangt, so fordert die Vernunft, daß es keine Atome oder Körper mit unendlich großer Festigkeit gibt, denn sonst würde diese Eigenschaft auch allen andern Körpern zukommen, was doch keineswegs notwendig ist. Wie mir scheint, finden Sie auch keine genügende Erklärung für die Schwierigkeit, daß die Atome, wenn sie sich einmal mit irgendeiner Oberfläche berührten, dadurch für immer aneinander gefesselt und untrennbar verbunden blieben. Denn es scheint mir doch ein bedenkliches Postulat, wenn man leugnen will, daß die Atome ebene Oberflächen oder solche, die in ihren kleinsten Teilen einander kongruent sind, besitzen. Aber selbst wenn man dies zugestehen wollte, so bin ich doch der Meinung, daß man bei dieser Art von Erwägungen nicht nur das, was ist, sondern auch das, was möglich ist, zu berücksichtigen hat.[311] Setzen wir also den jedenfalls möglichen Fall, daß alle Atome durchweg ebene Oberflächen haben, so ist es klar, daß alsdann der erwähnte Übelstand eintreten würde, und daß daher die Hypothese der vollkommenen Härte mit der Vernunft streitet. Mit der Annahme der Atome sind aber noch andere Übelstände verbunden. So ist sie vor allem unvereinbar mit den Gesetzen der Bewegung; denn die Kraft von zwei gleichen Atomen, die unmittelbar mit gleicher Geschwindigkeit aufeinanderstoßen, müßte notwendig verloren gehen; da es offenbar nur eine Folge ihrer Elastizität ist, wenn die Körner zurückprallen. Aber wenn auch kein derartiger Übelstand vorhanden wäre, so darf man doch, wie mir scheint, keine grundlose absolute Qualität zulassen, wie die ursprüngliche Festigkeit es ist. Man vermag nicht einzusehen, was die beiden Massen miteinander vereinigt, und ich verstehe nicht, wie Sie glauben können, daß die bloße Berührung schon als eine Art Kitt dient.

Da vielmehr zwischen der bloßen Berührung und der wirklichen Vereinigung kein natürlicher Zusammenhang zu entdecken ist, so ist wohl, wenn aus der Berührung die Adhäsion folgen soll, ein immerwährendes Wunder erforderlich. Ist dagegen die Festigkeit eine erklärbare Eigenschaft, so muß sie wohl von der Bewegung herstammen, da ja aus der Bewegung allein alle Verschiedenheiten der Körper sich herleiten. Wenn dem so ist, so läuft alles, was ich von dem ursprünglichen Zusammenhang der Körper zu sagen vermag, darauf hinaus, daß Kraft nötig ist, um einen Teil der Materie von dem anderen loszulösen, vorausgesetzt, daß durch diese Loslösung die Bewegung und der momentane Lauf des Körpers eine Änderung erfährt. Die Bewegung einer Masse ist in sich übereinstimmend, sofern zwischen den Bewegungen der einzelnen Teile ein bestimmt geregeltes, gesetzliches Verhältnis obwaltet, und sie ist gestört in dem Maße, als diese Regel komplizierter wird. Man kann daher sagen, daß jeder Körper einen bestimmten Grad von Festigkeit und von Geschmeidigkeit hat. Wenn es sich indessen um eine Eisenstange oder um einen andern gröberen Körper handelt, so braucht man gar nicht auf den ersten Ursprung der Festigkeit oder auf die Atome zurückzugehen. Es genügt in diesem Falle, auf die einzelnen kleinen Partikeln zu verweisen, deren jedes schon in sich selbst seine Festigkeit hat, und die miteinander ungefähr ebenso zusammenhängen wie zwei Tafeln, die einander mit ihren ebenen und glatten Oberflächen berühren, und die nur der Druck der umgebenden Körper daran hindert, sich mit einem Schlage voneinander zu trennen.

*Huygens an Leibniz**

12. Januar 1693

Glauben Sie mir, bitte, daß ich mich keineswegs darauf versteife, Meinungen, die ich einmal angenommen habe, aufrechtzuerhalten,

---

* Siehe Math. II, 150.

sondern daß ich einzig und allein danach frage, ob unser Disput nicht irgendwelche Strahlen der Wahrheit ans Licht bringen könnte. Ich habe sorgfältig in Erwägung gezogen, was Sie über meine Atome von unendlich großer Härte sagen, daß Sie es nämlich, so wie ich, für widersinnig halten, allen einfachen Körpern denselben *bestimmten* Grad der Festigkeit oder des Widerstands gegen Formveränderungen zu geben, daß es aber durchaus nicht widersinnig sei, in einer Mehrheit einfacher, ursprünglicher Körper — denn nur um diese handelt es sich hier — verschiedene Grade hiervon anzunehmen. Es scheint mir indes leichter, eine vollkommene und unendlich große Härte für alle Körper zuzugeben, als diese Mannigfaltigkeit von Kräften für verschiedene Körper anzunehmen. Denn es ist weit schwieriger, die Gründe für diese verschiedenen Härtegrade einzusehen, als eine einzige, unendlichgroße Härte zuzulassen. Es hieße das, sich mehrere Arten von erster Materie zu denken, wohingegen ich nur einer einzigen bedarf.

Sie führen dann die Adhäsion, die bei ebenen Oberflächen eintreten müßte, als eine Schwierigkeit gegen die Atome an. Darauf antworte ich, daß sie dazu ausdrücklich mit diesen Oberflächen hätten geschaffen werden müssen; was aber, wie ich glaube, in diesem Falle ebensowenig notwendig ist wie bei dem Meeressande, wo man nirgends derartige Flächen findet.

Auch scheint es mir keineswegs ein so großes Postulat zu sein, wenn man behauptet, es gäbe keine Atome mit ebenen Oberflächen, vielmehr scheint mir die entgegengesetzte Annahme ein weit größeres zu sein, da es ja einer ausdrücklichen Absicht und Zwecksetzung bedarf, um ebene Oberflächen von äußerster Genauigkeit zu bilden. Angenommen aber, der zehnte Teil aller Atome bestände aus vollkommenen Würfeln, so bräuchte man, da die Atome in rascher Bewegung begriffen sind und die richtige Aneinanderfügung ihrer Oberflächen immer nur in indivisibili stattfinden würde, immer noch nicht zu fürchten, daß sie sich zur Zusammensetzung von großen Massen vereinigen würden.[312]

Sie finden außerdem einen Übelstand darin, daß die Atome den Gesetzen der Bewegung nicht gehorchen würden, weil zwei gleiche Atome, die mit gleichen Kräften unmittelbar aufeinanderstießen, ihre Bewegung verlieren müßten, da, wie Sie sagen, nur die

Elastizität das Zurückprallen der Körper bewirkt. Das glaube ich aber keineswegs und zwar aus Gründen, die ich eines Tages zu veröffentlichen gedenke. Welche Erklärung Sie übrigens auch für die Ursache der Elastizität geben wollten, so würden Sie wohl immer in Verlegenheit geraten, wenn Sie annehmen wollten, daß die letzten kleinen Körper — denn diejenigen, an denen sich uns die Wirkung der Elastizität zeigt, sind zusammengesetzt — bei ihrem Zusammentreffen nicht zurückprallen, sondern miteinander vereinigt bleiben, denn daraus würde der Verlust aller relativen Bewegung in der Materie des Universums folgen. Was mir übrigens bei der Annahme der Atome die größte Schwierigkeit macht, ist, daß ich mich genötigt sehe, jedem von ihnen eine bestimmte Gestalt zuzuschreiben. Worin liegt nun aber der Grund für die unendliche Mannigfaltigkeit dieser Gestalten? Doch dann kann man auch fragen, welches der Grund ist für die verschiedenen Gestalten, die der Sand am Meere hat, über den ich jedesmal von neuem erstaune, wenn ich ihn durchs Mikroskop betrachte. Denn jedes Sandkorn ist ein kristallener Kiesel, der weder ab noch zunimmt, und der vielleicht wer weiß wie viele Jahrhunderte immer so gewesen ist. Der Schöpfer hat die Sandkörner eben einmal so erschaffen, und genau so verhält es sich mit den Atomen.

Übrigens hätten Sie mir nicht die Meinung zuschreiben sollen, daß die bloße Berührung schon als Kitt dient, um die Körper fest und hart zu machen, da ich die Kohäsion der Körper — wie ich in meinem vorhergehenden Briefe geschrieben hatte — durch einen Druck von außen und noch durch einen andren Umstand erkläre. Wie ich sehe, bedienen Sie sich übrigens desselben Druckes. Was Sie betreffs der übereinstimmenden Bewegung hinzufügen, ist mir gänzlich unverständlich.

*Leibniz an Huygens**

10./20. März 1693

Ich komme auf unseren Streit über die Atome zurück: eine Streitfrage, die freilich so alt ist und in der die Geister sich seit jeher
so sehr getrennt haben, daß ich mich gar nicht darüber wundere,
wenn wir hierüber nicht einig werden. Da ich indessen glaube, daß
unter all denen, die jemals die Atome verteidigt haben, es niemand
mit größerer Sachkenntnis getan und niemand die Frage mehr ge-
klärt hat als Sie, mein Herr, und da auch ich meinerseits versucht
habe, mich ziemlich eingehend darein zu vertiefen, so fahre ich
fort, aus Ihren Erklärungen Nutzen zu ziehen.

Wenn man ursprüngliche Festigkeiten annehmen müßte, so ist
die Frage die, ob es vernünftiger wäre, von Anfang an eine vollkommene und unendliche Härte anzusetzen, oder ob man besser
mannigfach verschiedene Festigkeitsgrade anzusetzen hat, die aber
immer mit irgendwelcher Elastizität und Nachgiebigkeit gemischt
wären, so daß die Materie überall irgendwelchen Zusammenhang
aufwiese, nichtsdestoweniger aber noch überall teilbar wäre. Es
könnte alsdann derselbe Körper fest, steif und hart oder auch flüssig, weich und biegsam genannt werden, *je nach der verschiedenen
Art der Betrachtung* (diverso respectu) und mit Rücksicht auf die
äußere Kraft, die ihn zu biegen oder zu teilen strebt. Sie, mein Herr,
meinen, es sei schwieriger, die Gründe für diese verschiedenen Festigkeiten einzusehen; sind diese aber ursprünglich, so brauche man
den Grund dafür nicht zu suchen. Ich gebe zu, daß die Materie
alsdann gewissermaßen heterogen, d. h. in sich selbst immer wieder verschiedenartig wäre, so daß sich in ihren Teilen nicht das
geringste gleichförmige Partikelchen finden ließe, wohingegen die
Atome homogen sind. Dafür würde aber die Materie, gemäß meiner Ansicht, überall teilbar sein, und zwar mehr oder weniger leicht
mit einer Abstufung, die beim Übergange von einem Orte zum
benachbarten unmerklich wäre, während man bei den Atomen
einen Sprung von einem Extrem zum andern machen und von

---

* Siehe Math. II, 155.

einem völligen Mangel jedweder Kohäsion im Berührungspunkte zu einer unendlichen Härte, die an allen anderen Punkten besteht, übergehen muß; für diese Sprünge aber läßt sich in der Natur kein Beispiel finden. Hieraus folgt auch, daß nach mir die Feinheit und Mannigfaltigkeit der Geschöpfe bis ins Unendliche fortgeht, was der Vernunft und der Ordnung entspricht — denn ich bin für ein Axiom, das dem gemeinen, nach dem die Natur vor dem Unendlichen zurückschreckt (naturam abhorrere ab infinito), durchaus entgegengesetzt ist.

Die Atomistik dagegen schränkt den Fortschritt der Feinheit und Veränderung auf die Größe des Atoms ein, was ebensowenig vernünftig ist, wie wenn man den Dingen dadurch Schranken setzt, daß man die Welt in eine Kugel einschließt. Was die Schwierigkeit der ebenen Oberflächen anbetrifft, durch welche die Atome sich untrennbar verbinden würden, so antworten Sie, mein Herr, daß es ein größeres Postulat wäre, wenn man solche behaupten, als wenn man sie leugnen wollte, da ja ihre Bildung die größte Genauigkeit beanspruchen würde. Darauf erwidere ich, daß immer völlige Genauigkeit erforderlich ist, um irgendeine beliebige Oberfläche zu bilden, denn von welcher Art sie auch immer sein mag, so wird sie doch stets genau sein müssen. Da nun die ebene Oberfläche eine der einfachsten ist, so scheint es, daß der Urheber der Atome sie auch in ihrer einfachsten Form erschaffen müßte, sofern er nicht besondere Gründe hätte, die ebenen Flächen zu vermeiden; diese Gründe könnten aber nur den Zweck haben, die Kohäsion zu verhindern. Eine derartige Beweisführung aber enthielte genug der Postulate in sich. Sie, mein Herr, fügen hinzu, daß, selbst wenn man eine große Anzahl von Atomen mit Würfelgestalt annimmt, diese sich dennoch nicht leicht miteinander verbinden und zu neuen, untrennbaren Körpern verschmelzen würden, weil sie in den allermeisten Fällen nicht eine bestimmte Zeitdauer hindurch in der Berührung verharren, sondern nur einen Augenblick in demselben Zustande bleiben würden; denn in diesem Sinne verstehe ich es, wenn Sie sagen, daß ihre genaue Aneinanderfügung immer nur »in indivisibili« bestände. Ich meine indes, daß es schon seltsam genug ist, wenn man nur für einige wenige Fälle annehmen will, daß zwei Körper so miteinander verschmelzen, daß sie darüber zu einem Atom werden und fortan für alle Ewigkeit untrennbar bleiben.

Der Beweisgrund gegen die Atome, den ich aus den Bewegungsgesetzen hergeleitet habe, schien mir immer einer der stärksten zu sein. Da Sie indes versprechen, eines Tages zu erklären, auf welche Weise ein unbiegsamer Körper zurückprallen kann, so zweifle ich nicht daran, daß Sie hierüber wie gewöhnlich sehr beachtenswerte Dinge zu sagen haben werden. Sie finden auch, daß die Schwierigkeit wider mich gewendet werden könnte, da ja die Elastizität eine Eigenschaft der zusammengesetzten Körper ist, und daher die letzten kleinen Körper selbst unelastisch sein müßten und nicht zurückprallen könnten. Darauf erwidere ich aber, daß es keinen letzten kleinen Körper gibt, vielmehr fasse ich jedes Partikelchen der Materie, so klein es auch sein mag, als eine ganze Welt auf, die von einer Unendlichkeit noch kleinerer Geschöpfe erfüllt ist.[313]

Da man, wie es scheint, keine andere Rechenschaft davon geben kann, daß die Teile eines Atoms untrennbar sind, als weil sie sich einmal während einer bestimmten Zeit an ihren Oberflächen vollkommen berühren, so habe ich gesagt, daß bei der Hypothese der Atome die Berührung als eine Art Kitt dient. Es scheint ferner, daß, wenn die Berührung der Oberflächen eine unendlich starke Verknüpfung hervorruft, auch die von Linien und Punkten Verknüpfungen zustande bringen müßte, die freilich nicht als unüberwindbar anzusehen wären. Es wären alsdann zwei Körper, deren Berührung in größeren Linien erfolgte, leichter zu trennen, und Körper, die sich an mehr Punkten berührten, besäßen (caeteris paribus) innigeren Zusammenhang als solche, die sich an weniger Punkten berührten. Ja, selbst wenn man Punkt gegen Punkt und Linie gegen Linie hält, scheint es, als ob der contactus osculi eine größere Verknüpfung geben müßte als die einfache Berührung.[314]

Wenn außerdem eine dauerhafte Oberflächenberührung einen unüberwindlichen Zusammenhang bewirken kann, so scheint es, daß eine momentane Berührung ebenfalls eine, wenngleich überwindbare Verknüpfung zustande bringen müßte, die um so stärker sein müßte, je geringere Geschwindigkeit der Körper, der den andern bei der Berührung streift, besitzt. Schließlich neige ich, obwohl ich oben von ursprünglichen Festigkeiten und Konsistenzen gesprochen habe, doch immer zu der Annahme, daß es dergleichen überhaupt nicht gibt, und daß einzig und allein die Bewegung die Verschiedenartigkeit der Materie und also auch die Kohäsion hervorruft. Solange das Gegenteil also nicht bewiesen ist, muß man, wie mir scheint, die Annahme einer solchen neuen unerklärbaren Qualität vermeiden; denn wenn man sie zugäbe, so würde man dadurch bald zu anderen Annahmen derselben Art geführt werden wie zu der Schwere des Aristoteles, zu der Anziehungskraft des Newton, zu den Sympathien und Antipathien und zu tausend anderen ähnlichen Attributen.[315]

20.

Betrachtungen über die Lehre von einem einigen,
allumfassenden Geiste

*Considérations sur la doctrine d'un esprit
universel unique**

1702

Eine ganze Anzahl scharfsinniger Männer in vergangener wie gegenwärtiger Zeit hat angenommen, daß es nur einen einzigen, allumfassenden Geist gibt, der das ganze Universum und alle seine Teile, einen jeden gemäß seinem inneren Bau und den Organen, die er in ihm findet, belebt, wie ein und derselbe Lufthauch verschiedene Orgelpfeifen mannigfach ertönen läßt. Wenn demnach, meinen sie, ein Tier einen gesunden Organismus hat, so wirkt er darin als Einzelseele, ist dieser aber verdorben, so verschwindet diese Einzelseele und kehrt sozusagen in den Ozean des allumfassenden Geistes zurück.

Nach ziemlich verbreiteter Ansicht hat Aristoteles einen ähnlichen Standpunkt vertreten, der dann durch den berühmten arabischen Philosophen Averroës erneuert worden ist. Er nahm in uns einen *intellectus agens* oder tätigen Verstand und ferner einen *intellectus patiens* oder leidenden Verstand an; der erstere, von außen kommende, sollte ewig und allen gemeinsam sein, der leidende jedoch, der jedem im besonderen zukommt, sollte beim Tode des Menschen dahinschwinden. Diese Ansicht wurde auch, vor etwa 2–300 Jahren, von manchen Peripatetikern, so von Pomponazzi, Contarini und anderen geteilt; auch findet man Spuren von ihr bei dem verstorbenen Herrn Naudé wieder, wie das seine Briefe und die kürzlich im Druck erschienenen *Naudeana* erkennen lassen.[316] Diese Männer übermittelten die Lehre insgeheim ihren vertrautesten und tüchtigsten Schülern, während sie nach außen hin so vorsichtig waren, zu sagen, ihre Lehre sei zwar wahr gemäß der Philosophie, — worunter sie vorzüglich die des Aristoteles verstanden — jedoch falsch vom Standpunkt des

---

* Siehe Gerh. VI, 529 ff.

Glaubens. Hieraus sind dann schließlich die Streitigkeiten über die doppelte Wahrheit entsprungen, die auf dem letzten Lateranischen Konzil verdammt worden ist.[317]

Man hat mir ferner versichert, die Königin Christine neige stark dieser Ansicht zu, und da Herr Naudé, der ihr Bibliothekar war, davon durchdrungen war, so ist es wahrscheinlich, daß er ihr die Kunde von den Geheimlehren dieser berühmten Philosophen, mit denen er in Italien sich vertraut gemacht hatte, übermittelte. Spinoza, der nur eine einzige Substanz zuläßt, entfernt sich von der Lehre eines einigen, allumfassenden Geistes nicht allzuweit, und selbst die Neu-Cartesianer, die Gott allein die Fähigkeit des Wirkens zusprechen[318], nehmen sie fast unvermerkt an. Wahrscheinlich haben Molinos und andere neuere Quietisten, darunter ein Autor Namens Johannes Angelus Silesius, — der vor Molinos geschrieben hat und dessen Werke man vor kurzem neu gedruckt hat — ja vor allen beiden noch Weigel diese Ansicht vom Sabbat oder der Ruhe der Seelen in Gott geteilt.[319] Sie haben daher auch geglaubt, mit dem Aufhören der besonderen Tätigkeitsweisen sei der höchste Grad der Vollkommenheit erreicht.

Allerdings war bei den peripatetischen Philosophen dieser Geist nicht eigentlich allumfassend; vielmehr nahmen sie neben den Intelligenzen, die ihrer Ansicht nach die Sterne beseelten, noch eine besondere Intelligenz für diese niedere Welt an, die in den menschlichen Seelen als tätiger Verstand wirken sollte. Zu dieser Annahme einer für alle Menschen gemeinsamen, unsterblichen Seele wurden sie durch einen Fehlschluß geführt. Sie setzten nämlich voraus, die aktuelle unendliche Vielheit sei unmöglich, es sei demnach nicht möglich, daß es eine unendliche Anzahl von Seelen gäbe, dies müßte aber notwendig der Fall sein, wenn die Einzel-Seelen fortbeständen. Denn da die Welt und das Menschengeschlecht nach ihnen von aller Ewigkeit her besteht — da ferner täglich neue Seelen erschaffen werden — so müßte es, wenn sie alle dauernden Bestand hätten, eine wirklich existierende Unendlichkeit von Seelen geben.

Diesen Schluß nahmen sie für einen Beweis hin. Er war jedoch voll falscher Voraussetzungen. Denn man gibt ihnen weder die Unmöglichkeit des aktuellen Unendlichen zu, noch auch die ewige

Dauer des Menschengeschlechts, noch endlich die Zeugung neuer Seelen; lehren doch die Platoniker die Präexistenz der Seelen und die Pythagoräer die Seelenwanderung, wobei nach ihrer Ansicht die Anzahl der Seelen in all ihren Wandlungen und Umgestaltungen stets dieselbe bleibt.

Die Lehre von einem allumfassenden Geiste ist an und für sich gut; denn alle, die sie vertreten, geben der Sache nach die Existenz der Gottheit zu, einerlei, ob sie nun annehmen, dieser allumfassende Geist sei der höchste — denn alsdann halten sie dafür, daß es Gott selbst ist — oder ob sie mit den Kabbalisten annehmen, daß Gott ihn geschaffen hat, was auch die Ansicht des Engländers Henry More und andrer neuerer Philosophen, vorzüglich einiger Chemiker ist, nach denen es einen allgemeinen Archäus oder auch eine Weltseele gibt.[320] Einige von ihnen haben sogar behauptet, es sei eben dies der Geist des Herrn, der — wie es zu Anfang der Genesis heißt — auf den Wassern ruhte.

Versteigt man sich aber zu der Behauptung, dieser allumfassende Geist sei der einzige und es gäbe gar keine Einzel-Seelen oder -Geister, oder meint man wenigstens, diese Einzel-Seelen hätten keinen Fortbestand, so überschreitet man damit, wie ich glaube, die Schranken der Vernunft und stellt eine Lehre auf, von der man nicht einmal einen deutlichen Begriff hat. Prüfen wir doch einmal die scheinbaren Gründe, auf die man diese Lehre stützen will, die die Unsterblichkeit der Seelen zunichte macht und dem Menschengeschlecht oder vielmehr allen lebenden Geschöpfen den Wert benimmt, der ihnen bisher zugehörte und der ihnen gemeinhin erteilt wurde! Denn, wie mir scheint, muß eine Ansicht von dieser Tragweite *bewiesen* werden, und es genügt nicht, sich von ihr eine sinnliche Vorstellung zu machen, die sich in der Tat auf nichts anderes gründet, als auf einen recht hinkenden Vergleich, von dem Hauch nämlich, der die Musikinstrumente belebt.

Ich habe oben gezeigt, daß der vorgebliche Beweis der Peripatetiker, die behaupteten, es gäbe nur einen, allen Menschen gemeinsamen Geist, ohne zwingende Kraft ist und sich nur auf falsche Voraussetzungen stützt. Spinoza hat beweisen wollen, daß es nur eine einzige Substanz in der Welt gibt, aber diese seine Beweise sind kläglich oder unverständlich.[321] Die Neu-Cartesianer aber, nach denen Gott allein zu wirken vermag, haben hiervon eben-falls kaum einen Beweis zu geben versucht; ganz abgesehen davon, daß der Pater Malebranche zum mindesten die innere Tätigkeit der Einzelgeister zuzugeben scheint.

Einer der einleuchtendsten Gründe, die man gegen die Einzel-Seelen angeführt hat, ist die Verlegenheit, in der man sich betreffs ihres Ursprungs befindet. Die Schulphilosophen haben über den Ursprung der Formen, worunter sie die Seelen einbegreifen, lang und breit gestritten. Die Meinungen sind sehr geteilt gewesen: ob nämlich die Seelen durch Herausarbeiten (Eduktion) aus der Po-tenz der Materie entstehen, wie die Gestalt aus dem Marmorblock gewonnen wird, oder ob es eine Übertragung (Traduktion) der See-len gibt, so daß eine neue Seele aus einer früheren entstände, wie ein Feuer sich an einem andern entzündet; ob sie bereits existier-ten und nur nach der Zeugung des Tieres erst erkennbar hervor-treten, oder ob sie endlich bei jeder neuen Zeugung von Gott geschaffen werden.

Wer nun die Einzel-Seelen leugnete, der glaubte sich damit der ganzen Schwierigkeit zu entziehen; es heißt das aber den Knoten durchhauen, anstatt ihn zu lösen, und es liegt doch wohl keine zwin-gende Kraft in einem Argument, das etwa folgendermaßen lauten müßte: Man ist bei der Erklärung einer Lehre verschiedenartiger Ansicht gewesen, also — ist die ganze Lehre falsch. Das ist die Me-thode der Skeptiker: wäre sie aber annehmbar, so dürfte es kaum etwas geben, was man nicht verwerfen könnte. Die Erfahrungen der neuesten Zeit bringen uns zu der Überzeugung, daß die Seelen und selbst die Tiere stets, wenngleich nur in winziger Größe, exi-stiert haben, und daß die Zeugung nur eine Art von Auseinander-faltung und Vergrößerung ist. Auf diese Weise schwinden dann alle Schwierigkeiten betreffs der Zeugung der Seelen und Formen. Trotzdem soll damit Gott nicht das Recht abgesprochen werden, neue Seelen zu schaffen oder den schon in der Natur vorhandenen einen höheren Grad von Vollkommenheit zu verleihen; es soll hier jedoch nur von dem die Rede sein, was in der Natur die Regel ist, ohne daß man sich um das besondere Verhalten Gottes mit Bezug auf menschliche Seelen kümmert, die bevorrechtet sein mögen, da sie ja unendlich über denen der Tiere stehen.

Dazu, daß geistvolle und scharfsinnige Männer sich der Lehre von einem allumfassenden, einigen Geiste zuneigten, hat wohl auch der Umstand viel beigetragen, daß die Lehre von der losgelösten Existenz der Seelen und der Unabhängigkeit ihrer Funktionen vom Körper und seinen Organen, wie sie die Vulgärphilosophie vertritt, sich nicht genügend rechtfertigen ließ. Man hatte guten Grund, an der Unsterblichkeit der Seele als den göttlichen Vollkommenheiten und der wahrhaften Moral gemäß festzuhalten; da man aber bemerkte, daß durch den Tod die Organe der Tiere sich auflösten und schließlich zugrunde gingen, so glaubte man sich gezwungen, zur Existenz getrennter Seelen seine Zuflucht zu nehmen, also anzunehmen, daß die Seele ohne jeglichen Körper fortbesteht und trotzdem ihre Gedanken und Funktionen beibehält. Um dies noch glaubwürdiger zu erweisen, versuchte man zu zeigen, daß die Seele bereits in diesem Leben abstrakte und von den materiellen Vorstellungen unabhängige Gedanken hat. Diejenigen nun, die diesen getrennten Zustand und diese Unabhängigkeit als der Erfahrung und der Vernunft zuwider verwarfen, fühlten sich um so eher veranlaßt, an die Auslöschung der Einzel-Seele und die Erhaltung des einzigen, allumfassenden Geistes zu glauben.

Ich habe diesen Gegenstand gründlich untersucht, und gezeigt, daß es in der Seele in der Tat bestimmte Materialien des Denkens, bestimmte Objekte des Verstandes gibt, die durch die äußeren Sinne nicht geliefert werden, nämlich die Seele selbst mitsamt ihren Tätigkeiten (*nihil est in intellectu quod non fuerit in sensu, nisi ipse intellectus*). Die Anhänger der Lehre von einem allumfassenden Geiste werden das gerne zugeben, da sie diesen ja von der Materie unterscheiden. Trotzdem finde ich, daß es keinen abstrakten Gedanken gibt, der nicht von irgendwelchen materiellen Bildern oder Spuren begleitet wäre: ich habe daher den Grundsatz aufgestellt, daß zwischen den Vorgängen der Seele und den materiellen Ereignissen ein vollkommener *Parallelismus* besteht, und gezeigt, daß die Seele mitsamt ihren Tätigkeiten zwar etwas von der Materie Verschiedenes, daß sie aber nichtsdestoweniger stets von den Organen der Materie begleitet ist, somit auch ihre Funktionen stets von solchen der materiellen Organe begleitet sind, die ihnen entsprechen müssen, und daß endlich dieses Verhältnis reziprok ist und stets sein wird.

Was somit die gänzliche Trennung von Seele und Körper betrifft, so kann ich von den Gesetzen der Gnade und den besonderen Verordnungen, die Gott mit Rücksicht auf die menschlichen Seelen getroffen hat, freilich nicht mehr sagen, als was hierüber in der heiligen Schrift enthalten ist — denn dies sind Dinge, die man durch die Vernunft nicht zu erkennen vermag und die lediglich von der Offenbarung Gottes selbst abhängen. Nichtsdestoweniger vermag ich keinen religiösen oder philosophischen Grund zu entdecken, der mich zur Preisgabe der Lehre von dem Parallelismus von Seele und Körper und zur Zulassung einer vollkommenen Trennung beider zwänge. Denn warum sollte die Seele nicht stets einen feinen, auf seine Weise organisierten Körper beibehalten, der sogar eines Tages bei der Auferstehung imstande sein mag, die sichtbare Form seines früheren Körpers, soweit nötig, wieder anzunehmen: gibt man doch den Seligen einen verklärten Körper und haben doch auch die Kirchenväter den Engeln einen feinen Körper zugesprochen.

Übrigens entspricht diese Lehre auch der auf Grund der Erfahrung festgestellten Ordnung der Natur; denn die Beobachtungen höchst geschickter Beobachter[322] haben uns zu der Überzeugung geführt, daß die Tiere keineswegs erst in dem Zeitpunkt, den man gewöhnlich als den Anfang ihres Daseins ansieht, wirklich entstehen, daß vielmehr die Samentiere oder die beseelten Samen schon seit dem Anfang der Dinge bestanden haben. Nun ist es aber der Ordnung wie der Vernunft angemessen, daß das, was seit allem Anbeginn existiert hat, auch nicht zugrunde geht, und daß demnach, wie die Zeugung nur das Wachstum und die Umformung und Entwicklung eines Tieres ist, so der Tod auch nur eine Verringerung und der Übergang zu einer neuen Form der Entwicklung ist. Das Lebewesen selbst aber besteht in all diesen Umformungen fort, wie die Seidenraupe und der Schmetterling ja ein und dasselbe Tier sind. Es ist hier wohl die Bemerkung am Platze, daß die Natur die Feinheit und Güte besitzt, uns ihre Geheimnisse an kleinen Proben zu enthüllen, um uns damit einen Schluß auf das Ganze zu ermöglichen, da alles einander entsprechend und harmonisch ist. So zeigt sie uns die Umformung von Raupen und andren Insekten — denn auch die Fliegen entstehen aus Würmern — um uns ahnen zu lassen, daß es überall Umformungen gibt. Auch haben die Erfahrungen an den Insekten die gewöhnliche Ansicht zerstört, daß diese Tiere sich ohne Fortpflanzung aus der Nahrung erzeugten. Ebenso hat uns die Natur bei den Vögeln ein Beispiel für die Erzeugung aller Tiere aus Eiern gegeben, eine Ansicht, die jetzt auf Grund neuer Entdeckungen allgemein angenommen ist. Auch die mikroskopischen Experimente haben gezeigt, daß der Schmetterling nur eine Entwicklung der Raupe ist, besonders aber, daß die Samen bereits die Pflanze oder das Tier der Form nach enthalten, wenngleich es sodann mannigfacher Umformungen und der Ernährung oder des Wachstums bedarf, damit eins jener Tiere entsteht, die wir mit unsern gewöhnlichen Sinnen bemerken können. Da nun auch die winzigsten Insekten einander durch die Fortpflanzung ihrer Art erzeugen, so muß man dasselbe für diese kleinen Samentiere annehmen, daß sie nämlich selbst von anderen, noch kleineren Samentieren herstammen und daß demnach ihr Ursprung bis zum Anbeginn der Welt zurückreicht. Das stimmt auch ganz wohl mit Andeutungen der heiligen Schrift, nach denen die Samen aller Dinge im Anfange gewesen sind.

Im Schlaf und in der Ohnmacht hat uns die Natur sodann ein Beispiel dafür an die Hand gegeben, daß der Tod nicht ein Aufhören aller Funktionen, sondern nur eine Unterbrechung bestimmter, besonders deutlich hervortretender Funktionen ist. Ich habe an anderer Stelle eine wichtige Frage aufgeklärt, deren Vernachlässigung zu der Ansicht von der Sterblichkeit der Seele verleitet hat: daß nämlich eine große Anzahl gleicher und untereinander im Gleichgewicht befindlicher kleiner Perzeptionen, die nichts Hervorstechendes und Unterscheidendes haben, sich der Beobachtung und Erinnerung entziehen. Wollte man daraus aber schließen, daß die Seele alsdann gänzlich der Tätigkeit bar ist, so wäre dies ein ebenso vulgäres Vorurteil, als wenn man dort, wo man keine Materie bemerkt, die Existenz eines Leeren oder eines Nichts annehmen oder als ob man der Erde die Bewegung absprechen wollte, weil ihre Bewegung, da sie gleichförmig und ohne Stoß vor sich geht, nicht der Beobachtung zugänglich ist.

Wir haben eine Unendlichkeit von kleinen Perzeptionen, die wir indessen nicht zu unterscheiden vermögen: so setzt sich ein gewaltiges, betäubendes Geräusch, wie z. B. das Murmeln einer versammelten Volksmenge, aus all den leisen Lauten der Einzelpersonen zusammen, die für sich der Beobachtung entgehen würden, von denen man aber trotzdem eine Empfindung haben muß, da man sonst nicht das Ganze wahrzunehmen vermöchte. Wenn demnach das Tier der Organe, die es zu genügend distinkten Perzeptionen befähigen, beraubt ist, so folgt daraus keineswegs, daß ihm keine kleineren und gleichförmigeren Perzeptionen verbleiben, noch daß es aller Organe und aller Perzeptionen verlustig geht. Seine Organe sind nur eingewickelt und auf einen kleinen Umfang zusammengedrängt, die Ordnung der Natur aber verlangt, daß alles sich wieder neu entwickelt und eines Tages wieder zum Vorschein kommt, und daß bei all diesen Wechselfällen ein bestimmter, wohl geregelter Fortschritt vorhanden ist, der dazu dient, die Dinge zur Reife und Vollkommenheit zu führen. Wie es scheint, hat selbst Demokrit diese Wiederbelebung der Tiere bemerkt[323]; denn Plotin schreibt ihm eine Auferstehungslehre zu.

Alle diese Erwägungen lassen erkennen, wie nicht nur die Einzel-Seelen, sondern auch die Lebewesen selbst fortbestehen, so daß also gar kein Grund vorliegt, an eine gänzliche Auslöschung der Seelen oder auch nur an eine gänzliche Zerstörung des Tieres zu glauben. Man braucht daher nicht auf einen einigen, allumfassenden Geist zurückzugreifen und damit die Natur der besonderen und ihr eigentümlichen Vollkommenheiten zu berauben: womit man in der Tat eine zu kleine Meinung von der Ordnung und Harmonie des Alls bekunden würde. Überdies gibt es bei der Lehre von dem einigen, allumfassenden Geiste eine ganze Reihe von Punkten, die sich nicht aufrechterhalten lassen und die in viel größere Schwierigkeiten verwickeln, als bei der gewöhnlichen Lehre entstehen.

Wir lassen einige folgen: Man sieht sogleich, daß der Vergleich des Lufthauches, der die verschiedenen Orgelpfeifen verschieden ertönen läßt, der sinnlichen Anschauung schmeichelt, daß er aber nichts erklärt, ja, daß er vielmehr auf das gerade Gegenteil hinführt. Denn dieser allumfassende Lufthauch der Orgelpfeifen ist nur eine quantitative Anhäufung der Einzelhauche, ferner ist jede Röhre mit ihrer eignen Luft erfüllt, die sogar von einer Röhre in die andre übergehen kann. Dieser Vergleich würde somit vielmehr die Annahme von Einzel-Seelen, ja sogar die Wanderung der Seelen von einem Körper in einen andern begünstigen, ebenso wie die Luft ihre Röhre wechseln kann.

Stellt man sich aber vor, der allumfassende Geist sei gleich einem Ozean, der sich aus einer Unendlichkeit von Tropfen zusammensetzt, die, solange sie einen organischen Einzelkörper beseelen, von ihm losgelöst sind, sich aber nach der Zerstörung der Organe wiederum mit ihm vereinigen, so ist auch dies nur eine materielle und grobe Vorstellung, die der Sache nicht angemessen ist und die uns in dieselben Schwierigkeiten wie die Analogie des Lufthauchs verwickelt. Denn da der Ozean eine Anhäufung von Tropfen ist, so würde Gott sozusagen ein Aggregat aller Seelen darstellen, ungefähr ebenso, wie ein Bienenschwarm eine Ansammlung dieser kleinen Tiere ist. Da jedoch dieser Schwarm für sich selbst keine wahrhafte Substanz ist, so ist klar, daß auf diese Weise der allgemeine Geist selbst gar kein wahrhaftes Wesen wäre; anstatt also zu sagen, daß er der einzige Geist ist, müßte man vielmehr sagen, daß er an sich gar Nichts ist und daß in der Natur nur die Einzel-Seelen wahrhaft existieren, deren bloße Ansammlung er darstellte.

Abgesehen davon wären die Tropfen, wenn sie sich nach der Zerstörung der Organe mit dem Ozean des allgemeinen Geistes wieder vereinigten, tatsächlich Seelen, die getrennt von der Materie fortbeständen. Man fiele somit wiederum in die Ansicht zurück, die man vermeiden wollte, besonders, wenn diese Tropfen einen Rest ihres früheren Zustandes bewahren und noch etwas von ihren früheren Funktionen besitzen würden, ja, wenn sie möglicherweise in diesem Ozean der Gottheit oder des allumfassenden Geistes noch zu höheren Formen der Tätigkeit fortschritten.

Will man dagegen, daß die mit Gott wieder vereinigten Seelen ohne irgendwelche eigene Tätigkeiten sind, so verfällt man in eine Ansicht, die der Vernunft und jeder gesunden Philosophie widerstreitet, daß nämlich irgendein für sich bestehendes Wesen jemals in einen Zustand gelangen könnte, in dem ihm jede Art von Tun und Leiden versagt ist. Denn ein Ding behält trotz seiner Verbindung mit einem andern die ihm eigentümlichen Tätigkeiten bei, die im Verein mit den Tätigkeiten der andren Teile die Funktion des Ganzen ergeben; denn wenn die Teile keine hätten, würde auch das Ganze aller Tätigkeit bar sein.

Übrigens habe ich an andrer Stelle gezeigt, daß jedes Wesen alle Eindrücke, die es erhalten hat, bewahrt, wenngleich diese Eindrücke für sich besonders nicht mehr bemerkbar sein mögen, weil sie mit so vielen andern eine Verbindung eingegangen sind. Demnach würde die Einzel-Seele auch nach ihrer Vereinigung mit dem Ozean der Seelen stets dieselbe besondre Seele bleiben, die sie gewesen ist.

Diese Erwägungen zeigen, daß es vernunftgemäßer und dem Brauch der Natur angemessener ist, die Einzel-Seelen in den Lebewesen selbst und nicht außerhalb in Gott fortbestehen zu lassen, und somit nicht nur die Seele, sondern auch das Tier zu erhalten, wie ich oben und an andrer Stelle auseinandergesetzt habe. Auf diese Weise blieben dann den Einzel-Seelen stets bestimmte Tätigkeiten, blieben ihnen die eigentümlichen Funktionen, die ihnen zukommen und die zur Schönheit und Ordnung des Universums zusammenwirken, während sie hier zu dem quietistischen Sabbat in Gott, d. h. zu einem Zustand des Nichtstuns und der Nutzlosigkeit verurteilt sind. Denn was das himmlische Schauen der seligen Geister angeht, so ist es mit den Funktionen ihrer verklärten Körper, die immerhin in ihrer Art organisiert sein werden, wohl verträglich.

Will aber jemand behaupten, es gebe überhaupt keine Einzel-Seelen, nicht einmal jetzt, wo die Tätigkeit der Empfindung und des Denkens mit Hilfe der leiblichen Organe vonstatten geht, so wird er durch die Erfahrung widerlegt werden, die uns, wie mir scheint, lehrt, daß wir etwas Besondres für uns sind, das denkt, Selbstbewußtsein hat und will, und daß wir von einem andern, der etwas andres denkt, etwas andres will, verschieden sind. Man verfällt sonst in die Ansicht Spinozas oder anderer, ihm nahestehender Autoren, nach denen es nur eine einzige Substanz geben soll, nämlich Gott, der in mir das Eine denkt, annimmt und will, in einem andern aber genau das Gegenteil denkt, annimmt und will, — eine Ansicht, deren Lächerlichkeit Bayle an einigen Stellen seines *Dictionnaire* zur Genüge gekennzeichnet hat.[324]

Soll es ferner in der Natur nichts andres geben als den allumfassenden Geist und die Materie, und soll es nicht der Allgemeingeist selbst sein, der in verschiedenen Personen Entgegengesetztes meint und will, so wird man sagen müssen, daß es die *Materie* ist, die in sich verschieden ist und verschiedenartig handelt — *handelt* aber die Materie, was soll dann noch der allumfassende Geist? Ist dagegen die Materie nichts als ein passives Substrat, also ein rein leidendes Wesen, wie kann man ihr dann diese Tätigkeiten zuschreiben? Es ist also weit vernünftiger, anzunehmen, daß es außer Gott — dem höchsten tätigen Prinzip — eine Menge einzelner tätiger Prinzipien gibt. Gibt es doch eine Menge besondrer und einander entgegengesetzter Arten des Tuns und des Leidens, die nicht ein und demselben Subjekt zugeschrieben werden können: diese tätigen Prinzipien aber sind nichts andres als die Einzel-Seelen.

Bekanntlich gibt es zudem in allen Dingen Gradunterschiede: zwischen einer Bewegung von beliebiger Geschwindigkeit und der vollkommenen Ruhe, zwischen der Härte und dem vollkommen flüssigen Zustande, bei dem nicht der geringste Widerstand vorhanden ist, zwischen Gott und dem Nichts gibt es eine Unendlichkeit von Zwischenstufen. So gibt es denn auch eine Unendlichkeit von Graden zwischen einem in höchster Vollendung tätigen Wesen und dem vollkommen passiven Prinzip. Es ist demnach vernunftwidrig, nur ein einziges tätiges Prinzip — nämlich den allumfassenden Geist — und ein einziges leidendes Prinzip — nämlich die Materie — zuzulassen.

Zudem muß man in Betracht ziehen, daß die Materie nicht *Gott* entgegengesetzt ist, sondern daß man sie vielmehr dem eingeschränkten, tätigen Prinzip, d. h. der Seele oder der Form entgegensetzen muß. Denn Gott ist das höchste Wesen, das dem Nichts entgegensteht; aus ihm resultiert die Materie ebensogut wie die Formen, und auch ihre rein passive Wesenheit ist etwas mehr als das Nichts, da ihr doch bestimmte Fähigkeiten zukommen, während man dem Nichts keine Eigenschaften beilegen kann. So muß man für jeden besondren Teil der Materie besondre Formen ansetzen, d. h. Seelen oder Geister, die ihm angemessen sind.

Ich will hier nicht auf ein völlig beweiskräftiges Argument zurückgreifen, das ich an andrer Stelle verwendet und das ich aus der Betrachtung der *Einheiten* oder einfachen Naturen hergeleitet habe, zu denen die Einzel-Seelen ebenfalls gehören. Durch dieses Argument werden wir unwiderstehlich gezwungen, nicht nur Einzel-Seelen überhaupt zuzulassen, sondern auch zuzugestehen, daß sie ihrer Natur nach unsterblich und ebenso unzerstörbar wie das Universum sind. Ja, was noch mehr besagen will, jede Seele ist danach in ihrer Art ein Spiegel des gesamten Universums ohne die mindeste Lücke und enthält in ihrem Grunde eine Ordnung, die der des Universums selbst entspricht. Dieses eine All wird durch die Seelen auf unendlich viele Weisen variiert und vorgestellt, die alle, wiewohl verschieden, dennoch gleich wahrhaft sind; es wird demnach durch sie gleichsam so oft als möglich vervielfältigt. Hierin nähern sich die Seelen der Gottheit, soweit dies gemäß ihren verschiedenen Graden angängig ist, und geben dem Universum alle Vollkommenheit, deren es fähig ist.

Danach sehe ich nicht ein, welchen vernünftigen oder scheinbaren Grund man haben könnte, die Lehre von den Einzel-Seelen zu bekämpfen. Die Gegner selbst geben zu, daß unsere inneren Zustände eine Wirkung des allumfassenden Geistes sind. Die Wirkungen Gottes aber haben dauernden Bestand, ja selbst die Modifikationen und Wirkungen der Geschöpfe sind in bestimmtem Sinne von Dauer, und ihre mannigfachen Eindrücke verbinden sich nur miteinander, ohne sich zu vernichten. Wenn also, wie es der Vernunft und der Erfahrung gemäß ist, das Lebewesen mit seinen mehr oder weniger deutlichen Perzeptionen und gewissen Organen stets fortbesteht, wenn demnach in eben diesen Organen eine bestimmte Wirkung Gottes sich dauernd erhält, warum sollte es nicht erlaubt sein, sie als *Seele* zu bezeichnen und zu sagen, daß diese Wirkung Gottes eine immaterielle und unsterbliche Seele ist, die in gewisser Weise den allumfassenden Geist nachahmt? Behebt doch diese Lehre auch alle übrigen Schwierigkeiten, wie aus den Darlegungen an dieser Stelle und in meinen andern Schriften deutlich hervorgeht.

21.
Betrachtungen über die Lebensprinzipien
und über die plastischen Naturen
*Considérations sur les principes de vie
et sur les natures plastiques**

1705

Da der Streit, der sich über die *plastischen Naturen* und die *Lebensprinzipien* erhoben hat, hervorragenden Männern, die sich für ihn interessieren, Gelegenheit gegeben hat, von meinem System zu sprechen, und da man hierüber, wie es scheint, Erläuterungen von mir selbst verlangt (siehe *Bibliothèque choisie*, Band 5, Art. 5, S. 301 und ferner die *Histoire des ouvrages des savants de 1704*, Art. 7, S. 393), so halte ich es für angebracht, einige Ergänzungen zu dem zu geben, was ich schon früher an verschiedenen Stellen, die Bayle in seinem *Dictionnaire*, unter dem Artikel »Rorarius«, angeführt hat, hierüber veröffentlicht habe. Ich nehme in der Tat an, daß die Lebensprinzipien in der ganzen Natur verbreitet, und daß sie unsterblich sind, da sie ja unteilbare Substanzen oder Einheiten sind, während die Körper Vielheiten sind, die durch die Auflösung ihrer Teile dem Untergange unterworfen sind. Diese Lebensprinzipien oder Seelen haben Vorstellung und Streben. Wenn man mich fragt, ob sie substantielle Formen sind, so antworte ich darauf mit einer Unterscheidung: wird nämlich dieser Ausdruck in dem Sinne genommen, in dem Descartes ihn braucht, wenn er gegen Regis behauptet, die vernünftige Seele sei die substantielle Form des Körpers[325], so antworte ich mit »ja«! Mit »nein« aber würde ich antworten, wenn jemand den Ausdruck im Sinne derer nehmen wollte, die auch einem Stücke Stein oder einem anderen nicht-organischen Körper eine substantielle Form zuschreiben. Die Lebensprinzipien kommen nur den organischen Körpern zu. Allerdings gibt es nach meinem System keinen Teil der Materie, in dem nicht eine unendliche Anzahl von organischen und beseelten Körpern, — worunter ich nicht nur die Tiere und Pflanzen, sondern auch möglicherweise noch andre, uns gänzlich unbekannte

* Siehe Gerh. VI, 539 ff.

Arten einbegreife, — enthalten ist. Man darf jedoch darum nicht sagen, daß jeder Teil der Materie beseelt ist, so wenig man einen Teich voller Fische darum einen beseelten Körper nennt, weil jeder Fisch beseelt ist.

Meine Ansicht über die Lebensprinzipien weicht indessen an manchen Punkten von der traditionellen Lehre ab. Erstlich nämlich hat man allgemein angenommen, daß diese Lebensprinzipien den Lauf der Bewegung der Körper zu ändern vermöchten oder zum mindesten Gott Gelegenheit gäben, ihn zu ändern, wohingegen nach meinem System dieser Verlauf des körperlichen Geschehens, als von Gott in der gehörigen Weise prästabiliert, innerhalb der Ordnung der Natur keinerlei Änderung erfährt. Nach den Peripatetikern wirken die Seelen auf die Körper ein und verleihen ihnen, je nach ihrem Willen oder Streben, bestimmte Antriebe. Die berühmten Schriftsteller, die zu dem gegenwärtigen Streite durch ihre »Lebensprinzipien« und ihre »plastischen Naturen« Veranlassung gegeben haben, sind, wenngleich keine Peripatetiker[326], an diesem Punkte derselben Ansicht gewesen. Dasselbe läßt sich von denen sagen, die auf einen Archäus oder ein hylarchisches Prinzip zurückgegriffen, oder andere immaterielle Prinzipien unter verschiedenen Namen gebraucht haben. Descartes dagegen, der wohl erkannt hat, daß es ein Naturgesetz gibt, demgemäß sich stets dieselbe Quantität der Kraft erhält — wenngleich er sich in der Anwendung getäuscht hat, indem er die Quantität der Kraft mit der der Bewegung verwechselte — Descartes hat zwar der Seele die Fähigkeit, die Kraft der Körper zu vermehren oder zu vermindern, abgesprochen, ihr dagegen das Vermögen gelassen, die Richtung ihrer Bewegung zu ändern, indem sie den »Lebensgeistern« einen anderen Lauf gibt. Weiterhin haben diejenigen Cartesianer, die die Lehre von den Gelegenheitsursachen verbreitet haben, den Satz aufgestellt, daß *Gott* es ist, der, da die Seele keinen unmittelbaren Einfluß auf den Körper auszuüben vermag, den Lauf und die Richtung der Lebensgeister gemäß den Willensäußerungen der Seele ändern müsse. Hätte man indes zur Zeit Descartes' das von mir bewiesene neue Naturgesetz gekannt, daß sich in einem System von Körpern nicht nur dieselbe Quantität der Gesamtkraft, sondern auch ihre Gesamtrichtung erhält, so würde er selbst zweifellos auf mein

System der prästabilierten Harmonie gekommen sein; denn er hätte alsdann erkannt, daß man der Seele das Vermögen, die Quantität der Richtung der Körper zu ändern, aus denselben Gründen absprechen muß, aus denen man ihr die Macht versagt, die Quantität der Kraft umzugestalten. Beides ist in gleicher Weise der Ordnung der Dinge und den Gesetzen der Natur zuwider, beides daher in gleicher Weise unerklärlich.[327] Demnach ändern nach meinem System die Seelen oder die Lebensprinzipien nichts an dem gewöhnlichen Laufe der Körper und geben auch Gott nicht *Gelegenheit* hierzu. Die Seelen folgen ihren eigenen Gesetzen, die in einer bestimmten Entwicklung ihrer Vorstellungen gemäß dem Guten und Bösen bestehen, während die Körper ihrerseits ebenfalls den ihrigen, nämlich den Regeln der Bewegung, folgen. Trotzdem treffen diese beiden Wesenheiten von gänzlich verschiedener Art zusammen und entsprechen einander wie zwei Uhren, die vollkommen in derselben Weise reguliert worden sind, wenngleich sie vielleicht von gänzlich verschiedenem Bau sind. Eben dies aber nenne ich die prästabilierte Harmonie. Hierbei wird jeder Begriff des Wunders aus den rein natürlichen Ereignissen entfernt; vielmehr geht alles seinen geregelten, durchaus verständlichen Weg. Das gewöhnliche System dagegen muß seine Zuflucht zu durchaus unverständlichen Einwirkungen nehmen, während im System der Gelegenheitsursachen Gott sich durch eine Art von allgemeinem Gesetz und wie durch einen Vertrag verpflichtet hat, in jedem Augenblick den natürlichen Gang der Gedanken der Seele zu ändern, um sie den körperlichen Eindrücken anzupassen und andrerseits den natürlichen Lauf der Bewegungen des Körpers gemäß den Willensäußerungen der Seele zu stören, was doch nur durch ein immerwährendes Wunder erklärt werden kann, während ich das All in verständlicher Weise durch die ursprünglichen Wesenheiten erkläre, die Gott den Dingen verliehen hat.[328]

Dieses System der prästabilierten Harmonie liefert zugleich einen neuen, bisher unbekannten Beweis für die Existenz Gottes, da ja offenbar die Übereinstimmung so vieler Substanzen, von denen die eine keinen Einfluß auf die andre ausübt, nur von einer allgemeinen Ursache herrühren kann, von der sie alle abhängen, und dieser eine unendliche Macht und Weisheit zukommen muß, damit sie alle diese Übereinstimmungen im voraus festzusetzen und zu regeln vermag. Selbst Bayle hat sein Urteil dahin ausgesprochen, daß es niemals eine Hypothese gegeben hat, die unserm Begriff von der göttlichen Weisheit eine solche Erhabenheit verliehen hat.

Dieses System hat auch den Vorzug, daß es in seiner ganzen Strenge und Allgemeinheit das große Prinzip der Physik aufrecht erhält, wonach ein Körper niemals eine andre Änderung in seiner Bewegung erfährt als durch einen andren in Bewegung befindlichen Körper, der ihn stößt: *Corpus non moveri nisi impulsum a corpore contiguo et moto.* Dieses Gesetz ist bisher von all denen verletzt worden, die Seelen oder andre immaterielle Prinzipien zugelassen haben, und hier sind selbst die Cartesianer nicht ausgeschlossen. Einzig und allein die Demokriteer, Hobbes und andre reine Materialisten, die jede immaterielle Substanz verwerfen, haben bisher dieses Gesetz beobachtet und die Gelegenheit wahrgenommen, allen übrigen Philosophen vorzuwerfen, daß sie eine höchst widervernünftige Ansicht vertreten. Aber nur scheinbar und nur ad hominem haben sie Grund für ihren Triumph gehabt; denn weit entfernt davon, daß dieses Problem zu ihren Gunsten spricht, dient es gerade dazu, sie zum Schweigen zu bringen. Ihre Täuschung liegt nunmehr offen zutage, und ihr scheinbarer Vorteil kehrt sich gegen sie selbst. So kann man, wie es scheint, sagen, daß hier zum ersten Male die beste Philosophie alles in allem auch am genauesten mit den Forderungen der Vernunft übereinstimmt, und daß nichts übrig bleibt, was man ihr entgegensetzen könnte. Denn dieses allgemeine Prinzip schließt zwar die ersten Beweger im Besonderen aus, indem es den Seelen oder den immateriellen, geschaffenen Prinzipien dieses Vermögen abspricht, führt indes auf der andren Seite um so sicherer und klarer zu dem ersten allgemeinen Beweger, von dem in gleicher Weise der Zusammenhang und die Übereinstimmung aller Vorstellungen kommt. Es sind gewissermaßen zwei Reiche vorhanden, das der wirkenden und das der Zweckursachen, von denen jedes für sich und als wenn das andre gar nicht existierte, genügt, um im einzelnen von allem Rechenschaft zu geben. Aber keines von beiden genügt für sich allein, wenn man auf ihren allgemeinen Ursprung sieht; denn beide gehen aus *einer* Quelle hervor, in der sich die Macht, die die wirkenden Ursachen zustande bringt, und die Weisheit, die die Zweckursachen regelt, vereinigt findet. Ja, eben die Maxime, daß es keine Bewegung gibt, die nicht gemäß den mechanischen Regeln in einer anderen Bewegung ihren Ursprung hat, führt uns zu dem ersten Beweger zurück, weil die Materie an sich gegen jeden Zustand der Ruhe oder Bewegung indifferent ist, somit also, wenn sie nichtsdestoweniger stets dieselbe Bewegung mit der gleichen Kraft und Richtung beibehält, diese Eigenschaft nur durch den Urheber der Bewegung selbst erhalten haben kann.

Noch ein weiterer Unterschied ist zwischen den Ansichten der andren Schriftsteller, die für die Lebensprinzipien eintreten, und zwischen den meinigen vorhanden. Ich nehme nämlich beides an: einmal, daß diese Lebensprinzipien unsterblich, dann aber auch, daß sie überall vorhanden sind, während nach der gemeinen Ansicht die Seelen der Tiere untergehen, nach der Meinung der Cartesianer dagegen einzig und allein der Mensch wahrhaft eine Seele, ja er allein Vorstellung und Streben besitzt. Freilich wird diese Meinung wohl niemals allgemeine Zustimmung finden, und man hat sich zu ihr nur deshalb entschlossen, weil man sich vor die Alternative gestellt sah, entweder den Tieren unsterbliche Seelen zuzuschreiben oder aber zuzugeben, daß die Seele des Menschen möglicherweise sterblich sei. Man hätte indes — da jede einfache Substanz unvergänglich und daher jede Seele unsterblich ist — auch von derjenigen Seele, die man vernünftigerweise den Tieren nicht versagen kann, zugeben sollen, daß sie dauernden Bestand hat, wenn auch in einer Art und Weise, die von der Art unseres Fortlebens ganz verschieden ist. Denn die Tiere ermangeln allerdings, soweit man darüber urteilen kann, der bewußten Reflexion, die zum Begriffe des Ich gehört. Und es ist durchaus nicht einzusehen, warum man sich so sehr dagegen gesträubt hat, den Körpern der andren organischen Geschöpfe immaterielle, unvergängliche Substanzen zuzuschreiben, da doch die Verteidiger der Atome *materielle* Substanzen eingeführt haben, die nicht untergehen, und die Seele des Tieres ebensowenig Reflexion hat wie ein Atom. Denn es besteht ein großer Unterschied zwischen der *Empfindung*, die all diesen Seelen gemeinsam ist, und der vernünftigen, selbstbewußten *Reflexion*: können wir doch tausend Empfindungen haben, ohne über sie zu reflektieren. Ich vermag daher durchaus nicht zu finden, daß die Cartesianer jemals bewiesen haben, noch daß sie jemals beweisen können, daß jede Vorstellung von Selbstbewußtsein begleitet ist. Es entspricht der Vernunft ebenso sehr, daß es der Vorstellung fähige Substanzen *unter* uns, wie daß es solche *über* uns gibt, und daß unsere Seele, weit entfernt davon, die letzte von allen zu sein, sich in einer Mitte befindet, von der aus man hinab- wie hinaufsteigen kann. Wäre dies nicht der Fall, so läge hierin ein Mangel an Ordnung, den manche Philosophen *vacuum formarum* nennen. Demnach führt Vernunft wie Natur den Menschen zu der von mir vorgetragenen Ansicht; nur die Vorurteile haben ihn davon abwendig gemacht.

Diese Ansicht bringt uns auf einen andren Punkt, an dem ich mich ebenfalls von der hergebrachten Meinung entfernen muß. Man wird die Anhänger meiner Ansicht fragen, was aus den Seelen der Tiere nach dem Tode des Geschöpfes wird, und man wird uns die Lehre des Pythagoras von der Seelenwanderung zuschreiben: eine Lehre, die der verstorbene jüngere van Helmont[329], sowie ein geistvoller Schriftsteller, dessen metaphysische Meditationen in Paris veröffentlicht wurden, wiedererwecken wollten. Davon bin ich indessen weit entfernt, da ich der Meinung bin, daß nicht nur die Seele, sondern auch dasselbe Lebewesen fortbesteht. Sehr gewissenhafte Beobachter haben bereits bemerkt, daß man daran zweifeln kann, ob jemals ein gänzlich neues Tier erschaffen wird, und ob nicht vielmehr das lebendige Tier, genau wie die Pflanze, schon vor der Empfängnis im Samen vorhanden und im Kleinen vorgebildet ist. Hat man diese Lehre einmal angenommen, so muß man vernünftigerweise schließen, daß dasjenige, was nicht zu leben *beginnt*, ebensowenig zu leben *aufhört*, und daß Tod wie Zeugung nichts andres sind als die Umgestaltung ein und desselben Geschöpfes, das sich bald vermehrt, bald vermindert. Diese Auffassung lehrt uns Wunder göttlicher Kunst selbst dort entdecken, wo man niemals an solche gedacht hätte: denn man sieht hier, daß die Maschinen der Natur unzerstörbar sind, da sie bis in ihre kleinsten Teile Maschinen bleiben, in jeder größeren Maschine also eine kleinere, bis ins Unendliche, enthalten ist. Somit muß man zugleich mit der Präexistenz und Fortdauer der Seele auch die Präexistenz und Fortdauer des Lebewesens behaupten.

Ich bin, ohne es selbst zu merken, dazu gekommen, meine Ansicht über die Bildung der Pflanzen und Tiere auseinanderzusetzen, da es ja nach dem Gesagten scheint, daß sie niemals gänzlich von neuem gebildet werden. Ich bin also der Meinung von Cudworth — dessen ausgezeichnetes Werk mir in seinem allergrößten Teile außerordentlich zusagt — daß die Gesetze des Mechanismus an und für sich und ohne die Mitwirkung eines bereits organisierten Stoffes nicht imstande sind, ein Lebewesen zu bilden, und ich finde, daß er in diesem Punkte mit Recht gegen die Lehren mancher alter Philosophen, ja, auch gegen Descartes Einspruch erhebt. Denn diesem macht in seinem *Traité de l'homme* die Entstehung des Menschen freilich wenig Mühe, dafür hat aber auch sein Mensch mit dem wahren sehr wenig Ähnlichkeit. Ich bestätige die Ansicht von Cudworth auch durch die Erwägung, daß die Materie, da ihre Struktur und Ordnung von einer göttlichen Weisheit herstammt, ihrem Wesen nach überall organisiert sein muß, daß demnach in den Teilen der natürlichen Maschine bis ins Unendliche neue Maschinen enthalten sein müssen. Es gibt somit so viele Umhüllungen und so viele organische Körper, die ineinander eingehüllt und eingeschachtelt sind, daß man niemals irgendeinen organischen Körper ganz von neuem und ohne jede Präformation hervorbringen kann, und daß man ebensowenig ein schon bestehendes Tier gänzlich vernichten kann. Demnach brauche ich nicht mit Cudworth zu immateriellen, *plastischen Naturen* zu greifen, obgleich ich mich entsinne, daß Julius Scaliger mit andern Peripatetikern und auch einige Anhänger der Helmontischen Lehre von den Archei geglaubt haben, die Seele baue sich ihren Körper auf.[330] Ich kann davon sagen: »Non mi bisogna e non mi basta« (ich bedarf dessen nicht, noch genügt es mir). Denn die Präformation liefert mir im Verein mit der Tatsache, daß die Organisation bis ins Unendliche fortgeht, *materielle* plastische Naturen, die mir eben das leisten, was hier verlangt wird; während die immateriellen plastischen Prinzipien einerseits nicht notwendig, ferner aber auch unfähig sind, die Schwierigkeit zu lösen. Denn wenn auch die Lebewesen niemals auf natürlichem Wege aus einer nichtorganischen Masse hervorgehen können, so kann doch der Mechanismus, trotz seines Unvermögens, diese unendlich mannigfaltigen Organe ganz von neuem hervorzubringen, sie sehr wohl durch die Entwicklung und Umgestaltung eines präexistenten organischen Körpers entstehen lassen. Übrigens schwächen diejenigen, die sich der materiellen oder auch der immateriellen plastischen Naturen bedienen, damit keineswegs die Beweiskraft des Arguments, das man aus den Wundern der Natur für die Existenz Gottes zu ziehen pflegt. Vielmehr treten eben diese Wunder in dem Bau der Tiere besonders deutlich hervor: vorausgesetzt, daß die Verteidiger der immateriellen plastischen Naturen eine besondere Mitwirkung Gottes, die diesen den Weg und die Richtung weist, hinzufügen, oder daß man, wenn man mit mir eine materielle Ursache zugrunde legt und sich mit dem plastischen Mechanismus begnügt, nicht nur eine stete Präformation, sondern auch eine ursprüngliche göttliche Zuvorbestimmung behauptet. Auf welche Weise man also auch an die Sache herangeht, so kann man die göttliche Existenz niemals entbehren, wenn man von diesen Wundern Rechenschaft geben will, die man immer angestaunt hat, die aber niemals eine so deutliche Ausprägung und Hervorhebung wie in meinem System gefunden haben.

Man sieht hieraus, daß nicht nur die Seele, sondern auch das Tier bei dem gewöhnlichen Laufe der Dinge stets fortbestehen muß. Die Gesetze der Natur zeigen indes in ihrer Einsetzung und Anwendung eine so große Ordnung und Weisheit, daß sie zu mehr als einem Zwecke dienen. Gott, der mit Rücksicht auf die Maschinen und die Werke der Natur als Erfinder und Baumeister erscheint, zeigt sich auf der andren Seite als König und Vater der verstandesbegabten Substanzen, deren Seele nach seinem Bilde geformt ist. In seinem Reiche leben somit die Geister als Bürger der allervollkommensten Monarchie, die sich nur denken läßt: einer Monarchie, in der es kein Vergehen ohne Vergeltung und keine gute Handlung ohne eine Belohnung gibt; in der alles auf den Ruhm des Monarchen und das Glück der Untertanen hin zielt, vermöge der schönsten Mischung von Gerechtigkeit und Güte, die man sich nur wünschen kann. Indessen wage ich weder betreffs der Präexistenz noch betreffs der Einzelheiten des zukünftigen Zustandes der menschlichen Seelen eine positive Behauptung aufzustellen, da ja Gott sich hier im Reiche der Gnade außergewöhnlicher Wege bedienen könnte. Nichtsdestoweniger muß man die Annahme, für die die natürliche Vernunft spricht, vorziehen, sofern nicht die Offenbarung uns das Gegenteil lehrt: eine Frage, über die ich indes für jetzt keine Entscheidung fällen möchte.

Bevor ich schließe, wird es vielleicht gut sein, neben den andren Vorzügen meines Systems auf die Allgemeinheit der von mir angewandten Regeln hinzuweisen. Diese Regeln bleiben in meiner allgemeinen Philosophie immer ohne Ausnahme, während in den andren Systemen gerade das Gegenteil der Fall ist. So werden z. B. wie schon erwähnt, die mechanischen Gesetze bei natürlichen Bewegungen niemals verletzt; vielmehr erhält sich stets dieselbe Kraft und dieselbe Richtung. So gehen alle Ereignisse in den Seelen derart vor sich, als ob es keine Körper, und alle in den Körpern, als ob es keine Seelen gäbe. Es gibt keinen Raumteil, der nicht erfüllt wäre, keinen materiellen Teil, der nicht weitere wirkliche Unterteilungen aufweist und organische Körper enthält. Andrerseits gibt es, wie es überall Körper gibt, so auch überall Seelen, und zwar bestehen sie, ebenso wie die Lebewesen selbst, dauernd fort. Die organischen Körper sind niemals ohne Seelen, und die Seelen niemals von jedem organischen Körper losgelöst, wenngleich es allerdings keinen materiellen Teil gibt, von dem man behaupten könnte, daß er stets derselben Seele zugeteilt ist. Ich nehme also weder an, daß es Seelen gibt, die von Natur gänzlich abgetrennt, noch überhaupt, daß es geschaffene Geister gibt, die gänzlich von jedem Körper losgelöst sind: eine Ansicht, in der ich mit mehreren Kirchenvätern übereinstimme. Gott allein steht über aller Materie, da er ihr Urheber ist, die Geschöpfe dagegen würden, wenn sie frei und losgelöst von der Materie wären, damit zugleich aus der allgemeinen Verknüpfung gelöst und wie Abtrünnige von der allgemeinen Ordnung sein. Zu dieser Allgemeinheit der Regeln kommt eine große Leichtigkeit in der Erklärung verwickelter Fragen; denn vermöge der Gleichförmigkeit, die, wie ich glaube, in der ganzen Natur herrscht, kann man überall, zu jeder Zeit und an jedem Orte sagen, daß alles, bis auf die Grade der Größe und der Vollkommenheit, sich so wie hier verhält, und daß demnach die entferntesten und verborgensten Dinge vollkommen durch die Analogie mit dem uns Sichtbaren und Nahen zu erklären sind.

22.
Über das Kontinuitätsprinzip

Aus einem Brief von Leibniz an Varignon[331]

Da mir für diesmal die Zeit mangelt, auf die von Ihnen aufgeworfenen geometrischen Probleme einzugehen, so will ich mich damit begnügen, auf den Abschnitt Ihres Schreibens zu antworten, in dem Sie mich um Aufklärungen über mein Kontinuitätsprinzip bitten. Ich bin von der Allgemeinheit und dem Werte dieses Prinzips nicht nur für die Geometrie, sondern auch für die Physik vollkommen überzeugt. Da die Geometrie nichts anderes als die Wissenschaft von den Grenzen und der Größe des Kontinuums ist, so ist es nicht erstaunlich, daß dieses Gesetz in ihr überall beobachtet wird: denn woher sollte eine plötzliche Unterbrechung bei einem Gegenstande kommen, der kraft seiner Natur keine zuläßt? Es steht daher, wie bekannt, alles in dieser Wissenschaft in vollkommener Verknüpfung, und man kann hier kein einziges Beispiel dafür anführen, daß irgendeine Eigenschaft plötzlich aufhörte oder entstände, ohne daß man den Übergang vom einen zum andern Zustand, sowie die Wende- und Rückkehrpunkte, welche die Veränderung erklärlich machen, angeben könnte. Daher stellt eine einzige algebraische Gleichung, die einen bestimmten Zustand exakt ausdrückt, virtuell alle anderen dar, die demselben Gegenstande zukommen können.

Die Allgemeinheit dieses Prinzips in der Geometrie hat mich bald erkennen lassen, daß es auch für die Physik Geltung haben muß: sehe ich doch, daß das Physikalische mit dem Geometrischen notwendig in fortdauernder Harmonie stehen muß, damit Regel und Ordnung in der Natur herrsche, und daß das Gegenteil einträte, wenn da, wo die Geometrie Kontinuität verlangt, die Physik eine plötzliche Unterbrechung zuließe. Meiner Ansicht nach steht kraft metaphysischer Gründe alles im Universum derart in Verknüpfung, *daß die Gegenwart stets die Zukunft in ihrem Schoße birgt* und daß jeder gegebene Zustand nur durch den ihm unmittelbar voraufgehenden auf natürliche Weise erklärbar ist. Bestreitet man dies, so wird es in der Welt Lücken geben, die das große Prinzip des zureichenden Grundes umstürzen und uns dazu nötigen werden, für die Erklärung der Erscheinungen zu Wundern oder zum bloßen Zufall unsere Zuflucht zu nehmen. Könnte man also, um mich in der Sprache der Algebra auszudrücken, dank einer Formel einer höheren Charakteristik irgendeine *wesentliche* Eigenschaft des Universums ausdrücken — ähnlich wie Herr Hudde meinte, eine algebraische Kurve angeben zu können, deren Umrisse die Züge eines bekannten Gesichtes bezeichneten[332] — so könnte man aus ihr die Folgezustände all seiner Teile für alle angegebenen Zeiten herauslesen. So findet man denn auch kein einziges natürliches Ereignis, das diesem großen Prinzip widerspricht; ganz im Gegenteil dienen alle diejenigen, die man exakt erkennt, zu seiner vollkommenen Rechtfertigung. Man hat erkannt, daß die Gesetze über den Stoß der Körper, die uns Descartes hinterlassen hat, falsch sind; ich vermag jedoch zu zeigen, daß sie es nur deshalb sind, weil sie das Kontinuitätsgesetz verletzen und sich daher aus ihnen Lücken des Geschehens ergeben würden, und daß, sobald man die Verbesserungen daran anbringt, welche die Kontinuität wiederherstellen, man zu den gleichen Gesetzen gelangt, die Huygens und Wren gefunden haben, und die durch die Erfahrungen bestätigt worden sind.[333]

Da die Kontinuität also ein notwendiges Requisit, ein unterscheidender Charakter der wahren *Gesetze* der Mitteilung der Bewegung ist, kann man da noch daran zweifeln, daß alle *Erscheinungen* ihr unterworfen sind, und daß sie nur vermittels der wahren Gesetze der Mitteilung der Bewegung verstandesmäßig erklärbar werden? Sowie aber nach mir eine Kontinuität in der Ordnung der zeitlichen Aufeinanderfolge herrscht, so herrscht sie auch in der Ordnung des Gleichzeitigen. Dank ihr ist das Universum durchgehends erfüllt, und die leeren Räume sind in die imaginären Regionen zu verweisen. In den gleichzeitig existierenden Dingen kann selbst dort, wo die sinnliche Anschauung nichts als Sprünge bemerkt, Kontinuität vorhanden sein. Denn viele Dinge erscheinen den Augen als gänzlich unähnlich und zusammenhangslos, die sich trotzdem in ihrem Innern als vollständig gleichartig und einheitlich erweisen würden, wenn es gelänge, sie distinkt zu erkennen. Betrachtete man nur die äußere Gestalt der Parabeln, Ellipsen und Hyperbeln, so wäre man versucht zu glauben, daß eine ungeheuere Kluft zwischen den verschiedenen Arten dieser Kurven besteht. Wir wissen indes, daß sie in engster Verknüpfung miteinander stehen, so daß es unmöglich ist, zwischen zwei von ihnen irgendeine andere mittlere Art einzuschieben, vermöge derer man in unmerklichen Übergängen von der einen zur anderen gelangen könnte.

Ich darf also wohl mit gutem Grund annehmen, daß all die verschiedenen Klassen von Wesen, deren Inbegriff das Universum ausmacht, in den Ideen Gottes, der ihre wesentlichen Abstufungen distinkt erkennt, nur ebensoviele Koordinaten ein und derselben Kurve sind. Die Einheit dieser Kurve duldet es nicht, daß man zwischen zwei Koordinaten irgendwelche andere als die wirklich vorhandenen einschiebt, da dies Unordnung und Unvollkommenheit bezeugen würde. Die Menschen stehen also mit den Tieren, die Tiere mit den Pflanzen, und diese wiederum mit den Fossilien in nahem Zusammenhang, während diese letzteren ihrerseits wieder mit den Körpern, die uns in der sinnlichen Anschauung erscheinen, zusammenhängen. Das Gesetz der Kontinuität fordert, daß, *wenn die wesentlichen Bestimmungsstücke eines Wesens sich denen eines anderen nähern, auch alle sonstigen Eigenschaften des ersteren sich stetig denen des letzteren nähern müssen.* So bilden notwendig alle Ordnungen der natürlichen Wesen eine einzige Kette, in der die verschiedenen Klassen, wie ebensoviele Ringe, so eng ineinander haften, daß es für die Sinne und die Einbildung unmöglich ist, genau den Punkt anzugeben, wo die eine anfängt und die andere endigt: denn die Grenzarten, d. h. alle Arten, die gleichsam rings um die Wende- und Schnittpunkte herum liegen, müssen eine doppelte Deutung zulassen und sich durch Merkmale auszeichnen, die man mit gleichem Rechte auf die eine oder die andere der benachbarten Arten beziehen kann.

Es liegt demnach in der Existenz von Zoophyten, oder, wie Hudde sie nennt, von *Pflanzentieren* nichts Ungeheuerliches, sondern es entspricht durchaus der Ordnung der Natur, daß es solche gibt. Die zwingende Kraft des Kontinuitätsprinzips steht für mich so fest, daß ich nicht im geringsten über die Entdeckung von Mittelwesen erstaunt wäre, die in manchen Eigentümlichkeiten, etwa in ihrer Ernährung und Fortpflanzung, mit ebenso großem Rechte

als Pflanzen wie als Tiere gelten können, und sie so die gewöhnlichen Regeln umstoßen würden, die auf der Voraussetzung einer
vollständigen und unbedingten Trennung der verschiedenen Ordnungen der Wesen, die gleichzeitig das Universum erfüllen, aufgebaut sind. Ja, ich würde darüber, wiederhole ich, nicht nur nicht
erstaunt sein, sondern ich bin sogar davon überzeugt, daß es solche Wesen geben muß, und daß es der Naturgeschichte vielleicht
eines Tages gelingen wird, sie aufzufinden, wenn sie erst die Unendlichkeit von Lebewesen genauer studiert, die sich durch ihre
Kleinheit den gewöhnlichen Untersuchungen entziehen oder sich
im Innern der Erde und in den Tiefen der Gewässer verborgen halten. Unsere Beobachtungen datieren erst von gestern; woher könnten wir das Recht nehmen, der Vernunft etwas abzustreiten, was
wir nur bisher keine Gelegenheit hatten zu beobachten? Das Prinzip
der Kontinuität steht also bei mir außer allem Zweifel, und es könnte dazu dienen, eine Reihe wichtiger Wahrheiten jener echten Philosophie, die sich über die Sinne und die Einbildung erhebt und
den Ursprung der Erscheinungen in den intellektuellen Regionen
sucht, zu begründen. Ich schmeichle mir, einige Ideen einer derartigen Philosophie zu besitzen, aber das Jahrhundert ist nicht reif,
sie aufzunehmen.

ANMERKUNGEN

¹ Wir finden hier einen frühen, noch unfertigen Versuch, das Verhältnis zwischen Denken und Sein, zwischen den Vorstellungen in uns und den Gegenständen außer uns zu bestimmen. Näher ausgeführt und erläutert hat Leibniz die Anschauung, die er hier andeutet, in einem Briefe an Foucher, der wenige Jahre früher (wahrscheinlich 1674) geschrieben ist. (Gerh. I, 369 ff.) Von unbedingter Gewißheit — so führt er hier aus — sind zunächst alle *hypothetischen* Sätze und Wahrheiten, die lediglich die Geltung einer Beziehung zwischen zwei Denkinhalten feststellen, ohne die Behauptung einer äußeren Existenz einzuschließen. Der Inbegriff dieser reinen Verhältnisbegriffe gibt uns ein System notwendiger Wahrheiten, das wir rein aus uns selbst gewinnen und entwickeln können, in dem wir jedoch andrerseits die »ewigen Naturen« und »Wesenheiten«, die der Welt der *Wirklichkeit* zu Grunde liegen, erfassen. Diese Übereinstimmung bildet das eigentliche Hauptproblem: es muß einen Grund dafür geben, daß nicht nur alle denkenden Subjekte in ihren Urteilen über die logischen und mathematischen Elementarverhältnisse übereinkommen, sondern daß auch diese Verhältnisse von der Erfahrung und den äußeren Erscheinungen, die uns entgegentreten, beständig gewahrt und bestätigt werden. Die Erklärung dieses Zusammenhanges erfolgt hier noch nicht im Sinne der späteren ausgebildeten Lehre, der Weg zu ihr ist jedoch schon an dieser Stelle bezeichnet.

² »Die echte Methode« — schreibt Leibniz in einem gleichzeitigen Brief — »muß uns einen Ariadnefaden in die Hand geben, d. h. ein rein sinnliches Hilfsmittel, wie es die Linien der Geometrie und die Formeln der Arithmetik sind, die man die Schüler lernen läßt. Ohne eine solche Hilfe müßte unser Geist bei jedem einigermaßen langen Weg notwendig in die Irre gehen. Die Analysis gibt uns ein deutliches Beispiel hierfür: — und wären wir in der Metaphysik und Moral nur erst im Besitz solcher Zeichen und der Folgerungen, die sich aus ihnen gewinnen lassen, so würden wir auch hier zu wichtigen, durchaus sicheren Sätzen gelangen. (An Galloys 1677, Math. I, 181.) Daß selbst die abstraktesten Gedanken der psychologischen Begleitung und Beihilfe der sinnlichen Einbildungskraft bedürfen, hat Leibniz auch später durchgehend hervorgehoben (An Bayle 1742: *Réponse aux réflexions*

contenues dans la seconde édition du Dictionnaire critique de M. Bayle, article Rorarius, sur le système de l'harmonie préétablie, Gerh. IV, 559 u. 563); seine Auffassung des »reinen Denkens« wird somit von Berkeleys Polemik gegen die abstrakten Begriffe nicht getroffen.

³ Vgl. hierzu die folgende Abhandlung (Nr. 2).

⁴ Die sogenannte »Neunerprobe« beruht darauf, das eine Zahl durch 9 teilbar ist, wenn die Summe ihrer einzelnen Ziffern diese Bedingung erfüllt. Dieser Satz sagt also einen bestimmten Zusammenhang zwischen Charakteren und Zahlzeichen innerhalb unseres Dezimalsystems aus; er ist dennoch von der Besonderheit dieses Systems nicht abhängig, sofern sich allgemein zeigen läßt, daß jede systematisch dargestellte Zahl: $a_n b^n + a_{n-1} b^{n-1} + \ldots a_1 b + a_0$ durch $b-1$ teilbar ist, wenn dies für ihre Quersumme $(a_n + a_{n-1} + \ldots a_0)$ gilt — gleichviel welchen Wert wir der Basis b geben.

⁵ Im Jahre 1683 — also unmittelbar vor der Veröffentlichung der Leibnizschen Abhandlung — war Antoine Arnaulds Streitschrift gegen Malebranche, *Des vraies et des fausses idées* erschienen. Mit ihm wurde eine erneute kritische Prüfung des Begriffs und Terminus der »Idee« innerhalb der Cartesischen Schule selbst eingeleitet.

⁶ Leibniz knüpft hier an die bekannte Aristotelische Unterscheidung der sinnlichen Qualitäten an, wonach die einen — wie Farbe und Geschmack — durch ein einziges spezifisches Sinnesorgan vermittelt werden, während die anderen — wie Zahl und Größe, Bewegung und Ruhe — mehreren Sinnen gemeinsam (κοινά) sind (*De anima* II, 6). In den *Nouveaux essais sur l'entendement humain* sehen wir sodann, wie diese psychologische Bestimmung im Gegensatz zu Locke und Aristoteles umgebildet und in eine erkenntnistheoretische und metaphysische verwandelt ist. »Die Vorstellungen, die, wie man sagt, von mehreren Sinnen herrühren — wie die des Raumes, der Gestalt und Bewegung — stammen vielmehr aus dem Gemeinsinn: *d. h. aus dem Geiste selbst; es sind Ideen des reinen Verstandes*, die sich jedoch auf die äußeren Gegenstände beziehen und deren wir uns bei Gelegenheit der sinnlichen Wahrnehmung bewußt werden, — auch sind diese Begriffe der Definition und des exakten Beweises fähig« (Nouv. Ess. II, 5).

⁷ Hobbes, *De corpore*, Teil I, Kap. III, § 7–9.

⁸ Vgl. hierzu M. Cantor, *Vorlesungen über Geschichte der Mathematik*, 3. Aufl., II, S. 553.

⁹ Leibniz hatte die Schriften Pascals, unter ihnen die Abhandlung *De l'esprit géométrique* schon zur Zeit seines Pariser Aufenthaltes im Manuskript kennengelernt. (Vgl. Opusc. et fragm., S. 181.) — Das Fragment, auf das er sich hier bezieht, ist im vierten Teil der *Logique ou*

l'art de penser — des klassischen logischen Schulbuchs des Cartesianismus — enthalten. (*La logique de Port-Royal*, ed. Fouillée, S. 319.)

10 Der letzte Abschnitt der Schrift steht zunächst in keiner erkennbaren logischen Verknüpfung mit ihrem früheren Inhalt. Die Erklärung dafür, daß Leibniz hier eine metaphysische Streitfrage mitten in den Zusammenhang seiner methodischen Erörterungen stellt, liegt in den geschichtlichen Entstehungsbedingungen seiner Abhandlung. »Daß wir alle Dinge in Gott schauen« ist, wie bekannt, der Hauptsatz von Malebranches Philosophie, der in Arnaulds Streitschrift, die den äußeren Anlaß für Leibniz' Abhandlung gab, im Mittelpunkt der Betrachtung steht. (Siehe oben Anm. 5.) Vgl. hierzu unten Nr. 17.

11 Joachim Jungius (1587–1657), dessen wissenschaftliche Größe Leibniz wiederholt hervorhebt, wird von ihm vor allem als Logiker geschätzt; als wichtige Entdeckung von ihm wird besonders die Aufstellung bestimmter neuer Schlußformen genannt, die, obwohl streng beweiskräftig, durch die Formen des Syllogismus nicht dargestellt und erklärt werden können. (Siehe Nouv. Ess. IV, 17, § 4.) Jungius' Logik ist 1688 in Hamburg erschienen; von seinen übrigen Schriften ist besonders sein naturphilosophisches Hauptwerk, das unter dem Titel *Doxoscopiae physicae minores, sive isagoge physica doxoscopia* im Jahre 1662 aus seinem Nachlaß herausgegeben wurde, bedeutsam, da es eine wichtige Phase der Erneuerung der Korpuskulartheorie im 17. Jahrhundert darstellt. (Siehe G. E. Guhrauer, *J. Jungius und sein Zeitalter*, Stuttgart 1851. E. Wohlwill, *Joachim Jungius und die Erneuerung atomistischer Lehren im 17. Jahrhundert*, Hamburg 1887. K. Lasswitz, *Geschichte der Atomistik vom Mittelalter bis Newton*, 1889–90, II, S. 245 ff.) Über Jungius' Leistungen in der Botanik und beschreibenden Naturwissenschaft hat Goethe in einem Fragmente, das für die Charakteristik seiner eigenen Naturbetrachtung von Bedeutung ist, geurteilt: *Leben und Verdienste des Doktor Joachim Jungius* in: Naturwissenschaftliche Schriften, Weimarer Ausgabe VII, S. 105–29.

12 Man vgl. hierzu die Skizzen und Fragmente, die von L. Couturat herausgegeben worden sind (Opusc. et fragm., S. 42–92).

13 Vgl. oben S. 18.

14 Die Forderung der wechselseitigen Vertauschbarkeit von Genus und spezifischer Differenz ergibt sich für Leibniz aus den Erfordernissen des logischen Kalküls: da jeder zusammengesetzte Begriff symbolisch als ein *Produkt* primitiver Grundfaktoren dargestellt ist, muß auf ihn, wenn die Analogie mit dem algebraischen Verfahren durchführbar sein soll, das kommutative Gesetz der Multiplikation anwendbar sein.

[15] Ist, wie im folgenden, ein Begriff y = abcd gegeben, so ist jedes einzelne Prädikat, z. B. a, für sich genommen, von weiterem Umfange als der Subjektsbegriff, da dieser erst durch die Hinzufügung neuer Bestimmungen (bcd) aus a hervorgeht. »Umkehrbar« heißt dagegen ein Prädikat x, wenn nicht nur jedem y die Bestimmung x, sondern auch jedem x die Bestimmung y zukommt, wenn also x alle Prädikate von y besitzt und somit mit ihm von gleichem Umfang ist.

[16] Es handelt sich hier um die Schrift *Dissertatio de arte combinatoria*. Vgl. Gerh. VII, 293.

[17] Athanasius Kircher, *Ars magna sciendi sive combinatoria*, 2 Bd., Amsterdam 1669.

[18] Die »Ars magna« des Raymundus Lullus (1235–1315) ist bis über die Anfänge der neueren Philosophie hinaus wirksam geblieben; ihr Einfluß vor allem auf Giordano Bruno ist bekannt. Eine ausführliche Darstellung von ihr findet sich bei J. E. Erdmann, *Grundriß der Geschichte der Philosophie*, 4. Aufl., Berlin 1896, I, S. 417 ff.

[19] Siehe oben S. 9 ff.

[20] Anselm von Canterbury (1033–1109) hat das ontologische Argument für das Dasein Gottes zunächst in seinem *Proslogion* entwickelt und sodann gegen Angriffe, die Gaunilo in einer Schrift *Liber pro insipiente adversus Anselmi in Proslogio ratiocinationem* dagegen richtete, verteidigt. Der Titel dieser Entgegnung *Liber apologeticus adversus respondentem pro insipiente* ist es, den Leibniz hier vor Augen hat.

[21] Siehe oben S. 13.

[22] »Man kann sagen, daß eine intuitive Erkenntnis in den Definitionen enthalten ist, wenn ihre Möglichkeit sofort einleuchtet. Auf diese Art enthalten alle *adäquaten* Definitionen ursprüngliche Vernunftwahrheiten und folglich intuitive Erkenntnisse.« (Nouv. Ess. IV, 2, § 1.).

[23] Siehe oben Anm. 4.

[24] Ein Beispiel und einen Beleg für diesen Gedanken bietet die folgende Abhandlung über die metaphysischen Anfangsgründe der Mathematik in dem Beweise, den Leibniz hier für das Axiom gibt, daß das Ganze größer ist als sein Teil.

[25] Vgl. Anm. 1. — Eine tiefere Ausführung und Begründung dieser Gedanken ist in der Abhandlung *De modo distinguendi phaenomena realia ab imaginariis* (Nr. 23) enthalten, die in den Hauptschriften II folgt.

[26] Auch für Leibniz sind somit die gewöhnlichen empirischen Schlußfolgerungen lediglich auf Gewohnheit und subjektive Erwartung gegründet; die Art, in der der Kausalbegriff in der naiven, unmittelbaren Erfahrung zur Anwendung kommt, wird von ihm nicht

minder scharf wie später von Hume kritisiert. Aber diese Kritik ist für ihn nur der Ausdruck des *positiven* Grundgedankens, daß die echten kausalen Gesetze erst in der fortschreitenden Arbeit der Wissenschaft: in der Rückführung auf die »idealen Gesetze der Arithmetik, Geometrie und Dynamik« gewonnen werden.

[27] Augustinus, *De utilitate credendi ad honoratum.*

[28] »... et constituantur *aphorismi ac praenotiones.*« Unter den »Aphorismen« sind Tatsachenwahrheiten, »Aperçus« der Beobachtung und Erfahrung von allgemeinerer Geltung verstanden. (Siehe Nouv. Ess. IV, 7, § 11), während die »praenotiones« (προλήψεις) *Begriffe* bedeuten, die sich indes ebenfalls erst zugleich mit der Erfahrung entwickeln und ausbilden.

[29] Allgemeiner bezeichnet Leibniz durch den Unterschied der »Synthese« und »Analyse« den Richtungsgegensatz des *deduktiven* und *induktiven* Verfahrens: während bei dem ersten Verfahren von ersten begrifflichen Prinzipien zu den Folgerungen in der Erscheinungswelt fortgeschritten wird, besteht im zweiten Falle die Aufgabe umgekehrt darin, eine gegebene einzelne *Tatsache* auf ihre letzten allgemeinen »Gründe« zurückzuleiten. Beide Methoden fordern und bedingen sich wechselseitig: denn der Erklärungsgrund, den wir analytisch für eine Erscheinung gefunden haben, bleibt solange hypothetisch, als es uns nicht gelingt, aus ihm in lückenloser synthetischer Verknüpfung das gesuchte Phänomen wieder hervorgehen zu lassen. In diesem Sinne setzt jede Induktion allgemeine rationale Hilfssätze (adminicula rationis) notwendig voraus. (Gerh. IV, 161 f.) Diese sachliche Auffassung und Beurteilung des wissenschaftlichen Verfahrens enthält zugleich das genaue Bild der konkreten geschichtlichen Entwicklung, in der Begriff und Problem der Induktion sich herausgebildet haben: Leibniz' Begriff der Analysis ist die genaue logische Wiedergabe von Galileis »resolutiver« Methode. Auch innerhalb der Newtonschen Wissenschaft, so sehr im übrigen ihre Begriffe und Methoden der Leibnizschen entgegengesetzt sind, bleibt dieser allgemeinste Zusammenhang erhalten: die Worte, in denen Roger Cotes in seiner Vorrede zur zweiten Auflage der *Philosophiae naturalis principia mathematica* das Wechselverhältnis der Synthesis und Analysis darstellt, stehen mit Leibniz' Grundanschauungen in genauer Übereinstimmung. (Siehe die deutsche Übersetzung von J. Ph. Wolfers, Berlin 1872, S. 5.)

[30] Von der gewöhnlichen Analysis ist diese zweite Form dadurch unterschieden, daß sie sich nicht auf das einzelne gegebene Problem beschränkt und aus ihm allein die Bedingungen der Lösung entwickelt, sondern eine stetige Umformung des Problems selbst vornimmt, in-

dem sie es fortschreitend auf einfachere und immer einfachere Fragen reduziert, bis wir schließlich zu einer Aufgabe gelangen, deren Lösung uns bereits bekannt ist. Mit Hilfe dieser »anagogischen Analyse« hat Leibniz einen Beweis des Pythagoräischen Lehrsatzes gegeben, indem er ihn sukzessiv auf einfachere geometrische Sätze, als notwendige und hinreichende Bedingungen seiner Gültigkeit, zurückgeführt hat. (Siehe Math. VII, 299 ff.; vgl. Opusc. et fragm., S. 350 u. 558.)

[31] Eine Unterscheidung, die von Descartes herrührt: siehe dessen *Responsio ad secundas objectiones* (Opera philosophica, Amsterdam 1677, S. 82 f.)

[32] Diese Versuche einer *Definition von Raum und Zeit* sind charakteristisch für das allgemeine methodische *Ideal*, das Leibniz vor Augen hat. Wenn sonst zumeist die Bestimmungen des Raumes und der Zeit als unmittelbar erste, anschauliche Gewißheit, die Begriffe dagegen als abgeleitetes Ergebnis gelten, tritt hier das umgekehrte Verhältnis ein. Insbesondere wird hervorgehoben, daß die Entscheidung darüber, ob zwei Inhalte einander objektiv folgen oder vorangehen, die Vergleichung dieser Inhalte unter dem Gesichtspunkt von »Ursache« und »Wirkung« voraussetzt: wir entscheiden somit erst mit Hilfe eines rein begrifflichen Prinzips über die tatsächliche Ordnung der einzelnen Elemente in der Zeitreihe.

[33] Siehe hierzu unten Anm. 88 u. 103.

[34] Auch hier liegt die Tendenz der Unterscheidung begrifflicher und sinnlicher Bestimmungen zugrunde. Die »Formen« und allgemeinen Gesetze der Mathematik, die sich in begrifflicher Strenge feststellen lassen, setzen durchweg allgemeine »qualitative« Beziehungen voraus (siehe oben S. XVIII ff.); während die *absolute* Größe eines Einzeldinges (die hier allein unter der »Quantität« verstanden wird) nur unmittelbar sinnlich zu erfassen ist.

[35] Vgl. hierzu die folgende Abhandlung über den Begriff und die Methode der »Determination«.

[36] Die Vergleichung zweier Inhalte nach ihrem *Umfang* — also die Frage, ob der eine in dem anderen »enthalten« ist — ist, wie Leibniz ausführt, von ursprünglicher, nicht auf die Mathematik eingeschränkter Bedeutung. Sie liegt bereits der gesamten *Syllogistik* zugrunde. Die bekannten allgemeinen Schlußregeln lassen sich — wie die *Nouveaux essais sur l'entendement humain* aussprechen — »durch die Lehre *de continente et contento*, d. h. von dem Enthaltenden und dem Enthaltenen [...] welche von der Lehre vom Ganzen und Teil verschieden ist« beweisen. Denn während das Ganze stets größer als der Teil ist, wird z. B. in umkehrbaren Sätzen Subjekt und Prädikat, *das* Ein-

schließende und Eingeschlossene, an Umfang gleich (Nouv. Ess. IV, 17, § 8). Die Lehre vom Teil und Ganzen soll also hier, als Spezialfall, einer allgemeinen *logischen* Disziplin untergeordnet werden.

37 Über den zweiten Teil dieser Definition siehe weiter unten besonders zu Nr. 11.

38 Der Beweis, den Leibniz hier im Auge hat, schließt freilich einen Zirkel ein, da er sich auf die Voraussetzung stützt, daß es in einem Punkte nur drei aufeinander senkrechte Linien geben könne.

39 Vgl. Nouv. Ess. II, 17, § 3: »Nehmen wir eine gerade Linie und verlängern wir sie dergestalt, daß sie das Doppelte von der ersten ist. Nun ist klar, daß die zweite, da sie der ersten vollkommen ähnlich ist, ebenso wie diese verdoppelt werden kann, woraus sich eine dritte ergibt, die wiederum den beiden vorangehenden ähnlich ist, und da der gleiche Grund immer bestehen bleibt, so ist es unmöglich, daß man im weiteren Fortschreiten jemals aufgehalten werde, so daß die Linie bis ins Unendliche verlängert werden kann. Der Gedanke des Unendlichen stammt also aus dem Gedanken der Ähnlichkeit oder Identität des Grundes her: und sein Ursprung ist derselbe wie der der allgemeinen und notwendigen Wahrheiten.«

40 Zum Problem des »Kontingenzwinkels« siehe E. Cassirer, *Leibniz' System in seinen wissenschaftlichen Grundlagen*, S. 190f.

41 Die »lex justitiae«, das »Gesetz der Entsprechung«, ist in einem rechnerischen Ausdruck gewahrt, wenn dieser aus mehreren Unbekannten in völlig *symmetrischer* Weise aufgebaut ist. Für derartige algebraische Formeln hat Leibniz eine abgekürzte Schreibweise und einen eigenen Algorithmus eingeführt: so bezeichnet er z. B. den Ausdruck: $x^3 + y^3 + z^3 + 2x^2y + 2x^2z + 2xy^2 + 2xz^2 + 2y^2z + 2yz^2 + 5xyz$ kurz durch das Symbol: $\underset{..}{x}^3 + 2\underset{..}{x}^2y + 5xyz$, wobei unter x^3 alle dritten Potenzen, unter $\underset{..}{x}^2y$ alle Produkte aus der ersten Potenz der einen und dem Quadrat einer der beiden anderen Unbekannten verstanden sind etc. Diese symbolische Bezeichnung dient sodann dazu, Ausdrücke von großer Allgemeinheit in eine einzige Formel zusammenzufassen; so läßt sich z. B. der Wert für die dritte Potenz einer Summe aus beliebig vielen Gliedern durch den Ausdruck: $\underset{..}{x}^3 + 3\underset{..}{x}^2y + 6\underset{..}{x}yz$ wiedergeben. Vgl. *Matheseos universalis, pars prior de terminis incomplexis*, Math. VII, 66.

42 Gemeint ist, daß die scheinbaren Gegensätze wie *Krummes* und *Gerades*, *Gleichheit* und *Ungleichheit* etc. unter dem Gesichtspunkt des Stetigkeitsprinzips nur als *quantitative* Abstufungen *ein und desselben* übergeordneten Begriffs erscheinen. So bilden wir z. B. in der Mechanik den Gattungsbegriff des »Bewegungszustands« eines Körpers

und fordern, daß die allgemeinen Gesetze, die wir für ihn ableiten, für den Fall einer bestimmten Geschwindigkeit wie für den der Ruhe gleichmäßig zutreffen. Siehe Nr. 8–10 u. Nr. 15.

[43] Vgl. hierzu unten Anm. 73.

[44] Betrachten wir eine gegebene Gerade a b, so ist jeder Punkt, der *auf der Geraden* selbst liegt, durch seine »Entfernung« von a und b *eindeutig* charakterisiert, während sich außerhalb der Geraden zu jedem Punkte, der eine bestimmte Entfernung von a und von b besitzt, ein anderer finden läßt, der der gleichen Bedingung genügt. Wir können nunmehr diese Betrachtung logisch umkehren und die Gerade als den Inbegriff der Punkte *definieren*, die zu zwei gegebenen in einem einzigartigen Lage-Verhältnis stehen.

[45] »Bei einigen dieser Beispiele könnte es sich ereignen, daß der Kreis die Parabel zweiter Gattung so schief schneidet, daß der Durchschnittspunkt schwer auffindbar und so die Konstruktion nicht gerade bequem erscheint. Dem läßt sich aber leicht abhelfen, indem man nach dem Muster der hier gegebenen andere Regeln aufstellt, wie sich deren *tausend verschiedene angeben lassen*.« (Descartes, *Die Geometrie*, deutsch von Schlesinger, Berlin 1894, S. 109 f.) Die Tendenz der neuen Analysis ist darauf gerichtet, diese Unbestimmtheit zu beseitigen, indem sie jedem rechnerischen Ausdruck eine bestimmte Konstruktion und umgekehrt jeder Konstruktion ein symbolisches Zeichen eindeutig entsprechen läßt.

[46] Über Euklids *De datis* und ihre Herausgabe durch Marinus von Neapolis siehe Cantor, a. a. O., I, S. 268 ff.

[47] Das von Platon entdeckte geometrische Verfahren der Analysis, in dem das »Gesuchte« als »gegeben« angesehen wird und aus den Zusammenhängen, die sich in der *hypothetisch* angenommenen Figur ergeben, die Bedingungen der Lösung entwickelt werden.

[48] Siehe oben S. 32 f., 37, 43.

[49] Unter den »Bestimmungsstücken« (determinantia) eines Gebildes sind alle die *Bedingungen* verstanden, die es *vollständig und eindeutig* definieren — vgl. oben S. 37 f.; das Ziel der Methode ist darauf gerichtet, die komplexen Gestalten durch den Inbegriff ihrer Bestimmungsstücke zu ersetzen und die Verhältnisse, die sich an diesen einfacheren Elementen ergeben, sodann umgekehrt wieder auf die fertigen Gebilde zu übertragen.

[50] Siehe oben Anm. 45.

[51] Um z. B. die Gleichung der geraden Linie abzuleiten, muß man den Satz von der Proportionalität der Seiten in ähnlichen Dreiecken, um die Entfernung zweier Punkte als Funktion ihrer Koordinatenwerte

auszudrücken, muß man den Pythagoräischen Lehrsatz zu Grunde legen. (Vgl. E. Cassirer, *Leibniz' System in seinen wissenschaftlichen Grundlagen*, S. 144 f.)

52 Ein Wunsch Leibnizens, der sich erst im 19. Jahrhundert erfüllt hat: man vgl. die Einleitung zu H. Grassmann, *Geometrische Analyse, geknüpft an die von Leibniz erfundene geometrische Charakteristik*, Leipzig 1847.

53 Dieser Satz, der von Leibniz selbst in Klammern eingeschlossen wird, ist nur zur Verdeutlichung und zur Vergleichung mit der gewöhnlichen Geometrie hinzugefügt, nicht aber als Bestandstück oder Folgerung der vorangegangenen Definition gedacht. Zum Ganzen vgl. die Definition der Ebene oben S. 40.

54 Wenden wir zur Verdeutlichung die Sprache der Elementargeometrie an, so wird die vorgeschriebene Bedingung zunächst von dem Mittelpunkt M des umschriebenen Kreises des Dreiecks ABC, sodann aber von allen Punkten der Geraden, die in M auf der Ebene ABC senkrecht steht, erfüllt.

55 Sie wäre also in diesem Falle durch den Ausdruck AY ≙ BY dargestellt.

56 Der Text der Gerhardtschen Ausgabe (Math. II, 24) ist an dieser Stelle lückenhaft; er ist in der Übersetzung nach Uylenbroeks Ausgabe des Briefwechsels von Huygens ergänzt. (*Christ. Hugenii aliorumque seculi XVII virorum celebrium exercitationes mathematicae et philosophicae*. Hagae comitum 1833.)

57 »Datis ordinatis etiam quaesita sunt ordinata.« Unter den »Data« sind im allgemeinen die bekannten, unter den »Quaesita« die unbekannten Größen verstanden, die in ein Problem eingehen. Hier handelt es sich darum, zwei Reihen veränderlicher Größen zu betrachten, die durch eine allgemeine Funktionsbeziehung miteinander verknüpft sind: das Prinzip der Kontinuität fordert alsdann, daß der Unterschied zweier benachbarter Funktionswerte kleiner als jede beliebig kleine Zahl gemacht werden kann, wenn man in den Werten der unabhängig Veränderlichen die Differenz klein genug wählt. Das Prinzip ist also nur ein anderer Ausdruck der allgemeinen Bedingung für die Stetigkeit einer Funktion: es muß sich zu jeder Zahl e eine entsprechende d so angeben lassen, daß für $|x'-x| < \delta \, |f(x')-f(x)| < \varepsilon$ wird.

58 Eine Auffassung, die Leibniz von Galilei übernimmt: vgl. z. B. Galilei, *Opere*, Padova 1744, III, S. 93.

59 Siehe unten Nr. 13.

60 Siehe Descartes, *Principia philosophiae*, Teil II, 46 u. 47.

⁶¹ Vgl. hierzu *Animadversiones in partem generalem Principiorum Cartesianorum* (Nr. 15).

⁶² Malebranche, *De la recherche de la vérité*, Livre VI: De la méthode. Deuxième partie: »Des loix générales de la communication des mouvements.«

⁶³ Die gemeinsame Geschwindigkeit (V), mit der beide Körper nach dem Stoß fortschreiten sollen, wird nach dem Satz der Konstanz der Bewegungsquantität: $mv + m'v' = (m+m')\,V$ ermittelt; da nun $m=2$, $m'=1$, $v=1$, $v'=2$, so ist $V = \dfrac{2+2}{3} = \dfrac{4}{3}$. Es zeigtsich hier der Grundfehler der Cartesischen Regeln, der darin besteht, daß nach ihr die *absolute* Größe der Bewegungsquantität erhalten bleiben soll, daß also die *Richtung* der Geschwindigkeit bei der Bildung des Produktes mv nicht berücksichtigt wird (vgl. unten zu Nr. 12 und 14). Malebranche hat übrigens in späteren Auflagen seines Werkes den Irrtum ausdrücklich verbessert.

⁶⁴ Nach der Theorie des Okkasionalismus ist jede reale Wechselwirkung nicht nur zwischen verschiedenen Substanzen, sondern auch innerhalb der Körperwelt selbst ausgeschlossen: das räumliche Zusammensein der beiden Massen im Moment des Stoßes dient nur als Gelegenheitsursache für eine Wirksamkeit Gottes, die auf beide Körper ausgeübt wird, jedoch nach vorausbestimmten, konstanten Gesetzen erfolgt.

⁶⁵ Siehe *Phaidon*, 97–99.

⁶⁶ Über Henry More siehe die Einleitung und Anmerkungen zu den Schriften zur Phoronomie und Dynamik.

⁶⁷ Unter der »Korpuskular-Philosophie« ist hier nicht die Atomistik verstanden, die Leibniz vielmehr entschieden bekämpft, sondern die mechanische Naturauffassung in ihrem allgemeinsten Sinne; also der Gedanke, daß alle Erscheinungen und Veränderungen der Natur rein aus Größe, Gestalt und Bewegung erklärbar sein müssen.

⁶⁸ Pierre Varignon (1654–1722) zählt neben den Brüdern Bernoulli und dem Marquis de l'Hospital zu den ersten Anhängern der neuen Infinitesimal-Analysis, die er gegen Mißverständnisse und Angriffe zu verteidigen suchte: seine Schrift *Eclaircissements sur l'analyse des infiniment petits*, sowie sein Streit mit Grandi über den Begriff des Unendlichen ist in dieser Hinsicht von allgemeinem logischen und geschichtlichen Interesse. (*Responsio ad P. Grandini librum de infinitis infinitorum*, Acta Eruditorum 1712). Von Varignons wissenschaftlichen Leistungen ist besonders seine Fortbildung der Statik wichtig, er hat hier zuerst den Satz des Parallelogramms der Kräfte allgemein

formuliert und zu umfassender Anwendung gebracht. (*Nouvelle mé-canique ou Statique*, Paris 1687.)

⁶⁹ Vgl. *Mémoire de M^r. G. W. Leibniz touchant son sentiment sur le calcul différentiel*, Journal de Trevoux 1701; Math. V, 350.

⁷⁰ Die Sätze, die hier in Klammern eingeschlossen sind, sollten in der Abschrift des Briefes wegfallen.

⁷¹ In dem *Tentamen de motuum coelestium causis*, Acta Eruditorum 1689; Math. VI, 150 f.

⁷² Die Auffassung des »Unendlichkleinen« als konstante, »aktuelle« Größe hat Leibniz stets energisch zurückgewiesen. Eine besonders charakteristische Äußerung hierüber findet sich in einer Abhandlung, die Gerhardt als Anhang zu der Leibnizschen Schrift *Historia et origo calculi differentialis* veröffentlicht hat (siehe oben S. XXV, Anm. 1): das Unendlich-Kleine oder Große — so heißt es hier — kann man immer als das beliebig Kleine oder Große ansehen, so daß der Ausdruck stets nur einen bestimmten Inbegriff oder eine *Gesamtgattung*, nicht aber ein einzelnes »*letztes*« *Glied* innerhalb dieser Gattung bezeichnet (»ut ita se habeat veluti quoddam genus, non veluti aliquod ultimum in eo genere«).

⁷³ Um z. B. zu zeigen, daß die Flächen zweier Kreise sich wie die Quadrate ihrer Durchmesser verhalten, beweist die antike *Exhaustionsmethode* diesen Satz zunächst für die regulären eingeschriebenen Polygone, als deren Grenzfall der Kreis betrachtet wird. Daß die Behauptung auch für diesen Fall gültig bleibt, wird indes nicht direkt, sondern vermittels eines apagogischen Beweises dargetan, indem gezeigt wird, daß die Annahme jeder anderen Proportion zu Widersprüchen führen würde. (Siehe Euklid, *De datis*, XII, 2.)

⁷⁴ Das »Potentiell-Unendliche«, das in der *Möglichkeit* des unbegrenzten Fortschrittes besteht, im Gegensatz zur Auffassung des Unendlichen als aktueller gegebener Größe.

⁷⁵ Vgl. Huygens an Leibniz (30. September 1674): »La remarque que vous faites touchant des racines inextrahibles et avec des quantités imaginaires, qui pourtant ajoutées ensemble composent une quantité réelle est surprenante et tout à fait nouvelle l'on n' auroit jamais cru que $\sqrt{1+\sqrt{-3}}+\sqrt{1-\sqrt{-3}}$ fit $\sqrt{6}$ *et il y a quelque chose de caché là dedans qui nous est incompréhensible!*« (Math. II, 15.)

⁷⁶ Über die aktuelle Teilung der Materie ins Unendliche vgl. *Monadologie*, § 64-72.

⁷⁷ Schlägt man (in Figur 11) mit CY als Radius um C einen Kreis, zieht die Tangente im Punkt Y und verlängert sie, bis sie die Fortset-

zung von CX in V schneidet, dann folgt aus der Ähnlichkeit der Dreiecke CXY und CVY $\frac{CX}{XY} = \frac{CY}{YV}$, worin CY den Radius, YV den Tangens des Winkels C darstellt.

[78] Zum Verständnis dieser Sätze können wir von den Bestimmungen ausgehen, die Leibniz in der Grundlegung der *allgemeinen Logik* gewonnen hatte. (Siehe oben S. XXIII f.) Im vorliegenden Falle ist durch die Bedingung, daß der Winkel C konstant bleibt und von 45° verschieden ist, eine feste funktionale *Beziehung* zwischen den beiden Veränderlichen c und e geschaffen — eine Beziehung, deren Gültigkeit nicht an irgendwelche *absolute* Größenwerte von c und e gebunden ist, die also auch erhalten bleibt, wenn wir diese Werte einer stetigen Umformung unterwerfen. Die *Relation* zwischen c und e bleibt gedanklich fortbestehen, auch wenn wir beide sich verändern und schließlich zur Grenze 0 übergehen lassen. Somit sind auch nach diesem Grenzübergang die beiden veränderlichen Größen nicht völlig im logischen Sinne zunichte geworden; sondern es kommen ihnen formale Eigentümlichkeiten und Verhältnisse zu, die sie charakterisieren und in ihrer Wechselbeziehung bestimmen. Wären sie im absoluten Sinne Nichts (des riens absolument), böten sie keinerlei begriffliche Merkmale und Charaktere mehr dar, so wären sie offenbar ganz ununterscheidbar und durcheinander in jeder Beziehung ersetzbar (comme un rien vaut l'autre): daraus ergäbe sich aber, wie gezeigt wird, ein Widerspruch gegen die Voraussetzungen und Bedingungen der Aufgabe. (Siehe E. Cassirer, *Leibniz' System in seinen wissenschaftlichen Grundlagen*, S. 176 ff.)

[79] Auf Grund der Erwägung, daß alle Körper zuletzt aus absolut unelastischen Partikeln bestehen, bei jedem unelastischen Stoß aber mechanische Energie verloren geht, hatte Newton das Prinzip der Erhaltung der lebendigen Kraft verworfen und den Satz aufgestellt, daß die Gesamtsumme der Bewegung in beständiger Abnahme begriffen ist, daß daher das Universum zu seinem Fortbestand eines von Zeit zu Zeit erneuten »Anstoßes« von außen bedürfe. (Vgl. *Optice*, hg. von S. Clarke, Lausanne und Genf 1740, Quaest. 31.)

[80] Siehe Newton, *Optice*, a. a. O., S. 368, vgl. oben S. XXXIV.

[81] Siehe Newton, *Optice*, S. 327 ff. u. *Mathematische Prinzipien der Naturphilosophie*, a. a. O., S. 508 f.

[82] Siehe oben S. XXXV.

[83] Der Raum, als absoluter Raum, ist hier durchweg als wirkliches Ding, seine Teile somit als *physische* Bestandstücke gedacht, die man sich von ihm nicht losgelöst denken kann, ohne seine Existenz selbst aufzuheben. Schon Henry More hatte übrigens in seiner Lehre von

Raum und Zeit als göttliche Attribute ausdrücklich betont, daß die Bestimmung der Teilbarkeit von den reinen Begriffen des absoluten Raumes und der absoluten Dauer fernzuhalten sei: wie die vorweltliche, unerschaffene und notwendige *Dauer* ohne das Merkmal der Sukzession, so sollen wir die *Unermeßlichkeit* ohne das Merkmal der Teilung denken: beide Bestimmungen sind nur Zutaten unsrer sinnlichen Phantasie (spuriae rationes = λόγος νόθος), die wir fälschlich den absoluten metaphysischen Wesenheiten selbst anheften. (Henry More, *Enchiridion metaphysicum*, S. 171f.)

[84] Vgl. weiter unten Clarkes drittes Schreiben § 17; Clarkes fünftes Schreiben § 107–9.

[85] »Gott ist überall gegenwärtig, und zwar nicht nur *virtuell*, sondern auch *substantiell*, denn kein Vermögen ist ohne Substanz denkbar. Alles wird in ihm bewegt und ist in ihm enthalten, aber ohne wechselseitige Einwirkung; denn Gott erleidet nichts durch die Bewegung der Körper und seine Allgegenwart läßt sie keinen Widerstand empfinden.« (Newton, *Mathematische Prinzipien der Naturphilosophie*, S. 509f.)

[86] Der Begriff der *Metaphysik* besitzt somit für Leibniz einen weiteren und allgemeineren Inhalt als im modernen Sprachgebrauch. Er wird zunächst noch, im Gefühl und Bewußtsein seines geschichtlichen Ursprunges, als Ausdruck der allgemeinen Prinzipienlehre — der Aristotelischen πρώτη φιλοσφία — gebraucht. In der allmählichen Entwicklung des Systems wird diese Bestimmung festgehalten, erhält jedoch durch die Besonderung ihrer konkreten Anwendung immer prägnantere Bedeutung. Die früheste Epoche sieht in der *Zahl* das allgemeinste metaphysische Prinzip. In dem weiteren Fortschritt, der zur Unterordnung der Algebra unter die *Kombinatorik* führt, wird sodann diese letztere als Wissenschaft der »Formen« und Beziehungen überhaupt zu einem wesentlichen Bestandstück der Metaphysik. (Siehe oben S. XIX.) Insbesondere werden dieser auch die Grundmittel der neuen Analysis, — die Begriffe der Veränderung und des Kontinuums zugerechnet. (Vgl. z. B. Gerh. VII, 325.) Eine neue Verschiebung des Umkreises des Begriffes ergibt sich aus der Begründung der Dynamik. Hier wird vor allem der Satz der Äquivalenz von Ursache und Wirkung dem Inbegriff der bloß »mathematischen« Begriffe und Prinzipien entschieden entgegengestellt und als Grundsatz von metaphysischer Geltung und Ableitung bestimmt: ohne daß sich doch sein Bereich weiter als auf die *Phänomene* der Körperwelt und ihre wissenschaftliche Ordnung erstreckte. In allen diesen verschiedenen Bedeutungen wird der Begriff, was besonders bemerkenswert ist, noch durchweg ohne Be-

ziehung auf die *Monadenlehre* gebraucht, die man somit irrig als den gesamten Inhalt und Ausdruck der Leibnizschen »Metaphysik« anzusehen pflegt.

[87] Bacon, *Novum Organon*, Buch I, Aphorismen 39–62.

[88] Um uns der räumlichen Ordnung bewußt zu werden, müssen wir also psychologisch von einem Verhältnis empirischer *Körper* allerdings ausgehen: damit ist jedoch der Begriff des Raumes niemals erschöpft, sondern es muß der Gedanke hinzutreten, daß die *Besonderheit* der Elemente, die in diese Relation eingehen, die Eigenart der Beziehung selbst nicht berührt, daß also jeder beliebige, jeder »mögliche« Inhalt an Stelle der wirklich betrachteten Elemente treten könnte. Dieser erste Sinn des Begriffs der »Möglichkeit« wird sodann vertieft: die Relationen, die das Mögliche und Wirkliche gleichmäßig umfassen, die also in ihrer Geltung allgemein und nicht auf ein bestimmtes Gebiet von Tatsachen beschränkt sind, sind als »ewige Wahrheiten« die Voraussetzungen, auf Grund deren wir die konkreten Inhalte erst erfassen und bestimmen können. (Vgl. z.B. Nouv. Ess. II, 4; II, 14.)

[89] Greifen wir zunächst aus dem Universum zwei *Teilsysteme* heraus, in denen die Beziehungen der einzelnen Glieder beiderseits gleich sind, in denen die Elemente jedoch in entgegengesetzter Ordnung aufeinander folgen, so können wir beide jederzeit dadurch unterschieden, daß wir sie auf ein gemeinsames *äußeres* Koordinatensystem beziehen. Gehen wir nunmehr zu der *Gesamtheit* der materiellen Körper über, so bleiben auch hier unter der Voraussetzung des realen absoluten Raumes die Bedingungen der Frage ungeändert: es bleibt ein Bezugssystem außerhalb der Körper erhalten, an dem wir eine Umkehrung in der Stellung der Teile bemerken und feststellen können. Hier wäre daher auch die Frage, aus welchem Grunde die tatsächliche Ordnung, die wir vorfinden, besteht, gerechtfertigt und notwendig. Wenn wir dagegen mit Leibniz den Raum nur als den Inbegriff *immanenter* Beziehungen zwischen den Gliedern des materiellen Universums ansehen, so läßt sich am allumfassenden *Ganzen* der Körper keine derartige Unterscheidung der Ordnung mehr denken, da für dieses kein äußerer Bezugspunkt mehr besteht; die Frage nach dem Grunde der bestimmten Gliederung erweist sich hier als eine irrtümliche und unzutreffende Übertragung eines Verhältnisses, das nur innerhalb des Systems seinen Sinn hat, auf das Gesamtsystem selbst.

[90] Siehe *Theodicée* II, 46 ff.

[91] Rudolf Goclenius (1547–1628): *Lexicon philosophicum quo tanquam clave philosophiae fores aperiuntur*, Frankfurt 1613.

[92] »Denkt man sich die Monaden in einem Punkte zusammenge-

drängt oder im Raume verstreut, so sind dies alles bloße Fiktionen, die aus dem Wunsche entspringen, das, was sich nur begrifflich erfassen läßt, sinnlich anzuschauen.« (An des Bosses (1712), Gerh. II, 451.) »Die Frage, ob die Seele irgendwo oder nirgends ist, ist ein bloßer Wortstreit. Denn ihre Natur besteht nicht in der Ausdehnung, — wohl aber bezieht sie sich auf diese und stellt sie vor.« (1704, Gerh. III, 357.)

93 Vgl. *Theodicée* III, 385 ff.

94 Durch jede bestimmte räumliche Anordnung von Elementen sind, nach Leibniz, zugleich gewisse inhaltliche, dynamische Verknüpfungen zwischen ihnen gesetzt; je nach der Entfernung der beiden Elemente wird z. B. eine Einwirkung, die auf das eine erfolgt, im anderen stärkere oder schwächere Nachwirkungen bedingen. Betrachten wir nun 2 Teilsysteme a, b, c und c, b, a, so bedeutet ihre verschiedene Ordnung zugleich einen Unterschied in ihrer relativen Stellung, somit in ihrer dynamischen Beziehung zu der Gesamtheit der übrigen Elemente: diese Verschiedenheit der Beziehung aber ist nichts bloß Äußerliches, sondern muß nach Leibniz auf einem inneren Grunde beruhen und aus ihm ableitbar sein.

95 Die petitio principii, die Clarke hier begeht, ist deutlich. Die Annahme, daß Sonne, Erde und Mond von ihrem Orte entrückt und an einen anderen gesetzt würden, kann für jeden, der den absoluten Raum leugnet, nichts anderes bedeuten, als daß diese Körper zwar nicht ihre Beziehung untereinander, wohl aber ihre Lage zu anderen materiellen Bezugssystemen verändern; damit aber hätten sie auch nach dem Sprachgebrauch der relativistischen Theorie ihre »Stelle« gewechselt.

96 Die Teilung ist hier als wirkliche *Trennung* der einzelnen Bestandstücke gedacht (siehe Anm. 83), um nun aber die Elemente wirklich voneinander zu sondern, müssen wir zwischen sie einen leeren Zwischenraum setzen, der in sich gleichförmig und ungeteilt ist.

97 »Der Begriff der Ausdehnung ist ein relativer: denn die Ausdehnung muß stets die *Ausdehnung von Etwas* sein, wie wir auch Dauer und Zahl auf ein Etwas beziehen, das dauert oder gezählt wird.« (An de Volder (1704); Gerh. II, 269.) Zur näheren Begründung dieses Gedankens siehe unten Nr. 16 u. 17.

98 Leibniz bezieht sich auf Samuel Clarke, *Works*, Bd III, S. 763, 794.

99 Vgl. Anm. 89.

100 Vgl. Anm. 94.

101 Siehe Descartes, *Les passions de l'âme*, Art. 31 ff.

102 »Denn die ganze welt ist wie ein leib, der ohne hinderung zu seinem zweck fortschreitet, weil nichts von sich selbst allein gehin-

dert werden kan und nichts außer ihr ist, so sie hindern könne« (L. Stein, *Leibniz und Spinoza*, Berlin 1890, Anh., S. 333).

103 » [...] mais il est cet ordre qui fait que les corps sont *situables*, et par lequel ils ont une situation entre eux en existant ensemble, comme le temps est cet ordre par rapport à leur position successive.« Vgl. Gerh. II, 234: »Wir finden mit der Ausdehnung überall zugleich eine Mehrheit von Dingen und deren stetige Koexistenz und können in ihr gar keine andere Bestimmung entdecken, als eben dies, daß wir derartige Dinge denken. Der Zusammenhang, in dem diese Gegenstände untereinander stehen, ist indes kein notwendiger; — es können einige von ihnen entfernt werden und andere an ihre Stelle treten, ohne daß dies (für die Beziehung selbst) in Betracht käme. Unterscheidet man die Ausdehnung von den ausgedehnten Inhalten, so ist sie etwas Abstraktes, wie die Dauer oder die Zahl, sofern man sie von den Dingen losgelöst denkt [...] So sind z. B. in der Zahl 3 drei intelligible Einheiten durch ein ewiges Band verknüpft, wenngleich der Zusammenhang zwischen drei gegebenen *Dingen* kein notwendiger sein mag. Denn denkt man diese letzteren aufgehoben, so bleiben doch andere, die sie vertreten können, zurück — und es werden niemals den Zahlen die Gegenstände mangeln, an denen sie zur Anwendung kommen können etc.« Vgl. Anm. 88.

104 Über Leibniz' Stellung zur Atomistik siehe die Abhandlungen am Ende des Bandes.

105 Zur Erklärung vgl. man die Theorie des Widerstandes, die Newton in seiner *Optik* entwickelt. Danach ist der Widerstand, den ein flüssiges Medium leistet, wesentlich durch *zwei* Momente bedingt: durch die *Reibung* an den Teilen des Mediums und durch die *Trägheit* der Materie. Wenn wir nun die Teile der Flüssigkeit zerkleinern und sie dadurch »schlüpfriger« und leichter verschiebbar machen, so wird die Reibung allerdings vermindert, dagegen bleibt der zweite, wichtigere Faktor davon unberührt; denn er ist der Dichtigkeit der Flüssigkeit proportional und kann nur mit dieser selbst abnehmen. »Wasser ist dreizehn- oder vierzehnmal weniger dicht: der Widerstand, den es leistet, ist daher verglichen mit dem des Quecksilbers ungefähr im selben Verhältnis.« (Quaestio XXVIII, S. 294.)

106 In dem Scholion zur achten Definition wird der Unterschied zwischen der *wahren* und *relativen* Bewegung von Newton eingehend erörtert. Eine wahre Bewegung kann nur durch Kräfte, die auf den Körper selbst wirken, erzeugt oder abgeändert werden, wogegen zur Änderung der relativen Bewegung eine Einwirkung genügt, die nicht auf das betrachtete System selbst, sondern auf den Bezugskörper aus-

geübt wird. Das wichtigste empirische Kriterium zur Unterscheidung sind sodann die *Zentrifugalkräfte*, da diese nur im Falle der absoluten Bewegung, nicht im Falle der relativen auftreten. (Vgl. hierfür besonders das experimentelle Beispiel: *Mathematische Prinzipien der Naturphilosophie*, S. 29 f.) Von Leibniz' Standpunkt aus müßte die Antwort hierauf etwa lauten, daß jede Bewegung, die uns in der Erfahrung gegeben werden kann, notwendig und aus logischen Gründen ein Bezugssystem voraussetzt, an dem sie erkennbar und bestimmbar ist. Wenn wir sodann in der Gesamtheit der Bewegungen ein unterscheidendes Merkmal entdecken, wenn wir bei den einen bestimmte *physikalische* Wirkungen eintreten sehen (wie wir etwa die Abplattung der Erde mit ihrer Rotationsbewegung im Zusammenhang denken), während bei anderen solche Wirkungen fehlen, so kann uns diese Tatsache zum Anlaß werden, Bewegungen, die vom rein phoronomischen Standpunkte gleichwertig sind, gemäß einem neuen (*dynamischen*) Gesichtspunkte zu differenzieren. Diese neue Einteilung aber verändert alsdann nicht den ursprünglichen logischen Charakter: es ist die *relative Bewegung* selbst, die wir nach bestimmten empirischen Kriterien bald als »wahre«, bald als »scheinbare« bezeichnen. So besitzen wir denn auch nach Leibniz ein gutes Recht, bei der wechselseitigen Annäherung zweier Körper den einen als das »wahre« Subjekt der Bewegung anzusehen und speziell in ihm die »Ursache« der Bewegung wirksam zu denken, vorausgesetzt, daß wir mit dieser Bezeichnung eben nur gewisse dynamische Verhältnisse zum abgekürzten Ausdruck bringen, nicht aber eine Beziehung zum absoluten Raume aussagen wollen. (Vgl. besonders Leibniz' Briefe an Huygens im Anhang von Nr. 11.)

[107] Siehe S. 322 f. der angeführten Ausgabe. — Allgemein führt Newton hier aus, daß Bewegung sowohl entstehen wie vergehen könne, daß aber wegen der Zähigkeit der Flüssigkeiten und der geringen elastischen Kraft in den festen Körpern die Natur mehr zu einem beständigen Verlust als zu einem Gewinn an Bewegungsquantitäten hinneige. Denn unelastische Körper bringen sich, wenn sie direkt aufeinanderprallen, gegenseitig zum Stillstand und auch beim elastischen Stoß geht wenigstens ein Teil der früheren Geschwindigkeit verloren. (Vgl. oben Anm. 79.) Es bedarf daher, wenn das Universum nicht zum Stillstand kommen soll, eigener aktiver Prinzipien, die von außen her an die Materie herangebracht werden: von dieser Art ist die (uns unbekannte) Ursache der Schwere, durch die die Weltkörper ihre Bewegung erhalten. Die tätige Kraft und die »träge« Materie sind hiernach zwei einander ursprünglich fremde und wesensverschiedene Prinzipien, während sie für Leibniz beide nur verschiedene Ausdrücke und Be-

dingungen des einheitlichen Begriffs der »Energie« sind (siehe unten besonders Nr. 13).

[108] Von Leibniz' Standpunkt aus müßte die Antwort hierauf analog den früheren Erwägungen lauten, die sich auf den Raum bezogen. (Siehe Anm. 89 u. 95.) Wiederum übersieht Clarke, daß die Zeitordnung nach Leibniz nicht aus der Betrachtung zweier *Einzelreihen*, sondern aus der Bestimmtheit *aller* Reihen des Geschehens und ihrer wechselseitigen Abhängigkeit resultieren soll. Wenn wir daher von zwei Reihen, die sich aus den gleichen Elementen zusammensetzen, die eine die »schnellere«, die andere die »langsamere« nennen, so ist dies dadurch möglich, daß wir ihre Glieder a, b, c auf eine andere, *inhaltliche* Reihe von Ereignissen a, b, g (also etwa auf die Veränderungen in der Lage der Erde zur Sonne) beziehen und für beide eine Verschiedenartigkeit der Zuordnung zu den Gliedern dieser Vergleichsreihe entdecken. Daß hingegen der *gesamte* Ablauf alles Geschehens verzögert oder beschleunigt werden könne, ist eine sinnleere Annahme, da eine solche Änderung durch kein Mittel der Erkenntnis jemals feststellbar, daher in der Tat nach dem Prinzip der Indiscernibilien »Nichts« wäre.

[109] Siehe oben S. XXXIV f.

[110] Vgl. besonders *Theodicée* III, § 301 ff.

[111] Zur Erklärung vgl. besonders die mythische Erzählung am Schlusse der *Theodicée*. — Leibniz' Freiheitslehre, wie sie im folgenden entwickelt wird, ruht ganz auf der metaphysischen Grundkonzeption einer Unendlichkeit »möglicher« Welten, unter denen der göttliche Wille eine Auswahl trifft. Jede Handlung, die wir in unserer empirischen Wirklichkeit vor sich gehen sehen, folgt aus dem »Wesen« des handelnden Subjekts, das somit zu ihr nicht von außen, sondern durch seine eigene Natur bestimmt wird. Die »Wesenheiten« der tätigen Subjekte selbst aber sind kein Erzeugnis der göttlichen Schöpfertätigkeit, sondern gehen dieser voran: sie gehören zu dem Inbegriff der »Möglichkeiten«, der dem Akt der wirklichen Schöpfung als Voraussetzung zugrunde liegt. Die bestimmte geistige und ethische Persönlichkeit ist in diesem Sinne kein Werk Gottes, sondern von ihm nur aus einer Unendlichkeit möglicher Naturen, die ihm als unabhängige und selbständige Bedingung gegenüberstanden, herausgehoben und zum konkreten Dasein zugelassen. Über die relative geschichtliche Bedeutung dieser Auffassung für das Problem der Ethik siehe E. Cassirer, *Leibniz' System in seinen wissenschaftlichen Grundlagen*, S. 480 f.

[112] Vgl. besonders das Fragment *De libertate* im zweiten Band der Hauptschriften.

[113] Vgl. besonders *Theodicée* III, § 310.

114 Siehe *Theodicée*, Préface.

115 Vgl. hierzu die folgende Schriften zur Biologie, Nr. 20 und 21 sowie *Monadologie* § 64, 66–69 und Nr. 34 des zweiten Bandes der Hauptschriften.

116 *Arlequin, l'empereur dans la lune* war eine der vielen Harlekinaden oder Hanswurstereien, die in der zweiten Hälfte des 17. Jahrhunderts in Frankreich aufgeführt wurden.

117 Die sinnliche Welt der Phänomene ist zwar kein »Abbild« der einfachen Monaden, dennoch aber finden sich in ihr gewisse Verhältnisse und Beziehungen wieder, die den Grundrelationen, die wir in den einfachen Elementen denken, in bestimmter Weise entsprechen und sie uns gleichsam in symbolischer Form darstellen: »les composés symbolisent avec les simples«. So kann z. B. die Tatsache, daß jede Einwirkung, die auf einen Punkt des materiellen Universums ausgeübt wird, sich ins Unendliche fortsetzt und schließlich in jedem einzelnen seiner Teile im bestimmten Maße nachwirkt, als Sinnbild der allgemeinen idealen Abhängigkeit und Zusammengehörigkeit dienen, die zwischen allen Gliedern des »intelligiblen« Universums herrscht. (*Monadologie, § 61.*)

118 Die Frage nach dem »principium individuationis« beherrscht den bekannten Prinzipienstreit der mittelalterlichen Philosophie: den Streit über die Natur und Geltung der universalen Begriffe und über die Art des Seins, die ihnen im Unterschied vom Sein der Einzeldinge zukommt. Leibniz' Entscheidung dieses Problems ist in den Bestimmungen gegeben, die er über das Verhältnis der idealen und der abstrakten *Bedingungen* zur konkreten Wirklichkeit der Natur aufstellt. (Siehe oben Nr. 9.)

119 Vgl. oben Anm. 103.

120 Zu Descartes' Lehre von der »indefiniten« Ausdehnung der Materie, vgl. *Principia philosophiae* I, 26, 27, sowie das Schreiben an Henry More vom 5. Febr. 1649, *Correspondance*, (Bände I-V der *Œuvres de Descartes*, hg. Adam/Tannery, Paris 1897–1913, Bd. V, 274 ff.).

121 Über die Versuche mit der Luftpumpe und ihre physikalische Deutung hatte sich Leibniz bereits in den Jahren 1671 und 1672 in Briefen an Otto von Guericke ausgesprochen. (Vgl. Gerh. I, 93 ff.)

122 Schon in seinem physikalischen Jugendwerk, der *Hypothesis physica nova* von 1671, hatte Leibniz versucht, die Bewegung der Himmelskörper auf eine kreisförmige Bewegung des Lichtäthers zurückzuführen. Nach dem Erscheinen von Newtons Grundwerk (1687) ging er auf diese Annahme zurück und suchte in einer eigenen Abhandlung die mathematische Bestimmtheit der Planetenbahnen aus ihr ab-

zuleiten. Er geht hierzu zunächst von einer allgemeinen Theorie der Zentralbewegungen aus und betrachtet insbesondere solche Bewegungen, bei denen die Geschwindigkeiten den Entfernungen vom Zentrum umgekehrt proportional sind. Bei diesen Bewegungen, für die Leibniz den Begriff der »harmonischen Zirkulation« einführt, gilt, wie sich mathematisch ergibt, das Prinzip der Erhaltung der Flächen: umgekehrt folgt aus der Tatsache, daß nach dem zweiten Keplerschen Gesetz bei den Planetenbahnen die Radienvektoren in gleichen Zeiten gleiche Flächen überstreichen, daß die Planeten, somit auch der Äther, der sie umgibt, in »harmonischer Zirkulation« begriffen sind. Hierzu kommt eine zweite parazentrische Bewegung in ihnen, die gegen die Sonne hin gerichtet ist und die Leibniz ebenfalls auf die Stöße eines ätherischen Fluidums, analog demjenigen, das die Erscheinungen des Magnetismus hervorruft, zurückzuführen sucht. (Siehe *Tentamen de motuum coelestium causis* (1689), Math. VI, 144.)

123 Hier und in den folgenden Ausführungen kommt das *Verhältnis des Raumes zum Körper* besonders klar zum Ausdruck: der Raum ist kein »Akzidens«, keine Eigenschaft, die von den bestimmten empirischen Körpern abgelesen und abstrahiert ist, sondern eine reine ideale Beziehungsform, die indes zu ihrer Darstellung in concreto immer *irgendwelcher* materieller Inhalte bedarf. (Vgl. oben Anm. 88 und 103 f.)

124 Daß die besonderen Bestimmungen und »Akzidenzien«, die einer Substanz zugehören, sich von ihr nicht loslösen und auf ein anderes Subjekt übergehen können, ist ein wichtiger und folgenreicher Satz der Leibnizschen Metaphysik: aus ihm ergibt sich die Unmöglichkeit der unmittelbaren wechselseitigen Einwirkung zweier Substanzen und die Forderung, daß der gesamte individuelle Bewußtseinsinhalt aus dem Grunde des Subjekts selbst zu schöpfen ist.

125 »Die Ausdehnung verhält sich zum Raume etwa wie die Dauer zur Zeit. Dauer und Ausdehnung sind Attribute der Dinge, Zeit und Raum aber werden wie etwas *außerhalb der Dinge* angesehen und dienen dazu, sie zu messen.« (*Entretien de Philarète et d'Ariste, suite du premier entretien d'Ariste et de Théodore*, siehe Nr. 17.) Raum und Zeit können als selbständige Relationen *außerhalb* der Dinge angesehen werden, sofern die *logische* Bedeutung beider sich begreiflich machen läßt, ohne auf die besondere Bestimmtheit der Dinge, die sich in ihnen ordnen, einzugehen. (Vgl. Anm. 88.) So dienen uns beide vor allem als die ursprünglichen Bezugssysteme, auf die jede konkrete physikalische *Messung* zurückgehen muß: die Feststellung einer bestimmten *Größe*, einer endlichen »Ausdehnung« wie einer begrenzten »Dauer«, setzt stets die qualitative Eigenart von Raum und Zeit,

also die Begriffe des »Beisammen« und des »Nacheinander« schon voraus.

126 Vgl. oben Nr. 5, S. 44 f.

127 Vgl. Anm. 106.

128 Siehe Anm. 124.

129 Die ganze vorangehende Entwicklung bezweckt natürlich keine psychologische Darlegung der Entstehung der Raumvorstellung, sondern eine logische Analyse, die den Gedanken vom »absoluten Raume« zergliedert, um einerseits das relativ berechtigte *Motiv*, das zu ihm hinleitet, zu entdecken, andrerseits aber den Grund des Irrtums aufzuzeigen, der mit dieser Begriffsbildung begangen wird. Wenn wir von der »Stelle« eines Körpers reden, so ist die Anwendung dieses Begriffs immer nur der abgekürzte Ausdruck einer Mehrheit von *Urteilen*, in denen wir die Beziehungen des gegebenen Körpers zu verschiedenen anderen Elementen (letztlich zu »allen« Gliedern der materiellen Welt) feststellen. Es ist klar, daß alle diese Urteile irgend ein Subjekt, an das sie anknüpfen, notwendig voraussetzen. Da indes dieses Subjekt beliebig wechseln kann, sofern ein bestimmter Inbegriff von Lage-Relationen nacheinander verschiedenen Körpern zukommen kann, so gelangen wir dazu, der Stelle einen eigenen, unabhängigen *Begriffsgehalt* zuzusprechen und mit ihr — wie mit einem selbständigen Inhalt — zu operieren. Der Irrtum entsteht erst, wenn wir, über diese berechtigte logische Ablösung hinausgehend, die Stelle gleichsam mit einem eigenen *dinglichen* Dasein bekleiden und den Inbegriff der Stellen als einen neuen *Gegenstand* denken, — gleichviel ob wir diesen alsdann mit materiellen oder, wie Newton, mit »spirituellen« Merkmalen ausstatten.

130 Denken wir uns zwei *veränderliche* Größen x und y, so können wir das eine Mal y als Funktion der unabhängig Veränderlichen x, das andere Mal x als Funktion von y auffassen, schließlich aber ganz allgemein den Begriff einer Funktions*gleichung* zwischen beiden (F(x, y) = 0) aufstellen. Diese Gleichung besteht dann allerdings »außerhalb« jedes bestimmten konkreten Einzelwertes von x und y; — aber nur sofern ihre »ideale« *Geltung*, nicht ihr Sein von ihm abgelöst werden kann. (Vgl. auch Anm. 78.)

131 Nach der Lehre Henry Mores rührt die Bewegung und das Leben der Materie von einem eigenen »spirituellen« Prinzip her, das zu ihr hinzutritt. Dieses geistige oder »hylarchische« Prinzip nimmt an der Ausdehnung der Körper zwar teil, unterscheidet sich aber von ihnen dadurch, daß bei ihm das Merkmal der Undurchdringlichkeit wegfällt: die »Spiritus« können sich selbsttätig zusammenziehen und wieder ausdehnen, sowie gegenseitig durchdringen. Sie konstituieren damit

eine neue »vierte Dimension«: sofern jedem Körper, je nach der Erfüllung mit diesen geistigen Substanzen, neben seinem sinnlich-räumlichen Volumen eine qualitative »Wesensdichtigkeit« (»spissitudo essentialis«) zukommt. Wie stark diese Lehre fortwirkte, zeigt sich besonders daran, daß sie noch von Locke, auf den Leibniz' Andeutung hier wohl ebenfalls hinzielt, sehr ernstlich diskutiert wurde. (Vgl. Locke, *An essay concerning human understanding* II, 23, 13 und Hertling, a. a. O., S. 197 ff.)

[132] Zur näheren Bestimmung dieses Gedankens vgl. Nouv. Ess. II, 14, § 25 ff. und II, 17.

[133] Vgl. hierzu das *Specimen dynamicum* (Nr. 13).

[134] Je réponds que le mouvement est indépendant de *l'observation*, mais qu'il n'est point indépendant de *l'observabilité*.

[135] Eine neue spezielle Formulierung des Prinzips der Identität des Ununterscheidbaren, aus der sich die Bedeutung dieses Prinzips, das sonst nur innerhalb der Metaphysik zur Geltung kommt, für den *Begriff der Erfahrung* ergibt. Wo uns die Beobachtung und die mittelbare Schlußfolgerung, die jedoch an irgend ein Datum der Erfahrung anknüpfen muß, keine Unterscheidungsmerkmale darbietet, da entfällt das Recht der Erkenntnis, unterschiedene Dinge und Zustände zu setzen. So spricht Leibniz an anderer Stelle als ein Fundamentalprinzip seiner Philosophie den Satz aus, daß alles das nichtig ist, über dessen Sein oder Nichtsein keine »Perzeption,« kein Mittel des *Bewußtseins* jemals entscheiden kann. (Nouv. lettr. et opusc., S. 171.)

[136] Siehe oben Anm. 106.

[137] Die Proportion zwischen zwei Größen a und b wird durch deren Logarithmen gemessen, sofern sie als Funktion von ihnen dargestellt werden kann, da $\log \frac{a}{b} = \log a - \log b$

$$\frac{a}{b} = e \log a - \log b$$

Allgemein denkt Leibniz jedem »wahren« Verhältnis einen bestimmten Logarithmus zugeordnet, will daher Verhältnisse wie $\frac{-1}{1}$, deren Logarithmus imaginär wird, nicht als »real« gelten lassen. (Siehe Math. V, 388.)

[138] Über das Verhältnis des Begriffs der Ordnung zum Begriff der Größe vgl. z. B. Anm. 78 und 125.

[139] In sich widersprechend ist, mit anderen Worten, nur die Annahme einer leeren Zeit, die den Dingen vorangeht. Ob jedoch die Dinge selbst, als Zeitinhalte, rückwärts bis ins Unendliche zurückverfolgt

werden können, oder nicht, darüber vermögen nach Leibniz rein *logische* Kriterien nichts zu bestimmen. Er selbst begnügt sich an dieser Stelle damit, eine Entscheidung der Frage vom teleologischen Gesichtspunkt aus zu versuchen, die jedoch in gleichzeitigen Briefen an Bourguet, die das gleiche Problem behandeln, wesentlich eingeschränkt und nur als Hypothese angenommen wird. (Siehe Anm. 142.)

140 Vgl. hierzu besonders die *Considérations sur les principes de vie et sur les natures plastiques* (Nr. 21).

141 Vgl. hierzu Anm. 131.

142 Es sind namentlich die *theologischen* Einwände Clarkes, durch die Leibniz hier dazu gedrängt wird, sich bestimmt gegen die Anfangslosigkeit des Universums zu erklären. Ausführlicher und mit größerer philosophischen Unbefangenheit wird die Frage in den gleichzeitigen Briefen an Bourguet behandelt (siehe Anm. 139). »Die Notwendigkeit, einen ersten Zeitpunkt anzunehmen« — heißt es hier — »sehe ich nicht ein. Zwischen der Analyse des Notwendigen und der des Zufälligen besteht ein Unterschied. Die erstere, die sich auf die abstrakten Wesenheiten und Wahrheiten bezieht, endet stets in primitiven Begriffen, analog der Art, wie die Zahlen sich in Einheiten auflösen. Im Gebiet des Zufälligen oder der Existenzen aber geht die Analysis ins Unendliche, ohne daß man jemals zu ersten Elementen gelangt [...] *Ich wage indes nicht geradezu zu leugnen*, daß es einen ersten Moment gegeben hat. Zwei Annahmen sind in Bezug hierauf möglich: die eine, daß die Natur stets gleich vollkommen ist, die andere, daß sie beständig an Vollkommenheit wächst. Gilt das erste, so ist es wahrscheinlich, daß es keinen Anfang der Welt gibt. Wüchse sie dagegen stets an Vollkommenheit [...] so ließe sich auch dies noch mit zwei verschiedenen Anschauungen vereinen und sowohl durch die Ordinaten der Hyperbel B wie durch die des Dreiecks C zum Ausdruck bringen. (Fig. 13) Nach der Hypothese, die durch die Hyperbel bezeichnet wird, gäbe es keinen ersten Anfang und die momentanen Zustände des Universums wären von aller Ewigkeit her an Vollkommenheit gewachsen; nach der, die durch das Dreieck ausgedrückt wird, gäbe es dagegen einen Beginn der Welt. Die Hypothese der gleichmäßigen Vollkommenheit in allen Zeitpunkten wäre durch das Rechteck A wiederzugeben. Ich sehe noch kein Mittel, streng beweiskräftig darzutun, für welche der drei Annahmen man sich nach reiner Vernunft entscheiden soll.« (Gerh. III, 582.)

143 Siehe Cicero, *De fato*, Kap. 17. — Über Diodorus von Kronus siehe Zeller, *Die Philosophie der Griechen*, 4. Aufl., II, I, S. 247 u. S. 269 ff.

¹⁴⁴ Vgl. die Schriften des zweiten Bandes der Hauptschriften und die Erläuterungen hierzu.

¹⁴⁵ Der Grundgedanke des Okkasionalismus, die Leugnung jeder unmittelbaren Wechselwirkung zwischen der denkenden und der ausgedehnten Substanz, war, bevor er durch Malebranche und Geulincx seine systematische Ausbildung und Formung erhielt, innerhalb der Cartesischen Schule bereits wiederholt hervorgetreten: so bei Clauberg und de la Forge, *Traité de l'esprit de l'homme, de ses facultez et fonctions, et de son union avec le corps, suivant les principes de Descartes*, Paris 1666; Leibniz kann ihn daher hier als Gemeingut der »Neucartesianer« bezeichnen.

¹⁴⁶ Die scholastische *Theorie der Wahrnehmung* geht von der Forderung aus, daß zwischen dem bestimmten sinnlichen Eindruck und dem Objekt, das er darstellt und wiedergibt, eine *Ähnlichkeit* bestehen müsse, die sich indes, nach der bekannten Aristotelischen Unterscheidung, nur auf die »Form«, nicht auf die »Materie« bezieht. »Die Wahrnehmung nimmt die wahrnehmbaren Formen ohne die Materie auf, wie das Wachs das Zeichen des Siegelrings ohne das Eisen und das Gold empfängt.« (Aristoteles, *De anima* II, 12.) Die »Bilder«, die sich von den Dingen ablösen und in den Geist hinüberwandern, sind daher selbst nicht stofflicher Natur: es sind »species immateriatae«.

¹⁴⁷ Vgl. die Diskussion mit Bayle im zweiten Band der Hauptschriften.

¹⁴⁸ »Die Annahme (der prästabilierten Harmonie), die so seltsam scheint, wenn man sie außerhalb ihres gedanklichen Zusammenhangs für sich allein betrachtet, ist dennoch eine notwendige Folge des Wesens der Dinge — so daß das allgemeine Wunder die besonderen Wunderwirkungen zum Verschwinden bringt und gleichsam aufsaugt, indem es von ihnen Rechenschaft gibt.« (*Réponse aux réflexions contenues dans la seconde édition du Dictionnaire critique de M. Bayle, article Rorarius, sur le système de l'harmonie préétablie*, Gerh. IV, 557.)

¹⁴⁹ Über das Gesetz der Erhaltung der Kraft siehe oben S. XXXVI und die folgenden Abhandlungen Nr. 12–14. Vgl. besonders *Theodicée* I, § 61: Wenn das Gesetz (daß nicht nur die absolute Größe der Bewegung, sondern auch der Gesamtfortschritt eines Systems, bezogen auf eine bestimmte Richtung, sich erhält) Descartes bekannt gewesen wäre, dann hätte er nicht nur die Kraft der Körper, sondern auch die Richtung, in der sie fortschreiten, von der Einwirkung der Seele unabhängig gemacht; dies hätte ihn alsdann geradewegs zur prästabilierten Harmonie geführt, zu der mich eben diese Gesetze hingeleitet haben.

¹⁵⁰ Dieser Gedanke einer Umwandlung von Massenbewegung in

Molekularbewegung wird zum erstenmal von Leibniz als Korollar des allgemeinen Satzes der Erhaltung der Kraft in die Geschichte der Physik eingeführt.

151 Der Begriff der »Trägheit«, wie Leibniz ihn braucht, ist somit nur eine Umschreibung des modernen mechanischen Massenbegriffs selbst; er bezieht sich nicht — wie im Ausdruck des »Trägheitsgesetzes« — auf das Problem der »Beharrung« als Fortsetzung der einmal angenommenen Bewegung. Von der empirischen Tatsache ausgehend, daß verschiedene Körper unter dem Einfluß derselben bewegenden Kraft verschiedene Geschwindigkeiten annehmen, fordert Leibniz die zahlenmäßige Fixierung und begriffliche Wiedergabe dieses Unterschieds, die dadurch zu erfolgen hat, daß wir einen neuen *bewegungsbestimmenden Faktor* einführen. Leibniz mußte diesen Faktor, wie die Geschichte der Mechanik zeigt, noch selbständig entdecken und logisch heraussondern: von Descartes war der Massenbegriff im Anschluß an Kepler zwar gelegentlich in seinen Briefen gebraucht, aber in der endgültigen Bestimmung und Definition des Körpers, die rein geometrische Merkmale aufweist, nicht zur Geltung gebracht worden. (Siehe Descartes, *Correspondance* II, hg. Adam/Tannery, S. 466, 543, 627; zu vgl. mit Leibniz, *Theodicée* I, § 30 und III, § 380.)

152 »Je ne dis donc point que l'espace est un ordre ou situation, mais *un ordre des situations*, ou selon lequel les situations sont rangées et que l'espace abstrait est cet ordre des situations, concues comme possibles.« (Vgl. Anm. 88.)

153 Vgl. besonders die Abhandlung *Antibarbarus Physicus pro philosophia reali contra renovationes qualitatum scholasticarum et intelligentiarum chimaericarum* (Gerh. VII, 337), die wohl gleichzeitig mit den Briefen an Clarke entstanden ist und zu ihnen wichtige Ergänzungen enthält. »Manchen beliebt es, wieder zu den qualitates occultae oder den scholastischen »Vermögen« zurückzugreifen, die sie jedoch mit verändertem Namen »Kräfte« benennen. Die wahren körperlichen Kräfte sind indes nur von *einer* Art und betätigen sich in Bewegungen und Stoßwirkungen [...] Jene aber erdichten besondere Grundkräfte und lassen sie, je nachdem sie sie benötigen, mannigfach wechseln: so sprechen sie von anziehenden und zurückstoßenden, von richtunggebenden, ausdehnenden und zusammenziehenden Kräften [...] Wohl darf man magnetische und elastische Kräfte und dergleichen annehmen: unter der Bedingung jedoch, daß man nichts Primitives und Unableitbares darunter versteht, sondern sie aus Gestalten und Bewegungen hervorgegangen denkt. Gerade dies aber bestreiten die modernen Verteidiger dieser Lehre. Man hat in unseren Tagen entdeckt, daß, was

man früher bereits bisweilen vermutet hatte, wahr ist: daß nämlich die Planeten gegeneinander gravitieren und sich gegenseitig zustreben. Sogleich macht man die Fiktion, alle Materie besitze eine wesentliche, ihr von Gott anerschaffene anziehende Kraft, und gleichsam eine wechselseitige Liebe der einzelnen Teile, denen man somit eine Art sinnlicher Empfindung oder eine Intelligenz zutraut, vermöge deren sie auch das Entfernteste wahrnehmen und begehren können. Als ließen sich keine mechanischen Gründe angeben, die das Streben der dichten Massen zu den großen Weltkörpern hin vermittels der Annahme eines subtilen Fluidums, das sie durchdringt, zu erklären vermöchten!« (Vgl. oben Anm. 122.) — Man muß die gesamte Abhandlung vergleichen, um sich die besonderen geschichtlichen Gründe zu vergegenwärtigen, die Leibniz in seinem Widerstand gegen die dynamische Theorie bestärkten. Wie er in Newtons eigentümlicher Metaphysik und Gotteslehre mit Recht eine Fortwirkung der Philosophie Henry Mores erkennt, so gelten ihm auch die »anziehenden Kräfte« nur als Erneuerung von dessen *spiritualistischem* Kraftbegriff. (Siehe oben Anm. 131.) Die scharfe *methodische* Trennung, die Newton zwischen Physik und Metaphysik und zwischen der Geltung ihrer einzelnen Sätze durchführt, wird in diesem Urteil allerdings völlig verkannt.

154 Durch Robert Boyle (1626–91), dessen Hauptwerk *The sceptical chymist* im Jahre 1661 erschien, gelangt die moderne mechanische Naturauffassung zum erstenmal in den konkreten Wissenschaften selbst, insbesondere in der Chemie, zu allgemeiner Geltung und Bedeutung für die Erklärung der Einzelerscheinungen. Für Leibniz' Verhältnis zu ihm ist am bezeichnendsten das Urteil der *Nouveaux essais sur l'entendement humain*, worin sein allgemeiner Grundsatz, daß alle Naturerscheinungen aus Figur und Bewegung allein erklärbar sein müssen, hervorgehoben, zugleich aber bestritten wird, daß dieser sich aus der Erfahrung allein, wie Boyle es versucht habe, begründen lasse: der Mechanismus ist ein reines Prinzip der Vernunft; keine Tatsache, die sich aus einer noch so großen Summe von Experimenten jemals gewinnen läßt. (Nouv. Ess. IV, 12, 13.)

155 Die französische *Clélie*, das bewunderte Vorbild und Muster des »preziösen« Stils, ist 1656 erschienen; mit ihrer Verfasserin, Mlle. de Scudéry, stand Leibniz im freundschaftlichen brieflichen Verkehr. (Vgl. *Mademoiselle de Scudéry* und *Kurze Lebensbeschreibung des Fräul. v. S.*, Deutsche Schriften II, S. 415 ff.) — Der Verfasser des historischen Romans *Aramena* (1669) ist der Herzog Anton Ulrich von Braunschweig-Wolfenbüttel. (Vgl. über ihn das Urteil Leibnizens: Deutsche Schriften II, S. 414.)

156 Zum Begriffe der »Präformation« vgl. weiter unten die Schriften zur Biologie Nr. 20–22.

157 »Quelque espèce comme intentionelle« — die »species intentionales« der Scholastiker. (Vgl. Anm. 146.)

158 Zum Ganzen siehe oben S. XXXIVf.

159 Das Prinzip des zureichenden Grundes steht somit nicht nur deduktiv aus apriorischen Erwägungen, sondern auch gemäß der »Maxime der Induktion« fest — wobei jedoch vorausgesetzt wird, daß jede echte *methodische* Induktion allgemeine rationale Hilfssätze und Vorbegriffe bereits in sich enthält. (Siehe oben Anm. 29.)

160 Es bedarf keines besonderen Beweises, daß gerade umgekehrt die *Spontaneität* des Geistes der Grund- und Leitgedanke der Leibnizschen Lehre bildet. Leibniz hätte hier Clarkes Einwände entkräftet, indem er den Begriff, von dem aus dieser gegen ihn argumentiert, verschärft und überboten hätte. Selbst im einfachen Wahrnehmungsakt verhält sich nach ihm das Bewußtsein niemals rein leidend, sondern wirkt als selbsttätiger und bestimmender Faktor mit: damit aber ist die Voraussetzung des Clarkeschen Beweises aufgehoben.

161 In diesen Sätzen faßt Clarke noch einmal alle Gründe, die sich für die Annahme des absoluten Raumes und der absoluten Bewegung anführen lassen, prägnant und bestimmt zusammen: Gründe, die auch in der modernen Diskussion dieser Fragen immer wieder von neuem hervorgetreten sind. »Nehmen wir an« — so heißt es z. B. bei Carl Neumann — »daß unter den Sternen sich einer befinde, der aus flüssiger Materie besteht und der, ebenso etwa wie unsere Erdkugel, in rotierender Bewegung begriffen ist um eine durch seinen Mittelpunkt gehende Achse. Infolge einer solchen Bewegung, infolge der durch sie entstehenden Zentrifugalkräfte wird alsdann jener Stern die Form eines abgeplatteten Ellipsoids besitzen. *Welche Form wird* — fragen wir nun — *der Stern annehmen, falls plötzlich alle übrigen Himmelskörper vernichtet (in Nichts verwandelt) würden?*

Jene Zentrifugalkräfte hängen nur ab von dem Zustande des Sternes selber; sie sind völlig unabhängig von den übrigen Himmelskörpern. Folglich werden — so lautet unsere Antwort — jene Zentrifugalkräfte und die durch sie bedingte ellipsodische Gestalt ungeändert *fortbestehen*, völlig gleichgültig ob die übrigen Himmelskörper fortexistieren oder plötzlich verschwinden.

Wir können aber, falls die Bewegung als etwas nur Relatives, nur als eine relative Ortsveränderung zweier Punkte gegeneinander definiert wird, die vorgelegte Frage noch von einer anderen Seite her in Erwägung ziehen, und gelangen alsdann zu einer ganz entgegengesetzen Antwort. Denken wir uns nämlich sämtliche übrigen Weltkörper vernichtet, so sind jetzt im Universum nur noch diejenigen materiellen Punkte vorhanden, aus denen der Stern selber besteht. Diese aber besitzen *keine* relative Ortsveränderung, befinden sich also (auf Grund der für den Augenblick akzeptierten Definition) *in Ruhe*. Folglich wird der Stern — so lautet gegenwärtig unsere Antwort — von dem Augenblick an, wo die übrigen Weltkörper vernichtet sind, sich im Zustande der *Ruhe* befinden, mithin die diesem Zustande entsprechende *Kugel*gestalt einnehmen.

Ein so unleidlicher Widerspruch kann nur dadurch vermieden werden, daß man jene Definition, die Bewegung sei etwas Relatives, fallen läßt, also nur dadurch, daß man die Bewegung eines materiellen Punktes als etwas *Absolutes* auffaßt [...]» (A. a. O., S. 27 f.)

Auf diese Gegeninstanz hätte Leibniz wahrscheinlich zunächst erwidert, daß nach seiner physikalischen Grundansicht die Abplattung des rotierenden Weltkörpers durch die Stöße des elastischen Äthers bedingt ist, der ihn umgibt. (Vgl. Math. VI, 197.) Denkt man zugleich mit allen übrigen Körpern auch dieses Fluidum aufgehoben, so müßte damit die Erscheinung selbst verschwinden, — denkt man es fortbestehen, so ist eben in ihm das gesuchte Bezugs- und Vergleichssystem wieder gegeben.

Allgemein ist zu bemerken, daß nicht nur die »Lage« eines bestimmten Körpers, sondern auch alle seine sonstigen erscheinenden Merkmale und Bestimmungen für Leibniz in gleicher Weise als »relativ« gelten. Die einzelne Erscheinung ist nur im System der Phänomene bestimmbar: sie erhält ihre »Wahrheit« und »Realität« erst aus der Gesetzlichkeit der *Verbindung*, in der sie mit anderen Elementen und schließlich mit der Allheit der Elemente steht. Alles, was wir von einer Erscheinung aussagen können, somit ihr Dasein selbst, löst sich für die genauere Betrachtung und Analyse in einen *Inbegriff von Beziehungen* auf: gerade hierin liegt die charakteristische logische Eigenart, die das Phänomenon der Natur von jedem »absoluten« metaphysischen Gegenstand unterscheidet. Es ist somit nicht zulässig, eine einzelne Bestimmung, die innerhalb des Ganzen der Erfahrung und auf Grund seiner Gesetze festgestellt wurde, von diesem Zusammenhang losgelöst zu betrachten und zu fragen, welche Natur ihr alsdann »an sich« noch zukäme. Der Bezugskörper gehört in dem besonderen Fall, um den es sich hier handelt — wenngleich nicht zu den physischen, so doch zu den ursprünglichen logischen Bedingungen des Problems. Die wissenschaftliche Abstraktion ist berechtigt, besondere physische Umstände des Einzelfalls außer acht zu setzen, um zu einer allgemeinen *logischen* Gesetzlichkeit vorzudringen: sie darf nicht umgekehrt glauben, nach Aufhebung der allgemeinen logischen Voraussetzungen noch physikalische Bestimmtheiten übrig zu behalten.

162 Siehe Descartes, An Henry More, 15. April 1649, *Correspondance*, hg. Adam/Tannery, V, S. 345.

163 Siehe oben Anm. 83.

164 Vgl. Newton, *Mathematische Prinzipien der Naturphilosophie*, S. 510, Anm.

165 Die Voraussetzung — so hätte Leibniz etwa entgegnet — daß die Geschwindigkeit des Weltganzen eine plötzliche Änderung erleidet, schließt notwendig den Gedanken an eine *materielle* Ursache ein, durch die diese Änderung erfolgt. Damit aber ist in unserer Vorstellung das Universum wiederum unvermerkt zu einem *Teilsystem* geworden; es ist ein *äußeres* Bezugssystem gewonnen, an dem sich der Wechsel bemerken und darstellen läßt. (Vgl. auch Anm. 161.)

166 Siehe oben Anm. 106.

167 Siehe oben Anm. 108.

168 Hier tritt deutlich der Gegensatz hervor, daß Clarke unter der »Größe« stets ein bestimmtes, dingliches *Quantum* versteht, während sie für Leibniz ein reiner Beziehungsbegriff ist; eine gedankliche Operation, die wir auf die Ergebnisse, die aus ihr hervorgehen, fortgesetzt von neuem anwenden können, um dadurch zu komplizierteren Beziehungen fortzuschreiten. So fordert Clarke im folgenden auch genaue proportionale Entsprechung zwischen der gemessenen Größe und ihrem Maß (verlangt also z.B. daß dem quantitativen Maßausdruck 0 zugleich die Größe »Null«, einem negativen Ausdruck des Maßes eine negative Größe entsprechen soll), während nach Leibniz allgemein jede festgeregelte, eindeutige funktionale Abhängigkeit zwischen zwei Größenreihen genügt, um beide durcheinander erkennbar und »meßbar« zu machen. (Vgl. oben Anm. 137.)

169 »The *addition* of the proportion of half to 1, to the proportion of 1:1, does not make the proportion of 1 and a half to 1, but the proportion only of half to 1.« Unter der Addition ist hier nicht die Bildung der Summe, sondern die *identische Wiederholung der Operation*, hier also die Bildung der Proportion: $\dfrac{^1\!/_2:1}{1:1} = {}^1\!/_2 : 1$ verstanden.

170 Leibniz hätte erwidern können, daß diese ganze Betrachtung zwar für *Ausdehnung* und *Dauer*, nicht aber für *Raum* und *Zeit* gilt, die er von jenem ersten Begriffspaar ausdrücklich unterscheidet. (Vgl. oben Anm. 125.)

¹⁷¹ In der Tat hat Leibniz diese Argumente ausdrücklich zurück-gewiesen und den Begriff der Seele allein auf die *Tatsache des Selbstbewußtseins* als einzig gültiges Zeugnis gestützt: »alle Vorgänge im Körper gehen in der Art vor sich, als ob die schlechte Lehre der Anhänger des Epikur und Hobbes, daß die Seele materiell ist, wahr wäre, als ob somit der Mensch nichts weiter als Körper oder Automat wäre [...] Man hat sich bloßgestellt, indem man das Gegenteil beweisen wollte und nur den Gegnern einen willkommenen Triumph bereitet.« (Gerh. IV, 559.)

¹⁷² Siehe Newton, *Mathematische Prinzipien der Naturphilosophie,* S. 510.

¹⁷³ Nach Leibniz ist die Annahme von absolut starren Körpern aus allgemeinen, rationalen Gründen unzulässig, da sie insbesondere den Bedingungen des Kontinuitätsgesetzes, wonach die Geschwindigkeitsänderung beim Stoß stetig erfolgen muß, widerstreiten würde. Siehe *Dynamica de potentia et legibus naturae corporeae,* Sect. III, prop. V, Math. VI, 491.

¹⁷⁴ Vgl. hierzu die folgenden Abhandlungen Nr. 12–14.

¹⁷⁵ Siehe oben Anm. 107.

¹⁷⁶ Vgl. hierzu oben Anm. 108 und 125.

¹⁷⁷ Die Antwort auf diese Einwände hat Leibniz in *Eclaircissement des difficultés que Monsieur Bayle a trouvées dans le système nouveau de l'union de l'âme et du corps* zu geben versucht. (Gerh. IV, 517ff. Siehe Hauptschriften II, Nr. 32.)

¹⁷⁸ Siehe oben Anm. 171.

¹⁷⁹ Der Satz, daß auch innerhalb der empirischen Welt der Phänomene eine Einwirkung von einem Element auf ein anderes logisch »unbegreiflich« bleibt, bildet, wie bekannt, einen Leit- und Hauptgedanken der späteren »positivistischen« Theorien der Kausalität. Es ist geschichtlich interessant zu verfolgen, wie auch er sich allmählich aus einem ursprünglich metaphysischen Zusammenhange herausgearbeitet und gestaltet hat. Schon Henry More weist zur Verteidigung seiner spiritualistischen Krafttheorie darauf hin, daß die Einwirkung von Materie auf Materie prinzipiell nicht geringere Schwierigkeiten darbietet als die von Geistigem auf Körperliches: ein Satz, der von Locke in engem Anschluß an More weiter ausgeführt und diskutiert wird. (Vgl. oben Anm. 131). »Eine andere unserer Vorstellungen betrifft die Kraft der Körper, durch Stoß Bewegung mitzuteilen und die der Seele, durch Denken Bewegung zu erwecken. Die tägliche Erfahrung bietet uns diese beiden Vorstellungen; fragt man aber, wie es geschieht, so befindet man sich wieder im Dunkeln [...] Daß Bewegung von dem

einen Körper auf den anderen übergeht, ist ebenso dunkel und unbegreiflich, wie die Art, auf die die Seele ihren Körper durch Denken bewegt oder zur Ruhe bestimmt, obgleich es jeden Augenblick geschieht.« (*An essay concerning human understanding*, II, 23, 28, vgl. IV, 3, 28.) Das gleiche Argument, das hier von Clarke entlehnt wird, um es gegen die prästabilierte Harmonie zu brauchen, wird später in schärferer Fassung von Hume allgemein gegen die rationale Auffassung und Deutung des Kausalprinzips verwandt.

[180] Nach Newton ist die Reflexion des Lichtes durch eine in die Ferne wirkende, abstoßende Kraft zu erklären, die vom Körper aus auf die Materie des Lichtstrahls ausgeübt wird; sie erfolgt daher noch bevor eine wirkliche Berührung mit der reflektierenden Oberfläche stattgefunden hat. (*Optice*, lib. II, P. III, Prop. 8 und 9, S. 202 ff.)

[181] Die Diskussion zwischen Leibniz und Huygens über die Atome und das Leere (Nr. 19).

[182] Huygens hat hier den Leibnizschen Satz ungenau und aus dem Gedächtnis zitiert; in den Anmerkungen zu Descartes' *Principia philosophiae* wird nur ausgeführt, daß man, wenn man mit Descartes die Bewegung als bloße Lageänderung in Bezug auf die unmittelbar benachbarten Körper definiere, kein Recht mehr habe, sie eher dem einen als dem anderen Körper zuzuschreiben. Um das »Subjekt« der Bewegung zu bestimmen, bedarf es daher eines neuen Gesichtspunktes, der jedoch niemals in der bloßen Bewegung als solcher, sondern nur in einem übergeordneten Prinzip, dem Prinzip der »Kraft« und der »Tätigkeit« gefunden werden kann. (*Animadversiones in partem generalem Principiorum Cartesianorum* II, 25, siehe unten Nr.15). Die Ausführung, die Leibniz diesen Sätzen hier gibt, leitet daher sachlich zu den Abhandlungen zur *Dynamik* über. (Vgl. auch Anm. 106). Allerdings ist zu bemerken, daß die folgenden Darlegungen das Problem noch nicht in gleicher Strenge und Klarheit enthalten, wie es zwanzig Jahre später, in den Schriften gegen Clarke gefaßt wird.

[183] Die zweite Auflage von Newtons *Mathematische Prinzipien der Naturphilosopie* erschien indes, wie bekannt, erst 1713 und wurde von Roger Cotes herausgegeben.

[184] Diese interessante Abhandlung ist von Gerhardt als Anmerkung zu dem *Tentamen de motuum coelestium causi* gedruckt worden (siehe Math. VI, 144 ff.); ergänzt wird sie durch die Einleitung der Schrift »Phoranomus« (siehe oben S. 109 f.) und durch das größere Werk über die Dynamik. (*Dynamica de potentia et legibus naturae corporeae*, P. II, Propos. 16.)

[185] Siehe Descartes, *Principia philosophiae* II, 43 ff. und Leibniz,

Animadversiones in partem generalem Principiorum Cartesianorum,
(Nr. 15).

[186] Durch die vorhergehenden Grundannahmen ist allgemein der Gedanke festgestellt, daß die »Kräfte« zweier Körper nach der »Arbeit«, die sie zu leisten vermögen, d. h. nach dem Produkt von der Kraft in den Weg (ps) zu messen sind. Alles übrige, was Leibniz hier ausführlich entwickelt, ist darin bereits unmittelbar gegeben. Denn nach den Fallgesetzen Galileis ist, wenn wir 2 verschiedene Körper mit den Geschwindigkeiten v und v_1 betrachten:

$$v^2 = 2gs$$
$$v_1^2 = 2gs_1$$
$$\overline{s:s_1 = v^2:v_1^2;}$$

die Kräfte beider Körper verhalten sich also wie die Quadrate ihrer Geschwindigkeiten.

[187] Damit an einer statischen Maschine *Gleichgewicht* besteht, ist es notwendig, daß der gemeinsame Schwerpunkt aller Lasten bei jeder möglichen, d. h. mit den Bedingungen des Gesamtsystems verträglichen Verschiebung nicht sinken kann. Diese virtuellen Verschiebungen sind durch die Wegelemente ds, ds_1 usw. ausgedrückt, die sich zueinander wie die einfachen Geschwindigkeiten $v = \dfrac{ds}{dt},\ v_1 = \dfrac{ds_1}{dt}$ verhalten. Bei Kräften dagegen, die über eine endliche Wegstrecke wirksam gedacht werden, stellt sich der Weg als das *Integral* der Geschwindigkeit nach der Zeit dar, es ist also

$$s = \int_0^t v\,dv = \frac{v^2}{2}$$
$$s_1 = \int_0^t v_1\,dv_1 = \frac{v_1^2}{2}$$

also $s:s_1 = v^2:v_1^2$.

[188] Honoratius Fabri (1606–88): *Physica id est scientia rerum corporearum in X tractatus distributa,* Lyon 1669. (Vgl. Leibniz' Brief an Honoratius Fabri 1679, Math. VI, 81 ff.) — Claude Francois Dechales, *Cursus seu mundus mathematicus,* 3 vol., Leiden 1674. — Gianalfonso Borelli, *De motionibus naturalibus a gravitate pendentibus,* Leiden 1686. Über Huygens' Bestimmung des Oszillationszentrums, die den Satz der Erhaltung der lebendigen Kraft und das quadratische »Kraftmaß« implizit enthält, siehe unten Anm. 192.

[189] Diese literarischen Angaben sind für die Geschichte des virtuellen Prinzips und des Begriffs der Arbeit, damit für die Geschichte des Satzes von der Erhaltung der Energie, von allgemeinem Interesse. Descartes hat das Prinzip in Briefen an Mersenne (vom 13. Juli und 12. September 1638) ausführlich entwickelt (*Correspondance* II, S. 222 und

S. 352) und in seinem nachgelassenen mechanischen Fragment als allgemeinen Grundsatz der Statik formuliert und durchgeführt. (*Tractatus de mechanica*, in: *Opuscula posthuma*, Amsterdam 1701.) Über Pascals Anwendung des Prinzips der virtuellen Verschiebungen vgl. E. Mach, *Die Mechanik in ihrer Entwicklung*, 4. Aufl., S. 86; an seine Abhandlung *Récit de le grande expérience de l'équilibre des liqueurs* hat Samuel Morland (1625–95) in seinen Untersuchungen über Hydrostatik angeknüpft. (*Hydrostatics or instructions concerning waterworks*, Posthumes Werk, London 1697.)

190 Der Abbé Catelan; vgl. Nouvelles de la république des lettres, September 1686. (Gerh. III, 40 ff., vgl. Leibniz' Erwiderung auf seine Einwände, Gerh. III, 51 ff.)

191 Siehe Anm. 187.

192 Dieses Postulat, das den Keim des späteren *d'Alembertschen Prinzips* und damit der gesamten Dynamik enthält, war insbesondere von Huygens zur Bestimmung des Oszillationszentrums eines zusammengesetzten Pendels gebraucht worden. Huygens betrachtet eine Mehrheit von Pendeln, die verschiedene Längen haben und an deren Endpunkten verschiedene schwere Massen schwingend gedacht werden. Hierbei werden sich die kürzeren Pendel schneller, die längeren langsamer bewegen. Denken wir uns jetzt die verschiedenen Massen durch feste Verbindungen zu einem System verknüpft, so daß sie gemeinsam nur eine einzige Bewegung ausführen können, so wird dadurch die Schwingungsdauer für einzelne Massen verkürzt, für andere verlängert werden, und es wird sich für das Ganze eine bestimmte Oszillation von mittlerer Dauer ergeben. Das Problem besteht nun darin, auf dem zusammengesetzten Pendel einen Punkt zu bestimmen, der, wenn er für sich allein und losgelöst von allen Verbindungen seine Schwingungen ausführte, sie in *derselben* Zeit wie das Gesamtsystem vollziehen würde. Um diese Aufgabe zu lösen, behandelt Huygens zunächst die Bewegung des Schwerpunktes des betreffenden Systems und die Höhe, zu der dieser aufsteigt unter der Voraussetzung, daß das System in seiner Gesamtheit bewegt wird. Sodann jedoch denkt er sich in einem bestimmten Momente die festen Verbindungen zwischen den einzelnen Gliedern aufgehoben und jede Masse mit der eigenen Geschwindigkeit, die ihr in diesem Moment zukam, weiterbewegt und fordert, daß auch unter dieser Voraussetzung die Steighöhe des gemeinsamen Schwerpunktes sämtlicher Massen dieselbe wie zuvor sein müsse. Aus dieser Forderung bestimmt sich sodann die mathematische Form der Gleichung, durch die das Problem gelöst wird. (Vgl. K. E. Dühring, *Kritische Geschichte der*

allgemeinen Prinzipien der Mechanik, Berlin 1887, 3. Aufl., S. 130 ff.)

193 Siehe die Abhandlung *De prima philosophiae emendatione et de notione substantiae*, die im Jahre 1694 in den »Acta Eruditorum« erschienen war.

194 Der scholastisch-aristotelische Begriff der δύναμις bezeichnet nur die ruhende »Disposition« der Veränderung; er besagt nur, daß in dem Subjekt der Veränderung gewisse passive *Bedingungen* vorhanden sind, die den *äußeren* Einflüssen, die an das Subjekt herantreten und die allein es zur Tätigkeit bestimmen, eine bestimmte Richtung der Wirksamkeit vorschreiben. Der Leibnizsche Begriff der Kraft soll im Gegensatz hierzu einen Einzelzustand bezeichnen, sofern er in sich selbst und positiv, ohne daß es hierzu eines äußeren Anstoßes bedarf, den Keim zu einer künftigen Umwandlung und Fortentwicklung trägt. »Aktiv« oder »kraftbegabt« ist — nach einer Definition, die Leibniz an die Spitze seines großen Werkes über die Dynamik stellt — ein Zustand der Dinge, wenn aus ihm, sofern wir ihn allein und durch äußere Umstände nicht gehemmt denken, unmittelbar eine Änderung erfolgt. (Math. VI, 436.) Der Begriff der »Potenz« erhält erst hier jene Bedeutung, die er noch heute — im Ausdruck der »potentiellen« Energie — besitzt. (Vgl. E. Cassirer, *Leibniz' System in seinen wissenschaftlichen Grundlagen*, S. 335 f.)

195 Gemäß der Theorie des Okkasionalismus: vgl. Leibniz' Polemik gegen J. Chr. Sturm in der Abhandlung: *De ipsa natura, sive de vi insita actionibusque creaturarum, pro dynamicis suis confirmandis illustrandisque* (1698).

196 Unter der »Ausdehnung« ist hier im Sinne der Cartesianer, gegen die Leibniz' Abhandlung sich richtet, die *Materie* verstanden, die also — wenn wir den Gedanken in die moderne Ausdrucksweise übersetzen — nichts anderes als die Ausbreitung und Verteilung bestimmter »Energien« über einen gegebenen Raum hin bedeuten soll.

197 Siehe oben S. 137, Nr. 49.

198 Der Begriff der »primitiven Kraft«, sowie das Verhältnis, in dem er zur Aristotelischen »Entelechie« steht, gehört somit ganz dem Bereich der Leibnizschen *Metaphysik* an und kann erst im Zusammenhang der Schriften, die sich auf sie beziehen, seine Aufklärung und Deutung erhalten — hier genügt es, zum Aufbau der *Dynamik* allein die »derivativen« Kräfte zu betrachten. (Über diesen Begriff siehe oben S. XXXVII.)

199 Siehe oben Anm. 67.

200 Um zu richtigen Gesetzen der Kräfteübertragung beim Stoß der Körper zu gelangen, müssen wir notwendig die Körper nicht nur

durch ihre Ausdehnung, sondern vor allem durch ihre »Masse« bestimmt denken: für diese letztere Betrachtung aber gewährt der gewöhnliche (Cartesische) Substanzbegriff kein Mittel und keine Handhabe.
(Siehe oben Anm. 151.) Vgl. *Lettre sur la question si l'essence du corps
consiste dans l'étendue*, (1691), Gerh. IV, 464 ff.

201 Der Begriff der »passiven Kraft« ist ebenfalls nur ein anderer
Ausdruck für den Begriff und das Prinzip der »Masse«. (Siehe oben
Anm. 151.) Dieses Prinzip aber haftet, wie Leibniz ausführt, nicht notwendig am extensiven *Volumen*; es ist begrifflich in gleicher Strenge
auf den bloßen Punkt übertragbar und anwendbar. (Vgl. unten Nr.
16 und 17.) In dieser letzteren Bedeutung, in der sein begrifflicher Gehalt rein und losgelöst zutage tritt, wird es als »primitive« passive Kraft
oder als »erste Materie« bezeichnet, während unter der »zweiten Materie« der endliche ausgedehnte Körper als Produkt und Inbegriff der
einfachen Massenpunkte verstanden wird.

202 Wie die neuere Wissenschaft den Aristotelischen Begriff der *Bewegung*, der zugleich die quantitative Zu- oder Abnahme wie die qualitative Veränderung umfaßte, eingeschränkt und auf den bloßen
Ortswechsel reduziert hatte, so betont Leibniz hier, daß sein Begriff
der *Kraft* nur für die Bestimmung der Ortsveränderung Geltung
habe. Erst in der Beziehung auf sie erlangt er seinen logischen Sinn:
denn er bedeutet nichts anderes als *einen momentanen Zustand im
Prozeß der Ortsveränderung selbst*, sofern wir diesen unter einem
bestimmten Gesichtspunkt betrachten, nämlich in ihm nicht nur
den einzelnen gegenwärtigen Inhalt, sondern auch die Bedingungen des
gesamten künftigen Fortschritts enthalten denken. (Vgl. oben S.
XXXVII.)

203 Betrachten wir einen beweglichen Körper, so kommt ihm in
jedem unteilbaren Zeitpunkt seiner Bewegung eine eindeutige Größe
der Geschwindigkeit $v = \dfrac{ds}{dt}$ zu. Das Produkt aus der Masse in diese
Geschwindigkeit, also der Ausdruck $m\dfrac{ds}{dt}$ wird hier von Leibniz als
»Quantität der Momentanbewegung« (quantitas motionis) bezeichnet,
während die Größe einer Bewegung, die sich über eine bestimmte Zeit-
dauer erstreckt, durch das Integral $m\displaystyle\int_0^t \dfrac{ds}{dt}\,dt = ms$ auszudrücken
ist, also [da $s : s' = v^2 : v'^2$] durch die *Quadrate* der Geschwindigkeiten zu messen ist. Dieselben Ausdrücke, die hier als Größe der »momentanen« und der »zeitlichen« Bewegung unterschieden sind, waren
in der Polemik gegen die Cartesianer, wie wir sahen, als »Größe der

Bewegung« und »Größe der Kraft« einander entgegengesetzt. (Vgl. besonders Anm. 187.)

²⁰⁴ In einem System von Körpern erhält sich nicht nur die absolute Summe der lebendigen Kräfte, sondern auch, wie Leibniz wiederholt ausführt, die *Quantität des Fortschritts* in einer bestimmten Richtung. Um sie zu messen, denken wir uns zunächst eine feste Achse gegeben und die Geschwindigkeit jeder einzelnen Masse des Systems auf sie projiziert, wobei man entgegengesetzt gerichtete Geschwindigkeiten durch entgegengesetzte Vorzeichen bezeichnet. Bilden wir nunmehr die algebraische Summe der »Bewegungsgrößen« der einzelnen Körper, also die Produkte mv, $m'v'$ usw., so bleibt diese Summe, wenn keine neuen äußeren Einwirkungen hinzutreten, im Gesamtsystem konstant. Von der Cartesischen Regel ist dieses Gesetz dadurch geschieden, daß in dieser die Geschwindigkeiten absolut, nicht nach ihrer relativen Größe in Bezug auf eine bestimmte Richtung genommen wurden, daß also z. B. die Bewegungsquantitäten entgegengesetzt bewegter gleicher Körper hier gleichfalls summiert wurden, statt sich wechselseitig aufzuheben. Eine andere Form des Gesetzes der Erhaltung der Richtung ist der Satz, daß der *Schwerpunkt* eines Systems von Massen durch bloß innere Wirkungen zwischen ihnen nicht verschoben werden kann. Seine Bewegung wird also, wenn wir Leibniz' Terminologie zugrunde legen, unabhängig von der »Relativkraft« (vis respectiva), allein durch die »Direktivkraft« (vis directiva), d. h. durch die Gesamtheit der *äußeren* Einwirkungen bestimmt.

²⁰⁵ Siehe oben Anm. 187.

²⁰⁶ »Quia res tam heterogeneae comparari ac contemparari posse ipsi *modalibus potius tunc quam realibus intento* non videbantur.« Gemeint ist, daß Descartes bloß *begriffliche* Unterschiede zu *realen* Gegensätzen hypostasiert habe, wie er z. B. aus der Tatsache, daß die Ruhe der Bewegung *logisch* entgegengesetzt ist, die Folgerung zieht, daß ein Körper, dessen Teile nebeneinander ruhen, eben damit und ohne daß es eines neuen dynamischen Prinzips dafür bedürfte, ein *Bestreben* hat, diese relative Ruhe zu erhalten. (*Principia philosophiae* II, 54f.; vgl. unten Nr. 15.) So geht er auch bei der Ableitung der Stoßgesetze von dem Satze aus, daß das Phänomen der Bewegung uns nur zwei logische Grundgegensätze darbietet: der eine besteht zwischen Bewegung und Ruhe, oder auch zwischen der schnelleren und langsameren Bewegung, da die letztere an der »Natur« der Ruhe teilhat; der andere zwischen der Bewegung in der einen und der entgegengesetzten Richtung. (*Principia philosophiae* II, 44.) Diese beiden Momente selbst werden sodann einander als heterogene Bestimmungen, die durch kein

gemeinsames *Maß* ausdrückbar und vereinbar sind, gegenübergestellt: Die Richtung ist kein Faktor der Größenbestimmung der Bewegung; sie kann sich ändern, ohne daß die Quantität der Bewegung dadurch beeinflußt wird. (*Principia philosophiae* II, 41.) Vgl. Anm. 149 und 204.

207 Johannis Marcus Marcia Kronland, *De proportione motus*, Prag 1639, *Philosophia vetus restituta*, Prag 1662; Ignace-Gaston Pardiès, *Discours du mouvement local*, Paris 1670. Siehe ferner Anm. 188.

208 Auf eine Aufforderung der Londoner Royal Society hatten im Jahre 1668 Huygens, Wallis und Wren unabhängig voneinander ihre Stoßgesetze dargelegt, wobei Wallis den Stoß unelastischer, Huygens und Wren den Stoß elastischer Massen behandelten; Mariotte hat später in einer besonderen Schrift die Versuche Wrens weiter ausgeführt und beschrieben. (Siehe E. Mach, *Die Mechanik in ihrer Entwicklung*, S. 307 ff.)

209 Unter der »trägen Masse« ist hier der Körper verstanden, sofern er allein durch die Merkmale der Ausdehnung und Undurchdringlichkeit charakterisiert ist, ohne ein eigenes Prinzip der Kraft und der inneren Tätigkeit in sich zu enthalten: — sofern er somit zwar vor dem Andrang eines stärkeren Körpers zurückweicht, ohne diesem jedoch *Widerstand* zu leisten und damit seine Geschwindigkeit zu verringern. — Im Gegensatz zu dieser (geometrisch-phoronomischen) Betrachtung steht die spätere, *dynamische* Auffassung, nach der die charakteristische Verschiedenheit der Einzelkörper sich in der verschiedenen Größe ihrer »passiven Kraft«, also in der verschiedenen Reaktion auf ein und dieselbe Energiemenge, die von außen auf sie einwirkt, bekundet; — erst durch diese Auffassung werden die Körper zu »Massen« im modernen Sinne dieses Wortes. (Siehe Anm. 151 und 201. Zum Ganzen vgl. E. Cassirer, *Leibniz' System in seinen wissenschaftlichen Grundlagen*, S. 499 ff.)

210 Siehe Anm. 86.

211 Siehe Anm. 195.

212 Siehe Anm. 131. — Vgl. die *Considérations sur le principe de vie et sur les natures plastiques* (Nr. 21).

213 William Molyneux, *Dioptrica nova. A treatise of dioptricks in two parts*, London 1692.

214 In einer Abhandlung, die Leibniz im Jahre 1682 in den »Acta Eruditorum« veröffentlichte, werden die Gesetze der Optik aus der Voraussetzung hergeleitet, daß der Lichtstrahl, um von einem gegebenen Punkte an einem anderen zu gelangen, stets den *einfachsten* und *leichtesten* Weg wählt. Legt man diese *teleologische* Betrachtung zugrunde, so lassen sich aus ihr, wie hier gezeigt wird, die *kausalen* Ge-

setze der Reflexion und der Lichtbrechung deduktiv gewinnen und sodann experimentell bestätigen. (*Unicum opticae, catoptricae et dioptricae principium*, Dutens III, 145; vgl. *Tentamen anagogicum*, Gerh. VII, 270 ff.)

215 Der Marquis de l'Hospital (1661–1704) war einer der ersten und der eifrigsten Anhänger der neuen Analysis des Unendlichen in der Form, die sie durch Leibniz erhalten hatte; sein Werk, die *Analyse des infiniments petits pour l'intelligence des lignes courbes* (1696), blieb bis auf Euler das herrschende Lehrbuch der Differentialrechnung.

216 Im Jahre 1695 war im »Journal des Savants« das *Système nouveau de la nature et de la communication des substances* erschienen, in dem Leibniz zum erstenmal seine Monadenlehre öffentlich darlegte. (Vgl. Nr. 27, Hauptschriften II.) Auf Einwände, die der Abbé Foucher gegen diese Abhandlung gerichtet hatte, erschien durch de l'Hospitals Vermittlung eine Erwiderung von Leibniz im Aprilheft des Jahres 1696. (Siehe Gerh. IV, 493 ff.) Das Gesetz der Erhaltung der Richtung, das hier erwähnt wurde (siehe oben Anm. 204), gab de l'Hospital Veranlassung, Leibniz zu einer näheren Darlegung und Begründung dieses Satzes, wie seiner allgemeinen dynamischen Grundansichten aufzufordern. (Math. II, 303.)

217 Das Manuskript zu seinem größeren Werke über die Dynamik (*Dynamica de potentia et legibus naturae corporeae*) hatte Leibniz im Jahre 1689 dem Freiherrn von Bodenhausen in Florenz zum Druck übergeben. (Zum Gesetz der Erhaltung der algebraischen Summe der Bewegungsgrößen siehe *Dynamica* P. II, Sect. II, Prop. 12, Math. VI, 496 ff.)

218 In dem folgenden Beispiel ist, der leichteren Übersicht wegen, die *Bezeichnungsweise*, die Leibniz anwendet, vereinfacht worden.

219 Der Ausdruck »formell« ist hier noch in seiner älteren, scholastischen Bedeutung gebraucht, nach der Form und *Realität* gleichbedeutend sind: bei der formellen Messung wird das eine Subjekt (hier also die eine *Masse* in ihrer *wirklichen* unmittelbaren Gestalt und mit ihrer bestimmten Geschwindigkeit) wiederholt und dadurch nach einer bestimmten Anzahl von Stufen in die andere Masse übergeführt, während bei der »virtuellen« Vergleichung die beiden Systeme nur mittelbar durch die Arbeit, die sie zu leisten vermögen, geschätzt werden.

220 Siehe Anm. 189.

221 Siehe oben Anm. 151. — Vgl. besonders *Theodicée* I, 30.

222 Siehe Anm. 150.

223 Siehe Anm. 204.

224 Um die Einwirkung der Seele auf den Körper mit der gesetzli-

chen Bestimmtheit des körperlichen mechanischen Geschehens zu vereinen, hatte Descartes den Satz aufgestellt, daß die Seele nicht die Summe, wohl aber die *Richtung* der im Universum vorhandenen Bewegungen verändern könne, — da dieser nach seiner Anschauung kein bestimmender Einfluß auf die *Größe* der Bewegung zukommt. (Vgl. Anm. 149 und 206.)

225 Siehe hierzu Nouv. Ess. IV, 7, § 1.

226 Die Euklidische Definition der Geraden sowie die Definition des Archimedes, nach der die gerade Linie die »kürzeste« zwischen zwei Punkten ist, hat Leibniz wiederholt bekämpft. Der letzteren vor allem hält er entgegen, daß zuvor bewiesen sein müsse, daß es nur *eine* kürzeste Verbindung zweier Punkte geben könne. An die Stelle dieser Definitionen setzt Leibniz verschiedene Erklärungen, die er aus der Methode und Bezeichnungsweise der Analysis der Lage gewinnt. (Vgl. oben Nr. 6 und 7 und E. Cassirer, *Leibniz' System in seinen wissenschaftlichen Grundlagen*, S. 151 f.) Siehe besonders Nouv. Ess. IV, 12, § 4.

227 Der Grundirrtum, den der Skeptiker sowohl wie der Dogmatiker begeht, liegt in dem Begriff der *Realität*, den er der Erkenntnis als Maßstab vorhält und von dem aus er ihren Wert oder Unwert behauptet. Beide gehen von dem Gedanken aus, daß die Sinnendinge, wenn wir ein Urteil über ihre Wahrheit fällen wollen, unmittelbar mit übersinnlichen Gegenständen zusammengehalten und auf ihre »Ähnlichkeit« mit diesen transzendenten Urbildern hin geprüft werden müssen. Die »Wirklichkeit« der Phänomene besteht jedoch einzig in dem inneren Zusammenhang, den sie *in sich selbst* darstellen, und in der Gesetzlichkeit und Regelmäßigkeit ihrer Aufeinanderfolge. Wir lernen diese Regelmäßigkeit, gemäß der wir von vergangenen Ereignissen auf künftige schließen können, zunächst einzig aus der Erfahrung selbst. Der Fortschritt der Wissenschaft zeigt uns jedoch sodann, daß sie in rationalen *Begriffen* und Grundsätzen wurzelt: »nichts kann regelmäßig sein ohne vernünftig zu sein«, ohne sich also insbesondere auf letzte *mathematische* »Gründe« zurückführen zu lassen. (Siehe oben S. 157 und Anm. 26.) Vgl. besonders den Schluß der *Eclaircissements des difficultés que Monsieur Bayle a trouvées dans le système nouveau de l'union de l'âme et du corps*, in den Hauptschriften II (Nr. 29).

228 Bei Descartes ist auch das theoretische Urteil ein Willensakt und sofern es auf Grund ungenügender Daten erfolgt, eine »Willensschuld«. Der Irrtum ist nur dadurch möglich, daß unser Wille weiter reicht als der Intellekt und auch dort, wo dieser die Voraussetzungen als mangelhaft erkennt, zu einer Entscheidung drängt. (Siehe *Princi-*

pia philosophiae I, 6 und besonders *Meditationes de prima philosophia* IV.)

229 Vgl. hierzu Nouv. Ess. IV, 7, § 7.

230 Die eigentliche Kraft und Tendenz des Cartesischen Schlusses wird in diesen Einwendungen freilich verkannt. Descartes geht davon aus, daß die echte und wahrhafte »Natur« der Seele nur in solchen Bestimmungen, die ihr, wie das Bewußtsein, unabänderlich und unaufheblich zukommen, gefunden werden kann. Was — auch nur in *Gedanken* — von ihr ablösbar ist, bildet keine wirkliche Bestimmung ihres *Wesens* — denn Denken und Bewußtsein sind der legitime Ausgangspunkt und der gültige Maßstab für die Setzung von *Existenzen*. Das, was Leibniz an dem Cartesischen Schluß tadelt, ist wie noch häufig im folgenden, sowohl der philosophische *Inhalt* des Gedankens als auch die logische Form der Ableitung und Beweisführung.

231 Der Wahrheit unserer klaren und deutlichen Begriffe und Sätze können wir nach Descartes (*Principia philosophiae* I, 13. *Meditationes de prima philosophia*, IV) erst völlig versichert sein, wenn wir uns zuvor von der »Wahrhaftigkeit« Gottes überzeugt haben: ein auffallender Zirkel, da, wie Leibniz im folgenden hervorhebt, der Beweis für das Sein und die Bestimmung der Natur Gottes nur unter der Voraussetzung der Gültigkeit unserer »Ideen« erfolgen kann.

232 Siehe oben Anm. 20.

233 Siehe oben S. 13 f. und 26 ff.

234 Siehe *Monadologie*, 37–39, Hauptschriften II, Nr. 35.

235 Siehe Descartes an Mersenne (1. Juli 1641), *Correspondence* III, S. 392: »Mit dem Worte »Idee« bezeichne ich allgemein jeden Inhalt unseres Geistes, sofern wir durch ihn uns eines Gegenstandes bewußt werden, gleichviel auf welche Weise wir uns seiner bewußt werden. Wie immer man daher Gott denken mag, so hat man doch stets die Idee von ihm. Denn daraus allein, daß unsere Worte etwas ausdrücken und daß wir das, was wir sagen, verstehen, folgt mit Sicherheit, daß wir in uns die Idee des Gegenstandes besitzen, der durch unsere Worte bezeichnet wird.« Vgl. hierzu Nouv. Ess. IV, 10, § 7.

236 Siehe oben Nr. 2 und 4.

237 Nach Descartes stehen die einzelnen Momente der Zeit und ihre Inhalte in keinem inneren Zusammenhang; das *Dasein* einer Substanz in einem bestimmten Zeitpunkt erklärt also noch keineswegs ihre *Fortdauer*. Um diese begreiflich zu machen, müssen wir vielmehr unmittelbar auf die Annahme einer beständigen Neuerschaffung der Substanz durch den göttlichen Willen zurückgreifen. (Siehe *Meditationes de prima philosophia* III; *Principia philosophiae* I, 21.) Für Leibniz ist

diese Anschauung vor allem durch seinen neuen *Kraftbegriff* widerlegt, wonach jeder Einzelzustand des Geschehens in sich selbst und ohne äußere Beihilfe das Vermögen und die *Tendenz* enthält, eine Reihe von Folgezuständen aus sich hervorgehen zu lassen und die Gesamtheit dieser Zustände bereits im Keime enthält. (Vgl. Anm. 194.)

238 Vgl. den Schluß der *Réponse aux réflexions contenues dans la seconde édition du Dictionnaire critique de M. Bayle, article Rorarius, sur le système de l'harmonie préétablie,* Hauptschriften II, Nr. 32.

239 Siehe Anm. 214.

240 Siehe Anm. 231.

241 Siehe Anm. 228.

242 Vgl. Spinoza, *Ethica* IV, 24: Ex virtute absolute agere nihil aliud in nobis est, quam ex ductu rationis agere.

243 Siehe oben S. 14f.

244 Vgl. oben Anm. 124.

245 Diese Sätze, deren Text nicht ganz sicher und einwandfrei ist, geben wohl den Gedanken wieder, daß die *individuelle* Monade, der der Begriff der Substanz allein wahrhaft zukommt, nur durch den Inbegriff ihrer realen Bestimmungen und Betätigungen bestimmt zu erklären und gegen alle anderen Inhalte abzugrenzen ist, während von den Gattungsbegriffen, die zur Bezeichnung von Substanzen verwandt werden, sich allerdings allgemeine Definitionen, d. h. Erklärungen nach Gattung und spezifischer Differenz geben lassen.

246 Siehe oben Anm. 200 und 209.

247 Siehe Anm. 97, 196, 201; vgl. besonders im folgenden Nr. 16 und 17.

248 Ein »realer« Unterschied existiert nach Descartes nur zwischen zwei heterogenen *Substanzen* und deren Beschaffenheiten; während zwischen einer einzelnen Bestimmung und der Substanz, der sie zukommt, sowie zwischen verschiedenen Bestimmungen *derselben* Substanz — so z. B. zwischen Figur und Bewegung als Eigenschaften der Materie — nur ein »modaler« Unterschied besteht.

249 Vgl. hierzu besonders Leibniz' Schreiben an Gabriel Wagner vom Nutzen der Vernunftkunst oder Logik (1696), Gerh. VII, 514ff.

250 »judicium tamen de causa sensionis, utrum sit ab *objecto reali extra nos*«. Es ist bemerkenswert, daß der Begriff des »Objekts« hier wie auch sonst wiederholt bei Leibniz bereits durchaus im modernen Sinne gebraucht wird. Im Mittelalter kommt dem Begriffspaar »Subjekt-Objekt« die *umgekehrte* Bedeutung zu, die wir ihm heute geben: das »Subjectum« ist mit der Substanz und somit mit dem realen *Gegenstand* identisch, während das Objekt den bloßen Inhalt der *Vorstel-*

lung bezeichnet. Noch zu Beginn der neueren Philosophie ist dieser Gebrauch herrschend: Descartes stellt das »formale« Sein der Dinge ihrer »objektiven« Realität im *Bewußtsein* entgegen. Die Leibnizsche Philosophie entscheidet zuerst den Bedeutungswandel, indem sie eine doppelte *inhaltliche* Wandlung einleitet. Die echte Substanz ist, wie sie zunächst feststellt, das Bewußtsein selbst: das Ich ist somit zum wahrhaft Seienden, zum »Subjekt« geworden. Die empirischen Gegenstände aber, die man sonst als unabhängige, absolute Existenzen dem Geiste gegenüberzustellen pflegte, sind nichts anderes als Phänomene und Inhalte des Bewußtseins: ihre Wirklichkeit (die somit nur als »objektive« Realität, als Wirklichkeit der Vorstellung zu bezeichnen ist) liegt jedoch in ihrer gesetzlichen Bestimmtheit und in dem Zusammenhang, den sie unter sich selbst und mit den notwendigen Wahrheiten haben. (Siehe z. B. Gerh. VII, 468). Vgl. oben Anm. 227.

251 Descartes gelangt zu seinem rein geometrischen Begriff des Körpers, indem er nacheinander von allen *sinnlichen* Bestimmungen, die beständig wandelbar, daher zum »Wesen« des Körpers nicht erforderlich sind, abstrahiert. Hierbei gilt ihm auch der »Widerstand«, den wir im Körper denken, lediglich als ein einzelnes Empfindungsdatum, von dem wir bei der rationalen Bestimmung abzusehen haben. Leibniz hebt demgegenüber mit Recht die *rationalen und geometrischen* Motive wieder hervor, die dem Begriff der Undurchdringlichkeit und des Atoms zu Grunde liegen.

252 Unter dem »inneren Ort« eines Körpers versteht Descartes sein räumliches Volumen, während der »äußere Ort« durch die Lage des Körpers zu den benachbarten Teilen der Materie, speziell zu der ihn begrenzenden Oberfläche bestimmt wird. (Siehe *Principia philosophiae* II, 13-15). Die Bewegung wird alsdann als Veränderung des »äußeren Ortes«, also als Lageänderung mit Bezug auf die unmittelbar benachbarten Körper definiert.

253 Siehe oben die Diskussion zwischen Leibniz und Huygens, Ergänzung zu Nr. 11.

254 Kepler, *Ad Vitellionem paralipomena*, in: *Opera omnia*, ed. Frisch, vol. II, Frankfurt am Main 1604.

255 Siehe Nr. 12–14.

256 Siehe oben S. 208 f.; vgl. Anm. 219.

257 Vgl. Anm. 189.

258 Siehe Anm. 186 und 204, ferner oben S. 211 f.

259 Siehe Kepler, *Epitome astronomiae Copernicanae*, Liber IV (1620), in: *Opera omnia*, ed. Frisch, vol. VI, S. 342 ff.)

260 Bezeichnen wir den eingeholten Körper mit m, seine Ge-

schwindigkeit vor dem Stoß mit v, nach dem Stoß mit V, ferner den einholenden Körper mit m_1, seine Geschwindigkeiten vor und nach dem Stoß mit v_1 und V_1, so soll der einholende Körper ruhen, V_1 somit = 0 werden, wenn $\dfrac{m-m_1}{m}=2\dfrac{v}{v_1}$.

Dies ergibt sich wie folgt:

Für den Stoß vollkommen elastischer Massen gilt das Prinzip der Erhaltung der lebendigen Kräfte; es ist also

$$1)\quad mv^2+m_1v_1^2 = mV^2+m_1V_1^2.$$

Es ist ferner nach dem Gesetz der Erhaltung der algebraischen Summe der Bewegungsgrößen. (Siehe oben Anm. 204.)

$$2)\quad mv+m_1v_1 = mV+m_1V_1$$

$$\text{also}\quad m\,(V-v) = m_1(v_1-V_1)$$

$$m(V^2-v^2) = m_1(V_1^2-v_1^2)$$

und durch Division $\quad 3)\quad V+v=V_1+v_1;\ V-V_1=v_1-v.$

Aus den Gleichungen (2) und (3) folgt sodann:

$$V = \frac{(m-m_1)\,v+2m_1v_1}{m+m_1}$$

$$V_1 = \frac{(m_1-m)\,v_1+2mv}{m+m_1}$$

Damit $V_1=0$ wird, muß also

$$(m_1-m)\,v_1+2mv=0$$

$$\text{also}\quad (m_1-m)\,v_1 = -2mv$$

$$\text{also}\quad \frac{m-m_1}{m}=2\,\frac{v}{v_1}\ \text{sein.}$$

(Im Text findet sich übrigens hier ein Schreibfehler, der in der Übersetzung verbessert wurde; es ist zu lesen: contingit autem quies in duris ... cum ratio excessus praecedentis super assequens est *ad praecedens* (nicht: ad assequens) duplum ut celeritas praecedentis ad celeritatem assequentis.)

261 Siehe Anm. 204, 206, 224.

262 Alle diese Bestimmungen ergeben sich unmittelbar aus der Diskussion der Formel in Anm. 260. Ist nämlich

$$1)\quad m<m_1,\ v=0,$$

so ist m_1m positiv, und es wird $V_1=\dfrac{m_1-m}{m_1+m}v_1$,

d.h. V_1 ist $<v_1$ und hat mit ihm gleiches Vorzeichen.

Ist   2) $m = m_1$, $v = 0$,

so wird $V_1 = 0$, während $V = v_1$ wird.

Ist schließlich   3) $m < m_1$,

also $m_1 - m$ negativ und $v = 0$, oder ist $m = m1_1$ also $m_1 - m = 0$ und v
von entgegengesetzer Richtung wie v_1, so erhält V_1 das entgegenge-
setze Vorzeichen v_1, d. h. der Körper prallt nach dem Zusammenstoß
zurück.

[263] Siehe Anm. 206.

[264] Siehe Anm. 173.

[265] Siehe Descartes' Briefe an Mersenne vom 21. Januar, 7. Februar
und 4. März 1641. *Correspondance* III, S. 287 ff., S. 300 ff., S. 318 ff.

[266] Siehe oben Nr. 8 und die Anmerkungen hierzu.

[267] Mathematisch können wir die Stetigkeit einer Funktion *f(x)* an
einem bestimmten Punkte $x = a$ durch die Forderung ausdrücken, daß
der *Grenzwert*, dem sich die Funktion beim Übergang zu dieser Stelle
nähert, zugleich der Funktionswert für die betreffende Stelle sein muß,
daß also:

$$\lim_{x = a} f(x) = f(a)$$

Betrachten wir nunmehr die zweite Cartesische Regel, die allgemein
für den Fall, daß $b > a$ ist, gelten soll und denken wir uns die Differenz $b - a$ stetig verringert, so nähern sich die Funktionswerte, d. h.
die Wirkungen, die den einzelnen Bedingungen entsprechen, beim Übergang zur Gleichheit einer bestimmten Grenze: diese Grenze ist indes
verschieden von dem Funktionswert, der für den Fall der Gleichheit
(durch die *erste Regel*) bestimmt wird.

[268] Siehe *Dynamica*, Sect. III: *De concursu corporum.* Vgl. *Essay
de Dynamique*, Math. VI, 215 ff.

[269] Siehe Anm. 206.

[270] Siehe Anm. 249.

[271] So statt: »transitum a *Metaphysica* ad naturam.« (Gerh.)

[272] Siehe oben S. 204 ff.

[273] Der Verfasser der *Philosophia Moysaica*, die 1638 erschien, ist
der Mystiker und Naturphilosoph Robert Fludd (1574−1637); seine
Lehre geht vor allem auf Paracelsus zurück.

[274] Siehe Anm. 209.

[275] Siehe Anm. 196.

[276] Betrachten wir eine Mehrheit *diskreter* Elemente, so können wir
wir sie aus der Summierung eines Einzelelements, das zuvor und anfänglich gegeben war, entstanden denken. Bei den kontinuierlichen In-
begriffen indes geht der Gedanke des Ganzen voraus und das »Element«

ergibt sich erst aus einer Grenze, die die Abstraktion innerhalb des gegebenen Gesamtsystems setzt, wobei die Stelle, an der dieser Einschnitt erfolgt, die Art z. B., in der wir durch den »Schnitt« einer Linie einzelne Punkte heraussondern wollen, beliebig und auf unendlich vieldeutige Art gewählt werden kann.

277 Der Begriff der »Ausdehnung« wird also hier rein abstrakt und unabhängig von der Beziehung auf die *räumliche* Ausdehnung definiert: er bezeichnet einfach die Tatsache der wiederholten Setzung ein und desselben Inhalts und fällt somit mit dem allgemeinen Begriff der »Mehrheit« zusammen. Dieser Begriff bleibt zur *konkreten* Bestimmung eines Objekts, wie es die Naturwissenschaft verlangt, so lange unzureichend, als nicht die besondere Beschaffenheit des ursprünglichen Elements, des »Etwas«, das wiederholt gesetzt wird, näher angegeben ist. Was speziell den Körper angeht, so erlangt er seine qualitative Bestimmtheit erst im Begriff des Widerstands oder der »Masse«: ein Begriff, der sich seiner ursprünglichen Bedeutung nach bereits auf den einfachen Punkt, nicht nur auf das extensive Volumen anwenden läßt. Siehe Anm. 201.

278 Das Werk, das Leibniz wiederholt unter diesem Titel anführt, ist die *Physica electiva sive hypothetica* von Joh. Chr. Sturm, deren erster Teil 1697 erschien: ein Werk, das zwischen der modernen mechanischen Auffassung und Aristoteles zu vermitteln suchte. Siehe Leibniz' Abhandlung *De ipsa natura, sive de vi insita actionibusque creaturarum, pro dynamicis suis confirmandis* (1698), Gerh. IV, 504 ff.

279 Unter der Voraussetzung eines stetig und gleichförmig erfüllten Raumes gibt es kein anderes Mittel, eine bestimmte begrenzte Masse als selbständige Einheit herauszulösen und von dem Ganzen des Stoffes abzuheben, als die Rücksicht auf ihren Bewegungszustand. Wir fassen — wie dies von Descartes ausgesprochen worden war — ein bestimmtes Ganzes des Stoffes als individuelle Einheit auf, sofern seine Teile denselben Bewegungszustand aufweisen, also relativ zueinander in Ruhe sind. Leibniz erkennt diesen Grundsatz an, hebt aber hervor, daß die »Bewegung« nur dann ein taugliches Mittel zur Differenzierung der Materie ist, wenn sie nicht in ihrer extensiven Gestalt, also in ihrer Erstreckung über eine bestimmte Zeitdauer gefaßt, sondern im *Zeitmoment* selbst fixiert wird. (Vgl. die Unterscheidung von »motus« und »motio« oben S. 198.) Gäbe es kein Mittel, einen ruhenden Körper vom bewegten und einen schnelleren vom langsameren im unteilbaren *Zeitpunkt* selbst zu unterscheiden, so wäre es unmöglich, im bestimmten gegenwärtigen Augenblick Inhalte als unterschieden zu erkennen: damit würde aber, da der gesamte Zeitinhalt aus dem rea-

len Gehalt der einzelnen Momente resultiert, alles Geschehen überhaupt in ein untrennbares Chaos zerfließen. Das echte logische Mittel zur Fixierung und somit zur Sonderung des gegenwärtigen Zustandes bietet allein der Begriff der Kraft; durch ihn wird der einzelne Moment derart bestimmt, daß wir in ihm zugleich den künftigen *Gesamtverlauf* festhalten und ablesen können. (Siehe oben S. XXXVII.)

[280] Vgl. Anm. 202.

[281] Siehe Anm. 182.

[282] Im Gegensatz zu Descartes und Spinoza ist für Leibniz die Substanz niemals eine absolute, isolierte Setzung, sondern schließt notwendig *Beziehungen* zu anderen Substanzen und schließlich zur Gesamtheit der Dinge ein: erst vermöge dieser Beziehungen ist sie imstande, das Universum in sich selbst symbolisch darzustellen und zu *erkennen*. »Übrigens gibt es keinen Terminus, der so absolut und losgelöst von allen andern wäre, daß er nicht Relationen in sich schließt und dessen vollständige Analyse nicht auf andere Dinge, ja auf die Gesamtheit aller anderen Dinge führt [...]« (Nouv. Ess. II, 25, § 10.)

[283] Die tätige Kraft, die sich in den Organismen als Kraft ihrer Bildung und Entwicklung, somit als »Lebensprinzip« äußert, ist das wesentliche Attribut der individuellen Substanz, während durch den »Widerstand« das Wesen der Materie bezeichnet und konstituiert wird. Beide Bestimmungen sind indes, wenn sie für sich und losgelöst betrachtet werden, bloße Abstraktionen; — ihre Wirklichkeit erhalten sie erst in der Verbindung mit einem konkreten Subjekt, also einem bestimmten Organismus oder einem bestimmten Körper, dem sie zugehören.

[284] Siehe hierzu Anm. 97 und 277.

[285] Siehe Anm. 125.

[286] Siehe oben S. 90 u. 99.

[287] Siehe Anm. 201.

[288] Siehe hierzu die Abhandlungen des zweiten Bandes der Hauptschriften, besonders den Briefwechsel mit Arnauld.

[289] Siehe hierzu oben S. XXXIII ff., sowie Anm. 107, 131, 153. Im folgenden siehe besonders Nr. 20 und 21.

[290] Vgl. Leibniz' Briefe an Hartsoeker, besonders Gerh. III, 504 ff., 516 ff. Siehe ferner die Diskussion mit Huygens (Nr. 19).

[291] Die erstere Annahme bezeichnet die dynamische Atomistik Newtons, die zweite die kinetische Atomistik, die ihre konsequenteste und reifste Ausführung in Huygens erhalten hatte. (Vgl. K. Lasswitz, *Geschichte der Atomistik vom Mittelalter bis Newton*, 1889–90, Bd. II, S. 341 ff.)

292 Siehe Anm. 64.

293 Siehe oben Anm. 227.

294 Zum Verständnis dieser Sätze muß man sich die besondere Stellung und Bedeutung gegenwärtig halten, die der Terminus »Idee« im System Malebranches angenommen hatte. Die Idee bezeichnet hier nicht ein immanentes Objekt des Bewußtseins — von der Beschaffenheit unseres Selbst, von unseren eigenen Gedanken und Neigungen z. B. besitzen wir keine »Idee« — sondern einen an sich bestehenden, in Gott existierenden Inhalt, der durch Einwirkung der Gottheit beim Wahrnehmungsakt in uns übergeht und somit als Mittler zwischen den transzendenten Dingen und unserer eigenen Seele dient. (Vgl. *De la recherche de la vérité*, Livre III.) Für Leibniz bedeutet im Gegensatz hierzu die Idee eine Bestimmtheit und ein Erzeugnis *des Geistes selbst*; sie ist nicht das Abbild einer wirklichen Existenz, dennoch aber von unbeschränkter und notwendiger Geltung für alle wirklichen Erscheinungen.

295 Vgl. besonders Nouv. Ess. II, 17.

296 Vgl. besonders Nouv. Ess. II, 5. (Siehe oben Anm. 6.)

297 Vgl. oben S. 96 f.

298 Leibniz hatte die *Opera posthuma* Spinozas, unter ihnen die *Ethik*, sogleich nach ihrem Erscheinen, im Januar 1678 zugesandt erhalten: die folgenden Bemerkungen scheinen unmittelbar den ersten Eindruck der Lektüre des Werkes wiederzugeben. Sie bilden somit, wenngleich nicht für die ausgebildete Philosophie Leibniz', so doch für deren innere *Entwicklungsgeschichte* ein wichtiges Zeugnis. Leibniz' Interesse ist, wie das Folgende zeigt, hier nicht so sehr auf den metaphysischen *Inhalt* des Spinozismus wie auf dessen eigentümliche *Methode* und Beweisart gerichtet, die er an dem eigenen Ideal der »allgemeinen Charakteristik« mißt und kritisiert.

299 Ein wichtiger Gedanke, der Leibniz' eigenen Substanzbegriff vorbereitet; denn die individuelle »Monade«, so selbständig sie ihrer Wesenheit nach ist und so sehr sie jede äußere Einwirkung ausschließt, bezieht sich dennoch auf das *Universum* der übrigen Gegenstände, das sie darstellt und im Keime enthält; erst durch diese *Beziehung* wird ihr wahres »Sein« erkannt. (Vgl. Anm. 282.)

300 Leibniz berührt hier die eigentliche Schwierigkeit von Spinozas Attributenlehre: die Frage, ob die Attribute als dinglich unterschiedene Bestimmtheiten von Anfang an in der Substanz vorhanden, oder aber erst eine Schöpfung des »Intellekts« sind, der die einheitliche, in sich unterschiedslose Substanz unter verschiedenen »Gesichtspunkten« betrachtet. (Vgl. unten zu Lehrsatz 4.)

301 Siehe Anm. 15.

302 Siehe oben besonders die Abhandlungen Nr. 2 und 4.

303 Siehe oben Nr. 4. — Jeder *zusammengesetzte* Inhalt y=abcd läßt sich, wenn wir z.B. ab=l, cd=r, ad=n, bc=p und abd=v, bcd=x setzen, durch *verschiedene* Ausdrücke: lr, np, az, cv bezeichnen, wobei jedoch mindestens der eine Faktor noch weiter zerlegbar ist.

304 Siehe Anm. 300.

305 Man erinnert sich hier an den Beweis in *Der einzig mögliche Beweisgrund zu einer Demonstration des Daseins Gottes*, den Kant in seiner *vorkritischen* Periode versucht hat: die »Materie alles Denklichen«, die innere *Möglichkeit* der Begriffe und Dinge selbst wäre aufgehoben, wenn wir nicht irgendein letztes, absolutes Dasein setzen könnten. (Vgl. Kant, *Sämtliche Werke*, hrsg. von G. Hartenstein, Bd. II, S. 122.)

306 Wiederum zeigt sich hier bereits (1678) der Keim der Monadenlehre, durch die die Körper zu »wohlbegründeten *Phänomenen*« werden, während alles wahre, substantielle Sein allein den geistigen Realitäten zukommt. Vgl. auch Anm. 299.

307 D. h. den ontologischen Beweis: vgl. Spinoza, *R. Descartes' Principia philosophiae* I, Lehrsatz XIX in Verbindung mit I, Lehrsatz V und VI.

308 Siehe *Monadologie*, §§ 37 und 38.

309 Vom Standpunkt der Cartesischen Physik aus läßt sich für die *Differenzierung* des ursprünglich gleichartigen und stetigen Stoffes, der lediglich durch das Merkmal der Ausdehnung bestimmt wird, kein anderer Grund als die *relative Bewegung* der Teile gegeneinander denken. Durch diese wurden zunächst, indem alle Ecken und Vorsprünge sich abschliffen, Teilchen von kugelförmiger Gestalt geschaffen, während andrerseits die abgesplitterten Teile selbst sich dank ihrer Kleinheit mit außerordentlicher Geschwindigkeit fortbewegten und dadurch imstande waren, in alle Zwischenräume, die zwischen den Partikeln der ersten Art bestanden, einzudringen. Auf der qualitativen Unterscheidung in der Gestalt und Bewegung der kleinsten Teile, die hierdurch gegeben ist, beruhen nun alle empirisch wahrnehmbaren Unterschiede in der Beschaffenheit und Wirksamkeit der Stoffe. Während die in raschester Bewegung befindlichen Teilchen, die — selbst ohne bestimmte Figur — sich jeder beliebigen Gestalt anzupassen vermögen, *die Materie der ersten Art* oder das Element des Feuers konstituieren, wird die *zweite Materie* oder das Luftelement aus den runden Kügelchen gebildet, die zwar im Verhältnis zu den wahrnehmbaren

Körpern noch außerordentlich klein sind, die aber dennoch eine feste Gestalt und Größe besitzen und noch in weitere Teile zerlegbar sind. Ein *drittes Element* entstand, indem Stoffteilchen der ersten Art sich um einen festen Mittelpunkt herum sammelten und zu gröberen, langsamer bewegten Massenteilchen verschmolzen; aus ihm setzen sich die großen kosmischen Massen, die Erde sowie die Planeten und Kometen zusammen. (Vgl. Descartes, *Principia philosophiae*, III, § 40–62 u. § 87 ff.)

310 Vgl. S. 293 ff., Fußnote.

311 Leibniz nimmt vor allem Anstoß daran, daß die absolute Härte bestimmten Teilen des Stoffes als *physische* Eigenschaft zugesprochen wird, ohne daß ein streng *begrifflicher* Grund für diese Sonderstellung angegeben werden kann. Das Atom und die »Atomgruppe« weisen durchweg die gleichen *logischen* Bestimmungen auf: beide bilden eine extensive Mehrheit sich unmittelbar berührender Teile. (Siehe die Fußnote S. 35 f.) Dennoch sollen diese beiden begrifflich nicht unterscheidbaren Fälle in ihrem *Sein* und ihren *Wirkungen* gänzlich verschieden sein, was dem allgemeinen Sinn des *Indiscernibilien-Prinzips* widerstreitet. (Siehe Anm. 135.)

312 Huygens will sagen, daß bei der raschen Bewegung aller Teile die glatten Oberflächen zweier kubischer Atome immer nur für einen Moment, für einen *unteilbaren* Augenblick zur Deckung gelangen und somit relativ wenig Gelegenheit finden würden, miteinander zu verschmelzen.

313 Diese Sätze weisen bereits auf Leibniz' *biologische* Grundlehre voraus: die Materie ist als unbeschränkt teilbar anzusehen, weil ihre Gliederung und *Organisation* ins Unendliche geht. (Vgl. die Abhandlungen Nr. 20–22.)

314 Zwei Kurven $\varphi(x)$ und $\psi(x)$ können, wenngleich sie nur einen einzigen Punkt gemeinsam haben, in diesem Punkte doch eine Berührung höherer oder niederer *Ordnung* haben, je nachdem, ob für die betreffende Stelle $x = a$ nicht nur $\varphi(a) = \psi(a)$, sondern auch $\varphi'(a) = \psi'(a)$, $\varphi''(a) = \psi''(a)$ usw. ist. Die Berührung zweiter Ordnung wird von Leibniz als »contactus osculi« bezeichnet.

315 Über die Aristotelische Erklärung der Schwere siehe oben S. XL; über Leibniz Beurteilung der Newtonischen Attraktionslehre siehe Anm. 153.

316 Die obige Darstellung ist in geschichtlicher Beziehung mehrfach ungenau: vor allem muß es auffallen, daß Leibniz die Lehre des Averroës und des Pomponazzi, die sich wechselseitig ausschließen, zusammenwirft. (Über beide Lehren siehe die Einleitung S. LXIII ff.)

Leibniz folgt hier einer falschen Angabe in de Spondes *Annales eccle-siae*, die von Bayle im *Dictionnaire historique et critique* erwähnt und berichtigt wird. (Artikel: Pomponace, Anm. B.) — Was Contarini betrifft, so hat er die Schrift des Pomponazzi in einer eigenen Abhandlung kritisiert und zu widerlegen gesucht. (*De immortalitate animae*, siehe Gasparis Contarini Cardinalis, *Opera*, Paris 1591.) Der Standpunkt des Kirchenglaubens, der hier vertreten wird, steht der Averroistischen Doktrin nicht minder feindlich als derjenigen Pomponazzis gegenüber. Fast scheint es daher, als habe Leibniz ihn mit Cesare Cremonini, einem bekannten Vertreter der Averroistischen Philosophie an der Universität Padua verwechselt, den er an andrer Stelle im Zusammenhang mit Pomponazzi nennt (Dutens I, S. 73). Von ihm ist auch in den *Naudeana* die Rede, die zuerst in Paris im Jahre 1701 und in verbesserter Auflage 1702 in Amsterdam erschienen sind.

[317] Die beiden gegnerischen Parteien innerhalb des Aristotelismus stimmten darin überein, daß sie die Fortdauer der Einzelseelen leugneten: die *Averroisten*, weil sie den tätigen Intellekt, dem sie Unsterblichkeit zuschrieben, als überindividuellen Allgemeingeist dachten, die Anhänger des *Alexander von Aphrodisias*, weil sie jede Möglichkeit der Loslösung der Seele von dem organischen Körper, dessen Form sie ist, bestritten. Beide Teile suchten sich mit der kirchlichen Autorität durch die Behauptung einer »doppelten Wahrheit« abzufinden: eine Auskunft, die indes, ebenso wie die Unsterblichkeitslehre der beiden Schulen, von einem Lateranischen Konzil, das 1512 unter Leo X. stattfand, ausdrücklich verurteilt wurde. Pomponazzis Werk, das ebenfalls den Gegensatz der theologischen und philosophischen »Wahrheit« behauptet, ist übrigens erst *nach* diesem Konzil, im Jahre 1516, erschienen.

[318] Siehe Anm. 145.

[319] Der *Guida spirituale* des Molinos ist 1675 in Rom erschienen. Das Hauptwerk des Angelus Silesius erschien zuerst unter der Bezeichnung *Geistreiche Sinn- und Schlußreime* 1657 in Wien; erst in der zweiten Ausgabe von 1675 erhielt es den Titel *Cherubinischer Wandersmann*, unter dem es heute bekannt ist. Die Werke Valentin Weigels waren lange Zeit nur handschriftlich verbreitet und wurden erst nach seinem Tode (1588) gedruckt; über den Inhalt seiner mystischen Lehre vgl. man Joh. E. Erdmann, *Grundriß der Geschichte der Philosophie*, § 233 f., 4.

[320] Die Lehre von den »Archei« als den lebendigen, schaffenden Kräften, die in allen Naturvorgängen wirksam sind, war vor allem von Paracelsus (1473–1541) begründet und durch Joh. Bapt. van Helmont

(1577–1644) weiter ausgebildet worden. Über die Lehre Henry Mores siehe S. XLIIf. u. S. XXXIIf.

321 Siehe Leibniz' Bemerkungen zu Spinozas Ethik, Nr.18.

322 Leibniz beruft sich hier auf die neuen mikroskopischen Beobachtungen, die insbesondere durch Malpighi, Leeuwenhoek und Swammerdam angestellt worden waren. In seiner *Anatome plantarum* (1675) vertrat Malpighi zuerst die Anschauung, daß alle organischen Körper sich aus *Zellen* zusammensetzen, während er durch eine beigegebene Abhandlung, in der er zum ersten Male die Entwicklung des bebrüteten Hühnereies in allgemeinen Umrissen darstellte, zum Begründer der modernen Entwicklungsgeschichte wurde. Anton von Leeuwenhoek (1632–1733) ist als Entdecker der Spermatozoen, Jan Swammerdam (1637–80) besonders durch seine Studien über die Anatomie und die Verwandlungsgeschichte der Insekten bekannt.

323 Genaueres hierzu bei E. Zeller, *Die Philosophie der Griechen*, 5. Auflage, I, 2, S. 905.

324 Siehe besonders die Artikel »Averroës« und »Spinoza« des *Dictionnaire historique et critique.* Über Bayles Verhältnis zu Spinoza siehe die Darstellung Feuerbachs. (Pierre Bayle, *Sämtliche Werke*, hg. von Jodl und Bolin, V, S. 242ff., S. 422ff.)

325 Gemeint ist nicht der Cartesianer Pierre Silvain Regis, sondern Henri Le Roi (lat. Regius), der einer der ersten Anhänger der Cartesischen Philosophie war, später aber von ihr abfiel und sie eifrig bekämpfte. In einem Schreiben an ihn führt Descartes aus, daß die Verbindung von Seele und Körper im Menschen keine bloß zufällige und äußerliche sei, sondern daß beide eine wahrhaft »substantielle Einheit« bilden. Der Mensch sei nicht als ein »ens per accidens«, sondern als echtes »ens per se« zu betrachten. Siehe Descartes, *Correspondance*, hg. Adam/Tannery, V, S. 508f., (Januar 1642).

326 Sowohl Mores *Enchiridion metaphysicum*, wie Cudworth' Hauptwerk: *The true intellectual system of the universe* (1678) sind, ihrer Grundtendenz nach, auf eine Erneuerung der Platonischen Philosophie gerichtet, die hier freilich im Sinne einer spiritualistischen Mystik umgedeutet wird.

327 Siehe Anm. 204.

328 Über das geschichtliche und sachliche Verhältnis der Lehre von der »prästabilierten Harmonie« zum »System der Gelegenheitsursachen« siehe die Einleitung zu den Schriften über die Monadologie, Hauptschriften II.

329 Franciscus Mercurius van Helmont (1618–99), der Sohn des früher erwähnten Joh. Bapt. van Helmont. Ein ausführliches Urteil

von Leibniz über seine Philosophie hat L. Stein, *Leibniz und Spinoza*,
S. 331 ff., veröffentlicht.

[330] Siehe oben Anm. 320. — Siehe Julius Caesar Scaliger, *Exoteri-
carum exercitationum libri XV de subtilitate ad Hieronymum Carda-
num*, Paris 1557.

[331] Der folgende Brief wurde zuerst von Samuel König in seinem
Streite mit Maupertuis veröffentlicht. Dieser Streit, der dem modernen Leser besonders durch die Rolle, die Voltaire in ihm gespielt
hat, bekannt ist, nahm von einer Abhandlung Maupertuis' seinen
Ausgang, in der dieser die Gesetze der Bewegung aus dem »metaphysischen« Prinzip der »kleinsten Wirkung« abzuleiten suchte. In einer Kritik dieser Abhandlung wies König darauf hin, daß ein ähnlicher Gedanke bereits von Leibniz ausgesprochen worden sei, und
berief sich zum Beweis hierfür auf ein noch unveröffentlichtes Schreiben Leibnizens an den Mathematiker Jacob Herrmann. Die Berliner
Akademie, die von Maupertuis, ihrem damaligen Präsidenten, zur
Entscheidung aufgerufen wurde, forderte die Vorlegung dieses Schreibens, das jedoch König selbst nur in einer Abschrift besaß. Da auch
auf weitere Nachforschungen hin das Leibnizsche Original nicht
zur Stelle geschafft werden konnte, erklärte nunmehr die Akademie
den Brief für eine Fälschung. In der Protestschrift, die er gegen dieses Urteil richtete, veröffentlichte König das betreffende Schreiben
zugleich mit drei anderen Leibnizschen Briefen, die er ebenfalls in einer Kopie besaß, und rief das Publikum zur Entscheidung über die
Echtheit auf *(Appel au public du jugement de l'Académie royale
de Berlin sur un fragment de M. de Leibnitz cité par M. Koenig*,
Leiden 1753). Wie diese Entscheidung auszufallen hat, kann heute
für niemand, der mit Leibniz' Stil und Denkart genauer vertraut
ist, zweifelhaft sein. Selbst abgesehen von den wichtigen *äußeren* Gründen, die die Echtheit bezeugen — so hat man zwar nicht das betreffende Fragment selbst, wohl aber die drei andern, gleichzeitig veröffent-
lichten Briefe im Original in Leibniz' Nachlaß vorgefunden — spricht
der Ton und Inhalt des ganzen Schreibens für sich selbst. (Siehe die
Einleitung S. LVII.) Nur darin irrte König, daß er es an den Mathematiker Jacob Herrmann gerichtet glaubte, während es, wie Gerhardt gezeigt hat, aller Wahrscheinlichkeit nach zu dem philosophischen Briefwechsel mit Varignon gehört, in den es sich seinem sachlichen Inhalt
nach vollkommen einfügt. (Siehe die Proben aus diesem Briefwechsel
(Nr. 9).)

[332] Johann Hudde (1628–1704); ein bedeutender holländischer
Mathematiker, besonders bekannt durch die »Huddesche Regel« zur

Erkennung mehrfacher Gleichungswurzeln. (Siehe Cantor, Geschichte der Mathematik, 2. Auflage, II, S. 801 f.)

[333] Siehe hierzu Nr. 15; besonders Anm. 267.